크리스천 신앙 지도서 시리즈 ❸

크리스천의
가정관리

크리스천 신앙
지도서 시리즈 ③
Christian Directory

Christian Economics

크리스천의
가정관리

리차드 백스터 지음 | 서효원 옮김

좋은땅

역자의 글

'개혁된 교회들 안에서도, 자신들이 고백하는 신앙에 대한 진지한 실천을 하지 않는, 여전히 죄인 된 삶을 사는, 본성적인 사람들이 그토록 많이 있을 수 있다는 사실이 의심스러운가? 이 모든 것의 원인은 하나님을 경외하지 않는 가족에 대한 잘못된 교육이다. 아, 그러므로 이 부패한 샘에 소금을 뿌리는 일이 얼마나 중요하고 필요한 일인가! 이 부패한 가정을 정화하고 치료하라. 그러면 당신은 땅에서 일어나는 거의 모든 재앙을 치료할 수 있다.'

이 책은 목회자들을 위한 책으로 만들어졌지만, 그 내용은 모든 성도들에게 유익한 책이다. 그 내용은,

전반적인 가정 관리에 대해.

결혼에 대해, 사역자들의 결혼에 대해.

올바른 종과 주인을 선택하는 방법에 대해.

가족 예배에 대해.

남편과 아내의 의무에 대해.

거룩한 의무의 이행에 대해.

기도에 대해.

주기도에 대해.

성찬식의 목적에 대해.

자신의 정당성에 대해.

가난한 사람과 부자의 삶에 대해.

노인의 신앙 생활에 대해.

어떻게 죽음을 맞이하고 편안히 죽을 것인가에 대해 설명한 글이다.

이 책을 번역하라고 소명을 갖게 하신 하나님께 감사하며, 옆에서 격려로 보살핀 반려자에게, 그리고 출판사에 감사한다.

2024년 10월

서효원

목차

크리스천 신앙 지도서(Christian Directory) 안내

제1권

크리스천 윤리 1(Christian Ethics)

제2권

크리스천 윤리 2(Christian Ethics)

제3권

크리스천의 가정관리(Christian Economics)

제4권

크리스천 성직자(Christian Ecclesiastics)

제5권

크리스천 정치(Christian Politics)

크리스천 신앙지도서 제1권과 2권은 크리스천의 윤리에 관해, 3권은 크리스천의 가정관리, 4권은 크리스천 성직자, 5권은 크리스천 정치에 관한 책 중에 이 책은 세 번째 책이다.

제1장

결혼에 대해

제1과　결혼에 대한 방향 제시(선택과 계약을 위해)

그리스도인은 그들의 가장 사적인 영역에서 하나님께 헌신되고 구별되어 거룩할 정도로, 그들의 가족 또한 거룩해야 한다. 이를테면 그들의 출입문에 **주님께 거룩**이라는 말을 써야 하고, 그들의 관계와 재산과 일에도 써야 하는 것과 같다. 이를 위해서는 1. 그들의 가정에 거룩한 규정이 있어야 하고, 2. 그들 안에 거룩한 다스림과 가족 구성원이 여러가지 의무를 이행하는 것이 필수적이다. 가족에 주어진 권리는 (1) 올바른 결혼 계약을 하는 것과, (2) 주인과 종 사이의 올바른 선택과 계약을 하는 것에 달려 있다.

방향 제시-1　'하나님의 부르심과 승인을 확신할 수 있는 것처럼, 당신이 청혼하는 이유를 알기 전에 정욕이나 경솔함으로 결혼하지 않도록 주의하라.' 왜냐하면, 1. 당신이 결혼한 상태에서 섬겨야 하는 분은 하나님이므로 성급히 결정하기 전에 그분의 조언을 받아들이는 것이 합당하다. 왜냐하면 그분은 자신에 대한 봉사에 속한 것을 가장 잘 알기 때문이다. 2. 그리고 당신의 관계의 축복과 위로를 위해 당신이 여전히 의지해야 하는 분은 하나님이기 때문이다. 그러므로 당신이 그분의 조언과 동의를 결혼에 필요한 가장 중요한 것으로 받아들여야 하는 것은 매우 큰 이유가 된다. 부모의 동의가 필요하다면 하나님의 동의는 훨씬 더 필요하다.

탐구 '그러나 하나님이 그를 결혼으로 부르시는지 또는 동의하시는지 사람이 어떻게 알 수 있는가? 그분은 이것을 좋지도 나쁘지도 않은 일로 모든 사람의 자유에 맡기지 않았나?'

[결혼이 의무가 아닌지 여부]

답변 하나님은 결혼을 명령하거나 금지하는 보편적인 법을 만들지 않으셨다. 그러나 이 점에 있어서는 그것을 인류에게 강제가 아닌 것으로 허용하셨다. 그러나 모든 사람이 결혼 하는 것을 허용하지 않는다(의심할 여지없이 어떤 사람에게는 불법이기 때문이다). 그러나 그분은 다른 일반적인 법칙이나 규칙을 통해 어떤 경우에는 그것이 합법적이고 어떤 경우에 는 죄가 되는지 알도록 지시했다. 모든 사람은 하나님을 섬기는 데 최고로 유익이 되는 조건 을 선택해야 한다. 즉 영적 복지에 가장 도움이 되고 거룩함을 증가시킬 수 있어야 한다. 현 재 결혼 자체에는 일반적으로 이러한 혜택과 이러한 법들의 충족에 상충되는 것은 없다. 따 라서 "결혼하는 자도 잘하는 일"[1]이라고 말한다. 즉, 그는 그 자체가 불법이 아니며, 어떤 사 람에게는 가장 적합한 삶의 상태가 된다. 그러나 독신 생활은 특히 설교자들과 핍박을 받는 그리스도인들에게 기독교의 목적에 가장 유리한 삶의 상태가 되는 특정할 수 없는 어떤 것 이 있다. 그러므로 "결혼하지 않는 자가 더 잘하는 일"이라는 말이 있다. 그러나 개인에게는 결혼이 의무가 될 수 있고 죄가 될 수도 있다는 것은 상상하기 어렵다. 적어도 일부 특이한 경우를 제외하고는 그렇다. 왜냐하면 그것은 우리의 마음과 삶의 질서에 있어서 매우 중요 한 일이기 때문에, 그것이 우리의 주된 목적을 위한 수단으로서 중요하지 않다고 상상하기 어렵기 때문이다. 게다가 매우 큰 도움이 되거나 방해가 된다고 상상하기도 어렵다. 그러나 결혼이든 미혼이든 다만 운에 달려 있다고 하는 사람이 있고, 가장 현명한 사람이라도 미혼 이나 기혼 중 어느 것이 개인의 거룩함이나 공적으로 유용한지, 또는 다른 사람에 더 도움이 되는지 식별할 수 없다면, 그런 사람에게 개별적인 상황에 따른 결혼은 중요한 일이 아니다.

---

1) 고전 7:38

[결혼하도록 부름 받은 사람]

다음과 같은 조건들을 통해 당신은 어떤 사람이 결혼하도록 하나님으로부터 부름을 받았는지, 그리고 어떤 사람이 하나님의 부름이나 승인을 받지 않았는지 알 수 있다.

1. 부모의 지배와 다스림 아래 있는 자녀에게 부모의 절대적 의지나 명령이 있고, 그것을 방해할 만한 더 큰 문제가 없다면 부모의 명령은 하나님의 명령을 의미한다. 그러나 부모가 설득만 하고 명령을 하지 않는다면, 그들의 욕망이 이유 없이 거절되어서는 안 되지만, 더 작은 장애가 단호한 명령을 내리는 경우보다 더 우세할 수도 있다.

2. 절제의 은사가 없고 합법적인 수단으로는 절제할 수 없으며, 결혼을 불법으로 만드는 장애물이 없는 사람은 결혼하도록 부름을 받았다고 생각한다. "만일 절제할 수 없거든 결혼하라 정욕이 불같이 타는 것보다 결혼하는 것이 나으니라."[2] 그러나 여기서는 긴급한 원인과 방해하는 원인의 다양성 정도를 비교해야 하며, 가장 중요한 원인이 우선되어야 한다. 매우 강한 정욕을 가진 어떤 사람들에게는 더 강한 장애물이 있을 수 있고, 그들의 생각 속에서 그들이 원하는 대로 순결을 지킬 수 없다 하더라도 반드시 절제해야 한다. 그리고 어떤 사람도 자기의 역할을 다한다면 자기 몸의 순결을 지킬 수 없는 사람은 없다. 뿐더러 생각 자체는 일반적으로 그리고 대부분 순결하게 유지될 수 있으며, 사람이 경건하고 그들이 할 수 있는 일을 한다면 음란한 상상은 신속히 억제될 것이다. 그러나 다른 한편으로, 정욕을 좀 더 제어할 수 있는 사람이 있으며, 현재까지는 그것이 큰 방해가 되지 않는 사람들이 있는데, 그것을 막을 방법이 없는 한, 그 작은 정도에 대항하는 가장 확실하고 성공적인 수단으로서 결혼하는 것이 그들의 의무일 수 있다.

3. 결혼에 근거가 되는 또 다른 이유는, 모든 근거를 현명하게 판단해 볼 때, 결혼한 상태에서 하나님과 공익에 봉사할 가능성이 가장 높은 경우이다. 그 안에 우리 삶의 목적에 큰 도움이 되고 방해가 적을 것이다. 즉 하나님을 영화롭게 하고 우리 자신과 다른 사람들을 구원하는 것이다. 그러나 모든 조건이 한 가지 측면에서 우리에게 더 도움이 되면 다른 측면에서

---

2)　고전 7:9

더 방해되는 것은 당연하다. 즉, 한 가지 측면에서, 명상적인 삶에 가장 도움이 되면, 다른 측면에서, 활동적이고 봉사할 수 있는 삶을 더 잘 준비하는 데 방해가 되는 것은 당연하다. 따라서 우리의 의무를 분별하는 중요한 기술은, 환상, 정욕 또는 열정의 유혹이 없는 상태에서, 유용성과 불이익을 신중하게 숙고하고 비교하여, 어느 쪽이 가장 큰 비중을 차지하는지 진정으로 분별하는 것이다.

[관찰]

여기에서 다음 사항을 주의 깊게 관찰해야 한다.

1. 결혼의 첫 번째 두 가지 이유(정욕과 부모님의 뜻) 또는 이와 유사한 것들은 그 힘은 있지만 세 번째 이유(최종적인 이유, 즉 하나님과 우리 구원에 대한 관심)에 종속된다. 그리고 이 마지막 이유(결국에는)는 다른 어떤 것이 없이도 그 자체로 충분하다. 하지만 이것 없이 다른 어떤 이유만으로는 충분하지 않다. 결혼한 상태에서 하나님을 섬기고 다른 사람에게 선을 행하며 자신의 영혼을 구하는 데 있어 독신의 삶에서 얻을 수 있는 것보다 더 나은 이점이 분명히 있다면, 결혼하는 것은 의심할 여지없이 당신의 의무이다. 왜냐하면 궁극적인 목적을 추구해야 하는 우리의 의무는 가장 지속적이고 필수적인 의무이기 때문이다. 부모가 명령하지 않고, 육체적 필요는 없지만, 그것이 당신의 궁극적인 목적을 위해 최선을 다한다면 그것은 의무이다.

2. 그러나 다른 어떤 우연한 사건으로 인해 결혼이 불법이 되었을 때, 그 사고가 계속되는 동안에는 그 궁극적인 목적 자체에 대한 구실이 결혼의 근거가 될 수 없다는 것을 명심하라. 우리는 선을 이루기 위해 악을 행해서는 안 된다. 우리의 구원은 죄에 의해 촉진되지 않는다. 그리고 우리가 다른 사람들에게 좋은 일을 할 수 있는 가능성을 보았다고 해도, 그것을 성취하기 위해 그러한 죄를 범한다면, 그렇게 해서는 안 된다. 우리의 생명과 자비가 모두 하나님의 손에 있고, 우리의 모든 노력의 성공과 수용이 전적으로 그분께 달려 있기 때문에, 우리의 죄로 하나님을 고의적으로 불쾌하게 함으로써 그것을 달성하는 것은 결코 합리적인 방법이 될 수 없다! 유능하고 선량한 사람이 치안판사와 사역자가 되는 것은 공익을 위한 잠재력

이 있는 수단이다. 그러나 치안판사가 되거나 복음을 전파하기 위해 거짓말을 하거나 위증을 하거나 알려진 죄를 범하는 사람은 하나님의 인정이나 축복과 성공보다 그 자신과 자신의 노력에 대한 저주를 기대하는 것이 더 나을 것이다. 따라서 자신의 상태를 더 좋게 바꾸려고 죄를 짓는 사람은 자신이 상태를 더 나쁘게 바꾸었다는 것을 알게 될 것이다. 또는 그것이 다른 사람에게 좋은 일이라도, 회개가 그것을 막지 않는다면 그는 자신에게 좋은 일이 아니라 파멸이 될 뿐이다.

3. 또한 만약 이 궁극적인 목적에 어떤 삶의 상태(기혼 또는 미혼)가 가장 부합하는지에 대한 질문이라면, 그때 반대의 큰 이유가 없다면, 하위 이유 중 하나가 우리에게 부름이 있다는 것을 증명할 것이다. 당신에게 육체적 필요가 없는 경우에, 더 큰 반대의 이유가 없다면, 부모의 뜻만으로도 당신에게 의무로 만들 수 있다. 또는 부모가 당신에게 강제하지 않는다면, 육체적 필요만으로 그렇게 할 수 있다. 또는 이들 중 어느 것도 당신의 경우가 아닌 경우, 당신이 다른 많은 사람들을 구원하거나 교회에 봉사할 수 있도록 해 주거나, 하나님께 헌신할 수 있는 자녀의 축복과 같은 재산이나 기회를 얻을 수 있는 분명한 가능성이 있다면, 그때 그것을 반대하는 더 큰 이유가 없다면, 당신의 결혼에 확신을 줄 수 있다. 왜냐하면 등급이 같을 때, 이들 중 하나가 그들을 바꿀 수 있기 때문이다.

[결혼할 수 없는 경우]

이로써 당신은 결혼에 부름을 받지 않은 자가 누구인지, 또 누구에게 죄가 되는지 알 수 있다. 예를 들면, 결혼에 대한 모든 적합성과 부적합성이 같다면 결혼에 부름이 없는 것이며, 또는 결혼한 상태가 그의 구원이나 세상에서 하나님을 섬기거나 공경하는 데 더 큰 장애물이 되고, 그의 궁극적인 목적에 불이익을 줄 사람은 결혼에 부름이 없는 것이 분명하다.

탐구 '그러나 부모가 명령한다면 어떻게 해야 합니까? 아니면 내가 불순종하면 나에게 불리한가?'

답변 부모에게는 하나님이나 당신의 구원이나 궁극적인 목적에 반대하여 당신에게 어떤 것도 명령할 권한이 없다. 그러므로 여기서 당신은 그분들에게 형식적인 순종을 할 의무가 없다. 그러나 모든 결과를 수반하는 부모의 뜻은 다른 모든 고려사항과 함께 저울에 올려져야 한다. 만약 그분들이 당신의 궁극적인 목적과 관련하여 독신 생활의 불이익이 더 크다고 생각한다면, 그때 그들은 당신에게 결혼의 의무나 책임을 지울 수 있다. 그분들의 명령에 복종하는 것으로서 계율을 필요로 하는 것이 아니라, 당신의 궁극적인 목적을 위한 수단으로서, 그리고 당신이 당신의 궁극적인 목적인 "하나님의 나라와 그의 의를 먼저 구하라"[3]고 요구하는 하나님의 일반적인 명령에 순종하기 위한 수단으로서 필요하다.

탐구 '그러나 육체적인 필요성은 있지만, 결혼이 하나님을 섬기고 구원을 얻는 데 있어서 나에게 큰 불이익이 될 것이라는 것을 예상할 수 있다면 어떻게 해야 하는가?'

답변 1. 육체적 필요성은 절대적이지 않다는 것을 이해해야 한다. 왜냐하면 그렇게 정욕이 많은 사람은 없지만 다른 합법적인 방법으로 그의 욕망을 해소할 수 있기 때문이다. 즉, 식이요법, 노동, 건전한 교제, 사업의 전환, 고독, 생각과 감각에 대한 주의, 또는 적어도 의사의 도움으로 정욕을 억제할 수 있다. 그러므로 그 필요성은 단순한 필요성이라고 하기보다는 두 번째 무엇, 즉 긴급한 것에 불과하다. 그때 이 필요성에 대한 판단기준 자체는 다른 기회와 균형을 이루어야 한다. 그리고 그 필요성이 당신의 궁극적인 목적에 더 불리한 삶을 만들어서 그 판단을 달리 해야 한다면, 당신의 정욕이 결혼의 불편함보다 당신에게 더 큰 장애가 될 것이다. 이 경우, "정욕이 불같이 타는 것보다 결혼하는 것이 낫다"는 말씀으로 문제는 해결된다. 그러나 결혼한 상태에서의 방해가 당신의 정욕에서 오는 방해보다 큰 것 같다면, 당신은 그 정욕을 억제하고 치료해야 한다. 그리고 하나님의 수단을 사용함으로써 그분의 축복을 기대하라.

[부모의 뜻에 관한 것]

2. 부모가 절대적이고 강력하게 결혼을 금지할 때, 자녀는 일반적으로 하나님으로부터 결혼에 부름을 받지 않는다. 왜냐하면, 우리의 궁극적인 목적인 하나님의 이익을 방해할 것이

---

3) 마 6:33

라고 확신할 때는, 그렇다. 그것을 의무로 만들 수는 없지만, 그것이 금지되지 않는다면, 그것이 우리의 궁극적인 목적에 가장 크게 기여할 가능성이 분명히 있을 때, 부모의 금지가 그것을 죄로 만들 수 있기 때문이다. 왜냐하면 (1) 긍정론자들은 부정론자들이나 금지론자가 하는 것과 같이 항상 그리고 영원히 구속하지 않기 때문이다. (2) 부모에 대한 불순종의 죄는 선을 향하는 경향을 막고, 결혼의 모든 이점보다 우리의 궁극적인 목적에 반하는 일을 더 많이 할 것이기 때문이다. 그러므로 선택되고 고의적인 죄 없이는 수행할 수 없는 의무는 우리에게 의무가 아니다. 많은 경우에 우리는 통치자가 명령하면 그와 반대로 할 의무가 없을 때, 그가 금지하는 것을 삼가야 한다. 죄를 죄가 아닌 것을 만드는 것보다 의무를 의무가 아닌 것으로 만드는 것이 더 쉽다. 하나의 좋은 요소가 죄를 의무로, 또는 죄를 죄가 아닌 것으로 바꾸지 않음에도, 하나의 나쁜 성분이 의무를 죄로 바꿀 수 있다.

탐구 '그러나 부모의 금지조치가 상당한 정도의 부적합성으로 인해 더 과도하게 짓누르지는 않을까? 정욕이 불타는 것보다 결혼하는 것이 더 낫다. 1. 부모가 자녀가 죽을 때까지 절대적으로 결혼하는 것을 금지하여 정욕에 대한 합법적인 치료를 박탈한다면 어떻게 될까요? 2. 만일 그들이 그렇게 하지 않더라도, 자녀들이 가장 적절한 시기와 필요한 때에 그것을 금지한다면 그것은 별로 나아 보이지 않을 것이다. 3. 아니면 그들의 사랑의 감정이 얽혀 있어 서로의 파멸 없이는 헤어질 수 없는 상황에서 결혼을 금지한다면 어떻게 될까? 이와 같이 필요한 경우에 자녀들은 부모의 의지와 상관없이 그리고 그에 반하여 결혼을 할 수 없을까?'

답변 부모가 금지한 일을 하고 부모의 뜻에 반하여 결혼하는 것이 합법적인 경우도 있다는 것을 부인할 수는 없다. 왜냐하면 그들은 교화할 힘이 있고 멸망시키는 힘은 없기 때문이다. 많은 도움이 필요한 때와 장소에서, 마치 아들이 사역을 위한 탁월한 재능을 갖추거나, 악의적인 부모가 신성한 직분을 증오함에도, 아들은 영혼을 구원하는 복된 일에 헌신할 수 있는 것과 같다. 심지어 아들이 (자신의 소유로) 가난한 자를 구제하는 것을 그 부모가 못하게 함에도, 중지하지 않는 것과 같다. 또는 미래를 위해 그들을 구원할 능력을 갖추는 것과 같고, 자신에게 필요한 음식과 의복이 금지되었음에도 피하지 않는 것과 같다. 왕과 율법에 의해 금지되었음에도 불구하고 **다니엘**이 집에서 공개적으로 기도하는 것을 멈추지 않은 것과 같다. 어떤 불가분의 사고(accident)가 그 자체로 중요하지 않은 것을 의무로 만드는 경우, 그 사고가 통치자의 금지에 따른 사고보다 작거나 그로 인해 더 무거워지지 않는 한, 통치자의 금지는 우리를 그 의무로부터 해방시키지 않는다. 그러나 어떤 사고가 더 크고 작은지를 결정하는 것은 어려운 일이다.

그리고 특정 질문에 관한 첫 번째 질문에 답한다. 만약 부모가 살아 있는 동안 자녀가 결혼하는 것을 금할 때, 그 금지에 대항할 더 큰 의무가 없다면 죽을 때까지 부모에게 순종하는 것이 편리하고 안전하다. 그러나 자녀가 어릴 때처럼 집에서 부모의 지배아래 사는 동안에는 (몇몇 특별한 경우를 제외하고) 그 명령에 순종해야 한다. 그러나 부모가 죽었을 때(그들이 유언장에 명령을 남기더라도), 또는 나이 많아서 결혼하거나 특정 형태의 결혼으로 인해 자녀가 부모의 다스림에서 해방될 경우, 미성년 자녀가 스스로를 다스리기에 적합하지 않은 경우보다 더 작은 문제라면 그들의 불순종이 정당화될 수 있을 것이다. 왜냐하면 우리는 여전히 부모에게 제한적으로 순종해야 하지만, 성인이 된 자녀는 이전보다 더 자유롭게 자신에 대한 처분을 할 수 있기 때문이다. 자연은 자신의 새끼를 보호하고, 이끌고, 부양하는 짐승의 본능을 통해 그 의도를 우리에게 암시해 준다. 새끼가 스스로 살기에 부족할 때는 도와주지만, 그들이 자급자족할 수 있게 성장하면 그들을 쫓아내거나 방치한다. 만약 아내와 많은 자녀를 거느리고 세상의 큰일을 처리해야 하는 현명한 아들이 어린 시절처럼 연로한 부모에게 절대 순종을 강요받는다면, 그 일을 망칠 것이고, 부모의 다스림은 중년에 쌓은 것을 노년에 무너뜨릴 것이다.

그리고 두 번째 질문에 대한 대답은, 1. 억제할 수 없는 정욕이나 사랑을 구실로 삼은 자녀는 그러한 지나친 애정을 억제하기 위해 할 수 있는 모든 일을 해야 하며, 그들의 정욕을 이성과 부모의 뜻에 굴복시켜야 한다. 그리고 그들이 최선을 다하면, 수백 명 중 한 명도 없거나 아무도 없다고 하지만, 순종과 함께 순결을 지킬 수 있다. 2. 만일 어떤 사람이, 내가 최선을 다했고, 결혼해야 할 처지에 있다면, 부모님의 금지에도 결혼을 해야 하지 않느냐?라고 말한다면, 나는 믿지 않을 것이라고 대답한다. 당신은 최선을 다하지 않았거나, 그렇지 않으면 당신은 결혼할 필요가 없는 것이다. 그리고 당신의 긴박함은 당신 자신의 잘못이기 때문에, (당신이 그것을 제압해야 하는 것을 알기에) 하나님은 여전히 당신의 악을 제압하고 부모에게 순종하라고 요구하신다. 3. 그러나 그런 (믿을 수 없을 정도로) 결혼의 필요성이 있는 사람이 있다면, 그는 다른 사람들로 하여금 부모의 동의를 구하게 만드는 것이고, 그가 그것을 얻지 못하면, 어떤 사람들은 말하기를, 동의없이 결혼하는 것이 그의 의무라고 말하는 사람도 있다. 나는 그것을 더 작은 사악함(minus malum)이라고 말하고 싶다. 죄를 지을 수밖에 없는 상황에 몸을 던졌으므로, 둘 다 피하는 것과 두 가지 모두를 선택하지 않는 것이 여전히 그의 의무이다. 그러나 정욕의 불길과 순결하지 못한 더러움 속에서 사는 것보다 부모에게 불순종하는 것을 택하는 것은 더 작은 죄이다. 그리고 어떤 신학자들은 이런 경우에 아들이 아버지보다 우월한 권위자인 치안판사에게 호소해야 한다고 말한다. 그러나 다른 사람들은 다음과 같이 생각한다. (1) 치안판사도 동의하지 않는 경우 그가 해야 할 일을 결정하는 것은 매우 어렵다고 생각한다. (2) 그것은 더 큰 어려움을 가지고 한 가지 어려움을 해결하려는 것뿐이다. 가정문제에서 부모의 권위와 치안판사의 권위 중 어느 것이 더 큰지 여부는 확실한 근거가 없어 매우 의심스러운 데가 있다.

세 번째 질문, 즉 부모가 당신이 가장 좋아하는 사람과 결혼하는 것을 금지할 때에도 같은 대답이 적용된다. 왜냐하면 이성과 부모의 뜻에 굽히지 않는 그러한 애정은 (당신이 그것을 정욕이라 부르든 사랑이라고 부르든) 지나치고 죄악이기 때문이다. 그러므로 하나님이 당신을 구속하는 것은 그분이 정한 방법으로 그것을 제압하고 복종하는 것이다. 만약 당신이 그렇게 할 수 없다면, 사고(accident)와 예상되는 결과를 통해 어느 것이 더 작은 악인지 알려줄 필요가 있다.

탐구 '그러나 자녀가 결혼을 약속했는데 부모가 반대한다면 어떻게 해야 하는가?'

답변 자녀가 부모의 다스림 아래 있고 재량권도 부족하다면, 그 약속은 능력 부족으로 무효가 된다. 그리고 자녀가 장성했다면 그 약속은 약속한 행위에 대해서도 죄악이요, 부모가 반대할 때에 약속한 것도 죄악이다. 만약 약속하는 행위(actus promittendi)만이 죄악이었다면, (약속을 하는) 그 약속은 그럼에도 불구하고 (죄악일 뿐 무효가 아니라면) 의무가 될 수 있다. 부모가 반대함에도 결혼하는 죄악 된 약속의 근원(materia promissa)이, (약속된 문제) 죄이므로 그러한 자녀는 부모가 동의하거나 죽을 때까지 그 약속의 이행을 보류해야 한다. 그러나 그는 부모가 나중에 동의할 수 있다는 것을 알지 못하기 때문에 (약속을 맺은 사람이 불순종하지 않는 한) 다른 사람과 결혼하지 못하도록 구속된다. 그리고 그들이 동의하거나 죽으면 그 약속은 의무적으로 이행되어야 한다.

  민수기 30장에, 부모는 자기집에 있는 딸이 하나님께 서원한 것을 듣는 날에 허락하지 않을 수 있으며, 그때 서원한 것은 취소될 수 있다. 따라서 두 가지 의심이 생길 수 있다. 1. 이 권한이 결혼 약속이나 계약을 위반하는 데까지 적용되는지 그렇지 않은지 여부. 2. 딸뿐만 아니라 아들에게도 적용되는지 여부. 그리고 대부분의 주석가들은 두 가지 경우 모두에 대해 긍정적이다. 그러나 나는 그것이 불확실한 기초에 근거한 것임을 전에 보여 주었다. (1) 서원의 경우, 자신의 권리를 포기하게 되는 하나님이, 약속이나 계약의 경우에도 타인의 동의 없이 다른 사람에 대한 권리도 포기하게 될지는 불확실하다. 그리고 (2) 본문에 나오는 많은 단어를 보면 너무 친밀한 사람에 대한 것으로 보이기 때문에, 이것이 약한 성(sex)에 대한 관용이 아닌지는 불확실하다. 그리고 우리 자신의 추정에 따라, 우리가 상상하는 모든 것에 하나님의 율법을 적용하는 것은 위험하다. 우리의 상상력은 너무 쉽게 속을 수 있다는 것을 알기 때문이다. 하나님이 원하신다면 그러한 세부사항을 표현하실 수도 있었을 것이다. 그러므로 (본문에서 우리가 추론할 수 있는 명확한 근거가 없을 때) 그것은 다만 '하나님이 이렇게 말씀하셨어야 했다'고 말하는 것뿐이지, 우리가 '하나님이 이렇게 말씀하셨다고' 말할 수는 없다. 우리는 법을 설명하는 척하면서 법을 만들어서는 안 된다. "하나님이 내게 명령하신 이 모든 말은 너희는 지켜 행하고 그것에 가감하지 말지니라."[4]

  탐구 그러므로 문제가 죄에 관한 것이 아니라 부모의 반대 때문에 자녀의 그러한 약속의 무효성에 관한 것이라면, 나는 그러한 무효를 증명할 수 없다. 그들은 그들 자신의 권리(sui juris)가 아니므로 그들의 약속은 무효라고 말하지만, 그들이 성년에 이르러 재량을 사용한다면, 그들은 당연히 그들의 영혼까지도 다룰 수 있고 따라서 그들의 의무의 충실함도 다룰 수 있을 만큼 자신의 권리가 있다. 그들은 하나님이나 사람에게 복종할 수 있다. 그들이 통제되지 않을 정도로 자신의 권리를 가지고 있는 것은 아니다. 모든 것이 하나님의 통치 아래 있기 때문에 어떤 자녀도 백성도 사람도 주권자는 아니다. 그러나 사람이 죄악 된 일을 하겠다고 약속하면 무효가 아니라 죄가 되며, 약속이 없는 것이 아니라 죄악 된 약속이다. 무효는

---

4)　신 12:32

약속한 행위에 대해 반박이 없거나(reputative nullus), 약속 행위가 없는 것이다. 그리고 어떤 약속도 없었다면 어떤 것도 깨질 게 없다.

탐구 그러나 그러한 약속을 어디까지 지켜야 하는지에 대한 질문이라면, 내가 말한 내용을 요약하여 대답한다. 1. 만약 자녀가 이성(reason)을 사용하지 않았다면, 타고난 능력이 부족하기 때문에 약속이 무효라는 것이 증명된다. 여기서 무지 속에 이루어진 것은 동의가 아니다. 2. 그가 성년이 되었고 이성을 사용했다면, (1) 약속한 행위만이 죄였다면(앞서 맹세에 대해 말했듯이), 그 약속은 반드시 회개하고 지켜야 한다. 그것은 죄였기 때문에 회개해야 한다. 그것은 진짜 약속이었고 합법적인 일이었기 때문에 지켜져야 한다. (2) 약속한 행위가 죄일 뿐만 아니라(다른 어떤 이유로) 무효인 경우 의무가 아니다. (3) 약속한 행위가 죄일 뿐만 아니라(부모의 동의 없이 결혼하는 것처럼) 약속한 것이 죄라면, 회개해야 하며, 적법한 것이 될 때까지 그것이 행해져서는 안 된다. 맹세나 약속으로 사람이 하나님의 법을 어기도록 구속할 수 없기 때문이다.

탐구 '그러나 당사자들이 실제로 부모의 동의 없이 결혼했다면 어떻게 해야 하나? 함께 살아야 하나, 아니면 헤어져야 하는가?'

답변 1. 결혼이 서로에 대해 성관계(per carnalem concubitum), 육체적으로 아는 상태에서 완성되었다면, 부모가 그것을 해지하거나 그들의 동거를 금지할 이유가 없다고 생각한다. 왜냐하면 결혼은(내가 아는 바로는) 무효가 아니라 죄일 뿐이며, 그들의 성교는 음행이 아니기 때문이다. 부모는 남편과 아내가 동거하는 것을 금할 수 없다. 결혼한 자들이 (실제로 죄가 있지만) 아버지와 어머니를 떠나 서로 결합하므로 이제 부모의 다스림에서 (모든 순종에서 벗어난 것은 아니지만) 벗어났다.

2. 그러나 결혼이 단지 구두로 결합이 이뤄진다면, 어떻게 해야 할지에 대해서는 신학자들의 의견이 분분하다. 어떤 이들은 성관계 전(ante concubitum)에는 완전한 결혼이 아니며, 또한 그들의 결합은 약속의 본질(남편과 아내로서 서로에게 충실할 것을 약속하는)을 가질 뿐이므로 부모가 동의하지 않는 한 약속한 일은 불법이므로 행해서는 안 된다고 생각한다. 그러나 나는 오히려 (대부분의 사람들이 그러하듯이) 성관계 전이라도 결혼에 대한 필수적인 모든 것을 가지고 있다고 생각하며, 이 결혼은 장래에 충실하겠다는 약속 이상이며, 심지

어는 실제적인 현재의 충성을 서로에게 말하는 것이다. 결혼에 관해 약속한 것은 적법하다. 부모의 동의 없이 결혼하는 것은 죄가 되나, 그 후에 부모의 동의 없이 결혼한 사람이 동거하는 것은 합법적이다. 그러므로 그러한 결혼은 비록 죄를 짓게 되었지만 유효하고 계속되어야 한다.

[순결 서약]

3. 결혼하라는 하나님의 부르심을 받지 않은 세 번째 유형은, 그들이 절대 결혼하지 않겠다고 맹세한 사람들이다. 그들은 신의 섭리가 그것을 필수적인 의무로 만들어서 그들을 구속하지 않는 한 결혼할 수 없다. 그리고 나는 이것이 이루어질 수 있는 두 가지 방법만 말하겠다.

(1) 만약 정욕이 너무 강한 경우에는 결혼 외에는 다른 합법적인 방법이 없으므로 순결을 유지하기에 결혼이 충분할 수 있다. 그러한 결혼은 먹고 마시거나 자신의 벗은 몸을 가리거나 다른 사람들이 부정함과 거짓말과 도둑질 등을 못 하도록 막는 것만큼이나 큰 의무이다. 만약 당신이 먹거나 마시지 않고 벌거벗고 다니고, 부정한 일이나 거짓말이나 도둑질하는 것을 결코 금하지 않겠다고 맹세한 경우에, 그 서원을 이행하는 것은 불법이다. 그러나 다른 합법적인 수단으로 자신의 정욕을 극복하거나 억제할 수 없는 사람이 있는지 여부는 의심스럽다. 나는 그런 사람이 있을 수 있다고 생각한다. 그러나 나는 그것이 백 명 중 하나가 안 된다고 생각한다. 만약 그들이 이전에 주어진 지시를 (제1부 제3장, 제5부 제1과, 제2과) 실천한다면 나는 그들의 정욕이 억제될 수 있다고 생각한다. 만약 그것들이 통하지 않는다면 의사의 도움을 받을 수 있고, 만일 그것이 통하지 않는다면 어떤 사람들은 생명에 명백한 위험이 되지 않는 한 서약을 지키기 위해 외과의사의 도움은 합법적이라고 생각한다. 만일 마태복음 19장 12절, 그 본문이 거세로 이해되어야 한다면, 그리스도께서 책망하지 않으시고 거세에 대해 언급할 때에 그것을 허락하신 것으로 생각된다. 그러나 대부분의 주석가들은 그것은 순결의 확고한 결의만을 의미한다고 생각한다. 그리고 보통 다른 수단들이 이것을 불필요하게 할 수 있다. 그것이 불필요하거나 위험하다면, 그것은 의심할 바 없이 불법이다.

(2) 하나님께서 순결 서약을 면제하실 수 있는 두 번째 방법은 한 사람의 결혼을 공공의 안전을 위해 명백히 필요한 일이 되도록 하는 것이다. 그리고 나는 이 경우에 해당되는 단 한 가지 사례만을 분별할 수 있는데, 그것은 어떤 왕이 정절을 맹세하고 결혼하지 않을 경우, 그의 다음 후계자가 기독교, 국민 전체의 종교, 안전, 행복의 적이라고 공언된 사람이라면, 기독교는 분명히 전복될 위험에 처하게 된다. 나는 그러한 왕의 경우는 자기 자녀들에게 음식과 옷을 결코 주지 않겠다고 맹세한 아버지의 경우와 같다고 생각한다. 또는 **아합**이 그 땅에 우물을 파지 않겠다고 맹세하는 것과 같고, 선박에 누수가 생겨도 생명을 구하기 위해 물을 퍼내지 않겠다고 맹세한 선장과 같다. 이런 경우에 하나님은 그 문제의 변이(mutation)로 인해 당신의 서약을 구속하지 않는다. 목사는 그것을 선언적으로 면제할 수 있다. 그러나 교황이나 인간이 그 이상을 주장하는 것은 불경건이며 기만이다.

탐구 '몸이 차갑고 무기력하고 출산할 수 없는 노인들이 결혼할 수 있는가?'

답변 그렇다. 하나님은 그것들을 금하지 않으셨다. 그리고 상호간의 도움과 위로와 같은 결혼의 다른 합법적인 목적도 있으니 이는 합법적일 수 있다.

방향 제시-2 '결혼에 대한 지나친 열심을 억제하기 위해 결혼의 일상적인 불편함도 기억하라.' 당신이 한 번도 생각해 본 적이 없는 생활의 불편함을 서두르지 말라. 당신이 결혼에 대한 부름을 받은 경우 어려움과 의무에 대한 지식은 당신의 준비와 충실한 수행에 필요할 것이다. 만약 부름이 없다면, 이 지식은 결혼을 피하기 위한 것에 필요하다. 나는 먼저 모든 사람에게 나타나는 공통적인 불편함을 언급하고, 다음에는 복음 사역자에게 적합한 몇 가지 불편함을 언급하겠다. 이러한 불편함은 다른 사람들보다 결혼 생활을 피해야 할 더 큰 이유가 된다.

1. 결혼은 일반적으로 남자를 과도한 세속적 염려에 빠지게 한다. 그것은 그들의 사업과 일반적으로 그들의 욕구를 몇 배로 늘린다. 마음먹고 해야 할 일이 많고, 제공해야 할 것이 많다. 그리고 당신이 관계를 맺어야 할 많은 사람들은 이기적인 성향과 호기심을 갖고 있으며, 당신은 그들의 목적에 준하여 생각할 것이다. 그리고 많은 개인들과 기업들 사이에서 어떤 것들은 자주 엇갈린다. 당신은 많은 상처와 실망을 볼 것이다. 그리고 당신의 본성은 괴롭힘 당하지 않고는 이 모든 것을 견뎌낼 만큼 강하고 포용력과 안내심이 없다.

2. 결혼한 상태에서는 독신생활보다 원하는 것이 충족되기 어렵다. 당신은 전에 결코 원하지 않았던 것을 너무 많이 원할 것이고, 부양하고 만족시킬 것이 너무 많아서, 만약 당신이 그렇게 많은 것을 가져 본 적이 없다면 모든 것이 부족해 보일 것이다. 그러면 당신은 미래에 무엇을 먹을지, 무엇을 마실지, 무엇을 입을지 고민하다가 자주 어찌할 바를 모르게 될 것이다.

3. 결혼한 상태에서 당신의 원하는 것들은 독신상태에서보다 훨씬 더 감당하기 어렵다. 아내와 자녀의 궁핍을 보는 것보다 개인적인 욕구를 참는 것이 훨씬 더 쉽다. 애정은 그들의 고통으로 인해 당신을 괴롭힐 것이다. 그러나 솔직함은 당신의 마음을 괴롭히고, 하인의 도움을 필요로 하고, 하인들이 기대하기에 적합한 것을 원하게 할 것이다. 게다가 특히 가족의 불만과 조급함은 그들의 모든 욕구보다 당신을 더 불만스럽게 할 것이다. 당신은 당신의 아내와 자녀와 하인들의 마음이 만족하도록 도울 수 없다. 오, 그들이 안달하고 투덜거리고 불평하는 것을 듣는 것은 얼마나 가슴 아픈 시련인가! 그들이 당신이 주지 않은 것을 요구하는 것을 듣고, 그들의 상태를 슬퍼하고, 그들이 가지고 있지 않기 때문에 당신이나 하나님의 섭리에 대해 외치는 것은 얼마나 가슴 아픈 시련인가! 그러나 재물이 당신을 이러한 불만에서 자유롭게 해 줄 것이라고 생각하지 말라. 그러한 불만에 관여하는 부자가 적기 때문이다. 큰 발에는 큰 신발이 있어야 한다. 가난한 사람이 적은 양의 물품을 원할 때 부자는 가난한 사람이 쉽게 가질 수 없는 거액 또는 더 많은 양의 물품을 원할 수 있다. 그리고 그들을 더 큰 교만으로 끌어올리는 그들의 상태는, 더 큰 불만으로 그들을 괴롭힌다. 가족이 있고 자신의 재산에 만족하는 사람이 전 세계에서 얼마나 적은가!

4. 그러므로 결혼생활은 독신생활보다 훨씬 더 많은 세속성이나 탐욕에 대한 유혹을 받는다. 당신이 더 필요하다고 생각할 때, 당신은 더 많은 것을 원할 것이다. 그리고 당신이 제공하는 사람들을 만족시키기에 너무 적다는 것을 발견할 때, 당신은 그들의 욕구에 따라 당신의 재산을 가늠하고 당신이 결코 충분하지 않다고 생각하기 쉽기 때문이다. 부양할 새끼가 있는 새와 짐승은 가장 배고프고 탐욕스럽다. 당신은 지금 긁어모아야 할 것이 너무 많아서 여전히 부족하다고 생각할 것이다. 죽을 때까지 저축해야 할 뿐 아니라 살아남은 아이들을 부양해야 한다. 그리고 당신이 그들을 당신 자신과 같이 여기는 동안, 당신은 지금 두 세대에 걸쳐 식량을 마련해야 한다. 그리고 대부분의 사람들은 자신을 위해 준비하는 것처럼 후손

을 위해 준비하는 것에 탐욕스럽다.

5. 이로 말미암아 당신은 다른 사람에게 자선을 베푸는 일에 방해를 받는다. 아내와 자녀는 모든 것을 삼키는 심연이다. 만약 당신이 자신만 부양해야 한다면 조금으로도 족할 것이다. 그리고 당신은 불필요한 것들에 대한 당신 자신의 욕망을 부인할 수 있으므로 선한 일을 할 수 있는 넉넉한 양식이 있을 것이다. 그러나 아내와 자녀가 부양되고 그들의 모든 절박한 욕망이 충족될 때면 경건하거나 자선 목적으로 사용할 만한 것이 별로 남지 않는다. 한탄스러운 경험이 이를 증명한다.

6. 그리고 이로써 결혼한 상태가 일반적으로 남성 자신의 직업을 얼마나 방해하는지 알 수 있다. 로마 가톨릭교인들이 자기 종파의 명예를 자랑하는 것처럼 공공 자선 사업을 그토록 많이 하게 만든 것은 그들의 독신 생활에 대한 서약 때문이었다. 유산을 물려줄 자녀가 없고 스스로 그것을 지킬 수 없을 때, 그들의 양심을 가장 평온하게 하고 그들의 이름을 드높이는 용도로 그것을 맡기는 것이 쉽기 때문이다. 당신 자녀를 경건하게 교육하여 하나님을 섬기는 일과 가난한 자의 자녀를 구제하는 일이 선한 일이요 하나님이 받으실 만한 일이라 할지라도 세상에서는 그것을 그다지 귀히 여기지 아니하며 종교에 그다지 명예를 가져다주지도 않는다. 가난한 자들에게 100파운드를 주는 것이, 경건한 목적으로 교회 봉사를 위해 훈련시키고자 하는 당신 자녀에게 1,000파운드를 주는 것보다, 당신의 관대함과 미덕에 대한 명성을 더 높일 것이다. 비록 이것이 당신 자신의 명예에 관한 한 중요하지 않은 일이지만, 종교의 명예와 영혼의 유익에 관한한 그것은 대단한 것이다.

7. 그리고 여성의 천성적인 연약함으로 인해 당신이 준비해야 할 것은 작은 인내심이 아니다. 참을성 있고 남자다운 성격의 사람이 극소수라는 점을 제외하고, 여자들은 일반적으로 강한 환상을 가지고 있으며, 부드럽고 정열적이며 참을성 없는 정신을 갖고 있으며, 쉽게 분노나 질투, 불만에 빠지며, 이해력이 약해서 스스로 개혁할 수 없다. 그들은 남자와 아이 사이에 있는데, 몇몇은 남자의 성격을 더 많이 가지고 있고, 많은 사람들은 아이의 성격을 더 많이 가지고 있으며, 대부분은 중간 상태에 있다. 어린아이, 노인, 병든 사람에게서 볼 수 있듯이, 연약함은 자연히 사람을 겁이 많고 기뻐하기 어렵게 만든다. 그들은 아프고 질병에 걸린 사람과 같아서 건드리기만 해도 상처를 입는다. 상처가 너무 많으면 말하는 것과 표정을

거의 알 수도 없고 불쾌하게 할 수 있다. 만약 당신이 기쁘게 하는 기술에 매우 정통하고, 마치 그것을 당신의 일로 삼고 다른 할 일이 거의 없는 것처럼 정성을 다해 그것에 전념한다면, 당신의 능력과 기술을 능가하지는 않더라도, 약하고 참을성이 없는 사람들을 기쁘게 하는 일은 당신을 힘들게 할 것이다. 그리고 당신이 그들을 더 많이 사랑할수록, 그들이 여전히 불만에 잠겨 있는 것을 보고, 당신은 그들의 상태에 지치고, 그들의 불안한 마음의 소란스러운 표현을 듣는 것은 더욱 괴로울 것이다. 아니, 매우 많은 사람들이 중독되어 있는 수많은 단어들이 일부 사람들의 삶을 계속 부담스럽게 만든다. 성경이 말하는 것을 유의하라. "다투는 여인과 함께 큰 집에 사는 것보다 움막에서 사는 것이 나으니라. 다투며 성내는 여인과 함께 사는 것보다 광야에서 사는 것이 나으니라. 다투는 여인과 함께 큰 집에서 사는 것보다 움막에서 혼자 지내는 것이 나으니라. 다투는 여자는 비 오는 날에 이어 떨어지는 물방울이라, 천 사람 가운데서 한 사람을 내가 찾았으나 이 모든 사람들 중에 여자는 한 사람도 찾지 못하였노라."[5]

8. 그리고 결혼하는 양쪽 모두에 결점과 불완전함이 있어서 다른 사람의 연약함을 올바르게 견디기가 훨씬 더 어렵다. 만일 한 쪽이 불순종하고 참을성이 없다면 다른 쪽의 충성심이 그것을 더 참을 수 있게 만들 수도 있다. 그러나 우리는 모두 어느 정도 같은 질병에 걸려 있다. 약함과 약함이 만나고 교만과 교만이 만나고 열정과 열정이 만나면 질병이 악화되고 고통이 두 배가 된다. 우리의 부패는 이와 같아서, 우리의 의도는 우리의 의무에서 서로 돕는 것이지만, 우리는 서로의 질병을 불러일으키기 쉽다.

9. 결혼 생활에 딸린 일과 염려와 근심은 우리의 생각을 하나님으로부터 끌어내리고 "필요한 한 가지 일"[6]로부터 다른 곳으로 돌리게 하는 큰 유혹이다. 그리고 마음을 산만하게 하여 거룩한 의무를 다하지 못하게 하고, 마치 우리가 하나님을 섬기지 않는 것처럼 분열된 마음으로 하나님을 섬기게 한다. 많은 걱정과 일에서 빠져나와 진지한 열정으로 기도하거나 묵상하는 것이 얼마나 어려운 일인가? 사도 **바울**의 말을 들어보라, 나는 모든 사람이 나와 같기를 원하노라. 내가 결혼하지 아니한 자들과 과부들에게 이르노니 나와 같이 그냥 지내는

---

5)   잠 21:9, 19, 25:24, 27:15; 전 7:28
6)   눅 10:42

것이 좋으니라… 내 생각에는 이것이 좋으니 곧 임박한 환난으로 말미암아 사람이 그냥 지내는 것이 좋으니라… 육신에 고난이 있을 것이다… 너희가 염려 없기를 원하노라 장가 가지 않은 자는 주의 일을 염려하여 어찌하여야 주를 기쁘시게 할까 하되 장가 간 자는 세상 일을 염려하여 어찌하여야 아내를 기쁘게 할까 한다… 시집 가지 않은 자와 처녀는 주의 일을 염려하여 몸과 영을 다 거룩하게 하려하되 시집 간 자는 세상일을 염려하여 어찌하여야 남편을 기쁘게 할까 하느니라… 내가 이것을 말함은 너희에게 올무를 놓으려 함이 아니니 오직 너희로 하여금 이치에 합당하게 하여 흐트러짐이 없이 주를 섬기게 하려 함이라… 그러나 그가 마음을 정하고 또 부득이한 일도 없고 자기 뜻대로 할 권리가 있어서 그 약혼녀를 그대로 두기로 하여도 잘하는 것이니라 그러므로 결혼하는 자도 잘하거니와 결혼하지 아니하는 자는 더 잘하는 것이니라."[7] 그리고 그리스도 자신의 말씀을 유의하라, "제자들이 이르되 만일 사람이 이같이 할진대 장가들지 않는 것이 좋겠나이다 하나, 예수께서 이르시되 사람마다 이 말을 받지 못하고 오직 태어난 자라야 할지니라."[8]

10. 결혼에 딸린 일은 일반적으로 거의 모든 시간을 삼켜 버리기 때문에 거룩한 묵상이나 다가올 삶에 대해 진지하게 생각해 볼 시간은 거의 남지 않는다. 모든 하나님에 대한 봉사는 위축되고 구석으로 몰려 가까스로 하게 된다. 세상은 당신이 묵상하거나 기도하거나 성경을 읽을 시간을 거의 허락하지 않을 것이다. 당신은 (**마르다**처럼) 그리스도의 발 앞에 앉아 그분의 말씀을 듣는 것보다 자신의 일을 처리해야 할 필요성이 더 크다고 생각한다. 오, 독신자들은 (대부분) 여가의 소중함을 알고 있으며, 기혼자들에 비해 하나님의 예배에 참석하고 그분의 말씀을 배우는 데 얼마나 자유로운가!

11. 기질과 이해의 정도가 너무 다양하여 세상에 똑같은 두 사람이 거의 없고, 그들 사이에는 약간의 부적합한 부분이 있다. 약간 고르지 않은 돌은 건물에 삐뚤어지게 놓여 있게 된다. 본성이나 관습이나 교육에 따라 성향, 관심사, 의지에 대한 적대감이 있을 것이며, 이는 빈번한 불만을 불러일으킬 수 있다.

12. 남편과 아내는 서로에게 져야 할 의무가 많다. 즉 서로에게 가르치고 훈계하고 기도하

---

7)   고전 7:7, 8, 26-28, 32-35, 37, 38
8)   마 19:10, 11

고 돌보며 영원한 행복을 위하여 서로 돕는 자가 되고 서로의 연약함을 참을성 있게 견뎌야 한다. 연약하고 이해가 더딘 마음을 가진 사람에게는 너무 많은 의무가 더해지면 아무리 좋은 일이라도 그들의 피로를 더하게 된다. 사람들은 더 많은 일을 하기 전에 자신의 힘을 생각해야 한다.

13. 또 서로 사랑하면 할수록 서로의 슬픔에 더 많이 참여하게 되고, 그들 중 하나는 어떤 종류의 고통을 자주 겪게 될 것이다. 만일 한 사람이 병들거나, 절름발이가 되거나, 고통을 당하거나, 명예를 훼손당하거나, 억울한 일을 당하거나, 마음이 불안하거나, 유혹에 빠져서 어떤 상처를 받는 죄에 빠지면, 다른 한 사람이 그 고통의 일부를 짊어지게 된다. 그러므로 당신이 다른 사람의 모든 짐을 지고, 다른 사람의 상처로 고통받기 전에, 당신 자신의 능력보다 얼마나 더 많은 짐을 가졌는지 당신의 힘을 관찰하는 것이 중요하다.

14. 만일 당신이 경건치 아니한 자와 결혼하면 그 고통이 얼마나 클 것인가! 당신이 그들을 사랑했다면, 그들은 당신의 판단을 왜곡하고, 당신의 마음을 죽이고, 거룩한 삶에서 벗어나게 하고 당신의 기도를 멈추게 하고, 당신의 삶을 타락시키고, 세상에서 당신의 영혼을 파멸시킬 수 있는 가장 강력한 도구가 되어 당신의 영혼을 계속 위험에 빠뜨릴 것이다. 당신이 올무에서 벗어나 스스로를 구할 수 있는 은혜를 얻으려면 유혹이 더 크기 때문에 훨씬 더 큰 어려움과 고통이 따를 것이다. 그리고 영원히 지옥에 거하는 마귀의 자식과 그렇게 가까이 대화하는 것은 얼마나 가슴 아픈 일인가! 그런 생각을 매일 하는 것은 당신에게 매일의 죽음이 될 것이다.

15. 특히 여성들은 결혼 생활에서 아주 많은 고통을 예상해야 한다. 만약 하나님께서 그들에게 결혼 생활에 대한 자연스러운 성향과 자녀에 대한 강한 사랑을 넣어주지 않고, 가장 짜증나는 고난 속에서도 인내할 수 있도록 해 주시지 않았다면, 그들이 그렇게 비참한 삶을 거부함으로써 세상은 이미 끝이 났을 것이다. 그들은 양육하는 가운데 질병, 출산할 때의 고통, 생명의 위험, 어린 시절의 자녀를 간호할 때 밤낮으로 겪는 피곤한 일, 남편에게 복종하고 집안일을 계속 돌보는 것 외에도 수많은 저급하고 골치 아픈 일에 그들의 삶을 바치도록 강요당한다. 본성 자체가 그들에게 그 일에 기울이게 하지 않았다면, 이 모든 것 그리고 훨씬 더 많은 것들이 결혼에서 성관계를 완전히 잊어버리게 했을 것이다.

16. 그리고 오, 영혼을 구원하기 위해 모든 자녀에 대해 부모들에게 부과된 의무는 얼마나 많은가! 그들에게 구원의 교리를 가르치는 데 얼마나 끊임없는 수고가 필요한가! 이에 대해 하나님께서는 그들에게 반복해서 자신의 말씀을 부지런히 가르치며 (또는 그것을 강론하며) "집에 앉았을 때에든지 길을 갈 때에든지 누워 있을 때에든지 일어날 때에든지 강론할 것을 명하셨다."9) 자녀들의 마음속에는 얼마나 고집스럽고 뿌리 깊은 부패가 많으며, 부모는 가능한 모든 부지런함으로 이를 뿌리 뽑아야만 한다! 그들에게 그들의 죄와 구세주, 그들의 하나님과 영혼과 내세에 대해, 그 경건함과 중대함과 진지함과 지치지 않는 불변성을 가지고, 그 문제의 중요성이 요구하는 대로 말하고, 그들의 모든 행동과 태도를 같은 목적에 맞추도록 하는 것이 얼마나 크고 힘든 일인가! 자녀를 둔 대부분의 사람들은 자녀의 영혼을 거룩하게 하고 구원하기 위해 하나님께서 부모들에게 얼마나 많은 보살핌과 수고를 요구하시는지 거의 모른다. 이 중요한 일을 시작하기 전에 당신이 그 일에 적합한지 생각해 보라.

17. 당신이 최선을 다했음에도, 자녀를 유산하게 되면 보통 많은 고통이 예상된다. 경건한 부모조차도 종종 그러하듯이 당신이 당신의 의무를 게을리하면 더욱 그렇다. 모든 고통과 보살핌과 수고 끝에도 불구하고, 어떤 사람들의 어리석음과 다른 사람들의 완고함과 그리고 가장 사랑했던 사람들의 감사하지 않는 마음이 당신의 마음을 찌르기까지 한다는 것을 깨달아야 한다. 당신은 많은 악이 튀어나와 당신을 괴롭힌다는 것과, 자녀들이 더 사랑스러울수록 더 슬퍼하게 된다는 것을 알아야 한다. 그리고 자녀를 마귀의 종으로, 하나님과 경건의 원수로, 하나님의 교회를 핍박하는 자로 키우는 것은 얼마나 슬픈 일인가! 그리고 그가 지옥에 영원히 누워 있다는 것을 생각해 보라, 얼마나 슬픈 일인가! 그리고 아아! 그러한 사람이 얼마나 많은가!

18. 당신이 종들에게 의무를 다하는 것은 조금도 작은 일이 아니며, 선한 자를 얻는 것은 매우 어렵고, 선하게 만드는 것은 훨씬 더 어려우며, 그들을 가르치고 그들의 구원의 문제를 생각해야 하는 당신의 의무는 매우 크다. 당신의 일과 세상 일에 대한 불만이 빈번할 것이며, 그 모든 불만은 당신이 하나님의 지시를 받는 데 방해가 될 것이다. 대부분의 가정은 교정

---

9)   신 6:6-7, 11:19

(correction)을 하는 집이거나 고통의 집이다.

19. 그리고 이 결혼의 십자가는 일 년 동안이 아니라 평생 동안이며, 당신이 함께 사는 동안 모든 불편함이 없어지지 않는다. 후회할 수도 없고 십자가를 피할 수 있는 방법을 찾기 위해 주변을 둘러볼 여지도 없다. 죽음만이 당신의 불편함을 제거할 것이다. 그러므로 그러한 상태의 변화는 진지하게 미리 생각해야 하고 모든 문제를 예견하고 숙고해야 한다.

20. 그리고 사랑이 너희를 서로 아끼게 만든다면 죽을 때에 너희 이별은 더 고통스러울 것이다. 당신이 처음 합쳤을 때, 그러한 이별이 반드시 있을 것이라는 것을 알고 있으며, 당신의 모든 삶의 과정을 통해 그것을 예견할 수 있다. 당신 중 한 사람은 사랑하는 사람의 시신이 차갑고 끔찍한 덩어리로 변하는 것을 보게 될 것이다. 당신은 울면서 무덤까지 따라가야 하고, 그것을 먼지와 어둠 속에 남겨두어야 한다. 그곳에서 보기에도 냄새도 견딜 수 없는 역겨운 덩어리로 썩어 갈 것이 틀림없다. 곧 그것을 따라가서 같은 상태에 놓이게 될 것이 분명하다. 이 모든 것은 결혼의 일반적인 부속물이자 결과이다. 쉽고 간략하게 말하자면 참기엔 길고 힘들다! 허구가 아니라 현실이며 대부분의 사람들이 기대할 만한 이유가 없다. 그런 삶을 정욕에 휩싸여 성급하게 모험을 해야 할까? 아니면 그런 부담을 미리 생각하지 않고 떠맡아야 할까?

[목회자의 결혼에 대해서]

그러나 특히 복음 사역자들은 결혼 생활을 시작하기 전에 사역자들이 무엇을 하는지 생각하고 또 생각해야 한다. 그것은 단순히 그들에게 불법적이라는 뜻도 아니고 로마 왕국에 있는 것처럼 육체적인 목적과 가증스러운 결과를 위해 법에 의해 묶여 있어야 한다는 뜻도 아니다. 그러나 일반적으로 그들이 수행하는 신성한 사역에 대한 이러한 골치 아픈 삶의 형태는 매우 큰 장애물이므로 사역의 성취를 위해서는 매우 분명한 부름이 필수적이다. 장황하지 않게 다음 네 가지만 말하니, 잘 생각해 보라.

1. 결혼은 많은 보살핌과 일이 필요한 삶이기에 당신이 맡은 더 큰 일을 할 시간이 거의 없다. 그럼에도 결혼이 당신에게 잘 맞겠는가? 당신이 공적으로나 사적으로 무엇을 해야 하는

지 아는가? 독서, 묵상, 기도, 설교, 개인적으로 가르치는 일, 집집마다 방문해야 하는 일을 알고 있는가? 그리고 그것이 얼마나 중요한 일인지 아는가? 사람의 영혼을 구하는 일을 정확하게 해야 하는 줄 알고 있는가? 세상적인 염려와 사업에 그렇게 많은 시간을 할애할 여유가 있는가? "너는 이 일을 묵상하고 네 자신을 온전히 드리라"[10]는 명령을 받지 않았는가? 이것은 명백하지 않은가? "병사로 복무하는 자는 자기 생활에 얽매이는 자가 하나도 없나니 이는 병사로 모집한 자를 기쁘게 하려함이라."[11] 이것은 당연한 것 아닌가? 군인들은 농장과 하인을 바라보지 않는다. 만일 당신이 신실한 사역자라면, 나는 감히 말하건대, 당신은 당신의 모든 시간이 당신의 적절한 일을 위해 너무 적다는 것을 알게 될 것이며, 많은 시간 동안 탄식하며 말하기를, 오 시간은 얼마나 짧고 빠른가! 오, 나의 일과 의무는 얼마나 크고 오랜 시간이 걸리는가!라 말하게 될 것이다.

2. 사역자로서 항상 자유로이 하나님을 섬길 준비가 되어 있는 마음에, 그토록 마음을 산만하게 하는 많은 활동과 정규 직업에서 멀어지게 하는 것과 주의를 산만하게 하는 생활이 얼마나 잘 어울리는지 생각해 보라. 당신의 연구는 너무나 위대하고 신비한 주제에 관한 것이어서 그것들은 온 마음을 필요로 하며, 개인적으로 사용할 시간이 너무 적다. 당신 앞에 놓인 많은 어려움을 해결하고, 듣는 사람의 마음을 꿰뚫고 설득할 수 있는 적절한 말을 준비하고, 위선자들의 마음을 얻고, 그 말씀이 효과를 얻을 때까지 지켜보고, 가난한 영혼들을 그들의 큰 필요성에 따라 다루고, 하나님의 말씀을 그 거룩함과 위엄에 따라 다룰 때에, 이런 일들은 온전한 시간을 바쳐야 하는 일이지, 분열되거나 주의가 산만한 마음을 가진 사람들이 할 일이 아니다. 여자들의 이야기, 아이들의 울음소리, 그리고 세상의 염려와 일은 이러한 연구를 준비하거나 수행하는 것을 어렵게 한다.

3. 그렇게 큰 혼란스러운 삶이 하나님을 위해 애정을 쏟아야 하는 사람에게 적합한지 잘 생각해 보라. 그리고 그의 모든 일은 입술로만 형식적이고 위선적으로 하는 것이 아니라 온 마음을 다해 진지하게 해야 하는 일이다. 어느 때라도 당신의 마음과 열정이 뒤쳐진다면 생명과 능력, 아름다움과 영광을 잃게 된다. 그때 당신의 연구, 기도, 설교, 집회는 얼마나 죽은 것

---

10) 딤전 4:15
11) 딤후 2:4

이 될까! 세상의 염려와 어려운 일로 흐트러지고, 육체의 일로 방해받고 있으면서, 하나님에 대한 따뜻하고 활기찬 애정을 유지하고, 하늘과 하늘의 것들에 관심을 가질 수 있을까?

4. 또한 그 궁핍한 삶이, 자선과 선행으로 그의 교리를 보강하고 인간의 영혼을 거룩함에 대한 사랑으로 이끄는 삶과 얼마나 잘 어울릴지 생각해 보라. 가난한 사람들의 육체를 먹이지 않으면 그들은 영혼의 양식을 덜 맛보게 될 것이다. 아니, 만일 당신이 다른 사람보다 선한 일을 더 많이 하지 않는다면 눈멀고 악한 세상은 당신에게서 선한 것을 아무것도 보지 못하고 말하기를 너는 말은 좋으나 네 선한 행실이 어디 있느냐 할 것이다. 이런 설교자들은 다른 사람들처럼 탐욕스럽고 세속적이며 무자비하다는 저속한 명성을 얻었고, 이로 인해 사람들이 복음과 종교에 반하여 완고하게 된 것을 얼마나 많이 보아 왔는가! 그것은 그러한 명성을 반영하는 뭔가 특별한 것임에 틀림없다. 그리고 자신이 가진 모든 것을 자선 사업에 바치는 사역자들의 노력이 얼마나 많은 성공을 거두었는가! 부유하고 결단력 있는 사람은 결혼한 상태에서 선한 일을 할 수 있지만, 일반적으로 지금 언급된 부분에 대해서는 거의 아무것도 하지 못한다. 당신이 많은 것을 가지고 있지 않다면, 아내와 자녀와 가족의 필수품들이 모든 것을 삼키게 된다. 그리고 당신은 당신이 죽자마자 그들에게 필요한 어떤 것을 준비해야 한다. 그리고 사역을 유지 관리하면서 이 모든 것을 충분히 감당하기에는 역부족이다. 그 밖의 저명한 자선 활동은 더 말할 것도 없다! 만일 당신에게 아내와 자녀가 있다면 가난한 사람들에게 많은 선을 행한다는 것을 결코 생각하지 말라! 그런 경우는 드물고 놀라운 일이다. 모든 것이 당신 자신에게는 너무 적을 것이다. 반면에 당신 가족의 유지를 위해 사용되는 모든 것이 가난한 자들에게 주어진다면, 그것이 얼마나 불경건한 사람들의 마음을 화해시키고, 얼마나 당신의 목회 사역에 도움이 될지 당신은 거의 알지 못한다.

방향 제시-3 하나님이 당신을 결혼생활로 부르신다면, 이 모든 문제, 또는 대부분의 문제를 예상하고, 예상되는 모든 유혹과 어려운 일과 의무에 대해 특별한 준비를 하라.' 당신이 단순히 기쁨의 상태에 들어간다고 생각하지 말라. 그렇지 않으면 그것이 당신에게 바보의 낙원일 뿐이라는 것을 나타낼 것이다. 모험을 시작하기 전에 결혼 생활의 의무와 고통을 감당할 수 있는 힘과 인내를 갖추도록 하라. 특히,

1. 세상적인 마음과 삶의 유혹에 대해 잘 대비하라. 여기에서 당신은 가장 격렬하고 위험한

공격을 받기 때문이다.

2. 부부간의 애정을 잘 고려하도록 하라. 이는 부부애가 결혼생활의 의무와 고통에 모두 필요하기 때문이다. 필요한 준비 없이 결혼생활에 들어가서는 안 된다.

3. 신중함과 총명함으로 결혼을 잘 준비하면 당신 가족들을 지도하고 덕을 세울 수 있고 지식이 있는 사람으로 그들과 함께 살며,[12] 모든 사업을 분별력(discretion) 있게 처리할 수 있다.[13]

4. 결단력과 일관성을 지니고, 너무 늦게 회개하여 자신 그리고 관계 있는 사람들을 괴롭히지 않도록 주의하라. 나는 알고 있어야 했다, 아니면 나는 그렇게 생각하지 않았다는 생각으로 상황에서 벗어나려 하지 말라. 경솔함과 변덕스러움은 죽음만이 바꿀 수 있는 상태에 대해 적절한 예비책이 되지 못한다. 당신을 그 상태로 데려온 사랑과 결심이 마지막까지 당신과 함께 하도록 하라.

5. 당신이 맡은 의무의 중대함에 상응하도록 근면하라. 게으름은 많은 일을 자발적으로 해야 하는 사람에게 적합하지 않다. 비겁한 마음은 전쟁을 위해 소집된 병사에게 적합하지 않기 때문이다.

6. 결혼생활에 대한 인내심을 갖추도록 하라. 다른 사람의 연약함을 참으며, 당신의 사업과 필수품, 그리고 당신 자신의 병약함 때문에 불가피하게 져야 하는 당신 삶의 매일의 십자가를 감당할 인내심이 갖추어졌는지 확인하라. 이 모든 준비 없이 결혼하는 것은 항해에 필요한 준비 없이 바다에 나가거나 갑옷이나 탄약 없이 전쟁에 나가거나 도구나 힘없이 일하러 가거나 돈이 없을 때 시장에 고기를 사러 가는 것만큼이나 어리석은 일이다.

방향 제시-4 '사람에 대한 조건이나 사람을 선택함에 있어서, 당신의 환상과 열정이 이성과 친구들의 조언을 지배하지 않도록 특별히 주의하라.' 나는 당신이 당신과 어울리는 사람들을 사랑해야 한다는 것을 안다. 그러나 그 사랑은 합리적이어야 하며, 가장 가혹한 시련 속에서도, 당신이 사랑하는 사람의 가치와 적합성에 대한 증거를 통해 정당화할 수 있어야 한다. 사랑한다고 말하지만 이유를 모른다고 말하는 것은, 그들이 매우 중요한 삶의 변화를 진

---

12) 벧전 3:7
13) 시 112:5

지하게 시작하는 것이 아니라, 그것에 대해 어린애나 미친 사람처럼 말하는 것이다. 공평하고 가장 현명한 사람의 눈에는 아무것도 아닌 사람을 훌륭하고 상냥하다고 생각하는 것은 맹목적인 사랑이며, 또는 다른 사람들의 눈에는 경멸스러운 어떤 사람에 대해, 그 사람을 마음에 그리던 사람으로 과대 평가하거나, 훌륭한 존재로 좋아하는 것은, 당신의 어리석음의 지표이자 증거일 뿐이다. 그리고 당신이 그 결혼 생활을 즐기고 사랑이라는 이름으로 그것을 존중할지라도, 그 결혼 생활에 대해 정욕이나 공상보다 더 나은 이름을 붙일 수 있는 사람은 없다. 정욕이나 공상에 의해 이루어진 결혼은 결코 확실한 만족이나 진정한 행복으로 이어지지 않을 것이다. 그러나 그것은 사랑을 불태운 연료를 죽을 때까지 먹고살다가 영원한 수치 속에서 꺼지게 되거나, 그렇지 않으면 더 일반적으로 그것은 단지 불꽃일 뿐이라는 것이 밝혀지고 서로에 대한 혐오와 피곤함으로 변할 것이다. 그리고 정욕의 열정(사랑이라고 불리는)은 너무나 이성을 잃게 하고 눈을 멀게 하는 것이기 때문에(아이를 갖고 싶어 하는 여인의 갈망과 같이), 그것이 그들의 가슴에 불을 붙이는 것을 느끼는 모든 사람들은 그것을 즉시 조사하고, 효과적으로 그 불을 끄는 것이 그들의 의무다. 그렇게 할 때까지 (재치나 이성이 남아 있다면) 자신의 견해를 의심하고 다른 사람의 판단과 조언을 훨씬 더 신뢰하라.

[정욕적인 사랑을 치료하는 방법]

사랑이라는 욕망을 해소할 수 있는 수단은 이전에 대부분을 이야기했다. 이제 당신이 기억할 몇 가지만 말한다.

1. 당신이 좋아하는 사람과 충분한 거리를 유지하라. 불과 연료가 가까이 있으면 연소가 발생한다. 공상과 욕망은 감각에 의해 불이 붙는다. 눈에 띄지 않게 하라. 시간이 지나면 열이 약해질 수 있다.

2. 허영심을 과대평가하지 말라. 비단 옷이나 조상의 위대한 이름이나 돈이나 땅이나 화장하거나 점이 있는 얼굴이나 아름다움이라고 불리는 타고난 매력을 높이 평가하지 말라. 사물을 어린아이처럼 판단하지 말고 어른처럼 판단하라. 사소한 것을 확대하고 내면의 진정한 가치를 간과하는 어리석은 짓을 하지 말라. 이대로 꽃이나 그림과 사랑에 빠질 것인 것인가?

수두나 다른 질병이 당신이 그토록 감탄하던 그 어리석은 아름다움에 어떤 영향을 미칠지 생각해 보라. 죽음이 어떤 광경을 만들지 생각해 보라. 그리고 얼마나 많은 아름다웠던 사람들이 이제 평범한 먼지로 바뀌었는가! 그리고 아름다운 육체에 의해 정욕에 빠져 자신을 돌보지 않던 영혼들이 지금 지옥에 얼마나 많은지! 그리고 세상에서 그보다 훨씬 더 나은 것을 중요한 것으로 식별할 수 있는 사람이 얼마나 적은지! 현명한 사람들의 책은 겉모습이 평범하고 단순하기 때문에 과소평가하면서, 아름답고 금박을 입힌 표지 때문에 소설책과 거짓말에 열중한다는 것은 얼마나 유치한 일인가!

3. 당신의 생각을 지배하라. 그리고 공상이 명령하는 대로 주인 없이 흘러가지 않도록 하라. 이성이 당신의 생각을 음탕한 욕망과 상상력에서 벗어나게 할 수 없다면, 그런 제약 없는 망아지를 타는 사람이 흙 속에 던져지는 것은 이상한 일이 아니다!

4. 게으르게 살지 말고 당신이 부름 받은 일에 시간을 사용하고 생각을 활용하라. 게으르고 육체에 속한 마음은 정욕의 해충이 기어다니는 시체요, 마귀가 이 죄와 다른 많은 악한 죄를 부화시키는 둥지이다.

5. 마지막으로, 그리고 주로, 당신 영혼의 염려를 잊지 말라. 당신이 영원에 얼마나 가까이 왔는지, 그리고 당신의 구원을 위해 당신이 해야 할 일이 무엇인지 기억하고, 하나님의 임재와 죽음이 임박함을 잊지 말라. 믿음으로 천국과 지옥을 자주 바라보고 양심을 부드럽게 유지하라. 그러면 당신은 정욕보다 마음에 드는 다른 것을 발견하고, 당신의 생각을 사로잡는 어리석은 시체보다 더 중요한 것들을 발견하게 될 것이라고 보장한다. 그러면 당신은 지상의 육체적 사랑을 소멸시킬 하늘의 사랑을 당신 안에서 느낄 것이다.

방향 제시-5 '당신의 선택이나 결심을 너무 서두르지 말고, 잘 숙고하고, 인생의 위로와 슬픔의 많은 부분에서 필연적으로 의지할 사람을 철저히 파악하라.' 회개가 설 자리가 없는 곳에서는, 회개를 하지 않기 위해 사용해야 할 더 큰 주의가 필요하다. 이성은 당신의 명예와 재산보다도 당신의 중요한 비밀은 알지만 믿을 만한 사람에 대해 잘 알 것을 요구한다. 그리고 무엇보다도 더 나은 삶에서 오는 많은 위안과 더 나은 삶에서 오는 많은 혜택을 알고 있으며 믿을 만한 사람에 대해 잘 알 것을 요구한다. 이렇게 중요한 문제에서는 아무리 세심한 주의를 기울여도 지나치지 않다.

방향 제시-6 '어떤 세속적 동기로 경건하지 않은 사람과 결합하지 말라. 그러나 세상의 모든 탁월함보다 하나님에 대한 거룩한 두려움이 당신의 선택에서 우선이 되게 하라.' 황금 여물통을 얻기 위해 돼지와 결혼하지 말라. 또한 아름다운 육체를 얻기 위해 추악한 영혼과도 결혼하지 말라. 다음을 생각해 보라.

1. 그렇지 않으면, 당신은 당신 자신이 불경하다는 커다란 의심을 품게 될 것이다. 왜냐하면 거듭나지 못한 영혼의 비참함과 하나님의 형상의 탁월함을 진정으로 아는 사람은 경건한 자와 연합하는지, 불경건한 자와 연합하는지에 대해 결코 무관심할 수 없기 때문이다. 마음과 삶의 주된 행위에서 영적인 것들보다 현세적인 것들을 습관적으로 선호하는 것은 은혜 없는 영혼의 확실한 특징이다! 가까운 예로, 고의적으로 하나님의 형상과 하나님에 대한 경외심보다 다른 사람의 재물이나 매력을 선호하는 사람은 그러한 은혜 없는 마음과 의지를 나타내는 매우 위험한 징조이다. 경건보다 아름다움이나 재물을 더 중히 여긴다면, 당신이 경건하지 않은 사람이라는 가장 확실한 표시를 하는 것이다. 아름다움이나 재물을 더 중요하게 여기지 않는다면, 당신은 왜 일부러 그것들을 선호하겠는가? 당신의 불경건함을 드러내고 더 분명하게 정죄받는 일을 당신이 어떻게 할 수 있겠는가? 당신이 하나님의 말씀을 믿지 않거나 그분을 사랑하지 않으며 그분의 관심을 고려하지 않는다는 것을 드러내는 것이 아닌가? 그렇지 않다면 당신은 그의 친구를 친구로 삼고 그의 적을 적으로 삼을 것이다. 당신은 어떤 변화와 화해가 있기 전에 자신의 적과 결혼할 것인가? 나는 당신이 그렇게 하지 않을 것이라고 확신한다. 당신이 하나님의 적과 그렇게 쉽게 결혼할 수 있는가? 만일 너희가 경건하지 아니하고 거룩하지 아니한 자마다 그분의 원수인 줄을 알지 못하면 하나님의 말씀을 알지 못하거나 믿지 아니하는 것이니, "육신의 생각은 하나님과 원수가 되나니 이는 하나님의 법에 굴복하지 아니할 뿐 아니라 할 수도 없음이라 그러므로 육신에 있는 자들은 하나님을 기쁘시게 할 수 없느니라."[14]

2. 만일 당신이 하나님을 경외한다면, 당신의 결혼에서 가장 중요한 목적은 당신의 영혼에 도움이 될 사람을 얻는 것이고, 천국 가는 길에 당신을 도와줄 사람을 얻는 것이다. 하지만

---

14) 롬 8:7, 8

당신이 경건하지 않은 사람과 결혼한다면, 당신은 그러한 목적이 없거나, 아니면 당신이 불을 지피기 위해 물을 선택하거나 당신을 따뜻하게 하기 위해 눈 덮인 밭을 선택하는 것만큼 더 쉽게 현명한 선택을 하지 않았다는 것을 알 수 있을 것이다. 무지하거나 경건하지 않은 사람이 기도와 거룩한 각성으로 당신을 돕고, 하나님의 사랑과 하늘의 마음으로 당신을 일깨울 수 있을까? 당신이 주로 원하고 의도해야 하는 모든 영적 유익을 그렇게 기꺼이 잃을 수 있겠는가?

3. 아니요, 돕는 자가 되기보다는, 당신을 계속해서 방해하는 사람이 될 것이다. 당신이 기도하러 가야 할 때, 당신을 넘어지게 하거나 마음을 산만하고 불안하게 하는 사람이 될 것이다! 거룩한 묵상으로 하나님을 가까이해야 할 때, 당신을 세상적인 생각에 빠지게 하거나 허영심이나 괴로움으로 마음을 괴롭히는 사람이 될 것이다. 당신이 하나님과 하늘의 일들에 대해 이야기해야 할 때, 그러한 담론을 억누르고, 한가하거나 무례하거나 세상적인 이야기로 당신의 귀를 채우는 사람이 될 것이다. 당신 가까이에 그러한 장애물 하나가 있는 것은 멀리 떨어져 있는 천 명보다 더 나쁠 것이다. 우리 옆에 있는 불경건한 사람이 가장 큰 장애물이듯이, 그 옆에 있는 불경건한 남편이나 아내는 많은 불경건한 이웃보다 우리에게 더 나쁘다. 당신이 그러한 장애물을 충분히 극복할 수 있고 당신의 마음은 너무 선해서 그러한 걸림돌은 거룩한 일을 막을 수 없다고 생각한다면, 당신은 추락할 준비가 되어 있는 교만하고 겸손하지 않은 마음을 가지고 있음을 보여 줄 뿐이다. 당신 자신과 당신 마음의 사악함을 안다면, 당신은 어떤 거룩한 일에도 방해물이 있어서는 안 되며, 세상의 모든 도움이 당신 영혼을 하나님의 사랑 안에서 지키기에 충분하지 않고 너무 적다는 것을 알게 될 것이다.

4. 그러한 불경건한 동반자는 당신에게 끊임없이 범죄하도록 유혹하는 자가 될 것이다. 당신을 선으로 이끄는 대신 악, 열정, 불만, 탐욕, 교만, 복수, 관능으로 이끄는 사람이 될 것이다. 그런 유혹자 없이는 충분히 죄를 지을 수 없는가?

5. 당신이 믿는 자라면 당신 가슴에 마귀의 자식을 품고 있는 것이 당신에게 얼마나 끊임없는 슬픔이 되겠는가! 그리고 죽을 때까지 얼마나 오래 같이 살아야 하는지 생각해 보라! 지금 당신에게 너무나 소중한 것들이 어떤 고통 속에 영원히 놓여 있어야 하는지를 생각하는 것은 얼마나 큰 슬픔이 되겠는가!

6. 그렇다. 그런 동반자는 당신 사랑에서 가장 중요한 부분을 차지할 수 없을 것이다. 남편이나 아내로서 그들을 사랑할 수는 있지만, 성도와 그리스도의 지체로서 그들을 사랑할 수는 없다. 이것은 거룩한 사랑이 무엇인지 아는 당신의 사랑에 얼마나 큰 결핍이 되겠는가!

탐구 '그러나 세상에는 위선이 너무 많은데 누가 경건한 사람인지 어떻게 알 수 있는가?'

답변 눈에 띄게 발견된다면 누가 경건하지 않은지 모르는 사람이 없을 것이다. 열매를 맺지 않는 지식은 경건하지 아니하며 민첩하고 가벼운 혀도 그러하다. 그들의 사랑으로 그들을 판단하라. 그 사람의 사랑이 그러하면 그 사람도 그러하다. 만일 그들이 하나님의 말씀과 종들을 사랑하고, 하나님을 경배하고 거룩한 삶을 사랑하며, 그 반대의 것들을 미워한다면, 비록 그들의 지식이 적고 역할이 미약할지라도, 당신은 그와 가까이할 수 있다. 만일 그들이 이런 것들을 사랑하지 않고 오히려 일반적이고 부주의하고 세속적인 삶을 살고 있다면, 당신은 그들을 경건하지 않은 자로 여겨 피하는 것이 좋다.

탐구 '경건하지 않은 사람이 결혼할 수 있다면, 나는 왜 경건하지 않은 사람과 결혼하면 안 되는가?'

답변 개와 돼지는 그렇게 구분 없이 살 수 있지만, 남자와 여자는 구분없이 함께 살 수 없다. 개, 돼지와 비교를 용서하라. (그리스도께서 악한 개와 돼지라고 부르셨지만)[15] 그것은 단지 당신의 결과가 얼마나 나쁜지를 보여 줄 뿐이다. 불신자들도 결혼할 수 있지만, 우리는 불신자들과 결혼해서는 안 된다. "너희는 믿지 아니하는 자와 멍에를 함께 메지 말라 의와 불법이 어찌 함께 하며 빛과 어두움이 어찌 사귀며 그리스도와 벨리알(Belial)이 어찌 조화되며 믿는 자와 믿지 않는 자가 어찌 상관하며 하나님의 성전과 우상이 어찌 일치가 되리요? 우리는 살아 계신 하나님의 성전이라… 너희는 그들 가운데서 나와서 따로 있고 부정한 것을 만지지 말라."[16]

탐구 '그러나 나는 그들이 회심(convert)할 수도 있다는 것을 의심하지 않는다. 하나님이 원하신다면 그들을 부르실 수 있기에 사랑만 있으면 그들은 그들이 사랑하는 사람의 마음을 쉽게 얻을 수 있을 것이다.'

---

15) 마 7:6
16) 고후 6:14-17

답변   1. 그렇다면 당신이 경건하지 않은 사람을 사랑하기 때문에 쉽게 경건하지 않은 사람으로 되는 것과 같다. 그렇다면 당신은 지금까지 이전보다 더 좋아지지 않은 것이다. 사랑한다고 해서 상대방이 경건하게 되지 않았다면, 왜 사랑한다고 해서 상대방이 경건하게 될 것이라고 생각하는가? 죄 안에 있는 그들보다 은혜 안에 있는 당신이 더 강한가?

2. 은혜가 무엇인지, 거듭나지 않은 죄 많은 영혼이 무엇인지 잘 안다면 영혼이 회심하는 것이 그렇게 쉬운 일이라고 생각하지 않을 것이다. 그게 쉬운 일이라면 왜 그렇게 회심하는 사람이 적은가? 당신이 가지고 있는 은혜에 더 높은 신분을 더한다고 해서 당신 자신을 더 낫게 할 수는 없다. 더군다나 그들에게 그들이 가지지 않은 우아함을 줌으로써 그들 자신보다 더 낫게 만들 수 없다.

3. 하나님께서 원하시면 그들을 변화시킬 수 있다는 것은 사실이며, 내가 아는 한 그렇게 될 수 있다는 것은 사실이다. 그러나 그것이 나와 무슨 관계가 있나? 그토록 중대한 사건을 단순한 가능성만 가지고 받아들일 것인가? 하나님께서는 거지를 부자로 만드실 수 있고, 그 반대로도 하실 수 있다는 것을 당신은 알고 있다. 그럼에도 당신은 거지와 결혼하지 않고, 하나님께서 문둥병을 고칠 수 있음에도 당신은 문둥이와 결혼하지 않을 것이다. 그렇다면 왜 하나님께서 회심하게 할 수 있다는 이유로 경건하지 않은 사람과 결혼하려 하는가? 당신의 평화와 안전을 사랑한다면 먼저 회심이 이뤄진 것을 확인하라.

탐구   '그러나 부모님이 경건하지 않은 사람과 결혼하라고 명령하면 어떻게 해야 하는가?'

답변   그것은 하나님께서 금하신 것이다. 부모는 당신에게 그렇게 큰 악을 행하라고 명령할 권한이 없다. 당신의 목을 베거나 당신의 몸을 절단하라고 명령할 권한이 없다.

탐구   '결혼을 해야 할 필요가 있는데 경건하지 않은 사람 외에는 아무도 얻을 수 없다면 어떻게 해야 하는가?'

답변   만약 그것이 정말로 당신의 경우이고, 당신의 필요성이 진짜이고, 다른 사람을 얻을 수 없다면, 나는 그것은 합법적이라고 생각한다.

탐구   '그러나 많은 사람들이 그러하듯이 경건하지 않은 선량한 사람이 경건한 악한 사람보다 낫지 않은가? 그리고 나쁜 사람도 좋은 남편이 될 수 있지 않을까?'

답변   1. 나쁜 사람도 훌륭한 재단사, 구두 수선공, 목수, 뱃사람이 될 수 있다. 왜냐하면 그들의 일을 잘 수행하는 데 윤리적 판단의 장점이 필요 없기 때문이다. 그러나 나쁜 사람은 절대적으로 좋은 치안판사, 목사, 남편, 부모가 될 수 없는데, 그 이유는 그들의 직무에는 많은 윤리적 판단의 장점이 필요하기 때문이다.

2. 다듬어지지 않고 길들여지지 않은 나쁜 본성은 참된 경건과 조화되지 않는다. 그런 사람은 자기 마음대로 말하고 공언할 수 있지만, "누구든지 경건하다 생각하며 자기 혀를 재갈 물리지 아니하고 자기 마음을 속이면 이 사람의 경건은 헛것이라."[17]

3. 나는 경건만이 당신이 지켜야 할 전부라고 말하지 않았다. 이것이 첫 번째이지만 더 많은 것이 필요하다.

방향 제시-7 '하나님을 경외하는 것 다음으로, 당신에게 너무 부적합하지 않은 성격이나 기질을 선택하라.' 약간 분노를 가진 기질은 계속 괴로울 것이며, 사랑 대신에 가정 전쟁을 겪게 될 것이다. 특히 다음과 같은 특성을 확인하라. 1. 자신의 목적 외에는 다른 사람을 배려하지 않고, 이기적이지 않은, 사랑스러운 성품이 있어야 한다. 2. 성격은 만족할 만하게 조용하고 인내심이 강하여, 참을 수 없을 정도로 완고하고 기뻐할 수 없는 성격은 아니어야 한다. 3. 재치 있는 능력이 있을 것. 아무도 바보와 함께 사랑스럽고 편안하게 살 수 없기 때문이다. 4, 만족할 만한 겸손이 있어야 한다. 왜냐하면 교만한 자에게는 평온함을 기대할 수 없기 때문이다. 5. 말하는 능력뿐 아니라 침묵하는 능력도 있어야 한다. 혀를 재잘거리는 것은 계속해서 괴로움을 끼치기 때문이다.

방향 제시-8 '은혜와 본성 다음으로 사람, 교육, 재산에 대해 적당하고 과도하지 않게 생각하라.' 1. 지금까지 당신의 상태를 너무 부담스럽게 만들 정도로 건강하지 못한 것이 없고, 당신의 애정을 방해할 수 있는 어떤 기형이 없다면 그 사람을 존중하라. 2. 지금까지 당신을 너무 불평등하게 할 수 있는 마음의 큰 부적합성이나 종교에 편견이 없다면, 부모와 교육에 대해 존중하라. 종교에서 의견 차이는 가까운 관계보다 멀리 있는 사람에게 견디기 쉽다. 그리고 게으름과 사치로 너무 귀하게 자란 사람들은 낮은 상태에 적합하게 하고, 상류층의 명예로운 휘장으로 여겨지는 자부심과 관능을 치료하기 위한 철저한 은혜의 역사를 가지고 있

---

17) 약 1:26

어야 한다. 그런 자들이 얼마나 부유한지는 거의 중요하지 않다. 왜냐하면 그들의 자부심과 사치는, 정직하고 만족하고 절제하는 가난보다 모든 것을 가지고도 여전히 더 큰 궁핍에 처하게 될 것이기 때문이다.

방향 제시-9 '하나님께서 당신을 결혼으로 부르신다면, 그 상태가 주는 유익과 위로는 물론이며 방해와 어려움도 살펴보라. 당신은 그 안에서 하나님의 축복을 기다리며 기쁘게 하나님을 섬기게 될 것이다.' 비록 인간의 부패가 삶의 모든 상태를 올무와 문제로 가득 채웠지만 처음부터 그렇지는 않았다. 하나님은 결혼을 상호 도움을 위해 지정하셨고, 그렇게 사용될 수 있다. 결혼 생활에 유혹과 고난이 있듯이, 당신이 하나님께 감사하게 받아들이고 인정할 수 있는 특별한 유익도 있다.[18] 1. 이 땅에서 한 백성이 번식하여 그들의 창조주를 사랑하고 공경하며, 세상에서 하나님을 섬기고 영원히 그를 향유하는 것은 자비이다. 경건한 자손의 부모가 되는 것은 작은 자비가 아니다. 이것이 결혼제도의 목적이다.[19] 부모는 그들의 역할에 부족함이 없다면 이러한 것들을 기대할 수 있다. 그러나 때때로 그들의 자녀들이 경건하지 않은 것으로 드러나기도 한다. 2. 당신을 전적으로 사랑하고 당신만큼 당신에게 충실한 친구가 있어서, 그 사람에게 당신의 마음을 열고 당신의 일을 이야기할 수 있으며, 당신을 강화하고, 당신과 함께 당신의 일과 가족의 보살핌을 나누고, 당신의 짐을 지고, 당신의 슬픔에서 당신을 위로하고, 당신의 삶의 매일의 동반자가 되고, 당신의 기쁨과 슬픔에 참여자가 되는 것은 자비이다. 3. 당신의 영혼에 도움이 될 수 있는 친구를 가까이에 두고, 기도와 다른 거룩한 활동에 동참하며, 당신을 지켜보고 당신의 죄와 위험에 대해 알려 주고, 당신 안에 하나님의 은혜를 불러일으키고, 다가올 삶을 기억하고, 거룩한 길에서 즐겁게 동행하는 것은 자비이다. "슬기로운 아내는 여호와께로서 말미암느니라."[20] 그러므로 "아내를 얻는 자는 복을 얻고 여호와께 은총을 받는 자니라"[21]고 말한다.

방향 제시-10 '당신의 결혼 서약은 하나님을 경외하는 마음으로 공감하고 숙고하여 진심

---

18)   전 4:10-12
19)   말 2:15
20)   잠 19:14
21)   잠 18:22

을 다해 맺고 이를 충실하게 이행할 것을 결의하라.' 그 관계에 들어가기 전에 그 관계의 모든 의무를 잘 이해하라. 그리고 하나님과 서로를 향한 매우 중요한 일에 종사하는 사람들로서, 의무감을 가지고, 연극을 보러 가는 소년들처럼, 그 일을 가볍게 여기지 말라. 그러므로 당신은 미리 하나님께 조언을 구하고 그의 인도와 축복을 간절히 구하고 하나님 없이 또는, 그분 앞서서 달리지 말라. 최악의 상황을 생각하고, 애정을 악화시키거나 서로에게 불충실하게 할 모든 유혹을 예견하라. 그리고 당신은 그 모든 것에 대해 강화되었는지 확인하라.

방향 제시-11 '당신의 결혼 생활의 궁극적인 목적은 하나님이 되고, 그분을 당신의 원칙으로 선택하여 그분께 가장 잘 봉사할 수 있도록 하라. 그리고 당신 자신과 당신 가족은 진심으로 하나님께 헌신하라. 그렇게 함으로써 당신은 거룩한 상태가 될 것이다.' 하나님을 우리의 인도자이자 목적으로 삼는 것만이 우리의 상태를 거룩하게 할 수 있다. 거짓 없이 하나님의 권고를 따르고, 그분의 영광을 목표로 삼고, 그분을 기쁘시게 하기 위해 행하는 자들은 하나님께서 그들의 관계를 인정하시고 축복하신다는 것을 발견하게 될 것이다. 그러나 주로 육체를 기쁘게 하고 정욕을 만족시키며 재산을 늘리고 자손을 낳아 교만과 탐욕의 열매를 얻으려는 자들은 심는 것보다 더 좋은 것을 기대할 수 없으며, 자기 욕망과 선택에 따라 육체와 세상과 마귀를 가족의 주인으로 삼는 것이다.

방향 제시-12 '당신이 처음 결합할 때 (그리고 남은 생애 동안) 당신의 이별의 날을 기억하라.' 휴식이나 행복 또는 계속되는 상태에서 정착하고 있다고 생각하지 말고 여행에 동반자가 있다고만 생각하라. 기혼이든 미혼이든, 당신은 "장가가는 것도 시집가는 것도 없는"[22] 영원한 생명을 향해 달려가고 있다는 사실을 기억하라. 당신은 한 삶의 상태에서 다른 세계로 신속히 가고 있다. 당신은 당신의 여정이 더 쉬워지고 천국 예루살렘에서 행복하게 다시 만날 수 있도록 당신의 길에서 서로 도와야 할 뿐이다. 세상 사람들이 결혼하는 것은 세상에 정착하기 위해 결혼한다. 거듭난 사람이 하늘에 보화를 쌓기 시작함으로써 세상을 새롭게 시작하듯이, 세상 사람들은 결혼을 세상에서의 시작이라고 부르는데, 그 이유는 세상과 약혼한 종으로서 그 어느 때보다 더 부지런히 세상 것을 구하려고 스스로 설정하기 때문이다. 그

---

22) 눅 20:35; 고전 7:29, 30

러나 그들은 결혼 생활에서 (구하는 자로서) 어리석은 삶을 시작하는데, 그가 구하는 것을 찾았을 때 그 부자는 끝이 난다. "내가 내 영혼에게 이르되 영혼아 여러 해 쓸 물건을 많이 쌓아 두었으니 평안히 쉬고 먹고 마시고 즐거워하자 하리라 하되 하나님은 이르시되 어리석은 자여 오늘 밤에 네 영혼을 도로 찾으리니 그러면 네 준비한 것이 누구의 것이 되겠느냐?"[23] 고 말씀하신다. 그런 어리석은 자로 죽지 않으려면 결혼하지 않거나 그런 세상 사람으로 살지 말라.

---

23) 눅 12:19, 20

제2과   결혼의 조건

탐구1 '금지된 혈족 또는 인척의 촌수(degree)는 어떤 원칙으로 지켜야 하나? 1. **모세**의 율법은 우리에게 효력이 없다. 2. 만약 그렇다면, 그것이 이성의 판단에 의해 본문에 언급된 촌수보다 더 많이 확장될 수 있는지에 대해 모호하다. 3. 그리고 이 경우에 자연의 법칙을 보는 것으로는 이해할 수 있을 만큼 명확하지 않다.'

답변   1. 금지된 촌수(degree) 간의 결혼이, 어떤 필요에 의해서도 합법화될 수 없을 만큼 명시적이고 보편적으로 불법은 아니라는 것이 확실하다. **아담**의 아들들이 그들의 자매들과 합법적으로 결혼했기 때문이다.

2. 그러나 이제 세상에는 사람이 많아졌기 때문에 그러한 결혼을 인정할 필요성이 아주 드물어야 하며 우리가 결코 만나고 싶지 않은 것이다.

3. 지금 자연법은 불법적인 촌수 간의 관계를 금지한다. 이 법은 어떤 촌수에 대해서는 모호하지만 다른 촌수에 대해서는 그렇지 않다.

4. 유대인에게 하나님의 율법[24]은 그들에게 고유한 어떤 이유 때문에 거기에 명명된 촌수

---

24)   레 18장

를 금지하는 것이 아니라, 자연법의 설명 등, 모든 사람에게 공통적인 이유 때문에 금지된다.

5. 그러므로 유대인의 율법에는 비록 그 정치적인 국법으로서 형식적으로 중단되었지만 (물론 다른 나라 사람을 구속하지 않는다), 그것은 하나님께서 자신의 자연법을 설명하신 것이었기 때문에 오늘날까지도 모든 사람에게 유용하고 결과적인 의무이다. 만일 하나님께서 단 한 사람에게 이것이 자연법의 의미라고 말씀하셨다 해도 그것은 여전히 진실이며 모든 사람이 그것을 믿어야 하기 때문이다. 그리고 그렇게 설명된 자연법 자체는 여전히 의무가 될 것이다.

6. 세상은 선택의 폭이 매우 넓고, 의심스러운 결혼의 필요성이 매우 드물고, 문제가 너무 크기 때문에, 신중함은 모든 사람에게, 명백한 필요성 없이 의심스러운 촌수와 결혼하는 것은 그들의 죄라고 말한다. 그러므로 레위기 18장에서 말하는 것과 동일해 보이는 모든 촌수를 피하는 것이 가장 안전하며, 비록 촌수가 지정되지는 않았지만 같은 근거를 갖는 것이 안전하다.

7. 그러나 명명되지 않은 경우들이 같은 근거를 가지고 있는지는 확실하지 않기 때문에(하나님께서 그의 율법의 모든 근거를 알려 주지 않으신다), 그 일이 행해졌을 때 우리는 다른 사람들을 너무 깊이 비난하거나 명명하지 않은 의심스러운 사건에 대해 너무 많이 괴로워해서는 안 된다. 그렇지 않으면 불필요하게 의심과 곤경에 빠질 것이기 때문에 우리는 그것을 미리 피해야 한다. 그러나 그 사건이 이미 일어난 후에는 그 사건을 뒤에 설명해야 하는 것으로 생각해야 한다.

탐구 2 '만약 나라의 법이 레위기 18장에서 금지한 범위보다 더 많거나 적다면 어떻게 해야 하나?'

답변 더 적게 금지한 경우, 거기에 포함되지 않은 것이라 해도 하나님이 금하신 대로 피해야 한다. 더 많이 금한다면, 통치자에게 복종하여 금지된 것을 피해야 한다.

탐구 3 '친족(cousin-german), 즉 형제의 자녀나 자매의 자녀 또는 형제 자매의 자녀의 결혼은 불법인가?'

답변 나는 그렇게 생각하지 않는다. 1. 하나님이 금하지 않았기 때문이다. 2. 같은 뿌리에서 양쪽 2촌 차이 나는 것은 금지되지 않았기 때문이다. 나는 이 주제에 대한 찰스 버틀러 (Charles Butler)의 라틴어 논문을 독자들에게 추천한다. **노아**의 아들들의 모든 자녀들이 그들의 친족 간에 결혼한 것처럼, (그들은 더 먼 거리의 촌수와 결혼할 수 없었기 때문에) 그 이후로 다른 사람들도 책망없이 결혼했으며 금지된 사람은 아무도 없었다. 3. 그러나 그렇지 않은 것이 가장 안전하다. 왜냐하면 선택의 여지가 충분히 있고, 많은 신학자들이 반대의견을 가지고 있기에, 필요 없이 모험을 감행하는 사람들에게는 나중에 의심과 문제를 일으킬 수 있기 때문이다.

탐구 4 '친족과 결혼했는데, 지금 그렇게 한 것이 합법적인지 의심하는 사람들은 어떻게 해야 하나?'

답변 나는 그들이 그런 의심을 버리거나, 적어도 지금 있는 상태에서 평화롭게 사는 것이 그들의 의무라고 결론을 내리기를 바란다. 그런 사실에 관한 의심으로 헤어지는 것은 큰 죄다. 그 이유는 그 촌수가 적법하다는 것이 확실하지 않다면 그것이 불법이라는 것을 어느 누구도 확신할 수 없기 때문이다. 그리고 남편과 아내가 필요한 이유 없이 언약을 어기고 헤어지는 것은 큰 죄이며, 어떤 사람도 죄라고 판명할 수 없는 것은 이혼의 필요나 합법적인 원인이 될 수 없다. 결혼의 의무는 결혼한 사람들에게 분명히 명령되지만, 친족 간의 결혼이 확실히 금지되는 것은 아니다. 그러므로 의심되는 자들과 결혼하는 것이 죄라면, 또는 그 후에 그것이 죄가 아닌지 의심하게 되었다고 해도, 그들은 결혼 생활을 유지하는 것이 의무이며, 그들이 해야 할 일은 의심스러운 일을 한 것을 회개하는 것이지 헤어지거나 언약의 의무를 버리거나 중단해서는 안 된다는 것을 확신할 수 있기를 바란다. 아니, 그들의 의무를 즐겁게 수행하고 그들의 관계에서 하나님을 편안하게 섬기는 것을 반대하거나 양심의 가책으로 괴로워해서도 안 된다.

탐구 5 '레위기 18장에서 이름으로 금지된 촌수는 아니나, 명명된 자들과 뿌리에서 같은 거리에 있고 불법의 이유가 같은 것으로 보이는 촌수에서 결혼한 자들은 어떻게 해야 하나?'

답변 촌수가 분명히 동등하고 금지의 사유 또한 동등하다면 의심의 여지없이 근친상간으로 헤어져야 하며 금지된 상태가 계속되어서는 안 된다. 그러나 모든 경우에 있어서 금지 이유가 동등한지, 촌수에 있어서 동일한 거리에 있는지에 대해 신학자들의 의견이 일치하지 않으므로, 그러한 경우에 어떤 사람들은 헤어지는 것이 의무라고 생각하고 다른 사람들은 그들의 결합을 회개하고 분리하지 않는 것으로 충분하다고 생각한다. 왜냐하면 사건이 의심스럽기 때문이다. (논쟁에서 알 수 있듯이) 나는 그렇게 많은 사람들이 동의하지 않는 사건에 대해 내 판단을 내리지 않을 것이다. 다만 모든 사람에게 그러한 귀찮은 의심을 미리 예방하고, 관능적인 목적이나 죄악 된 성욕이 요구하지 않는 한, 필요 없이 성급하게 스스로를 곤경에 빠뜨리지 않도록 권고할 뿐이다.

탐구 6 '그러나 어떤 남자가 명시적으로 금지된 촌수와 결혼한다면, 그 상태를 유지하는 것이 모든 경우에 죄가 되는가? 만일 필요에 의해 **아담**의 자녀들에게 그러한 결혼을 의무로 만들었다면, 왜 필요에 의해 다른 사람들에게 합법적인 결혼이 될 수 없는 것일까? 왕이나 부모가 명령한다고 가정하면? 여자가 죽거나 슬픔으로 미치게 된다고 가정해 보면? 어떤 사람이 다른 사람과 결혼하지 않겠다고 서약했지만 독신으로는 살 수 없다고 가정하면 어떨까?' 여기서 나는 정욕에 이끌린 사람이 이혼할 것을 예견하고 친족 여성과 결혼하면, 그가 이혼할 것을 미리 알았기에, 벌을 받아야 하고, 죄를 계속 짓지 말고, 반드시 형벌을 받아야 한다고 생각한다. 친족 여성과 결혼한 자가 그를 미워하거나 변덕을 좋아하여 이혼하기를 기뻐하면 형벌로 그를 책망하되 근친상간을 계속해서는 안 된다고 생각한다.

답변 1. 자연적 필요성이 **아담**의 자녀들을 정당화했으며, 이제 그러한 필요가 당신을 정당화할 것이다. 그렇다. "생육하고 번성하라"는 축복은 그들에게 결혼을 허락할 뿐 아니라 의무적으로 결혼하여 땅에 충만하도록 했다(그렇지 않았다면 인류는 곧 중단되었을 것이다). 그러나 땅이 충만해진 지금은 그렇지 않다. 그러나 나는 부인하지 않는다. 또한 한 남자와 그의 여동생이 타국의 광야에 홀로 내던져져 그곳에서 다른 사람들과 함께 있을 수 없고, 하나님이 그곳에서 "생육하고 번성하라"고 명령한다면 그들이 결혼하는 것이 정당화될 것이다. 그러나 그렇지 않으면 결혼의 필요성이 없으므로 합법적이지 않다.

2. 왜냐하면, 악의적인 필요성은 죄를 정당화하지 못한다. 절제해야 할 남자나 여자가 하나님께 순종하고 정욕을 부인하고 정욕을 죽이기보다 정욕으로 인해 미치거나 죽게 되어, 다른 죄로 그들을 정당화하려는 것은 하나의 죄가 아니다. 필요한 것은 그들의 뜻을 하나님의 법에 맞추는 것이다. 만일 그들이 그렇게 하지 않을 것이고 '할 수 없다'고 말한다면, 그들은 그것으로 인해 얻는 것을 감수해야 한다.

3. 그리고 하나님의 율법에 어긋나는 것이 왕이나 부모의 명령에 의해 강요된다면 그것은

필연적인 것이 아니다.

4. 아니요, 서약에 의해서도 아니다. 하나님의 율법을 어기겠다고 하는 서원은 지켜야 할 의무가 아니라 회개해야 할 의무이기 때문이다. 또한 스스로 다른 사람과 결혼하지 않겠다고 서약한 사람은 구제불능이 아니다. 잘못했다는 것을 깨닫게 되면 순결은 지킬 수 있다.

탐구 7 '일생 동안 순결을 지키기로 서원한 사람이 결혼을 하지 않고 있다가, 나중에 정욕과 음행을 피하기 위해 결혼할 필요성을 발견한 후에 결혼하는 것은 합법적인가?'

답변 나는 많은 위대한 성직자들이 로마 가톨릭교회의 관행 아래서 순결을 맹세한 사람들을 쉽게 용서했다는 것을 알고 있다. 질문에 대한 해결책의 주요 부분은 서약 사례에 대한 나의 해결책 제3부 제5장 제2과에서 가져와야 한다. 현재로서는 다음 사항만 추가하면 충분할 것이다.

1. 변경이나 어려움이 발생할 수 있는 어떠한 예외도 없이 절대적인 순결 서약은 죄 많은 방식으로 만들어졌거나 불법적으로 맹세하는 행위이다.

2. 부모 또는 다른 사람이 자녀 또는 신하에게 그러한 맹세와 서약을 강요하거나 유도하는 경우, 그것은 그들에게 죄악을 행하는 것이며, 명령하는 자의 행위 또한 불법이다.

3. 그러나 서약하는 내용이 합법적인 한, 서약은 구속력이 있으며 이를 깨뜨리는 것은 배신이다. 왜냐하면 강요하는 자의 행위의 죄가 존재하지 않고, 게다가 그러한 명령이 당신에게 서약하도록 강요하지 않았기 때문이다. 그리고 어떤 명령도 없이 임의로 한 서약은 그래도 구속력이 있다. 서약을 한 죄는 회개를 요구할 뿐이다. (마치 당신이 부당하게, 경솔하게, 나쁜 동기, 나쁜 목적으로 또는 나쁜 상황에서 그것을 만든 것처럼) 그러나 당신이 만든 것을 뉘우치는 서약이라 해도 서약한 일이 적법하고, 서약하는 행위가 무효가 되지 않으면 (그것이 경솔하게 만들어졌을지라도) 지켜져야 한다. 그리고 그것이 무효인 경우는 앞에서 제시되었다.

4. (결혼하지 않는 것이 나에게 어떤 죄가 되는 어떤 경우가 일어나지 않는 한) 평생 독신이나 순결을 서약할 경우, 이 조건이나 예외가 맹세하는 자의 진정한 의도로 표현되거나 암시되는 경우, 어떤 경우에서 합법적인 서약이 될 수 있다. 결혼 생활의 큰 불편을 예견하고도 확고한 결심으로 유혹과 변덕에 맞서 자신을 강화하려는 사람과 같다.

5. 서약하는 자에게 그러한 예외적인 생각이 없고, 여전히 그 서약이 불법이 되었을 때, 그

서약은 지켜져서는 안 된다. 비록 그것이 죄책감으로 우리에게 지킬 것을 강요할지라도, 하나님은 그것을 지키지 말라고 명하신다. 이는 우리가 서약하는 것뿐만 아니라 지키는 것도 금지하셨기 때문이다.

6. 교황주의자들은 그러한 예외가 서약한 사람들에게 항상 수반되거나 적어도 하나님의 율법에 예외가 포함되어 있다고 가정하거나, 그렇지 않으면 교황이 그러한 서약을 면제할 권한이 있다고 감히 주장하지 않기를 바란다(그들이 왕자들과 남자들과 여자들에게 자주 그렇게 해 왔고, 수도원에서 권력자까지 그랬을 수도 있기 때문이다). 의무가 면제되기 전에 사람들은 그들의 서약의 의무에 종속되고, 그것을 지키기는 것에 대해 하나님에 의해 묶여 있는데, 교황이 그들을 불순종하게 하고 하나님의 명령을 면제할 수 있는 권한을 가졌다고 주장하는 것은 너무 심하고 불경스러운 신성모독이 될 것이다. 그리고 비 기독교적(antichristianity)일 뿐만 아니라 무신론적(antitheistical)이거나 자신이 위임을 받은 체하고 전능하신 하나님 위에 자신을 세우는 것이다. 그러나 그들이 그러한 서약에 대해 법적으로 또는 결정적으로 실행 면제를 주장한다면, 서약에 대해 더 이상 하나님의 율법을 지킬 의무가 없다고 판단함으로써, 그들은 법적으로 서약의 중단을 명확하게 하기 전에 하나님의 율법의 의무를 중단시키는 것이다. 그리고 그것이 교황이 혼자 수행한 것이라면, 그는 자신의 행정구역 밖에서 그렇게 할 권한이 없으며, 합법적인 주교의 적절한 책임범위 이상이다.

7. 그러므로 금욕이나 순결 서약은 순결한 삶이, 피하는 것보다 더 큰 죄 없이 지켜질 수 없고, 그것을 버린다면 피하게 될 때 불법이다. 순결한 삶으로 살거나 달성하는 것보다 더 큰 의무를 생략하거나 더 큰 선을 지킬 수 없을 때 불법이다. 이것에 대한 추가적인 설명은 다음을 참고하라.

8. 결혼이 치료할 수 있는 것은 모든 죄가 아니고, 순결서원의 위반을 막을 것이다. 내가 결혼했음에도 독신생활처럼 더 많은 음탕한 생각이나 선동과 자극을 받기 때문이다. 그 이유는, 왜냐하면, (1) 어떤 사람도 죄 없이 사는 사람이 없으며, 다른 종류의 큰 죄가 있다고 여겨지는데, 이 죄는 순결한 삶을 통해 피할 수 있다고 생각하기 때문이다. 그리고 (2) 서약 자체의 위반은 음탕한 생각보다 더 큰 문제이기 때문이다.

9. 그러므로 결혼으로 얻을 수 있거나 할 수 있는 모든 선이 순결 서약에 거스르는 것을 막

는 것은 아니다. 순결로 더 큰 선을 행하고 얻을 수 있고, 서약하고 고의적으로 지키지 않는 행위의 악은 순결로 행해지는 선을 행할 수 없기 때문이다. 그것은 그 자체로 선할 뿐만 아니라 나에게 바로 지금 의무라는 것을 증명할 수 있을 때까지 선을 행할 수 없다.

10. 만약 남자가 한 번이라도 음행을 해야만 한다면, 차라리 독신 서약을 깨는 것이 나을 것이다. 음행은 어떤 서약으로도 어떤 사람이 범행하는 것을 정당화할 수 없기 때문이다.

11. 사람이 기도와 거룩한 생활에 부적합하고, 그를 음행의 위험에 빠뜨리는 지속적이고 일상적인 정욕 속에 사는 것보다 차라리 독신 서약을 깨는 것이 낫다. 그 이유는 이제 서약한 것이 불법이 되었고, 어떤 서약도 사람이 그토록 큰 죄 가운데 살도록 정당화할 수 없기 때문이다. (상상하기 어렵지만, 결혼 생활에서 피할 수 없는 더 큰 죄가 다른 편에 있지 않는 한, 로마가톨릭 사제들은 교황에 대한 불순종과 결혼 생활의 문제와 불명예를 음행 자체보다 큰 죄라고 생각한다.)

12. 만약 왕자가 순결을 서약했는데, 안전하고 확실한 후계가 없어 왕국을 위태롭게 할 것 같으면, 그는 그 서약을 어길 수밖에 없다. 왜냐하면 그는 합법적으로 국민들의 권리를 양도할 수 없고, 많은 사람에게 해를 끼치는 일을 할 수 없기 때문이다.

13. 부모나 통치자의 명령이 독신 서약의 의무를 무효화할 수 있는지 여부는 이미 대답했다. 나는 지금 이것만 말할 것이다. (1) 부모나 통치자가 그것을 정당하게 명령할 때 우리는 그것을 정당하게 순종할 수 있다. 이것은 불법적으로 명령되었더라도 합법적으로 행해질 수 있는 우발적인 악행 중 하나가 아니다. (2) 하나님께서는 자녀의 결혼에 관해 통치자보다 부모에게 더 많은 관심과 권한을 맡기셨다. (3) 통치자가 아닌 부모는 그러한 서약을 위반하도록 합법적으로 명령할 수 없다(처음에 무효화되지 않는다). 다만 그들이 그것을 행하든 행하지 않든 우리에게 의무가 아닌 경우는 제외한다. 그래서 주요 사건을 해결하기 위한 행위는 모두를 만족시킨다.

14. 앞에서 말한 정도까지 합법적인 방법으로 자신의 정욕을 극복할 수 있는 사람은 독신 서약을 어길 필요가 없다.

15. 나는 피할 수 없을 정도로 욕망에 빠지기 쉬운 몸을 가지고 있는 사람은 20명 중 한 사람도 안 될 것이라고 생각하지만, 결혼, 음행, 자위, 또는 흥분하거나, 혼란하거나, 음탕한 생

각 없이 적절한 수단을 통해 (완전히는 아니지만) 충분히 극복할 수 있다고 생각한다. 즉, (1) 그들이 합법적인 소명에 지속적으로 그리고 부지런히 참여하고, 그들의 마음과 상상에 헛되고 더러운 생각을 할 여지를 남겨둘 정도로 게으름의 죄를 짓지 않는다면 극복할 수 있다고 생각한다. 그들이 그러한 소명의 삶을 산다면, 그들은 그것에 대해 깊이 생각해야 할 필요가 있을 것이다. (2) 건강을 해치지 않으면서도 정욕을 길들이는데 합당한 절제와 거친 식생활을 사용한다면, 즉, 포만감과 폭식과 헛된 스포츠나 쾌락을 피할 뿐 아니라 적당히 금식을 하고 필요한 검소함으로 몸을 길들인다면 극복할 수 있다고 생각한다. (3) 유혹적인 모든 친구와 구경거리를 피하고 그들과 거리를 유지한다면. (4) 그들이 할 수 있는 대로 그들의 생각을 억제한다면. (5) 정욕의 원인이 되는 육체적 기질 장애를 고치기 위해 가장 적합한 양질의 식단과 약을 사용한다면. (6) 마지막으로, 그들이 하나님께 간절히 기도하고, 특히 십자가에 못 박히신 그리스도와 무덤과 천국 사회에 관해 끊임없이 친밀한 묵상을 하며 산다면 정욕을 극복할 수 있다고 생각한다. 이 불쾌한 방법에 대한 수고와 고통 때문에 자신을 구하기 위한 서약을 깨는 사람은 비록 그가 죄를 짓는 방식으로 서약했을지라도, 나는 배신이라고 생각한다. 그리고 다른 어떤 수단으로도 길들일 수 없을 정도로 극도로 관능적인 육체를 가진 사람들과 앞서 언급한 특별한 사고로 인해 독신 생활을 불법으로 만드는 사람들보다 그러한 서원을 한 후에 자제에 대해 변명할 수 있는 사람은 더 많지 않다.

16. 만약 남자들이 다른 수단 없이 결혼 자체만으로 정욕을 치료할 수 있다고 믿는다면, 다른 어떤 것으로도 치료할 수 없는 격렬한 정욕은 나중에 치료되지 않을 수도 있다는 점을 잊어서는 안 된다. 간음하는 자들도 미혼자처럼 정욕이 격렬하여 종종 그들을 제지하는 것이 어렵다는 것을 발견하기 때문이다. 그러므로 기혼자들은 다른 사람들과 마찬가지로 자신의 정욕을 극복하기 위해 조심해야 한다. 그리고 쉽게 말하면 그것이 그들에게 이중의 죄가 되기 때문이다.

17. 그러나 다른 모든 수단이 실패할 때, 결혼은 인간의 서약이 할 수 없는 정욕의 불꽃을 끄기 위해 하나님께서 정하신 수단이다. 진정으로 필요성이 있는 경우, 서약을 어길 수 있다.

제2장

종과 주인을
올바르게 선택하기 위한 방향 제시

제1부
종(servant)을 올바르게 선택하기 위한 방법

종은 가족의 필수적인 부분으로서 가족의 고상함이나 천함, 그리고 행복이나 불행에 많은 기여를 하므로 주인은 하인을 선택할 때 신중을 기해야 한다. 그리고 참으로 바람직한 사람을 찾기가 어려울수록 그 일에 더 신중하고 부지런해야 한다.

방향 제시-1 '당신이 당신에게 가장 적합한 일을 선택하는 것은 내가 어떤 설득을 하지 않아도 당신의 천성과 관심이 방향을 알려 줄 것이다.' 그리고 실제로 당신에게 좋은 종이 되거나 당신의 일을 수행하는 것은 단순한 정직이나 경건으로 되는 것이 아니다. 당신에게 적합한 종이 되기 위해서는 다음의 세 가지가 필요하다. 1. 힘. 2. 기술. 3. 의지이다. 이 중 어느 것도 세 번째 없이는 아무 소용이 없다. 의지가 없는 힘과 기술은 아무것도 하지 못할 것이며, 힘이 없는 기술과 의지는 아무것도 할 수 없고, 기술이 없는 힘과 의지는 아무것도 하지 않는 것과 같거나 더 나쁘게 할 것이다. 이 모든 것이면 당신에게 좋은 종이 되게 할 것이다. 그러므로 1. 건강한 사람. 2. 당신이 고용하고자 하는 일에 익숙한 사람. 3. 육체를 기쁘게 하거나 게으르고 비활동적 기질이 아닌 사람을 선택하라. 병든 사람에게 노동을 요구하는 것은 잔인하게 보일 것이며, 미숙하고 운동을 하지 않는 자에게 노동을 기대하는 것은 어리석게 보일 것이고, 비둔하고 나태한 사람은 모든 일을 하기 싫어하고 고통스럽고 피곤하여 모든 일이 너무 많다고 생각할 것이며, 그들의 봉사는 그들에게 계속되는 수고와 불쾌감이 될 것이고, 그들은 당신이 자기들에게 잘못한다고 생각할 것이며, 당신이 그들의 육체적 욕망과 게으름을 허용하지 않으면 당신이 자기들에게 가혹하게 대한다고 생각할 것이다. 그렇다, 그들은 자진해서 일을 해야 하지만 점액질이고 느리고 무거운 몸은 결코 여행에 지친 말보다 부지런히 봉사하기에 적합하지 않을 것이다.

방향 제시-2 '가능하면 하나님을 경외하는 자, 또는 적어도 다루기 쉽고 기꺼이 가르침을 받을 수 있는 자를 택하고, 경건하지 않고 관능적이며 신을 욕되게 하는 자를 택하지 말라.' 왜냐하면, 1. "하나님은 모든 행악하는 자를 미워하시며,"[25] 하나님의 원수가 되고 하나님이 미워하는 자를 가족에 두는 것은 가족의 축복이나 안전에 도움이 되지 않는다. 당신은 하나님을 경외하는 사람들이 섬길 때(기대할 수 있는 축복을) 그들의 수고에서 기대할 수 없다. 악인은 (당신이 의도적으로 그들을 지원한다 해도) 그들이 살고 있는 가정에 저주를 가져올 수 있지만, **요셉**과 같은 하인은 불신자의 집에도 축복이 될 수 있다. 악인은 그 범죄를 반복할 것이기에 당신이 하나님을 사랑한다면 당신 가족의 수치와 당신 마음의 슬픔이 될 것이고, 경건한 하인은 자신의 수고에 하나님의 축복을 구할 것이며, 그 자신은 "그가 하는 모든 일이 다 형통하리라"[26]는 약속 아래 있을 것이다.

2. 대부분의 경건하지 않은 종은 그저 눈으로 섬기는 종이 될 것이며, 책망과 비난을 피하기 위해 필요하다고 생각하는 것 이상은 하지 않을 것이다. 그들 중 일부는 실제 주인을 사랑하거나 칭찬을 받고 싶거나 자신의 자리를 더 좋게 만들려는 욕망에서 부지런하고 믿음직할 것이다. 그러나 보통은 기만적이며 선한 종이 되기보다는 선한 종처럼 보이려고 노력하고 자신의 결점을 피하기보다는 숨기려고 더 많이 연구한다. 그들은 양심을 중요하게 생각하지 않으며, 하나님의 눈을 의식하지 않는다. 반면에 참으로 경건한 종은 하나님께 순종함으로써 당신에게 모든 봉사를 할 것이다. 마치 하나님께서 자신에게 명하신 것처럼, 그리고 항상 온 세상보다 그분의 은총을 더 선호하는 그 주인의 앞에 있는 사람처럼 봉사할 것이다. 그는 자기보다 더 좋은 모습으로 당신을 기쁘게 하기보다 자신에게 충실하라고 명령하신 하나님을 기쁘시게 하는 것에 더 힘쓰며, 그 종이 당신에게 기대하는 임금보다 하나님이 자기에게 약속하신 상급을 힘입어 자기의무를 이행한다. 그 종은 부드럽고 정결한 양심을 가지고 있어 당신이 알지 못할 때에도, 당신이 옆에 있을 때와 마찬가지로 당신에게 자신의 의무를 다할 것이다.

3. 일반적으로 경건하지 않은 종들은 주인을 속임으로써 자신을 풍성하게 할 기회만 있다면 거짓을 행할 것이다. 특히 사고 파는 일에 지출을 맡은 종들은 더욱 그러할 것이다. 내가

---

25) 시 5:5
26) 시 1:3

특정한 사람의 이름을 밝히지 않는 한, 나는 그들을 신뢰하는 주인들에게 죄를 지은 사람들의 고백을 통해 그 주인에게 경고하는 것이 불신이 아니라 나의 의무라고 생각한다. 하나님께 사랑과 경외심으로 회심한 많은 종들이, 그들이 회심하기 전에 사고 파는 일에서 얼마나 끊임없이 주인을 속였는지 나에게 말했다. 심지어는 내가 속인 돈을 갚으라고 그들을 설득했을 때(가능한 한 되돌려주는 것이 그들의 의무라고 알게 했을 때), 양심의 불안감이 너무 커서, 내가 그들에게 기꺼이 갚을 돈을 주어 갚을 때까지 그들은 불안감 속에 있었다. 그런 고백을 듣고 나는 그들의 주인을 속이고 강탈하는 것은 경건하지 않은 종들 사이에서 기회만 있으면 매우 평범한 일이라는 것을 알았다. 그러나 부정한 일을 거부하는 매우 믿음직한 종들은 그런 일을 결코 하지 않는다.

4. 또한, 경건하지 않은 종은 나머지 종들을 유혹하여 죄에 빠지게 할 것이다. 특히 음행은 아닐지라도 은밀한 방탕과 무례한 행실과 환락과 육체와 관련된 일과 욕설에 이르게 할 것이다. 그들은 맹세하고, 하나님의 이름을 망령되이 일컬으며, 저주하고, 거짓말을 함으로써 당신 자녀들과 다른 종들에게도 그와 같이 하도록 가르칠 것이다. 그리하여 당신 가족에게 전염병이 되게 할 것이다.

5. 그리고 그들은 당신이 다른 사람들에게 행하려는 선을 방해할 것이다. 당신 가족 중에 신념을 가지고 더 나은 상태에 대한 소망을 품고 있는 사람이 있다면, 그들은 모든 것을 소멸시키고 낙심시키며 회심을 방해할 것이다. 일부는 모순되는 비방으로, 일부는 경멸로, 일부는 그들의 기분전환과 한가한 말로, 일부는 나쁜 모범으로 가족들을 유혹하여 자기들의 죄에 동행하도록 유혹함으로 회심을 방해할 것이다. 반면에 경건한 종은 나머지 가족을 경건함으로 이끌어 죄를 짓지 않도록 하고, 하나님과 당신에 대한 의무를 충실히 수행하도록 설득할 것이다.

방향 제시-3 '그러나 종의 경건함을 그의 단순한 지식이나 말로 측정하지 말고 그의 사랑과 양심으로 측정하라.' 종교에 관해 자만심에 찬 말은 성화되지 못한 마음과 삶을 가지고 있을 수 있고, 지식과 말솜씨가 부족한 말은 성실함을 가질 수 있다. 그러나 당신은 다음과 같은 사람들을 참으로 경건한 사람이라고 안전하게 판단할 수 있다. 1. 경건을 사랑하고 하나님의 말씀과 종들을 사랑하며 모든 악을 미워하는 사람들과, 2. 양심적으로 자신의 의무를 다하고 공개적으로나 은밀하게 알려진 죄를 피하는 사람들이다.

방향 제시-4 '필요에 따라 부적합하고 나쁜 사람들을 채용할 경우, 부지런하고, 예의 바르고 설득력 있는 방식으로 그들에게 다가가는 것이 더 큰 의무라는 것을 기억하고, 그들이 더 좋아지게 되도록 돌보아 주라.' 말이나 소를 사듯이 하지 말고 그 목적을 오직 일에만 사용하는 것으로 하라. 그러나 그들에게는 당신이 보호해야 할 불멸의 영혼이 있다는 것을 기억하라.

제2부

올바른 주인을 선택하는 방법

종의 행복, 그의 영혼의 안전, 그의 삶의 위안은 그가 함께 살고 있는 가족과 장소에 크게 좌우되므로, 모든 신중한 종은 자신이 어떤 장소나 가족에 거주할지에 대해 매우 신중을 기하고, 가능한 한 가장 현명한 선택을 하는 것이 매우 중요하다.

방향 제시-1 '무엇보다도 단지 육체의 편안함과 관능적인 것만을 위해 선택하지 않도록 하고, 당신 자신의 세속적인 뜻과 쾌락을 가장 많이 누릴 수 있는 곳을 최선의 장소로 선택하지 말라.' 나는 육체적이고 은혜가 없는 종들이, 고기나 부패한 고기를 먹지 못하게 할 때 개처럼 악의적인 뜻을 가지고 이 지시를 들을 것이라는 것을 알고 있다. 나는 내가 그들의 본성과 마음에 거스르는 말을 하기에, 그들은 내가 그들의 이익과 유익에 반대되는 말을 한다고 생각할 것이라는 것을 안다. 그러므로 나는 그들이 나를 믿거나 내 권고에 순종하기 전에 다음과 같은 말로 그들을 충분히 설득하려 한다. 모든 경건하지 않은 육체의 종들은 다음의 것들을 좋은 장소 또는 바람직한 봉사의 유일한 표로 삼는다. 1. 그들이 원하는 일을 하고, 싫어하는 일을 피하며, 쉬운 일을 하고, 어려운 일을 하지 않으며, 영광스러운 일을 하고, 열등하고 비천한 일을 하지 않는 다면 그것을 바람직하다고 생각한다. 2. 그들이 원할 때 일하고, 원할 때 포기할 수 있다면 바람직하다고 생각한다. 3. 그들이 원할 때 일어나고, 원할 때 잠자리에 들 수 있다면 바람직하다고 생각한다. 4. 그들이 원하는 대로 먹고 마시며 그들의 식욕을 만족시킬 수 있다면. 5. 그들이 원할 때 말할 수 있고, 말하고 싶은 것을 말할 수 있다면. 6. 그들이 마음대로 나가서 운동하고 놀고 무절제하고 헛되이 시간을 낭비하며 즐거운 일을 요구할 수 있다면. 7. 그들이 가장 좋은 옷을 입고 잘 지낼 수 있다면. 8. 그들의 주인이 그들에게 관대하여 이 모든 것을 지켜주고 그들이 원하는 것을 준다면. 9. 그들의 주인과 동료 종들이 그들에게 공손히 대접하고 칭찬하며, 그들 중 누군가를 시켜 자기를 욕되게 하거나 불쾌한 말을 하지 않는다면. 10. 그들은 그들의 경건의 계명을 고민하지 않고, 성경이나 교리를 배우는 일에 전념하지 않고, 자기 영혼의 상태나 내생에 대한 소망의 근거에 대해 설명을 요구하지 않고, 많은 기도나 반복적인 설교나 종교적인 훈련이나 담론이나 구원에 도움이 되는 모든 일에 고민하지 않고, 그들이 생각하는 죄가 무엇이든지 제어하지 않고, 그 죄를 행한 후에 책망을 받지 않는다면 그것을 바람직하다고 생각한다. 이것은 경건하지 않고 육체적인 사람의 조건이거나 그들의 좋다고 생각하는 일에 대한 설명이다. 그것은 한마디로, 자기 뜻과 육체의 욕망으로 주인의 뜻이나 하나님의 뜻에 맞는 것이 아니다. 사실상 마귀의 뜻을 행하는 데 가장 큰 도움이 되는 것이고 저주받는 일이다.

방향 제시-2 '하나님을 기쁘시게 하고 당신의 영혼을 구원하는데 가장 큰 도움이 되고 방해가 가장 작은 곳에서 사는 것이 당신의 첫 번째이자 가장 중요한 일이 되도록 하라. 그리고 그곳에서는 죄를 지을 자유도 없을 것이고 육체의 뜻이 성취되지 않지만, 하나님의 뜻을 알고 행하도록 가장 좋은 교육을 받을 것이며, 그 아래서 당신 상사의 뜻을 따르게 될 것이다.' 하나님께서 버린 자의 표시는, 자기 뜻, 즉 "자기 마음의 정욕에 사로잡혀 자기 꾀를 좇아 행하고"[27] "육신을 따라 사는 것"이며, 이는 끝없는 불행으로 가는 확실한 길이다.[28] 우리 자신의 뜻을 최대한 억제하고 부인하면서 하나님의 뜻에 가장 복종하는 것이 가장 순종적이고 거룩한 영혼의 표시이다. 그러므로 거룩함과 자기 부인, 하나님을 사랑하고 육체를 죽이는 것이 은혜의 삶이고, 영혼의 건강과 올바른 자질이며(그리스도 아래서), 우리의 구원에 이르는 유일한 길이다. 그곳이 당신에게 가장 좋은 곳이라고 생각할 큰 이유는, 그곳에서 거룩함과 자기부인을 위해 가장 많은 도움을 받을 수 있기 때문이다. 그리고 당신 상급자들의 엄격함과 그들이 당신의 영혼을 위해 당신에게 주는 노동을 참을성 있게 견딜 뿐 아니라, 지상에서 가장 큰 자비와 같은 도움을 원하고 추구해야 한다. "너희는 먼저 그의 나라와 의를 구하라 썩을 양식을 위하여 일하지 말고 영생하도록 있는 양식을 위하여 하라."[29] 먼저 당신의 영혼을 돌보는 일에 주의하고, 하나님을 섬기는 데 최선의 봉사가 당신의 구원이라고 생각하라.

---

27) 시 81:12
28) 롬 8:8, 13
29) 마 6:33; 요 6:27

방향 제시-3 '가능하면 당신의 영혼을 돕기 위해, 공적인 가르침과 사적인 조언을 할 수 있는, 신실하고 능력 있고 설득력 있는 사역자가 있는 곳에서 살라.' 당신이 피할 수 있다면, 무지하고 죽은 무익한 교사 밑에서 살지 말라. 그 교사는 당신의 마음을 하늘의 대화로 끌어올리는 일에 아무런 도움을 주지 못할 것이다. 그러나 당신은 엿새 동안 수고해야 하므로, 당신 영혼을 소생시키고 위로를 위해 주의 날을 보내는 일에 가장 도움이 되는 곳에서 살라. 그 거룩한 양식(holy food)의 힘으로 그다음 주에 당신의 거룩한 수고를 즐겁게 수행할 수 있을 것이다. 이것 없이 생명이 없는 것처럼 사는, 저 짐승 같은 사람들과 같아서는 안 된다. 그러므로, 당신을 하늘로 인도할 스승이 누구인지에 대해서 별로 신경 쓰지 않으며, 다가올 세상에 대한 진지한 예고를 하는지 여부는 중요하지 않고, 단지 자신의 몸을 잘 먹이고 입히고 편안함과 쾌락과 세상에서 우대하는 장소를 얻는 데 주의를 기울이는 사람과 같아서는 안 된다.

방향 제시-4 '당신이 하나님을 경외하는 주인과 함께 그렇게 큰 자비를 얻을 수 있다면 그곳에서 살라. 그러면 그는 당신의 몸과 영혼을 보살피며, 그들 자신과 마찬가지로 하나님을 섬기게 할 것이다. 세상적이고 경건하지 않은 주인들과는 함께 하지 말라. 그들은 자기들의 일을 위해, 짐승처럼 당신을 사용할 것이며, 당신의 구원에 전혀 신경 쓰지 않을 것이다.' 왜냐하면, 1. 하나님의 저주는 경건하지 않은 자들의 가족에 있다. 하나님께서 저주하신 집, 악령이 출몰하는 집에서 누가 기꺼이 살겠는가? 그러나 하나님은 친히 경건한 자들과 함께 거하시며 많은 약속으로 그들에게 그의 사랑과 축복을 보증하셨다. "악인의 집에는 여호와의 저주가 있거니와 의인의 집에는 복이 있느니라."[30] "악인은 엎드러져서 소멸되려니와 의인의 집은 서 있으리라."[31] "악한 자의 집은 망하겠고 정직한 자의 장막은 흥하리라."[32] 의로우신 자는 악인의 집을 감찰하시고 악인을 환난에 던지시느니라."[33] 무너지는 집에 들어가지 말라. 2. 하나님을 경외하는 주인은 당신을 죄와 지옥에서 구원하고, 당신 영혼을 영생에 이르도록 도우며, 그가 당신을 땅의 왕과 통치자로 삼으신 것보다 더 많은 일을 당신을 위해 행

---

30) 잠 3:33
31) 잠 12:7
32) 잠 14:11
33) 잠 21:12

할 것이다. 그는 죄 짓는 일을 못 하게 하며, 하나님을 알게 하고 구원을 준비하도록 가르칠 것이다. 반면에 경건하지 않은 주인들은 오히려 당신을 낙심시키고, 조롱이나 위협으로 당신을 거룩한 삶에서 떠나게 하고, 그들의 지혜와 일과 권세를 사용하여 당신의 구원을 막으려 할 것이다. 아니면 당신의 영혼을 거의 돌보지 않을 것이다. 그들은 당신에게 음식과 임금을 제공한 것으로 그들 자신의 역할을 다한 것으로 생각한다. 3. 하나님을 경외하는 주인은 당신에게 악을 행하지 않고 당신을 그리스도인과 그리스도의 동료 종으로서 사랑하며, 또 당신을 자신의 종으로 명하고 사용하니, 무지하고 경건하지 않은 세상적인 사람에게는 기대할 수 없는 것이다.

방향 제시-5 '그러나 하나님과 당신 영혼의 일에 대해 최소한으로 방해받고, 당신이 감당하기에 적합한 그러한 일을 선택하라.' 당신이 선택할 수 있다면 게으른 삶도 과도한 일도 선택해서는 안 된다. 일에 대한 걱정으로 마음이 압도되고, 과도한 노동으로 몸이 피곤해지면, 영혼의 문제를 진지하게 생각할 시간이나 마음, 힘이 거의 없게 될 것이다. 그렇다. 주중의 수고로 인해 잠만 자고 싶을 정도로 몸이 피곤할 때 주의 날은 거의 위로를 받지 못하고 보내게 될 것이다. 기도하거나 성경을 읽거나 영원한 나라를 염두에 둘 시간이 전혀 없이 일하는 것은 사람보다 짐승에 더 적합한 삶이다.

방향 제시-6 '할 수 있다면, 가족의 주인뿐만 아니라 동료 종들이 하나님을 경외하는 곳에서 살라.' 동료 종들은 대개 주인이 그들 중 누구와 말하는 것보다 더 자주 친숙하게 동료 종들과 서로 대화한다. 그러므로 주인이 아무리 하늘의 가르침을 주더라도, 동료 종들의 공허하고 거품 같은 이야기는 당신의 기억과 마음에서 모든 것을 지워 버릴 수 있다. 그리고 그들의 거룩한 삶에 대한 조롱이나 그들의 나쁜 본보기는, 주인의 교훈이 유익을 줄 수 있는 것보다 더 큰 해를 끼칠 수 있다. 반면에 주인의 권고가 동료 종들의 선한 담론과 실천에 의해 뒷받침될 때, 그것은 선한 일에 큰 격려가 되며 마음을 지속적인 따뜻함과 결심 속에 머물게 할 것이다.

방향 제시-7 '만약 당신이 이러한 주거공간 중 하나에서 거주하기를 원한다면, 당신이 원하는 것을 얻기 위해, 쉬는 시간을 잘 이용하도록 열심히 노력하라.' 좋은 스승과 나쁜 주인이 있다면, 스승의 도움을 좋은 목적에 부지런히 사용하라. 나쁜 스승과 좋은 동료 종이 있거나, 좋은 스승과 나쁜 동료 종이 있다면, 당신이 소유한 것에 대해 하나님께 감사하고, 그것을 최고라고 생각하라.

방향 제시-8 '만약 당신이 주인과 일에 최고가 되고 싶다면, 최고의 종이 되기 위해 노력하라. 그러면 분명히 원하는 것을 이룰 수 있다.' 좋은 종은 매우 드물고 가치가 높기 때문에 당신이 그렇게 되기 위해 노력한다면 가장 좋은 자리가 당신의 것이 될 것이다. 수고와 근면과 신뢰와 순종과 온유와 인내에서 다른 사람들보다 뛰어나라. 그러면 원하는 거의 모든 자리를 얻을 수 있다. 그러나 당신이 게으르고 나태하고 속이고 거짓되고 무례하고 자기 고집을 세우고 다투고 참을성이 없으면서도, 착하고 충실한 종으로 존경받고 쓰임 받아야 한다고 생각한다면 그것은 어리석은 기대에 불과하다. 정의의 관점에서 볼 때, 받을 만한 가치가 없는 사람에게 주는 것이 의무가 될까? 참으로 어떤 사람이 당신에게 순수한 관대함을 베풀기로 마음먹었다면, 당신은 그들에게 관대함을 간청할 수 있고 버림을 당하지 않을 것이다. 하지만 그들이 당신을 종으로만 받아들인다면, 그들은 당신의 일과 덕행에 대한 보답 외에는 아무것도 돌려줄 의무가 없다.

제3장

가족 예배의 필요성을 증명하기 위한 논증

[가족 안에서 그리고 가족들이 하나님께 드리는 종교의식의 예배는 하나님의 임명인가?]

그렇다. '철학은 진리를 구하고, 신학은 진리를 발견하고, 종교는 진리를 소유한다'라는 미란둘라(Mirandula)의 훌륭한 연설을 종종 생각한다. 그러므로 나는 멀리 떨어져 있는 논점보다 직접적으로 종교적인, 즉 즉각적으로 실용적인 이 논점에 대해 더 활기차고 즐겁게 논쟁한다. 그리고 나는, 내키지 않지만 우리들의 어떤 행위에서도 결코 분리되지 않는 환상, 지성, 의지 사이보다 더 넓은, 철학자와 신학자와 종교인 사이의 의견의 불일치를, 우리 사이에서 찾아야 한다. 또는 오히려 실제적인 자연 지식의 습관과 실제적인 초자연적인 지식의 습관, 그리고 앞의 두 가지 모두에게 물려받은 실제적인 결심, 애정 및 노력 사이의 의견 불일치를 우리 사이에서 찾아야 한다. 그러나 우리는 안전하고 유익하게, 어디서 나누는 것이 사망에 이르게 하는지를 구별할 수 있다. 만일 우리가 현재의 경우에 대해 논쟁을 벌이고, 종교적 공적 행위에 기여하면, 결국에는, 우리는 헛되이 논쟁하지 않았다고 말할 수 있을 것이다. 하나님의 일에서 기쁨과 유익을 경험함으로써 우리는 그분을 헛되이 경배하지 않는다는 것을 깨닫게 된다. 그렇지 않다면 하나님은 경배받아야 한다는 것을 논쟁을 통해 입증하고, 하나님을 경배했음에도 불구하고 경배한 것이 아니라고 하는 것은 우리의 학문을 끌어내어 우리의 지혜를 날카롭게 해서, 우리의 정죄를 간청하려는 것뿐이다. 마치 고발자가 우리의 도움을 원하거나, 세상의 판사가 우리 자신의 입에서 나온 것이 아니라며 우리에게 불리한 증거나 주장을 바라는 것과 같다. 용어(the term)의 의미에 관해서, 나는 주제(the subject)와 술어(the predicate) 모두에 관해 정도껏 말하겠다. 우리는 비밀리에 논쟁하는 것이 아니다. 그러나 불필요한 수고로 나 자신과 당신을 괴롭히지 않도록 조금만 말한다.

1. 하나님을 경배한다는 것은 그 자체로 순종이나 일반적인 일에 봉사 즉, 속박($\Delta ov\lambda\epsilon ia$)을 의미하는 것이 아니라, 하나님을 하나님으로 공경하려는 의도를 가진 어떤 신성한 행위의 종교적 수행을 의미하며, 그것은 일반적인 순종의 행위보다 더 직접적이다. 이것은 일반적으로 어거스틴(Austin)에 의해 예배($\Lambda\alpha\tau\rho\epsilon ia$)라 부르고, 그 이후로 모든 정통파에 의해 하나님 외에 다른 사람에 대한 사용을 배제한다. 그리고 실제로 그것을 다른 사람에게 사용하는 것은 그 정의에 모순된다.

이 예배에는 두 종류가 있는데, 그중 첫 번째는 예배라고 불리는 탁월함에 의한 것이다, 즉 하나님을 공경하는 것이 그 사업의 직접적인 목적이자 전체 사업일 때, 우리 자신의 원하는 목적이 묵시적으로 그리고 명백하게 이뤄진다. 우리가 여기에서 시작하고 하늘에서 영속할 찬양과 감사의 복된 일이 바로 그것이다. 그러나 참된 종교의 더 놀라운 신비를 인식하라. 우리는 참으로 하나님으로부터 더 많은 것을 받고, 하나님께 더 직접적으로 무언가를 구하는 것보다 하나님께 모든 것을 드리는 이러한 예배 행위로 그분 안에서 우리 자신의 행복을 더 온전히 누리게 된다. 그것이 두 번째 종류의 예배 행위다. 즉, 하나님께 일의 내용이나 문제의 무언가를 구하거나 받는 것일 때, 또는 그의 이름으로 무언가를 종교적으로 전달하는 것일 때, 더 직접적으로 우리 자신을 위한 것일 때, 그것은 예배 행위다. 그럼에도 불구하고 이 일에서 우리의 궁극적인 목적이 되어야 하는 것은 하나님이다. 당신은 내가 이것을 세 가지 종류로 만들 것이라는 것을 인지할지도 모른다. 그 첫 번째는 우리가 원하는 무언가를 위해 하나님께 종교적 의식으로 청원하는 것이다. 이를 기도라 한다. 두 번째는 우리가 하나님으로부터 무언가를 받기 위해 그분에게 종교적 의식으로 청원하는 것이다. 즉, (1) 그분이나 사자(messenger)의 입에서 나오는 지시, 교훈, 약속, 위협에 대한 청원, (2) 세례와 주의 만찬에서 그분의 은혜의 신성한 표시를 청원하는 것이다. 세 번째는 그리스도의 직분자들이 그분의 이름으로 그분의 율법이나 성례를 종교 의식으로 집행하는 것이다. 그분의 율법은 일반적으로 일상적인 설교에 의해서, 또는 권징행위에서 구체적인 적용을 통해 일반적으로 행해진다.

2. '종교의식(solemn)'이라는 단어는 때때로 일상적인 것에 중요성을 부여하며, 어떤 사람들은 '종교의식은 일반적으로 행해지는 엄숙한 일'에서 추론한다. 때때로 일 년 중 정해진 날에만 행해지는 것에 중요성을 부여한다. 그래서 어떤 사람들은 '종교의식'은 '마치 일 년에 한 번뿐인 것'으로 받아들인다. 그것을 세속적인 방법으로 받아들일 수는 없고, 오직 우리는 그것을 '축하하고 관례적인' 일, 즉 우발적이고 드물게 하는 것이 아니라 명시적이고 규칙적으로 수행해야 하는 일이며, 그리고 그러한 중요한 사업에 걸맞은 중대하고 명예로운 진지함을 가지고 수행해야 하는 일로 받아들인다.

3. 가족이라는 말은 여러 집에 거주하는 부족이나 종족이 아니라, 성경에서 흔히 말하는 것

처럼 한 가정을 의미한다.

'집과 가족', '가정과 가족'은 가정의 관리(economics)에서 다소 다른 개념이지만 한 가지이다. 나라가 시민을 위한 것처럼 집은 가족을 위한 것이다. 전자는 후자의 주체가 되고 후자는 전자의 내부 완성이다. 그래서 집은 모든 사람이 매일 편안하게 지낼 수 있도록 가족 구성원이 함께 모인 자연에 따른 사회다. 가족은 아버지가 지배하는 질서가 있다.

온전한 가족에는 아버지, 어머니, 자녀, 종의 네 가지 필수적인 부분이 있어야 한다. 그러나 가족의 본질에 있어 '명령하는 부분'과 '복종하는 부분'이 있는데, 우두머리 또는 다스리는 자, 아버지, 어머니, 주인 또는 여주인만 있으면 충분하다. 그리고 이 머리 아래 하나 또는 그 이상이 다스림을 받는다.

그러므로 가장은 가족의 본질적인 부분이며 다스림을 받는 사람들 중 일부도 그러하지만 각 구성원은 가장이 아니라는 점을 유의하라(즉 그런 경우도 있지만). 그러므로 20명의 자녀나 종들이 아버지나 가족의 주인 없이 하나님을 경배한다면 그것은 엄밀한 의미에서 가족 예배가 아니다. 그러나 가장이 (또는 대리자 또는 대표자) 그의 자녀나 종과 함께 있으면 나머지는 모두 부재하더라도 예배를 드리는 것이 여전히 가족의 의무다. 비록 가족이 불완전하고 장애를 입었다 할지라도. (과실이 있는 경우라도 예배를 드리는 것이 의무다.)

4. 내가 가족 안에서 그리고 가족에 의해라고 말할 때, 나는 각자가 일의 동일한 부분을 수행해야 한다는 것을 의미하는 것이 아니라, 한 사람(머리 또는 그에 의해 대리인이 되고 그를 대표하는 어떤 사람이)이 입이 되고, 나머지는 지시를 받거나 그가 올린 기도와 찬양에 정신적으로 동의함으로써 그들의 역할을 수행한다는 것을 의미한다. 마지막으로 하나님께서 정한 규정이란 하나님의 뜻을 의미하는 것으로, 즉 이것을 수행하는 것이 인간의 의무라는 뜻을 의미한다. 즉, 자연적 수단에 의한 것이든, 초자연적 수단에 의한 것이든, 직접적인 것이든, 결과에 의한 것이든, 우리는 그것이 하나님의 뜻이라고 확신할 수 있다. 그렇다면 문제의 요점은 가족과 함께, 가장이 하나님의 영광을 위해, 하나님의 임명에 의해, 종교적으로나 관습적으로 수행하는 신성한 행위가 우리의 의무가 되는가?라는 것이다. 이 질문에 대한 내 생각을 다음 주제로 축소하고 순서대로 정당함을 논한다.

1. 일반적인 가족 예배에 대해, 2. 특별한 종류의 예배에 대해, 3. 그 예배의 때에 대해 말한다.

Ⅰ 첫 번째(가족 예배)에 관하여, 나는 제한과 신중함을 위해 다음과 같은 명제에 대해 내 생각을 정리한 후, 주요 결론을 증명한다.

명제 1. 하나님께서 가족들에 의해 수행되도록 임명한 것은 모든 종류의 하나님에 대한 예배가 아니다. 모든 종류의 예배에는 공개 집회에 적절한 것이 더 많다.

2. 특별하게 세례와 주의 만찬 성례를 집행하는 것은 성직자나 조직된 교회들에 적합하며 가정에는 일반적이지 않다. 이는 두 성례가 복음의 사역자들에게만 맡겨졌고, 교회에서 수백 년 동안 오직 그들에 의해서만 사용되었기 때문이다. (어떤 사람들은 필요할 경우 다른 사람들에게 세례를 받을 수 있도록 허락한 것을 제외하고) 그래서 주의 만찬은 가정보다 더 대중적인 친교를 위한 상징과 수단으로 정해졌다. 그리고 어떤 사람들은 첫 번째 제도에서 이와 반대로 추측하고 가족 기도와 교회 기도, 가족 가르침과 교회 가르침이 있기 때문에, 가정의 성찬과 교회의 성찬이 있어야 한다고 생각하지만, 그것은 실수이다. 그리스도께서 그것을 그의 가족에게 주셨지만, 그것은 가족으로서가 아니라 교회로서 집행하신 것이기 때문이다. 한 가족에 불과한 것도 교회일 수 있다. 이 설정은 사도들의 교리와 실천, 모든 교회의 끊임없는 관습에서 얻었는데, 그 교회들은 주의 만찬을 가족의 의무라고 결코 생각한 적이 없고, 대규모 집회에 적합하고, 오직 안수를 받은 사역자에 의해서만 행해졌다. 또한 할례와 유월절에서 비롯된 이유들도 그 반대를 입증하지 못할 것이다. 두 가지 이유는 특정한 교회들이 지금처럼 설립되지 않았기 때문이며, 따라서 가족들이 더 많은 일을 해야 했기 때문이다. 그리고 성찬 제도 안에는 가족에게 합당한 의무가 있었기 때문이다. 그리고 하나님께서 성찬에 관해 가족의 주인에게 주시지 않은 권한을 그들에게 주셨기 때문이다.

3. 수많은 사람들이 그들 자신의 사악함과 부주의로 스스로를 무력화시키고 있다. 그래서 하나님께서 그들에게 맡겨 주신 의무를 수행할 수 없게 되었다. 그러나 그것은 여전히 그들의 의무로 남아 있다. 일부 장애는 부분적으로는 그들을 변명할지 모르지만 전체적으로는 그렇지 않다.

이제 나는 가족 안에서 그리고 가족에 의한 예배의식이 하나님의 임명이라는 것을 증명한다.

논증 1 만약 가족이 하나님께서 제정하신 공통체이고, 하나님에 대한 종교 의식적인 예배를 위한 특별한 이점과 기회가 주어지고, 그것을 사용하는 것을 금하지 않는다면, 그와 같은 가정과 가족들에 의한 하나님에 대한 종교 의식적인 예배는 하나님께서 정하신 것이다. 그러나 명제의 조건부 부분은 사실이다. 그러므로 결과도 마찬가지다.

명제의 조건부 부분에 대해, 1. 가족은 하나님께서 제정하신 공동체이므로 증거가 필요하지 않다.

2. 가정에 특별한 이점과 기회가 제공된다는 것은 여러가지 세부사항을 열거함으로써 알 수 있다. (1) 가족을 다스리는 자에게는 권위와 이점이 있다. 이로써 그는 자신 아래에 있는 모든 사람에게 하나님을 예배하도록 명령할 수 있고, 그러하다. 그리고 이를 거부하는 자녀와 종들에게 벌을 가할 수 있다. 그렇다, 완고한 사람이 있다면 가족 중에서 쫓아낼 수도 있다. (2) 그는 아내와 자녀에 대해 특별한 관심을 가지고 있으며, 이를 통해 기꺼이 그들을 데려와 올바른 복음적 예배를 드리게 하는 이점이 있다. (3) 가족을 다스리는 자는 가족 모든 사람의 일용할 양식과, 자녀들이 세상에서 살아가는 데 필요한 비용을 담당한다. 그러므로 그는 그들의 순종에 대해 영향력이 우세할 수 있다. 그는 상을 줄 뿐 아니라 벌하고 명령할 수 있는 권한을 가지고 있다. (4) 그들은 동거의 기회를 가졌으므로 여전히 가까이 있고, 더 많이 함께 있으므로 그러한 일을 할 준비가 되어 있다. (5) 가장 가까운 관계에 있기 때문에 그들은 서로의 구원을 돕고, 하나님을 섬기는 데 서로 성장을 장려할 더 강력한 의무가 있다. (6) 이로써 그들은 멀리 떨어져 사는 사람들 사이에서 낯섦과 실수로 인해 생길 수 있는 모든 편견과 질투를 피할 수 있는 이점을 가지고 있어 하나님을 더욱 진심으로 예배할 수 있게 된다. 그리고 그들의 친밀한 관계와 자연스러운 애정은 그들이 더 애정 어린 결합을 하는 데 유리하다. 그리하여 하나님께 더욱 강력하고 받아들일 만한 예배를 드리는 데에 특히 유리하다. 그때 그들은 한 마음과 영혼으로 그 안에 있게 된다. (7) 오해나 다른 장애가 발생하는 경우, 그들은 여전히 곁에 있으므로 그것을 제거하고 서로를 만족시킬 수 있는 기회를 갖는다. 가족 중에 이해력이나 마음이나 생활에 장애가 있는 경우, 지도자는 친근함과 일상적인 대화를 통해 특히 회중의 사역자들조차 할 수 없는 책망과 권고, 고백과 청원에 응할 수 있게 된다. 그러므로 나는 이 열거를 통해 가족이 하나님을 종교의식적으로 예배할 수 있는 특별하고도 가장 훌륭한 이점과 기회를 가지고 있다는 것을 분명히 밝힌다.

3. 명제의 조건 마지막 부분은 그들이 하나님에 대한 종교 의식적인 예배를 위해 이러한 이점과 기회를 사용하는 것을 금하지 않는다는 것이다. 내가 이것을 덧붙이는 것은, 만일 어떤 사람이 말하기를, 비록 그들이 그러한 이점을 가지고 있지만, 하나님께서 다른 방법으로 더 큰 불편을 피하기 위해, 마치 여자가 집회에서 말하는 것을 제지하신 것처럼, 그들을 제지할 수

있다고 말하지 못하게 하기 위함이다. 그러나 (1) 하나님께서는 자연법이나 기록된 율법으로 그것들을 제지하지 않으셨다. 그러므로 전혀 그렇지 않다. 둘 중 하나에서 제지한다는 것을 보여 줄 수 있는 사람은 그렇게 해 보라. (2) 나는 아직 내가 아는 그리스도인 중 어느 누구도 하나님이 가족들에게 종교 의식적으로 자기를 경배하는 것을 금하셨다고 단언하는 것을 읽거나 들은 적이 없다. 어떤 사람도 긍정을 주장하지 않음에도 불구하고, 그것을 부정할 필요는 없다고 생각한다. 실제로 가족들이 어떤 종류의 예배, 즉 성경을 설교하고 해석하는 것을 금지하는 사람들도 있다. 그러나 읽기, 교리문답, 모든 지시에 대한 가르침, 기도, 찬양, 시편 찬송은 물론 경건한 예배를 온전히 드리는 것은 금한 것이 아니다. 명제의 조건부 부분은 여기까지다.

나는 이제 그 결과를 증명할 것이다. 앞서 말한 이점과 기회는 하나님이 주신 달란트이다. 그것을 받은 사람들은 하나님을 위해 충실히 발전시켜야 할 의무가 있다. 그러므로 하나님께 종교 의식적인 예배를 위해 그러한 이점과 기회를 가진 가족은 하나님께 종교 의식적인 예배를 통해 하나님을 위해 충실히 그것을 발전시켜야 할 의무가 있다. 명제의 조건부에 대해, 1. 이것이 달란트, 즉, 하나님이 주신 자비로 유리하게 사용할 수 있는 것은 의심의 여지가 없다. 감히 그것들이 자비라는 것을 부인하는 사람이 없듯이, 감히 하나님이 그것들을 주신 분이 아니라고 말할 사람도 없다. 그런 다음, 2. 그러한 달란트를 받은 사람은 하나님을 위해 충실하게 좋은 목적을 위해 사용해야 한다는 것은 마태복음 25장 전체, 특히 14절에서 31절까지에서 분명하다. 그리고 누가복음 20장 10절에서 그는 포도원의 열매를 요구하신다. 그리고 마태복음 10장 42절에서 그분이 우리에게 냉수 한 잔을 맡기신다면, 선지자가 그것을 요구할 때 우리가 그에게 주기를 기대하신다. 그분이 우리에게 외적인 재물을 맡기시면 "구하는 자에게 우리가 줄 것"[34]을 기대하신다. 그분의 청지기는 청지기로서 행한 일에 대해 심문을 받아야 한다.[35] 그리스도께서는 우리의 모든 달란트에 대해 일반적으로 말씀하신다. "많이 받은 자에게는 많이 요구할 것이요 많이 맡은 자에게는 많이 달라 할 것이다"[36]고 하셨다. 그리고 특히 그리스도께서는 우리의 말에 대해, "사람이 무슨 무익한 말을 하든지 심

---

34) 마 5:42; 눅 6:30, 38, 11:41, 12:33

35) 눅 16:2

36) 눅 12:48

판 날에 이에 대하여 심문을 받을 것이라"[37]고 말씀하신다. 하나님께서 우리에게 그러한 기회를 주실 때, 우리의 혀와 마음을 모두 하나님께 사용하는 것을 거부하는 것은 훨씬 더 많은 심문을 받을 것이다. "맡은 자들에게 구할 것은 충성이다."[38] "각각 은사를 받은 대로 하나님의 여러가지 은혜를 맡은 선한 청지기 같이 서로 봉사하라 만일 누가 말하려면 하나님의 말씀을 하는 것 같이 하라."[39] 이와 같은 더 많은 성경구절들이 생략 삼단논법의 명제의 조건부 부분을 증명하기에 그 결과는 증거가 필요하지 않다.

논증 2　가족 안에서 그리고 가족에 의해 하나님께 종교 의식적으로 예배하는 것은 자연의 법칙에 의해 요구되는 것이므로 그것은 하나님께서 제정하신 것이다. 이성과 본능 자체를 포기하지 않는 사람은 누구도 그 결과를 부정할 수 없다. 자연의 법칙이 하나님의 법칙이라는 것을 부인하는 것은 실제로 부분적으로는 초자연적인 법칙에서 전제되고, 부분적으로는 그 법칙 중에서 반복되지만 결코 그것에 의해 전복되지 않는다. 명문화된 것은 자연적인 것보다 더 가변적이다.

가설의 조건부 부분이 앞서 말한 바와 같이 명백해진다. 1. 자연적 이성은 (또는 자연의 법칙) 모든 사람이 하나님의 영광을 위해 하나님께서 그들에게 맡기신 모든 달란트를 충실히 더 좋은 목적으로 사용할 것을 요구한다. 그러므로 자연적 이성은 (또는 자연의 법칙) 가정에서 하나님께 종교 의식적으로 예배할 것을 요구하며, 하나님은 그들에게 앞서 말한 것과 같은 이점을 주셨다. 2. 자연의 법칙은, 하나님을 창시자나 설립자로 삼는 모든 사회는 그것을 창시하고 설립한 분에게 최선을 다해 헌신해야 한다고 요구한다. 그러나 하나님이 가족의 창시자이자 설립자라는 사실은 자연 그 자체의 빛을 통해서만 알 수 있다. 그러므로 자연의 법칙은 가족이 그들의 능력을 최대한 발휘하여 하나님께 헌신할 것을 요구한다. 결과적으로 그들은 그분께 종교 의식적으로 예배를 드려야 하며 그렇게 할 수 있다. 나는 주요 전제를 증명할 필요가 없다. 왜냐하면 나는 그것에 관해 언급된 자연의 법칙을 소유한 사람들에게만 말하기 때문이다. 그러므로 그들은 그것이 사실이라는 것을 스스로 알고 있다. 그럼에

---

37)　마 12:36
38)　고전 4:2
39)　벧전 4:10, 11

도 그 근거를 말하기 위해 예를 들어 보겠다. 즉, (1) 하나님은 알파와 오메가이시며, 처음과 나중이시며 모든 것의 주된 효율적이고 궁극적인 목적이다. 그러므로 하나님은 가족의 목적이다. 그러므로 가족은 그분에게서 온 것과 마찬가지로 그분을 위한 것이어야 한다. 왜냐하면 "만물이 그에게서, 그를 통해, 그에게 있기" 때문이다. 나는 이 주장을 하나님 외에는 시작도 없고, 하나님 외에는 끝도 없는 자연에서 추론한다. (2) 나는 만물의 창조와 질서 속에 있는 신의 의도로부터 추론한다. 하나님은 자신을 위해 만물을 만들었고, 그분 아래서 궁극적인 목적을 가질 수 없다. (3) 나는 그의 소유권(dominii), 즉 그분이 모든 것에 대해 가지고 있는 그의 정당한 권리의 연장에서 가족에 대한 소유권도 가지고 있다고 추론한다. 그것들은 모두 절대적으로 그분 자신의 것이다. 그리고 오로지 또는 절대적으로 인간의 것은 그분의 용도를 위한 것이어야 하며, 그분의 명예와 목적을 위해 사용되어야 한다. 사람의 소유인 것은 그분을 위해 사용되어야 하고, 그분의 영광과 목적을 위해 사용되어야 한다. 하물며 하나님의 것이라면, 사람은, 하나님이 만물을 가지고 계신 것과 같이 세상의 어떤 것도 절대적으로 소유할 수 없다. (4) 나는 하나님의 통치권(imperii)을 주장한다. 그분이 가족으로서 가족에 대한 완전한 통치권을 가지고 있다면, 가족으로서 가족은 그들의 최대 능력에 따라 그분을 존경하고 예배해야 한다. 게다가 그분은 가족으로서 가족에 대한 완전한 절대 통치권을 가지고 있다. 그러므로 주요 전제의 결과는 다음 두 가지에 근거한다.

1. 하나님 자신이 그 자신의 정부의 목적이다. 이것은 그의 체제에 적합하다. 정치인들은 모든 인간의 통치는 궁극적으로 사회의 공익으로 끝나야 한다고 말한다. 그러나 하나님의 기쁨과 영광은 그분의 통치의 목적이며, 말하자면, 공공의 선 또는 보편적 선이다.

2. 자연이 우리에게 가르치는 바에 따르면, 최고의 명예는 최고의 통치자에게 돌아가는 것이다. 그러므로 통치자는 위엄, 고귀함, 탁월함 등의 가장 명예로운 칭호를 가져야 하며, 사람들은 그 칭호에 비례하는 행동을 해야 한다. "내가 아버지일진대 나를 공경함이 어디 있느냐 내가 주인일진대 나를 두려워함이 어디있느냐?"[40] 두려움은 종종 모든 사람에게 하나님께 예배를 촉구한다. 그러므로 하나님이 아버지이시며 창조주이시며 가장이시며 소유주이

---

40) 말 1:6

시며 통치자가 되지 않는 가정이 아니라면, 그분을 공경하고 두려워하며 경배할 수밖에 없는데, 이는 그가 독신으로서뿐만 아니라 가족으로서도 마찬가지다. 왜냐하면 그분은 남자만이 아니라 가족에게도 아버지이시며 주인이시며 주님(Lord)이시며 통치자이시기 때문이다. 백성을 보호하는 감독에게 명예는 권리로 주장될 수 있는 것이고, 우리의 경우에도 훨씬 더 그렇다. 하나님은 명목상 통치자가 아니라 실제 통치자이다. 지상의 모든 권세는 그분에게서 나오며 실제로 그분의 권세다. 모든 합법적인 통치자는 그의 관리인이며, 그분 아래에서 자신의 자리를 잡고 그분에 의해 대리인으로서 업무를 수행한다. 그러므로 하나님은 모든 나라의 고유한 주권자이며 교회의 머리이므로 모든 가족의 머리이다. 그러므로 모든 나라는 인간에게 권리를 주장할 수 있는 주권자에게 예배와 영예를 드려야 한다. 따라서 각 사회는 그들의 능력에 따라 하나님께 종교의식적으로 예배와 영예를 드려야 한다. 그리고 이 규칙에 따라 국가가 함께 모여 하나님께 예배하기 위한 목적을 당연한 것으로 받아들인다 해도, 그것은 불가능하다고 대답한다. 그들은 그들의 타고난 능력에 따라 그분을 경배해야 한다. 가족들도 그들의 능력에 따라 그래야 한다. 동일한 일반 계율도 주체의 다양한 능력에 따라 다양한 방식으로 의무를 다해야 한다. 나라는 적어도 그 대표를 통해 나라로서 하나님께 참여해야 하며, 그들이 할 수 있는 가장 편리한 방법으로 그분을 경배해야 한다. 가족은 함께 모여 기도할 수 있지만 국가는 그럴 수 없다. 지방교회 또는 국가 교회라 불리는 교회들의 연합체는 특정 회중들처럼 하나님을 예배할 의무가 있지만 한 곳에서 예배할 의무는 없다. 그것은 불가능하기 때문이다. 자연이 허용하지 않고 차이를 만들기 때문이다.

그리고 가족들이 하나님을 공경하고 예배해야 하는 의무가 더욱 명백하고, 하나님은 소유권과 통치권 두 가지를 가졌지만, 각 칭호 하나만으로도 완전하다는 것을 생각하라. 1. 그분은 창조의 자격으로 우리의 주인이자 통치자이다. 2. 그분은 구속의 권리에 의해서도 그러하다. 이 두 가지로 그분은 개인의 주인이자 통치자일 뿐 아니라 가족, 모든 사회가 그분의 것이다. 그리고 사회에서 주로 사람들에게 행사되는 사람들의 질서체계가 그의 것이다. "하늘과 땅의 모든 권세가 그리스도에게 주어졌다."[41] "모든 심판도 그에게 맡기셨고",[42] "만물을

---

41)   마 28:18
42)   요 5:22

그의 손에 넘겨주셨다."[43] 그러므로 "하늘에 있는 자들과 땅에 있는 자들과 땅 아래 있는 자들로 모든 무릎을 예수의 이름에 꿇게 하시고 모든 혀로 그리스도를 주라 시인하게 하실 것이다."[44] 하나님의 영광을 위해 자발적으로 그리스도께 절하고 고백하는 것이 참된 예배이다. 모든 사람은 능력에 따라 이 일을 해야 한다. 그러므로 그들의 가족은 가족의 능력에 따라 해야 한다.

세 번째 고려사항은, 내가 설명을 위해 추가한 것으로, 그 자체로 타당할 수 있다.

논증 3　만약 앞서 언급한 모든 기회와 의무 외에도, 가족들이 하나님 앞에서 살고 있고, 믿음으로 그분의 임재를 인식한다면, 그 가족들이 하나님을 종교적 의식으로 예배해야 하는 것은 하나님의 뜻인가? 그러나 전자가 사실이므로 후자도 사실이다.

증거가 필요한 주요 전제의 결론은, 지상의 모든 통치자들이 권리로 주장할 수 있는 명예에 대한 주장으로 증명한다. 왕, 아버지, 주인이 없을 때, 그들에게 바쳐질 그러한 실질적인 명예는 그들이 그것을 받을 가능성이 없기 때문에 합당하지 않다(더 나아가 상급자의 대리인 또는 그와 관계가 있는 사람에게 명예를 주는 것도 그렇다). 그러나 그들이 곁에 있음에도 불구하고, 그들에게 실제적인 존경이나 인간적인 숭배를 하지 않는 것은 존경심이 없는 백성이거나, 불순종하는 자녀이다. 지금 하나님은 각 사람과 함께하실 뿐 아니라 각 가족과도 함께 하신다. 그가 교회의 금 촛대 사이를 거니는 것과 같이 모든 사람의 가족에 공통적으로 임재하시며 그의 종들에게도 은혜롭게 임재하신다. 그들은 하나님께서 그들을 인도하시고, 가족에 대한 축복을 근거로 그분의 임재를 쉽게 발견한다. 만일 누가 우리는 하나님을 보지 못한다, 볼 수 있다면 우리는 날마다 우리 집에서 그에게 경배할 것이라고 말한다면, 그것에 대해 답변한다.

믿음은 보이지 않는 것을 보는 것이다. 눈이 멀어서 자기 아버지를 볼 수 없는 아들이 있는데 아버지가 있는 줄 알면서도 자기 아버지를 공경하지 않는다면, 당신은 그 아들이 변명의 여지가 있다고 생각하는가? 우리는 하나님이 계시다는 것을 안다. 그러나 육체가 눈이 멀어서 하나님을 볼 수 없을 뿐이다.

---

43)　요 13:3
44)　빌 2:10, 11

논증 4　만약 그리스도인 가정들이 (앞서 언급한 모든 이점과 의무 외에) 하나님께 거룩한 사회라면, 가족이 하나님을 종교적 의식으로 경배하는 것이 하나님의 뜻이다. 그러나 그리스도인 가정은 하나님께 거룩한 사회이므로, 종교적 의식으로 예배해야 한다.

　　그 결론의 이유는 거룩하게 된 것들은 가장 탁월한 존재이기 때문에, 그들은 하나님을 위해 사용될 수 있다. 어떤 사람이나 사물을 거룩하게 한다는 것은 그것을 구별하여 일반적이거나 부정한 용도에서 분리하여 하나님께 바치고 그분의 봉사에 사용하는 것이다. 사람이나 사물이 하나님께 바쳐졌거나 또는 하나님의 선택에 의해 거룩하게 구별되어 그것이 일반 용도나 부정한 용도로부터 분리되었음에도, 그것을 하나님과 멀어지게 하거나 하나님을 위해 사용하지 않는 것은 신성한 것을 더럽히는 것이다. 하나님은 모든 사람에 대해 (창조와 구속의) 이중 권리를 가지고 계신다. 그러나 성화된 자에게는 삼 중의 권리를 가지고 계신다. **아나니아**에 대한 무서운 심판은 하나님께 드린 것을 자기가 간직하는 것에 대한 하나님의 진노의 슬픈 사례다. 이처럼 그리스도인 가족이 하나님께 거룩하게 되었다면, 그들은 최선을 다해 그분을 경배해야 한다.

　　그리스도인 가족이 하나님께 거룩하다는 것을 나는 이렇게 증명한다. 1. 거룩한 사람들의 사회는 반드시 거룩한 사회가 되어야 한다. 그러나 그리스도인 가족은 거룩한 사람들의 사회다. 그것에 대해, 2. 우리는 성경에서 한 사람만이 아니라 그러한 공동체들이 하나님께 거룩하게 되었음을 발견한다. "너는 여호와 하나님의 거룩한 백성이라 네 하나님 여호와께서 지상 만민 중에서 너를 자기 기업의 백성으로 택하셨다."[45] 그래서 공동체의 몸은 모두 공동으로 하나님과 언약을 맺었고, 하나님께서는 그들과 언약을 맺으셨다. 그리고 "너는 오늘 여호와를 네 하나님으로 삼고 그의 길로 행할 것을 맹세하였고, 여호와께서 오늘 너를 그의 구별된 백성으로 삼아 주께 거룩한 백성이 되게 하신 것이다."[46] 그래서 **여호수아**(제24장 15절)는 자신과 그의 집을 여호와께, "나와 내 집은 여호와를 섬기겠나이다"고 하였다. 그리고 **아브라함**은 할례로 (하나님의 언약 또는 언약의 인으로) 그의 온 집안을 하나님께 봉헌하였고, 그 후의 모든 가족들도 그렇게 하였다. 그리고 상징적인 의도 외에도, 그들이 살아 있다

---

45)　신 7:6
46)　신 29장, 30장, 26:17-19, 28:9

면 가족의 우두머리가 될, 하나님께 모든 맏아들을 거룩하게 하는 데, 다소 더 많은 것이 없었는지에 대해서는 의심스러울 수 있다.

유월절은 가족의 의무였으며, 이로 인해 그들은 하나님께 더욱 거룩해졌다. 신약성경에서 성령이 어떻게 구약의 언어를 알리고, 유대인들이 그랬던 것처럼 하나님의 백성을 거룩한 사회로 말하는지 특별히 관찰해야 한다. 많은 예언서에서, 나라와 왕국들은 그를 섬겨야 한다고 예언되었다. (이에 대해서는 내가 세례에 관한 책에서 많이 말했다.) 그리고 은혜와 간구의 영이 부어질 복음시대에 "그들이 찌른 자를 위하여 애도" 해야 할 사람 중에는 "**다윗** 집안의 가족과 그 아내들이 따로 있고, **나단**의 집의 가족과 그의 아내들이 따로 있고… 모든 가족, 곧 남은 모든 가족들이 각기 따로 있고 그 아내들이 따로 있다."⁴⁷⁾ 그래서 그리스도께서는 그의 제자를 보내어 사람들로 제자를 삼아 "열방에 세례를 주라", 그러면 "세상 나라가 주(Lord)와 그리스도의 나라가 되리라"고 하셨고, 하나님은 유대인들에 대해, "너희는 모든 민족 중에 나의 특별한 보배요 너희는 내게 대하여 제사장 나라가 되며 거룩한 백성이 되리라"⁴⁸⁾고 말씀하셨다. **베드로**는 모든 그리스도인에 대해, "너희도 산 돌같이 신령한 집으로 세워지고 예수 그리스도로 말미암아 하나님이 기쁘게 받으실 신령한 제사를 드릴 거룩한 제사장이 될 지니라고 말한다. 게다가 너희는 택하신 족속(a chosen generation)이요 왕 같은 제사장들이요 거룩한 나라요 그의 소유가 될 백성이니 이는 너희를 어두운 데서 불러내어 그의 기이한 빛에 들어가게 하신 이의 아름다운 덕을 선포하게 하려 하심이라."⁴⁹⁾ 이 본문이 우리가 다루고 있는 모든 것을 얼마나 온전히 증명하는지 주목하라. 이 구절은 사회와 모든 가장 저명한 종류의 사회처럼 기독교인들을 총칭적으로 말한다. "한 족속(generation)"은 특히 부족과 가족을 지칭하는 것으로 보인다. "제사장, 나라, 백성"은 종종 국가 안에 모든 질서를 의미한다. 그리고 이 모든 면에서 그들은 거룩하고 특이하며, 이러한 관계와 사회에서 하나님의 백성이 거룩하게 여겨진다는 것을 보여 주기 위해 선택되었다. 그런 다음 이 성화의 끝을 주목하라, "예수 그리스도로 말미암아 하나님이 기쁘게 받으실 신령한 제사를 드릴 제

---

47)   슥 12:12-14
48)   출 19:5,6
49)   벧전 2:5-7, 9

사장이 될지라."[50] "이는 너희를 부르신 자에게 예배(praise)하게 하려 함이라."[51]

그렇다. 가족들이 하나님께 특별한 헌신이 있었던 것 같다. 그래서 우리는 회심한 가정들과 세례 받은 가족에 대해 자주 읽었다. 비록 그때에는 아무도 세례를 받지 않았지만, 신자처럼 보이는 자가 없었을지라도, 그들이 믿음을 고백했을 때, 그들은 모두 한 가족으로 함께 시작되었다. 가장의 관심과 의무가 나머지 사람들을 회심시키는 데 매우 큰 역할을 한 것으로 보인다. 가장은 자신의 회심에 만족하지 않고, 세례를 받기 전이라도, 현재 일하고 있는, 그의 가정이 그와 함께해야 한다고 여겼기 때문에, 온 가족이 동시에 하나님께 헌신할 수 있다. 그래서 하나님은 그 목적을 위해 자기의 명령과 규례를 축복했고, 가장에게 의무를 부과한 곳에서 목표를 달성하게 했으므로, 일반적으로 온 가족이 회심하고 가족의 가장과 함께 세례를 받았다. 그래서 사도행전 18장 8절에서 "회당장 **그리스보**가 온 집안과 함께 주를 믿고 세례를 받더라"고 했다. 그리고 사도행전 16장 31절에서 **바울**이 간수에게 "주 예수 그리스도를 믿으라 그리하면 너와 네 집이 구원을 받으리라고 전하니, 그와 온 집이 하나님을 믿으므로 곧 세례를 받으니라." 그리고 **루디아**는 "하나님을 예배하는 자"[52]로 묘사된다. 그리고 천사는 **고넬료**에게 **베드로**가 "그와 그의 모든 집이 구원받을 말씀"을 전할 것이라고 말했고 그에 따라 세례를 받았다.[53] 그리고 고린도전서 1장 16절에서 **바울**은 **스데바나**의 집 사람들에게 세례를 베풀었다. 그리고 그리스도께서 **삭개오**에게 말씀하시기를 오늘 구원이 이집에 이르리라 하니 "그와 온 집안이 다 믿더라" 하셨다. 그렇게 요한복음 4장 53절의 귀족과 온 집안이 다 믿었다. 그러므로 그리스도께서 제자들을 보내실 때에 "그 집이 합당하면 너희가 빈 평안이 거기 임할 것이요 합당하지 아니하면 그 평안이 너희에게 돌아올 것이다"[54]라고 말씀하셨다. 그러므로 모든 그리스도인 주권자의 명백한 의무는 자신의 모든 백성을 하나님의 백성으로 만들 수 있는 일을 하는 것이며, 이스라엘 백성처럼 국가적 언약을 세워 그들을 거룩한 나라로 하나님께 바치는 것이다. 이와 같이 모든 그리스도인 가족 지도자의 의심할 여

---

50) 벧전 2:5
51) 벧전 2:9
52) 행 16:14, 15
53) 행 11:14
54) 마 10:13

지없는 의무는 그의 이익과 권세와 재능을 최대한으로 향상시키고, 그의 모든 가족이 세례언약을 통해 가족 전체를 그리스도의 백성이 되게 하고, 가족 전체가 그리스도께 헌신하게 하는 것이다. 더욱이 나는 신자들 자신이 모두 하나님께 성별되었다는 점에서, 그들의 모든 합법적인 관계, 특히 모든 명령된 관계의 상태에서도 하나님께 성별된 것을 증명한다. 왜냐하면 그들 자신이 하나님께 헌신할 때, 그들이 가진 모든 것과 하나님께서 정하신 모든 관계와 능력으로 하나님을 섬기는 데에는 절대적으로 예외가 없기 때문이다. 그리스도인이 개인일 때에는 하나님께 전적으로 헌신했지만, 나중에 군인, 목사, 법관, 왕이 되었을 때, 그가 지금 군인, 목사, 법관, 왕이기 때문에 하나님을 섬기는 헌신에 묶이지 않는다고 생각하는 것은 미친 짓이다. 그러므로 한 가지 상태에서 하나님께 헌신한 사람이 남편, 아버지, 주인이 되면 그 상태로 하나님을 섬겨야 한다. 우리가 하나님께 헌신할 때 우리는 하나님께 우리의 모든 것을 바친다.

게다가 성경은 "깨끗한 자들에게는 모든 것이 깨끗하고",[55] "모든 것이 말씀과 기도로 거룩해진다"[56]고 말한다. 그것들은 하나님께 헌신하거나 거룩하게 된 거룩한 백성의 선과 즐거움, 행위와 관계가 된다는 점에서 그렇다는 것이다. 그래서 모든 거룩함은 궁극적으로 그리고 근본적으로 하나님을 가리킨다. 하나님께 거룩한 것은 거룩하다. 그것은 부차적으로 우리에게 거룩하다고 말할 수 있다. 그러므로 모든 그리스도인이 하나님께 거룩하고 헌신된 사람이라는 것과, 누구든지 하나님께 헌신할 때마다 그는 자신이 처한 모든 상태, 관계 또는 조건에서 그가 가진 모든 능력을 가지고 최선을 다해 그분을 섬기는 데 헌신하는 것은 의심의 여지가 없다. 그것은 그들이 하나님께 거룩한 삶을 사는 것이고, 그 안에서 그분을 경배하고, 존경하는 것이다.

더 나아가 우리는 성경에서 특정한 가족관계가 명시적으로 거룩하다는 것을 발견한다. 완전한 가족은 남편과 아내, 부모와 자녀, 주인과 종이라는 세 쌍의 관계로 구성된다. 남편은 주 안에서 거룩한 사랑으로 아내를 사랑해야 한다. 이는 "그리스도께서 교회를 사랑하시고 그 교회를 위하여 자신을 주심같이 하라 이는 곧 물로 씻어 말씀으로 깨끗하게 하사 거룩하

---

55) 딛 1:15, 16
56) 딤전 4:5

게 하시고 자기 앞에 영광스러운 교회를 세우려 하심이라."[57] "아내들도 자기 남편에게 복종하기를 주께 하듯 하고 교회가 그리스도에게 하듯 남편에게 복종하라."[58] "자녀들은 주 안에서 부모에게 순종해야 한다.[59] 부모는 주님의 교훈과 훈계로 자녀를 양육해야 한다."[60] "종들은 자기 상전들에게 순종하기를 그리스도께 하듯 하고, 그리스도의 종들과 같이 마음으로 하나님의 뜻을 행하고 기쁜 마음으로 섬기기를 주께 하듯 하고 사람에게 하듯 하지 말라 이는 각 사람이 무슨 선을 행하든지 종이나 자유인이나 주께로부터 그대로 받을 줄을 앎이라 상전들아 너희의 상전이 하늘에 계신 줄 알고 그들에게 그렇게 할지니라."[61] 그래서 모든 구별된 가족 관계는 하나님께 바쳐지거나 거룩해야 하며 하나님을 위해 최대한으로 사용되어야 한다는 것이 분명하다. 나는 지금은 이 본문들을 일반적인 예배를 위해 사용하고 있지만, 특정한 종류의 예배를 위해 이 본문들은 더 많이 사용할 기회가 있을 것이다.

논증 5 기독교 가정에서 드리는 여러 종류의 종교적인 예배는 성경에서 발견되고, 지정되고, 사용되고, 명령된다. 그러므로 그것은 일반적으로 예배로 결론지어질 수 있다. 속(genus)은 종(species) 안에 있음을 보면 알 수 있다. 그러나 이 주장은 내 작업의 두 번째 부분, 즉 어떤 특별한 종류의 예배에 관한 요점을 증명하는 것으로 나아가게 한다. 그렇게 함으로써 나는 또한 일반적인 예배도 증명하기 때문에 더욱 서두른다.

Ⅱ 하나님께 드리는 특별한 예배에 관하여, 나는 가족에게 속하는 예배의 주요한 부분들 중 두 세 부분에 대해서만 말하겠다.

그리고 내가 구성하는 가르침의 영역은,

1. 성경의 문자적 의미를 가르치며, (1) 성경을 읽음으로써. (2) 다른 사람에게 그것을 이해하도록 가르침으로써, (3) 그것을 기억작용을 통해 배우게 한다. 이것은 일종의 교리문답이다.

2. 예배의 의미를 가르친다.

---

57) 엡 5:25-27
58) 엡 5:22-24
59) 엡 6:1
60) 엡 6:4
61) 엡 6:5-9

3. 친숙한 책망과 훈계와 권고로 배운 것을 적용하게 한다.

명제 2 가정의 지도자들이 그들의 지시를 받는 사람들에게 구원의 교리 즉 구원에 관한 하나님의 교리와 구원을 얻는 조건과 그것을 얻기 위해 사용되는 수단, 그리고 그것을 위해 우리에게 필요한 모든 의무를 가르치는 것은 하나님의 뜻이다.

증명에 나아가기 전에 다음 사항을 주의하라.

1. 내가 사람이 이렇게 가르쳐야 한다고 말하는 것은, 그들이 가르칠 수 있어야 하며, 가르칠 수 있기 전에는 가르치지 말라는 의미이다. 만일 그들이 가능하지 않은데도 가르친다면 그것은 그들의 죄이다. 하나님께서 그들에게는 그것을 가르칠 수 있는 수단을 주시기 때문이다.

2. 사람들은 자신의 능력에 따라 가르칠 수 있는지 확인해야 하며, 자신이 가진 것보다 더 많은 것을 가장하거나 자신이 수행할 수 없는 것을 시도하여 교만한 자만심, 신성모독 또는 기타 거룩한 것을 남용하는 죄를 범하지 않아야 한다. 예를 들어, 분별력 있게 그것을 할 수 없는 사람들은 감히 원본을 해석하거나, 난해한 예언의 의미를 부여하거나, 성경의 다른 모호한 본문을 해석하거나, 자신이 도달할 수 없는 논쟁을 결정해서는 안 된다.

3. 그러나 더 학식이 있고 유능한 사람들이 그 경우에 대해 어떻게 말하는지 편리하게 배울 수 있고, 가족들에게 이것은 교부나 평의회, 또는 그러한 학식 있는 신학자들의 판단이라고 말하라.

4. 그러나 보통 집안의 가장이, 논쟁이 되는 부분과 모호한 성경의 내용은 내버려 두고, 교리 문답에 일반적으로 포함되어 있는 평범하고 필요한 교리를 가르치고 실행에 필요한 문제를 지시하는 것이 가장 안전하고 겸손하며 현명하고 가장 질서 정연한 방법이다.

5. 가족이 교회에 종속된 것처럼 가족 교육은 목회 교육에 종속되어야 한다. 그러므로 (1) 가족 교육은 목회 교육에 자리를 주어야 하며, 결코 반대해서는 안 된다. 교회에서 목사의 말을 들어야 할 때, 가장의 말을 들어서는 안 된다. 만일 목사가 적당한 장소나 적당한 때에 교리 문답을 받도록 하인이나 어린이를 보내라 하면, 가장이 직접 그 일을 하거나 방해해서는

안 되며, 그들은 먼저 목사에게 가서 가르침을 받아야 한다. 또한 가정에 목사가 들어오면 가장은 자리를 양보하고 가족은 먼저 목사의 말을 들어야 한다. (2) 그러므로 어떤 난해한 본문이나 논쟁이 있을 때, 가장이 목사보다 성경을 더 많이 배웠다는 사실이 밝혀지지 않는 한, 가장은 목사와 상의해야 한다. 그리고 드문 일이지만 합당하지 않은 사역자는 해임하고, 합당한 민간인들이 사역자가 되어야 한다. 그리고 목사는 회중에서 가장 유능한 사람이어야 한다. 이제 증명해 보겠다. (지도자의 가르침의 의무를 증명하는 것은, 가족이 배우고, 배울 수 있도록 그의 가르침에 귀를 기울이는 것이 가족의 의무라는 것을 증명해야 한다는 점을 기억하면서.)

논증 1 신명기 11장 18-21절에서, "이러므로 너희는 나의 이 말을 너희의 마음과 뜻에 두고 또 그것을 너희의 손목에 매어 기호로 삼고 너희 미간에 붙여 표를 삼으며 또 그것을 너희의 자녀에게 가르치며 집에 앉아 있을 때든지, 길을 갈 때든지, 누워 있을 때든지, 일어날 때든지 이 말씀을 강론하고 또 네 집 문설주와 바깥 문에 기록하라 그리하면 여호와께서 너희 조상들에게 주리라고 맹세하신 땅에서 너희의 날과 너희의 자녀들의 날이 많을 것이다." 이와 같은 말이 신명기 6장 6-8절에 나오는데, "네 자녀에게 부지런히 가르치라"고 했다. 그렇게 신명기 4장 9절에도 "너는 네 아들들과 네 손자들에게 알게 하라"고 했다.

여기에는 가족의 의무의 한 부분이 있다. 즉 자녀들에게 하나님의 율법을 가르치는 것은 말로 표현하는 방식으로 하라고 명백하게 명령된 것이다.

논증 2 가르치는 일에 대해 암시하는 본문 창세기 18장 18-19절에서는, "천하 만민은 그로 말미암아 복을 받을 것이다. 왜냐하면 내가 그로(**아브라함**) 그 자식과 가족에게 명하여 여호와의 도를 지켜 의와 공도를 행하게 하려고 그를 택하였다." 그것은 그가 죽을 때에 그들이 무엇을 해야 하는지 명령한 것만이 아니었다. 왜냐하면 1. 그렇게 거룩한 사람이 그의 일생 동안 의무를 등한히 하고, 그 일을 죽을 때에만 수행하라고 암시되었다고는 상상할 수 없다. 2. 이 경우 그는 효능에 의문을 제기할 큰 이유가 있을 수 있다. 3. 하나님께서 자녀들에게 부지런히 교훈을 가르치라고 명하실 때, 여기서 확실히 암시하는 것은 그러한 교훈에 대해 책임감을 가지고 실천하라는 것이다. 그리고 여기서 언급된 것은 단순한 가르침이 아니라 명령하는 것인데, 이는 지식과 대중연설의 향상뿐 아니라 권위를 좋게 사용해야 함을 보여 준다.

　그래서 디모데후서 1장 5절에서 나타난 바와 같이 디모데후서 3장 14, 15절에서, **디모데**는 어릴 때부터 부모의 가르침으로 성경을 알았다.

　논증 3　에베소서 6장 4절에서 "아비들아 너희 자녀들을 주의 양육(nurture)과 훈계(admonition)로 키우라." 양육으로 번역된 "페디아(παιδεία)"는 자녀의 가르침과 바로잡아 주는 일 모두를 의미하며, 부모가 주의 일을 위해 자녀들에게 교리와 권위, 힘을 모두 사용해야 함을 보여 주고, 훈계로 번역된 "누쎄시아(νουθεσία)"는 교리를 마음에 새기고, 그들에게 그것을 책임지우고 그들의 마음에 그것을 온전히 담는 그러한 가르침을 의미한다. 또한 꾸짖고 때로는 바로잡아 주는 것을 의미한다. 그리고 주목할 것은, 자녀들은 이런 방식으로 양육되어야 한다는 것이다. "엑스트레페떼(εκτρέφετε)"라는 단어는 조심스럽게 양육한다는 의미로, 몸에 우유와 음식으로 그들에게 먹이는 것처럼 주의 양육과 훈계로 조심스럽고 지속적으로 먹이고 영양을 공급해야 한다는 것을 의미한다. 그것은 주의 양육과 훈계라고 불리는데, 주님께서 명하시고, 주님(Lord)에 관한 교리이며, 그분의 가르침에 대한 교리이며, 그분께로 인도하는 교리이기 때문이다.

　논증 4　잠언 22장 6절에, "마땅히 행할 길을 아이에게 가르치라 그리하면 늙어도 그것을 떠나지 아니하리라"고 했다.

　논증 5　자녀들에게 부모의 지시에 귀를 기울이라고 명령하는 모든 곳, 잠언 1장 8절에, "내 아들아 네 아비의 훈계를 들으며 네 어미의 법을 떠나지 말라"는 말씀이 있고, 잠언 6장 20절도, "내 아들아 네 아비의 명령을 지키며 네 어미의 법을 떠나지 말라"는 말씀이 있다. 잠언 3장 21절도 이와 같은 말씀이 있다. 더 강력하게, 신명기 21장 18-20절에는, 탐식, 술 취함 등으로 아버지나 어머니의 교훈과 교정을 거역하고 완고하고 반항하는 아들은 치안판사에게 끌려가서 돌에 맞아 죽임을 당하게 되어 있다. 자녀에게 부모의 말을 들으라고 요구하는 모든 성경의 말씀은 부모가 자녀를 가르쳐야 한다는 것을 암시한다. 가르치지 않고는 듣고 배울 수 없기 때문이다.

　그러나 너희가 부모와 자녀들이 온 가족이 아니라고 말하지 않도록, (그들이 그럴 수도 있고, 앞서 언급한 **아브라함**의 편의에서 온 집안이 언급되었을지라도) 다음에는 다른 관계에 대해 말할 것이다.

논증 6　베드로전서 3장 7절에서, "남편들아 지식을 따라 너희 아내와 동거하라"와 에베소서 5장 25, 26절에서, "아내 사랑하기를 그리스도께서 교회를 사랑하시고 교회를 위하여 자신을 주심같이 하사 거룩하게 하시고 깨끗하게 하려 하심이다"는 말씀이 있다. 그리고 이는 분명히 이 지식이 아내에 대한 가르침과 성화를 위해 사용되어야 함을 분명히 의미한다. 고린도전서 14장 34, 35절에 따르면, 여자는 "교회에서 잠잠하라 그들에게는 말하는 것을 허락함이 없나니 율법에 이른 것 같이 오직 복종할 것이요 만일 무엇을 배우려거든 집에서 자기 남편에게 물을 것이라." 이것은 가정에서 남편이 그들을 가르쳐야 함을 보여 준다.

논증 7　골로새서 3장 22-25절, 에베소서 6장 5-8절에서, "종들은 자기 상전에게 순종하기를 그리스도께 하듯 하고 주 그리스도를 섬기듯 하라"고 말한다. 그러므로 사역자들은 그리스도 안에서 요구해야 한다.

논증 8　확고한, 동료 그리스도인들은 "누구든지 죄의 속임수로 굳어지지 않도록 오늘이라 부르는 동안 날마다 서로 권면"해야 하며, 가정의 지도자들은 아내와 자녀와 종들에게 훨씬 더 그렇게 해야 한다. "만일 누가 말하려면 하나님의 말씀을 하는 것 같이 하라."[62] 우리 가족들에게 더욱 그렇다. "하나님의 말씀이 너희 속에 풍성히 거하여 모든 지혜로 피차 가르치고 권면하라."[63] 남자는 아내와 더 멀리 있는 자들보다 자녀와 종들에게 훨씬 더 이렇게 해야 한다.

논증 9　집사나 감독으로 택함을 얻으려는 사람은 자기 자녀와 자기 가정을 잘 다스리는 자라야 한다.[64] 다음을 주목하라. 1. 이것은 그들이 직분자가 되기 전에 가져야 할 그리스도인의 덕목 중 하나이므로 다른 그리스도인들도 그들처럼 그러한 덕목을 받아들이고 수행해야 한다. 2. 그것은 사역자가 자신의 양떼를 다스리는 것과 같은 종교적이고 거룩한 돌봄이다. 이것은 하나님과 구원의 일에 관한 것이다. 그렇지 않으면 비교나 논증이 적합하지 않을 것이다. 디모데전서 3장 5절에 "사람이 자기 집을 다스릴 줄 알지 못하면 어찌 하나님의 교회

---

62)　벧전 4:11
63)　골 3:16
64)　딤전 3:4, 12

를 돌보겠는가?" 그러나 이것에 대해서는 이전에 더 많이 설명했다. 이 점에 대해 더 말하고 싶지만 성경에서 너무 분명해서 불필요하다고 생각한다. 그래서 다음으로 넘어간다.

명제 3 가정 징계는 하나님의 말씀으로 정해진 하나님의 엄숙한 예배 또는 봉사의 일부다. 이것은 다른 어떤 것들처럼 가까운 의미에서 예배라고 불리지는 않지만 좀더 먼 의미에서 예배라고 불린다. 1. 하나님의 위임에 의해 행해지는 정당한 권한을 가진 행위다. 2. 그분에게 불순종하는 자에게 행해지는 행위다. 3. 그리고 그분의 영광을 위한 행위라는 점에서 그렇게 불릴 수 있다. 참으로 그것은 예배의 다른 부분과 마찬가지로 매우 엄숙하고 경건하게 이루어져야 한다.

이 징계의 행위는 다음과 같다. 1. 경건하지 않은 사람을 가정으로 들이지 않는다. 2. 교정한다. 3. 또는 그 가정 안에 있는 자를 내쫓는 것이다.

이것들에 대해서만 간략히 설명할 것이다.

1. 첫 번째는 요한 2서 10, 11절에서, "누구든지 이 교훈을 가지지 않고 너희에게 나아가거든 그를 집에 들이지도 말고 인사도 하지 말라 그에게 하나님의 번영을 빌지 말라 그에게 하나님의 번영을 비는 자는 그 악한 일에 참여하는 자다."

2. 체벌이나 합리적인 벌 또는 어떤 혜택을 철회함으로써 교정하는 의무는 성경에서 특히 어린이들에게 매우 일반적으로 요구되는 것이기 때문에 나는 당신 모두가 이미 알고 있는 것을 헛되이 말하지 않으려 한다. 당신은 **엘리**가 가족을 소홀히 하여 어떻게 고통받았는지 알고 있다.

3. 악인을 가족에서 쫓아내는 규율은 (분리 가능한 구성원 중 종을 의미한다) 시편 101편 2, 3, 7, 8절에서 찾을 수 있다. "나는 온전한 마음으로 내 집안에서 행하며 내 눈앞에 악한 것을 두지 아니하리라. 속이는 자는 내 집에 거하지 못하며 거짓말을 하는 자는 내 목전에 머물지 못하리라."

명제 4 그리스도인 가족 안에서, 그리고 그리스도인 가족에 의해 하나님께 엄숙히 기도하고 찬양하는 것은 하나님께서 정하신 것이다.

이것을 증명하기 위해, 나는 당신이 일반적으로 예배의 정당성을 입증한 모든 주장들을 되돌아보기를 원한다. 거기에서 기도와 찬양이 가장 즉각적이고 탁월하게 어떤 것에 대한 하나님께 예배라고 불리는 것으로 볼 때, 그들은 이런 종류의 예배를 더욱 특별히 증명할 것이기 때문이다. (찬양의 범주에 찬양의 시편이 포함되고, 기도의 범주에 기도의 시편이 포함된다.) 그러나 몇 가지 더 추가하려 한다.

논증 1　기도와 찬양의 적절한 때와 기회를 가진 그리스도인들은 이를 향상시키는 것이 하나님의 뜻인데, 그리스도인 가족은 기도와 찬양을 위한 적절한 때와 기회가 있으므로 그것을 향상시키는 것이 하나님의 뜻이다.

전제는 성경의 많은 교훈에서 분명히 드러난다. "그러므로 각처에서 남자들이 분노나 다툼 없이 거룩한 손을 들어 기도하기를 원하노라."[65] "쉬지 말고 기도하라 범사에 감사하라 이것이 그리스도 예수 안에서 너희를 향하신 하나님의 뜻이니라."[66] "기도를 계속하고 기도에 감사함으로 깨어 있으라."[67] "모든 지혜로 피차 가르치며 권면하고 시와 찬송과 신령한 노래를 부르며 감사하는 마음으로 하나님을 찬양하고 무엇을 하든지 말에나 일에나 다 주 예수의 이름으로 하라."[68] "기도에 힘쓰라."[69] "모든 기도와 간구를 하되 항상 성령 안에서 기도하고 이를 위하여 깨어 구하기를 항상 힘쓰며 여러 성도를 위하여 구하라 또 나를 위하여는 하나님께서 나에게 말씀을 주시기를 구하라."[70] 이와 유사한 많은 본문이 언급될 수 있으며, 이는 가족들이 가장 효과적인 것을 찬양하기 위한 논거가 된다.

1. 만일 사람들이 어디에서나 기도해야 한다면, (편리한 곳에서) 그들의 가정에서 당연히 기도해야 한다. 추가로, 2. 만일 사람이 쉬지 않고 기도해야 한다면, 반드시 가정에서도 해야 한다. 3. 사람이 범사에 감사해야 한다면 가족의 자비를 확신하고, 그 성격에 따라 함께 감사해야 한다. 4. 만일 사람들이 기도를 계속하고 가정 안에서 (합당한 혜택과 장애물에 대항하

---

65)　딤전 2:6
66)　살전 5:17, 18
67)　골 4:2
68)　골 3:16, 17
69)　롬 12:12
70)　엡 6:18, 19

여) 깨어 있어야 하고 감사해야 한다면, 의심의 여지없이 그들은 가정에서 행해지는 탁월한 혜택을 생략해서는 안 된다. 5. 만일 우리가 긴급한 기도와 간구 등을 끈질기게 계속해야 한다면, 의심의 여지없이 가족이 기도할 장소가 없고 기도를 못할 경우가 아니라면, 우리는 가정에서 계속 해야 한다.

이의 '하지만 이것은 다른 어떤 곳보다 가정에서만 기도하라고 구속하지 않는다.'

답변 예, 그것은 우리가 가능한 모든 적절한 기회를 잡도록 구속한다. 그런데 우리는 다른 사람의 집에서보다, 가끔 모이는 모임에서보다, 교회를 제외한 어떤 일반 사회에서보다 우리 가정에서 더 많은 적절한 기회를 가지고 있다.

그리고 여기서 내가 당신에게 말하고자 하는 것은, 마치 우리가 일반적인 명령이 이 특별한 내용을 이해하지 못하고 충분하지 않다고 생각하는 것처럼, 가정 기도를 요구하기 위해서는, 성경 말씀에서 그것에 대한 명확한 표현이 필요하다고 하는 것은 무지한 것이다. 하나님께서는 많은 지혜로 그의 기록된 율법에서 일부 상황에 대한 명시적인 결정이나 일부 주제에 대한 일반적인 계율의 적용을 생략하셨는데, 이는 상식과 자연의 빛이 결정하고 적용하기에 충분하다. 성경은 우리에게 "항상 어디서나 모든 방법으로 기도하라"는 일반 원리를 준다. 즉 기도에 합당한 이점과 기회를 무시하지 말라는 것이다. 만약 하나님께서 성경에서 기도에 대해 이보다 더 이상 말씀하지 않으셨다면 어떻게 될까? 어떤 사람들은 하나님께서 언제, 어디서, 얼마나 자주, 누구와 함께, 어떤 말로 기도할 것인지를 말씀하지 않으셨기 때문에 (항상 기도할 것을 요구하실 때) 하나님께서 우리에게 전혀, 기도할 것을 요구하지 않으셨다고 말했을 것 같다. 그래서 그들은 하나님이 어디에도 은밀히 기도하거나, 가정에서 기도하거나, 모임에서 기도하거나, 경건한 자와 함께 기도하거나, 악인과 함께 기도하거나, 매일 기도하거나, 일주일에 한 번도 기도하라고 명령하지 않으셨다고 결론지었을 것이다. 또는 기도책을 가지고 기도하거나, 그것 없이 기도하라고 하신 적이 없기에 기도하라고 명령하지 않는다고 결론지었을 것이다. 마치 "모든 경우에 기도하라"는 일반적인 원리는 아무 것도 아닌 것처럼 말이다.

그러나 이 사람들은 자연과 이성 또한 하나님의 빛이며, 섭리가 종종 그러한 주제와 부속물을 결정한다는 것을 알아야 한다. 그리고 일반법칙과 이것들을 합치면 의심할 여지가 없게 된다. 만일 하나님께서 당신에게 이르시기를 자기 가족, 특히 자기 집 식구를 부양하지 아니하는 자는 믿음을 부인하는 자요 불신자보다 더 악하다 하시고, 당신 가족은 누구이며 누가 당신 가족이 아닌지, 또 당신이 그들을 위하여 무엇을 예비할 것인지, 어떤 음식과 어떤 옷을, 얼마나 자주 먹여야 하는지 등을 말하지 아니하신다면, 당신은 하나님께서 이 자녀나 저 종을 먹이거나 입히라고 명령하지 않으셨다고 말하겠는가? 하나님께서 성경에서 당신의 가족을 부양하라고 명하시는 것으로 충분하며, 사람의 본성은, 당신 가족은 누구이며, 그들을 위해 무엇을 준비해야 하며, 얼마나 자주, 얼마나 많은 양을 준비해야 하는지 등을 알려 준다. 그러므로 하나님께서 당신에게 (기도하기에 적합한) 모든 장소, 어느 때, 모든 경우에 기도하라고 명하시고, 경험과 일반적인 이성이 당신에게 가정이 기도하기에 가장 적합한 시간과 장소와 기회를 제공한다고 한다면, 가족 기도를 위한 그러한 계절과 때와 기회가 있다는 것만으로 충분하지 않은가? 나는 처음에 가족 기도에 대한 특별한 발견들을 참조한다. 거기서 나는 일반적으로 가정에서 행해지는 예배의 정당성을 증명했다. 그리고 나는 또한 불경건함이 사람을 불합리하게 하지 않고, 자연의 공통된 빛에 대항하여 승리한 사람의 모순을 두려워하지 않는 당신의 일반적인 이성 그 자체를 참조한다. 사람들이 자신의 의무를 너무 싫어해서 알지 못하기 때문에 알 수 없다면 이 첫 번째 일반적인 주장으로 충분하다. 그러므로 여기에 몇 가지를 더 추가하겠다.

논증 2 만약 가족에게 필요한 축복이 많이 있고, 실제로 하나님으로부터 받는 축복이 많다면, 가족이 필요로 하고 이러한 축복을 위해 기도하고, 축복을 받았을 때 그것에 대해 감사하는 것이 하나님의 뜻이다. 그러나 가족은 (공동의) 축복이 필요하고 하나님으로부터 받는 축복이 많이 있다. 그러므로 특정 식구들 만이 아니라 가족 전체가 그것을 위해 반드시 기도하고 감사해야 한다.

명제의 조건부 부분은 확실하다. 1. 그러한 존재로서 가족이 지속되어야 하고, 2. 가족은 잘 사는 가운데 유지되어야 하며, 3. 그래서 필수 구성원들에 대한 보존과 생활 목표가 유지되고, 4. 모든 가족의 일이 번영하는 것은 분명한 예가 될 것이다. 단순한 세부사항까지 내려가는 것은 불필요하며 지루한 일이 될 것이다. 그 결론은 자비를 원하는 사람이 자비를 구해야 하고, 자비를 받은 사람은 감사해야 한다는 많은 성경구절에서 입증된다.

이의 '그렇게 그들은 단독으로 그렇게 할 수 있는가?'

답변 그들이 자비를 받는 것은 한 사람은 말할 것도 없이 공동체로서 받는 것이다. 그러므로 그들은 한 사람으로서만이 아니라 공동체로서 기도하고 감사해야 한다. 그러므로 그들은 공동체에 가장 적합한 방식으로, 즉 함께 기도해야 한다. 그것이 참으로 가족의 헌신이 될 수 있다. 그러면 나머지 사람들도 그들이 함께 기도하는 것을 볼 수 있다. 특히 가정의 지도자는 함께 기도함으로써 자기에게 위임된 나머지 사람들의 소원을 충족시킬 수 있다. 그들이 모두가 함께 기도함에 있어서 은밀하게 기도하는 것은 적합하지 않다. 이는 보는 사람이나 증인이 있기 때문이다. 즉 은밀하게 기도해서는 안 된다는 것이다. 그러나 나는 이것 자체로 또 다른 주장을 하려 했는데, 우리가 그에 대한 경험이 있기 때문에 다음에 추가할 것이다.

논증 3 만일 하나님께서 그 집의 지도자에게 나머지 사람들도 그 집에서 하나님께 드리는 예배에 참석하게 하라고 명하셨다면, 그 지도자는 그들에게 엄숙하게 또는 공개적으로 그 예배에 참석하게 해야 한다. 그러나 하나님께서는 그 집의 가장에게 나머지 사람들도 그 집안에서 하나님께 드리는 예배에 참석하도록 명령하셨다. 그러므로 그렇게 해야 한다.

그 결론이 초래되는 이유는, 그렇게 하지 않으면 가정의 지도자가 그들이 그렇게 하는 것을 편리한 시간에 볼 수 없기 때문이다. 왜냐하면 1. 그들이 몰래 기도하는 동안 그가 곁을 지키는 것은 적합하지 않다. 2. 대부분의 가족 안에서 그들은 큰 소리로 기도할 수 없으므로 지도자가 필요하다. (좋은 교육이 없었던) 모든 여성, 어린이, 종들은 다른 사람들이 인식할 수 있도록 안내자 없이 기도할 수 있는 것은 기대할 수 있는 일이 아니다. 3. 가족이 많은 지도자가 차례로 그들에게 가서 그들이 기도하는 동안 모두가 마칠 때까지 그들 옆에 서 있는 데는 많은 시간이 걸릴 것이다. 어떤 사람이 이렇게 하는 것을 가족이 함께할 수 있는 길에 적합하고, 즉 지도자의 입이 되는 길에 적합하다고 생각하겠는가?

나는 그 전제를 다음과 같이 증명한다. 1. 네 번째 계명이 명하는 것은 가족의 지도자가 안식일을 거룩하게 할 뿐 아니라 그의 아들과 딸과 남종과 여종과 가축도 거룩하게 해야 한다는 것이다(즉 그들이 할 수 있는 한). 더욱이, 그의 문 안에 있는 나그네도 그렇게 해야 한다는 것이다. 2. **아브라함**은 자기 집안 식구 모두에게 할례를 행하도록 명령을 받았다. 그 후에 가족의 모든 지도자도 마찬가지였다. 그러므로 **모세**의 아들이 할례를 받지 않았을 때 천사가 **모세**를 위협했다. 3. 가족의 지도자는 그의 가족 모두가 '유월절[71]'과 '칠칠절[72]'을 지키고 있는지 확인해야 했다. 이전에 말한 모든 것은 이것을 증명하는 데 도움이 되며, 그것이 거부될 것이라고 생각한다면 훨씬 더 많은 것을 말할 수 있다.

논증 4　만일 하나님께서 많은 사람들의 기도와 찬양을 따로 하는 것보다 공동으로 하는 것을 선호하시고, 또 우리가 좋아하기를 원하신다면, 그리스도인 가정의 각 개인이 따로 하는 기도와 찬양보다 공동으로 하는 기도와 찬양을 선호하는 것이 그분의 뜻인가? 그러나 명제의 조건부 부분이 참이므로 결과도 참이다. 그렇지 않다면 앞서 말한 바와 같이 그것을 같은 주장 아니라 다른 주장으로 잘못 생각하는 것이다. 만약 이웃이 때와 기회가 있을 때 따로 하는 것보다 함께 공동의 관심사를 찬양하는 것이 이웃의 의무라면, 다른 한편으로 이렇게 하는 것은 훨씬 더 가족의 의무가 될 것이다. 하지만 그것은 이웃의 의무다. 그러므로 가족도 그렇게 해야 한다.

전자의 주장에서 결론이 초래되는 이유는 하나님이 가장 기뻐하시는 길을 택해야 하기 때문이다. 후자에서 결론이 초래되는 이유는 가족이 이웃보다 더 가까운 관계에 있고, 그들의 이익과 일의 연관성에서 볼 때, 그들에게 그것을 촉구할 수 있는 훨씬 더 많은 이점과 기회, 그리고 더 일반적인 이유를 가지고 있기 때문이다.

증거가 필요한 것은 오직 명제의 조건부이며, 나는 다음과 같은 논증에 의해 모든 의심을 없앨 것이다. 1. 골로새서 3장 16절에서, "피차 가르치며 권면하고 시와 찬송과 신령한 노래를 부르며 감사하는 마음으로 하나님을 찬양하라"고 했는데, 여기에는 혼자만 하는 것이 아니라 함께 해야 할 찬양의 의무가 하나 있다. 나는 앞으로도 이 본문을 계속해서 활용할 것이다. 2. 사도행전 12장 12절에서, "**베드로**가 문 앞에 이르렀을 때, 많은 사람이 **마리아**의 집에 모여 기도하고 있었다." 이것은 교회 전체가 모인 것이 아니라 일부가 모인 것이었다. 그들은 혼자 기도하는 것보다 함께 기도하는 것이 더 낫다고 판단했다. 3. 사도행전 20장 36절에서, **바울**은 에베소 교회의 모든 장로들과 함께 있을 때에 함께 기도하고 각 사람이 혼자 기도하

---

71)　출 12:2, 3
72)　신 16:10

도록 허용하지 않았다. 4. 야고보서 5장 15, 16절에서, **야고보**는 병자들에게 "교회의 장로들에게 청하여 저희로 그들을 위하여 기도하게 하라 신실한 자의 기도가 병자를 구원하리라"고 명령했다. 그는 그들에게 너를 위해 기도하라고 명령하지 않고, 그들이 그 일을 하는 데 함께 참여하기를 원했다. 5. 이러한 이유로 히브리서 10장 25절에서, 사적인 기도보다 교회 기도를 선호하며, 우리는 함께 모이는 일을 폐하지 말라고 명령받았다. 6. 로마서 15장 30절에서, 기도로 함께 힘쓰는 것이 바람직하다. 7. 마태복음 18장 20절에서, "두세 사람이 내 이름으로 모인 곳에는 나도 그들 중에 있느니라." 8. 사도행전 2장에서, 그러므로 그리스도께서 부활하신 후에 제자들이 함께 모였을 때에 제자들 가운데 오사 저희가 모일 때에 성령을 내려 보내시니라. 사도행전 1장 14, 24, 2장 42절에서, "마음을 같이 하여 오로지 기도에 힘쓰더라." 사도행전 4장 31절에서, "빌기를 다하매 모인 곳이 진동하더니 무리가 다 성령이 충만하였다." 9. 그리스도께서 제자들에게 복수의 숫자인 "우리 아버지", "우리에게 오늘을 주십시오"라는 말로 기도할 것을 지시하는 데서 이것이 암시되어 있지 않은가? 10. 개인의 필요성 자체가 그것을 증명한다. 소수의 사회는 그렇게 하지만, 대부분은 자신들의 마음에 크게 영향을 미칠 정도로 자신의 욕구를 표현할 수 없으나, 오히려 애정과 표현에 능력이 있는 다른 사람들은 표현을 잘한다. 이것은 은혜의 친교와 소통을 위한 하나님의 방법 중 하나다. 많이 가진 사람들이 적게 가진 사람들을 따뜻하게 하고 불을 지피는 데 도움이 될 수 있다. 경험은 우리에게 이것의 이점을 알려 준다. 온몸이 눈이나 손이 아니고 혀도 아니므로 교회와 가정의 혀가 온몸을 대신하여 말해야 할 것이다. 다만 각 사람은 은밀히 기도해야 할 것이다. 오히려, (1) 거기서는 혀가 없는 사람도 필요에 충분할 수 있다. (2) 그들은 여전히 연합기도를 선호해야 한다. (3) 성도들의 친교는 우리 신조의 조항이며, 우리가 성도들과 친교 속에서 하나님의 일을 많이 하기에 적합하다는 것을 인정하고 우리의 부르심을 넘어서거나 혼란에 빠지지 않게 한다.

논증 5 하나님께서 우리에게 주시는 모든 자비를 받는 것은 의무이다. 그러나 가족이 함께 기도하고 찬양을 통해 하나님께 나아가는 것은 하나님께서 그들에게 주시는 자비이다. 그러므로 그것을 받아들이는 것이 그들의 의무다. 주요 전제(the major)는 자연과 성경에서 분명하다. '나는 제사를 드렸으나 너희가 거절했으니' 하나님께서 반항하는 자의 죄를 크게 가중시킨다는 것이다. "내가 너희를 모으려 하였으나 너희가 아니한 것이 몇 번이더냐! 내가 종일토록 손을 뻗었건만 너희가 거절하였도다." 등등. 베푼 친절을 거절하는 것은 경멸과 배은 망덕이다. 두 번째 전제(the minor)는 가족 기도와 찬양이 무엇인지 아는 기독교인이라면 누구도 부인할 수 없다. 이렇게 공동으로 하나님께 나아가는 것이 자비가 아니라고 누가 감히 말할 수 있는가? 결합이 자신의 감정에 도움이 되지 않는다고 느끼는 사람이 누구인가? 누가 자신의 마음을 살피는 양심을 만들었는가?

논증 6　가족의 의무 중 일부는 공동으로 수행하지 않으면 분명히 최고의 생명과 탁월함을 잃게 된다. 그러므로 공동으로 수행해야 한다.

시편을 노래하는 것은 연합된 그리스도인 즉, 가족의 일반적인 의무라는 것을 이전에 증명했다. 멜로디와 화음은 우리의 분리에 의해 사라지며, 결과적으로 우리의 정감이 그로 인해 얻어야 할 열정과 활력을 잃게 된다. 그리고 하나님에 대한 찬양의 일부가 반드시 함께 행해져야 한다면, 나머지 부분 역시 그래야 한다는 것을 쉽게 알 수 있다. (홀로 행해질 수 없는 권위자의 가르침은 말할 것도 없다.)

논증 7　가족의 기도와 찬양은 성령의 가르침과 거룩하게 하는 일에 속한 의무이다. 그러므로 하나님께 속한 것이다.

나는 성령의 가르침에서 말씀의 명령에 이르기까지 역순으로 논하지 않고 다음 두 가지 가정을 바탕으로 논하고 싶다. 1. 알려진 진실을 입증하는 실험은 매우 일반적이며 부인할 수 없다. 2. 이미 많은 성경 본문이 가족 기도에 대해 언급한다. 그리고 이 주장은 단지 그 논증을 지지하고 그것이 참되게 해석되었음을 증명하기 위한 것일 뿐이다. 성령과 말씀은 항상 일치한다. 그러므로 하나님의 영이 사람들의 마음을 감동시켜 이러한 의무를 사랑하고 음미하게 하신다는 것을 증명할 수 있다면, 의심할 여지없이 그 의무는 하나님께 속한 것이다. 성화는 하나님의 영에 의해 기록하신 말씀의 교훈을 마음에 새기는 것이다. 그 추론은 이쯤 해둔다.

명제의 조건부 부분은 두 부분으로 구성된다. 1. 성화된 사람은 의무에 대한 이러한 성향을 그들 안에 가지고 있다. 2. 이러한 성향은 하나님의 영으로부터 나온 것이라는 점이다. 첫 번째는 경험의 문제이기에 증거가 필요하지 않다. 이 의무에 대한 확신과 그것을 수행하려는 의향을 느끼지 않는지 여부에 관계없이, 나는 모든 건전하고 안정된 그리스도인의 마음에 호소한다. 나는 내가 아는 한 다른 마음을 가진 사람을 만난 적이 없다.

이의 '우리 시대의 많은 사람들은, 선한 그리스도인이 가족 기도를 드리는 것에 대해 반대한다.'

답변 나는 그들 중 아무도 모른다. 나는 한때 아주 훌륭한 기독교인들이 그것을 반대한다고 생각했지만, 지금은 이것뿐 아니라 다른 것들로 인해 그들이 다르게 보인다고 고백한다. 나는 이 의무들을 버린 자를 아는 사람이 없지만, 그들은 그 대신에 사악한 죄를 짓는 것이고, 이 외에 다른 의무도 버리는 것이다. 다른 사람들이 그들을 발견한 대로 알아차리고 판단하도록 내버려 두라. 1. 미혹의 힘은 한동안 그리스도인으로 하여금 그의 새로운 본성이 지향하는 것을 불법적인 것으로 거절하게 할 수 있다. 어떤 사람은 우리 집회에서 기도하는 것을 불법으로 생각하고, 어떤 사람은 성찬에 참여하는 것을 불법으로 생각한다. 그럼에도 그들은 그들의 내면에 여전히 그것에 기울어지게 하는 영혼을 가지고 있다. 그래서 그들은 그것을 사랑하고, 그것이 불법적인 생각이라고 멀리할 때에도 그것이 합법적이기를 바란다. 이와 같이 어떤 사람들은 가족의 의무에 대해서도 한동안 그렇게 할 수 있다. 그러나 이것들은 오래지 않아 회복될 것으로 예상하기 때문에, 나는 나머지 모든 것은 은혜가 없는 상태라고 생각한다. 유혹을 통한 편견과 오류는 의무수행을 불법으로 만들 수 있지만, 그럼에도 불구하고 하나님의 영은 그 의무를 유용하게 하기 위해 마음속에 의무를 다하려는 성향을 작동시킨다. 2. 그리고 이러한 성향이 참으로 성령으로부터 온다는 것이 분명한 것은, (1) 그들이 다른 모든 은혜와 함께 온다는 점에서 분명하다. (2) 그리고 같은 방법으로 온다는 점에서. (3) 그리고 같은 수단에 의해 서 있거나 넘어지거나, 증가하거나 감소하거나, 이외의 것에 대해서도 방부제 역할을 한다. (4) 그리고 같은 목적을 향하고 있다. (5) 그리고 모든 성도들에게 매우 일반적이다. (6) 그래서 혈과 육의 저항을 받는다. (7) 그리고 그리스도인이 가족의 의무를 소홀히 할 때, 그의 새로운 본성에 반대하여 죄를 짓는다는 말에 확실히 동의할 수 있다. 그리고 하나님은 그의 성령으로 거룩하게 하는 일을 갈망하게 하시고, 모든 은혜로운 영혼으로 그것들에 대한 호의적인 관심을 갖게 하신다.

논증 8 가족의 기도와 찬양은 훌륭하고 신성하며, 특별한 축복을 받는 의무다. 그러므로 그것은 하나님의 것이며 그 결론은 분명하다. 이생에서 자기 몫을 차지하는 악인에게 외형적인 번영이 주어질 수 있지만, 영혼의 번영은 그렇지 않다.

명제의 조건부 부분에 대해 나는 전 세계의 모든 거룩한 가족들의 경험에 기꺼이 호소한다. 이러한 의무를 진지하게 사용하고도 유익을 얻지 못하였는가? 은혜와 천상의 마음이 번창하는 가정이 이러한 의무에 익숙한 가정이 아니면 누구겠는가? 당신의 모든 마을과 도시와 농촌에서 성경을 읽고 기도하고 하나님을 찬양하는 가정과 그렇지 않은 가정을 비교하여 그 차이를 보라. 불경건과 맹세와 저주와 욕설과 술 취함과 음란과 세속적인 것이 어느 쪽에 더 많으며, 믿음과 인내와 절제와 자비와 회개와 소망이 어느 쪽에 더 많은가 비교해 보라. 논쟁에 대한 결정은 어렵지 않다. 영국의 귀족과 상류층을 보라. 기도하는 가정에서 자란 사람들과 그렇지 않은 사람들 사이에 차이가 없어 보이는가? 내 말은 (우리가 말했듯이) 서로를 비례적인 방식으로 선택하라는 것이다. 영국의 사역자들을 보라. 대학교에 비품을 제공하는 일은 기도하는 가정인가 아니면 기도하지 않는 가정인가?

논증 9 　모든 교회는 엄숙하게 하나님께 기도하고 그를 찬양해야 한다. 그리스도인 가족은 교회다. 그러므로 그렇게 해야 한다.

1. 삼단논법의 주요 전제에 의심의 여지가 없다. 삼단논법의 두 번째 전제에 대해 나는 일반적으로 교회의 본질에서 증명한다. 즉 교회는 하나님을 더 잘 예배하고 섬기기 위해 결합된 기독교인의 사회이다. 나는 형식적으로 가족이 교회라고 말하는 것이 아니라, 모든 그리스도인 가족은 그러한 결합으로 교회가 되어야 한다고 말한다. 따라서 그리스도인으로서 그들은 그렇게 결합되어 있다. 기독교를 보면 그들은 그들의 관계에서 하나님을 섬기도록 묶여 있다. 2. 성경은 그것을 고린도전서 16장 19절에, "**아굴라**와 **브리스길라**와 자기 집에 있는 교회와 함께 주안에서 너희에게 간절히 문안하노라"고 표현한다. 그는 집에서 만나는 것이 아니라 집안에 있는 교회에서 만나는 것이라고 말한다. 그렇게 빌레몬서 2절에서도 "네 집에 있는 교회에게 편지하노니"라고 말한다. 로마서 16장 5절에서 "또 저의 집에 있는 교회에도 문안하라"고 말한다. 골로새서 4장 15절에도 "라오디게아에 있는 형제들과 **눔바**와 그 여자의 집에 있는 교회에 문안하고"라고 말한다. 어떤 학식 있는 사람들은 이것을 이 집에 모이는 교회의 일부를 의미한다고 생각하지만, 베자(Beza), 그로티우스(Grotius), 그리고 다른 많

은 사람들은, 세 명의 평신도가 있는 곳에 교회가 있다고 하는, 터툴리안의 견해에 따라, 가족 또는 가정과 관련된 교회라고 인식한다. 그러나 나는 그러한 가족 교회가 많은 가족으로 구성된 특정 조직 교회와 같은 유형에 속한다고 말하지 않는다. 그러나 만일 그들이 함께 기도하지 않고 함께 하나님을 찬양할 수 없고 그렇게 해서도 안 된다면 (유추적으로) 교회라고 부를 수 없다. 그러므로 이것으로 완전히 결론을 내린다.

논증 10 만일 지도자가 가족에게 하나님의 말씀을 가르쳐야 한다면, 그때 그들과 함께 기도해야 한다. 게다가 지도자는 반드시 그들을 가르쳐야 한다. 명제의 조건부 부분은 이미 진실하게 묘사한 성경에 의해 충분히 증명되었다. 또한 시편 128편 4-6절도 참조하라. 사도행전 5장 42절, 20장 20절에 사역자들은 성전에 있든지 집에 있든지 가르쳐야 했다. 그러므로 가족의 지도자 자신은 가르치는 가운데 반드시 기도해야 한다.

그 결론은 확실하게 입증된다. 1. 사도들은 사적인 모임에서 그리스도인들에게 설교하거나 가르칠 때 기도했다. 사도행전 20장 36절과 그 외의 곳에서 사도들은 기도했다. 2. 우리는 성경을 읽는 데 있어서 특히 하나님의 도움이 필요하고, 성경 속에서 하나님의 마음을 알고, 성경에서 유익을 얻어야 한다. 그러므로 그것을 반드시 간청해야 한다. 3. 거룩한 사업이기에 합당한 존경심이 요구된다. 4. 우리는 "모든 일에 기도와 간구와 감사로 우리 구할 것을 하나님께 아뢰고 또 각처에서 쉬지 않고 모든 기도로 하라"는 명령을 받았다. 그리고 나는 성경을 읽고 그들의 가족을 엄숙하게 가르치는 의무를 확신하는 사람 가운데 소수만이 그 일을 시작할 때 성경에 대한 하나님의 축복을 구하는 기도의 의무에 의문을 제기할 것이라고 생각한다. 따라서 그리스도인 자신의 양심은 그분의 수용과 도움과 축복을 간구하면서 모든 일을 하나님과 함께 시작하도록 경건하게 자극할 것이다.

논증 11 만일 가족의 지도자가 그들의 가족에게 기도하는 법을 가르칠 의무가 있다면, 그들은 가족과 함께 반드시 기도해야 한다. 게다가 지도자는 반드시 그들에게 기도하는 법을 가르쳐야 한다. 그러므로 지도자는 반드시 가족과 함께 기도해야 한다.

앞의 논증에서 나는 일반적인 가르침에 대해 말했지만, 여기서는 특별히 기도하는 것에 대해 말한다. 삼단논법에서 주요 전제를 다음과 같이 증명한다. 1. 그들은 "주의 교양과 훈계로 양육"할 의무가 있다.[73] 그러므로 그들에게 기도하고 하나님을 찬양하는 법을 가르쳐야 한다. 왜냐하면 "주의 교양과 훈계"가 그것을 담고 있기 때문이다. 2. 그들은 "주를 경외하는 법을 가르치고", "마땅히 행할 길을 훈련"시켜야 하는데, 그것은 의심할 바 없이 기도와 하나님을 찬양하는 방식이다.

그 결론은 사람들이 함께 기도하지 않고, 또는 그들이 듣지 않으면, 기도하는 법을 잘 가르치거나, 효과적으로 가르칠 수 없다는 점에서 타당하게 보인다. 그러므로 그들에게 기도하는 법을 가르쳐야 하는 사람들은 반드시 그들과 함께 기도해야 한다. 그것은 마치 음악과 같아서, 연주하거나 노래하지 않고는 어떤 사람에게도 잘 가르칠 수 없으며, 가르치는 것을 이해하기 위해서는 반드시 실천을 통해야 하며, 대부분의 실제적인 교리에서는 어느 정도 그렇다.

이에 대해 의문이 든다면 나는 경험에 호소한다. 나는 사람들 앞에서 기도하지 않고도 기도하는 법을 잘 배운 사람을 결코 본 적이 없다. 그런 것을 아는 사람들이 반대할 구실이 더 많을지 모른다. 하지만 나는 그렇게 하지 않았다. 또는 그렇다 해도 그렇게 드문 일이 우리의 노력의 일반적인 방식이 되어서는 안 된다. 가장 기묘한 기교를 눈으로 직접 보여 줌으로써 사람에게 가르치는 것을 삼가야 하는 것과 마찬가지다. 어떤 재치 있는 사람들은 몇 마디 말이나 자신의 발명으로 그것들을 배웠기 때문이다. 연습과 모범으로 기도하는 법을 가르치지 않는 사람은 아이들과 종들에게 잔인하다.

논증 12 디모데전서 4장 3-5절에서, "음식물(meats)은 하나님이 지으신 바니 믿는 자들과 진리를 아는 자들이 감사함으로 받을 것이니라 하나님께서 지으신 모든 것이 선하매 감사함으로 받으면 버릴 것이 없나니 하나님의 말씀과 기도로 거룩하여짐이라"고 말했다.

여기를 주목하라, 1. 우리의 모든 음식물은 감사함으로 받아야 한다. 주신 것을 감사해야 하는 것은 말할 것도 없다. 2. 감사하라는 말씀이 여기서 두 번이나 명시적으로 반복되었다. 더 적절하게 의미상 세 번 반복되었다. 3. 하나님께서는 그것들을 받아들일 수 있도록 창조하셨다. 4. 그것에 대한 도덕적 자질(goodness)의 조건이 만들어졌다. 즉 우리가 사용할 수

---

73)　엡 6:4

있도록 피조물에 대해 종교의식으로 거룩하게 하는 것이다. 5. 피조물은 하나님의 말씀과 기도로 거룩하게 된다고 했다. 그래서 그전에는 우리에게 거룩하게 되지 않은 것이다. 6. 앞의 두 구절에서 감사라고 불리는 동일한 것이 마지막 절에서는 기도라고 불린다. 그렇지 않으면, 사도가 이렇게 주장할 때, '감사함으로 받으면 좋으니 기도로 거룩하여짐이라'고 주장한 결과는 성립될 수 없게 된다.

그러므로 나는 이 두 가지 주장을 추론할 것이다. 1. 만일 가족이 하나님께서 주신 것처럼 음식을 감사함으로 받아야 한다면, 가족의 감사는 하나님께서 정하신 의무다. 그러나 전자가 사실이기 때문에 후자도 사실이다. 명제의 조건부 부분은 분명하다. 모든 사람이 감사함으로 음식물을 받아야 한다. 그러므로 가족은 반드시 그래야 한다. 그들은 함께 먹는다. 그러므로 함께 감사해야 한다. 그리고 내가 전에 명백하게 밝힌, 이 본문에 그 기도가 감사에 포함되어 있다.

2. 하나님의 모든 피조물이 사람들에게 거룩해지도록 수단을 사용하는 것이 가족의 의무다. 기도는 하나님의 모든 피조물이 사람에게 거룩해지도록 사용하는 수단이다. 그러므로 기도를 사용하는 것은 가족의 의무다.

논증 13 베드로전서 3장 7절에서, "남편들아 이와 같이 지식을 따라 너희 아내와 동거하고 그를 더 연약한 그릇이요 또 생명의 은혜를 함께 이어받을 자로 알아 귀히 여기라 이는 너희 기도가 막히지 않게 하려 함이라." 무지하고 불친절한 대화로 인해 특히 방해받는 기도가 바로 이 본문에서 특별히 의미하는 것이다. 특히 그렇게 방해받는 기도는 공동기도이다. 나는 은밀하고 개인적인 기도도 같은 이유로 인해 방해받는다는 것을 알고 있다. 그러나 공동기도만큼 직접적이고 눈에 띄게 방해를 받지는 않는다. 남편과 아내가 서로 욕하고 짜증내며 비난하고 다툼이 심할 때, 어떤 사람이 한 영혼처럼 합심하여 하나님께 기도할 수 있을까? 이것이 본문의 진정한 의미인 것 같다. 따라서 남편과 아내의 공동기도가 (때때로 가족을 구성하는) 의무로 입증되면 같은 이유로 나머지 가족도 포함된다.

논증 14 골로새서 3장 16-18절과 4장 2절에서, "그리스도의 말씀이 너희 속에 풍성히 거하여 모든 지혜로 피차 가르치며 권면하고 시와 찬송과 신령한 노래를 부르며 감사하는 마음으로 하나님을 찬양하고 또 무엇을 하든지 말에나 일에나 다 주 예수의 이름으로 하고 그를 힘입어 하나님 아버지께 감사하라 아내들아 남편에게 복종하라", "기도를 계속하고 기도에 감사함으로 깨어 있으라"고 말씀한다.

여기에서 나는 가족 기도에 대한 많은 논거를 가져올 수 있다. 1. 여기서 사도가 말하는 것은 주로 가족 기도인 것 같다. 그가 말하는 대상은 가족들이다. 16, 17절에서 그는 기도와 감사에 대하여 말한다. 그리고 이어 그는 각 가족관계 곧 아내, 남편, 자녀, 부모, 종, 상전에 대해 말한다. 그리고 다음 말에서 그는 같은 사람들에게 계속하여 말하면서 그들에게 "계속 기도하고 깨어 있으라"고 명령한다. 2. 만일 이웃들이 시와 찬송과 신령한 노래로 함께 말하고, 마음속에 주님의 은혜를 가지고 기도와 감사를 계속할 의무가 있다면, 앞서 말한 것처럼 훨씬 더 가까운 관계에 있고 더 많은 필요와 기회를 가진 가족들은 더욱 그러해야 한다. 3. 우리는 말에나 일에나 무엇을 하든 다 주 예수의 이름으로 하고 감사해야 한다. 그러면 가족이 함께 감사해야 한다. 왜냐하면 그들은 함께 그리고 떨어져서 말과 행동으로 해야 하는 매일의 일이 많기 때문이다.

논증 15 다니엘서 6장 10절에서, "다니엘이 이 조서에 왕의 도장이 찍힌 것을 알고도 자기 집에 돌아가서는 윗방에 올라가 예루살렘으로 향한 창문을 열고 전에 하던 대로 하루 세 번씩 무릎을 꿇고 기도하며 그의 하나님께 감사하였더라 그 무리들이 모여서 다니엘이 자기 하나님 앞에 기도하며 간구하는 것을 발견했다." 여기서 주목할 점은 1. 그 의무의 특성과, 2. 그 의무의 필요성이다. (1) **다니엘**이 여기서 행한 가정 기도가 공개되지 않았다면, 그들이 그가 무슨 말을 했는지 어떻게 알 수 있었을까? 그가 비밀리에 그렇게 큰 소리로 말했을 것 같지도 않고, 그들이 그곳에서 그를 발견했을 것 같지도 않다. 그렇게 높은 고관이었다면 바깥 방에 신하를 두어 그들이 가까이 오기 전에 그들을 머물게 했을 것이다. (2) 그리고 이 기도의 필요성은, **다니엘**이 자신의 생명을 구하기 위해 며칠 동안 이 기도를 빼먹지 않았을 만큼 중요했다.

논증 16 여호수아 24장 15절에서, "오직 나와 내 집은 주를 섬길 것이라"고 했다. 여기에서 주목해야 할 점은, 1. 여기에 참여하고 있는 것은 한 집안이다. 만일 어떤 사람이 그것이 **여호수아**의 모든 지파나 열등한 친족까지 확장된다는 것을 증명했다면, 그의 집안이 가장 두드러지게 포함될 것이다. 2. 이는 **여호수아**가 자기 집을 위하여 약속한 것과 같은 것이며,

온 이스라엘은 그들의 가족을 따라 행하게 될 것이다. 이는 그가 스스로 본이 되어 그들에게 행동하게 하는 것이다. 만일 가정이 주님을 섬겨야 한다면 가정은 주님께 기도하고 찬양해야 한다. 그러나 가정은 반드시 주님을 섬겨야 한다. 그러므로 그렇게 해야 한다. 그 결론이 입증하는 것은, 기도와 찬양이 하나님을 섬기는 데 매우 필요한 부분이므로 그것에 헌신하지 않는 가정이나 사람은 일반적으로 하나님을 섬기는 데 헌신했다고 말할 수 없다는 점이다. 하나님을 부르는 것은 성경에서 모든 하나님의 예배에서 가장 두드러진 부분으로 자주 언급되며, 무신론자들은 "주를 부르지 않는다"[74]고 표현된다.

논증 17 **고넬료**의 이야기, 사도행전 10장은 그가 가족예배를 행했음을 입증한다. 참고로, 1. 2절에서 그는 "경건하여 온 집안과 더불어 하나님을 경외하며 백성을 많이 구제하고 항상 하나님께 기도하는 자"라고 말하며, 30절에 보면 "내 집에서 제 구시 기도를 하는데"라고 말하며, 24절에 "그가 가까운 친척들을 모았더라"고 했다. 그 결과 11장 14절에서 "너와 네 온 집이 구원을 받을 것이라"고 한다. 그러므로 10장 2절에서 하나님을 경외하는 것은 기도를 포함하며, 일반적으로 하나님께 예배하는 것을 말하므로, 그가 온 집과 함께 하나님을 경외한다고 할 때, 그가 온 집과 함께 하나님을 예배했다는 것이 포함되며, **베드로**가 오고 나서 그가 그의 친족과 친구들과 함께 그렇게 했다는 것도 암시되어 있다. 그의 가족을 모으는 일에 대해 언급되지 않은 것은, 그렇게 모으는 일이 평범하고 당연한 일이었기 때문이다. 그리고 그가 그의 집 안에서(ἐν τῷ οἴκῳ) 기도했다고 말할 때, 그것은 성경에서 종종 그 단어가 사용되는 것처럼 그의 가족을 의미할 수 있다. 어쨌든 상황은 그가 그렇게 했다는 것을 보여준다.

논증 18 디모데전서 3장 4, 5, 12절, "자기 집을 잘 다스려 자녀들로 모든 공손함으로 복종하게 하는 자라야 할지니 사람이 자기 집을 다스릴 줄 알지 못하면 어찌 하나님의 교회를 돌보리요. 집사들은 한 아내의 남편이 되어 자녀와 자기 집을 잘 다스리는 자일지니"에서, 그들의 집을 다스리는 것은 교회를 다스리는 것과 동일한 성격을 가지고 있다는 점이다. 즉, 하나님을 예배하는 일에 그들을 훈련시키고 그 안에서 그들을 인도하는 것이다. 왜냐하면 사

---

74) 시 14편

도들은 한 쪽의 결함이 다른 쪽에도 부적절하다는 것을 확실히 발견했기 때문이다. 이제 교회를 다스리는 것은 그들의 삶을 감독하는 것처럼, 그들의 입으로 하나님을 향한 기도와 찬양을 하도록 그들을 가르치고 인도하는 것이다. 그러므로 그것은 그들의 집이 적합하다는 것을 증명하는 데 필수불가결한 것이다.

자기 집을 잘 다스려야 하는 자들은 교회를 다스리기에 부적합하지 않다는 것을 어느 정도 입증할 수 있는 만큼, 거룩한 교훈으로 그들을 다스려야 하며, 하나님을 경배하는 사람으로서 그들을 인도해야 한다. 게다가 디모데전서 3장에서 언급된 사람들은 (감독의 직분을 얻으려 하는) 그들의 집을 반드시 그렇게 다스려야 한다. 그러므로 그렇게 해야 한다.

목사들이 교회를 다스릴 때 가장 중요한 역할은 그들보다 먼저 나아가서 그들이 하나님께 예배하도록 인도하는 것이다. 그러므로 그들 자신의 집에 대한 다스림도 그러하며, 그것이 그들의 적합성을 결정하는 조건이 된다. 비록 다스림이 그렇게 높거나 많은 것에 이르지 못하고 결론이 긍정적이지 않더라도, 자기 집을 잘 다스리는 사람은 하나님의 교회를 다스리기에 합당하다. 그러나 부정적으로, 자기 집을 잘 다스리지 못하는 자는 하나님의 교회를 다스리기에 합당하지 않다. 그 이유는, 1. 이것은 더 낮은 수준의 다스림이기에 더 높은 수준의 다스림에 적합하다는 것을 입증하지 못할 것이다. 2. 그리고 그것은 많은 필수자격 중 하나일 뿐이다. 그러나 어느 정도의 적합성이 여기에서 증명되었고, 일에 대한 유사성으로부터 증명되었다는 것은 분명하다. **바울**이 가정을 다스리는 것과 교회를 다스리는 것을 비교할 때, 그 두 가지가 완전히 이질적이라고 생각할 수 없다. 그는 결코 군대나 연대나 도시를 다스릴 수 없는 자가 어떻게 하나님의 교회를 다스릴 수 있겠느냐고 말하지 않았을 것이다. 그러므로 나는 이 본문은 사역자가 교회를 다스려야 하는 것처럼, 하나님을 올바르게 예배하는 가운데 자신의 가족을 잘 다스리는 것이 가족에서 주인의 의무라는 것을 보여 준다고 결론을 내린다.

논증 19 만일 가족이 함께 가족 기도를 드려야 하는 특별한 필요성이 있는 경우, 그것은 다른 방법으로 대신할 수 없다. 그렇다면 가족 기도를 드려야 하는 것은 하나님의 뜻이다. 게다가 가족은 그러한 필요성이 있다. 그러므로 반드시 그렇게 해야 한다. 명제의 결론은 증거가 필요하지 않다. 명제의 조건부 부분은 사례로 입증된다. 가족은 가족에게 절대적으로 필요한 조건이 있는데 그것은 장롱에 가두어 두기에는 너무 크고, 교회 모임에 가져가기에는 너무 개인적인 일이다. 1. 그들의 부름과 관계에 관한 세속적인 사건들이 많이 있다. 그것은 가족 내에서 이야기하는 것은 적합하지만 모든 회중 앞에서 말하기에는 부적절하다. 2. 가족 구성원의 마음과 생활에는 여러 질병, 여러가지 실수, 집에서 처리해야만 하는 논쟁 등이 있는데, 그것은 가정에서 해결해야 하며 기도로 치유해야 한다. 하지만 모든 회중 앞에서 언급하기에는 적합하지 않다. 3. 그리고 만일 그것들을 모두 공개적으로 언급할 수 있다면, 그러한 경우의 수가 너무 많아서 사역자를 압도하고 공적 예배를 혼란스럽게 할 것이다. 아니 대부분의 교회에서 그중 절반도 언급할 수 없을 것이다. 4. 그리고 그러한 경우는 일상적으로 발생하므로 일반적으로 이러한 모든 불편을 겪게 될 것이다.

그럼에도 불구하고 우리 각자가 은밀한 기도만 하기에는 적합하지 않은 경우가 많다. 왜냐하면, 1. 그들은 종종 함께 죄를 지으며 함께 고백하고 슬퍼하는 것이 합당하기 때문이다. 2. 그리고 그들이 함께 받는 어떤 긍휼도 함께 구하고 감사하는 것이 합당하기 때문이다. 3. 그리고 그들이 함께 하는 여러 일들은 그들이 함께 축복을 구하는 것이 합당하다. 4. 고백과 간구와 감사하는 일에 서로 함께 있으면 그들의 열정을 높이고 마음이 따뜻해지는 경향이 있으며, 의무에 더 많이 참여하고 죄에 대항하여 힘쓰게 한다. 이전에 제시한 근거에 대해서도 필요하다. 아니, 그런 경우에 서로 떨어져 있고, 오직 은밀하게 기도하는 것은 일종의 가족 분열이다. 그렇게 교회 모임에서 분리하고 가정에서만 기도하는 것은 교회 분열이기 때문이다. 자연과 은혜는 연합을 기뻐하고 분열을 싫어한다. 그리고 자연과 은혜의 빛은 우리가 할 수 있는 한 합동과 화합과 친교에서 하나님의 많은 일을 하게 한다.

논증 20　**모세**에게 율법을 주시기 전에 하나님이 임명한 바에 따라 **모세**는 가족 안에서 예배를 드렸으며, 이 임명이 아직 취소되지 않았다면, 하나님은 여전히 가족 안에서 예배를 받으셔야 한다. 그러나 명제의 조건부 부분이 확실하므로 결과도 마찬가지다.

나는 누구도 명제의 조건부 부분을 부정하지 않을 것이라고 생각한다. 의로운 사람들의 가정에서 홍수 전에, 그리고 제사장이 세워질 때까지 하나님은 각 가족과 가정에서 예배를 받으셨다는 것을 부정하는 사람은 아무도 없다고 생각한다. 그때 그 외에 다른 대중 예배가 있었는지는 의심스럽다. 가족보다 큰 교회 모임이 거의 없거나 전혀 없었을 때, 하나님은 일반적으로 가족 단위로 예배를 받으셨음이 분명하다. 그 당시 한 가족의 지도자는 자신의 가족에게 제사장이었다. **가인**과 **아벨**은 각자 자신들의 희생을 바쳤다. **노아, 아브라함, 야곱**도 그랬다.

만일 제사장 직분이 제정되었을 때, 가족 예배가 중단되었기에 내가 제시한 명제의 조건부 부분을 부인한다면, 나는 다음과 같이 대답한다. 1. 어떤 사람들은 제사장 직분이 **아론** 시대 이전에 제정되었는지에 대해 의심하지만, 나는 제사장 직분이 **아론** 시대 이전에 제정된 것에 대해서는 큰 의심의 여지가 없다고 생각한다. 우리는 다른 민족들 가운데서 제사장직을 발견하는데, 그들은 자연의 빛이나 교회의 전통에 따라 제사장직을 소유했다. 그리고 **멜기세덱**의 제사장직이 (그리스도의 한 유형) 명시적으로 언급되어 있다. 그러므로 당시에는 가족 예배가 가장 일반적이었지만 대중 예배가 더 많이 있었다고 본다. 2. 내가 앞에서 증명한 바와 같이 **아론**의 제사장직이 제정된 후에도 가족 예배가 계속되었다. 게다가 할례와 유월절의 두 가지 신성한 행위는 가장이 가족 단위로 거행했다. 그러므로 기도는 확실히 가정에서 계속되었다. 3. 그 후에 회당과 공공집회에서 행해진 예배의 일부가 가정에 넘겨진 것이라면, 가족들이 동의한 부분이 가족 모임으로 옮겨졌다고 하는 최소한의 증거도 없다. 아니, 공공집회가 그러한 예배를 결코 수행한 적이 없다는 것을 알기 때문에, 그 부분은 여전히 가족들에게 맡겨졌다는 확실한 증거가 된다. 우리는 그들 중에서 교회 기도 외에는 기도를 찾을 수 없고, 그런 기도가 가정에 전혀 적합하지 않다는 것을 발견한다. 또한 하나님께서 가족 기도나 다른 적절한 가족 예배에 대한 자신의 명령이나 질서를 뒤집는 말씀이 성경에 없다. 그러므로 가족 예배는 여전히 의무적인 것으로 입증된다.

이미 너무 오래 설명하지 않았다면, 나는 자신의 아들을 위해 날마다 희생을 드린 **욥**의 모범과, 에스더 4장 16절에서 하녀들과 함께 금식한 **에스더**의 모범을 제시했을 것이다. 그리고 예레미야 10장 25절은, "주를 알지 못하는 이방 사람과 주의 이름을 부르지 아니하는 가족(families)에게 주의 분노를 부으소서." 여기서 "가족"이란 여러 족속을 의미하고 "주의 이름을 부른다는" 것은 그들이 참 하나님을 경배하는 것을 의미하는 것이 사실이다. 그러나 이것은 예외 없이 크고 작은 모든 족속에 대해 말하고 있다. 그리고 처음에는 (**아브라함**의 지파, **이삭**의 지파, **야곱**의 지파 등) 지파는 가족에 국한되어 있었다. 그리고 이성의 동등성(parity of reason)에 근거하여 이 주장은 합당한 가족에 대해 말하는 것으로 판단한다. 하나님의 이름을 부르는 것이 그분에 대한 예배를 표현하는 것이라는 사실은 우리에게 이전 진술의 정확성을 보장한다. 왜냐하면 그것이 예배의 가장 두드러진 부분임을 증명하기 때문이다. 그렇지 않으면 전체가 그것에 의해 하나님께 드리는 예배라는 것을 나타내지 못할 것이다. 적어도 예배라고 하면 어떤 이유로도 그것을 배제할 수 없을 것이다. 네 번째 명제의 증명은 여기까지다.

[반대 의견에 대한 답변]

반대 1 '가정에서 기도하는 것이 복음 아래서 의무였다면, 우리는 성경에서 더 명시적으로 요구한다는 것을 발견했어야 한다.'

답변 1. 나는 이미 성경에서 분명히 요구하는 것을 당신에게 보여 주었다. 그러나 사람들은 하나님께 말하는 방법을 가르치지 않았고, 눈이 멀고 타락한 마음을 가진 사람에게 모든 것을 있는 그대로 보도록 호의를 베풀지도 않았다. 2. 그것들은 구약 성경에 명백히 계시되었고, 그 당시 교회가 반대 없이 받아들였지만, 그리스도를 박해한 자들이 복음서를 간과하는 것과, 복음서의 내용을 당연하게 생각하고, 사실로 인식하지 못하는 것은 당연한 일이다. 3. 일반적인 교훈들은 ("항상 기도하고… 열심히 기도하고… 모든 곳에서" 등의) 복음에 표현되어 있고, 자연의 빛은 그것들을 가족들에게 특별히 적용하는데, 그 이상 무엇이 필요한가? 4. 성경이 그것에 대하여 더 이상 명시적으로 말하지 않는 이유는 분명하다. 그리스도 시대 이전에는 하나님에 대한 예배가 그 이후보다 덜 영적이고 더 종교 의식적이었다. 그래서 당신은 기도보다는 할례와 희생제사에 대한 언급을 더 자주 발견한다. 그럼에도 불구하고 기도는 공통적이었다. 그리고 그리스도의 시대가 지난 후, 대부분의 기독교 가정은 박해로 인해 시달렸고, 기독교인들은 모든 것을 팔고 공동체에서 살았다. 성경의 역사는 특정 가족의 상태가 아닌 교회의 상태를 우리에게 설명하는 것이었다.

반대 2 '그리스도 자신은 가족과 함께 기도하지 않으셨고, 제자들이 기도하는 법을 가르쳐 달라고 요청한 것과, 이 점에서 성경의 침묵을 고려해 보면, 그것은 우리에게 의무가 아니다.'

답변 1. 성경의 침묵은 그리스도께서 그것을 사용하지 않았다는 증거가 아니다. 그분이 하신 모든 일은 기록되지 않는다. 2. 주님께서 제자들에게 가르치신 주기도문과 그들에게 요구한 기도의 지침은 그분이 평소에 그들과 함께하는 평소 기도와 일치할 수 있다. 어쨌든 그 후에 그들과 함께 기도하는 데 사용하였지만, 처음에는 사용하지 않았다. 3. 그러나 내가 원칙적으로 부인하는 것은 추론의 부분이다. (1) 그리스도께서 그의 종들에게 처음에는 임무를 맡기지 않으셨으나, 특히 성령강림 후에는, 곧 성찬과 권징과 설교와 자주 기도하는 일 등, 많은 일을 맡기셨다. 그들이 성령이 강림할 때까지 신앙의 조항들을 많이 이해하지 못했기 때문에 그때까지 많은 의무를 이해하지 못한 것은 당연하다. 왜냐하면 그리스도께서는 그들이 갑자기 교훈을 받고 기적을 통해 더욱 완전하게 성화되어 그들의 사역이 더 신뢰할 수 있고 그들의 사명이 명백히 신성하며 위조와 속임수에 대한 의심에서 벗어나기를 원하셨기 때문이다. (2) 그리고 그리스도께서 제자들[75]과 함께 떡을 가져와 감사기도하시고 하나님께 찬송을 부르셨던 것은 분명하다. 따라서 요한복음 17장처럼 제자들과 함께 자주 기도하셨을 가능성이 매우 높지만, 그들이 매일 필요로 하는 기도에 있어서 그들의 입이 되어야 한다는 것은 기대할 수 없는 일이다. 그분의 경우와 우리의 경우는 매우 다르다. 제자들은 매일 자신의 죄를 고백하고 그들에게 겸손해지고 용서를 구해야 한다. 그러나 그리스도께서는 이 일을 하실 일이 전혀 없으셨다. 그들은 자신을 절제하기 위해 기도해야 하고, 죄에 대항하도록 도움을 구해야 한다. 그러나 그분에게는 절제하거나 대항해야 할 죄가 없었다. 그들은 성령과 부족한 은혜를 위해 기도해야 한다. 그러나 그리스도는 충만함과 완전함을 가지고 있었다. 그들은 이러한 목적을 위한 많은 수단과 그것을 사용하는 데에 도움과, 그들의 축복을 위해 기도해야 하지만, 그분은 그럴 필요가 없었다. 그들은 용서와 회심에 대해 감사해야 한다. 그리스도께서는 감사할 그런 이유가 없었다. 그러므로 그분은 죄인들과는 구별된 대제사장이고, 그들을 위해 기도하는 분이었다. 그러기에 그들이 필요로 하는 평범한 가정의 기도에서 가장이 가족에게 해야 하는 것처럼 그들과 함께 기도하는 일에 그들의 입이 되기에 적합한 분은 아니었다.

---

75) 눅 22:17-19; 막 14:22, 23, 26; 마 26:27, 28, 30

반대 3 '하나님은 헛되거나 가증한 기도를 요구하지 않으신다. 그러나 대개 가족 기도는 헛되고 가증한 것이다. 그러므로 하나님은 그런 기도를 요구하지 않으신다. 삼단 논법의 두 번째 전제는 다음과 같이 증명된다. 악인의 기도는 가증하다. 대부분의 가족은 악하거나 악인이 있다. 그러므로 가족의 기도는 가증하다.'

답변 1. 하나님은 분명히 경건한 가족의 기도를 반대하지 않는다. 2. 경건한 주인의 기도는 경건하지 않은 다른 사람들의 존재 때문에 가증하거나 헛된 것이 되지 않는다. 그렇지 않다면 앞서 언급한 그리스도의 기도와 축복이 헛되거나 가증한 것이 되었을 것이다. 왜냐하면 그곳에 도둑이자 위선자인 **유다**가 있었기 때문이다. 그리고 사도들과 모든 사역자들의 기도는 고린도, 갈라디아, 에베소에 있는 모든 교회에서 그렇게 되어야 한다. 3. 악인의 기도가 얼마나 가증한 것인지, 얼마나 가증하지 않은 것인지에 대해서는 나의 책《양심의 평안을 위한 방법》을 참조하기 바란다. 악인의 기도는 악인처럼 가증하지만, 그들이 하나님께로 돌아오고, 자신의 악에 대해 회개를 표현하는 것은 그렇지 않다. 하나님께서 명령하시는 것은 가증한 기도가 아니라 신실하고 통회하는 기도다. 당신은 마치 악인은 기도하라는 명령을 받지 않은 사람처럼 착각하지만, 오히려 당신은 하나님이 그에게 명령한 것은 가증한 기도가 아니라고 말해야 한다. 그는 가증하지 않은 기도를 하라는 명령을 받았다. 심지어는 마법사 **시몬**(Simon Magus)[76]에게 "회개하고", "기도하라"고 했고, "여호와를 만날 만한 때에 찾으라 가까이 계실 때에 그를 부르라… 악인은 그의 생각을 버리라"[77]는 등의 기도를 하라는 것이다. 악인이 이렇게 기도하면 그의 기도가 가증치 아니할 것이다. 기도하라는 명령은 그의 사악함에서 떠나라는 명령을 내포하고 있다. 은혜를 구하는 기도는 은혜에 대한 그들의 소망을 하나님께 표현하는 것이 아니겠는가? (그들이 혐오하는 것을 하나님께 고함으로써 그들이 거짓을 고하는 것이 아니다.) 그러므로 우리가 그들에게 기도하라고 권면할 때 우리는 그들에게 은혜의 소망을 갖도록 권면하는 것이다.

반대 4 '많은 가정의 주인들은 기도서(prayer book) 없이는 가정에서 기도할 수 없는데, 그것은 허용되지 않는 것이다.'

---

76) 행 8:22
77) 사 55:6, 7

답변 그들의 능력의 결핍이 바보처럼 타고난 것이라면 그들은 가정을 다스리기에 적합하지 않다. 만약 기도서를 사용하는 것이 양심에 걸리고 죄책감이 든다면, 그들은 그것을 극복하기 위해 반드시 수단을 사용해야 하며, 그 동안에는 가정에서 전혀 기도하지 않는 것보다 기도서나 양식을 사용하는 것이 좋다.

[가족 예배의 빈도와 때에 대해]

내 작업의 마지막 부분은 가족 예배의 적절한 시간에 대해 이야기하는 것이다. 1. 매일 해야 하는가? 2. 하루에 두 번인가? 3. 아침과 저녁에 해야 하는가?

답변 1. 보통은 매일 하루에 두 번 해야 하며, 아침과 저녁이 일반적으로 가장 적합한 때이다. 2. 그러나 예외적으로 어떤 더 큰 의무가 개입할 수 있으며, 그때 우리는 의무를 이행하지 않을 수 있다. 그리고 경우에 따라 그 시간이 어떤 가족들에게는 적합하고 다른 가족들에게는 적합하지 않을 수 있다. 간략히 하기 위해 나는 증거에 모두를 고려할 것이다.

논증1 우리는 하나님을 경배할 수 있는 모든 적절한 기회와 때를 활용해야 한다. 가족에는 매일 (아침과 저녁) 그러한 기회와 때가 있다. 그러므로 그들은 그러한 기회를 활용해야 한다.

대전제(major)와 소전제(minor) 모두는 전에 증명되었다. 경험은 가족의 죄가 매일 저질러지고, 가족의 자비는 매일 주어져야 하고, 가족의 필수품이 매일 발생한다는 것을 증명한다. 그리고 이성은 우리에게 다음과 같이 말한다. 1. 지난 밤의 안식에 대해 하나님께 감사하는 것은 매일 아침이 적절한 때라고 알려준다. 2. 그리고 다음 날을 위한 인도와 보호와 공급과 축복을 간구할 것을 알려준다. 3. 그럴 때 우리의 마음은 피로와 세속적인 염려로부터 가장 자유로워진다. 그러므로 이성은 우리에게 저녁이 하루의 자비에 대해 하나님께 감사하고, 낮의 죄를 고백하고 용서를 구하며, 밤에 안식과 보호를 구하기에 적합한 때라고 우리에게 알려준다. 자연과 이성이 사람은 얼마나 자주 먹고 마셔야 하는지, 얼마나 오래 자야 하는지, 어떤 옷을 입어야 하는지 우리에게 알려 주듯이, 성경은 구체적으로 당신에게 말할 필요가 없다. 그러므로 성경이 일반적으로 기도를 명령한다면, 하나님은 섭리로 언제, 얼마나 자주 기도해야 하는지 말씀하실 것이다.

논증 2 주기도문은 우리에게 가족들에게 속한 기도를 매일 하도록 지시한다. 그러므로 우리는 그렇게 해야 한다. "오늘 우리에게 일용할 양식을 주옵시고"라는 기도는 모두 복수형으로 실행된다. 그리고 그 이유는 개인뿐 아니라 가족에게도 의무가 될 것이다.

논증 3 데살로니가전서 5장 17절에서 "쉬지 말고 기도하라 범사에 감사하라." 골로새서 4장 1, 2절에서 "상전들아 의와 공평을 종들에게 베풀지니 너희에게도 하늘에 상전이 계심을 알지어다 기도를 계속하고 기도에 감사함으로 깨어 있으라." 골로새서 3장 17절에서 "무엇을 하든지 말에나 일에나 다 주 예수의 이름으로 하고 그를 힘입어 하나님 아버지께 감사하라." 빌립보서 4장 6절에서 "아무것도 염려하지 말고 다만 모든 일에 기도와 간구로, 너희 구할 것을 감사함으로 하나님께 아뢰라"고 명령하신다. 하루에 두 번도 채 기도하지 않는 사람이 "쉬지 말고, 계속해서, 모든 일에, 무엇을 하든지 기도하라"는 명령에 따르지 않는다는 것을 아는 것은 쉬운 일이다.

논증 4 **다니엘**은 하루에 세 번씩 자기 집에서 기도했다. 그러므로 복음에 대한 응답으로 두 번도 안 되게 하는 기도는 우리에게 합리적이지 않다.

논증 5 디모데전서 5장 5절은 "참 과부로서 외로운 자는 하나님께 소망을 두어 주야로 항상 간구와 기도를 계속하라"고 한다. 밤과 낮이 아침과 저녁보다 덜 유용한 것은 아니다. 그리고 이것은 가족의 기도가 아니라고 말한다면, 나는 대답한다. 1. 그것은 그녀에게 속한 모든 종류의 기도다. 2. 적은 것이 보상받는다면, 큰 것은 훨씬 더 보상을 받아야 한다.

논증 6 누가복음 6장 12절, 2장 37절, 18장 7절, 사도행전 26장 7절, 데살로니가전서 3장 10절, 디모데후서 1장 3절, 요한계시록 7장 15절, 느헤미아 1장 6절, 시편 88편 1절, 1장 2절, 여호수아 1장 8절은 그리스도께서 밤낮으로 기도하셨고 그의 종들이 기도하고 묵상하며 성경을 읽었음을 보여 준다.

논증 7 신명기 6장 7절, 11장 19절에서 부모는 자녀에게 "누울 때나 일어날 때나" 하나님의 말씀을 가르치라고 명시적으로 명령하고 있으며, 이성의 동등성, 그리고 말씀과 기도의 결합은 부모가 자녀와 함께 누워 있을 때나 일어날 때 기도해야 한다는 것을 증명할 것이다.

논증 8　　간결함을 위해 나는 시편을 함께 제안한다. 시편 119편 164절에서 **다윗**은 하루에 일곱 번 하나님을 찬양하였고, 145편 2절에서 "내가 날마다 주를 송축할 것이다." 5편 3절에서 "아침에 주께서 나의 소리를 들으시리니 아침에 내가 주께 기도하고 바라리이다." 59편 16절에서 "나는 주의 힘을 노래하며 아침에 주의 인자하심을 높이 부를 것이다." 88편 13절에서 "아침에 나의 기도가 주의 앞에 이르리이다." 92편 1, 2절에서 "여호와께 감사하며 주의 이름을 찬양하고 아침마다 주의 인자하심을 알리며 밤마다 주의 성실하심을 베풂이 좋으니이다." 119편 147, 148에서 "내가 날이 밝기 전에 부르짖으며 주의 말씀을 바랐사오며 주의 말씀을 조용히 읊조리려고 내가 새벽녘에 눈을 떴나이다." 130편 6절 "파수꾼이 아침을 기다림보다 내 영혼이 주를 더 기다리나니 참으로 파수꾼이 아침을 기다림보다 더하도다." 역대상 23장 30절, 출애굽 30장 7절, 레위기 6장 12절, 역대하 13장 11절, 에스겔 46장 13-15절, 아모스 4장 4절에서, 제사장들은 "제사"와 "매일 아침 하나님께 감사"를 드려야 했다. 베드로전서 2장 5, 9절에서 그리스도인은 "예수 그리스도로 말미암아 하나님이 기쁘게 받으실 만한 제사를 드리는 거룩한 제사장이 될 것이다." 시편 55편 17절에서 다윗은 명백히 말한다. "저녁과 아침과 정오에 내가 근신하여 탄식하리니 여호와께서 내 소리를 들으시리로다." 이처럼 아침과 저녁은 주님께 드리는 제사와 번제의 시간이었다. 역대상 16장 40절, 역대하 2장 4절, 13장 11절, 31장 3절, 에스라 3장 3절, 열왕기하 16장 15절, 열왕기상 18장 29, 36절, 에스라 9장 5절에서와 같은 동일한 이유로, 복음 시대의 예배도 최소한 자주 행해져야 한다. 의심할 여지없이 그들은 제물을 가지고 기도했다. 다윗이 그것들을 비교하면서 암시적으로 시편 141편 2절에서 말하기를 "나의 기도가 주의 앞에 분향함과 같이 되며 나의 손드는 것이 저녁 제사같이 되게 하소서." 그리고 시편 50편 14, 15, 23절에서 하나님은 기도와 찬양을 제사보다 더 요구하신다고 말한다.

　내가 신속함을 위해 함께 모아 놓은 성경구절은, 하나님의 종들이 얼마나 자주 그분을 경배해 왔는지, 하나님이 얼마나 자주 그것을 기대하는지를 충분히 보여 준다. 그리고 당신은 더 큰 빛과 거룩함이 있는 복음의 시대에서 우리가 율법의 시대보다 뒤쳐져서는 안 된다는 것을 고백하게 될 것이다. 특히 그리스도께서 친히 밤새도록 기도하셨을 때, 그것은 우리와 비교할 때 그토록 필요성이 적었던 상황에서 기도하신 것이다. 그리고 이 성구들은 기도에 대해 일반적으로 말하며, 기도를 비밀로 제한하지 않는다는 것을 관찰할 수 있다. 그러므로 그것들은 기회에 따라 모든 기도로 확장된다. 어떤 이유로도 이 모든 예들을 가장 비밀스럽고 가장 고상하지 않은 종류의 기도로 제한할 수 있는 이유는 없다. 두세 사람이 그분의 이름으로 모인다면, 그리스도는 특별히 그들 가운데 계신다.

이 규칙에 따라 우리는 교회 모임에서 자주 기도해야 한다고 말한다면, 나는 대답한다. 교회는 일반적으로 그렇게 자주 모일 수는 없다. 하지만 큰 불편함이 없을 때, 많은 사람들이 부유하고 인구가 많은 일부 도시처럼 기도하기 위해 매일 사역자를 만나는 것은 좋은 일이 될 것이라고 의심하지 않는다.

나는 이 주제에 대해 쓰는 것이 거룩하고 배고픈 그리스도인이 필요하다고 생각하는 것보다 더 장황했다. 그들에게 자신의 영혼을 하나님과 함께 잔치하도록 설득하고, 믿음과 사랑의 빈번한 행사를 즐겁게 하도록 설득하는 것은 그다지 많은 논쟁이 필요하지 않다. 만약 내가 사람들에게 다른 부류의 독자들이 필요하다고 생각하는 것보다 덜 말한 것이 있다면, 그들이 눈을 뜨고, 욕구에 대한 균형을 찾고, 죄를 느끼고, 그들의 일상적인 욕구와 위험을 관찰하고, 하나님을 사랑하는 마음을 갖는다면 이러한 이유들은 그들에게 너무 달콤하고, 유익하며 필요한 일이라고 확신할 것이다.

그리고 그들이 기도하는 가정과 기도하지 않는 가정의 차이를 관찰하고 그들의 영혼을 돌보고 하나님과의 친교를 좋아한다면, 이보다 훨씬 적은 말로도 그들의 필요에 충분할 것이다. 이 사람들을 확신시키기 전에 치유되어야 하는 것은 죽어 있고 은혜 없고 육체적인 마음이다. 더 나은 식욕이 그들의 이유에 도움이 될 것이다. 만일 하나님께서 모든 사람에게 일반적으로 말씀하시기를, 너희는 좋을 대로 자주 먹으라고 한다면, 병든 위장은 하루에 한 번, 그것도 조금만이면 충분하고, 하나님께서 요구하신 만큼이라고 말할 것이다. 그럼에도 다른 사람은 하루에 세 번은 충분하지 않다고 말할 것이다. 선하고 건강한 마음은 하나님의 말씀, 특히 그의 일반적인 계명을 해석하는데 큰 도움이 된다. 사람들은 사랑하지 않고 싫증나는 일을 자신의 의무라고 쉽게 믿지 않을 것이다. 건전한 신자의 새로운 본성과 거룩한 사랑과 욕망, 그리고 경험은 지금까지 이 모든 추론이 그에게 불필요한 것이 되기에, 나는 주로 육체적인 위선자를 설득하고 논쟁하는 원수의 입을 막기 위해 이 글을 썼다고 고백한다.

제4장

가족을 거룩한 공동체로 만들기 위한
일반적인 방향 제시

가족을 바르게 다스리는 데 필요한 가장 중요한 것은 다스리는 자와 그의 다스림을 받는 자의 적합성이다. 이것은 앞서 일반적인 방향 제시에서 말한 바 있다. 만일 그들의 관계에서 부적합한 사람들이 한 가족으로 함께 모인 경우, 그들의 첫 번째 의무는 이전의 죄와 경솔함을 회개하고, 즉시 하나님께로 돌아서서, 그들의 여러 장소에서의 의무를 올바르게 이행하는 데 필요한 적합성을 추구하는 것이다. 가족을 다스리는 자에게는 다음의 세 가지가 가장 필요하다. I. 권위. II. 기술. III. 거룩함과 의지의 준비.

[권위를 유지하는 방법]

┃일반 방향 제시 '다스리는 자는 가족 안에서 권위를 유지하도록 하라.' 만일 그 권위를 잃어버리고 당신이 다스리는 자들에게서 멸시를 받으면, 당신의 말은 그들에게 아무런 효력이 없을 것이며, 당신은 고삐 없이 말을 타는 것과 같다. 당신의 권위가 상실되면 지배하는 힘도 사라진다. 그리고 여기서 당신은 먼저 당신의 권위의 본질, 사용 및 범위를 이해해야 한다. 아내, 자녀, 종과의 관계가 다르듯이 당신의 권위도 그러하다. 아내에 대한 당신의 권한은 가족의 질서, 당신 일의 안전하고 신중한 관리, 당신의 편안한 동거에 필요한 정도에 불과하다. 사랑과 복잡한 문제에 관여하는 관심은 치안판사의 명령보다 더 큰 역할을 해야 한다. 자녀에 대한 당신의 권위는 훨씬 더 크지만, 사랑과 결부된 것만이 그들의 좋은 교육과 행복에 필요하다. 당신의 종들에 대한 당신의 권위는 (노예가 없는 이 나라에서) 당신의 봉사와 하나님의 명예를 위해 그들과의 계약으로 판단해야 한다. 다른 문제나 다른 목적에 대해서는 권위 이상을 행사할 수 없다. 당신의 권위를 유지하려면 다음 하위지침을 준수하라.

방향 제시-1 '당신의 권위는 질서의 하나님이신 하나님으로부터 왔으며, 그분께 순종함으로써 가족들이 당신에게 순종할 의무가 있다는 것을 알게 하라.' 하나님에게서 나오지 않은 권위는 없다. 하나님에게서 나온 권위만큼 지적인 피조물이 존경할 권위는 없다. 신성한 것으로 인식되지 않는 모든 결합은 쉽게 끊어지고 버려진다(육체가 아니면 적어도 영혼에 의해). 빛을 받은 양심은 야심적인 찬탈자들에게, 나는 하나님을 알고 그의 아들 예수를 안다, 그러나 당신은 누구냐?고 말할 것이다.

방향 제시-2 '당신의 지식과 거룩함과 흠 없는 삶에서 하나님이 더 많이 나타날수록, 당신의 권위는 하나님을 두려워하는 모든 하급자들의 눈에 더 커질 것이다.' 죄는 당신을 비열하고 사악하게 할 것이며, 하나님의 형상인 거룩함은 당신을 존귀하게 할 것이다. 신실한 자의 눈은 "망령된 자를 멸시하며 여호와를 두려워하는 자들을 존대한다."[78] "공의는 나라를 영화롭게 하고 (그리고 사람을) 죄는 백성을 욕되게 하느니라."[79] "하나님을 존중히 여기는 자를 내가 존중히 여기고 하나님을 멸시하는 자를 내가 경멸하리라."[80] 부끄러운 감정[81]과 성 관계에 자신을 맡긴 사람들은 스스로 그렇게 했을 때 사악하게 보일 것이다. "**엘리**의 아들들은 그들의 죄로 말미암아 스스로 비열하게 되었다."[82] 나는 사람들이 도덕적으로나 천성적으로 비열할지라도 하나님에 의해 권위를 부여받은 사람을 분별하고 존중해야 하는 것으로 안다. 그러나 이것은 너무 어려워서 잘 행해지는 일이 거의 없다. 그리고 하나님은 교만한 범죄자들에 대해 엄하게 대하시기 때문에 대개 그들을 다른 사람들의 눈에 비천하게 만드심으로써 그들을 벌하신다. 적어도 그들이 죽어서 사람들이 과감히 그에 대해 자유롭게 말할 때, 그들의 이름에서 악취가 날 것이다.[83] 페르시아, 로마, 터키 등 세계에서 가장 위대한 황제들의 사례는 우리에게, 만일 그들이 (음행, 술 취함, 폭식, 교만, 특히 박해로) 스스로를 비루하게 하면, 하나님께서는 그들의 벌거벗은 모습을 드러냄으로써 사람들의 수치와 조롱거리가 되도록 허락하실 것이라고 말한다. 그러면 악한 가정의 주인이 하나님의 권위를 거역함에도 불구하고 다른 사람에 대한 자신의 권위를 유지하려고 한다면 어떻게 되겠는가?

방향 제시-3 '열정이나 경솔한 말이나 행동으로 타고난 약점을 보여 주지 말라.' 그들이 당신의 인격을 경멸하려 한다면 사소한 일에도 당신의 약점을 끌어들여 당신을 경멸하려 할 것이다. 인간은 본래 이성을 매우 존중하기 때문에(질서를 위해), 이성을 거스르고 어리석음에 의해 지배받아야 한다는 것을 거의 믿지 않는다. 그들은 항상 올바른 이성이 지배해야 한

---

78) 시 15:4
79) 잠 14:34
80) 삼상 2:30
81) 롬 1:26
82) 삼상 3:13
83) 잠 10:7

다고 생각하는 경향이 있다. 그러므로 어떤 어리석고 나약한 표현이나 무절제한 정욕이나 경솔한 행동은 당신보다 못한 사람들의 눈에 당신을 경멸하게 하기 쉽다.

방향 제시-4 '권위 사용을 게을리함으로써 당신의 권위를 잃지 말라.' 만일 당신이 자녀와 종에게 잠시라도 지도자의 권위를 주어 그들이 하고 싶은 대로 하게 한다면, 당신의 다스림은 이름이나 이미지에 불과해질 것이다. 위엄 있고 엄격한 태도와 부드러운 통제 사이의 온건한 행위, 또는 자신의 지위를 행사하는 일을 방치하지 않는 상태는 당신보다 낮은 사람들의 경멸에서부터 당신을 가장 잘 보호할 수 있다.

방향 제시-5 '지나친 친숙함으로 인해 권위를 잃지 말라.' 만일 당신이 당신의 자녀와 종을 당신의 놀이 동료로 삼고, 그들과 이야기하고, 그들이 당신을 친구처럼 이야기하도록 허용한다면, 그들은 신속히 다 큰 아이가 되어, 그들의 습관을 지킬 것이다. 만약 다른 사람이 그들을 다스린다 해도, 그들은 언제나 당신의 다스림을 견디기 힘들어 할 것이며, 한때 동등했던 곳에서 지배받는 것을 경멸할 것이다.

[다스리는 기술]

Ⅱ 일반 방향 제시 '다스림에 있어 신중함과 능숙함을 얻기 위해 노력하라.' 가족의 주인이 되기로 약속한 사람은 그들을 다스리는 자가 되기로 약속하는 것이다. 그 약속은 매우 중요하기에 당신이 부적합 상태에서 그러한 자리를 담당하는 것은 작은 죄가 아니다. 마치 글을 읽지도 쓸 줄도 모르는 사람이 학교 선생이 되거나, 병도 치료법도 모르는 사람이 의사가 되거나 조종하는 법을 모르는 사람이 조종사가 되려는 경우 그것은 보통 어리석은 일이 아니다. 다른 사람의 경우는 분별할 수 있으면서, 왜 자신의 일에서는 더 분별할 수 없는가?

방향 제시-1 '거룩하게 다스리는 기술을 얻으려면 하나님의 말씀을 잘 연구해야 한다.' 그러므로 하나님은 왕들에게 "그들이 사는 날 동안에 율법을 읽으라"[84]고 명령한다. 그리고 "율법책을 네 입에서 떠나지 말게 하며 주야로 그것을 묵상하라"[85]고 명령한다. 그리고 모든

---

84)　신 17:18, 19
85)　수 1:8

부모는 "자기 자녀에게 그것을 부지런히 가르치고 집에서나 밖에서나 누웠거나 일어나거나 그 말씀을 강론할 수 있어야 한다."[86] 인간의 모든 정부는 하나님의 통치에 복종하여, 그분의 율법에 대한 순종을 촉구한다. 우리는 모든 법과 교훈에 자리를 내주어야 하고 유용하게 사용할 수 있는 것이라고 이해하는 것이 필요하다.

방향 제시-2 '당신보다 하급자들의 다양한 성질을 잘 이해하고 그들이 있는 그대로, 그리고 그들의 능력에 맞게 일을 시켜라. 모두가 똑같지는 않다.' 일부는 더 똑똑하고 일부는 더 둔하다. 일부는 부드럽고 일부는 완고하고 뻔뻔스러운 성향을 가졌다. 어떤 사람들은 사랑과 온화함으로써 잘 다룰 수 있고, 어떤 사람들은 예리함과 엄격함이 필요하다. 그러므로 그들의 성향에 맞게 신중하게 다뤄야 한다.

방향 제시-3 '당신은 그들의 서로 다른 결점 사이에 많은 차이를 두어야 하고, 당신의 견책은 그것에 맞춰야 한다.' 가장 고집이 센 사람들과 가장 중요한 문제에 있어서 결함이 있는 자들은 가장 엄중하게 책망을 받아야 한다. 어떤 결함은 단순한 장애와 피할 수 없는 육체의 연약함에 의한 것이 너무 많아서 그러한 결함에는 고집이 거의 나타나지 않는다. 이러한 것들은 책망보다 동정을 받아야 마땅함으로 더 부드럽게 다뤄야 한다. 어떤 결함들은 습관화된 악덕이고, 전체 본성은 악덕보다 더 절망적으로 나쁘다. 이것들은 특정한 수정 이상의 것이 필요하다. 그들은 그러한 습관을 없애고 바꾸는 데 가장 효과적인 생활방식을 지켜야 한다. 어떤 사람들은 마음이 정직하지만 주요하고 가장 중대한 일에서는 자기가 가진 결함 때문에 죄를 짓는다. 이들 중 일부는 좀 더 드물고 일부는 더 자주 발생한다. 당신이 그들의 결함에 따라 당신의 질책을 신중하게 다양화하지 않는다면, 당신은 그들을 완악하게 하고 당신의 목적을 달성하지 못할 것이다. 당신이 당신의 가족을 무너뜨리려고 하지 않는 한, 무너뜨려서는 안 되는 가정의 정의가 있기 때문이다. 공익을 위해서는 필요한 공공 정의가 더 크기 때문이다.

방향 제시-4 '아내에게 좋은 남편이 되고, 자녀에게 좋은 아버지가 되고, 종에게 좋은 주인이 되고 싶으면, 사랑이 당신의 모든 다스림을 지배하게 하라. 그러면 당신 아랫사람들은

---

86) 신 6:6, 7, 11:18, 19

당신에게 순종하는 것이 자기들의 이익이라는 것을 쉽게 알게 될 것이다.' 이익과 자기 사랑이 세상의 자연적인 지배자이기 때문이다. 그리고 그것은 순종이나 어떤 선을 얻는 가장 효과적인 방법이며, 사람들로 하여금 그것이 그들 자신의 이익을 얻기 위한 것임을 인식하게 하고, 당신을 위해 그들 자신을 사랑하라. 그 이익이 자기 자신의 것과 같다는 것을 알게 될 것이다. 만약 당신이 그들에게 아무 유익도 주지 않고. 신랄하고 무례하고 인색하면, 당신에게 다스림 받는 사람은 거의 없을 것이다.

방향 제시-5 '다른 사람을 다스리는 데 능숙하려면 먼저 자신을 다스리는 법을 정확히 배우라.' 당신은 당신 자신보다 다른 사람들이 당신의 의지와 다스림에 더 많이 부응하기를 기대할 수 있는가? 거룩하지 않고 하나님 자신을 두려워하지 않는 사람이, 하나님을 두려워하며 거룩한 삶을 사는 가족을 다스릴 자격이 있는가? 또는 열정이나 술 취함이나 폭식이나 정욕이나 온갖 호색에서 자신을 지킬 수 없는 사람이, 가족을 그것들에서 지키기에 적합한 사람인가? 모순적인 삶을 사는 당신이 아랫사람들을 책망하면 그들이 당신을 경멸하지 않을까? 이것은 악한 설교자들에게도 해당되는 것이다. 다른 지도자들에게도 해당되지 않는가?

Ⅲ 일반 방향 제시 '당신이 당신 가족의 거룩한 지도자가 되려면 거룩한 사람이 되어야 한다.' 사람의 행동은 그들의 성향에 따라 결정된다. 그들은 있는 그대로 행동할 것이다. 하나님의 원수는 하나님을 위해 한 가정을 다스리지 않을 것이고, 거룩함의 원수(또는 그 가정을 모르는 사람)또한 하나님의 한 가정에 거룩한 질서를 세우고, 거룩한 방식으로 그의 일을 관리하지도 않을 것이다. 나는 다른 사람들에게 삶의 절제와 거룩함을 요구하는 것이 우리 자신에게 그렇게 요구하는 것보다 육체적으로 힘이 덜 들고 쉽다는 것을 안다. 그러나 그것은 단순히 명령이나 갈망을 갖는 것으로 되는 것이 아니라, 거룩하고 근면한 다스림의 훈련과정을 통해 이뤄지는 것이다. 그럼에도 거룩하지 않은 사람들은 (그중 일부는 멀리 갈 수 있지만) 그러한 일이 요구하는 목적과 도덕적 규칙을 가지고 있지 않다.

방향 제시-1 '이 목적을 위해 당신 자신의 영혼이 전적으로 하나님께 복종하도록 하고, 아래 사람이 당신의 명령에 순종하기를 기대하는 것보다 당신이 하나님의 법을 정확하게 순종하도록 하라.' 당신이 감히 하나님께 불순종한다면 그들이 당신에게 불순종하는 것을 왜 두려워하겠는가? 당신은 불순종에 대해 하나님이 하실 수 있는 것보다 더 가혹하게 보복할 수 있는가? 아니면 순종에 대해 더 후하게 보상할 수 있는가? 당신은 하나님 자신보다 더 위대하고 더 나은 존재인가?

방향 제시-2 '당신의 보물을 하늘에 쌓고, 영광 안에서 하나님을 즐거워하는 것을 가족의 일과 다스림, 그리고 당신에게 맡겨진 다른 모든 것의 궁극적인 목적이 되도록 하라.' 당신 자신과 모든 것을 하나님께 바치고 그분을 위해 모든 것을 하라. 모든 것을 다른 세상으로 가는 나그네와 같이 하라. 지상에서의 일은 하늘을 준비하고 영원히 지속되는 중요한 일을 촉구하는 것뿐이다. 이와 같이 당신이 하나님을 분별하고, 당신이 거룩하게 되면, 당신이 가진 모든 것은 그분의 사용과 봉사를 위해 떼어놓을 것이다. 그리고 이것은 그분의 수락으로 모든 것을 거룩하게 만들 것이다.

방향 제시-3 '당신의 가족보다 당신의 가족에 대한 하나님의 권위를 더 신중하게 유지하라.' 당신의 것은 오직 그분의 것이다. 당신 자신에게 잘못하고 욕되게 하는 자들보다 하나님께 잘못하고 욕되게 하는 자들을 더 날카롭게 꾸짖고 바로잡으라. **엘리** 제사장의 슬픈 예를 기억하고, 당신의 자녀나 종들의 죄는 무엇이든 작은 죄로 여기지 말라. 특히 큰 죄는 더욱 그렇다. 하나님의 대의명분을 경시하여 모든 것을 참는 것은 가증스러운 일이다. 당신이 당신 자신의 작은 물건을 잃어버린 것에 대해 격렬하게 화를 내는 것은 잘하는 일이 아니다. 하나님의 영광이 당신의 가정에서 가장 커야 한다. 그리고 그분에 대한 봉사가 당신의 일보다 우선시되어야 한다. 그분을 거스르는 죄는 가장 용납할 수 없는 범죄임에 틀림없다.

방향 제시-4 '당신의 가족에 대한 영적 사랑이 우세하도록 하라. 그리고 그들의 영혼 구원을 당신의 가장 중요한 일로 삼고, 그들의 영적 비참함에 대한 동정심이 가장 크도록 하라.' 먼저 그들에게 하늘에서의 삶을 준비하게 하고, 그것을 빼앗는 모든 것에서 구원하도록 주의하라. 그리고 영원히 지속되는 풍요로움보다 세상의 일시적인 재물을 결코 더 좋아하지 말라. 꼭 필요한 한 가지를 잊을 정도로 많은 짐을 지지 말고, 당신 자신과 그들을 위해 더 좋은 것을 선택하라.[87]

방향 제시-5 '당신의 가족이 게으름과 육체의 쾌락에 빠지지 않게 하라. 또한 그들의 마

---

87) 눅 10:42

음을 사로잡아 산만하게 하고 거룩한 일을 부적합하게 만드는 수많은 일에 압도되지 않도록 하라.' 하나님께서 당신에게 과도한 노동이 필요하다고 명하신 경우에는 그것을 인내하고 즐겁게 견뎌야 한다. 그러나 재물에 대한 사랑 때문에 불필요하게 그것들을 끌어들인다면, 당신은 자신과 다른 사람들을 유혹하고 괴롭히는 자가 될 뿐이다. 그들의 끔찍한 예를 잊었기에, 그리스도로부터 떨어져 많은 근심으로 자신을 찌르는 자가 된다.[88]

방향 제시-6 '가능한 한 당신의 모든 사업에 대한 일정한 질서를 정하고, 모든 일상적인 일의 때를 알 수 있게 하여, 혼란이 경건을 막지 못하게 하라.' 모든 일을 정해진 순서대로 행하는 것은 모든 부름에 큰 도움이 된다. 그것은 일을 쉽게 만들고, 장애물을 제거하고, 성공을 촉진한다. 사업상의 혼란은 거룩한 의무에 대한 마음의 혼란을 야기한다. 내가 아는 어떤 부름은 어떤 순서나 방법으로도 수행하기 어렵지만, 신중함과 부지런함을 동원한다면 할 수 있다. 이렇게 하면 하나님의 일은 더 잘될 것이고, 당신의 일은 더 잘 수행되어 당신의 종들이 편안하고, 당신 자신의 마음도 평온해질 것이다. 선견지명과 능숙함은 당신의 많은 수고와 번거로움을 덜어줄 것이다.

---

88) 딤전 6:10

제5장

가족의 거룩한 관리에 대한 특별한 동기

가족을 거룩하게 관리함으로써 얻게 되는 유익과 그것을 게을리함으로써 얻게 되는 해악이 무엇인지 잘 이해한다면, 우리 가운데 도시를 돌아다니는 것을 일이라고 생각하며 의무에 대해서도 모르고 생각하지도 않는 부주의하고 불경건한 관리자는 거의 없을 것이다. 우리 모두가 이렇게 업무에 주의를 기울이지 않음으로써 재앙적인 결과에 압도되어 누워 있는 동안에, 나는 게으른 영혼들에게 그들이 맡은 일을 하도록 각성하게 함으로써 그 원인을 제거할 수 있다면 시도해 보는 것이 합당하다고 생각한다.

동기 1 '가족의 거룩한 관리는 세상에 대한 하나님 정부의 상당한 부분이며, 그 반대는 마귀 정부의 큰 부분이라고 생각하라.' 하나님께서는 세상의 자연 질서와 정치적 질서를 확립하고 그분의 피조물을 그분 자신의 사역의 도구로 삼으시는 것을 기뻐하셨다. 그분은 열등한 피조물 없이도 자신이 의도한 결과를 모두 만들어 낼 수 있었고, 어떤 도구 없이도 혼자서 세상을 다스릴 수 있었음에도(그는 타고난 제약과 부족함 때문에 대리자들과 관료들을 이용하는 제약이 있는 왕이 아니었기에), 여전히 그분은 열등한 피조물을 그러한 탁월한 결과에 참여시키는 것을 기뻐하며, 그분의 피조물 사이에서 그분의 뜻이 성취됨으로써, 열등한 피조물의 행위와 질서를 기뻐하신다. 그래서 각 나라의 여러 재판관이 왕의 관리로서 권위를 행사하는 것처럼 모든 치안판사와 가정의 주인은 하나님의 관리자로서 다스린다. 만약 그분의 관리자들이 그분의 정부를 무너뜨리거나 등한시한다면, 그것은 하나님 자신을 멸시하는 것이요, 그분께 반역하는 것이다. 세상의 실제적인 무신론, 반역, 불경건은 하나님의 정부를 거부하는 것이 아니라면 무엇인가? 하나님의 원수들이 악의적이고 반항적인 반대로 일어나는 것은 하나님 존재 자체에 대해 반대하는 것이 아니고, 세상과 특히 그들 자신의 거룩하고 의로운 통치자로서 하나님을 반대하는 것이다. 군대처럼, 상병, 상사, 중위가 모두 자신의 직무를 게을리하면 장군이나 대령의 부대는 패배하고 무력하게 된다. 그러므로 가족의 지도자들과 하나님의 다른 관리자들이 정부에서 맡은 역할을 부패 시키거나 소홀히 한다면, 그들은 최악의 방법으로 지상에서 하나님의 정부를 타락시키거나 쫓아내는 것이다. 하나님께서 당신의 가정을 다스리지 아니하시면 누가 다스려야 하겠는가? 마귀는 항상 하나님의 정부가 거부되는 곳의 총독이다. 세상과 육체는 하나님 정부의 도구다. 세상에서 육체로 사는 생활은 그분을 섬기는 일이다. 의심할 여지없이 마귀는 세상과 육체를 우선시하고, 믿음과 경건이 없는 가정의 지도자이다. 그런 주인에게 무엇을 기대할 수 있을까?

동기 2 '또한 통치되지 않으며, 불경건한 가족은 그 모든 구성원을 파멸시킬 수 있는 강력한 수단이라는 점을 진지하게 생각하라.' 그것은 영혼을 지옥으로 급히 데려가는 오염된 배인데, 향하는 곳은 그들을 삼키는 만(gulf)이다. 마귀의 마차나 배에 탄 자는 운전자나 뱃사공이 원하는 대로 나머지 사람들과 함께 가는 것과 같다. 그러나 잘 다스려지는 가정은 그 안에 있는 모든 영혼이 구원받는 데 큰 도움이 된다. 하나님을 따르지 않는 가정에서는 불경건함, 맹세, 거짓말, 욕설, 음탕함, 하나님을 경멸하는 유혹이 계속된다. 마찬가지로 경건한 가정에서는 거룩한 삶, 믿음, 사랑, 순종, 천상의 마음에 대한 끊임없는 자극이 있다. 그곳에서는 마귀의 가게나 죄를 짓는 작업장보다 죄에 대한 유혹이 적다. 다스리는 사람의 권위, 다른 사람들의 대화, 모든 사람들의 모범은 거룩한 삶을 사는 동기가 된다. 잘 조직된 용감한 군대는 모든 겁쟁이도 질서에 따라 서로 연결되어 있어 나머지와 함께 싸우고 맞설 수밖에 없으나, 혼란스러운 군대에서는 가장 용감한 사람도 무질서에 휩싸여 나머지 사람들과 함께 멸망하게 된다. 마찬가지로 질서가 잘 잡혀 있고 거룩한 가정에서는 악인도 악하게 사는 법을 거의 알지 못하고, 성도에 가깝게 보인다. 그는 계속해서 성도들 사이에 있으며, 불경하거나 더러운 말을 듣지 않고, 함께 사는 사람들의 권위와 동료에 의해 끊임없이 종교 행사에 참여하게 된다. 오, 그처럼 은혜롭고 질서가 잘 잡힌 가정에서 천국으로 가는 길은, 불경하고 관능적인 세상 사람들의 산만한 가정에 사는 사람들에 비해 얼마나 쉽고 깨끗한가! 이교도나 마호메트 국가들보다 복음이 전파되고 공인되는 영국에서 영혼이 구원받을 확률이 더 큰 것처럼, 불경한 사람들보다 경건한 사람들의 집과 회사에 사는 영혼들이 구원받을 확률이 더 크다. 한편에는 교훈, 명령, 모범, 신용의 이점이 모두 하나님 편에 있고, 다른 한편은 마귀의 편에 있다.

동기 3 '거룩하고 잘 다스려지는 가정은 구성원의 안전뿐만 아니라 삶의 안락함과 즐거움도 돌본다.' 하나님의 율법이 주된 규례인 곳에 살며, 날마다 그의 나라의 신비를 배우고, 성경이 열려 있는 곳에서 사는 것은, 생명의 길로 향하는 것이다. 그곳은 날마다 하나님을 찬양하고, 그분의 이름을 부르며, 모든 사람이 하늘의 언어를 말하는 곳이며, 하나님과 그리스도와 천국이 그들의 매일의 일과 재미가 되는 곳이다. 그곳에서는 가장 거룩하고 하늘에 속한 사람이 되는 것이 가장 큰 영예이며, 누가 가장 겸손하고 경건하며 하나님과 상급자에게 순종할 것인가가 가장 큰 논쟁이며, 경건에 대한 경멸적인 욕설이 없고, 불경스럽고 비열한 말이 없는 곳이다. 이 얼마나 달콤하고 행복한 삶인가! 지상에 있는 어떤 것보다 가장 천국과 같지 않은가? 그러나 세속과 불경함과 무례와 관능이 만연한 곳, 하나님을 알지 못하는 곳, 거룩함과 모든 종교적 행사가 경멸과 조롱거리가 되는 곳, 욕설을 하지 않고 불경스럽게 살지 않는 사람이 나머지 사람들의 증오와 조롱거리가 되는 곳, 사람들이 외모와 말하는 능력으로만 사람을 인식하는 곳에 사는 것은 천국과 같지 않다. 아니, 그곳 사람들은 자신을 사람으로 여기지 않고 짐승으로 여기며, 이성적인 영혼도 없고, 다른 삶에 대한 기대도 없고, 육체의 일시적인 관심보다 더 높은 일이나 즐거움은 없는 것처럼 살고 있다. 이 얼마나 비열하고 혐오스럽고 더럽고 비참한 삶인가! 짐승과 마귀가 혼합되어 만들어진 곳이다. 그곳에 사는 것은 하나님과의 교제가 없는 곳에 사는 것, 말하자면, 저주의 표식이 문에 쓰여 있는 곳, 불경스럽고 세속적인 삶을 아랑곳하지 않는 곳, 아무도 거룩한 언어를 이해하지 못하는 곳에서 사는 것이며, 하늘의 영원한 기쁨을 조금도 맛볼 수 없는 곳이다. 그렇게 사는 것은 뱀의 후손으로 살며 흙을 먹으며 하나님의 얼굴과 은총을 받지 못하고, 원수들 사이에서 정욕과 악의의 감옥에 쇠사슬로 묶여서 심판을 서두르는 삶이다. 모든 사람은 그들의 행위대로 심판을 받을 것이다.

동기 4 '거룩하고 관리가 잘된 가정은 거룩한 후손을 만들고, 하나님에 대한 경외심을 대대로 전파하는 경향이 있다.' 마귀를 위해 자식을 낳아 기르는 것보다 자식이 없는 것이 더 편하다. 그들의 타고난 타락은 사탄에게 충분히 유익하여 그들을 자신에게 끌어들이고 자신의 일을 위해 사용한다. 그러나 부모도 마귀의 역할에 조력할 수 있다. 그래서 자녀에게 교훈이나 모범으로 가르쳐야 함에도, 자녀를 하나님과 거룩한 생활에서 멀어지게 하고, 마치 자녀를 마귀에게 판 것처럼 그들의 구원의 수단에 대한 거짓된 자만심과 편견으로 그들의 마음을 채운다. 그렇다면 그들에게 지옥의 상속자가 되도록 훈련을 받은 악한 후손이 있다해도 이상할 것이 없다. 하나님을 위해 자녀들을 훈련시키려는 사람은 감성적인 것이 자녀들의 마음에 너무 깊게 사로잡고, 관습이 그들의 본성을 타락시키기 전에 시작해야 한다. 원죄는 아치형 인도 무화과 나무 같아서 그 가지가 아래로 휘어져 땅에 닿아 뿌리를 내리면 모두 또 다른 나무 그 자체가 된다. 이 습관적인 사악함으로부터 진행되는 행위는 다시 악한 습관으로 바뀐다. 그러므로 죄악 된 본성은 그 열매에 의해 스스로 증가한다. 그리고 다른 것들이 번식함으로써 자신을 소비할 때, 그 죄가 낳는 모든 것이 그 자체에 추가되고, 그 번식은 죄의 먹이가 되며, 모든 행위는 습관을 강화한다. 그러므로 온 세상에서 현명하고 거룩한 교육보다 영혼의 행복을 더 효과적으로 이끄는 수단은 없다. 이것은 죄가 가장 깊이 뿌리를 내리기도 전에 죄를 막고, 본성이 나뭇가지에 불과할 때 휘어지는 것을 막는다. 이것은 본성의 타락이 증가하는 것을 막고. 죄와 사탄에게 영원히 봉사할 수 있는 속임수, 부패한 의견, 육체적인 환상과 정욕을 차단한다. 그것은 때때로 마음을 그리스도께 넘겨주거나 적어도 영생에 이르는 길을 배우도록 제자를 그리스도의 학교에 데려온다. 그리고 다른 사람들이 점점 더 나빠지고 있는 시기에, 하나님의 길을 익히고, 다시 배워야 할 것을 배우고, 그들의 마음속에 사탄에 대한 수비대를 강화하고, 그리스도와 그의 구원의 은혜에 대한 공격을 막는다. 이것에 대해서는 다음에 다루겠다.

동기 5 '거룩하고 관리가 잘된 가정은 거룩하고 잘 다스려지는 교회를 위한 준비물이다.' 가정의 주인이 자신의 역할을 다하고, 그들이 마땅히 해야 하는 것처럼, 사람을 훈련시켜서 교회에 보낸다면, 교회의 목사들의 일과 삶은 말로 표현할 수 없을 정도로 수월하고 즐거울 것이다. 그러한 청중에게 설교하고, 그들에게 교리를 가르치고, 그들을 지도하고, 관찰하고, 보호하고, 지혜롭고 거룩한 교육으로 준비시키고, 그들이 듣는 교리를 이해하고, 사랑하는 사람들을 돌보는 것은 유익할 것이다. 건물에 그처럼 잘 다듬어진 돌을 놓는다면 그것은 쉽고 즐거운 일이다. 얼마나 가르치기 쉽고 다루기 쉽겠는가! 그리고 목사들의 수고가 그들에게 얼마나 풍성하게 나타나겠는가! 그리고 이러한 사람들로 구성된 교회는 얼마나 아름답고 매력적이겠는가! 그들의 교제는 얼마나 순수하고 편안하겠는가! 그러나 교회가 부정한 짐승들의 소굴이고, 만일 그들이 무지하고 불경건한 사람들로 구성되어, 육체의 일밖에는 맛보지 못하고, 무엇을 예배 드리는지 알지 못하는 사람들로 구성되어 있다면, 우리는 이 모든 것에 대해 잘못 관리한 가족에게 책임을 돌릴 것이다. 사역자가 예배를 이해할 수 없는 바보나 야만인에게 부합한 설교를 해야 하는 것은 그들에게 성가신 일이다. 그들은 항상 청중들에게 우유를 먹여야 하고, 집에서 했어야 할 원리들을 교회에서 가르치고 교리교육을 해야 한다. 게다가 그리스도의 양들 가운데 이리와 돼지가 너무 많고, 거룩한 것이 거룩함의 원수에게 제공되며, 경건한 자가 하나님과 경건을 미워하는 자와 교제하며 사는 것은 그들에게 성가신 일이다. 그리고 기독교 신앙은, 이교도보다 더 나쁜 삶을 사는 신앙고백자들에 의해 이교세계 앞에서 수치를 당하고 있다. 교회의 오염은 믿지 않는 세상사람들의 회심을 방해한다. 게다가 우리 종교를 판단하는 사람은 그것을 고백하는 사람들에 의해서만 아니라, 우리 원수인 이교도의 마음에 있는 그리스도인의 삶에 의해 판단된다. 기독교와 경건을 미워하는 자들이, 이교도 세상이 하는 행동방식으로 그리스도인을 판단해야 하는 경우에 그들이 어떤 판단을 내릴지 쉽게 추측할 수 있다. 그리하여 목사들은 낙심하고, 교회는 더럽혀지고, 종교는 수치를 당하고, 불신자들은 가정의 불경건한 무질서와 태만한 상태에 의해 완고하게 된다! 만약 라틴어학교(grammar school)가 그들의 의무를 소홀히 하고, 학생들을 받았을 때 가르치지 않고 내보낸다면, 우리는 어느 대학을 가고 싶겠는가! 그리고 모든 교사가 학생들에게 먼저 철자를 쓰고 읽도록 가르쳐야 한다면! 우리가 좋아하는 교회들도, 모든 목사들이 먼저 해야 할 일을 해야 할 때, 가정의 가장이 해야 할 일을 하고, 차례로 수십, 또는 수백, 수천 개의 의무를 해야 한다.

동기 6 '관리가 잘된 가정은 행복한 국가와 연방을 만드는 경향이 있다. 좋은 교육은 좋은 사람을 만드는 경향이 있기 때문에 좋은 행정관과 좋은 백성을 만드는 첫 번째이자 가장 위대한 일이다.' 좋은 사람이 나쁜 행정관일 수는 있지만 나쁜 사람이 아주 좋은 행정관이 될 수는 없다. 어린 시절에 그들과 함께 자란 무지, 세상적인 것, 관능, 또는 경건에 대한 적대감은 그들이 접하게 되는 모든 장소와 관계에서 나타날 것이다. 불경건한 가족이 일단 그들의 사악함을 강화하면 그들은 삶의 모든 상태에서 악을 행할 것이다. 불충한 부모가 그의 자녀들을 마귀의 권세와 일에 넘겨주면 그들은 모든 관계와 조건에서 그것을 섬기게 될 것이다. 이곳은 모든 불의와 잔인함과 박해와 치안판사의 불경건과 백성들의 모든 불평과 반역이 나오는 학교다. 이곳은 마귀의 씨가 처음으로 뿌려지는 토양과 신학교이며, 탐욕, 교만, 야심, 복수, 악의, 호색의 식물을 키워서 교회와 국가의 여러 공직과 하위의 모든 장소에 옮겨 심어, 독을 퍼뜨리고, 모든 선한 일에 저항하고, 육체와 지옥의 이익을 위해 싸우고, 성령과 그리스도의 이익을 반대하는 곳이다. 하지만 오! 거룩한 교육을 통해, 정부와 그에 종속된 장소에 준비되는 것이 세상에 얼마나 큰 기쁨이 될까! 하나님과 부모에게 순종하는 법을 우선하여 배운 준비된 백성들로 구성되고, 그러한 윗사람들이 다스리는 나라는 얼마나 행복할까!

동기 7 '가정의 지도자들이 그들의 직무를 성실히 수행한다면, 목사의 어떤 결점에 대해서 큰 보탬이 될 수 있고, 공공의 태만이나 박해의 때에도 종교를 전파하고 보존하는 유일한 수단이 될 수 있다.' 그러므로 기독교 가정은 교회라고 불리는데, 이는 하나님을 경배하고 배우고 사랑하며 그의 말씀에 순종하는 거룩한 사람들로 구성되기 때문이다. 만약 당신이 종교의 원수들 사이에 산다면, 그리스도 사역자들의 복음전파가 금지되고, 하나님의 종들이 그분을 예배하기 위한 모임이 금지된다. 그러면 종교의 지원, 신자들에 대한 위안과 교화는, 거의 모든 것이 가정 의무의 올바른 수행에 달려 있게 된다. 목사들이 집회에서 설교하는 것이 금지되었기에 그곳의 가장들은 동일한 진리를 그들의 가족들에게 가르칠 수 있다. 그곳에서 당신은 할 수 있는 한, 열렬하고 영적으로 함께 기도할 수 있고, 당신이 원하는 대로 거룩한 대화와 친교를 유지하고 엄격한 규율을 지킬 수 있으며, 당신의 복되신 창조주, 구속자, 성화되게 하는 분을 찬양하고, 당신이 할 수 있는 한 정확하고 영적인 방법으로 주일을 지킬 수 있고, 서로 사랑과 선행은 격려하고, 모든 죄를 꾸짖고, 서로 마음을 모아 죽음을 준비하고, 영생을 향하는 나그네로 함께 살 수 있다. 그리하여 거룩한 가정은, 박해자들이 종교를 금지하고 제한하는 나라들, 또는 무능하거나 신실하지 못한 목사들이 설교를 등한시하는 나라에서도 종교를 유지하고, 신자들의 삶과 위로를 유지하며, 대중 설교의 결핍을 보충할 수 있다.

동기 8 '가족의 의무는 가장 평화롭게 수행할 수 있어야 하고, 다른 사람에 의해 제외되거나 반대에 영향을 받지 않고 수행할 수 있어야 한다.' 더 확장해서 말하면, 당신이 다른 사람들에게 지시할 때, 그들은 당신이 당신의 소명을 넘어서는 일을 한다고 생각할 것이고, 많은 사람들은 당신이 너무 많은 일을 맡았다고 의심할 것이다. 만약 당신이 소돔 사람들과 같은 무질서한 군중을 부드럽게 꾸짖는다면 아마도 그들은 "이 자는 임시 거주자로 들어와서 우리의 재판관이 되려 하는구나"[89]라고 말할 것이다. 그러나 당신의 집은 당신의 성이고, 당

---

89) 창 19:9

신의 가족은 당신의 책임이다. 당신이 원하는 만큼 자주 그리고 부지런히 가르칠 수 있다. 만일 불경한 무리가 당신을 비웃어도 (당신이 그들에게 악을 가르치지 않는다면) 진지한 사람은 당신을 정죄하거나 괴롭히지 않을 것이다. 모든 사람은 자연과 성경이 당신에게 요구하는 일은 의심할 여지없는 당신의 일로 인정해야 한다. 그러므로 당신은 (보통 사람들 사이에서) 그 일을 인정하고 방해 없이 할 수 있다.

동기 9 '관리가 잘된 가정은 다른 사람들에게 존경받을 만하고 모범이 된다.' 심지어는 세속적이고 불경한 자들도 그들에게 어느 정도 존경을 표한다. 거룩함과 질서는 그것을 실천해 본 적이 없는 많은 사람들의 양심 속에 그것을 칭찬하는 증거가 있기 때문이다. 세속적이고 불경건하며 무질서한 가정은 뱀의 소굴이요 씩씩거리고 욕하고 어리석고 혼란스러운 곳이요, 찔레와 잡초가 무성한 광야와 같다. 그러나 거룩한 가정은 하나님의 동산이다. 그곳은 그의 은총으로 아름답게 되고, 그의 다스림에 의해 질서가 잡히고, 그분이 하늘에서 내리는 축복의 비로 열매를 맺는다. 그리고 가시덤불이 우거진 광야에 정원을 만드는 데 비용과 수고를 들이지 않은 게으름뱅이라 해도, 결국 정원이 더 아름답고, 열매가 좋고, 즐겁다고 고백할지 모른다. 만약 자신의 광야가 그렇게 되기를 바란다면 그렇게 해야 한다. 마찬가지로 자신의 영혼과 가족을 거룩하게 만드는 데 대가와 고통을 치르지 않는 불경건한 사람들도, 결국 질서가 잡힌 가정의 아름다움을 볼 수 있다. 하지만 노동과 자기 부정의 비용 없이 그러한 행복을 원한다면 그러한 사람들의 행복을 바라보기만 할 것이다. 그리고 의심할 바 없이, 그처럼 거룩하고 관리가 잘된 가족의 아름다움은 많은 사람들을 설득하고 종교에 대한 큰 찬성을 얻었으며 마침내 그들을 본받게 만들었다.

동기 10 '마지막으로, 거룩하고 관리가 잘된 가정은 하나님의 특별한 임재와 은혜로 축복을 받는다는 것을 생각하라.' 그곳은 그분께 예배를 드리는 교회이며, 그분이 거주하는 그의 집이다. 그분은 그들을 축복하고 보호하며 번성케 하시겠다는 사랑과 약속으로 참여하신다.[90] 그리스도께서 선장인 하늘로 가는 배를 타고 항해하는 것은 안전하다. 그러나 당신이 그분의 다스림을 거부할 때, 당신은 그분과의 동행을 거부하고, 그의 호의를 멸시하고, 그의

---

90) 시 1:3, 128편

임재와 관심과 명령을 멸시함으로써 그의 축복을 상실하게 된다.

그러므로 현재 세계 전역에서 인류를 괴롭히거나 사로잡고 있는 대부분의 해악은 가족의 무질서와 잘못된 관리에서 비롯되거나, 그로 인해 발생한다는 것이 분명한 사실이다. 이것들은 사탄의 학교와 상점이며, 거기서부터 **아담**의 후손을 그처럼 무력하게 만든 짐승 같은 무지, 정욕, 관능, 악마적인 교만, 그리고 하나님의 거룩한 길에 대항하는 잔인함이 나온다. 이것들은 탐욕, 시기, 분쟁, 복수, 폭정, 불순종, 전쟁, 유혈의 알을 부화시키는 뱀의 둥지이며, 인간의 본성을 가증스럽게 오염시키는 전염성이 있는 죄, 그리고 세상을 재앙으로 만드는 모든 비참함이다. 당신이 터키인, 타르타르인, 인디언, 그리고 지구상의 대부분의 주민들에 대해 읽을 때 그 안에 그렇게 맹목적이고 야만적인 사람과 국가가 있을 수 있다는 사실이 의심스러운가? 사악한 교육은 본성을 타락시키는 모든 것의 원인이며, 교육으로 고쳐야 할 독을 승화시키고 증가시키며, 가정의 사악함으로부터 국가적인 사악함이 생겨난다. 모든 사람의 상식에 어긋나는 너무 많은 무지와 고의적인 기만과 오류에 대한 완고함이, 교황이 통치하던 모든 지역(Papal kingdom)에 걸쳐서, 크든 작든, 높든 낮든, 그리스도인이라고 공언하는 사람들 사이에서 발견될 수 있다는 사실이 의심스러운가? 세속적이고 육체적인 성직자들의 교만과 탐욕과 사악함이 매우 큰 원인이지만, 가족의 부모와 가장의 죄악 된 불법행위도 그보다 훨씬 더 크지는 않지만 그만큼 크다. **개혁된 교회들 안에서도, 자신들이 고백하는 신앙에 대한 진지한 실천을 하지 않는, 여전히 죄인 된 삶을 사는, 본성적인 사람들이 그토록 많이 있을 수 있다는 사실이 의심스러운가? 이 모든 것의 원인은 하나님을 경외하지 않는 가족에 대한 잘못된 교육이다. 아, 그러므로 이 부패한 샘에 소금을 뿌리는 일이 얼마나 중요하고 필요한 일인가! 이 부패한 가정을 정화하고 치료하라. 그러면 당신은 땅에서 일어나는 거의 모든 재앙을 치료할 수 있다.** 당연히 현명하고 좋은 사람이라고 생각하는 세상의 황제들과 방백들은, 다른 사람을 정죄하며 불치병이라고 말하는 태만한 사람들인데, 그들이 이 일반적인 비참함을 해결하기 위해 할 수 있는 것은, 헛된 이야기를 하는 것이다. 세상에서 이교도, 마호메트교, 로마 가톨릭교회, 불경건의 기둥이자 후원자인 통치자와 방백들조차도 그들의 출생과 교육과정에서 부모로부터 독을 물려받았다. 그것은 이 모든 해악을 끼치는 경향이 있다. 가정 개혁은 공동 개혁으로 가는 가장 쉽고 가능성이 높은 길이며, 국가 개혁에 이르지 못하더라도 적어도 많은 영혼을 천국으로 보내는 길이고, 하나님을 위해 많은 다수를 훈련시키는 길이다.

제6장

자녀들의 거룩하고 신중한 교육을 위한
더 특별한 동기

가족에 대한 보살핌과 다스림의 가장 중요한 부분은 자녀의 올바른 교육에 있기 때문에, 이 의무를 촉진하기 위해, 나는 여기에 사려 깊은 부모들에게 몇 가지 특별한 동기를 추가할 것이다. 그것에 대해 내가 말해야 할 대부분은 이미 나의 책《성도의 안식》3부에서 말했다. 그러므로 여기서는 생략하되, 중요한 것만 삽입한다.

동기 1 '자연 자체가 자녀의 거룩한 교육을 위해 얼마나 많은 관심과 지속적인 활동으로 깊이 관여하는지 생각해 보라.' 말하자면, 자연이 당신에게 가르치는 것은, 그들은 당신 자신의 일부이며, 당신 다음으로 그들을 사랑하고, 부양하고 가장 많이 보살피라고 하는 것이다. 그런데도 당신은 그들의 주요 관심사에 무관심할 것인가? 그들의 영혼을 방치할 것인가? 당신은 모든 짐승이나 새가 새끼에게 하듯이, 그들이 둥지 밖으로 나가서 자력으로 먹이를 구하며 살 때까지 그들을 보살피는 것보다 더 나은 사랑을 보여 주지 않을 것인가? 당신이 세상에서 낳은 것은 개나 짐승이 아니라 불멸의 영혼을 가진 아이들이다. 그러므로 당신이 그들에게 빚진 것은 그들의 본성에 맞는 보살핌과 교육이다. 심지어는 그들의 영혼의 행복까지 가장 효과적으로 이끄는 것이다. 새가 나는 것처럼, 당신 없이도 본성은 본성적인 것을 그들에게 가르친다. 그러나 자연은 그들에게 가장 위대하고 가장 필요한 것을 가르치는 일을 당신의 책임과 보살핌에 맡겼다. 당신이 그들을 먹이는 것 외에는 할 일이 없다고 생각하고 나머지 모두를 자연에 맡긴다면 그들은 말하는 법을 배우지 못할 것이다. 자연 자체가 당신이 그들에게 말하는 법을 가르치지 않는 것으로 당신을 비난한다면, 당신이 그들에게 말하고 행동하는 것을 이해하도록 가르치지 않는 것으로 그것은 훨씬 더 당신을 비난할 것이다. 그들은 얻어야 할 영원한 행복의 유산을 가지고 있다. 그것이 그들을 키워야 하는 이유이다. 그들은 탈출해야 할 끝없는 비참함을 가지고 있다. 그것은 당신이 그들에게 부지런히 가르쳐야 하는 것이다. 당신이 그들에게 지옥의 불을 피하라고 가르치지 않는다면, 말하는 것과 걷는 것을 가르쳐 준 것에 대해 그들이 당신에게 어떤 감사를 할까? 만일 당신이 그들에게 천국 가는 길도 가르치지 않고, 그들이 어떻게 그들의 구원을 확신할 수 있는지 가르치지 않는다면, 그들이 비참한 세상에서 잠시 그들의 생계를 유지하는 방법을 가르쳐 준 것에 대해 당신에게 어떤 감사를 할까? 만일 당신이 그들에게 하나님이 누구인지 가르치지도 않고, 그를 섬기는 법과 구원받는 법을 가르친다면 그들에게 아무것도 가르치지 않거나, 아무것도 가르치지 않는 것보다 더 나쁘다. 그들이 온 세상에서 가장 큰 친절을 베풀거나 잔인한 행위를 하는 것은 당신의 손에 달려 있다. 그들이 하나님을 알고 구원을 받도록 도우라. 그것이 그들을 위해 지배자나 고관이 되게 하는 것보다 그들을 위해 더 좋은 일을 하는 것이다. 당신이 그들의 영혼을 방치하고 그들을 무지와 세속과 불경건과 죄 가운데서 키우면 그들을 포기하는 것이고, 심지어는 참으로 그들을 영혼의 원수인 마귀에게 파는 것이다. 당신이 그들을 사탄의 노예로 파는 것이다. 현세에서 그들을 속이고 학대하고 내세에서 그들을 괴롭힐 자에게 그들을 넘겨주는 것이다. 만일 당신이 불타는 풀무와 그보다 더한 지옥의 불길을 본다고 가정해 보자, 그때 자기 자녀를 거기에 던져 넣거나, 자녀를 그렇게 할 자의 손에 넘겨줄 수 있는 자를 부모라고 할 수 있겠는가? 차라리 마귀라고 하는 것이 적합하지 않을까? 성경에서 지옥으로 가는 길에 대해 읽고, 하나님이 사탄에게 넘겨주어 그로 인해 고통을 받을 자들이 누구인지 읽고도, 자녀를 바로 그런 방식으로 양육하고, 사탄으로부터 구하려는 노력을 기울이지 않는 당신은 어떤 비인간적인 괴물인가! 당신이 죽은 후에도, 자녀들이 세상에서 충분히 살아가도록 음식과 의복을 마련하기 위해 당신은 얼마나 큰 소동을 벌이고 있는가! 그들의 영혼이 하늘의 유업을 받을 준비를 하는 데에 당신이 기울이는 노력이 얼마나 적은가! 당신이 죽어 저세상으로 이동하자마자, 당신의 자녀(그리고 당신 자신)에게 그러한 기쁨이나 고통이 있을 것이라고 진지하게 믿는다면, 이것을 그들에게 중요하지 않은 것으로 여기고, 그것에 대해 관심을 가지지 않는 당신이, 그들에게 끝없는 행복을 보장할 수 있는가? 당신이 그들을 사랑한다면, 그들의 영원한 행복이 달려 있는 일들을 통해 당신의 사랑을 나타내라. 그들을 사랑한다고 말하지 않는 것은 그들을 지옥으로 인도하는 것이다. 당신이 그들을 사랑하지 않더라도, 그들을 저주할 정도로 그들에게 무자비하지 말라. '결코 그런 일은 없다', 그리고 '우리는 더 낫기를 소망한다'는 말은 상황을 더 낫게 만들거나 당신에게 어떤 변명이 되는 속담이 아니다. 마귀처럼 악의적으로 그렇게 하려고 연구했다면, 당신이 그들을 저주하기 위해 더 이상 할 수 있는 일이 무엇인가? 당신은 그들을 무지, 부주의, 세상의 방법, 관능, 불경건으로 양육하는 것 외에 더 할 수 있는 것이 없다. 마귀는 그들이나 당신들 모두에게 죄를 짓도록 유혹하고 경건함에서 멀어지게 함으로써 저주를 받게 하는 일 외에는 아무것도 할 수 없다. 지옥으로 가는 다른 길은 없다. 이것 외에는 어떤 사람도 저주를 받지 않는다. 그런데도 당신은 그들을 그런 삶으로 키우면서, '결코 그런 일은 없다', 우리는 그들을 저주받게 하고 싶지 않다고 말할 수 있겠는가? 그것은 의심스러운 일이 아니다. 그럼에도 불구하고 당신은 자신만 아니라 자녀들에게도 그렇게 행한다. 자신에게 비합리적인 자를 누가 자식에게는 합리적인 사람이라고 볼 수 있을까? 아니면 자신에게 자비를 베풀지 않는 부모들을 누가 자기 자녀들의 영혼을 위해 자비를 베풀 수 있는 사람으로 볼 수 있을까? 당신은 스스로 저주받기를 원하지 않지만, 당신이 불경건한 삶을 산다면 여전히 저주받는 일을 하는 것이다. 그리고 만일 당신이 당신 자녀들을 하나님에 대해 모르고 육체와 세상을 섬기도록 양육한다면 저주를 받게 하는 것이다. 그것은 당신이 자기 집에 불을 지르고 말하기를, '결코 그런 일은 없다', 결코 그것을 태울 생각이 없었다고 말하는 것과 같으며, 자식을 바다에 던지고 말하기를 익사시킬 생각이 없었다고 말하는 것과 같으며, 또 그들에게 강탈하고 도둑질하도록 가르치고 말하기를 그들을 교수형에 처하게 할 생각은 없었다고 말하는 것과 같다. 그러나 당신이 자녀를 도둑으로 만들려고 한다면, 사실은 자녀가 교수형을 받도록 의도한 것과 같다. 이는 법이 그것을 결정하고 재판관이 그것을 결심할 것이기 때문이다. 그러므로 당신이 당신의 자녀를 마치 하나님도 영혼도 마음에 두지 않는 것처럼, 경건하지 않은 상태로 교육시키려 한다면, 당신은 자녀들을 저주받게 할 작정이라고 말하는 것이 나을 것이다. 자녀를 그렇게 잔인하게 대하는 것에 대해, 천성적으로 자녀를 사랑하고 그들의 불행을 막아야 할 의무가 있는 부모라고 하기보다, 오히려 우리의 원수인 마귀(자녀를 잔인하게 대하는)라고 하는 것이 더 변명이 되지 않을까? 영혼을 책임지는 사역자들이 자기들의 태만으로 그들을 포기하고 그들의 영원한 불행에 대해 죄를 짓는 것은 가증스러운 일이다. 그러나 부모의 경우에는 그것이 더 천성을 거스르는 일이기 때문에 더 변명의 여지가 없다.

동기 2 '하나님이 창조와 구원이라는 이름으로 당신 자녀의 주님(Lord)이자 소유주라고 생각하라.' 그러므로 정의에 따라 당신은 자녀를 그분에게 맡기고 그분을 위해 교육해야 한다. 그렇지 않으면 당신은 하나님의 피조물을 도적질하고 그리스도께서 위하여 죽으신 자들을 도적질하여 하나님과 그들의 원수인 마귀에게 넘겨주는 것이다. 그들을 창조하거나 구원한 분은 세상이나 육체나 마귀가 아니라 하나님이었다. 그들을 하찮은 것으로 만들고, 하찮은 것보다 훨씬 더 나쁜 상태에서 그들을 구속하는 것보다 더 완전한 권리를 갖는 것은 불가능하다. 그리고 이 모든 일이 있은 후에, 그런 자녀들의 부모들이 그들의 절대적인 주님과 아버지로부터 그들을 훔쳐서 노예와 고통에 팔 수 있겠는가?

동기 3 '당신은 자녀들의 세례를 통해 그들 자신을 하나님께 바쳤다는 것을 기억하라. 온전히 그분의 것이 되고 그분을 위해 살겠다는 종교 의식적인 서약과 언약을 맺었다.' 거기서 그들은 육체와 세상과 마귀를 버렸다. 그 안에서 당신은 그들을 도덕적으로 양육하고, 경건하고 그리스도인의 삶으로 살도록 인도함으로, 그들의 평생 동안 하나님의 거룩한 뜻과 계명을 순종적으로 지키고 그 가운데서 살게 하는 것이다. 그리고 이 모든 일이 있은 뒤에도 당신은 그토록 엄숙한 약속을 깨뜨리고, 그들을 무지하고 불경건한 상태로 양육함으로써 그러한 서약과 언약을 깨뜨릴 것인가? 그때 당신이 한 일을 이해하고 고려해 보았는가? 당신은 그들이 절제되고 거룩한 삶을 사는 일을 위해 하나님께 엄숙하게 서약하는 일에 어떻게 참여했는가? 당신과 함께 한 그들의 모든 삶을, 짧은 시간에 그렇게 단호하게 파괴해야 하겠는가?

동기 4 '자녀들에 대한 교육이 그들의 다음 생에 얼마나 큰 영향을 미치는지 생각해 보라.' 자연과 은혜를 제외하고는 보통 그렇게 큰 힘을 발휘하는 것은 없다. 실제로 타고난 사악함의 완고함은 종종 좋은 교육을 좌절시킨다. 그러나 선을 행하는 어떤 수단이 있다면, 그것은 자녀들에 대한 좋은 교육이다. 그러나 잘못된 교육은 지속적으로 효과를 발휘하여 그들을 악하게 만든다. 이것은 나이가 들 때까지 자라나는 악의 씨앗을 소중히 여긴다. 이로 인해 많은 사람들이 교만하고, 게으르고, 육체를 좋아하고, 방탕하고 정욕에 이끌리고 탐욕스럽게 되며, 모든 것을 무가치하게 만든다. 그는 이런 악습을 근절해야 하는 어려운 과제가 있는데, 이것은 불경건한 교육이 너무 깊이 뿌리내린 결과다. 불경건한 부모가 마귀를 섬기는 일은 자녀의 마음에 첫인상을 깊게 심어, 나중에 그들을 그 죄에서 하나님께로 돌이키기 위해 치안판사나 목사, 그리고 모든 개혁적인 수단이 할 수 있는 것보다 더 큰 일이 된다. 반면에 먼저 종교교육을 통해 그들의 마음을 하나님께로 돌린다면, 경건함은 죄가 지금 가지고 있는 모든 이점을 갖게 될 것이다. "마땅히 행할 길을 아이에게 가르치라 그리하면 늙어도 그것을 떠나지 아니하리라."[91] 그들이 어렸을 때 말하도록 가르치는 언어는, 그들이 그 언어를 사용하는 사람

---

91) 잠 22:6

들과 함께 산다면 평생 동안 사용하게 될 것이다. 그래서 그들이 처음에 형성된 신념과 처음에 익숙해진 습관은 나중에 거의 바뀌지 않는다. 나는 경건한 교육이 신자들의 자녀들에게 실제적인 믿음과 다른 은혜를 낳게 하기 위해 하나님께서 정하신 첫 번째이자 일반적인 수단이라는 것을 확신한다. 많은 사람들이 이전에 근본적인 은혜를 받았을 수도 있지만, 행동과 실천에 있어 이성 자체를 갖는 것보다 실제적인 믿음, 회개, 사랑 또는 어떤 은혜를 더 빨리 가질 수는 없다. 그리고 공적 사역자들이 하는 말씀의 설교는 그러한 설교를 듣기 위해 올 때까지 은혜가 없던 자들에게 은혜를 받는 첫 번째 일반적인 수단이 아니다. 즉, 처음에 정해진 수단이 무시되었거나 헛된 것으로 보이는 사람들에게 적용되는 것이다. 즉, 첫 번째 수단이 하지 않은 것을 수행하는 두 번째 수단일 뿐이다. 그 증거는 부인할 수 없다. 하나님께서는 자녀가 공적 예배에 참석하기 전에 부모를 세워 부지런히 그의 거룩한 말씀의 교훈을 가르치도록 임명했기 때문이다. 부모의 가르침은 첫 번째 가르침이다. 부모의 가르침은, 공개적인 가르침과 같이, 이 목적을 위한 것이며, 믿음과 사랑과 거룩함을 얻게 하려는 것이다. 하나님께서는 우리가 그분의 축복을 기대할 수 없는 수단을 사용하도록 지정하지 않는다. 그러므로 첫 번째 실제 은혜를 위해 일반적으로 지정된 수단은 부모가 자녀를 경건하게 가르치고 교육하는 것이 분명하다. 그리고 공개 설교는 첫 번째 지정된 방법의 축복을 놓친 사람들만을 회심시키기 위해 지정되었다. 그러므로 당신이 자녀의 종교교육을 거부한다면, 자녀의 실제 신앙과 성화를 위한 첫 번째로 지정된 수단을 거부하는 것이며, 그다음에는 불이익을 당하게 된다.

동기 5 '또한 자녀의 유익을 위해 당신이 가진 장점이 얼마나 많고 중요한지 생각해 보라.' 예를 들면, 1. 어떤 사람에게도 사랑에서 나온다는 것을 아는 것만큼 중요한 것은 없다. 당신의 가르침에서 큰 사랑을 감지하면 할수록, 더 큰 성공을 기대할 수 있다. 그러면 당신의 자녀는 다른 누구보다 부모의 사랑을 더 확신한다. 사역자들과 낯선 사람들이 그들에게 사랑으로 말하는지 여부는 알 수 없지만, 그들은 부모의 사랑에 대해서는 의심하지 않는다. 2. 그리고 자녀들이 당신을 사랑하는 것은 당신의 성공을 위한 훌륭한 준비물이다. 우리 모두는 다른 사람들보다 더 큰 관심과 의지를 가지고 자녀들에게 귀를 기울인다. 그들은 그들의 부모를 사랑하는 것처럼 사역자를 사랑하지 않는다. 3. 당신은 그들이 잘못된 견해나 나쁜 인상을 받기 전에, 그들이 타고난 죄 외에 다른 죄를 짓기 전에 그들에게 첫인상을 주어야 할 책임을 맡았다. 그들이 가장 가르치기 쉽고 유연하고 부드러우며 가르침에 대한 저항이 적을 때, 그들을 가르쳐야 한다. 그들은 처음에는 자만심과 교만한 반대로 당신의 가르침에 반대하여 일어나지 않는다. 그러나 그들이 사역자에게 올 때, 그들은 이미 무엇이 쓰여 있거나 인쇄된 종이 같아서 다른 인상을 받기에 적합하지 않고, 가르침을 받기 전에 잘못 인식하고 있는 것이 너무 많으며, 교만하고, 가르침을 쉽게 받아들이기보다는 완고한 저항을 가지고 와서, 가르침에 반대하여 싸운다. 4. 당신의 자녀들은 현재의 생활비와 미래의 생계 및 재산에 대해 전적으로 당신에게 의지하고 있으므로, 그들은 당신에게 순종하고 당신을 기쁘게 하는 것이 그들의 이익이라는 것을 알고 있으며, 이익은 세상의 일반적인 편견인 것처럼 당신의 자녀들도 마찬가지다. 이 구실을 가지고 있는 사람은 이점이 없는 다른 사람보다 더 쉽게 통제할 수 있다. 그들은 당신이 아무런 까닭도 없이 자신에게 봉사하는 것을 알고 있다. 5. 자녀에 대한 당신의 권위는 의심의 여지가 없다. 그들은 사역자와 치안판사의 권위에 대해 논쟁을 벌이고, 누가 그들에게 자신들을 가르치고 명령할 권한을 주었느냐고 물을 수 있지만, 부모의 권위에 대해서는 논쟁의 여지가 없다. 그들은 당신을 폭군이나 찬탈자라고 부르지 않을 것이며, 당신의 직위의 타당성이나 당신의 소유권의 영속성을 증명하라고 요구하지도 않을 것이다. 그러므로 제5계명에서는 왕이나 왕비보다 아버지와 어머니가 최초의 천부적 권력자로 언급된다. 6. 당신은 그들을 강제할 수 있는 회초리의 힘을 가지고 있다. "아이의 마음에는 미련한 것이 얽혔으나 징계하는 채찍이 이를 멀리 쫓아내리라."[92] 당신의 교정은 치안 판사나 다른 사람의 교정보다 사랑에서 오는 것이므로 더 잘 이해될 것이다. 7. 당신은 자녀의 질병과 기질을 모두 알 수 있는 최고의 기회가 있다. 이는 최상의 치료법을 선택하고 적용하는 데 큰 이점이다. 8. 당신은 그들을 지켜볼 기회가 있고, 그들의 모든 잘못을 제때에 알아차릴 수 있는 기회가 있다. 그러나 만약 사역자가 그들에게 말한다면, 그는 다른 사람에게서 들은 것이나, 그들이 자백하는 것 이상의 잘못은 알 수 없다. 그러나 당신은 이전에 권면한 것이 어떤 효과가 있었는지, 그들이 교정되었는지 아니면 여전히 죄 가운데 있는지, 그리고 더 엄중한 구제 조치를 취해야 하는지를 분별할 수 있다. 9. 당신은 그들에게 가장 친숙한 방법으로 말할 수 있는 기회가 있

---

92)　잠 22:15

다. 강단에서 사역자가 정해진 연설을 할 때, 그들 중 소수만이 인식하거나 이해하지만 당신의 말은 자녀들이 잘 이해한다. 당신은 그들에게 질문함으로써 그들의 주의를 환기시킬 수 있어서 당신이 말하는 것을 진지하게 고려하도록 그들을 일깨울 수 있다. 10. 당신은 그들과 자주 함께 있기 때문에 당신은 지시를 반복할 수 있고, 그들을 집에서 만날 수 있어 한 번에 끝나지 않은 일을 다른 때에 할 수 있는 반면에, 다른 사람들은 그들에게 거의 말을 할 수 없으며, 그렇게 거의 말하지 않는 것은 쉽게 무시되거나 잊혀진다. 11. 당신은 그들을 가장 좋은 방법으로 인도하고, 다른 사람들의 노력을 좌절시키는 많은 장애물을 제거할 수 있는 힘을 가지고 있다. 12. 당신의 모범은 그들 곁에 있고 항상 그들의 눈앞에 있으니 이는 지속적이고 강력한 설교와 같다. 이 모든 장점을 통해 하나님께서는 다른 무엇보다도 당신을 당신 자녀의 유익을 위한 도구가 되고, 그들의 구원에 대한 첫 번째이자 가장 위대한 촉진자가 될 수 있게 하셨다.

동기 6 '당신의 노력으로 당신 자녀들에게 경건한 교육을 시킴으로, 당신의 자녀들이 그분을 알고 사랑하고 섬기게 되어 하나님의 자녀라고 확신할 수 있게 된다면, 당신에게 얼마나 큰 위로가 될지 생각해 보라.' 1. 당신은 당신의 자녀를 당신의 가족이라는 것보다 더 높은 차원으로 사랑할 수 있다. 그들은 하나님의 것이고, 하나님의 형상으로 단장되고 신성한 천상의 생명으로 살아난 자들이다. 그러므로 이것은 단순한 자연적인 애정보다 더 높은 종류의 사랑으로 자녀를 사랑하게 한다. 당신의 자녀가 군주나 왕자로 성장하는 것을 보는 것은 당신을 기쁘게 할 것이다. 그러나 그들이 그리스도의 지체가 되고 그분의 영으로 살리심을 받고, 영생을 위해 인치심이 되는 것을 보는 것은 얼마나 큰 기쁨이 되겠는가! 2. 당신의 자녀가 성령으로 거듭나고 하나님의 자녀가 되면, 당신은 이전보다 그들에 대해 걱정하고 괴로워하는 데서 훨씬 더 자유로울 수 있다. 이제 당신은 당신이 원하는 것보다 더 많은 것을 그들을 위해 행하실 수 있는 하늘에 계신 아버지의 돌보심에 그들을 담대히 맡길 수 있다. 그분은 당신이 그들을 사랑할 수 있는 것보다 더 사랑하시며, 그들을 보호하고 그들을 부양하고 모든 것이 합력하여 선을 이루게 하시겠다는 약속을 이행하신다. 들의 백합화에 옷을 입히시고 어린 사자나 까마귀를 주리게 아니하시는 이가 자기 자녀에게 먹을 것을 예비하실 것이다(그들이 당신 자녀이기에 당신도 그들을 위하여 의무를 다하게 하시리라). 그들이 사탄의 자녀요 죄의 종으로 있는 동안에는, 그들이 이 세상의 비참함에 노출되지 않도록 할 뿐만 아니라 더욱이 그들이 죄 가운데서 지옥으로 끌려가지 않도록 두려워해야 한다. 당신의 자녀가 불경건한 동안에는 늑대나 호랑이들 사이에 있는 것보다 더 나쁘다. 그러나 일단 그들이 그리스도의 영으로 새롭게 되면, 그들은 성삼위일체의 책임이 되고, 하나님 아래서 천사들의 책임이 되기에, 살든지 죽든지 그들은 안전하다. 이는 영원하신 하나님이 그들의 분깃 이시며 방패가 되시기 때문이다. 3. 자녀가 얼마나 많은 고난과 재앙에서 해방되었는지 생각하는 것은 당신에게 지속적인 위로가 될 것이다. 그가 맹세한 것이 얼마나 많고, 거짓과 저주가 얼마나 많았을지, 그가 얼마나 짐승과 같고 육체적인 삶을 살았을지, 그가 사람과 하나님 앞에 얼마나 잘못을 저질렀을지, 마귀를 얼마나 기쁘게 했을지, 그 모든 것에 대한 응보로 지옥에서 어떤 고통을 견뎌야 할지를 생각해 보라. 그때에 하나님께서 이 모든 것을 얼마나 자비롭게 막아 주셨는지 생각해 보라. 그리고 그가 세상에서 하나님을 위해 어떻게 섬길 수 있는지, 그리고 마침내 영광 가운데 그리스도와 함께 살 수 있는지 생각해 보라. 자녀의 자비를 자신의 자비로 여기는 사려 깊고 믿음이 깊은 부모에게 이것이 얼마나 큰 기쁨인가! 4. 신앙은 당신의 자녀들에게 자연이 가르칠 수 있는 것보다 당신 자신에게 더 충실하도록 가르칠 것이다. 그것은 당신이 더 이상 줄 것이 없을 때에도, 온 세상의 재물을 가진 것처럼 당신을 사랑하도록 가르칠 것이며, 비록 당신이 가난하고 다른 사람들의 눈에 경멸을 받을지라도 그들에게 당신을 존경하도록 가르칠 것이다. 그것은 그들이 당신에게 순종하도록 가르치고, 당신이 궁핍할 때에는 그들의 힘으로 당신을 구제할 것이며, 당신이 병들고 고통스러울 때 당신을 위로하게 할 것이다. 그런데 경건하지 않은 자식들은 당신의 발과 눈에 가시가 되어 당신 마음을 상하게 할 것이며 당신의 모든 원수보다 더 큰 슬픔을 줄 것이다. 은혜로운 자녀는 당신의 약점을 감당할 것이지만, **함**과 같은 자녀는 자기 아버지의 벌거벗은 몸을 가리지 않을 것이다. 은혜로운 자녀는 당신을 위하여 기도하며 당신과 함께 기도하며 당신의 집에 복이 된다. 그런데 경건하지 못한 자녀는 함께 사는 자를 저주하기에 불행의 원인이 된다. 5. 당신 자녀의 영원한 행복을 생각하는 것은 넘치는 기쁨이 아닌가? 그리고 천국에서 영원히 당신과 함께 살 수 있는 것은 넘치는 기쁨이 아닌가? 그런데 은혜 없는 자녀의 예견된 비참함은 당신이 그 자녀의 얼굴을 볼때마다 당신을 슬프게 할 수 있다. 6. 마지막으로, 하나님께서 당신의 부지런한 가르침을 축복하시고, 당신을 당신의 자녀들에게 행한 모든 좋은 일과, 그들이 행한 모든 좋은 일의 도구로 삼으셨다는 것과, 그들이 영원히 누리는 모든 행복을 생각하는 것은 당신에게 큰 기쁨이 될 것이다. 이것이 당신의 수단을 통해 그들에게 전달되었다고 생각하면, 그것은 당신에게 큰 기쁨을 줄 것이다.

동기 7 '자녀의 원죄와 불행이 당신에게서 나온 것이다. 따라서 공정하게, 그들을 파멸시킨 당신은 그들을 구하기 위해 최선을 다해야 할 의무가 있다.' 만약 당신이 그들의 몸에 문둥병이나 유전병을 옮겼다면 그들을 치료하기 위해 최선을 다하지 않았겠는가? 오, 당신은 그들을 해친 만큼 좋은 일을 해야 하지 않을까! 당신의 자녀들의 본성에 영향을 미쳐 그들에게 천벌을 받게 하는 것은, **아담**의 죄보다 큰 것이다. **아담**의 죄조차도 그들에 따라오는 것이 아니라 당신에 의해 온다.

동기 8 '마지막으로, 그들이 절실하게 필요한 도움이 무엇인지 생각하라. 당신에게 도움을 청하는 것은 육체적인 질병이나 쉬운 적도 아니며, 참을 수 있는 비참함이 아니라 죄와 사탄과 지옥의 불에 대항하는 것이다. 그것은 죄의 몸에 대항하는 것이다. 그것은 하나가 아니라 많은 것이다. 작지 않고 해롭고 치명적이며 마음을 사로잡고 있는 것이고, 뿌리 깊은 죄로 쉽게 뽑히지 않는다. 당신이 사용할 수 있는 모든 가르침과 부지런함과 주의력은 부족하고 너무 적다. 그것들은 그들을 사로잡은 완고한 악덕이며, 빨리 또는 쉽게 쫓겨나지 않으며, 그 잔재와 뿌리가 완전히 파괴되었다고 생각했음에도 여전히 다시 솟아나기 쉽다. 오, 그렇다면 그토록 중요하고 필요한 일에 얼마나 지혜와 부지런함이 요구되겠는가!

이제 나는 자녀의 거룩한 교육을 소홀히 하는 부주의하고 경건하지 않은 부모들의 마음에 진지하게 말한다. 게다가 몇 가지 관습적이고 공식적인 의무와 말만 하고, 중요한 것을 완전히 누락한 채 대충 넘어가는 경건을 가르치는 교수들에게도 진지하게 말한다. 오, 당신이 세상에 낳은 영혼들에게 그렇게 무자비하지 굴지 말라! 당신이 노력할 가치가 없는 것처럼 그들을 너무 비천하게 생각하지 말라. 당신의 자녀들을 당신의 짐승으로 만들지 말라. 자녀들의 육체를 위한 준비만 하지 말라. 당신이 낳고 기른 것은 짐승이 아니라 사람이라는 것을 기억하고, 그들을 사람으로 여겨 그들을 교육하고 그들의 창조주를 사랑하고 순종하게 하라. 오, 당신이 더럽히고 파멸시킨 영혼들을 불쌍히 여기고 도와주라! 오늘 구원의 날에 구원을 받지 못한다면 지옥에서 멸망할 영혼들에게 자비를 베풀라! 많은 적들로부터 공격받는 그들을 도와주라! 통과해야 할 유혹이 너무 많은 사람들을 도와주라. 극복해야 할 어려움이 너무 많고, 너무나 가혹한 심판을 받아야 한다! 너무 약하고, 너무 쉽게 속고 넘어지는 그들을 도와주라! 당신이 장점을 가지고 있는 동안, 죄가 그들을 완악하게 하고 은혜가 그들을 버리고 사탄이 그들의 마음에 더 강한 수비대를 두기 전에, 그들을 속히 도와주라. 그들이 자라서 당신의 도움을 멸시하기 전에, 다루기 쉬울 때 그들을 도와주라. 당신이 그들과 멀리 떨어지게 되고, 당신의 기회가 끝나기 전에 그들을 도와주라. 당신은 해마다 그들의 육체를 부양하기에 힘이 너무 든다고 생각하지 않는다. 오, 그들의 영혼을 잔인하게 대하지 말라! 그들을 사탄에게 팔지 말라. 무가치한 것 때문에 그렇게 하지 말라! 지옥에 대한 불경건한 태만으로 그들을 포기하지 말라. 또는 그들 중 누구라도 멸망한다면, 그들에게 선을 행해야 하는 당신에 의해 그렇게 되게 하지 말라. 자녀의 영혼을 파멸시키는 것은 그들의 부모보다 사탄에게 훨씬 더 적합한 일이다. 영혼구원을 위해 그리스도와 함께 일하는 것은 얼마나 편한 일인지 기억하라. 당신은 사역자의 소명을 영광스럽고 행복하게 생각한다. 그들은 매우 높은 일에서 그리스도를 섬기기 때문에 그렇다. 그러나 당신이 그것을 소홀히 하지 않는다면 당신은 어떤 사역자가 할 수 있는 것보다 더 많은 것을 당신의 자녀를 위해 할 수 있다. 여기가 당신의 설교장소다. 여기에서 하나님은 당신 가족을 위한 거룩한 교육에 있어서도 당신의 역할을 다하도록 부르신다. 사역자의 책임에 비하면 당신의 책임은 작다. 그는 교구 전역에 흩어져 있는 수백 명의 영혼을 돌봐야 한다. 그런데 당신은 당신의 지붕 아래에 있는 당신 자신의 몇 사람을 가르치고 돌보는 것을 큰 일이라고 생각할 건가? 당신은 불성실하고 영혼을 잘못된 길로 인도하는 사역자들을 혐오스럽다고 말할 수 있다. 그런데 당신은 영혼을 잘못된 길로 인도하는 부모를 혐오스럽다고는 생각하지 않는가? 하나님께서 당신에게 세상에 관한 달란트를 맡기셨다면 그것을 어떻게 사용하는지 주의하라. 왜냐하면 당신은 당신이 맡은 것에 대해 책임을 져야 하기 때문이다. 그분이 당신에게 영혼, 심지어 당신의 자녀의 영혼을 맡겼음에도, 당신은 영혼을 잘못된 길로 인도할 것인가? **다니엘**에게 그의 집에서 기도하는 것을 금했던 것처럼,[93] 만일 어떤 통치자가 당신이 당신의 가족을 가르치고 잘 다스리는 것을 금하고 법으로 당신을 제지한다

---

93) 단 6장

면, 당신은 그들을 불경하고 비인간적인 괴물이라고 생각할 것이며, 사탄의 박해로 인해 사람들이 자녀의 영혼을 반역자로 만들고 종교를 땅에서 쫓아낸다고 외칠 것이다. 그러나 아무도 그것을 금하지 않는데도 그러한 의무를 얼마나 쉽게 무시할 수 있고, 그러한 끔찍한 불경건이나 비인간성에 대해 스스로를 비난하지 않을 수 있는가? 이 얼마나 위선적이고 부분적으로만 보는 편파성인가! 게으른 목회자가 다른 사람에 의해 말하지 못하도록 핍박을 받으면 외쳐야 함에도, 여전히 반응하지도 않고, 보통은 자신의 게으름 때문에 입을 다물고 그런 일에 개의치 않는 것과 같다. 당신을 제지하는 다른 사람의 죄가 그토록 가증스러운가? 그러면 가족 교육에 대해 그렇게 많은 의무가 있는 당신이 자발적으로 스스로를 제지하는 것은 가증스럽지 않은가? 오, 그러므로 당신이 그들의 영혼을 사랑하고, 교회나 공동체의 행복을 사랑하고, 그리스도의 명예나 이익을 사랑하고, 당신의 현재와 미래의 영원한 평화를 사랑하는 것처럼, 당신의 필요한 자녀들에게 이 필요한 근면을 거부하지 말라. 당신은 당신의 자녀가 사탄의 노예가 되고 영원히 지옥에서 불붙는 것을 보지 않으려면 당신의 부지런함으로 그것을 막도록 하라. '이 모든 것은 헛소리'라 말하는 것과 같은 비난에 신경을 쓰지 말라. 당신이 부지런히 그들을 가르치고, 그들을 지켜보고, 그들을 바로잡고, 당신의 역할을 다했다면, 그들은 결코 이런 일에 이르지 않을 것이다. 당신은 밭을 갈고, 정원에 잡초를 뽑고, 땅과 가축을 위해 얼마나 수고하는가! 당신은 당신의 자녀들의 영혼을 위해 더 많은 수고를 해야 하지 않겠는가? 아아, 당신이 그들을 내버려두면 그들은 어떤 피조물이 될까? 얼마나 무지하고 부주의하고 무례하고 짐승같이 될까? 오, 경건하지 않은 부모들이 세상을 이토록 불행하게 만드는 것은 참으로 슬픈 일이다! 무지와 이기심, 짐승 같은 관능, 마귀의 악의가 홍수처럼 지면을 덮어 지혜와 자기 부인, 경건, 자선, 정의, 절제를 거의 세상 밖으로 몰아내고, 미덕을 위해 미덕을 사랑하는 묻혀 있는 소수의 겸손한 영혼의 마음을 제한하기에, 그들은 오직 하나님에게서만 그들의 상을 구하며, 죄악을 삼가하는 것으로써 늑대의 먹이가 되리라고 생각한다.[94] 악한 교육이 세상을 무인화 시키고 사탄에게 굴복시켜 거의 지옥과 같이 만들었다. 오, 벨리알(Belial)의 아들들과 함께 이 자연을 거스르는 끔찍한 악에 동참하지 말라.

---

94) 사 59:14, 15

제7장

남편과 아내의 상호 의무

이기적이고 불경건한 사람들이 자신의 필요를 충족시키려는 욕망으로 모든 관계를 맺고, 자신의 관계에 대한 의무감 없이 자신의 육체를 만족시키는 모든 것을 얻으려 하는 것은 모든 사회와 세상을 사악하게 전복시키는 행위다. 그들은 그들의 관계가 그들에게 어떤 명예, 이익, 즐거움을 줄 것인가는 생각하지만, 하나님과 사람이 그들에게 요구하거나 기대하는 것은 생각하지 않는다.[95] 그들의 모든 생각은 그들이 무엇을 갖게 될지에 대한 것뿐이지, 그들이 무엇이 되고 무엇을 할 것인지에 대해서는 아니다. 그들은 다른 사람들이 무엇이 되어야 하고, 자신들에게 어떻게 해야 하는지에 대해 매우 분별력이 있지만, 자신이 무엇이 되어야 하고 다른 사람들에게 무엇을 해야 하는지는 잘 알지 못한다. 이런 식으로 치안판사들과 백성들, 너무 많은 목사들과 그들의 양떼들, 남편과 아내, 부모와 자식, 주인과 종, 그리고 기타 모든 관계가 그렇다. 반면에 우리가 가장 먼저 관심을 가져야 할 것은 우리의 관계의 의무를 알고 수행하며, 그 안에서 하나님을 기쁘시게 하고, 상급을 촉진하는 수단으로써 그분의 축복을 구하는 것이다. 당신의 역할을 연구하고 수행하면 하나님께서는 분명히 자신의 일을 하실 것이다.

방향 제시-1 '남편의 첫 번째 의무는 자신의 아내를 참되고, 온전한, 부부의 사랑으로(아내는 남편을) 사랑하는 것이다.' "남편들아 아내 사랑하기를 그리스도께서 교회를 사랑하시고 그 교회를 위하여 자신을 주심 같이 하라… 이와 같이 남편들도 자기 아내 사랑하기를 자기 자신과 같이 할지니 자기 아내를 사랑하는 자는 자기를 사랑하는 것이라 누구든지 언제나 자기 육체를 미워하지 않고 오직 양육하여 보호하기를 그리스도께서 교회에게 함과 같이 하나니… 너희도 각각 자기의 아내 사랑하기를 자신 같이하라."[96] 그것은 당신이 들어간 사랑의 관계이다. 하나님은 당신이 서로 돕고 위로하는 것을 당신의 의무로 삼았다. 손이 눈이나 다른 지체를 돕는 것처럼 당신은 서로 기꺼이 도와줄 준비가 되어 있어야 하며, 대화가 달콤하고 짐이 가벼우며 삶이 편안해야 한다. 만일 남편과 아내 사이에 사랑이 한 시간만이라도 끊어진다면, 그 둘은 마치 뼈가 부러진 것과 같아서, 그들이 회복되어 다시 합쳐질 때가지는 편안함도 없고 질서도 없고 일도 잘되지 않는다. 그러므로 부부의 사랑은 끊임없이 유지

---

95) 창 2:18; 잠 18:22
96) 엡 5:25, 28, 29, 33; 창 2:22, 24

되어야 한다.

[부부의 사랑을 유지하기 위한 하위 방향 제시]

부부의 사랑을 유지하기 위한 하위 방향 제시는 다음과 같다.

1. 처음에 마음의 미덕에서, 진정으로 상냥한 사람을 선택하라. 2. 당신이 전적으로 사랑할 수 있다는 확신이 들 때까지 결혼하지 말라. 일반적인 감정만 가지고 있는 사람과 합치기 위한 목적으로, 돈을 끌어들이지 말라. 3. 너무 서두르지 말고, 나중에 혐오감을 느끼게 될 모든 불완전성을 미리 알아 두라. 그러나 이러한 의무를 죄스럽게 등한시했다면, 결국, 4. 정의는 당신에게, 당신을 위해 온 세상을 버리고 당신의 수고와 고통에 기꺼이 동참하고, 모든 조건에서 당신과 동등한 공유자가 되고, 죽을 때까지 당신의 동반자가 되는 사람을 사랑하라고 명령한다는 것을 기억하라. 그런 사람을 사랑의 유대, 그리고 당신과 함께하는 사회로 끌어들여 놓고는 이제 그 사람을 사랑할 수 없다고 말하는 것은 야만적이고 비인간적인 행위보다 더 나쁜 것이다. 이것은 그녀를 파멸의 함정에 빠지게 하는 배신 행위다. 만일 당신이 그녀의 부부 사랑을 거부한다면 그녀는 당신과의 대화, 돌봄과 수고, 필요한 고통에서 어떤 위로를 얻을 수 있을까? 특히 그녀가 당신에 대한 사랑을 부정하지 않는다면, 그 비인간성은 더 커질 것이다. 5. 여성은 일반적으로 애정이 넘치고 열정적인 존재이며 자기 자신을 많이 사랑하기 때문에 당신에게서 많은 사랑을 기대한다는 것을 기억하라. 그리고 당신이 그러한 본성과 결합했을 때, 그에 적당한 의무를 다해야 한다. 그 사랑이 사랑을 야기하지 않는다면, 그것은 배은망덕하고 부당한 경멸이다. 6. 당신은 하나님의 명령을 받고 있다는 것을 기억하라. 당신의 아내에게 부부의 사랑을 부인하는 것은 하나님께서 당신에게 진지하게 부과하신 의무를 부인하는 것이다. 그러므로 순종하는 특성은 당신의 사랑을 제어할 수 있어야 한다. 7. 당신은 공평하게 한 몸이라는 것을 기억하라. 당신은 그녀가 자신의 아버지와 어머니를 버리고 당신에게 오도록 이끌었다. 당신은 당신 둘 다의 이미지와 본성을 지녀야 할 자녀를 낳기 위해 결합했다. 당신의 소유와 이익은 어떤 면에서는 동일하다. 그러므로 그러한 친밀함은 감정을 지휘해야 한다. 당신과 같은 사람들은 당신 자신처럼 가장 마음 편히 사랑을 받

아야 한다. 8. 아내의 나쁜 점보다 좋은 점에 더 주목하라. 그녀들의 결점을 본다고 해서 그녀들의 미덕을 잊거나 간과하지 말라. 사랑은 사랑이나 선함을 볼 때 불이 붙는다. 9. 연약함을 혐오스러운 결점으로 여기지 말라. 도리어 성별의 연약함과 그들의 기질을 고려하고, 또한 당신 자신의 연약함과 아내들이 당신을 얼마나 견뎌야 하는지를 생각하여 가능한 한 그들을 용서하라. 10. 그들에게서 가장 좋은 것을 실천에 옮기고, 가장 악한 것은 실천에 옮기지 말라. 그러면 선이 가장 많이 나타나고 악이 묻히게 될 것이며 당신은 당신의 사랑을 더 쉽게 유지할 수 있다. 세상에서 가장 좋은 것에도 약간의 더러움이 있는데, 당신이 날마다 오물을 휘젓고 다닌다면, 짜증을 내는 것은 당연하다. 사랑을 유지한다면 당신은 스스로에게 감사할 것이다. 그들 안에서 좋고 즐거운 향기를 끌어내고, 당신 자신의 경솔함이나 나쁜 성질로 최악의 상황을 일으키지 말라. 그러면 당신은 결점을 가진 아내라도 당신에게 더 사랑스러워 보일 수 있음을 알게 될 것이다. 11. 사랑으로 그들을 극복하라. 그러면 그 자신이 무엇이든 간에 그들은 당신을 사랑할 것이고 결과적으로 사랑스럽게 될 것이다. 불이 불을 붙이듯 사랑은 사랑을 불러일으킬 것이다. 좋은 남편은 착하고 사랑스러운 아내를 만드는 가장 좋은 수단이다. 당신의 불순종하는 태도로 그들을 불순종하게 만들지 말며, 그들이 불순종한다면, 더 이상 사랑할 수 없다고 말하라. 12. 그들에게 친절함의 본을 보여 주라. 그들에게 신중하고, 겸손하고, 사랑하고, 온유하고, 자기를 부인하고, 인내하고, 무해하고, 거룩하고, 하늘에 속한 삶의 본을 보여 주라. 이것을 잠시 동안 시도해 보고 그것이 그들의 결점을 부끄럽게 하고, 그들 스스로를 좀더 상냥하게 하는지 살펴보라.

방향 제시-2 '남편과 아내의 또 다른 의무는 동거하고 (가능한 경우) 출산을 위해 진지하고 순수한 결합을 하는 것이다.' 즉 음란과 때에 맞지 않는 행동, 그리고 마음을 부패하게 하거나 헛되고 불결하게 하거나 거룩한 일에서 방해되는 모든 것을 피하는 것이다. 그러므로 결혼한 사람들은 정욕을 품지 말고, 마음을 온건하고 순결하고 정숙하게 유지해야 한다. 그리고 그 치료법은 질병을 악화시키는 것이 아니라 질병을 소멸시키는 데에 사용되어야 한다. 만일 마음을 정욕의 세력에 맡긴 채 결혼만을 치료의 수단으로 삼는다면, 많은 사람들은 치료법이 불충분하다는 것을 알게 될 것이다. 정욕은 이전과 마찬가지로 여전히 폭력적으로 움직일 것이며, 당신의 죄가 치료법을 이기기 때문에 더욱 절망적일 것이며 당신의 상황은 더욱 비참해질 것이다. 결국 결혼은 정욕을 치료하고, 모든 불법적인 성관계를 피하기 위해 정해졌다고, 사도는 당신의 의무를 분명히 설명했다. "음행을 피하기 위해 남자마다 자기 아내를 두고 여자마다 자기 남편을 두라 남편은 그 아내에 대한 의무를 다하고 아내도 그 남편에게 그렇게 할지라 아내는 자기 몸을 주장하지 못하고 오직 남편이 하며 남편도 그와 같이 자기 몸을 주장하지 못하고 오직 그 아내가 하나니 서로 분방하지 말라 기도할 틈을 얻기 위하여 합의상 얼마 동안은 하되 다시 합하라 이는 너희가 절제 못함으로 말미암아 사탄이 너희를 시험하지 못하게 하려 함이라."[97] 이전에 언급한 많은 사람들이 세속적인 것을 존중하기 때문에 삶의 대부분을 부부가 분리된 채 살아가는데, 그런 사람들은 그들의 관계의 본질에 어긋나게 살아가는 것이다. 그들이 여러 집이나 소유물이나 직업을 가지고 있고, 그들의 편리를 위해 남편은 한 곳에서, 아내는 다른 곳에서 살아야 하는 경우, 그들은 일주일에 한 번 또는 몇 주에 한 번만 함께 모인다. 이것이 큰 필요 없이 행해지면 그것은 그들의 의무를 지속적으로 위반하는 것이다. 이와 같이 남자가 사업을 하러 가거나 바다 너머 다른 땅에 살거나, 아내를 두고 떠나는 것은 비록 아내의 동의가 있더라도 불법적인 것이다. 그러나 단순한 필요나 공공의 봉사, 또는 그 이익이 손실보다 영혼과 육체에 더 크다고 말할 수 있는 충분한 근거가 있고, 자제력의 위험이 없다고 확신하는 경우는 예외다. 남편과 아내가 서로를 위해 수행해야 할 직분은, 대부분 동거하면서 서로를 위해 수행하는 일이기에, 서로 분리되거나 떨어져 있으면 수행할 수 없다.

방향 제시-3 '간음 그 자체를 혐오할 뿐 아니라, 순결하지 않게 만드는 모든 것과 결혼 서약을 파기하는 모든 것을 미워하라.'[98] 간음은 부부의 유대와 삶의 상태에 너무 어긋난다 하더라도, 실제로 유대가 해체되는 것은 아니고, 결혼이 없었던 것이 되지 않는다. 그러나 그것은 지금까지 부당하게 피해를 입은 무고한 당사자를 불순종하게 하며, 법적으로 이혼을 정당화하기에 충분한 근거가 된다. 하나님은 그것을 사형에 처하라고 명하셨다.[99] 정욕이 결혼의 가장 큰 원인인데, 결혼한 사람들이 하나님을 경외하지 않고 육체를 애지중지하며 음

---

97) 고전 7:2-5
98) 마 5:31, 32, 19:9; 요:8:4, 5(간음에 대해); 히 13:4; 잠 22:14
99) 레 20:10

탕하게 살 때, 결혼이 그렇게 정욕을 소중히 여기는 사람들에 대한 충분한 구제책이 될 수 없다는 것은 이상한 일이 아니다. 그러한 육체적이고 짐승 같은 사람들은 여전히 불에 연료를 던지고 있다. 방탕하고 무절제한 생각과 말, 폭식, 음주, 스포츠, 게으름, 헛되고 유혹적인 교제, 기회와 유혹을 피하지 않음으로써 그들은 결혼한 후에도 전처럼 정욕에 불타고 있다. 그리고 그들의 육체에 이러한 불을 지피는 마귀는 그들의 정욕을 만족시키기 위해 그들을 지휘하고 필요한 것을 제공한다. 그러므로 그들의 짐승과 같은 욕망은 바다에서도 타는 불 같아서 물 자체로는 끌 수 없다. 어떤 여자도 그들의 짐승과 같은 본성에 충분하지 않을 것이다. 아마도 그들은 자신의 아내를 혐오하고 다른 사람들을 쫓아다닐 것이다. 그들 자신의 아내가 (공정한 사람의 눈에는) 더 아름답고 사랑스럽게 보인다 할지라도, 그들의 매춘부는 결코 그렇게 정상과 다르거나 뻔뻔스럽고 더러운 흙덩어리가 아니라고 생각한다. 그러한 사람들이 그렇게 매력적이지 않은 것을 사랑하고 따를 다른 이유는 없지만, 다만 하나님께서 그것을 저주하는 이유 때문에 그렇다. 마치 마귀가 그들에게 자신의 능력을 나타내어 그렇게 한 것처럼, 하나님을 무시하고 마귀가 그들이 그렇게 하도록 만들 수 있다는 것이다. 그렇지 않으면 그들은 스스로를 혐오하게 될 것이다. 언제나 그들의 호색과 하나님을 버린 일로 인해 하나님을 격노케 하여 하나님이 그들을 버리고 그들을 그 정욕의 열정에 내어주는 경우에, 더러운 영이 그들을 사로잡고 그들을 완전히 불결함에 빠지게 한다. 그들은 아름다운 사람의 얼굴, 즉 이성(other sex)을 보기는 힘들지만 그들의 마음에는 더러운 생각이 솟아나고 있다. 그들은 혼자 있을 때 더러운 것을 생각을 한다. 그들은 밤에 더러운 꿈을 꾸고 다른 사람들과 더러운 이야기를 한다. 거지 **나사로**의 헌데를 핥은 개들의 혀도 그들처럼 더러운 일에 사용되지 않았다. "그들은 두루 다니는 살진 수말처럼 각기 이웃의 아내를 따르며 소리지르는도다."[100] "그들은 자기의 죄를 드러내고 숨기지 아니하는 소돔과 같다."[101] 그리고 대개 그들이 이 더러운 죄에 넘겨질 때, 그것은 그들의 양심을 완전히 타락시키고, 그들을 막무가내나 짐승처럼 만들고, 그들의 비참함과 하나님의 진노를 깨닫지 못하게 하고, 다른 모든 악한 자들에게 넘겨져 심지어 정중함 자체는 아니더라도 경건을 미워하고 박해하게 만

---

100) 렘 5:8
101) 사 3:9

든다.[102] 내가 아는 간음자들은 양심에 거스르는 죄가 너무 많아서, 그들은 계속 절망 가운데 살고 있다. 그들 자신의 불행으로 괴로움을 당하면서도, 마귀가 그들을 조롱거리로 만드는 것처럼, 여전히 죄를 짓고 있다. 그러나 이들은 더 나은 부류이다. 왜냐하면 그들의 마음에는 더 나은 삶에 대한 근거가 남아 있기 때문이다. 그러나 그들 중 다른 사람은 "감각 없는 자가 되어 자신을 방탕에 방임하여 모든 더러운 것을 욕심으로 행하였다."[103] "본래 잡혀 죽기 위하여 난 이성 없는 짐승 같아… 음심이 가득한 눈을 가지고 범죄하기를 그치지 아니한다."[104] 그러므로 이 가증한 죄의 원인과 그 모든 모양을 주의하여 당신의 눈이나 생각으로 낯선 사람을 쫓지 말고, 당신의 서약과 부부간의 충실함을 어기지 않도록 하라.

방향 제시-4 '남편과 아내는 서로의 사랑과 교제에 기쁨을 느끼고 대화를 해야 한다.' 인간의 마음이 기쁨만큼 과도하게 기대되는 것은 없다. 그러나 하나님께서는 그들에게 허용하신 합법적인 즐거움도 사람들은 경멸로 변하게 할 수 있다. 당신을 죄에 얽매이게 하고 의무와 하나님으로부터 멀어지게 하는 기쁨은 당신에게 금지된 것이지만, 합법적인 기쁨은 의무에 도움이 되고 죄에서 벗어나게 하는 것이다. 남편과 아내가 서로 즐거워하면 의무에 있어서 그들을 연합되게 하고, 그들이 쉽게 일하고, 짐을 지는 데 도움이 된다. 그것은 결혼한 상태의 안락함의 가장 작은 부분이 아니다. "네가 젊어서 취한 아내를 즐거워하라 그는 사랑스러운 암사슴 같고 아름다운 암노루 같으니 너는 그의 품을 항상 족하게 여기며 그의 사랑을 항상 연모하라."[105] 그러므로 아내는 "눈의 기뻐하는 것"[106]이라고 불린다. 그러므로 서로 불쾌하거나 사랑스럽지 않은 모든 것을 피하라. 그리고 만족과 기쁨을 소중히 여기기 위해 모든 합법적인 수단을 사용하라. 어리석고 우스꽝스럽고 교만한 옷차림이나 겸손하지 못한 행동을 해서는 안 된다. 오직 정결함과 정숙함과 친절한 행동을 하라. 더러운 것과 불결한 것과 단정하지 못한 것과 어리석은 말과 몸과 마음에 혐오스러운 것은 무엇이든지 남편과 아내가 서로 사랑하고 즐거워하고 만족하는 것을 방해하는 유혹이므로 반드시 피해야 한다. 그러나

---

102) 계 21:8
103) 엡 4:19
104) 벧후 2:12, 14
105) 잠 5:18, 19
106) 겔 24:16

이 모든 정성을 다해 보살피는 것 이상으로 사랑을 지속하지 않는 것은 어리석은 육체에 속한 사람이다. 만일 몸에 기형이 있거나 보기 흉한 행동을 하거나, 하나님이 그들에게 혐오스러운 상처나 질병으로 징벌하실지라도 그들은 서로 사랑하고 참으로 그들의 대화에서 기쁨을 누려야 한다. 역경속에 있는 사람을 떠나는 것은 진정한 친구가 아니다. 혐오스러운 질병에 의해 깨지는 것도 진정한 부부애가 아니다. 자녀들에 대한 어미의 사랑은 자녀의 병이나 불결함에도 불구하고 그들을 기뻐할 것이다. 남편과 아내의 사랑도 그래야 한다. 자기 육체도 같은 질병에 걸리기 쉽고 머지않아 혐오스러울 것이라고 생각하는 사람은 자신의 육체가 된 그녀의 고난의 때에 외면하지 않고 자신의 육체에 하듯이 할 것이다. 그들이 서로를 미워하거나 불만을 품게 할 특별한 것이 전혀 없음에도, 서로 함께 있는 것이 싫증나고, 자기 집보다는 이웃의 집에 있기를 원하고, 서로의 사귐보다 낯선 사람의 사귐에서 더 많은 즐거움을 찾는 그들의 범죄는 훨씬 더 변명의 여지가 없다.

방향 제시-5 '남편과 아내는 조용하고 평화롭게 살고, 모든 분노와 불화의 상황을 피하는 것이 그들의 큰 의무이다.' 이것은 너무 중요한 의무이기 때문에 먼저 그 의무의 큰 필요성을 밝힌 후에, 그 의무를 수행하기 위한 보다 구체적인 지침을 제시할 것이다.

[불화에 대항하기 위해]

I 이것은 결혼의 상태나 가까운 친척에 있어서 특히 요구되는 의무이다.

1. 당신 자신의 우호적인 관계를 멈출 것인가? 당신의 말과 자신의 행동을 조화시킬 수 없는가? 2. 당신의 불화는 당신의 고통이 될 것이며, 당신 삶의 괴로움이 될 것이다. 그것은 담즙이나 상처나 골절처럼, 치료될 때까지 당신을 괴롭게 할 것이다. 당신 가족과 밀접하게 관련된 평화가 깨지면 당신 마음에 평화를 유지하기 어려울 것이다. 당신 스스로 다치는 것을 조심하고 다쳤을 때 서둘러 치료하는 것처럼, 당신은 평화가 깨지는 것을 조심하고 평화가 깨졌을 때 빨리 고치려고 노력해야 한다. 3. 불화는 당신의 사랑을 식히는 경향이 있으며, 우호적인 관계가 자주 깨지면 마음에 혐오와 거스르는 습관을 남기는 경향이 있다. 상처를 만드는 것은 서로를 분리하는 행위다. 당신의 마음이 분리되어 있음에도 어떤 외적인 유대로

묶여 있는 것은 괴로움에 불과하며, 겉으로는 부부의 모양을 하고 있으나 내부에는 대적자가 있는 것이다. 내 집과 감옥의 차이는 내가 기꺼이 그리고 기쁨으로 그 안에 사는 것이냐, 아니면 마지못해 갇혀 있느냐 하는 것이기 때문에, 결혼한 상태에서 평안한 삶과 불안한 삶의 차이도 그와 같은 것이다. 불화는 당신의 거주지와 기쁨을 감옥으로 바꿔 놓을 것이다. 그곳에서 당신은 재난으로 인한 고통에 묶여 있고, 자유로운 상태가 억압받을 것이다. 4. 남편과 아내 사이의 불화는 모든 집안 일을 어지럽힌다. 마치 멍에를 공평하게 메지 않은 소와 같아서 함께 노력해서 할 일을 하지 못할 수 있고, 일하는 사람과 일을 보기만 하는 사람들 사이의 갈등 때문에 잘되는 것이 없다. 5. 그것은 당신이 하나님을 예배하는 데에 매우 부적합하다. 함께 기도하거나 하늘의 일을 함께 의논하거나 서로의 영혼을 돕는 사람이 되기에 적합하지 않다. 나는 이것을 당신에게 말할 필요도 없다. 당신은 경험으로 그것을 느낄 것이다. 분노와 쓰라림은 모든 의무가 요구하는 사랑의 행사와 마음의 거룩한 평온함을 허용하지 않을 것이다. 6. 불화는 당신이 가족을 올바로 다스릴 수 없게 한다. 당신의 자녀와 종들은 당신을 본받을 것이다. 또는 자녀들이 당신 부부간에 불화하는 것을 발견하면, 그들도 그들의 마음대로 그렇게 할 자유가 있다고 생각할 것이다. 그들은 당신이 당신의 잘못과 어리석음으로 인해 유죄판결을 받는 것을 볼 때, 자기들의 잘못에 대해 책망하는 것을 부적절하다고 생각할 것이다. 아니, 당신은 당신 가족의 수치와 은밀한 조롱거리가 될 것이고, 멸시를 받게 될 것이다. 7. 당신의 불화는 사탄의 악의에 노출되게 하고, 그들에게 여러가지 유혹의 빌미를 줄 것이다. 분열된 집은 서지 못하고, 분열된 군대는 쉽게 패배하고 적의 먹잇감이 된다. 당신은 자신을 위험에 빠뜨리는 죄가 얼마나 많은지 예측할 수 없다. 이 모든 것을 통해 남편과 아내 사이의 불화가 어떤 경향이 있으며 그러한 불화를 어떻게 피해야 하는지 알 수 있다.

[불화에 맞서는 방향 제시]

II 불화를 방지하려면 다음 하위 지침을 준수하라.

　1. 끊임없는 열정과 활력으로 부부의 사랑을 유지하라. 사랑은 분노를 억제할 것이다. 그러므로 사랑하는 사람이 당신에게 작은 도발을 할 경우, 그에 대해 쓰라린 마음을 가질 수 없

다. 하물며 욕하거나 혐오하거나 멀리하거나, 서로 학대하는 일을 할 수 없다. 또는 불행히도 틈이 생기고 상처가 생기더라도 사랑의 회복시키는 능력이 그것을 치료할 것이다. 그러나 사랑이 한 번 식으면 사소한 일로도 화를 내고 불쾌감을 낳는다.

2. 부부는 모두 교만과 정욕을 억제해야 한다. 그것은 인내심이 부족해서 생기는 것이다. 겸손하고 온순하며 조용한 영혼을 위해 기도하고 수고해야 한다. 왜냐하면 불화를 일으키는 것은 기분을 상하게 하는 경우나 문제 때문이 아니라 마음이 병들었기 때문이다. 교만한 사람은 자신을 과소평가하는 것처럼 보이는 모든 말이나 행동으로 인해 괴로워하고 자극을 받는다. 까칠하고 완고한 마음은 마치 궤양이 생긴 지체와 같아서 건드리면 상처를 받는다. 그렇게 쓰라리고, 병들고, 참을성 없는 사람 가까이에 살아야 하는 사람은 유모가 아기에게 하는 것처럼, 아이가 울 때 아이를 흔들어 달래고 조용히 노래를 불러줘야 하는 것처럼 살아야 한다. 그것에 화를 내도 아무 소용이 없다. 만일 당신이 그처럼 병들고 유치한 기질을 가진 사람과 결혼했다면, 그에 따라 견디고 익숙하기로 결심해야 한다. 그러나 어떤 그리스도인도 그러한 짜증나는 질병 자체를 가지고 있어서는 안 된다. 또한 그러한 조급한 마음을 견딜 수 있어야 한다. 일단 당신 자신을 이기고, 당신 자신의 인내심 부족을 치료하면 쉽게 서로 화평을 유지할 수 있다.

3. 부부는 서로 병들고 연약함이 가득한 사람이라는 것을 기억하라. 그러므로 서로의 연약함의 열매를 예상하라. 마치 당신이 전에는 전혀 알지 못했던 것처럼 이상한 일로 여기지 말라. 만약 당신이 절름발이와 결혼했다면, 그 사람이 절뚝거리며 걷는 것에 화를 내서야 되겠는가? 또는 나쁜 냄새가 나는 궤양에 걸린 사람과 결혼했다면 냄새가 난다고 그녀와 헤어질 것인가? 당신이 그런 약점을 가진 사람과 결혼하면 매일의 시련과 불쾌함을 극복해야 한다는 것을 미리 알지 못했는가? 당신이 이것을 참을 수 없다면 당신은 그녀와 결혼하지 않아야 했다. 그때 참을 수 있다고 결심했다면 지금은 참아야 할 의무가 있다. 그러므로 서로 참기로 결심하라. 서로를 천사나 흠이 없고 완전한 사람이라고 여기지 말고, 죄 많고 연약하고 불완전한 사람으로 여기라.

4. 당신은 한 몸이라는 것을 기억하라. 그러므로 서로의 말이나 잘못에 대해 더 이상 화를 내지 말라. 그것이 당신의 것이라면 그럴 것이다. 당신의 잘못에 대해 당신이 당신 자신에게

하듯이, 아내의 잘못에 대해서도 그렇게 하고, 사이가 나빠지지 말라. 아내가 당신의 것이라면 당신에게 하듯이 그렇게 할 것이다. 이렇게 하는 것은 잘못에 대한 분노와 불만을 사실로 받아들이고 그것을 치유하는 경향이 있다. 그러나 병든 부분을 곪게 하고 괴롭히려는 것이 아니다. 그러면 분노가 연민으로 변하고, 치료를 위한 신속하고 부드러운 일로 변할 것이다.

5. 한 사람이 병들고 화를 내면, 다른 사람은 그것이 지나가고 제정신이 돌아올 때까지 조용하고 부드럽게 참아야 한다는 점에 미리 합의하라. 동시에 화를 내지 말라. 불이 붙으면 부드러운 말과 행실로 그 불을 끄고, 자극적이고 날카롭게 대답하거나 말을 많이 하거나 분노를 분노로 대답하여 기름이나 연료를 불에 끼얹지 말라. 그러나 지금 당신이 부르심을 받은 일은 화나게 하는 것이 아니라 진정시키는 것이며, 상처를 주는 것이 아니라 돕는 것이며, 잘못을 바로잡는 일이 아니라 다른 사람을 치료하는 것임을 기억하라. 다른 사람이 넘어져 다쳤을 때, 당신이 할 일은 그를 밟는 것이 아니라 도와주는 것이다.

6. 당신 앞을 바라보며, 죽을 때까지 함께 살아야 하고, 서로의 운명의 동반자가 되어야 하고, 삶의 위로자가 되어야 한다는 것을 기억하라. 그러면 서로 의견이 다르고 서로를 괴롭히는 것이 얼마나 어리석은 일인지 알게 될 것이다. 분노는 복수의 시작이며, 떨어지면 이별하기 쉽다. 그러므로 복수해서는 안 되는 사람은 화를 내서는 안 되고, 헤어져서는 안 된다는 것을 아는 사람은 떨어져서는 안 된다.

7. 가능한 한 가족문제로 인해 모든 분노와 다툼을 피하라. 어떤 사람들은 그들의 게으름으로 인해 스스로를 궁핍하게 하고, 그것을 견디지 못하여 불만스럽고 짜증내는 습관을 갖게 되고, 그것을 견디지 못해 서로 다투고 불안해한다. 어떤 사람들은 많은 일에 뛰어 들어 많은 일과 사람과 관계를 맺고 있어서 누군가가 여전히 자신의 마음을 상하게 하고, 동시에 서로에 대해 인내심이 없다. 어떤 사람들은 자신의 사업을 제대로 관리할 기술이나 부지런함이 없어 모든 일이 무너지고, 순서가 꼬이고, 그때 조급함은 서로를 적대하게 한다. 당신이 죄를 피하고자 한다면, 이러한 경우를 피하고, 피할 수 없는 것을 참기 위해 인내심을 잃지 않도록 하라.

8. 만일 당신의 열정을 속히 잠재울 수 없다면, 적어도 혀를 삼가고, 비난이나 도발적인 말을 하지 말라. 그것을 격렬하게 말하면 불이 붙고 불꽃이 더 커지나, 침묵하면 곧 평온과 평

화가 찾아온다. 험한 말은 더 불쾌감을 주는 경향이 있다. 소크라테스가 처음에 아내가 그에게 욕설을 퍼붓고 다음에는 더러운 물이 담긴 그릇을 던졌을 때 '나는 천둥 소리를 들었을 때 비가 올 줄을 알았다'고 말했듯이, 불쾌하고 흉한 말이 시작되면 그 다음에는 더 나쁜 일이 일어날 수 있다. 분노를 쉽게 가라앉힐 수 없을 때, 진정으로 원한다면 입을 다물고 있을 수 있다.

9. 냉정한 사람들은 자신을 낮추어 공평하게 말하고 상대방에게 간청하라. (더욱 무례한 사람이 있는 경우는 제외하고.) 일반적으로 몇 가지 진지하고 엄중한 훈계는 끓는 냄비에 물을 붓는 것과 같다. 화난 아내나 남편에게 이렇게 말하라. '우리 사이에 이런 일이 있어서는 안 된다는 것을 당신도 알고 있다. 사랑은 그것을 진정시켜야 하고, 그리고 회개해야 한다. 하나님께서는 그것을 승인하지 않고 이 열기가 끝나면 우리도 그것을 승인하지 않을 것이다. 이러한 마음가짐은 기도하는 마음가짐과 반대되며, 이 언어는 기도하는 언어와 반대된다. 우리는 곧 함께 기도해야 한다. 이제 기도에 거스르는 일을 하지 말자. 단물과 쓴 물이 한 샘에서 나오지 않는다.' 차분하고 겸손한 이성의 말은 격류를 멈추고 열정에 눌린 이성을 되살릴 수 있다.

10. 열정이 당신을 이겼을 때, 당신의 잘못을 상대에게 고백하고 용서를 구하며 하나님께 용서를 구하는 기도에 동참하라. 그리하면 이것은 다음에 (참아야 할 때) 당신에게 큰 힘이 될 것이다. 당신은 분명히 그렇게 고백하고 하나님과 사람 앞에서 용서를 구하는 것을 부끄러워할 것이다. 이 열 가지 지침을 실천한다면 당신 부부와 가족의 평화가 유지될 것이다.

방향 제시-6 '남편과 아내 사이의 주된 의무는 특별한 보살핌과 기술과 부지런함으로, 서로의 구원을 위해 하나님을 알고 경배하고 순종하도록 서로 돕는 것이다.' 이것은 서로에게 가장 큰 도움과 축복이 되는 의무이므로, 만약 당신이 이 의무를 수행하려 한다면, 나는 1. 당신이 이 의무를 깨닫도록 도울 것이며, 2. 이 의무를 수행하는 방법을 지시할 것이다. 다음 세 가지를 진지하게 생각해 보라.

다음을 생각해 보라.

1. 이성적(rational)인 사랑을 하며 서로의 영혼을 무시하는 것은 함께 있을 수 없다. 나는 당신이 불멸의 영혼을 가지고 있고, 끝없는 기쁨이나 불행의 삶이 있다는 것을 믿는다면, 당

신의 가장 큰 관심과 사업은 그 영혼들과 영원한 삶을 위한 준비를 확실히 하는 것이다. 그러므로 당신의 사랑이 당신의 주된 관심사인 이 일에서 서로 돕지 않는다면, 그 사랑은 가치도 없고 쓸모도 없다. 이 세상에서 모든 것은 유용하기 때문에 가치가 있다. 쓸모없고 무익한 사랑은 가치 없는 사랑이다. 그것은 짐승 같은 일에만 도움이 되는 하찮고 유치하고 짐승 같은 사랑이다. 당신은 당신의 아내를 사랑하면서도 사탄의 권세 아래 내버려 둘 것인가, 아니면 그녀의 영혼을 구하는 데에 도움을 주지 않을 것인가? 뭐라고, 그녀를 사랑하지만 그녀를 지옥에 가게 내버려 둘 것이라고? 당신이 그녀를 구원하기 위해 애쓰는 것보다 오히려 그녀가 저주받게 내버려 둔다는 것인가? 그녀가 신체적 고통이나 비참함에 있을 때 당신이 그녀를 돕기 위한 당신의 역할을 거부한다면, 그녀는 그것을 냉정하고 무익한 사랑으로 받아들일 것이다. 그것은 그녀의 부족한 점과 사소한 일에 친절한 적이 없었던 것을 보여 준다. 마귀 자신도 그 정도의 사랑은 보여 준다. 그는 사람들에게 쾌락과 부와 명예를 보증할 수 있다. 그리고 나서 사람들의 영혼이 멸망하는 것을 볼 수밖에 없다. 만일 당신의 아내나 남편에 대한 당신의 사랑이 이생의 쾌락보다 더 큰 문제에 주의를 기울이지 않고, 영혼이 죄 가운데 멸망하도록 내버려둔다면, 마귀보다 당신이 그들에게 얼마나 더 적은 친절을 보여 주는지 진지하게 생각해 보라. 오, 당신은 당신이 그토록 사랑하는 사람의 위험을 알면서도 그들을 구하기 위해 더 이상 아무것도 할 수 없는가? 사랑하는 친구가 받을 저주를 생각한다면, 그것을 막기 위한 모든 일을 하지 않을 수 있을까? 당신이 가려고 하는 세상에서 그들과 헤어질 것인가? 천국에서 그들과 영원히 함께 살지 않을 것인가? 그들의 구원을 위해 수고하지 않는다면, 결코 그들을 사랑한다고 말하지 말라. 그들이 지옥에 가거나 당신이 그곳에서 그들을 본다면, 그들과 당신 모두는 당신이 그들을 사랑하는 사람처럼 행동하지 않았다고 고백할 것이다. 영혼을 끝없는 비참함에 빠뜨릴 수 있는 사랑은, 사랑이라는 이름을 받을 자격이 없다.

게다가 그들의 도움을 거부할 뿐만 아니라 서로의 거룩함과 구원을 방해하는 사람들에 대해 어떤 말을 할 것인가?[107] 그럼에도 불구하고 (주여 불쌍하고 비참한 세상에 자비를 베푸소서!) 이런 일이 우리 가운데 얼마나 흔한 일인가! 아내가 무지하고 불경건하면, 그녀는 남

---

107) 왕상 11:4; 행 5:2; 욥 2:9

편을 자신과 같이 만들거나 유지하기 위해 최선을 다할 것이다. 그리고 하나님께서 그의 마음에 어떤 거룩한 성향을 넣으신다면, 그녀는 그것을 불에 대한 물처럼 그것을 끄거나 억압할 것이다. 그리고 만약 남편이 자신처럼 죄 많고 비참하지 않다면 그는 고요함이나 안식을 거의 갖지 못할 것이다. 만일 하나님께서 악한 아내의 눈을 열어 그녀에게 거룩한 생활의 사랑스러움과 필요성을 보여 주시어, 그녀가 주께 순종하고 영혼을 구하기로 결심한다면, 그녀의 남편은 (하나님께서 그를 제지하지 않으시면) 그녀가 자신에 대해 얼마나 원수요 폭군이었는지 증명할 것이다. 그러므로 마귀가 그들 부부의 영혼을 구원하는 일에 대해 대적하는 것보다 불경건한 남편과 아내가 서로에게 더 대적한다.

2. 또한 당신이 서로의 영혼을 돕는 사람이 아니라면 결혼생활이나 인류의 목적에 부응하지 못한다는 점을 생각하라. 자신의 배만 채우기 위해 서로 돕는 것은 함께 살지만 짐승처럼 사는 것이다. 당신은 "생명의 은혜를 이어받을 자"[108]로 함께 살도록 임명받았다. "남편들아 아내 사랑하기를 그리스도께서 교회를 사랑하시고 그 교회를 위하여 자신을 주심 같이 하라 이는 곧 물로 씻어 말씀으로 깨끗하게 하사 거룩하게 하시고 자기 앞에 영광스러운 교회로 세우사 티나 주름 잡힌 것이나 이런 것들이 없이 거룩하고 흠이 없게 하려 하심이라."[109] 당신의 삶과 존재의 목적은 당신의 관계와 일상적인 대화에 나타나야 한다.

3. 또한 당신이 서로의 영혼을 소홀히 하면 당신은 서로에게 원수가 되므로 어떻게 영원한 불행에 대해 준비를 할 것인지 생각해 보라. 천국에서 즐거운 만남을 준비해야 함에도 불구하고, 당신은 자신의 영원한 공포를 쌓고 있는 것이다. 그리스도의 법정에서나 지옥의 불길에서 당신이 얼마나 비뚤어진 일을 했는지 알게 될 때, 당신은 얼마나 끔찍한 만남과 인사를 할 것인가![110] 당신의 양심이 두려워서 서로 격노하고 이런 비난으로 서로 대면하는 것보다 영광 가운데 함께 하나님을 찬양하는 것이 낫지 않을까? '오 잔인한 남편! 오 무자비하고 기만적인 아내여! 내가 이렇게 비참하고 괴로운 최후를 맞이하게 된 것은 바로 당신 때문이요! 나는 그리스도와 그분의 성도들과 함께 기쁨으로 살았을 텐데, 지금 나는 절망의 불꽃 속

---

108) 벧전 3:7
109) 엡 5:25-27
110) 살전 5:11, 히 12:15, 골 2:19

에서 고통을 받고 있다! 당신은 하나님의 명령을 받아 나에게 경고하고 나의 죄와 비참함에 대해 말해 주고, 내가 그 안에서 잠들지 못하게 하고 그리스도로 말미암아 집에 돌아올 때까지 나를 가르치고 간청하여 내가 이 고통의 장소에 오지 않게 했어야 했다. 그러나 당신은 나에게 가벼운 농담이나 일반적인 이야기 외에는 결코 나에게 하나님과 나의 구원에 대해 말하지 않았다! 만일 우리 집에 불이 났다면, 당신은 내 영혼을 지옥에서 구하는 것보다 그 집의 불을 끄는 데 더 열심이었을 것이다! 당신은 나에게 거듭나지 않은 자연 상태의 비참함에 대해 진지하게 말한 적이 없다! 거듭남과 거룩한 삶의 큰 필요성에 대해서도! 그러한 중대한 문제에 대해 언급해야 했는데, 나에게 천국과 지옥에 관해 말한 적이 없다! 게다가 아침 저녁으로 당신의 말은 세상과 세상의 것들에 대한 것들뿐이었다![111] 당신의 쓸데 없는 말과 농담과 사악한 말과 육체적이고 무익한 담론이 항상 가득 차 있었고, 우리의 구원에 대해서는 단 한마디의 진지한 말도 듣지 못했다. 당신은 이 날에 대해 진지하게 예언한 적도 없고, 나와 함께 기도한 적도 없고, 성경과 좋은 책을 읽어 준 적도 없다. 당신은 내가 지식을 얻도록 도와주지도 않았고, 내 죄로 인해 완고해진 마음을 겸손하게 하는 것도, 죄에서 구원하는 일도 하지 않았고, 그리스도를 믿는 믿음으로 하나님의 사랑과 거룩함에 이르도록 이끌지도 않았으며, 거룩하고 하늘에 속한 대화의 선한 모범을 보여 주지도 않았다. 당신은 거룩하고 하늘에 속한 대화의 좋은 본을 가지고 나보다 먼저 행하지 않았다. 오직 불경건하고 육체적이며 세상적인 생활의 악한 본을 보여 주었다. 당신은 당신 자신의 영혼이나 내 영혼을 돌보지 않았다. 나도 당신이나 내 영혼을 돌보지 않았다. 그러므로 이제 우리는 함께 거룩하게 살지 않은 것에 대한 정당한 정죄를 받아야 한다!' 어리석고 비참한 영혼들아, 이생에서 당신의 경건하지 않음과 태만한 삶은, 서로에게 끝없는 비애와 공포의 삶을 만들 것이다!

[구원을 위해 서로 돕는 방법]

그러므로 지체없이 천국의 상속자로서 함께 살고, 서로의 영혼을 돕는 사람이 되기로 결심

---

111) 민 16:26, 32

하라. 이를 위해 나는 다음과 같은 하위 지침을 당신에게 주니, 충실히 실천한다면 서로에게 특별한 축복이 될 수 있다.

지침 1 '당신이 서로의 영혼을 구원하는 데 도움을 주려면, 당신은 당신 자신을 돌보고 있으며, 당신이 다른 사람에게 말해야 할 그 중요하고 영원한 문제에 대해 깊고 활기찬 생각을 가지고 있어야 한다.'[112] 자기 자신의 영혼에 연민을 갖지 않은 사람이 다른 사람의 영혼에 합당한 연민을 갖는다는 것은 합리적으로 기대할 수 없다. 그리고 다른 사람을 구원하기 위해 필요한 고통을 겪어야 하고, 그것을 위해 육체의 일시적인 편안함과 쾌락을 포기해야 하는데, 그런 사람에게 그것을 기대할 수 없다. 또한 자신의 마음으로 중요하게 느껴 본 적이 없고 자신도 결코 진지하게 생각하지도 않았던 문제에 대해 적절한 중요성과 진지함을 가지고 말한다는 것도 기대할 수 없다. 먼저 당신이 유익하게 말할 내용을 철저하게 느끼는지 살펴보라. 그리고 당신은 그들에게 다른 사람이 되도록 설득하는 것임을 알라. 당신의 모든 권면이 당신의 마음 깊은 곳에서 우러나오는 것으로 깨닫게 하고, 경험을 통해 잘 아는 것을 말하라.

지침 2 '평소의 가까움과 친숙함이 당신에게 주는 기회를 이용하여 하나님에 대한 문제와 당신의 구원에 관해 서로 진지하게 이야기하라.' 당신이 함께 눕고 일어날 때, 당신의 세상일에 관해 말을 많이 하지 말라. 하나님과 당신의 영혼에 대한 말이 처음과 끝이 되게 하라. 그리고 가장 많은 말은 아니더라도 적어도 가장 자유롭고 달콤한 말을 하라. 당신이 당신의 일반적인 사업에 대해 세심한 관리가 필요하거나 긴급을 요하는 것만 말한 후에는, 그만 멈추고, 하나님에 대한 당신 영혼의 상태와 의무 그리고 천국을 가장 큰 사업으로 삼는 사람들처럼 천국에 대한 소망에 대해 함께 이야기하라. 그리고 가볍게 말하거나 경건하지 않게 말하거나 무례하고 다투는 태도로 말하지 말고, 세상에서 해야 할 가장 큰 문제에 대해 함께 숙고하는 사람들처럼 진지하고 맑은 정신으로 말하라.

지침 3 '남편이나 아내 중 어느 한쪽이 거룩한 것에 대해 진지하게 말할 때, 다른 쪽도 조심하여 그 이야기를 소중히 여기고 대화를 소멸시키거나 끝내지 않도록 주의해야 한다.' 그러한 담론을 소중히 여기는 방법에는 두 가지가 있다. 첫 번째는 자신의 차례를 지키고 지혜

---

112) 창 2:18

와 진지함으로 담론에 적절한 비율을 유지하는 것이다. 그러나 모두가 이것을 할 수는 없다. 일부는 단지 배우는 사람일 뿐이며, 그들은 두 번째 방법을 취해야 한다. 즉, 자신이 의심하거나 배우지 못한 문제에 대한 해결을 요청하고 관련 질문을 통해 더 많은 것을 끌어내야 한다. 그러한 담론을 침묵시키는 두 가지 방법은 다음과 같다. 첫 번째는 청중의 끊임없는 침묵이다. 사람이 어떤 상황에 대하여 말할 때 그에게 아무 대답도 하지 않고 아무 적절한 질문도 하지 않으면 마침내 피곤하여 포기할 것이다. 두 번째는, 어려운 상황에 의한 것으로, 말한 것에 대항하고, 반대하고, 헐뜯고, 논쟁을 벌이는 것이다. 또는 방해하고 산만하게 하는 것에 의한 것이다. 당신이 세속적이거나 무례한 말을 하고, 진지한 회의에서 덕을 세우지 않는 말을 하고, 단순히 불경스럽고 헛되고 세속적인 것으로 보이지는 않는 어떤 것을 말하면, 일종의 종교적인 이야기임에도 모든 거룩하고 유익한 회의를 파괴할 수 있다. 이때 당신은 영혼 탐구와 하늘에 속한 담론으로부터 어떤 논쟁이나 교리나 형식이나 역사적 문제로 빠져드는 것이며, 그것은 마음과 하늘로부터 상당히 멀리 떨어져 있는 것이다. 서로 도우려면 이 과정에 유의하라.

지침 4 '서로의 마음과 삶을 살피고, 서로의 영혼의 상태, 서로의 죄와 은혜의 강점과 약점, 서로의 삶의 결점을 분별하도록 노력하라. 그것은 서로에게 가장 적절한 도움을 제공할 수 있다.' 당신이 잘 알지 못하는 것은 도움이 될 수 없다.[113] 알 수 없는 질병은 치료할 수 없고, 서로의 영혼의 상태에 대해 잘못 알고 있다면 현명하고 안전한 조언을 해 줄 수 없다. 하나님께서 당신을 서로에게 가까이에 두신 것은, 당신이 서로에 대해 많은 관심을 갖고 사랑으로 돌보아 주며, 서로에 대해 많이 알아가게 하고, 오해와 무시와 속이는 일이 없도록 하기 위함이다. 당신은 항상 서로의 경우에 가장 필요하고 적합한 치료법을 제공해야 한다. 만일 설교자가 단순한 교리에만 의존하고 밀접하고 생생한 적용이 거의 또는 전혀 없어 지루하고 성공적이지 못하다면, 당신은 가족 집회에서도 마찬가지 일 것이라고 생각할 수 있다.

지침 5 '맹신적이고 어리석은 사랑을 통해 서로에게 아첨하지 말고, 격렬하고 경멸적인 비난으로 서로에게 화나게 하지도 말라.' 어떤 사람들은 맹신적인 사랑에 너무 눈이 멀어서

---

113) 마 27:19

남편이나 아내나 자녀들에게서 심각한 죄나 비참함을 거의 보지 못한다. 그러나 그들은 자신들이 하는 일이 모든 괜찮다고 생각하여, 다른 사람들이 인식하는 것만큼 나쁘지는 않다고 생각한다. 그러나 이것은 자기애(self-love)를 가진 죄인들이 자신의 영혼을 미혹과 멸망에 이르게 하는 길이다. 당신 자신이나 다른 사람들에 대한 이러한 아첨은 당신이 효과적인 회개와 구원을 얻지 못하도록 방해하는 마귀의 주문(charm)일 뿐이다. 그러한 마취제와 마약의 편안함은 잠시동안만 지속된다. 반면에, 어떤 사람들은 격정이나 경멸의 쓰라림 없이는 자신의 잘못을 서로에게 말할 수 없다. 그것은 위장이 약 먹는 것을 혐오하게 만들어서, 그렇게 그것을 거부하거나 그것을 토하게 만드는 경향이 있는 것과 같다. 낯선 사람에 대한 공동의 책망도 모두 사랑으로 이루어져야 한다면, 가장 가까운 친척들 사이에는 더욱 그렇다.

지침 6 '당신은 서로 진실한 부부의 사랑을 유지하고, 서로에게 불만을 품지 않도록 하라.' 그렇게 하면 서로의 조언과 질책을 하찮게 여기지 않을 것이다. 서로 경시하고 미워하고 싫증내는 사람들은 서로의 질책을 멸시하고 서로의 조언을 무시할 것이다. 그럼에도 온전한 사랑은 가르침에 귀를 기울이게 할 것이다.

지침 7 '상대방의 가르침이나 질책을 나쁘게 여기거나 무례하게 생각하거나 완고하게 개혁하지 않음으로 서로를 낙담하게 하지 말라.' 당신이 배우지 않거나 고치지 않을 때, 당신은 스승을 단념하게 하고 책망하는 것이다. 사람들은 배은망덕하고 퉁명스러운 반박을 받거나 그들의 수고가 모두 헛된 것이라고 인식할 때 포기하는 경향이 있다. 그리고 하나님이 그의 조언과 도움을 거두시고 죄인을 전적으로 내버려 두는 것은 지상에서 일어날 수 있는 가장 무서운 하나님의 심판이다. 그러므로 무지하고 죄를 짓는 자가 상대방에게 버림받고, 자기 의견과 방식에 맡겨질 때, 그것은 당신의 관계에서 가장 슬픈 상황이다. 생명이 있는 동안에는 희망이 있기 때문에, 정말로 그렇게 되어서는 안 된다.

지침 8 '서로를 가르치거나 깨울 수 있는 한, 더 나은 도움을 청하라.' 가장 설득력 있고 소생시킬 수 있는 책을 읽고 가장 강력한 사역에 참석하고, 가장 거룩한 사람들과 유익한 대화를 나누는 일에 서로 참여하라. 결코 서로에 대한 의무를 소홀히 하려는 것이 아니라면, 공통된 의견을 갖는 것이 더 효과적일 수 있다. 당신이 그들에게 말하는 것이 사역자나 다른 그리스도인이 말하는 것과 똑같다는 것을 그들이 발견할 때, 그것은 더 쉽게 받아들여질 것이다.

지침 9 '당신의 영혼 상태를 숨기거나, 서로에게 결점을 숨기지 말라.' 당신은 한 몸과 같아서 한 마음을 가져야 하며, 사람이 자기 자신을 모를 때 가장 위험하듯이, 도움이 필요한 경우에 남편이나 아내가 서로 모르는 것은 매우 해롭다. 당신이 의사나 도움을 주는 친구에게 자신의 병을 숨기는 것은 판단력 없는 친절이다. 당신이 서로에게 베푸는 것처럼 누가 당신에게 그렇게 친절하게 대하고 도움을 주겠는가? 실제로 결점이나 비밀을 공개하면 애정이 식어 다른 사람의 도움을 받을 수 없는 몇몇 경우에는 그것을 숨기는 것이 지혜다. 그러나 그것은 일반적인 경우가 아니다. 서로에게 마음을 여는 것은 상호간의 도움을 위해 필요하다.

지침 10 '신앙에서 뚜렷한 반대 의견을 최대한 피하라.' 왜냐하면 일단 당신이 큰 관심사로 삼는 문제에 대해 다른 판단을 한다면, 당신은 서로 불만을 품거나, 경멸하거나, 과소평가하려는 유혹을 받게 될 것이다. 따라서 당신이 받을 수 있는 도움을 경멸하게 될 것이다. 만일 당신이 여러 종파에 빠지고 여러 선생을 따르게 되면, 그 논쟁과 혼란을 피할 수 없을 것이다. 이는 마귀에게 큰 유익이 되고 당신의 영적 유익에 큰 장애가 될 것이다.

지침 11 '신앙 문제에 있어서 판단의 차이가 있다면, 그것을 거룩함과 겸손과 사랑과 화평으로 다루되, 육체와 교만과 무자비함이나 다툼으로 다루지 않도록 하라.' 1. 당신의 차이를 거룩하게 관리하는 것은 하나님을 재판관으로 삼고, 문제를 그분의 말씀에 맡기고, 그분의 영광과 그분의 뜻을 기쁘시게 하는 것을 목표로 하고 그분의 수단을 사용하여 당신의 판단을 일치시키는 것이다. 그것은 성경을 살펴보고, 교회의 신실하고 유능한 목사들과 상의하고, 진지하고 인내심을 가지고 문제에 대해 토론하고, 성령의 조명을 위해 함께 기도하는 것이다. 반대로, 육체적인 이유가 차이점을 낳고 키울 때, 그리고 당신이 사람들의 존경을 통해 이 종파나 저 종파나 당을 좇을 때, 진리를 위해 사람의 가치를 평가하는 것이 아니라, 사람의 의견과 평가로 진리를 평가할 때, 이기적이고 세속적인 원칙과 신망으로 차이점에 대한 결론을 내릴 때, 당신의 차이점은 육체적으로 관리되는 것이다. 그러므로 남편이 교황주의자 이거나 잘못된 종교를 믿는 것은 아내가 그의 잘못된 종교를 따를 확률이 50%다. 이는 설득력 있는 증거 때문이 아니라 남편이 더 강한 위치에 있고, 설득할 기회가 끊임없이 있으며, 사랑이 아내를 그의 의견에 따르도록 준비시키고 기울어지게 하기 때문이다. 그러므로 하나님 대신에 인간이 많은 사람들의 믿음의 주인이 된다. 2. 당신 자신의 이해에 대해 정당하고 겸손한 의심을 가지고 온유함과 복종으로 당신의 차이점을 토론하고 실천할 때, 당신의 차이점은 겸손하게 관리된다. 그리고 당신 자신의 모든 이유를 교만하게 과대평가하지 말며, 다른 사람의 이유가 당신의 배려를 받을 만한 가치가 없을지라도 경멸하지 말라. 3. 당신의 차이점은 사랑 안에서 관리되어야 한다. 단지 사랑이 여러 사람으로 하여금 그것이 옳든 그르든 다른 사람의 의견을 따르게 한다고 생각하지 말고, 같은 마음이 되기를 간절히 원해야 하며, 그럴 수 없다면 받아들여야 한다. 그것은 심한 고통이 되며 자신의 연약함을 참듯이 서로에게 용납할 수 있는 실수로 참아야 한다. 그것들이 당신 마음을 식게 하거나 서로의 마음이 멀어지게 해서는 안 되며, 오히려 배려와 치유하는 행위와 자비로운 보살핌으로, 서로에게 선을 행할 수 있도록 노력해야 한다. 4. 그리고 당신은 격렬한 다툼과 불화 없이 조용히 서로의 차이점을 관리하여 이로 인해 가족 안에서, 서로 간에 쓴 열매가 맺히지 않도록 해야 한다. 그러므로 모든 참 그리스도인은 신앙문제에서 서로의 차이점을 관리해야 하지만, 무엇보다도 결혼한 사람은 더욱 그렇다.

지침 12 '맹목적으로 서로의 잘못에 대해 관대하지 말며, 서로의 상태를 지나치게 비난하지 말라. 그럼으로 인해 사탄이 기회를 얻어 서로의 애정을 멀어지게 하지 않도록 조심하라.' 사랑하는 사람의 잘못을 아무렇지도 않게 여기는 것은 그들을 어리석게 사랑하여 그들에게 해를 입히는 것이며, 당신이 그들을 사랑하는 것이 그들의 미덕 때문이 아니라는 것을 보여주는 것이다. 그리고 서로의 잘못을 너무 크게 문제 삼는 것은 유혹자가 당신의 사랑을 식게 하고 서로에게서 마음을 돌이키도록 돕는 것일 뿐이다. 결과적으로 신앙에 지나치게 냉담하거나 세속적인 마음을 가지거나, 나쁜 친구들과 어울리고, 시간을 허비하는 남편을 둔 많은 선한 여성들은 먼저 남편에게 있을 수 있는 은혜의 씨앗의 모든 가능성을 간과하기 쉽고, 남편을 경건하지 않은 사람으로 여겨 그에 대한 사랑과 의무를 지나치게 경감시키기 쉽다. 이런 경우에 당신이 두 극단 중 하나로 빠지지 않도록 큰 지혜와 조심성이 필요하다.

지침 13 '만약 당신이 불신자나 경건하지 않은 사람과 결혼한 경우, 그 관계를 위해 마땅히 해야 할 모든 부부의 사랑을 유지하라.' 비록 참 그리스도인으로서 그를 사랑할 수는 없지만 남편이나 아내로서 사랑하라. 이교도라 해도 자신과 관련된 사람들을 사랑할 수밖에 없다. 그리스도의 사도는 그 경우에 대해 고린도전서 7장에서 그리스도인은 믿지 않는 남편이나 아내에 대한 의무를 다해야 한다고 한계를 설정했다. 다른 사람의 잘못이라 해도 당신은 당신의 의무에서 벗어나지 못한다. 사탄이 교회의 성찬에 관한 원칙을 분리함으로써, 그들이 마땅히 받아야 할 많은 사람들에게 거의 모든 하나님의 의식(ordinance)들을 부인하게 하여 일부 사람들을 속인 것처럼, 그는 가족 관계에 있는 어떤 사람들을 속이고, 서로의 유익을 위해 그들이 지고 있는 의무를 저버리게 한다.

지침 14 '함께 자주 열렬히 기도하라.' 기도는 마음을 어느정도 침착하고 평온하게 하며, 하나님의 임재와 위엄으로 마음에 영향을 준다. 은밀한 중에 있을 때에도 서로 위하여 기도하라. 그리하면 하나님께서 당신이 가장 원하는 그 일을 서로의 마음에 행하실 것이다.

지침 15 '마지막으로 모범적인 삶으로 서로를 도우라.' 당신이 원하는 남편이나 아내가 되라. 당신이 믿음에서 탁월하다면 온유와 겸손과 자선과 성실과 근면과 자기를 부인함과 인내에 있어서 뛰어나라. **베드로**는 "말로 구원받지 못할 사람이라도 그 아내의 행실로 구원을 얻을 수 있다"[114]고 말한다. 즉, 신앙의 우수성은 아내의 행실에서 신앙의 열매에 의해 그들에게 나타날 수 있다. 처음에는 그들이 신앙에 대해 훌륭하고 명예롭게 생각하고, 신앙의 본질과 이유를 조사하기 위해 아내의 말에 관심을 갖는다. 이 모든 것은 공적인 사역 없이 이루어진다. 겉으로 드러나지 않은 거룩함과 천상적인 삶과 자기를 부인함과 온유함과 사랑과 절제의 삶은 강력한 설교다. 만일 당신이 여전히 가까이 있는 사람들 앞에서 끊임없이 설교한다면 좋은 효과를 거의 놓치지 않을 것이다. 행함은 말만 하는 것보다 더 분명하고 설득력이 있다.

방향 제시-7 '부부의 또 다른 큰 의무는 서로의 몸의 건강과 편안함을 위해 서로 돕는 것이다.'[115] 자기의 몸을 지나치게 소중히 하지 말며, 서로의 교만이나 게으름이나 폭식이나 방탕의 악덕을 보호하지 말라. 오히려 육체의 건강과 쾌활함을 증진시키고 영혼과 하나님을 섬기는 데 적합하도록 해야 한다. 육체를 소중히 여기거나 즐겁게 하는 것은 각 사람에게 불법적인 일이며, 또한(보통) 다른 사람의 육체에 대해서도 그렇게 하는 것은 불법이다. 그러나 앞에서 언급한 육체의 건강과 쾌활함을 위한 것은 당신 자신을 위해 활용할 수 있고, 또한

---

114) 벧전 3:1
115) 롬 13:13, 14; 엡 5:29, 31; 창 2:18

당신의 아내 또는 남편을 위해서도 활용할 수 있다. 당신의 재산을 넘어서 살지 말고, 맛있는 음식으로 서로의 식욕을 채우기 위해 내장(gut)의 종처럼 살지 말고, 건강을 조심하라. 그렇지 않으면 당신의 삶이 쓸모없거나 불편해질 것이다. 그리고 이것은 자신을 사랑하는 것처럼 서로에게 진행되어야 하며, 건강할 때나 아플 때도 마찬가지다.

1. 건강에 있어서, 당신은 서로에게 좋은 음식을 제공하고 (만족을 주기 위함이 아니라) 건강에 해로운 음식을 서로 멀리 하도록 주의해야 한다. 인류가 만류하는 커다란 두 가지 살인자는 폭식과 게으름이다. 가난한 사람들의 몸이 굶주리고 춥고 헐벗음에서 구제되어야 하거든, 당신의 육체와 같이 된 자들은 더욱 그러하다.

2. 또한 병이 들 때에도, 서로를 따뜻하게 배려해야 한다. 그리고 서로의 건강을 회복하거나 영혼을 강화하고 위로를 받을 수 있는 비용이나 고통을 아끼지 말아야 한다.[116] 당신은 가장 혐오스러운 병에 걸린 서로의 몸을 미워하거나 혐오하여 피해서도 안 된다.[117] "친구는 사랑이 끊어지지 아니하고 형제는 위급한 때를 위하여 났느니라."[118] 죽음이 그들을 갈라놓을 때까지 질병과 건강에 거의 묶여 있는 사람들에 대해서는 더욱 그렇다. 병들고 괴로워하는 친구에 대해 싫증이 나고, 단지 당신이 고통에서 편안해지기기 위해 하나님께서 그들을 데려가시기를 바라는 것은 가증스러운 죄다. 그리고 보통 그러한 사람들은 다른 사람들을 평가한 것과 같은 평가를 받는다. 그들에게서 도움과 위로를 요청받은 사람들은 아마도 피곤해 하며 그들에게서 벗어나길 바랄 것이다.

방향 제시-8 '남편과 아내의 또 다른 의무는 세상의 사업과 재산에서 서로를 돕는 것이다.'[119] 세상적인 목적을 위해서도 아니고, 세상적인 마음을 위해서도 그런 것이 아니다. 그러나 일용할 양식을 위해 기도할 뿐 아니라 수고하게 하시며, 이마에 땀을 흘려야 양식을 먹도록 작정하신 하나님께 순종하여, 일하지 않는 자는 먹지도 말라 하셨으니, 엿새동안 수고하며 모든 할 일을 할 것이다. 그들의 일에 대한 책임은 그들 모두에게 있기에, 둘 중 누구도 그

---

116) 창 27:14
117) 엡 5:29, 31; 욥 19:17, 2:9
118) 잠 17:17
119) 잠 31장; 창 31:40; 딛 2:5; 딤전 5:8, 14

것을 버리고 게으르게 살아서는 안 된다. (그들 중 한 명이 서로를 돌보기에 적합하지 않을 정도로 어리석거나 재치가 없거나, 노동에 적합하지 않을 정도로, 병이 들거나 아프지 않는 한.)

방향 제시-9 '또한 서로의 합법적인 명예와 좋은 명성을 주의해야 한다.'[120] 서로의 불명예스러운 결점을 누설하지 말고 숨겨야 된다. (**아비가일**처럼, 동정심이나 정의로 인해 결함을 없애거나 진실을 밝히기 위해 다른 사람에게 공개해야 하는 경우를 제외하고) 상대의 평판은 당신의 평판처럼 소중히 여겨야 한다. 동료들 사이에서 서로의 결점과 연약함을 드러내는 것은 남편과 아내로서 행하는 대단히 죄스럽고 불충실한 행위이며, 그들은 그것을 부드러움으로 덮어주어야 한다. 마치 그들이 서로 욕되게 하는 것이 곧 자신을 욕되게 하는 것임을 인식하지 못하는 것과 같다. "사랑은 허다한 죄를 덮을 것이다."[121] 아니, 많은 불만을 품고 성내는 사람들은 낯선 사람들에게 등 뒤에서 서로의 모든 결점을 악화시킬 것이며, 때로는 그들을 비방하고 진실보다 더 많은 말을 할 것이다. 질투심이 많고 정열적인 아내의 비방으로 인해 많은 남자들의 훌륭한 명예가 실추되었다. 공개적인 원수는 자기 품에 있는 여자만큼 큰 잘못을 저지를 수 없다. 왜냐하면 그녀는 누구보다 그를 더 잘 알고 있다고 쉽게 믿어질 것이기 때문이다.

방향 제시-10 '자녀들의 교육과 집안의 아랫사람들을 다스리는 일에 서로 돕는 것은 남편과 아내의 의무 중 큰 부분이다.'[122] 어떤 남자들은 아이들이 어릴 때 모든 돌봄을 아내에게 맡긴다. 그리고 많은 여자들은 그들의 열정과 무분별함으로 남편이 그들의 자녀나 하인을 다스리는 일에 도움이 되지 않는다고 생각한다. 그러나 이것은 그들의 일에서 가장 큰 부분이다. 남자의 역할에서, 자기 집을 잘 다스리는 것은 의심할 여지가 없는 그의 의무다. 그리고 아내가 집을 다스리는 일을 부정해서는 안 된다. "나는 젊은 여자들이 시집가서 아이를 낳고 집을 다스리기를 원하노라."[123] 잠언 31장은 **밧세바**가 **솔로몬**에게 가르친 것이다. **아비가**

---

120) 삼상 25:25; 마 18:16, 1:19; 잠 31:28, 22:1
121) 벧전 4:8
122) 딤전 3:4, 12; 창 18:19, 35:2
123) 딤전 5:14

일은 **나발**의 집을 **나발** 자신보다 더 잘 돌보았다. 공동의 이익을 위해 한 몸을 이루는 사람들은 가정의 다스림에 공동으로 참여해야 한다. 그들의 능력은 같지 않고 어떤 사람들은 어떤 사업을 더 잘 감독하고 다른 사람은 다른 사업을 더 잘 감독할 수 있다. 그러나 그들은 각자의 자리에서 다스림을 나누어 하고 서로에게 도움을 주어야 한다. 그리고 가족 중 가장 다루기 힘든 부분인 악한 자들에 대한 다스림은 복잡하기에 추가하지 않는다. 그들은 통제되지 않고 경건하지 않거나, 다른 쪽이 질서를 유지하거나 선한 일을 하는 것을 방해하는 가장 큰 원인이 되는 사람이다.

방향 제시-11 '그들의 의무의 또 다른 부분은 자선과 손님 대접하는 일에서 서로 돕는 것이다.'[124] 그들이 모든 사람에게 선을 행할 기회가 있는 동안에, 특히 믿음의 가정들에게 선을 행하라. 성령을 위하여 심는 자는 성령으로부터 영생을 거둘 것이다.[125] 그렇다, 또 많이 뿌리고 많이 거두게 하려 함이다. 가능하다면 그들의 집은 궁핍한 사람들에게 지원과 음식을 제공할 수 있다. 특히 주를 위하여, 그리스도의 종들은 그들에게 그렇게 할 수 있다. 그분은 이렇게 약속하셨다. "선지자의 이름으로 선지자를 영접하는 자는 선지자의 상을 받을 것이요 의인의 이름으로 의인을 영접하는 자는 의인의 상을 받을 것이요 또 누구든지 제자의 이름으로 이 작은 자 중 하나에게 냉수 한 그릇이라도 주는 자는 내가 진실로 너희에게 이르노니 그 사람이 결단코 상을 잃지 아니하리라."[126] 수넴의 여인이 **엘리사**를 대접한 것은 하찮은 일이 아니다. 그녀가 남편에게 말하기를 "우리를 지나가는 이 사람은 하나님의 거룩한 사람인 줄을 내가 아노니 청하건대 우리가 그를 위하여 작은 방을 담 위에 만들고 침상과 의자와 촛대를 두사이다 그가 우리에게 이르면 거기에 머물리이다 하였더라."[127] 그러나 지금 사람들은 이웃을 위해 생각하지 않는 것이 얼마나 다반사인가! 만약 그들 중 하나가 자선 사업에 헌신한다 하면, 다른 하나는 탐욕스럽게 항상 그들을 방해하는 일을 할 것이다.

방향 제시-12 '마지막으로, 남편과 아내가 안전하고 행복한 죽음을 맞이하기 위해 서로 돕

---

124) 히 13:2; 창 18:6; 롬 12:13
125) 갈 6:8, 10
126) 마 10:41, 42
127) 왕하 4:9, 10

고 위로자가 되는 것이 그들 의무의 큰 부분이다.'

1. 건강할 때, 당신은 죽음으로 이별이 올 때를 서로 진지하게 자주 기억해야 한다. 여전히 이별의 시간을 기다리고 있는 사람으로서 일상적인 교감을 하며 함께 살아가라. 그때 필요할 모든 은총받은 생활을 준비하고, 변화에 대해 끊임없이 준비하며 살도록 서로의 영혼을 깨어나게 하라. 서로의 모든 것을 비난하라. 그러면 죽을 때 당신의 검토에서 불미스럽고 배은망덕한 일이 될 것이다. 만일 당신이 서로 곧 죽어야 한다는 사실을 잊어버린 것처럼 준비에 둔감하거나 활기가 부족하거나 허영과 세속과 게으름 속에 사는 것을 본다면, 그러한 날이 다가오는 데 필요한 모든 것을 지체없이 행하도록 서로를 격려하라.

2. 그리고 죽음이 눈앞에 닥쳤을 때, 오, 그때 가장 가까운 친구의 떠나는 영혼을 위해 마지막 사랑의 직분을 수행해야 할 사람에게는 얼마나 풍부한 따뜻함과 진지함과 기술과 부지런함이 필요한가! 오, 그렇다면 당신의 가장 현명하고 충실하며, 부지런히 도움을 준 사람에게 어떤 것이 필요하겠는가? 본성이 무너지고 육체의 고통이 마음을 혼란스럽게 하고 몸이 가장 약한 동안 유혹이 가장 강할 때, 쇠약해진 몸과 의심스럽고 두렵고 불안한 마음이 당신의 연민과 도움을 요청할 때, 오, 그러면 어떤 기술과 거룩한 진지함이 필요하겠는가? 오, 죽음을 준비하는 데 도움이 되지 않으며, 죽어 가는 시간에 당신에게 진지한 조언이나 위로의 말을 할 수도 없는 육체적이고 성화되지 않은 남편이나 아내가 있다는 것은 얼마나 불행한 일인가! 그들은 당신 곁에 서서 눈물을 흘리는 일 외에는 할 수 있는 것이 아무것도 없다. 게다가 세상을 떠나는 영혼에 대한 의무에 대해서도, 그리고 당신을 압도할 수 있는 유혹과 두려움에 대해 서도 분별 있는 말 한마디도 할 수 없다. 스스로 죽을 준비가 전혀 되어 있지 않은 부적합 사람들은 다른 사람의 죽음을 위해 준비하거나 도울 수 없다. 그러나 하늘의 상속자로서 함께 살며 약속의 땅으로 가는 동행자로서 지상에서 대화를 나누는 사람이라면 서로의 영혼을 돕고 격려하며, 곧 영원한 삶에서 다시 만날 것을 기대하면서 죽음 앞에서 기쁨으로 헤어질 수 있다.

너무 지루하지 않도록 다음에는 남편과 아내가 서로에 대한 의무를 어떻게 수행해야 하는지에 대해 말할 것이다. 1. 의무는 서로의 경우를 자신의 경우처럼 여기며 모든 일이 온전한 사랑 속에서 이루어져야 한다. 2. 그러므로 모든 의무는 인내와 서로 용납함으로 수행해야 한다. 3. 그리고 무관심, 거리감, 시무룩함 또는 짐짓 꾸민 예의가 아니라 친밀감으로 의무를 수행하라. 4. 그리고 어떤 경우에 비밀이 깨질 수 있는지 그렇지 않은지에 대해 알려 주는 것이 바람직하지만 그런 경우 비밀리에 의무를 수행하라. 5. 의심, 질투, 불신이 아닌 서로의 충실함에 대한 확신으로 의무를 수행하라. 6. 그리고 일을 올바르게 관리하고 장애물과 불편함을 예측하며 신중하게 의무를 수행하라. 7. 그리고 하나님이 처음과 나중이 되시며 모든 것이 되시도록 거룩함으로 의무를 수행하라. 8. 죽을 때까지 서로에 대한 의무를 중단하지 말고, 지속성을 가지고 의무를 수행하라. 축약적으로 말하는 것은 이상이다.

제8장

아내에 대한 남편의 특별한 의무

아내로부터 의무나 위로를 기대하는 사람은 남편의 의무를 충실히 수행해야 한다. 당신 자신의 의무에 대한 당신의 실패는 당신에 대한 다른 사람의 실패를 야기할 수도 있고, 적어도 다른 방법으로 당신을 괴롭게 할 것이며, 결국에는 백명이 당신에 대한 의무를 실패하는 것보다 당신에게 더 괴로울 것이다. 좋은 남편은 좋은 아내를 만들 수도 있고, 나쁜 아내를 쉽고 효과적으로 견딜 수도 있다. 그러므로 나는 당신의 행복과 가장 관련이 있는 당신의 의무에 대한 지침을 내릴 것이다.

방향 제시-1 '남편은 아내를 포함한 온 가족을 다스리는 주요 부분을 맡아야 한다.'

Ⅰ 그러므로 그는 자신이 맡은 다스림에 적합하고 능력을 갖추기 위해 노력해야 한다. 1. 이 능력은 거룩함과 영적인 지혜이며, 이는 그가 그들을 인도할 목적과 그가 그들을 인도할 규칙과 그들이 해야 할 주요한 일에 대해 정통하기 위함이다. 경건하지 않고, 종교가 없는 사람은 가족 다스림의 가장 중요한 부분에 대해 이방인이자 적이다. 2. 그의 능력은 자신의 소명에 대한 일과 그의 종들이 고용될 노동에 대해 잘 아는 것이다. 왜냐하면 그들의 사업에 대해 전혀 알지 못하는 사람은, 그들의 다스림의 일부를 그의 아내나 그 일을 잘 아는 관리인에게 맡기지 않는 한, 그 일을 다스리기에 매우 부적합할 것이기 때문이다. 3. 그는 인간의 일반적인 성질과 연약함 모두를 잘 알아야 하며, 이를 통해 자기가 감당해야 할 일이 얼마나 되는지를 알 수 있고, 또한 그가 다스리게 될 사람들의 특별한 성질과 결점과 미덕도 알 수 있다. 4. 그는 자신의 모든 일을 그들에게 지시할 때 신중해야 한다. 정의는 모든 사람을 합당하게 대우하고, 사랑은 영혼과 육체를 위해 그가 할 수 있는 모든 선을 행하는 것이다.

Ⅱ 이와 같이 하기 위해, 그는 그것을 매일의 일로 삼아야 하며, 특히 자신을 잘 다스려야 하며, 그의 모범이 다른 사람들을 다스리는 일의 일부가 될 수 있게 해야 한다.

방향 제시-2 '남편은 권위와 사랑을 하나로 묶어서 그 어느 것도 생략하거나 숨길 수 없고, 둘 다 행사하고 유지해야 한다.' 사랑은 권위의 행사를 파괴할 만큼 무분별하게 행사해서는 안 된다. 권위는 사랑의 실천을 파괴할 정도가 되는 치안판사가 하는 방식으로, 고압적으로 아내에게 행사되어서는 안 된다. 당신의 사랑이 다스리는 사랑이어야 하듯이 당신의 명령도 모두 사랑의 명령이어야 한다. 당신의 권위를 잃지 말라. 그렇게 되면 당신이 아내에게 남편의 직분을, 당신의 종들에게 주인의 직분을 수행하지 못하게 할 것이기 때문이다. 그러나 권위는 부부간의 사랑에 어긋나지 않는 방법으로 유지되어야 한다. 그러므로 난폭함이나 잔인함, 위협이나 채찍질에 의해서 유지되어서는 안 된다. (혼란이나 이성의 상실을 제외하고, 아내로 인해 활동이 불가능해진다.) 권위가 행사되지 않는 평등의 경우는 많지만, 부부 사랑을 행사할 수 없을 정도로 불평등하거나 무가치한 경우는 없다. 그러므로 어떤 것도 사랑과 권위를 배제해서는 안 된다.

방향 제시-3 '남편은 아내의 권위를 지키는 것이 의무다. 왜냐하면 그들은 모두 가정의 자녀와 종들을 공동으로 다스리는 자이기 때문이다.' 그리고 여성들의 연약함은 멸시에 노출되기 쉽기 때문이다. 남편이 그들의 명예와 권위를 지키려고 개입하지 않는다면, 하인과 자녀들은 그들을 무시하고 불순종하는 경향이 있다. 그러나 이 일은 다음과 같은 주의를 기울여 수행해야 한다. 1. 아내의 잘못, 악행 또는 약점을 정당화하지 말라. 그것들은 가능한 한 숨기고 변명 될 수 있지만 결코 부정하거나 옹호해서는 안 된다. 2. 아내의 불법적인 명령에 순종하도록 강요하지 말라. 그 누구도 하나님의 법을 반대하거나 그분의 나라에 협력하지 않을 권한이 없다. 만일 당신이 하나님의 권위에 어긋나는 것을 정당화한다면, 당신은 이해력이 있는 사람들에게 당신 자신의 권위를 약화시킬 뿐이다. 그러나 명령한 것이 합법적인 것이라면, 비록 조금 불편한 점이 있을지라도, 아랫사람의 불순종을 꾸짖고, 아내들의 명령을 무시하거나, 자기 이성과 의지를 내세워 '우리는 그렇게 하지 않겠다'고 말하는 것을 내버려둬서는 안 된다. 아내의 명령에 대해 그들의 불순종을 허용한다면, 아내가 어떻게 당신의 다스림을 도울 수 있겠는가?

방향 제시-4 '또한 아내의 명예와 권위도 지켜 주어야 한다.' 아내에게 불명예스러운 약점이 있다면 자녀나 하인이 그것을 언급하게 해서는 안 된다. 자연적인 몸에서 우리의 가장 불명예스러운 부분을 가리는 것처럼(우리의 아름다운 부분은 그럴 필요가 없지만)[128] 그 부분도 그래야 한다. 자녀나 하인이 아내의 결점 때문에 아내를 경멸하거나, 무례히 대하거나, 그녀를 멸시하거나 버릇없이 말하거나, 오만하거나 경멸하는 말을 하게 해서는 안 된다. 남편은 그러한 모든 피해와 멸시로부터 아내를 방어해야 한다.

---

128) 고전 12:23, 24

방향 제시-5 '남편은 지식에 있어서 아내보다 뛰어나고, 구원에 관한 일에서는 아내의 선생이 되어야 한다.' 그는 그녀에게 하나님의 말씀을 가르쳐야 하고, 특별한 의무를 지시해야 하며, 그녀가 자신의 타락을 극복하도록 도와야 하고, 유혹에 노출된 아내를 강화하기 위해 수고해야 한다. 만일 그가 그녀에게 설명하는 어떤 것에 의심이 생긴다면, 그녀는 남편의 해설을 요청할 것이며, 그녀가 회중에서 이해하지 못한 것은 집에서 남편에게 물어보라.[129] 만약 남편이 참으로 무지하거나 아내를 가르칠 능력이 없다면, 아내는 남편이 스스로 이해하지 못하는 것을 가르쳐 달라고 헛되이 요구해서는 안 된다. 하나님의 말씀을 멸시하고 고의적으로 무지한 가운데 사는 남편들은 자신의 영혼뿐 아니라 가족들도 멸시하는 것이다. 그들은 자신의 의무를 수행할 수 없게 됨으로써 보통은 아랫사람들에게 멸시를 받는다. 하나님께서 **엘리**에게 보낸 메시지에서 "나를 존중히 여기는 자를 내가 존중히 여기고 나를 멸시하는 자를 내가 경멸하리라"[130]고 말씀하셨다.

방향 제시-6 '남편은 가족의 주된 교사가 되어야 한다.' 그는 자기 일뿐만 아니라 가족을 가르치고, 그들을 살피고, 하나님의 말씀으로 그들을 다스려야 하며, 자신의 문안에 있는 모든 사람이 주의 날을 지키고 예배를 드리도록 해야 한다. 그러므로 그는 여기에 필요한 이해와 능력을 얻기 위해 수고해야 한다. 만일 그가 무능하거나 태만하면 그것은 그의 죄이며 그의 수치가 될 것이다. 아내가 더 현명하고 유능하여 그것이 그녀에게 맡겨지면 그것은 그의 불명예이다. 그러나 둘 중 누구도 그렇게 하지 않는다면, 죄와 수치와 고통이 둘 다에게 공통으로 주어질 것이다.

방향 제시-7 '남편은 매일 하나님께 드리는 공동기도에서 가족의 입이 되어야 한다.' 그러므로 그는 기도할 수 있어야 하고 또한 기도하는 마음도 있어야 한다. 그는 말하자면 집안의 제사장이어야 한다. 그러므로 그는 그들과 하나님 사이에 서서 그들의 기도를 하나님께 바칠 수 있도록 거룩해야 한다. 이것을 아내에게 돌리면 그에게 불명예가 될 것이다.

방향 제시-8 '남편은 (보통) 가족의 주요 부양자가 되어야 한다.' 가족들은 남편을 마음과 몸의 능력이 가장 뛰어나며 재산의 주요 처분자라고 믿는다. 그러므로 그는 그가 조달할 수

---

129) 고전 14:35
130) 삼상 2:30

있는 한, 아내와 자녀들에게 적합한 것이 부족하지 않도록 특히 주의해야 한다.

방향 제시-9 '남편은 가족에 대한 인내심이 가장 강해야 한다. 아내의 약점과 열정을 참으라. 하나님을 대적하는 어떤 죄도 가볍게 여기기 위해서가 아니라, 자기 자신을 대적하는 어떤 잘못도 큰문제로 삼지 않고, 그들의 관계의 자연스러운 성질이 될 사랑과 평화를 보존하기 위해서이다.'

방향 제시-10 '이 모든 의무를 이행하는 방식도 신중하게 고려되어야 한다.' 1. 어리석음이나 경솔함이나 생각없이 하는 것이 아니라 신중하게 해야 한다. 2. 모든 일을 연약하고 약한 그릇을 대함 같이 부부의 사랑과 부드러움 가운데 행하라. 그는 자녀나 종을 대하는 것과 같이 오만한 방식으로 아내를 가르치거나 명령하거나 책망해서는 안 된다. 3. 적절한 친밀감을 유지하고 아내와 거리를 두거나 낯선 사람이 되어서는 안 된다. 4. 사랑은 비열한 의심과 까닭 없는 질투심 없이 굳게 믿는 것이다. 5. 모든 일을 강한 욕망과 까칠함과 신랄함으로 하지 말고 온유함으로 하라. 6. 두 사람 모두가 공유하는 것에 부당한 비밀과 이유 없는 은폐가 있어서는 안 된다. 7. 그녀에게 올가미가 될 수 있는 비밀을 어리석게 알리지 말라. 그녀는 그것을 감당하거나 지킬 수도 없다. 8. 자신의 비밀로 유지해야 할 자신의 어떤 문제를 다른 사람에게 알리지 말라. 남편이 그녀를 가르치고 책망하는 것은 대부분 비밀로 해야 한다. 9. 그는 한결같고 자신의 사랑과 의무에 지치지 않아야 한다. 의무의 이행 방식을 간략히 설명했다.

제 9 장

남편에 대한 아내의 특별한 의무

남편에게서 위로를 기대하는 아내는 남편에 대한 자신의 모든 의무를 양심에 따라 해야 한다. 비록 그녀에게 친절하고 충실한 것이 남편의 의무임에도, 아내가 불친절하고 다루기 어렵다면, 1. 남자들은 유혹에 약하다. 그리고 여자뿐만 아니라 그러한 어려운 의무에서 실패하기 쉽다. 2. 하나님께서는 의무와 위로를 함께 가도록 명하셨고, 의무를 저버리면 위로를 놓치게 된다.

방향 제시-1 '남편을 특별히 사랑하라.' 당신의 본성은 이 점에서 유리하다. 사랑은 사랑을 낳는다. 이것은 당신의 연약함으로 인해 발생하는 모든 문제에 대한 특별한 보상이다.

방향 제시-2 '남편에게 자발적으로 복종하고 순종하는 생활을 하라.' 남편의 부드러움과 양보로 인해 권위를 포기한 경우, 평화를 위해 남편은 당신의 뜻대로 하도록 기꺼이 허락하는 것이다. 그러나 남편을 당신의 머리와 다스리는 자로 임명하신 분이 하나님이라는 것을 기억하라. 남편이 어리석어서 무능하다면, 당신은 부적합한 사람이 당신을 다스리도록 선택하지 않았어야 했지만, 당신이 어리석은 사람을 선택한 후에는 위압적으로, 지시하는 방식이 아니라 온유하게 순종하는 방식으로, 당신의 훌륭한 분별력을 이용하여 남편을 도와야 한다. 어리석은 주인을 둔 종은 주인이 되지 않고도 그를 도울 수 있다. 그리고 남편에게 다스림의 직함이 있다고 말하면서, 모든 일을 부인인 당신이 결정하는 것은 자신을 속이는 것이다. 이것은 조롱에 불과하고 순종이 아니다. 복종하고 순종한다는 것은 당신의 것보다 당신을 다스리는 다른 사람의 이해와 의지를 취하는 것이다. 그리고 당신을 다스리는 사람의 행위를 따르기 위해 당신의 이해와 의지를 다스리는 사람에게 맞추는 것이다. 자기 의지는 복종과 순종에 반대되는 것이다.

방향 제시-3 '당신 남편을 당신이 세운 스승으로 삼고 자만하거나 스스로 지혜롭게 여기지 말고 오직 당신 형편에 따라 남편에게 가르침을 구하라.' "여자는 교회에서 잠잠하라 그들에게는 말하는 것을 허락함이 없나니 율법에 이른 것 같이 오직 복종할 것이요 만일 무엇을 배우려거든 집에서 자기 남편에게 물을지니 여자가 교회에서 말하는 것은 부끄러운 것이라."[131] (남편이 완전히 무능할 정도로 무지한 경우가 아니라면, 이는 남편의 죄와 부끄러움

---

131) 고전 14:34, 35

이다. 그들이 알지 못하는 사람에게 질문을 하는 것은 불만족스럽기 때문이다.)

방향 제시-4 '남편이 당신에게 책망하는 모든 결점을 고치기 위해 진지하게 노력하라.' 책망받는 것을 나쁘게 여기지 말라. 마치 남편이 당신에게 해를 끼치거나 잘못을 저지르는 것처럼 화내지 말라. "책망을 미워하는 것"[132]은 매우 나쁜 징조다. 만일 당신이 책망받은 허물을 고치지 아니하고 책망에 대하여 계속 불순종하고 원망한다면 당신에 대한 남편의 다스림이 무슨 의미가 있겠는가? 누군가에게서 아첨을 바라고 누군가가 달래 주기를 바라고, 특히 당신에게 충실할 의무가 있는 사람과, 친밀함으로 인해 자신에게 결점을 이야기해 줄 사람과, 특히 당신 영혼의 안전이나 이익을 염려하는 사람에게서 아첨과 달램을 바라는 것은 비참한 어리석음이다.

방향 제시-5 '남편의 우월한 상태에 따라 당신의 남편을 존중하라.' 칭호나 말이나 어떤 행동에 있어서도 그들을 불경하거나 멸시하는 태도로 대하지 말라. 그의 인격은 존중받을 가치가 없을지라도 그의 지위는 존중받을 자격이 있다. 등 뒤에서 다른 사람들에게 그의 약점을 말하지 말라. 몇몇 떠도는 험담이 그러하듯이, 그들은 남편의 불명예가 자신의 것이라는 것을 모르고 그것을 무분별하게 다른 사람에게 공개하는데, 그것은 이중의 수치가 된다. 당신의 말을 조용히 듣는 사람들은 당신이 남편을 상대로 얼마나 어리석고 부끄러운 말을 하는지 등 뒤에서 다른 사람들에게 말할 것이다. 하나님께서 당신의 가장 가까운 친구가 당신을 괴롭히도록 허락했다면, 왜 멀리 있는 사람에게 불평해야 하는가? (진정으로 필요성이 있는 경우, 특별하고 신중한 친구에게 조언을 구하지 않고 다른 사람에게 불평을 하는가?)

방향 제시-6 '자신의 상태에 대해 유쾌하고 만족스럽게 살라. 그리고 조급하고 불평하는 마음을 조심하라.' 참을성이 없고 불만이 많은 아내를 둔다는 것은 남편에게 지속적인 부담이다. 많은 가난한 남자는 자신의 가난은 쉽게 견딜 수 있지만, 가난에 처한 아내의 조급함은 견딜 수 없다. 그녀가 밤낮으로 불평하고 그녀의 불신하는 말을 듣고 그녀가 불안하게 사는 것을 보는 것은 자신의 가난 자체보다 훨씬 더 힘들다. 자신의 아내가 자기처럼 참을성 있게 견딜 수 있다면 그에게는 그것이 가벼운 일이 될 것이다. 그렇다. 의를 위해 고난을 당하는

---

132) 잠 12:1, 10:17, 15:10, 31, 32, 17:10

경우에 아내의 참을성 없는 것이 모든 고난 자체보다 남자에게 더 큰 시련이다. 그리스도를 위해 재산을 잃거나 추방되거나 투옥될 수 있는 많은 사람들이 자신의 양심을 배반하고 죄에 굴복했다. 왜냐하면 그의 아내가 조급함으로 그를 슬프게 하고 그가 견딜 수 있는 것을 견딜 수 없었기 때문이다. 반면에 만족하고 명랑한 아내는 모든 상태에서 남자를 명랑하고 만족하게 만드는 데 도움이 된다.

방향 제시-7 '특별한 방법으로 열정을 억제하고 모든 일에 온유와 절제로 말하고 행하도록 힘쓰라.' 사실은 당신의 성별의 약점이 일반적으로 남성보다 열정에 더 많이 종속되기 때문이다. 그것은 남편의 불안과 당신과의 불행한 관계가 원인이다. 그것은 당신 자신의 마음을 괴롭히고 아프게 하는 것이다. 당신이 열정에 사로잡혀 있는 한, 마음은 편안하지 못하다. 그것은 남편들의 슬픔과 불안이다. 당신에 의해 화나게 되면 그들은 당신을 더 화나게 한다. 그래서 당신의 불안이 커지고 당신의 생활은 당신에게 피곤한 짐이 된다. 그러므로 반드시 열정을 억제하고 침착하고 인내하는 마음을 유지하라.

방향 제시-8 '교만하고 다투는 성향을 주의하라. 겸손하고 평화로운 기질을 유지하라.' 교만은 당신을 격동하게 하고 남편과 소란하게 하며 이웃들과 다투게 한다. 그것은 명예와 우선권을 차지하려고 애쓰고, 자기보다 뛰어나거나 앞서가는 사람을 부러워함으로써 당신을 어리석고 우스꽝스럽게 만들 것이다. 한마디로 그것은 마귀의 죄이며, 세상 사람들에게 수치와 괴로움을 끼치는 것이다. 그러나 겸손은 영혼의 건강과 평안과 장식이다. "온유하고 평화로운 심령은 하나님 앞에 값진 것이다."[133] (이 말씀을 침실의 벽에 써 붙여 매일 볼 수 있게 하라.) "하나님의 택하신 거룩하고 사랑하신 자처럼 긍휼과 자비와 친절과 겸손과 온유와 오래 참음을 옷 입고 서로 용납하고 서로 용서하라."[134] 만약 이것이 모두가 서로에게 해야 할 의무라면, 아내가 남편에게 해야 할 의무가 훨씬 더 많을 것이다. "그런즉 너희 모두는 서로 복종하고 겸손으로 옷 입으라 하나님은 교만한 자를 대적하시고 겸손한 자에게 은혜를 주시기 때문이다."[135] 교만한 여자는 남편의 재산과 평안함, 그리고 자신의 영혼을 망치는 경

---

133) 벧전 3:4
134) 골:3:12, 13
135) 벧전 5:5

우가 많다.

방향 제시-9 '당신에 관한 어떤 것에 있어서도, 유치하고 화려한 옷차림이나 헛되고 비용이 많이 들고 문제를 유발하는 호기심을 일으키지 말라.' 불결함과 추악함은 잘못이지만, 이 교만과 호기심에 비하면 아주 작은 것이다. 그런 장난감과 같은 것을 지나치게 염두에 두는 것은 당신의 성별과 자아를 불명예스럽게 하는 것이다. 만일 당신이 자랑할 필요가 있거든 가치 있고 사람에게 합당한 것을 자랑하라. 이성, 지혜, 배움, 선함을 자랑하는 것은 매우 나쁜 것이다. 그러나 이것들은 뭔가를 자랑할 수도 있는 것이다. 그러나 유행과 좋은 옷, 반점과 벌거벗음, 호화로운 오락과 정갈한 방을 자랑하는 것은, 당신의 미덕이 아니라, 수치를 자랑하는 것이다. 그리고 그다지 칭찬할 만한 것은 아니다. 그리고 그들 자신과 그들의 종들이 그들의 의복, 오락 및 기타 호기심에 쏟아야 하는 비용과 시간은 (오, 귀중한 시간!) 하나님께서 그들의 눈을 열어 주시어, 그들의 시간이 얼마나 가치 있는지 알게 하실 때, 그들의 영혼의 수치와 슬픔이 될 것이다. 당신처럼 허영심 많고 공허한 사람들이 당신의 화려함과 호기심을 칭찬한다 해도, 칭찬의 가치를 분별하는 현명하고 냉철한 사람들은 그렇지 않을 것이다. 그러나 나는 여기에서 다른 문제에서 현명하고 종교적으로 보이는 소수의 사람들이 이 유치한 호기심과 자부심으로 약간 오염되어, 복장과 주거지, 그리고 오락에 있어 자신만큼 호기심이 없는 사람들에게 비난의 말을 내뱉는 것을 슬퍼하며 경고하지 않을 수 없다. 이것이 이 죄를 유지하게 하며, 마귀에게 가장 주목할 만한 봉사라는 것을 입증한다. 왜냐하면 그때 풍요가 이 죄악 된 호기심과 교만에 대해 변명하여 이렇게 말할 것이다. 그렇게 하지 않으면 나는 저속하거나 비열한 것으로 간주될 것이고, 심지어 이러저러한 자들이 나를 비난할 것이다. 만일 당신이 그런 사람이 될 필요가 있다면, 당신은 당신만큼 허영심이 없고 호기심이 없는 다른 사람들을 상대로 어리석게 말하지 않도록 주의하라. 인간의 본성은 겸손하고, 더 큰 문제에서 시간과 비용을 절약하기보다는 교만과 허영심에 빠지기 쉽기 때문이다. 당신이 말하는 것이 외설적인 것은 아니라고 생각하는 데 반하여, 당신은 마귀의 전도자가 되어 당신이 생각하는 것보다 더 많은 마귀의 일을 하게 될 것이다. 당신은 일반적으로 모두가 과식하는 무리일 때, 너무 적게 먹거나 마시는 사람들에 반대하여 현명한 것처럼 말할 수 있다. 그래서 과식은 그것으로 인해 편승할 것이다.

방향 제시-10 '혀를 다스리는데 특히 주의하라. 말을 적게 하고, 말하기 전에 잘 생각하라.' 왜냐하면 이것은 당신의 성별이 가진 가장 일반적인 약점이기 때문에 두 배의 노력이 필요하다. 설사하듯이 혀를 움직이는 것은 당신에게 큰 불명예다. 나는 말이 많은 여자를 알지 못했지만, 그런 여자는 친구들에게 연민의 대상이었고, 다른 사람들에게 경멸의 대상이었다. 그녀의 뒤에서 그녀를 비웃고 그런 여자를 미친 사람이나 얼빠진 사람이라고 말했을 것이다. 그렇다. 당신의 말이 좋다 할지라도 그렇게 쏟아지면 지루하고 경멸스러울 것이며 너무 싸구려가 될 것이다. "말이 많으면 허물을 면하기 어려우나 그 입술을 제어하는 자는 지혜가 있느니라."[136] 당신은 당신의 "무익한 말"[137]에 대해 심판에서 심문을 받을 것이다. 당신은 어리석은 자로 여김을 받고, 당신에 대해 말하는 사람들의 조롱거리가 되는 것을 기분 나빠 할 것이다. 성경을 보고 당신이 그들에게 어떤 기회를 주는지 판단하라. "걱정이 많으면 꿈이 생기고 말이 많으면 우매한 자의 소리가 나타나느니라 꿈이 많으면 헛된 일들이 많아지고 말이 많아도 그러하다."[138] "지혜자의 말들은 은혜로우나 우매자의 입술은 자기를 삼키나니 그의 입의 말들의 시작은 우매요 그의 입의 결말들은 심히 미친 것이니라… 우매한 자도 말을 많이 하느니라."[139] 반면에 조심스럽고 말을 아끼는 여성은 일반적으로 존경을 받고 현명한 사람으로 간주된다. 그러므로 만일 당신이 더 높은 목적을 갖고 있지 않고, 단지 사람들에게 좋은 평가를 받고 명예를 얻기 위한 것이라면 당신의 말을 적게 하고 무겁게 하는 것보다 더 확실한 길을 택할 수는 없을 것이다. 그러나 죄와 불안을 피하는 것이 당신에게 훨씬 더 우세해야 한다.

방향 제시-11 '가정을 보살피고 수고하는 일에 기꺼이 그리고 부지런히 일하라.' 생계를 유지하는 일차적인 준비의 대부분이 남편에게 속하듯이, 집안의 이차적인 준비는 특히 아내에게 속한다. 잠언 31장을 반복해서 읽어라. 특히 당신 자신의 자녀를 돌보고 가르치고 그들이 어릴 때 돌보아야 한다. 또한 남편이 해외에 있을 때 집에서 가족을 돌보는 것이 당신의 마땅한 일이다.

---

136) 잠 10:19
137) 마 12:36
138) 전 5:3, 7
139) 전 10:12-14

[아내가 남편의 동의 없이 기부할 수 있나?]

방향 제시-12 '남편에게 알리거나 그의 동의 없이는 남편 재산을 처분하지 말라. 당신이 그것을 처분하는 것이 좋은지 여부만 아니라, 그 일을 하기 위해 당신에게 어떤 권한이 있는지를 고려해야 한다.'

탐구 '아내는 남편의 동의 없이 아무것도 양도하지 못하며 집에 관해 아무것도 지출할 수 없는가?'

답변 1. 아내가 남편의 일반적 또는 묵시적 동의를 가지고 있다면, 그것으로 충분할 수 있다. 즉, 그가 그녀의 판단을 따르도록 허락한다면, 또는 그가 그녀의 권한에 맡긴다면 그만큼 지출이 가능하다. 그녀가 그것을 알고, 그도 그것을 안다면, 그는 그것에 반대하지 않을 것이다. 2. 또는 법이나 그의 허락이 그녀에게 그의 재산의 일부에 대한 소유권을 부여하거나 그녀를 공동 소유자로 만드는 경우, 그녀는 필요한 경우에 이를 비례적으로 처분할 수 있다. 남편은 소유자로서, 아니면 그녀를 다스리는 자로서 중요한 위치에 있다. 소유자로서 그는 자신이 단독 소유자인 경우에만 재산을 처분할 수 있다. 그러나 허가나 토지법에 따라 여성이 공동 소유자가 되는 경우, 그녀는 소유권이 없어 양도하는 데 자격이 없는 것은 아니다. 그러나 어떤 법도 그녀를 남편의 다스림에서 면제할 수 없다. 그러므로 그녀는 그것이 자기의 것이라 할지라도 어떤 것도 불순종의 방법으로 주어서는 안 된다. 다만 그가 그녀의 의무이거나 그가 금지할 권한이 없는 것을 제외하는 경우를 제외하고는 그렇다. 그래서 공동 소유의 경우 그녀는 남편 없이도 줄 수 있으므로, 자신의 비율을 초과하지 않으면 양도해도 괜찮다. 또한 그것이 법적으로 해야 할 일의 경우, 그는 그녀를 방해할 수 없다. 이는 극도의 궁핍, 기근 투옥 등의 상황에 처한 가난한 사람의 생명을 구하는 일이다. 3. 그러나 만일 그 물건이 그의 소유를 제외하고 전적으로 그녀의 소유이고 그녀가 단독 소유자라면, 그는 그녀가 그것을 가장 좋은 방법으로 처리하도록 안내하기 위한 그녀의 안내자일 뿐이다. 그러므로 그녀는 전혀 그에게 동의를 구할 필요가 없다. 만일 그가 그녀에게 그것을 지시하는 대신에 명시 명령을 한다고 해서, 그녀는 그녀에게 맡겨진 것과 달란트를 남용한 것에 대해, 하나님 앞에서 변명할 수 없다. 4. 나는 절대적으로 필요한 특정 용도가 무엇인가에 따라 그 관계 자체가 여자를 공동 소유자로 만든다고 생각한다. 만일 그녀의 남편이 그녀 자신과 그녀의 모든 자녀들의 생명과 건강을 보존하는데 필요한 음식과 의복을 허락하지 않는다면, 그녀의 자녀들이 생명에 분명 위험이 따르고 질병에 걸리게 하는 것보다, 그녀는 그의 의지와 상관없이 또는 그의 의지에 반하여 자녀들의 생명을 지킬 의무가 있다. (그녀가 할 수 있고, 더 큰 해를 끼치지 않고, 재산이 그의 소유이고 그가 할 수 있는 것이라면.) 따라서 기근으로 멸망할 수 있는 다른 사람의 생명을 구하려 하는 때도 그렇게 할 수 있다. 왜냐하면 그녀가 그의 재산에 대해 모르는 사람이 아니기 때문이다. 그러나 이 경우를 벗어나, 남편이 너무 엄격하거나 인색하다고 생각하기 때문에, 아내가 몰래 낭비하거나, 기부하거나, 사치나 허영심을 부리거나, 남편을 거슬러 기지를 발휘하여 그의 동의 없이 처분한다면 그것은 도둑질이고, 불순종이고, 불의다.

탐구 1 '그러나 영국의 경우에 아내에게 공동소유권이 있는가, 없는가?'

답변 (적어도) 그녀가 소유권을 가질 수 있는 세 가지 방법이 있다. 1. 이전에 그녀를 위해 예비되었던 그녀의 것. (어떤 사람들은 의문을 제기하지만) 어떤 경우에는 결혼 합의로 이루어질 수 있다. 2. 토지법에 의해 소유할 수 있다. 3. 남편의 동의 또는 기부에 의한 경우. 이 경우에 토지법이 말하는 것은 변호사에게 맡긴다. 내가 보기에 결혼할 때 남편이 한 말, "나의 세속적인 모든 재물을 당신에게 부여한다"라는 말은 아내를 공동소유자로 만드는 데 동의했음을 의미하는 것 같다. 그의 동의는 그의 소유에 대한 권리증을 대조하는 것으로 충분하다. 법이나 관습이 (실효성이 없는 형식상 절차로) 그 말을 다르게 설명하고 있다는 것을 누구도 입증할 수 없는 한, 계약 당시 이것의 아내에게 그런 의미로 알려졌거나 알려져야 한다. 그리고 남편이 사망하거나 별거할 때 아내에게 세 번째 부분을 허용하는 법은 전에 공동소유권에서 말했다.

탐구 2 '남편이 속임수, 도둑질, 고속도로에서의 강도 등과 같이 부당한 이득으로 생활하는 경우, 그녀가 알고도 그러한 부정한 물건을 소유하고 있는 것은 공동소유자로서 유죄가 아닌가? 그녀는 남편을 고발해야 하는가 아니면 그러한 물건을 돌려줘야 하는가?'

답변 그녀의 의무는 먼저 남편의 죄와 위험에 대해 부드럽게 꾸짖고 그의 회개를 위해 노력하는 것이다. 동시에 그동안 물건에 대한 모든 허락과 물품수령을 부인하는 것이다. 그리고 만약 그녀가 그의 회개와 회복과 개혁을 성공할 수 없다면, 그녀는 두 가지 의무를 수행해야 한다. 하나는 그가 해를 끼치고 강탈한 사람들의 물건으로 (신중하고 정당한 수단으로) 그들을 도와주는 것이다. 다른 하나는 앞으로 그가 다른 사람을 강탈하는 것을 막는 것이다. 그러나 이것들을 어떻게 수행해야 하는지는 큰 어려움이다.

1. 만약 그녀가 남편의 불만이나 피해자의 잔인한 보복으로 인해 사기나 강도질을 폭로하는 데 따른 상처가 이익보다 클 것이라 예견한다면 (또는 그럴 수 있다면), 그녀는 그것을 폭로할 의무가 없다고 생각한다. 그러나 어떤 은밀하고 간접적인 방법으로 큰 상처 없이 할 수 있다면 원소유자에게 도움을 제공하라.

2. 남편의 죄와 그로 인한 다른 사람들의 미래의 고통을 막기 위해, 남편이 감당할 수 있는 다른 방법이 없다면, 그녀는 남편의 죄를 치안판사에게 밝혀야 할 의무가 있는 것 같다. 내 판단은 하나님의 법, 국법, 공공질서와 선함을 지키고 강도나 사기로 인한 우리 이웃의 피해를 방지하고 정직과 정의의 이익이 남편에 대한 의무나 그녀 자신의 평화를 지키는 것보다 더 중요하다고 생각하는데, 이는 그것에 어긋나기 때문이다. 나는 그녀가 공정하게 설욕할 기회를 줄 치안판사 밑에서 살고 있다고 생각하지만, 만약 법과 치안판사가 조그만 실수를 사형에 처할 정도로 불공정하다는 것을 알고 있다면, 그녀는 그러한 치안판사에게 말하지 말고 다른 방법으로 암시하여 이웃의 안전을 지키기 위해 노력해야 할 것이다.

아내가 어떤 경우에도 남편을 고발하여 그의 생명이나 재산을 위험에 처하게 할 수 없다고 생각한다면, 다음과 같이 하라. (1) 결함을 바로잡을 수 없는 자녀의 생명에 대해 신명기 21장에서 하나님께서 부모에게 어떻게 하라고 명령하셨는지를 기억하라. (2) 하나님의 명예와 이웃의 생명이 범죄자 한 사람의 생명보다 우선되어야 하며, 그의 재산보다 그들의 재산이 우선되어야 한다. (3) 이성의 빛에 따르면, 아내는 남편이 음모한 왕에 대한 반역죄를 폭로해야 한다. 따라서 왕의 재물을 강탈하거나 큰 관심사에 대해 왕을 속이는 것도 마찬가지다. 따라서 우리는 가장 가까운 관계에 반하더라도, 바른 관계를 위해 법과 공익과 이웃의 복지는 지켜야 한다. 법적 조치에 있어서, 정의와 공익에 부합하는 정도까지, 남편의 삶과 명예에 대한 온당한 동정심은 보존되어야 한다.

탐구 3 '남편이 반대함에도 아내가 설교를 들으러 갈 수 있는가?'

답변 듣지 말아야 할 설교가 있다. 더 큰 문제가 우리를 산만하게 하지 않을 때, 들을 수 있고 꼭 들어야 하는 설교가 있다. 누가 그것을 금하든지 간에, 반드시 들어야 할 설교가 있다. 들을 수 없는 것들은 이단적이고, (보통)불필요하거나, 더 큰 의무가 우리를 다른 곳으로 부를 때이다. 들을 수 있는 것은 때때로 듣는 설교나 강의다. 그러나 우리 자신에게 필요하지 않거나 하나님과 그분에 대한 공공 예배를 인정하지 않는 설교나 강의는 모두 아니다. 매일 또는 매시간 설교가 있는 곳에서 사는 사람은 자신의 상태와 다른 의무에 따라 자주 설교를 들을 수 있다. 그러나 이 경우에 남편의 명령에 불순종하면 불편을 겪게 되므로 이를 참는 것이 의무가 될 수도 있다. 그러나 우리가 때때로 하나님의 예배와 교회 의식을 공적으로 인정하고 우리의 교화를 위해 목사의 가르침을 받는 것은 두 가지의 필요성이 있는데, 그것은 하나님을 부인하지 않고, 우리 자신의 영혼을 배반하거나 버리지 않기 위함이다. 그리고 이것은 특별히 주의 날에 필요한 것이며, 이날은 이러한 필요한 용도를 위해 지정되었다. 그리고 이 점에서 남편은 아내를 금지할 권한이 없으며, 아내도 (공식적으로) 남편의 금지에 복종해서는 안 된다. 그러나 독단적 주장은 항상 구속력이 없으며, 어떤 의무도 모든 때에 의무가 아니다. 그러므로 주의 날에 설교나 성례 또는 기타 공적 예배를 삼가는 것이 특별한 의무가 될 수 있다. 그리고 불을 끄거나 사람들의 생명을 구하는 것과 같은 때나, 전쟁 중에 적으로 부터 나라를 구하거나 우리 자신의 생명을 구하거나(집회가 공격당할 줄을 우리가 안다면), 더 큰 봉사가 우리를 부르거나 우리의 자유를 지킬 때가 그렇다. 그리스도께서는 '나는 자비를 원하고 제사를 원하지 않는다'는 교훈의 의미를 배우도록 하셨다. 그런 경우에는 남편이라도 그 당시의 의무를 생략함으로써 해악을 피할 수 있다. 왜냐하면 이것은 의무의 조정에 불과하기 때문이다. 그러나 이것은 신중한 자기보존의 행위일 뿐 공식적인 복종의 행위는 아니다.

탐구 4 '만일 어떤 여자에게 악덕이 너무 많은 남편이 있어 오랜 시련 끝에 그것에 반대하는 말을 하면 남편이 더 악화되고 남편이 자신을 학대하게 된다는 사실을 알게 된다면, 그녀는 계속해서 만류해야 할까, 아니면 참아야 할까?'

답변 그것은 이 점에서 선을 행하기 위한 수단도 의무도 아니다. 아무런 유익을 주지 않거나 더 많은 해를 끼치는 것과 같은지는 확실하지 않지만, 그것은 우리가 이미 알고 있는 것과 같은 수단이 아니다, 우리는 피곤함이나 게으름이나 비난으로 인해 절망적이지 않은 사건을 절망적으로 여겨서는 안 되며, 낯선 사람이나 이웃과 같이 가까운 관계를 그렇게 쉽게 포기해서도 안 된다. 그러나 개에게 찢기도록 자신을 노출시키지 않고, 자신의 말씀이 돼지에게 짓밟히는 일이 없도록 하는 그리스도의 유예는 다른 사람들만 아니라 관계에까지 적용된다. 그러나 날카로운 책망으로 인해 낙담한 여성은 부드럽고 겸손한 설득이 성공할 수 있다는 것을 알아차려야 한다. 그리고 공개적으로, 빈번하게, 명백하게, 책망을 함으로 인해 낙담한 여성은 은밀하거나 더 드물거나 덜 감정적이거나 일반적인 충고가 헛되지 않다는 희망을 가질 수 있다. 그리고 그에게 선을 행하는 한 가지 방법에서 낙담한 그녀는 다른 많은 방법을 가질 수 있다. (그가 존경하는 목사를 통해 그에게 말하도록 하게 하거나, 적절한 책을 그의 손에 주는 것같이.) 그리고 현재 낙담한 그녀는 완전히 절망해서는 안 되며, 이후에 좀 더 시도해 볼 수 있다. 질병에 걸리거나 죽음의 상태에 있을 때나, 위험에 처했을 때나, 고난을 겪을 때, 또는 시간과 배려가 그로 하여금 더 잘 들을 수 있도록 준비될 때 시도할 수 있다. 그리고 그동안 그녀는 모든 부부간의 애정과 의무, 그리고 설득력 있고 승리하는 삶의 과정을 계속해야 한다. 그것이 가장 효과적인 책망이 될 수 있다.

탐구 5 '종교에 대해 논란이 있는 경우, 자신의 판단과 남편의 판단이 다를 때 여성은 어떻게 해야 하는가?'

답변 1. 일부는 모든 선량한 그리스도인이나 냉정한 사람들에게는 논쟁의 여지가 없는 것에 대해 논쟁을 벌인다. 어떤 논쟁은 정말 극복하기 어려운 것은 아니더라도 현실적이다. 2. 어떤 논쟁은 중요하고 필요한 것에 관한 것이고, 어떤 논쟁은 덜 중요한 것에 관한 것이다. 3. 어떤 것은 단순한 의견이나 다른 사람들의 의무의 준수에 관한 것이고, 어떤 것은 우리 자신의 의무의 준수에 관한 것이다. (1) 모든 판단의 차이가 있음에도 아내는 자신의 성별의 약점과 남편에 대한 복종 모두를 정당한 의미로 나타낼 수 있는 것처럼 그러한 자기 의심을 나타내고 겸손과 복종을 행해야 한다. (2) 평범한 일에 있어서 실제로 아내는 남편에게 복종해야 한다. 우월한 권력이 그것을 금지하고, 그들의 권위가 더 큰 경우에는 그렇지 않다. (3) 아내는 겸손하게 반대 이유를 말할 수 있다. (4) 아내는 차이점을 화해할 수 없는 싸움이나 불만의 문제로 돌리거나 부부의무에 반하는 어떤 차별로 가장해서는 안 된다. (5) 모호하고 어려운 경우에도 그녀는 독단적이거나 자만하거나 압박해서는 안 된다. 그러나 그 여자에게 믿음이 있으면 (즉 남편보다 더 많은 지식이 있으면) 조용하고 침묵하는 중에 혼자 간직하고, 실수하지 않도록 더 많은 정보를 구해야 한다. (6) 아내는 남편의 판단에 순종하여 거짓을 말하거나 알려진 죄를 범하지 않아야 한다. (7) 아내는 그것이 죄라고 강하게 의심될 때, 그녀는 단지 남편에게 순종하기 위해서 그것을 행할 것이 아니라 더 나은 답을 추구해야 한다. 왜냐하면 그녀는 남편이 자신에게 죄를 범하도록 강요할 권한이 없다는 것을 확신하기 때문이다. 결과적으로 그녀는 그 점에서 그의 권한에 대한 확신보다, 그 일의 합법성에 대한 확신이 더 크다. (8) 그러나 그녀가 잘못을 저지른 것으로 판명되면, 회복될 때까지 양쪽에 죄를 지은 것이다. (9) 남편이 위험한 잘못을 저지르고 있다면, 그녀는 지혜롭게 지치지 않고 혼자서 또는 다른 사람들에 의해 남편의 개혁을 추구해야 한다.

[이혼 및 별거의 사례]

탐구1 '남편과 아내가 서로 오랫동안 멀리 떨어져 있는 것이 합법적인가? 그렇다면 얼마나 오래 그리고 어떤 경우에 합법적인가?'

답변 **바울**이 언급한 기도의 경우나, 그들의 재산에 필요한 일이 있는 경우에 떨어져 있는 것은 적법하다. 단, 정신적 또는 육체적 자제력 부족으로 고통거리가 발생하지 않고, 그들의 부재로 인해 생기는 혜택보다 손해가 크지 않고, 실제 의무를 게을리하는 죄를 범하지 않는 한 적법하다. 결과적으로 여러 사람의 경우는 그들의 마음의 기질과 몸과 일이 다르기 때문에 많은 차이가 있다. 순결하고 만족스럽고 신중한 기질의 아내를 둔 사람은 어떤 경우에는 몇 달 또는 몇 년 동안 멀리 머물 수도 있는데, 모든 것을 고려할 때 손해보다 유익을 끼치는 경향이 있다. 소명을 받은 법률가들은 종종 그들의 재임기간과 순회재판에 맞춰 일을 해야 할 필요가 있기 때문이다. 그리고 상인들은 어떤 중요한 경우에 몇 년 동안 떨어져 있을 수 있다. 그러나 돈을 버는 것이 충분한 이유가 되느냐고? 묻는다면, 가족을 그렇게 부양해야 하고, 아내가 자제력이 있다면, 그것으로 충분하다. 따라서 그로 인한 손실이나 위험보다 얻는 이익이 더 크다고 대답한다. 그러나 탐욕으로 인해 불필요하게 그 일을 하게 되어 아내가 견딜 수 없어 하거나, 어떤 경우에도 그 뒤에 따르는 해가 이익보다 크다면 그것은 불법이다.

탐구 2 '만일 그들이 어떤 경우에는 별거할 수 있다는 법을 만든다면, 예를 들어 사역자나 재판관이나 군인에게 그렇게 한다면, 남편과 아내는 군주의 단순한 명령으로 별거할 수 있는가?'

답변 당신은 명령이나 법, 그리고 그 명령의 이유와 목적을 구별해야 하며, 따라서 합법적인 명령과 불법적인 명령도 구별해야 한다. 어떤 경우에는 왕이 한시적으로 또는 무기한으로 별거를 명령할 수도 있고, 어떤 경우에는 그렇지 않을 수도 있다. 만약 왕이 충분한 이유 없이 별거를 명령하고, 그것을 따르기 위해 당신에게 왕의 권위 외에 다른 동기가 없다면, 당신이 공식적으로 순종할 의무가 있느냐는 것이 질문이다. 나는 아니라고 대답한다. 하나님이 짝지어 주신 것을 사람이 갈라 놓을 수 있는 권한이 없기 때문이다. 또한 왕, 교황 또는 고위 성직자 중 어느 누구도 결혼 언약을 파기할 수 없다. 그러한 경우에는 그것은 사적인 행위와 같다. 왜냐하면 하나님께서 그들에게 그것에 관한 아무런 권한도 주지 않으셨기 때문이다. 그러므로 그들의 명령이나 법은 무효다. 왕이 오직 재판관이나 법관이 될 사람은 아내와 헤어져야 한다고 말할 경우에만, 그 장소를 떠나서 법에 순종하는 것이 합당할 것이다. 그러나 그가 모든 복음 사역자들에게 너희는 아내와 직분을 버리라 말한다면 그렇게 해서는 안 된다. 왜냐하면 이는 두 가지 모두에 신성한 의무가 있기 때문이다. 그는 그것을 금지하거나 그 의무를 면제할 권한이 없다.

그러나 명령의 목적이 너무 중대하여 합법적일 수 있으며, 그러면 왕의 권위를 위해 공식적으로 그리고 그 일의 이유 때문에 포괄적으로 둘 다 복종해야 하는 일이 일어날 수 있다. 국가의 안전이 요구되는 경우, 갓 결혼한 사람이라도 군인이 되어 멀리 떠나야 하는 것과 같은 경우다. 그렇다, 가족에게 돌아갈 가능성이 전혀 없고, 봉사에 해를 끼치거나 위험성 없이는 아내를 데리고 갈 수도 없다. 이경우 사람들은 치안판사에게 복종해야 하며, 마치 죽음을 당하는 것처럼 아내를 떠나도록 하나님의 부르심을 받는 것이다. 그것은 결혼 서약을 위반하는 것이 아니다. 왜냐하면 그것은 별거할 때 거부할 수 없는 하나님의 부르심에 대한 예외를 의도하거나 가정하기 때문이다.

탐구 3 '사역자들은 복음을 전파하기 위해 아내를 떠나 해외로 나갈 수 있는가?'

답변 만일 그들이 가정에서 하나님의 일을 할 수 없고, 아내를 데리고 갈 수도 없고, 그런 장애가 없는 다른 사람들이 그 일을 한다고 해도 거기에서 면제되지 않는다면, 그들은 그것을 하기 위해 그들의 아내를 떠날 수도 있다. 이 경우 교회와 많은 사람의 영혼의 이익이 아내와 가족의 이익보다 우선되어야 한다. 일정한 위치에 있는 목사는 필요 없이 또는 하나님의 분명한 부름 없이는 양떼나 가족을 떠나서는 안 된다. 그러나 몇 가지 경우에 설교자는 해외로 나가야 할 수도 있다. 국내에서 박해를 받거나, 그렇지 않으면 다른 방법으로는 공급될 수 없는 외국이나 먼지역에 필요성이 있는 경우, 또는 불신자, 이단자 또는 우상 숭배자들이 회심할 수 있는 문이 열려 있는데 그 일을 할 만한 적합한 사람이 없거나, 그렇게 하고 싶어 하는 사람이 없을 때 그럴 수도 있다. 그러한 경우에, 세계 어느 곳에서나 하나님의 사업이 그의 도움을 필요로 할 때, 사역자는 그 일을 하도록 아내와 가족, 참으로 특정한 양떼를 떠나야 한다. 우리의 의무는 기독교 교회와 공공의 이익에 대한 것이 가장 크며, 가장 큰 선이 선호되어야 한다. 왕이 신하에게 세계의 가장 먼 곳에서 대사가 되라고 명령하고. 공공의 이익이 그것을 요구하는데, 아내와 자녀를 데려 갈 수 없다면, 그들은 남겨두고 가야 한다. 마찬가지로 교회 봉사를 위해 헌신된 그리스도의 사역자는 모든 얽힘을 거부해야 하며, 이는 반대의 유익보다 그의 일을 더 방해할 것이다. 그리고 이러한 예외는 결혼 계약에 가족의 이익과 안락은 공공의 이익과 하나님의 처분에 양보해야 한다고 가정되어 있다.

그러므로 목회자들은 경솔하게 결혼을 감히 해서는 안 되며, 지혜로운 어떤 여자도 목회자와 결혼하는 모험을 감히 해서는 안 된다. 먼저 두 사람을 더 짧거나 더 오랫동안 갈라 놓을 수 있는 그런 사고들에 대해 먼저 잘 준비가 되기 전에는 그렇다.

탐구 4 '개인적인 박해나 위험에 처했을 때 목숨을 구하기 위해 아내를 떠날 수 있는가?'

답변 예, 만일 아내를 데리고 갈 수 없다면, 생명을 돕는 수단은 생명 자체를 보존하는 것이라 생각하라. 그가 살면 하나님을 더 섬길 수 있고 아내와 가족에게 돌아갈 수 있지만, 죽으면 그들 모두에게서 사라진다.

탐구 5 '남편과 아내가 서로에게 유익이 된다고 판단할 경우, 상호 합의에 따라 헤어질 수 있는가?'

답변 당신이 그들의 관계의 유대를 끊는 것이 아니라 동거의 포기를 말한다면 나는 다음과 같이 대답한다. 정열과 불만을 바탕으로 서로의 사악한 욕심이나 이익을 키우고 그것을 만족시키는 일을 해서는 안 된다. 그렇게 하는 것은 동의와 별거에 대한 두 가지 모두가 그들의 죄가 되기 때문이다. 그러나 그들 사이에 정말 치료할 수 없는 부적합한 점이 있어서 그들의 동거로 인해 그들의 삶이 비참할 수밖에 없다면, 나는 모르지만 그들은 따로 떨어져 살 수도 있다. 그들이 (다른 모든 수단을 목적 없이 사용한 후에) 고의적이고 자유로운 동의에 의해 그렇게 한다면 할 수 없다. 그러나 그들 중 한 사람이 교활하거나 잔인한 방법으로 다른 사람에게 동의를 강요한다면, 그것은 강요하는 사람이 불법을 저지르는 것이다. 또한 조바심 때문에 그들 중 누구도 다른 사람에게 실제로 치료할 수 있는 부적합한 것의 치료에 대해 근거 없이 절망하게 해서는 안 된다. 그러나 동거가 두 사람에게 끊임없는 재앙이 될 수 있고, 거리를 두는 것이 두 사람 모두에게 안도감을 줄 수 있으며, 하나님을 섬기는 일과 육체적 관심사에 있어서 두 사람 모두를 더욱 발전시키는 많은 슬픈 경우가 있을 수 있다. 그러나 나는 이것이 죄가 아니라고 말하지 않는다. 왜냐하면 그들의 부적합성은 그들의 죄이기 때문이다. 하나님께서는 여전히 그들을 부적합하게 만드는 죄를 내려 놓을 것을 그들에게 강요하신다. 그러므로 그들이 서로 떨어져 사는 것을 허락하지 않는다. 사랑과 평화 속에서 함께 사는 것이 여전히 그들의 의무다. 그리고 그들이 할 수 없다고 말하더라도 그 의무에서 해방되지 않는다. 그러나 그 도덕적 무능함은 앞서 말한 것과 같은 별거를 평화롭지 못한 동거보다 덜한 죄로 만들 수는 있다.

탐구 6 '서로의 자유로운 동의에 의해 결혼관계 자체가 해제되어 그들이 다른 사람과 결혼할 수 있지 않을까?'

답변 그들의 관계에 있어서, 그들은 여전히 부부사회에서 살기로 언약한 관계에 있을 것이며, 장애물이 제거되었다 해도, 여전히 부부관계를 인정하고 그것에 대한 의무가 있다. 단지 방해가 되는 것은 의무를 실행하는 것뿐이다. 그리고 그들은 다른 사람과 결혼하는 것에 동의하지 않을 수 있다. 1. 로마서 7장 2절에서와 같이 계약된 관계는 평생을 위한 것이므로, 하나님의 법은 그에 따라 그들에게 의무를 지운다. 동의에 의해 결혼을 해제할 수 있는, 일정 기간을 위한 결혼은 하나님께서 정하신 것이 아니라 오히려 반대되는 것이다. 2. 그들은 동거의 장애물이 제거될 수 있다는 것을 모른다. 3. 무고하게 이혼한 여자와 결혼한 사람이 간통을 저지르면, 이성의 동등성에 의해 (유리하게) 여기에서도 그렇게 될(간통을 저지를) 것이다. 둘 중 하나가 욕망을 참을 수 없다면 어떻게 하겠는가? 사전에 주의를 기울이지 않은 사람은 나중에 인내심을 가져야 하며, 그 욕망을 채우기 위하여 자기 자신의 어리석음을 이용해서는 안 된다. 그가 모든 수단을 사용하여 마땅히 해야 할 일을 한다면 그 사람은 정숙하게 살 수 있을 것이다. 4. 공익은 사적인 것을 지배해야 하며, 사적인 측면에서는 부당한 것이 공익을 위한 의무가 될 수 있다. 무고한 나라가 대낮 길에서 강도 당한 각 사람에게 그가 빼앗긴 돈을 갚아야 한다는 것은 우리에게는 부당하게 보인다. 그러나 그것은 국가가 그런 일에 주의를 기울이도록 끌어들일 것이기 때문에, 그것은 공익을 위한 것과 마찬가지로 정당하다. 그리고 연방의 일원이 되는 것에 동의한 사람은 이로써 자신의 권리를 공동이익에 복종하는 것에 대해 동의하는 것이다. 그러므로 여기서, 그들이 헤어지기로 동의했을 때 다른 사람과 결혼하기 위해 모든 사람이 떠나야 한다면, 그것은 완전히 혼란을 가져올 것이며, 악한 사람들은 그들의 아내가 그것에 동의하도록 학대를 부추길 것이다. 그러므로 일부 사람들은 일반 질서를 혼란에 빠뜨리기보다 그들의 어리석음이 초래한 고난을 견뎌야 할 것이다.

탐구 7 '간음은 결혼의 유대를 해제하는가, 그렇지 않은가? 에임스(Amesius)는 그렇다고 말한다. 웨일리 씨(Mr. Whateley)도 그렇게 말한 후 다른 신학자들의 설득으로 그 말을 철회했다.'

답변 의견 차이는 단지 이름에 관한 것일 뿐이지 문제 자체에 관한 것은 아니다. 에임스 박사(Dr. Ames)가 생각을 바꾼 이유는 해를 입은 사람이 결혼에서 풀려서 자유롭게 되기 때문이다. 해를 입은 사람은 제한되지 않는다. 그러므로 결속이 해제된다. 웨일리 씨가 대답할 수 없는 이유는, 간음 후에도 부부관계를 계속한다면 그것은 음행이 아니라 합법적이기 때문이다. 그러므로 그 유대는 해제되지 않는다. 쉽게 인식할 수 있는 것은, 그들 중 한 사람은 '결속(vinculum)' 또는 유대라는 단어를 어떤 특정의미로 사용한다는 것이다. 즉 "그들의 관계와 상호 의무를 지속하기 위한 그들의 언약적 의무"로 간주한다. 그리고 다른 사람은 그것을 다른 의미로 받아들인다. 즉, "관계 자체에 관해서는 상처입은 사람이 관계를 계속할 경우 부부의 친숙함이 허용되는" 것으로 여긴다. 첫 번째의 '결속' 또는 유대는 해제되고, 두 번째 것은 해제되지 않는다. 그 문제에 있어서, 우리는 상처입은 남자가 원한다면 간음한 아내를

(일반적인 방법으로) 쫓아낼 수 있다는 데 동의한다. 하지만 그가 원한다면 그 관계를 계속할 수 있을 것이다. 따라서 그의 지속적인 동의는 합법적인 관계와 행사를 계속하는 데 충분하다. 반대로 그의 의지는 관계를 해소하고 그가 의무를 이행하지 않기에 충분할 것이다. (공공의 질서를 지키기 위해)

탐구 8 '하지만 상처를 입은 당사자는 전혀 헤어질 의무가 없으며, 자유롭게 떠날 수 있는가?'

답변 단순히 그 자체를 고려하면 그는 자신이 원하는 대로 하는데 전적으로 자유롭다. 그러나 모든 사고나 상황에도 불구하고, 어떤 사람에게는 이혼하는 것이 의무가 되고 다른 사람은 관계를 지속하는 것이 의무가 될 수 있다. 그것은 더 좋은 일을 하거나 상처를 주는 것에 따른다. 때로는 다른 사람들의 죄를 예방하기 위해 그 죄를 공개적으로 수치스럽게 드러내는 것이 의무가 될 수도 있다. 또한 재난에서 자신을 구원하기 위해 드러낼 수도 있다. 때로는 큰 회개가 있을 수 있고 용서함으로써 더 나은 결과를 얻을 수 있다는 희망이 있을 수 있으므로 용서하는 것이 의무가 될 수 있다. 그리고 신중함은 의무가 어느 쪽에 있는지 분별하기 위해 한 쪽과 다른 쪽을 비교해야 한다.

탐구 9 '간음한 아내를 버리는 것이 남자의 특권인가? 아니면 간음한 남편에게서 떠나는 것이 여자의 특권인가? 의심하는 이유는 그리스도께서는 마태복음 5장 31절과 19장 9절에서 오직 남자의 권한만을 언급하셨기 때문이다.'

답변 그리스도께서 남자의 경우에 대해서만 말씀하시는 이유는, 남자들이 이유 없이 아내를 버리는 악한 관습을 제지하기 위한 것이고, 여자가 남편을 떠나는 것을 제지할 이유가 없었기 때문이다. 규칙을 지키게 하는 남자들은 그것을 남용하여 여자에게 상처를 입혔다. 이것은 그리스도께서 금하신 것이다. 그리고 그것은 권한의 행위이기 때문에 그 사람에게만 관련된 것이다. 그러나 그것은 자유의 행위이기 때문에 나는 여자도 같은 자유를 가지고 있다고 생각한다. 언약이 보이는 것은 그녀의 권리 침해가 무시되는 것이다. 그리고 사도는 고린도전서 7장에서 불신앙과 약속을 버리는 점에서 남자와 여자의 입장을 동등하게 만든다. 나는 이성의 동등성(a parity of reason)을 가장하여 말씀의 중요성 이상으로 성경의 의미를 확장하는 것은 안전하지 않다는 것을 고백한다(서약의 경우 많은 위증자들이 민수기 30장에 의해 하는 것처럼). 하나님의 율법을 해석하는 척하면서, 사람의 기만적이고 양면적인 지혜가 그 율법을 신성치 못하게 한다. 그러나 본문이 오직 한 가지의 경우에 (즉, 남자가 아내를 버리는 경우) 대해서만 말하고 있을 때, 거기에서 여자의 자유를 배제하려는 사람은 율법을 타락시키는 사람으로 보인다. 그리고 문맥이 이성의 동등성을 분명히 보여 주고 그 이성이 본문의 결정의 근거가 되는 경우, 그에 따라 율법을 광범위하게 설명하는 것이 안전하다. 분명히 결혼언약에는 양쪽 모두에 대한 조건이 있으며, 그 조건 중 일부는 의무의 존재에 필요하지만 다른 조건은 그 상태에 있는 당사자의 복지에만 필요하다. 그러므로 버리는 것이 일반적으로 지배자이자 집의 주인인 남편의 몫일지라도, 떠나는 것은 아내 자유일 수 있다. 그리고 남편만 아니라 아내도 이혼 소송을 제기할 수 있도록 법으로 규정하고 있는 나라들을 비난할 이유가 없다.

탐구 10 '남편이 치안판사 없이 아내를 내쫓거나 또는 아내가 공적인 법적 이혼이나 허가없이 남편을 떠날 수 있는가?'

답변 해당 지역의 법이 해를 입히는 것을 방지하고, (하나님의 법에 어긋나지 않는) 어떤 결정을 내리는 경우, 그리스도인은 그 법에 순종해야 할 의무가 있다. 그러므로 만일 공적인 선고나 허락 없이 떠나거나 헤어지는 것을 금지하는 법에 따라 당신은 자신의 뜻에 따라 개인적으로 떠나거나 헤어질 수 없다. 시민 통치자들은 백성의 개인적인 피해를 대비해야 한다. 사람들이 마음대로 상대방을 버리거나 떠날 수 있다면, 그것은 세상에 많은 피해와 특별한 욕망 모두를 가져올 것이다. 그러나 사람들의 법이 사람들을 자유롭게 하는 곳에서는 하나님의 율법만을 보면 된다. 그러나 일반적으로 공권력의 선고는 항소 또는 피해 당사자의 고소가 있을 경우에만 필요하다. 그리고 그러한 공개이혼 없이 별거를 할 수 있으므로, 각 당사자는 부당한 경우 치안판사를 활용하여 스스로 바로잡을 수 있다. 간음이 공개적으로 알려지지 않았고, 상처를 입은 당사자가 공개적인 것보다 은밀하게 정리하기를 원한다면(**요셉**이 **마리아**에게 의도한 것처럼), 법이나 범죄자를 모범으로 삼아야 할 필요성이 그 반대를 요구하지 않거나 스캔들이나 기타 사고가 그것을 금하지 않는 경우 그렇게 하는 것이 합법적이라고 본다. 이 질문에 관한 그로티우스(Grotius)의 마태복음 5장 31, 32절, 그리고 마태복음 19장, 고린도전서 7장에 대한 주석을 참조하라.

탐구 11 '상대방이 동성애나 남색 하는 사람의 경우는 정당한 이혼의 사유가 되지 않는가?'

답변 네, 그것은 마태복음 5장 31, 32절의 단어 자체에 포함된 것 같다. 그것은 부정함을 의미한다. 또는 적어도 그 이유에 완전히 암시되어 있다. 이것에 대한 그로티우스 주석을 참조하라.

탐구 12 '만약 양쪽이 모두 간음을 하면 어떻게 되는가? 둘 중 하나가 다른 하나를 버리거나 떠날 수도 있는가? 아니면 오히려 서로를 용서해야 하는가?'

답변 만약 그들이 동시에 간음을 한다면, 그들은 피해에 대한 보상을 요구할 자유를 모두 잃게 된다. 왜냐하면 피해는 동등하기 때문이다(그러나 어떤 사람들은 남자에게 유리하게 하려고 할 것이다). 그러나 한 사람이 먼저 간음하고 다른 사람이 나중에 간음하면, 마지막 범죄자가 첫 번째 범죄자를 알았을 수도 있고 몰랐을 수도 있다. 그렇지 않다면 모든 것이 한꺼번에 이루어진 것처럼 보인다. 그러나 만일 그렇다면, 그들은 첫 번째 간음자에게서 해방된 것처럼 결혼 의무가 해소될 것이라는 가정하에 그렇게 했거나, 그렇지 않으면 첫 번째 관계는 계속할 목적으로 그것을 한 것이다. 후자의 경우에는 마치 동시에 한 것과 같이 두 사람 모두 한 것이며, 그것은 어떤 배상도 얻지 못할 것이다. 그러나 전자의 경우, 마지막 간음한 자가 죄를 지었지만, 아직 자유를 얻기 전이기에, 혼인의 의무를 원래로 복원하지 못한다. 그러나 첫 번째 범죄자가 관계의 지속을 원하고 첫 번째 피해자의 귀환을 원하는 경우, 만약 그들이 분리의 지속을 위해 그 상처를 주장하게 되면, 그들 자신의 죄에 대한 수치심과 양심은, 그들을 많이 책망할 것이다.

탐구 13 '그러나 한 사람이 다른 사람과 헤어지기 위해 고의로 간음을 하면 어떻게 되는가?'

답변 좋은 결과가 우세한지 나쁜 결과가 우세한지는 그들이 알기 때문에, 이혼할지 말지 여부는 상대방의 능력과 선택에 달려 있다.

탐구 14 '빛과 어두움이 교감하지 않고, 신자와 불신자 사이에 교감이 없는 것을 볼 때, 불신앙은 관계나 의무를 해제하지 않는가?'

답변 신자가 불신자와 결혼하는 것은 (진실로 필요한 경우를 제외하고는) 불법이다. 왜냐하면 그들은 종교에 있어서 친교를 가질 수 없기 때문이다. 그러나 이미 이루어진 결혼을 무효화할 수 없고, 떠나거나 이혼하는 것을 합법적으로 만들지도 않는다. 왜냐하면 그들은 아직은 단순한 부부 친교를 가질 수 있기 때문이다. 사도가 고린도전서 7장에서 이 사건을 의도적으로 규제한 것과 같다.

탐구 15 '한 쪽이 의무를 버리는 경우 다른 쪽의 의무를 지지 않게 하는 것이 아닌가?'

답변 1. 진정으로 의무를 버리는 것이 무엇인지 고려해야 한다. 2. 지속을 위한 관계 자체를 버리는 것인지, 아니면 동거 또는 친교를 일시적으로 버리는 것인지 고려해야 한다. 3. 의무를 버리는 당사자의 기질과 상태가 무엇인지 고려해야 한다. 어느 쪽이 의무를 버리는 당사자인지 누구인지 식별하기 쉬울 때도 있고 어려울 때도 있다. 만일 아내가 부당하게 남편을 떠나면서 남편에게 자기를 따라오라 요구하며, 남편을 버리지 않겠다고 할지라도, 거처를 다스리고 선택해야 하는 것은 남자이기 때문에 버린 것으로 여길 수 있다. 그러나 남자가 떠나고 여자가 따라가지 않으면 그 사람은 버리는 자가 아니다.

탐구 15-1 '그러나 남자가 떠나야 할 충분한 이유가 없고, 여자는 가지 않을 만한 크고 긴급한 이유가 있는 경우 어떻게 될까? 남자가 유능한 설교자와 좋은 동료들을 미워하여 떠나고, 남편을 따르는 것이 당연한 여자가 남편의 모든 도움을 버리고, 무지하고 불경건하고 이단적인 사람이나 이교도들 가운데로 간다고 가정한다면, 어느 쪽이 버리는 자인가?'

답변 만일 그녀가 이교도나 이단자 또는 그들이 대화해야 하는 나쁜 사람들에게 좋은 일을 하고 싶어 하는 사람이라면, 그녀는 선을 행함으로써 선을 받도록 하나님이 그녀를 부르신다고 생각할 수 있고, 또는 그녀가 확고하고 안정된 그리스도 인이고, 감염이나 도움의 부족으로 인해 불안정하고 길을 잃는 것을 원치 않는다면, 남편을 따르는 것이 가장 안전한 방법인 것 같다. 그녀는 믿지 않는 남편을 따름으로써 실로 하나님의 공적인 규례를 지키지는 못한다. 그러나 그것은 그녀의 선택이 아니기에 그녀에게 책임이 돌아가지 않는다. 만일 그녀가 남편을 따르지 않으면, 그녀는 혜택을 잃고 부부 규례의 의무를 수행하지 못한다. 그러나 그녀가 자기의 인내와 구원에 명백한 위험을 제거하지 못하는 것과 같은 약점을 가진 사람이고, 남편이 결코 마음을 바꾸지 않을 것이라면, 그 상황은 매우 어렵다. 그녀의 의무는 무엇이며, 누가 버리는 자인가? 아니, 그녀의 고통이 그녀의 삶으로 그리스도께 봉사할 수 있는 것과 같지 않고, 그가 그녀의 생명을 빼앗길 것 같은 나라로 그녀를 인도했다면(스페인 종교재판 에서와 같이), 실제로 이 사건들은 너무 어렵기 때문에 나는 그것들을 결정하지 않을 것이다. 그녀가 어떤 쪽을 택하든 불편함은 (오히려 피해) 크다. 나는 다음과 같이 판단할 것이다. 즉, 첫째는 결혼이 그 성격상 그녀에게 무엇을 의무화하는지가 상당히 중요하다. 그리고 그 다음에 추가된 계약이나 국법이나 관습 또는 기타 사고로 인해 무엇을 할 수 있는지가 중요하다. 첫 번째에 관해서는, 모든 사람의 의무는 하나님에 대한 의무가 가장 먼저이고, 그 다음은 자신의 영혼과 삶에 대한 의무인 것 같다. 더 높은 목적을 위한 수단으로서 서로 돕기 위한 결혼은, 성도들의 모든 친교와 하나님을 합법적으로 예배하는 장소나 나라를 버리고 공적 예배의 모든 도움을 잃고, 그녀의 영적 기근과 감염, 구원의 명백한 위험에 노출시킬 의무가 없다. (아마도 그녀의 자녀를 같은 불행에 빠지게 할 수 있다.) 하나님께서는 그녀의 남편에게 그렇게 부적절한 것을 주장할 권한을 주신 적도 없고, 결혼언약도 그런 의도로 해석되어서도 안 된다. 그러나 인간의 법이나 계약, 또는 더 큰 공공적인 결과를 가져오는 다른 판단이 결혼 그 자체보다 더 큰 영향을 미칠 수 있는 것은 특별한 논의가 필요한 별개의 경우이다.

탐구 15-2 '그러나 만일 남편이 아내를 따라오게 하고, 그녀의 재산을 내던지고, 자신과 자녀를 세상에서 파멸시킨다면(비쿰 후작, 갈레아시우스 카라치올루스의 경우처럼), 게다가 그것이 정당한 이유 없이 이루어진다면 어떻게 될까?'

답변 1. 만약 그 일이 더 큰 영적 이익을 위한 일이라면, (그의 형편에 따라) 그녀는 그를 따라야 할 의무가 있다. 그러나 그것이 명백히 어리석어서 아무런 이유도 없이 그녀와 그녀의 자녀들을 파멸에 몰아넣는다면, 나는 결혼은 단순히 여자에게 거지나 소명이 없는 바보를 따르거나 파멸에 이르도록 강요하는 것은 아니라고 본다. 그러나 논쟁의 여지가 있는 사건이라면, 그 이유가 정당하든 아니든, 다스리는 남편이 재판관이 되어야 한다. 토지법은 공정하여 수탁인을 통해 여자는 남편의 처분으로부터 이전에 있던 재산의 일부를 확보할 수 있도록 허용한다. 더욱이 그녀는 그의 고의적인 어리석음으로 인해 자신과 자녀가 파멸되지 않도록 미리 재산을 확보할 수 있다. 게다가 그녀는 남편의 진정한 다스림에서 자기 자신 없이는 어떤 계약도 할 수 없다. 그러나 여전히 그녀는 남편의 부재에도 순결하게 살 수 있는지 고려해야 하며, 그렇지 않으면 자제력을 통제하기 위해 큰 고난을 겪어야만 한다.

2. 게다가, 이 모든 경우에, 나쁜 결과를 덜 초래하기 때문에 영구적인 이동보다 일시적인 이동을 더 따를 수 있다. 그리고 어느 한 쪽이 관계자체를 포기한다면, 그것은 단순한 헤어짐보다 완전한 이별이며, 상대방을 전적으로 방출하는 것이다.

탐구 16 '미워하는 상대방이 실제로 독약이나 다른 살인을 통해 자신의 생명을 앗아갈 의도가 있다는 것을 남자나 아내가 안다면 어떻게 되나? 그들은 떠나지 않을 수 있나?'

답변 그들은 근거가 없거나 성급한 추측으로 그런 일을 해서는 안 된다. 다른 합법적인 수단으로 피할 수 있는 위험에 (경계, 순회 판사, 특히 사랑과 의무 등으로 피할 수 있다면) 대해서도 마찬가지다. 그러나 다른 방법으로 피할 수 없는 명백한 위험에 대해서는 그렇게 할 수 있고, 그렇게 해야 한다는 것을 나는 의심하지 않는다. 우리 자신의 삶과 이웃의 삶을 보존하는 것이 의무이기 때문이다. 상호 도움을 위해 결혼을 계약할 때, 그들은 서로의 생명을 빼앗을 수 있는 권한이 없다는 것이 자연스럽게 암시되어 있다. (그러나 일부 야만적인 나라에서는 남성에게 아내의 생명에 대한 권한을 부여하기도 한다.) 살인은 가장 심한 종류의 의무 위반이며, 간음보다 더 큰 해를 끼치고 결혼계약을 어기는 행위다. 필요한 경우 살인자의 존재를 피함으로써 예방할 수 있다. 증오심이 너무 큰 곳에서는 결혼의 어떤 목적도 달성할 수 없다.

탐구 17 '서로에 대한 확고한 증오가 있다면 결혼의 목적과 상충되는 것인가? 그런 경우 이별이 합법적인가?'

답변 손상시킨 사람은 사랑할 수밖에 없으며 헤어질 수 없다. 자신의 죄로 인하여 자유를 누릴 수 없다. 내가 사랑할 수 없다고 하거나, 아내나 남편이 상냥하지 않다고 말하는 것은 충분한 구실이 될 수 없다. 왜냐하면 모든 사람은 인간 본성안에 다정다감한 면이 있기 때문이며, 그것은 당신이 선택하기 전에 예견됐어야 하는 것이다. 술주정뱅이가 나는 술을 끊을 수 없다고 말하는 것이 변명의 여지가 없듯이 간음하거나 남을 미워하는 사람이 사랑할 수 없다고 말하는 것도 구실이 될 수 없다. 이는 내가 너무 악하여 마음이나 뜻이 도리에 어긋난다고 말하는 것에 지나지 않기 때문이다. 그러나 무고한 당사자의 경우는 더 힘들다. (일반적으로 두 당사자 모두 잘못이 있으므로 둘 다 헤어지지 못하고 사랑으로 돌아갈 의무가 있다.) 그러나 미움이 간음이나 살인이나 참을 수 없는 손상으로 진행되지 않는다면 결혼은 수년간의 계약이 아니라 평생 동안의 계약이며 미움은 치료될 수 있다는 것을 기억해야 한다. (아무리 가능성이 낮을지라도.) 그러므로 당신은 당신의 의무를 다하고, 기다리고, 기도하고, 사랑과 선으로 사랑을 회복하기 위해 노력을 해야 하며, 그런 다음 하나님이 무엇을 하실 지 지켜보아야 한다. 당신의 선택에 있어서의 실수가 헤어짐을 정당화하지 않을 것이기 때문이다.

탐구 18 '만일 어떤 여자에게 성경을 읽지 못하게 하거나, 공적으로나 사적으로 예배에 참석을 못하게 하거나, 아내를 때리거나 학대하는 남편이 있다면, 그런 경우에 인간의 본성이 어떤 거룩한 행동에 적합하도록 유지된다고 기대할 수 없으므로 어떻게 해야 할까? 또는 남편이 기도하거나 가족을 가르칠 때 꾸짖는 아내가 있어서 남편이 자유나 평안과 편안함으로 하나님을 섬기는 것을 불가능하게 만드는 경우 어떻게 해야 하는가?'

답변 여자는 (자신이 원할 때는 아니더라도 필요한 때에) 성경을 읽고 하나님을 경배하며 자신에게 가해지는 고통을 참을성 있게 견뎌야 한다. 순교는 왕에게 겪는 것과 같이 남편으로부터 쉽게 고통을 받을 수 있다. 그러나 그녀 자신의 사랑과 의무와 인내도, 친구들의 설득도, 치안 판사의 정의도, 하나님과 인간에 대한 의무를 완전히 무력화시키는 비인간적인 잔인함에서 그녀를 자유롭게 할 수 없다면, 나는 알 수 없지만 그녀는 그러한 폭군으로부터 떠날 수도 있다. 그러나 그 남자는 아내가 자신을 때리거나 그런 참을 수 없는 일을 하지 못하도록 제지할 수단을 많이 가지고 있다. 치안판사에 의해, 또는 그녀가 가질 수 있는 다른 것을 거부함으로써, 또는 부부 지배자인 그가 그녀를 폭력적으로 제지하는 것과 같은 수단이 더 많다. 상황은 신중한 사람에게 길을 가르쳐 줄 것이다. 그러나 부적합성이나 죄가 너무 커서 오랜 시련 끝에 다른 동거의 가능성이 없고, 그들의 영적 상처와 재난을 초래하는 경향이 있는 경우, 서로 동의하여 별거하는 것이 더 작은 죄이다.

탐구 19 '그들이 헤어진 후에 다시 결합할 수 있는 사람과 그렇지 못할 사람은 누구인가?'

답변 1. 상대방의 간음이나, 남색으로 이혼하여 풀려난 사람은 다시 결혼할 수 있다. 2. 그 외 다른 모든 경우는 더 어렵다. 서로 상처를 피하기 위하여 합의에 따라 헤어진 자는 다시 결혼할 수 없다. 전술한 바와 같이 자기보호나 재산 보존, 자녀보호, 위안 또는 예배의 자유를 위하여 떠난 당사자도 마찬가지다. 왜냐하면 그것은 부부관계의 중단일 뿐 관계의 완전한 해제가 아니기 때문이다. 그리고 무고한 당사자가 돌아올 희망이 있는지 확인하기 위해 기다려야 한다. 게다가 그리스도께서는 마태복음 5장 31, 32절에서 무고한 사람이나 버림받은 사람과 결혼하는 사람을 간음한 자로 명확하게 설명했다. 간음한 상대방이 살아 있기 때문에 그들의 첫 번째 계약관계는 여전히 존재하는 것으로 보인다. 그러나 주석가 그로티우스(Grotius)와 다른 사람들은 그리스도께서 여기에서 의미하신 것은 그녀를 버린 남편이 회개하고 그녀를 다시 받아들이는지 알아보기 전에 무고한 이혼녀와 성급하게 결혼한 남자에 대해서만 말씀하셨다고 본다. 그러나 간음한 남편이 그녀를 풀어준다면 어찌 억류할 수 있겠는가? 그러므로 그가 다음 번 결혼한 아내와 간음하여 그녀에 대한 의무를 저버릴 때까지 그 여자가 그의 조정을 바라면서 결혼하지 않은 채로 있어야 하는 것을 의미하지 않기를 바란다. 게다가 그것은 그리스도인들을 위한 법으로 받아들여야 한다. 많은 아내를 가질 수 있는 유대인은 다른 아내를 취함으로써 한 아내에 대한 의무를 저버리지 말라는 것이다.

짧은 이별은 희망으로 견뎌야 하지만, 아주 오랜 시간 혹은 완전한 버림이나 거절의 경우, 상처입은 당사자가 제어할 수 없는 성욕을 가졌다면 사건은 어렵다. 나는 절제하는 수단이 몇 개 안 된다고 본다. 그러나 (어쨌든) 그들의 평화를 깨뜨리는 것과 같은 어려움 없이는 결혼할 수 없고, 그들의 자제력을 명백히 위협하는 것이 있다면, 나는 그 경우에 결혼이 무고한 사람들에게 불법이라고 감히 말할 수 없다.

탐구 I '가족, 일반적으로 아내, 자녀 또는 하인 가운데, 알려진 죄의 문제로 인해 고통을 겪거나 용납하거나 게다가 기여하는 것이 합법적인가? 결과적으로 다른 관계에서도 마찬가지인가?'

답변 이 점에서 어떤 미온적인 사람들은 극도의 태만함에 빠지기 쉽고, 가족을 가져 본 적이 없는 미숙한 일부 청년들은 자신이 무슨 말을 하는지 모르기 때문에 극단의 비판적 엄격함에 빠지기 쉽다.

1. 죄를 치료할 수 있는 능력이 우리에게 있는데도 죄를 허용하거나 치료하지 않고 방치하는 것은 가족, 나라, 교회 또는 그 어느 곳에서도 합법적이지 않다.

2. 그래서 모든 질문은 언제 그것이 우리의 힘 안에 있는 때이고 없는 때인가이다. 이에 관

해서는 몇 가지 예를 들어 답변한다.

I 우리가 천성적으로 할 수 없는 것을 행하는 것은 우리의 능력에 있지 않다. 하나님의 어떤 법도 우리를 무언가 할 수 없는 상태에 묶어 두지 않는다. 그러나 여기서 천성적으로 불가능한 일은 다음과 같은 몇몇의 경우에서 발견된다.

1. 우리의 힘을 능가할 때. 아내, 자녀, 또는 하인이 너무 강해서 집 주인이 그들을 바로잡거나 제거할 수 없을 때이다. 왕에게 반항적이거나 공격적인 신하들이 너무 강하고, 수적 우위나 다른 이점으로 인해 처벌로 억제할 수 없을 때이다. 만일 목사가 범죄자를 비난하는데, 모든 교회가 그 비난에 반대한다면, 그는 그것을 집행할 수 없지만 자신의 몫을 다했다는 것을 묵인하고, 그들의 죄는 그들 자신에게 맡겨야 한다.

2. 해야 할 일이 적어도 도덕적으로 불가능할 때. 가족이나 교회나 왕국의 모든 사람이 항상 죄를 짓지 못하게 하는 것과 같은 경우. 스스로 개혁하는 것이 지금까지는 그들 자신의 힘에 달려있지 않다. 하물며 통치자가 그들을 개혁하는 일은 더욱 드물다. 우리 자신에 관해서도 이생에서 완벽함을 바랄 뿐이지 달성할 수는 없다. 다른 사람들에게는 훨씬 더 드물다.

3. 주요한 원인이 우리와 협력하지 않고 우리는 단지 종속적인 도덕적 원인일 뿐인 경우. 우리는 사람들이 회개하고 믿고 하나님과 선함을 사랑하도록 설득할 수 있을 뿐이다. 우리는 그들 없이 그리고 그들 밖이나 그들 자신에 거슬러 사람을 구원할 수 없다. 그들의 마음은 우리의 손이 닿지 않는 곳에 있으므로 이 모든 경우에 우리는 당연히 죄를 막을 수 없다.

II 하나님께서 우리에게 금지하신 어떤 일을 하는 것은 우리 능력에 달려 있지 않다. 이런 의미에서 그것이 죄악 된 것이면 우리의 힘에서 벗어난 것으로 간주되어야 한다. 우리의 부부관계 그리고 필요한 사랑의 직무에 어긋나는 잔인함이나 가혹함으로 아내의 죄를 고치는 것은 우리의 의무에 반하는 것으로 금지되었기 때문에 우리의 힘 밖의 일이며, 다른 것도 마찬가지다.

III 우리보다 더 높은 권위에 대한 행위는 우리의 능력 밖의 행위이다. 백성이 주권자에게 합당한 행위를 하도록 개심시킬 수 없고, 평신도는 권위가 없기 때문에 목사에게 합당한 행위를 하도록 개심시킬 수 없다. 그러므로 가르치는 자에게 배우는 사람이 합당한 일을 하게 할 수 없고, 한 가정의 주인은 치안판사에게 합당한 일을 (사형에 처하는 것과 같은) 하게 할 수 없다.

IV 우리는 더 큰 권력이 금지하는 것을 행할 권한이 (하나님께서 우리에게 반드시 명령하는 것이 아니라면) 없다. 남편이 금지할 때 아내는 자녀나 종을 징계하거나 내쫓을 수 없다. 공공의 이익을 이유로 왕과 법률이 금지한 것을, 한 가정의 주인이 그것을 죄로 처벌하지 못한다.

V 우리는 죄를 치료할 수 있는 능력이 없다. 이는 유익보다 해를 더 많이 끼칠 수 있기 때문이다. 게다가 그것은 아마도 치명적인 악행을 야기할 수 있다. 내가 종을 징계함으로 그가 나를 죽이거나 집에 불을 지른다면, 나는 그렇게 하지 않을 것이다. 나의 날카로운 책망이 온화하게 대하는 것보다 더 상처를 주거나 덜 유익하게 하는 것과 같고, 징계가 종을 더 나쁘게 만들 것이라고 믿을 만한 이유가 있다면, 나는 그것을 사용하지 않을 것이다. 왜냐하면 우리에게는 교화할 수 있는 권한만 있고 멸망시키는 권한이 없기 때문이다. 하나님께서는 단지 이러저러한 말을 하거나 이런저런 교정을 하도록 우리를 묶으신 것이 아니라, 오직 참된 이성이 우리에게 그 목적을 달성하는 데 가장 좋다고 하는 시간, 방법 그리고 방식으로만 책망과 교정을 사용하도록 하셨다. 그렇게 하는 것, 즉, 세상이 끝나더라도 정의가 이뤄지는 일로 결코 그렇게 큰 상처를 주지 않는다면, 죄나 죄책감에서 자유로워진다.

따라서 때때로 더 큰 상처를 피하기 위해, 그리고 다른 치료 방법이 없기 때문에 가정에서 크고 가혹한 죄를 견뎌야 할 수도 있다. 예를 들어, 아내가 악명 높은 교만, 종교활동을 악의적으로 조롱하는 행위, 격렬하게 불평하고, 거짓말, 비방, 뒷담화, 탐욕, 욕설, 저주 등의 죄를 범할 수 있다. 남편은 그것을 감당해야 한다. 그것을 책망하지 않고, 그녀를 교정하지 않는 한, 그녀의 치료는 거의 되지 않을 것이다. 신학자들이 말하기를, 남자가 아내를 때리는 것은 불법이라고 말하지만, 그 이유는 그가 그렇게 할 수 있는 권위가 없는 것이 아니라, 첫째는 그가 그녀와 사랑의 삶을 살아야 할 관계에 있기 때문이다. 그러므로 사랑을 파괴하지 않는 방향으로 다스려야 한다. 둘째는 그것이 종종 선보다 자신과 가족에게 더 많은 해를 끼칠 수 있기 때문이다. 그것은 그녀를 분노하게 하고 절망하게 하고 가족 내에서 그녀를 경멸하게 하고, 아내와 남편 모두가 적절하지 못하게 사는 것으로 인해 아랫사람들의 존경심을 감소시킬 수 있다.

탐구 '그러나 남자가 아내나 다른 열등한 사람의 죄를 책망하거나 교정하거나 촉구하지

않고 묵묵히 감당할 수 있는 경우가 있는가?'

답변 예. 만약 다음과 같다면 그렇다. 1. 그 책망이 최선으로 시도된 경우에 그렇다. 2. 그리고 그것은 완전한 경험에 의해 가장 분명히 드러나는 것으로, 좋은 것보다 해를 많이 끼치는 경우에 감당해야 한다.

그리스도께서 주신 규칙은 다른 사람들 만 아니라 가족에게도 적용된다. 돼지 앞에 진주를 던지지 말며, 거룩한 것을 개에게 주지 말라. 왜냐하면 아내가 전과 같이 되어 낯선 사람이 아니라 자기의 마음을 어지럽히는 것이 남자 자신의 평화를 불안하게 만드는 일이기 때문이다. 교회는 죄인을 훈계하는 것을 멈추고, 일정기간 그의 완고한 상태를 기다린 후에, 회개에 이르게 하려는 현재의 희망이 끝났다고 판단될 때, 그 사람을 내쫓을 수 있다. 그와 같이 남편도 아내 때문에 같은 절망에 빠질 수 있으며, 가까운 관계로 인해 아내를 내쫓는 것에 상관없이, 정상적인 책망을 하지 않을 수 있다. 그리고 가족과 이웃이 아내의 고집이 세고 완고함을 알고 있는 경우에, 남자가 그녀의 죄에 침묵하는 것은 자신의 명예를 훼손하는 것이 아니며 승인의 표시나 의무 태만의 표시도 아니다. 왜냐하면 그들은 그녀를 현재로서는 고칠 수 없는 것으로 보기 때문이다. 그런 사람에게는 책망을 하지 않고 그 죄 가운데 내버려 두는 것이 가장 강렬한 책망이다. 죄인을 내버려두고 여전히 더러운 상태에 있게 하는 것이 하나님의 가장 큰 심판이기 때문이다.

그리고 환상과 정열이 선천적으로 너무 강해서, 많은 경우에 그들은 자신을 억제할 타고난 자유의지나 힘이 없는 것처럼 보이는 여성들도 있다. 그러나 다른 모든 경우에 그들이 알 수 없는 행동을 한다면, 나는 그들을 진정한 이성이 없는 단순한 짐승으로 간주할 것이다. 그들은 자연적으로 그렇게 할 수밖에 없는 것으로 보인다. 나는 다른 면에서 보면 진실해 보이는 오랜 신앙고백이 아내에게 있었다는 것을 알고 있다. 아내는 통제할 수 없을 정도로 격렬한 열정을 가지고 있어서 낯선 사람 앞에서도 자기의 손에 든 것을 남편의 얼굴에 던지거나, 타고 있는 촛불을 남편의 얼굴에 들이밀고, 가장 불쾌감을 주는 악한 말로 그를 비방할 정도로 참을성이 없는 사람이었다. 그리고 열이 식으면 모든 것이 거짓된 것이라고 고백하고, 자신의 말과 행동의 이유는 자신의 짜증 때문이라고 고백한다. 그리고 그 남자는 사역자이고 보통 이상의 재치와 힘을 가지고 있지만 그녀가 죽을 때까지 이 모든 것을 폭력으로 되갚지 않고 견디기를 즐거워했다. 시련을 통해 그런 경우를 알지 못했던 사람들은 모든 것이 쉽게 치료될 수 있다고 말할 수 있다. 하지만 참고 견디는 치료법을 강요할 수는 없다.

그리고 치료할 수 없는 상상력과 열정의 힘을 가진 다른 여성들도 있는데, 그녀들은 다른 측면에서 매우 경건하고 신중하다. 그리고 손이나 혀로 남편의 잘못을 지적하기에는 너무 현명하고 양심적이다. 하지만 자신의 고상한 본성에 대한 손상은 전혀 견디지 못한다. 게다가 그들은 자신들의 의지를 거스르는 것에 전혀 참을성이 없기에, 그것은 그들을 아마도 우울이나 광기, 또는 치명적인 질병에 빠뜨릴 것이다. 이성이 없다는 것은 그러한 열정을 줄이기 위해 아무것도 하지 못하는 것을 의미한다. 교만이나 어떤 죄 많은 관습이 있는 경우, 그들은 책망을 견디지 못하고 정신적 혼란이나 죽음의 명백한 위험 없이는 죄를 막을 수 없다. 이런 경우는 극히 드물다고 생각하지만, 그런 경우에 무엇을 해야 하는지가 현재의 문제이다.

아니, 문제는 여전히 더 어렵다. 그러한 불편을 피하기 위해 다른 사람에게 죄를 저지를 수 있는 수단을 제공함으로써 다른 사람의 죄에 기여할 수 있는가?

답변   1. 어떤 사람도 공식적으로 고려되는 죄로서 죄에 기여할 수 없다. 2. 어떤 사람도 죄악 된 목적을 위해 다른 사람의 죄에 기여할 수 없으며, 그 자체로 금지되고 죄악 된 방식으로 죄에 기여할 수 없다. 3. 어떤 사람도 다른 사람의 죄에 기여할 수 없으며, 그 죄가 선천적으로나 도덕적으로 필요하지 않다. 게다가 그것을 견딜 수 있다.

그러나 인간이 죄를 범하도록 남용할 자연적이고 섭리적 자비를 주시는 것이 하나님의 거룩하심과 일치하는 것처럼, 어떤 경우에는 그의 피조물인 우리도 서로에게 그러하다. 하나님은 모든 사람에게 생명과 시간, 이성과 자유 의지를 주셨는데, 그분은 그들이 죄를 짓는데 남용할 것을 아신다. 그들에게 고기와 음료와 재물과 건강과 감각의 활력을 주셨는데, 이것은 세상의 죄악과 파멸의 일반적인 수단이다.

반대   '그러나 하나님은 우리처럼 어떤 법이나 의무 아래 있지 않다.'

답변   그분 자신의 완전성은 모든 법 위에 있으며, 거룩함과 완전성에 어긋나는 어떤 것에 대한 동의나 행동으로 구성되지 않는다. 그러나 나는 이것을 고백한다. 많은 것들이 피조물의 질서와 의무를 용납하지 않지만, 피조물의 질서와 의무는 창조주의 지위와 완전함에 어긋나는 것이 아니다.

1. 사람이 아이를 낳을 때에, 그는 알면서 죄악된 본성과 생명에 기여하는 것이다. 왜냐하면 그는 그것이 불가피하다는 것과 육으로 난 것은 육이라는 것을 알기 때문이다.[140] 그러나 그가 그렇게 하는 것이 죄가 되는 것은 아니다. 왜냐하면 그는 번식의 자제에 의해 죄를 예방할 의무가 없기 때문이다.

2. 어떤 사람이 다른 사람을 치안, 사역자 등의 직분에 나아가게 할 때, 그것으로 인해 죄를 지을 수도 있는 것을 알기에 그는 우연히 그의 죄에 기여하게 된다. 그러나 그는 그렇게 한 것에 대해 책임이 없다.

3. 의사는, 자신의 식욕을 만족시키려는 완고하고 무절제한 환자를 다뤄야 할 때, 환자의 식욕을 막으면 환자 자신의 정열이 병을 키우고 그를 죽일 것이다. 이 경우 그는 환자를 죽이는 것보다 조금 먹으라고 합법적으로 말할 수 있지만, 그래도 그렇게 함으로써 그는 환자가 나빠질 수 있는 일에 기여하는 것이다. 왜냐하면 그것은 더 나쁜 것을 선택하지 않으면 막을 수 없는 장애이기 때문이다. 죄는 오직 선택한 자의 것이다.

그리고 특별히 주목해야 할 것은, 육체적으로는 긍정적인 행위이며 죄의 문제에 기여하지만, 도덕적으로는 우리가 금할 의무가 없는 것을 금함으로써 죄를 방지하지 못한다는 것이다. (이것은 또한 죄의 문제에 하나님께서 기여하시는 경우이기도 하다.) 그러한 경우, 병들고 다루기 힘든 아이의 의사나 부모가 실제로 그 아이들이 원하는 죄 되는 것을 하려 할 때 승낙하는 것은, 실제로 우리가 손상을 막기 위해 합법적으로 금지할 수 없는 죄를 조장하는 것이다. 결과적으로는 도덕적으로 죄를 정당하게 막은 것이 아니다. 그때에 우리는 죄를 막을 수 없다.

4. 어떤 남자의 아내가 너무 교만하여 화를 내거나 분노로 그와 그의 가족을 괴롭히며, 어떤 죄악 된 유행이나 호기심이나 지나친 것들로 그 교만을 만족시키지 못하는 경우, 그가 아내에게 돈이나 물질을 주어 그의 정신이 산만해지는 것을 막는다면, 그것은 앞서 말한 의사나 아픈 아이의 부모의 경우와 같다.

이런 경우에 나는 당신에게 스스로 지켜야 할 규칙과 다른 사람을 판단하는 방법에 대한

---

140) 요 3:6; 엡 2:2, 3

주의 사항에 대해 말한다.

1. 다른 사람의 죄를 치료하고 예방하기 위해서는 합법적으로 할 수 있는 일은 아무것도 남기지 말라. 그리고 당신이 죄를 막는 데에, 장애에 의한 것이 아니라면 무관심하거나 게으름으로 죄를 치료하는 데 열심이 부족해서는 안 된다. (1) 방해물이 따르는 악을 비교할 때, 실수하지 말라. 게다가 특정 죄를 막지 않고 피하는 것이 실제로 더 큰 악이라는 것을 확신하라. (2) 그러므로 당신 자신의 육체의 이익이 정당한 이유보다 더 중요하지 않도록 주의하라. 그리고 육체의 고난을 죄보다 더 큰 악으로 여기지 말라, (3) 그러나 종교를 버릴 수 있는 불명예와 육체적 고통으로 방해를 받을 수 있는 영혼의 선은 비교할 대상이 될 수 있다. (4) 그리고 사람의 육체에 대한 당신 자신의 의무는 (사람의 생명이나 건강이나 평화를 구하는 것과 같은) 영적인 것으로 간주되어야 하며, 어떤 경우에는 그러한 의무를 이행하기 위해 죄의 요소가 투여될 수 있다. 만일 어떤 사람에게 뜨거운 물을 주지 않으면 죽을 것을 알고, 당신이 그에게 뜨거운 물을 주면 그는 마실 것이다. 이 경우 당신은 단순히 당신의 의무를 행한 것이고 그가 죄를 짓는 것이라면, 당신은 선한 일을 하고 그것을 거절할 의무는 없다. 왜냐하면, 당신이 그로 하여금 죄를 짓게 한 상처가 (죄 이외에도) 당신을 선한 일의 의무에서 해방할 정도로 크다는 것을 알지 못하는 한, 그는 그것을 나쁜 짓을 한 것으로 돌릴 것이기 때문이다.

2. 다른 사람들에 대하여 (1) 그들의 의무를 다하게 하고 멈추게 하지 말라. (2) 그러나 당신이 모든 사건을 알 때까지 그 가족의 죄를 인하여 그들을 책망하지 말라. 경솔하고 세속적인 비난을 하는 사람들은, 어떤 경건한 사역자나 신사들에게 그들의 아내는 교만하고 그들의 자녀와 하인은 다른 사람들만큼 나쁘다고 외치는 데 그것은 흔한 일이다. 그러나 당신은 그것을 고치는 것이 그들의 힘에 있다고 확신하는가? 악의와 경솔함은 사람이 이해하지 못하는 것을 멀리서 판단하고, 죄에 거슬러 말하면서 죄를 짓는다.

탐구 II '예를 들어, 연간 500파운드, 1,000파운드, 2,000파운드, 3,000파운드를 받는 사람이라면, 솔직히 그의 자녀를 위해, 그리고 자선 활동을 위해 연간 소득의 절반을 절약할 수 있는데, 그의 아내는 너무 교만하고 방탕해서 집안 살림과 과소비로 모두 낭비하고, 방해를 받으면 화를 내거나, 조용하지 않거나, 미쳐버린다면, 그런 경우에 남자의 의무는 무엇인가?'

답변　이것은 앞서 언급한 사례의 한 예일 뿐이지만 반드시 대답해야 한다. 1. 그녀는 어떤 현명하고 합리적인 설득 수단에 의해 치료할 수 없는 것으로 추정된다. 2. 그는 그녀를 반대함으로 올 악의 크기와, 그의 재산의 개선으로 올 수 있는 선과, 그러한 과도한 것들을 감내하는 것을 비교하는 것이 현명하다. 만일 그녀의 분노, 정신적 혼란, 또는 불안함이 그의 재산이 이롭게 할 수 있는 것보다 더 큰 해를 끼치게 된다면, 그는 죄를 막는데 무력하게 될 수도 있다. 그가 그녀에게 잘못 소비하는 돈을 그녀에게 주더라도 그것은 죄를 짓는 것이 아니라, 그가 어쩔 수 없어서 죄를 막지 못하는 것일 뿐이다. 3. 일반적으로 잘못된 낭비와 과소비는 그에 따르는 피해를 피하기 위해 어느 정도 용납될 수는 있지만, 너무 많이는 용납되지 않는다. 그리고 비록 어떤 사람이 합법적으로 자신의 평안을 얻고 결과적으로 하나님을 섬길 자유를 얻을 수 있는지, 또는 어떤 사람이 아내의 광기나 불만으로 인한 치명적인 악행으로부터 아내를 구할 수 있는지, 정당한 척도를 지정할 수는 없지만, 사건은 그러한 고려 사항에 의해 해결되어야 한다. 신중한 사람은, 양쪽의 결과가 어떤 것인지 알기에, 그에 따라 그것을 결정할 수 있고 또 결정해야 한다.

4. 그러나 일반적으로 그토록 교만하고 사치스럽고 정열적인 여성의 생명, 건강 또는 보존은, 많은 가난한 사람들을 구제하고, 아마도 살 가치가 많은 사람들의 생명을 구하는데 사용될 수 있는 상당한 재산을 낭비하면서 그렇게 큰 비용으로 구할 가치가 없다. 그리고 (1) 가난한 사람들을 구제하고 가족을 부양해야 하는 사람의 의무는 매우 크다. (2) 모든 사람이 자신의 달란트를 사용하는 것에 대한 책임은 매우 엄격하다. 실제로 이성의 중요한 역할은 큰 낭비를 포기하도록 해야 한다. 그리고 다소 특별한 경우가 아니라면, 하나님의 청지기는 주인의 재물을 가지고 마귀에게 봉사하는 것보다 그런 여자를 미친 여자로 취급하는 것이 더 낫다.

마지막으로, 나는 독자들에게 이 두 가지 경우는 매우 드문 경우이며, 더 싼 값으로 막을 수 없는, 큰 잘못을 저지르기 쉬운 여성은 극소수에 불과하다는 것을 기억하라고 당부한다. 따라서 이러한 결정에서 주어진 관대함은 남성의 중요한 일에 비하면 하찮은 것이지만 일반적인 경우로 확대되어서는 안 된다. 그러나 일반적으로 사람들은 가족에 대한 더 엄격한 다스림을 생략하고 **엘리** 제사장의 잘못된 방종과 태만으로 죄를 짓는다. 아내는 아내로서, 자녀는 자녀로서 다스림을 받아야 하고, 모든 사람은 종과 마찬가지로 다스림을 받아야 한다. 그리고 죄를 저지하기 위해 죄를 저지르거나 더 큰 상처를 입히지 않고는 저지할 수 없기에, 죄를 저지할 수 없다고 말할 수 있지만, 결론은 모든 사람이 합법적으로 죄를 막을 수 있을 때에는 언제나 죄를 막는 것이 의무다.

그리고 동일한 기준으로 교회와 국가에서 종교에 관한 오류와 죄를 묵인하거나 저지하는지를 판단해야 한다. 누구도 죄를 범하거나 승인해서는 안 된다. 또한 그들을 치료할 자신의 어떤 의무도 포기해서는 안 된다. 그러나 그것은 파괴적인 의무가 아니며, 그것이 교화의 수단일 때 의무가 될 것이다.

제10장

자녀에 대한 부모의 의무

자녀에 대한 지혜롭고 거룩한 교육은 자녀의 영혼을 구원하고, 부모에게 위안을 주고, 교회와 국가의 유익과 세상의 행복에 얼마나 큰 중요성을 갖는지에 대해 전에 부분적으로 말했지만, 누구도 완전히 표현할 수는 없다. 그리고 그 의무를 게을리함으로써 세상이 빠지게 되는 그 재앙이 얼마나 큰지, 누구도 상상할 수 없다. 게다가 이교도, 불신자, 불경건한 나라들이 처해 있는 상황이 얼마나 심각한지, 그리고 참된 경건이 성장하는 일은 얼마나 드문지, 그리고 얼마나 많은 사람들이 영원히 지옥에 누워 있어야 하는지를 생각하는 사람들은 이런 비인간적인 태만함에 대해 혐오할 만큼 많이 알게 될 것이다.

방향 제시-1 '당신 자녀들이 당신에게 물려 받은 타락하고 비참한 상태를 이해하고 한탄하며, 당신 자신과 그들을 위한 구세주의 제안을 감사히 받아들이고, 자기의 권리를 완전히 버리고, 거룩한 언약과 그리스도 안에서 그들을 하나님께 바치고, 세례를 통해 이 헌신과 언약을 공식화하라. 이를 위해 당신의 자녀를 엄숙하게 그분과 언약에 들어가게 하신 하나님의 명령과 그 결과로 그들에게 속한 언약의 자비를 이해하라.'[141]

당신이 진심으로 하나님께 헌신할 수는 없지만, 당신의 것과 당신의 능력 안에 있는 모든 것을 그분께 바쳐야 한다. 그러므로 당신의 자녀들이 당신 힘 안에 있는 한, 그분께 바쳐야 한다. 그리고 자연이 당신에게 당신의 힘과 당신의 의무를 가르쳐 주었듯이, 유아기에 있는 그들에게 성인들과 더불어 언약을 받아들이게 하는 것은, 확실히 그들에게 유익하다. (그들이 나이가 들었을 때 조건을 거부한다면 혜택을 상실하게 된다.) 따라서 자연은 하나님이 그들을 그분과의 언약으로 인정하실 경우에 대비하여 그들의 더 큰 유익을 위해 그들에게 하나님에 대한 의무를 다하도록 훨씬 더 많은 것을 가르친다. 그리고 하나님께서 그들을 자기 언약으로 인정할 것이라는 사실은(그리고 당신은 그들에게 언약을 받아들이게 해야 하고), 성경이 우리에게 주는 증거에 의하면 **아브라함** 시대부터 그리스도의 때까지 그의 백성의 모든 자손에게 그러하였으니 의심할 여지가 없다는 것이다. 아니, 아무도 **아브라함** 시대 이전이나 이후에 하나님께서 지상에 교회를 가지셨고, 그의 종들의 어린아이들이(만약 있었다면) 하나님께 언약으로 헌신된 회원이 아니었음을 증명할 수 있는 사람은 아무도 없다. 최근

---

141) 롬 5:12, 16-18, 11:17, 20; 엡 2:1, 3; 창 17:4, 13, 14; 신 29:10-12; 요 3:3, 5; 마 19:13, 14

까지 이것의 합법성을 의심하는 사람은 거의 없다. 만일 왕이, (아버지의 반역으로 오염된) 당신의 어린 자녀들에게 그 범죄의 오점에서 완전히 벗어나게 할 뿐만 아니라, 그들이 영주의 소유이고 재산이라는 것에서 벗어나게 한다면 당신에게 위로가 될 것이다. 비록 그들이 나이가 들 때까지 이것에 대해 아무것도 이해하지 못하더라도 말이다. 그러므로 하나님께서 그리스도 안에서 그들의 원죄를 용서하시고 그들을 그의 자녀로 삼으시며 그들에게 영생의 권리를 주신다는 것은, 그들을 대신하여 당신에게 훨씬 더 위로가 될 것이다. 그것이 그분의 언약의 자비다.

방향 제시-2 '그들이 능력이 되는 대로, 그들에게 그들이 맺은 언약이 무엇인지, 혜택이 무엇인지, 조건이 무엇인지 가르쳐서, 그들이 그것을 이해할 때 그들의 영혼이 기꺼이 그 언약에 동의하게 하고, 그들 자신의 인격 안에서 하나님과의 언약을 새롭게 하도록 진지하게 인도하라.' 그러나 자녀와 종을 가르치는 모든 방법은 별도로 설명할 것이다. 그러므로 여기서는 더 엄숙한 가르침보다 친숙한 대화를 통해 더 많이 행해지는 것을 제외하고는 모두 생략하겠다.

방향 제시-3 '당신에게 철저히 순종하도록 그들을 훈련시키고 그들의 의지를 꺾으라.' 그러기 위해서는 그들이 당신을 향해 경건하지 않거나 경멸적인 태도를 취하지 않도록 하고, 다른 한편으로는 거리를 유지하라. 지나친 친숙함은 경멸을 낳고 불순종하는 일을 대담하게 한다. 부모의 일반적인 방법은 자녀가 갈망하는 것과 원하는 것을 그들의 뜻이 성취될 때까지 하게 함으로써 자녀를 장시간 기쁘게 하는 것이다. 그렇게 하면 그들은 그들의 뜻이 거부되는 것과, 그들의 뜻이 막히는 것을 견디지 못하기 때문에 어떤 다스림도 받을 수 없다. 순종한다는 것은 자기 뜻을 버리고 부모나 다스리는 자의 뜻에 따라 다스려지는 것이다. 그러므로 그들 자신의 의지를 갖도록 그들을 사용하는 것은 그들에게 불순종을 가르치고, 일종의 순종이 불가능하도록 그들을 완고하게 하는 것이다. 그들에게 순종의 탁월함, 그것이 어떻게 하나님을 기쁘시게 하는지, 그들에게 다스림이 필요한 이유가 무엇인지, 스스로 다스리는 것이 얼마나 부적합한지, 자신의 의지를 갖는 것이 자기에게 얼마나 위험한 일인지에 대해 친근하고 사랑스러운 마음으로 자주 이야기하라. 자기 고집과 완고함이 얼마나 큰 수치인지 자주 말하며, 자기 고집대로 하는 아이들이 겪은 일에 대한 의견 청취를 다른 사람들도 듣게 하라.

방향 제시-4 '그들이 당신에게 너무 대담하지 않게 하고, 너무 이상하거나 두려워하지도 않게 하라. 그들을 종처럼 다스리지 말고 자녀처럼 다스려서 당신이 그들을 진심으로 사랑한다는 것과 당신의 모든 명령과 구속과 교정행위가 단지 당신이 원해서가 아니라 그들의 유익을 위한 것임을 깨닫게 하라.' 그들은 자신을 사랑하는 이성적인 존재로서, 자신을 사랑하는 사람들에 의해 다스려져야 한다. 당신이 그들을 사랑한다는 것을 그들이 인식하면 그들은 더 기꺼이 당신에게 순종할 것이며, 그들의 불순종을 회개하게 하기가 더 쉬울 것이며, 그들은 외적인 행동과 마찬가지로 마음으로도 당신에게 순종할 것이며, 당신의 앞에서와 마찬가지로 뒤에서도 당신에게 순종할 것이다. 그리고 당신에 대한 그들의 사랑은 (그들에 대한 당신의 사랑으로 인해 발생하는) 당신이 그들에게 추천하는 모든 선을 사랑하게 만드는 가장 중요한 수단임에 틀림없다. 그리하여 그들의 의지를 진실하게 하나님의 뜻에 일치시키고 그들을 거룩하게 하라. 당신이 그들에게 너무 별나고 너무 끔찍하다면 그들은 당신을 두려워할 뿐 당신을 많이 사랑하지 않을 것이다. 그리 되면 그들은 당신이 추천하는 책이나 행위를 좋아하지 않을 것이다. 하지만 위선자처럼, 당신의 얼굴 앞에서는 당신을 기쁘게 하려고 할 것이며, 비밀리에 그리고 등 뒤에서는 당신에게 신경 쓰지 않을 것이다. 아니, 그것은 그들이 당신의 다스림과 당신이 그들을 설득하는 모든 좋은 것을 혐오하도록 유혹할 것이며, 그들을 새장 속의 새처럼 도망쳐 자유를 얻을 기회를 엿보게 만들 것이다. 그들은 당신에 대한 두려움과 이상함으로 인해 당신을 좋아하지 않기 때문에, 하인과 게으른 아이들과 함께 더 많이 어울릴 것이다. 그리고 두려움은 그들을 거짓말쟁이로 만들 것이며, 그들의 탈출에 거짓말이 필요한 것처럼 보이게 할 것이다. 자녀에게 사랑을 많이 보여 주는 부모는 자녀가 잘못을 저질렀을 때 안전하게 엄중함을 보일 수 있다. 그러면 그들은 당신을 불쾌하게 하는 것이 그들의 잘못이지 그들의 인격이 아니라는 것을 알게 될 것이다. 자녀가 교정될 때 당신의 사랑이 그들을 당신과 화해시킨다. 부모가 항상 이상하거나 화를 내고, 자녀에 대한 교정을 적게 하고, 그들에게 부드러운 사랑을 나타내지 않는다면, 자녀는 소외되고 선한 일을 하지 않을 것이다. 자녀의 지나친 담대함은 당신이 깨닫기도 전에 그로 하여금 부모를 경멸하게 하고 모든 불순종을 저지르게 만든다. 그리고 지나친 두려움과 이상함은 그들에게서 부모의 보살핌과 다스림의 대부분의 유익을 빼앗아간다. 그러나 그들이 잘못했을 때만 엄하게 대하는 부드러운 사랑, 그리고 경건하고 적절한 거리를 유지하는 것은 그들에게 선을 베풀 수 있는 유일한 방법이다.

방향 제시-5 '자녀들이 하나님을 경외하는 마음을 갖고, 성경을 존중하는 마음을 갖도록 열심히 노력하라. 그런 다음 당신이 그들에게 명령하는 의무가 무엇이든, 금지하는 죄가 무엇이든 간에 그에 대한 명백하고 간절한 성경 구절을 그들에게 보여 주어, 그들에게 그것을 배우고 자주 반복하게 하라. 그래야 그들은 당신의 명령에서 이성과 신성한 권위를 발견할 수 있다.' 그들의 순종이 합리적이고 신성한 것이 되기 전까지는 형식적이고 위선적인 순종에 불과할 것이다. 당신이 그들을 보지 못할 때, 은밀히 그들을 지켜보아야 하는 것은 양심이다. 양심은 하나님의 경찰관이지 당신의 것이 아니다. 하나님의 이름으로 말하기 전까지 경찰관은 자녀들에게 아무 말도 하지 않을 것이다. 이것이 마음 자체를 복종시키는 길이다. 또한 그것들이 먼저 하나님의 계명인 것을 그들이 깨닫게 될 때, 당신의 모든 명령에 그들이 순응할 것이다. (이것에 대해서는 다음에 더 말하겠다.)

방향 제시-6 '하나님과 예수 그리스도와 성경과 장래의 생명과 거룩한 의무에 관해 말할 때에는 가장 크고 두렵고 가장 신성한 일을 말하듯이 항상 엄중하고 진지하고 경건하게 말하라.' 왜냐하면 아이들이 세부사항에 대해 명확한 이해를 갖기 전, 그들의 마음이 거룩한 문제에 대한 일반적인 경외심과 높은 존경심을 갖게 하는 것이 희망찬 시작이기 때문이다. 왜냐하면 그것은 계속해서 그들의 양심을 경외하게 하고, 그들의 판단을 돕고, 편견과 불경한 경멸에 대항하여 그들을 안정시키고, 그들 안에 거룩함의 씨앗이 될 것이기 때문이다. 하나님을 경외하는 것이 지혜의 근본이다.[142] 그리고 하나님의 일에 대해 큰 경외심을 표현하는 부모의 말과 행동방식은 자녀에게 그와 같은 인상을 남기는 매우 큰 힘을 가지고 있다. 좋은 일을 하게 된 경건한 부모 밑에서 자란 대부분의 자녀들은, (부모가 이 점에서 의무를 다했다면) 그들이 마음속에서 느낀 첫 번째 선은, 그들의 부모의 말과 행동이 그들에게 가르쳐 준, 하나님을 경외하는 것이었다고 말할 수 있다고 확신한다.

---

142) 시 111:10; 잠 1:7, 9:10

방향 제시-7 '거룩한 사역자와 사람들에 대해서는 큰 존경과 칭찬으로 말하고, 모든 죄와 경건하지 않은 사람들에 대해서는 그들 앞에서 항상 비난과 혐오로 말하라.'[143] 이것 또한 자녀가 부모로부터 빠르고 쉽게 얻을 수 있는 것이다. 자녀들은 특정한 교리를 이해하기 전에 일반적으로 어떤 사람이 가장 행복하거나 비참한지를 배울 수 있으며, 부모의 판단에 따라 좋아함과 싫어함을 배우기 쉬우며, 이는 이후의 그들의 모든 삶의 선과 악에 큰 영향을 끼친다. 만일 당신이 하나님을 경외하는 자들에 대해 선하고 존경할 만한 생각을 가지고 있다면, 그들은 그 후에 그들을 좋게 생각하고, 그들에 대해 악하게 말하는 자들을 싫어하고, 그러한 설교자들의 말을 듣고, 스스로 그러한 그리스도인이 되기를 원하게 될 것이다. 따라서 이 점과 앞서 말한 요점에서 자녀들의 은혜의 첫 번째 감동이 일반적으로 느껴진다는 것이다. 그러므로 다른 한편으로, 부모가 거룩한 것들과 사람들에 대해 경멸하거나 가볍게 말하고, 하나님과 성경과 내세에 관해 불경건하게 말하거나, 경건한 사역자나 사람들을 비방하거나 경멸적으로 말하거나, 종교생활의 특별한 의무에 대해 농담하는 것을 듣는 것은 자녀들에게 가장 해로운 일이다. 이 자녀들은 때때로 그들의 마음속에 편견이나 불경한 경멸을 수시로 받아들이기를 좋아하며, 하나님의 사랑과 거룩함에 대한 문을 닫고 그들의 구원을 훨씬 더 어렵게 하고 구원을 훨씬 더 작은 희망의 일로 만들 수 있다. 그러므로 나는 여전히 사악한 부모는 온 세상에서 가장 주목할만한 마귀의 종이며 자녀의 영혼에 가장 피비린내 나는 적이라고 말한다. 세상의 어떤 도구보다 불경건한 부모에 (그리고 불경건한 사역자와 치안판사) 의해 저주받는 영혼이 더 많다. 그러므로 온 나라가 일반적으로 하나님의 길에 대한 적개심에 휩싸인다. 이방 나라들이 참 하나님을 대적하며 불신하는 나라들이 그리스도를 대적하며 교황주의 나라들이 개혁과 영적 예배자들을 대적하니, 이는 부모가 자녀에게 자기가 싫어하는 모든 것을 자녀에게 악하게 말하기 때문이다. 그래서 그들은 대대로 똑같은 혐오감을 소유하게 된다. "악을 선하다 하며 선을 악하다 하며 흑암으로 광명을 삼으며 광명으로 흑암을 삼으며 쓴 것으로 단 것을 삼으며 단 것을 쓴 것으로 삼는 자는 화 있을진저."[144]

방향 제시-8 '그들의 모든 교육에 있어서 당신의 관심과 수고의 주된 부분은, 자녀들에게

---

143) 사 3:7-9, 11; 시 10:2-4, 15:4, 101, 3-8
144) 사 5:20

서 거룩함이 가장 필요하고, 명예롭고, 유익하고, 즐겁고, 유쾌하고, 우호적인 삶의 상태로 나타나게 하는 것이고, 그들이 거룩함을 불필요하거나, 불명예스럽거나, 상처를 주거나, 불편한 것으로 여기지 않게 하라.' 특히 거룩함을 사랑스러운 것으로 표현함으로써 그것에 대한 그들의 사랑을 이끌어 내라. 그러므로 그들에게 가장 쉽고 감사한 것부터 (성경의 역사, 순교자들의 삶, 다른 훌륭한 사람들의 삶, 짧고 친숙한 교훈 등) 시작하라. 비록 그들을 죄에서 제지할 때에도 처음에 가장 높은 단계로 이야기해야 하며, 최소한의 단계를 허용함으로써 그들을 죄에서 벗어나게 하려 생각해서는 안 된다. (모든 수준에서 더 많은 것을 규제하고 허용해서는 안 되며 일반적인 개혁이 가장 쉽고 절대적으로 필요하다.) 그러나 신앙적 의무를 실천할 때에는 단계적으로 수행해야 하며, 처음에는 감당할 수 있는 정도 이상은 부과하지 않아야 한다. 즉 그들에게 너무 높은 영적인 교리를 배우게 하거나 그들에게 지나치게 부담스러운 질이나 양을 얻기 위한 의무를 부과하지 않아야 한다. 왜냐하면 당신이 일단 그들의 마음을 종교에 반대하게 하여 종교가 노예 생활과 지루한 삶처럼 보이게 한다면, 당신은 그들을 신앙에 대해 저항하게 하는 길을 택하는 것이다. 그러므로 모든 자녀를 똑같이 사용해서는 안 된다. 모든 위장에게 똑같이 먹도록 강요해서는 안 되는 일이기 때문이다. 억지로 먹게 해서 과식하게 하면 그 고기는 평생 싫어하게 될 것이다. 나는 타락한 본성 자체가 이미 거룩함에 대한 적대감을 가지고 있다는 것과, 자녀들이 이 적대감에 절대 굴복해서는 안 된다고 알고 있다. 그러나 나는 신앙에 대한 그릇된 설명과 경솔한 교육은 적대감을 증가시키는 방법이며, 마음에 있는 적대감, 그것을 극복하는 것은 마음과 사랑에 의한 변화이지 제약이 아니라는 것을 안다. 제약은 사랑으로 마음을 화해시키는 데 기여하지 않는다. 자녀의 거룩한 교육을 위한 부모의 모든 기술은 자녀로 하여금 거룩함을 가장 유쾌하고 바람직한 삶으로 생각하게 하는 것이고, 가장 필요한 것일 뿐만 아니라 가장 유익하고 명예롭고 즐거운 것으로 말과 실천에 의해 그들에게서 나타나게 하는 것이다. "그 길은 즐거운 길이요 그의 지름길은 다 평강이니라."[145]

방향 제시-9 '육체를 즐겁게 하는 관능이 얼마나 짐승과 같고 죄악 된 것인지, 그리고 지

---

145) 잠 3:17

혜롭고 선한 일을 하는 마음의 즐거움이 얼마나 더 큰지 자녀들에게 자주 말하라.' 당신의 가장 큰 관심은 육체를 즐겁게 하는 것에서 그들을 구원하는 것이다. 이는 일반적으로 모든 죄악의 총체일 뿐 아니라 특별한 자녀들이 가장 쉽게 저지르는 죄악이다. 그들의 육체와 감각은 다른 사람만큼 살아 있기 때문이다. 그들은 믿음만 아니라 그것에 저항할 분명한 이유도 원한다. 따라서 (그들의 타고난 사악함 외에도) 이성 없이 감각에 (유아기에나 있는 거의 쓸모없는) 순종하는 관습은 이 해로운 죄를 훨씬 더 증가시킨다. 그러므로 여전히 삶에 육체만을 즐겁게 하려는 생각의 혐오스러움을 그들의 마음에 각인하기 위해 노력하라. 탐식과 술취함, 과도한 스포츠에 대해 반대하고 그들에게 신랄하게 말하라. 그리고 누가복음 16장에 나오는 탐식하는 자와 거지 **나사로**의 비유를 자주 듣거나 읽게 하고, 책 없이도 배우게 하라. 로마서 8장 1, 5-9, 13절과 13장 13, 14절을 종종 반복해서 말하라.

방향 제시-10 '이 목적을 위해, 또한 그들의 육체의 건강을 위해, 그들의 식욕을 엄격히 제한하라(그들은 스스로 억제할 수 없다). 음식의 양과 질에 있어서 가능한 한 이성의 규칙을 정확하게 지키게 하라.' 그러나 그들에게 절제하는 이유를 알려주라. 그렇지 않으면 자녀들은 비밀리에 자신의 한계를 깨려고 더욱 노력할 것이다. 내가 아는 대부분의 부모들은 자녀에게 고기와 음료를 주어 즐겁게 하고 과식하게 함으로써 자녀의 건강과 영혼에 큰 상처를 입히고 위험에 빠뜨리는 죄를 범하고 있다. 내가 그들을 자기 자녀들에게 마귀와 살인자와 같다고 한다면 그들은 내가 너무 심하게 말한다고 생각할 것이다. 그러나 나는 그들이 (그들의 보호 안에 있는 동안) 자녀들의 영혼과 육체를 파괴하는 것과 같은 큰 기회를 제공하지 않기를 바란다. 그들은 자녀들을 탐식에 익숙하게 하고 식욕의 지배를 받게 함으로써 그들의 영혼을 파괴한다. 이것은 하나님의 특별한 은혜 없이는 세상의 모든 가르침으로 극복하기 어려운 것이다. 세상의 모든 악과 사악함은 육체의 소욕을 기쁘게 하는 것이 아니면 무엇인가? 그리고 그들이 이것에 익숙해지면 그것은 그들의 죄와 불행의 원인이 된다. 그리고 그들은 날것과 다른 해로운 것들로 식욕을 즐겁게 하여 그들의 몸을 파괴한다. 특히 과식으로 본성이 익사하고 압도함으로써 몸을 파괴한다. 그리고 이 모든 것은 짐승 같은 무지와 자만심과 결합하여 자신을 넘어지게 만든다. 그들은 식욕이 먹고 마시는 것의 척도라고 생각하며, 목이 마르면 마시고(어떤 술꾼들이 늘 그러하듯이), 배가 고프면 먹어도 과하지 않다고 생각한다. 당장 아프지 않거나 다시 토하지도 않기 때문에 동물적인 사람들은 그것이 해를 끼치지 않고 좋다고 생각한다. 당신은 다음과 같이 미친 사람들이 말하는 것을 듣게 될 것이다. '내가 보증하는데, 그들이 원할 때 먹고 마시는 것이 해를 끼치지 않을 것이며, 그것은 그들을 강하고 건강하게 만들 것이다. 나는 그렇게 엄격하게 다이어트를 하는 사람들이 다른 사람들보다 건강하다고 생각하지 않는다.' 반면에 이 모든 것이 본성에 부담을 주고 소화를 파괴하며 신체의 모든 체액을 손상시켜 가래와 오물의 거름더미로 만든다. 그것은 그들이 살아 있는 동안 그들에게 닥칠 거의 모든 질병을 번식시키고 먹이는 연료가 된다. 그리고 일반적으로 (탐식에 대한 방향 제시의 1부에서 충분히 설명한 바와 같이) 그들을 때아닌 종말에 이르게 한다. 그러므로 자녀의 영혼이나 육체를 사랑한다면, 어린시절부터 절제하게 하고 그들의 식욕이나 갈망하는 의지가 아니라 당신 자신의 이성이 그들의 식단을 선택하고 척도가 되어야 한다. 그들에게 적게 먹게 하고, (식욕을 적당히 만족시키거나 본성이 싫어할 정도로 먹지 말고) 고운 음식보다는 거친 음식을 먹게 하라. 당신이 그 양을 직접 계량하여 보고, 종이 더 주거나 식사 사이와 때에 맞지 않게 먹거나 마시지 못하게 하라. 그리하면 당신은 그들의 관능적인 성향을 극복하도록 돕고, 이성이 그들의 삶을 지배하게 될 것이다. 그리고 당신은 하나님 아래서 그들이 건강한 신체 기질을 갖도록 도울 수 있는 한 많은 일을 할 것이다. 이는 그들에게 매우 큰 자비가 될 것이며, 평생 동안 그들의 의무를 수행하는 데 적합하게 할 것이다.

방향 제시-11 '스포츠와 레크리에이션은 그들의 건강과 활기에 필요한 만큼 하되 더 재미있는 것에 마음을 빼앗겨 책이나 다른 의무에서 멀어지게 하거나 게임이나 탐욕에 빠질 정도로는 하지 않아야 한다.' 자녀는 신체의 건강과 정신의 활력을 위해 편리한 운동을 해야 한다. 몸을 잘 훈련시키는 것이 가장 좋으며 몸을 거의 움직이지 않는 것은 좋지 않다. 카드와 주사위와 같은 한가한 스포츠는 몸과 마음을 모두 해치는 경향이 있으므로 모든 면에서 가장 부적합하다. 또한 그들의 시간을 제한하여 그들의 놀이가 그들의 일이 되지 않도록 해야 하며, 그들이 이성과 언어를 사용할 수 있게 되자마자 더 나은 것을 가르쳐야 하며, 그들이 다섯 살이나 여섯 살이 될 때까지 아무것도 하지 않고 놀면서 모든 시간을 낭비하는 습관을 들여서는 안 된다. 자녀들은 더 많은 것을 준비할 수 있는 무언가를 아주 일찍부터 배울 수 있다.

방향 제시-12 '교만의 죄를 근절하기 위해 모든 지혜와 부지런함을 다하라. 그러기 위해서는 (어리석은 부모들이 흔히 그러하듯이) 그들을 화려하게 살게 해 주며, 그들이 얼마나 훌륭한 지 말해 줌으로써 그들을 기쁘게 하지 말라. 그러나 그들의 겸손과 평범함을 칭찬하고 교만과 날카로움에 대해서 수치라고 말함으로써 그들의 마음에 혐오감을 일으키게 하라.' 하나님께서 교만한 자를 미워하시고 대적하시며 겸손한 자를 사랑하시고 존귀하게 여기신다는 성경 구절을 배우게 하라. 그들이 고운 옷을 입은 다른 아이들을 보거든, 그들이 그들처럼 되고 싶어 하지 않도록 그들에게 그것을 수치라고 말하라. 자랑과 그들이 빠지기 쉬운 다른 모든 교만에 대해 말하라. 그러나 그들에게 있는 모든 좋은 것을 칭찬하라. 왜냐하면 그것은 그들에 대한 마땅한 격려이기 때문이다.

방향 제시-13 '자녀들에게 세상의 화려함과 허영심과 재물과 이기심과 탐욕의 죄에 대해 불명예스럽게 말하고, 그것과 그것에 유혹될 수 있는 모든 것을 부지런히 경계하게 하라.' 그들이 큰 집과 정기적인 모임과 화려함을 볼 때, 이것은 불쌍한 죄인들이 이 세상을 사랑하도록 유혹하여 그들의 영혼과 다가올 세상을 잃게 만드는 마귀의 미끼라고 말하라. 그들에게 천국이 이 모든 것보다 얼마나 뛰어난지 말해 주라. 그리고 세상을 사랑하는 자들은 결코 천국에 올 수 없고 오직 겸손하고 온유하며 심령이 가난한 자들이 천국에 간다고 말하라. 누가복음 16장에 나오는 부유한 탐식가에 대해 말해 주라. 그는 자주색 비단옷을 입고 날마다 맛있게 먹고 지냈다. 그러나 거지 **나사로**가 낙원의 기쁨을 누리고 있을 때, 그는 지옥에 떨어져 혀를 식힐 물 한 방울도 얻지 못했다. 악한 자들처럼 자녀에게 돈을 주고, 돈을 가지고 놀게 하고, 잘되게 해 주겠다고 약속하고, 세상의 부유하고 위대한 모든 것을 높이 말함으로써 자녀를 세속과 탐욕에 빠지게 하지 말라. 그러나 가난한 신자가 얼마나 더 행복한지 그들에게 말하고, 그들의 마음을 탐욕으로 유혹할 수 있는 모든 것에서 물러나게 하라. 형제를 자기 자신처럼 사랑하고 가진 것의 일부를 그들에게 주는 것이 얼마나 좋은지 가르치고 그것을 칭찬하라. 그리고 그들이 탐욕스러워 자기 것만 지키거나 쌓아 두려고 할 때 그들을 꾸짖으라. 이 모든 것은 이 악한 죄를 치료하기에 충분하지 않을 것이다. 시편 10편의 3절을 가르치라. "악인은 주께서 미워하시는 탐욕스러운 자를 행복하다고 생각한다."

방향 제시-14 '특히 거짓말, 욕설, 거친 말, 하나님의 이름을 망령되게 부르는 일에 대하여 자녀들의 혀를 조심하게 하라.' 그리고 하나님에 대한 그러한 죄보다 더 가벼운, 일상적인 문제에 대한 많은 잘못을 빨리 용서하라. 그들에게 이 모든 죄의 끔찍함을 말하고, 그것을 가장 분명하게 정죄하는 말씀을 그들에게 가르치고, 그들이 죄를 지었을 때 결코 지나치거나 가볍게 여기지 말라.

방향 제시-15 '자녀들을 나쁜 친구, 특히 경건하지 않은 놀이 친구들에게서 가능한 한 떼어놓으라.' 그들과 함께 어울리는 것은 세상에서 아이들을 멸망시키는 가장 큰 위험 중 하나이다. 특히 그들이 일반 학교에 보내질 때 더욱 그렇다. 그렇게 좋은 학교는 드물고, 그 안에 무례하고 불경건하게 가르침을 받은 아이들이 많으며, 그들은 무례하고 더러운 말을 하며, 상스러운 말과 욕설을 자랑거리로 삼을 것이며, 게다가 싸우고, 장난하고, 조롱하고, 수업을 소홀히 할 뿐만 아니라, 자기처럼 하지 않는 자를 때리거나 학대하지 않는다면 비웃을 것이다. 그리고 불을 붙일 수 있는 불쏘시게 같은 불씨가 본성에 있어서, 그런 아이들이 많지는 않지만, 다른 사람들이 하나님의 이름을 망령되게 부르거나, 음란한 노래를 부르거나, 더러운 말을 하거나, 비난하는 이름으로 서로 부르는 것을 들었을 때, 그들은 빨리 모방할 것이다. 당신이 집에서 가까이 관찰해 봤을 때, 그들은 밖에서 짐승 같은 악에 감염되었기 때문에 치료된 후에도 내내 어려움이 있다. 그러므로 능력이 있는 사람들은 가정에서, 또는 잘 관리하는 사립학교에서 자녀를 키우도록 하라. 그렇게 할 수 없는 사람들은 더욱 그들을 경계하게 하고 가장 좋은 사람들과 어울리도록 해야 한다. 그리고 그들에게 이러한 행동의 끔찍함과 그렇게 행하는 사람들의 사악함에 대해 이야기하라. 그리고 경건하지 않은 자녀들에 대해 매우 수치스럽게 말하라. 모든 것을 다하고, 모든 해독제로 대응하여, 그들이 전염병에서 회복된다면, 그것은 하나님의 큰 은혜다. 그러므로 자녀들을 가장 저질의 학교와 회사에 보내고, 세상의 흐름에 무지하고 잘 자라지 못할 것 같고, 동급의 다른 사람들과 같지 않을 것이라는 구실로, 그후에 로마나 다른 불경한 나라나 교황주의 국가에 모험적으로 보내어 세상의 유행과 풍습을 배우게 하는 사람들은, 자신이 원하는 대로 생각하고 추론하게 할 수 있다. 나는 아들을 마귀에게 팔아 넘기거나 포기하는 죄를 짓는 것보다 차라리 굴뚝 청소부가 되는 것이 낫다고 생각한다.

탐구 '그러나 부모가 자기 아들을 여행 보내는 것은 합법적이지 않은가?'

답변 다음과 같은 경우에는 가능하다. 1. 그가 성숙하고 확증된 그리스도인 즉, 변질될 위험이 없고 진리의 적들에게 저항할 수 있고 복음을 전하거나 다른 사람들에게 선을 행할 수 있으며, 또한 그를 초대할 만큼 충분한 사업이 있는 경우. 2. 또는 그가 지혜롭고 경건한 사람들과 동행하고 그러한 사람들이 그의 동반자가 되어 그의 손실과 위험보다 그가 얻을 이익의 확률이 크다면. 3. 또는 그가 집에서 대화하는 것보다 더 현명하고 학식 있는 사람들 가운데 있는 종교적인 나라에 가는 것으로, 행로에 대한 충분한 동기를 가지고 있는 경우는 가능하다. 그러나 젊고 원초적이며 불안정한 사람들을 로마 가톨릭교와 불경하고 음탕한 사람들 사이에 보내는 것은(아마도 어떤 냉정한 사람이 그들과 함께 있다면 모를까), 세상의 나라와 유행을 보기 위해서만 보내는 것이므로 그리스도인에게는 어울리지 않는 행동이다. 인간 본성의 가증성과 젊고 부시시한 머리를 하고, 교묘하게 속이는 자, 그리고 죄와 오류로 오염된 사람들의 변덕과 영혼의 가치를 아는 그리스도인에게는 어울리지 않는 행동이고, 그리스도인은 어떤 요술사나 마녀처럼 행동하지 않을 것이고, 심지어 세상의 유행을 보고 알기 위해서 영혼을 마귀에게 팔지 않을 것이다. 아아, 나는 그들을 보기 위해 멀리 여행하지 않고도 내 마음을 슬프게 할 만큼 충분히 알고 있다. 만약 다른 나라가 그리스도에 관한 사람이 더 많고 천국에 더 가깝다면 그 초대는 훌륭한 것이다. 그러나 만일 거기에 죄와 지옥이 더 많다면 거기로 가기보다는 하나님의 말씀의 지도를 통해 지옥과 그 주변을 아는 것이 더 나을 것이다. 그리고 그러한 자녀들이 마귀의 확정된 자녀들로 변하지 않고, 나라와 교회의 재앙이 아니라는 것이 입증되면, 부모나 자신이 아니라 특별한 은혜에 감사하게 하라. 그들은 교육이라고 부르는 허영심을 과대평가하기에, 가장 중요한 부분을 (심지어 하늘의 지혜, 거룩함, 구원까지도) 위험에 빠뜨릴 것이며, 그토록 헛된 그림자를 위해 멀리까지 갈 것이다.

방향 제시-16 '자녀들에게 시간의 소중함을 알게 하고, 한 시간도 허비하지 않도록 가르치라.' 시간이 얼마나 소중한지, 사람의 생명이 얼마나 짧은지, 사람의 일은 얼마나 위대한지, 우리의 끝없는 기쁨이나 비참한 삶이 이 짧은 시간에 달려 있다는 것을 그들에게 자주 말하고, 놀며 시간을 허비하는 자들의 죄에 대해 심각하게 말하라. 그들의 모든 시간을 기록하고 잠을 너무 많이 자거나 놀거나 다른 방법으로 잃어버리지 않게 하고 여전히 그들의 시간에 합당한 일을 하게 하라.

　당신의 자녀를 근면하고 노동하는 삶으로 훈련시키고, 그들이 어렸을 때 안일하고 게으르지 않게 하라. 떠돌이 거지들과 너무 많은 상류사회사람들은 이런 방법으로 그들의 자녀, 특히 여성들을 완전히 망가뜨리고 있다. 그들은 어떤 소명도 받지 않고, 어떤 직업에 관해서도 훈련하지 않으며, 기껏해야 장식과 오락만 할 뿐이다. 따라서 그들은 여가 시간만 있는데, 이는 그들이 가진 시간 중에서 일부만 사용되어야 하는 것이다. 그래서 부모의 죄로 인해 그들은 게으른 삶에 빠져 있으며, 그 후에는 그것을 극복하기가 매우 어렵다. 그래서 그들은 살기 위해서만 사는 돼지나 해충처럼 살며, 사는 것으로 세상에 작은 유익을 끼친다. 일어나서 옷을 입고, 치장하고, 산책하고, 저녁을 먹고, 카드나 주사위나 잡담이나 한가한 이야기나 놀이나 방문이나 오락을 하고, 간식을 먹고 다시 잡담을 하고 잠자리에 드는 것은, 하나님에 대한 큰 의무가 있고, 할 일이 있다는 것을 아는 사람이라면, 그것은 한탄스러운 삶이다. 그들은 기도에 위선적이고 마음 없는 몇 마디 말만 끼워 넣으면 하루를 경건하게 보냈다고 생각한다. 그렇다. 그렇게 게으른 육체 교육으로 인해 많은 사람들의 건강이 완전히 파괴되었다. 따라서 사용하지 않으면 건강을 유지하는데 필요한 상당한 움직임이나 운동을 할 수 없게 된다. 상류층의 집이 어떻게 병원과 같은지 보면, 연민의 마음이 들것이다. 그들의 교육은 특히 여성들을 절름발이, 병든 자, 병상에 누워 있는 자처럼 만들었다. 그래서 수익성 있는 일에 종사해야 할 하루의 한 부분을 침대에서 보내고 나머지는 아무것도 하지 않거나 아무것도 하지 않는 것보다 나쁘게 보내야 한다. 그들의 삶의 대부분은 질병으로 인해 비참해지기 때문에 그들의 다리가 그들을 운반하는 데 사용된다면 그들은 곧 숨이 차고 그들 자신의 짐이 되고 그들 중 소수는 하루 시간의 절반 이상을 제대로 살지 못한다. 그러나 불쌍한 피조물들아, 그들의 부모가 그들을 소돔의 죄, 교만, 빵의 풍족함, 게으름의 풍요 속에 빠뜨리지 않았더라면, 그들은 건강하여 영광스러운 그리스도인처럼 살았을 것이며, 그들의 다리와 팔은 완전하고 모양뿐 아니라, 그들이 사용하는데 도움을 주었을 것이다.

　방향 제시-17 '다음 규칙에 따라 필요한 교정을 재량으로 사용하라.' 1. (당연하지만) 교정을 너무 드물게 해서 아이들이 두려움이 없도록 방치하여 효과가 없게 하지 말고, 너무 자주 해서 아이들을 낙담하게 하거나 부모에 대한 증오심을 키워서는 안 된다. 2. 자녀의 기질에 따라 교정을 다르게 하라. 어떤 자녀는 너무 온순하고 소심하여 낙심하기 쉬우므로 교정을 거의 또는 전혀 하지 않는 것이 최선일 수 있다. 그리고 어떤 자녀는 너무 완고하고 고집스러우므로 불경건과 경멸로부터 그들을 지키기 위해 많이 그리고 날카롭게 교정해야 한다. 3. 세상일에 대한 잘못보다 하나님을 거스르는 죄를 (거짓말, 상스러운 말, 더러운 말, 모독 등) 더 중하게 여기라. 4. 화를 내면서 그들을 바로잡지 말고, 당신이 진정되었다는 것을 그들이 인식할 때까지 기다리라. 왜냐하면 그들은 교정의 이유보다는 당신의 분노가 원인이라고 다르게 생각할 것이기 때문이다. 5. 항상 그들에게 당신의 사랑의 부드러움을 보여 주고, 그들이 더 쉬운 방법으로 개혁될 수 있다면 당신이 그들을 바로잡기를 얼마나 꺼리는지 보여 주라. 그리고 당신이 그들의 유익을 위해 그렇게 한다는 것을 그들에게 확신시키라. 6. 그들의 죄를 정죄하는 성경구절을 읽게 한 다음, 그것을 바로잡으라고 명령하는 구절을 읽게 하라. 예를 들어, 거짓말이 그들의 죄라면, 먼저 잠언 12장 22절, "거짓말하는 입술은 여호와께 미움을 받아도 진실하게 행하는 자는 그의 기뻐하심을 받느니라"를 읽게 하라. 그리고 13장 5절, "의인은 거짓말을 미워하느니라." 요한복음 8장 44절, "너희는 너희 아비 마귀에게서 났으니… 거짓을 말할 때에는 제 것으로 말하나니 이는 그가 거짓말쟁이요 거짓의 아비가 되었음이라." 요한계시록 22장 15절, "개들과 점술가들과… 거짓말을 좋아하여 지어내는 자는 다 성 밖에 있으리라." 그리고 다음에는 잠언 13장 24절, "매를 아끼는 자는 그 아들을 미워함이라 자식을 사랑하는 자는 근실히 징계하느니라"고 했다. 잠언 29장 15절, "채찍과 꾸지람이 지혜를 주거늘 임의로 행하게 버려 둔 자식은 어미를 욕되게 하느니라." 잠언 22장 15절, "아이의 마음에는 미련한 것이 얽혔으나 징계하는 채찍이 이를 멀리 쫓아내리라." 잠언 23장 13, 14절, "아이를 훈계하지 아니하려고 하지 말라 채찍으로 그들 때릴지라도 그가 죽지 아니하리라 네가 그를 채찍으로 때리면 그의 영혼을 스올에서 구원하리라." 잠언 19장 18절, "네가 네 아들에게 희망이 있은즉 그를 징계하되 그의 우는 소리로 인하여 자비를 베풀지 말라." 당신이 아들을 포기하여 하나님께 불순종하고, 그를 미워하고, 그의 영혼을 멸망시키기를 원하는지 그에게 물어보라. 그리고 그의 이성이 자기를 교정하는 것이 합당하다고 확신할 때, 그것은 더욱 성공할 것이다.

방향 제시-18 '당신 자신의 모범을 통해 당신의 자녀들에게 흠 없는 언어와 생활의 거룩함과 하늘에 속한 것을 가르치고, 이를 배우고 실천하게 하라.' 부모의 모범은 선과 악 모두에서 자녀에게 가장 강력한 영향을 미친다. 당신이 하나님을 경외하며 사는 모습을 자녀가본다면, 그것이 인생에서 가장 필요하고 훌륭한 삶의 길이며 그들도 그렇게 해야 한다고 설득하는 데 큰 도움이 될 것이다. 그리고 그들이 육체적이고 방탕하며 경건하지 않은 당신의삶을 보고, 당신이 저주하거나 욕하고 더러운 말을 하거나 비웃는 말을 들으면, 그들은 크게담대하게 당신을 본받게 될 것이다. 당신이 그들에게 결코 좋은 말을 하지 않는다면, 그들은당신의 좋은 말보다 당신의 나쁜 삶을 더 빨리 믿을 것이다.

방향 제시-19 '자녀들의 영혼을 구원하고 교회나 국가를 위해 공적으로 유용하게 쓰이는데 도움이 되는 그런 직업과 삶의 길을 선택하라.' 비록 자녀들을 부유하게 할 수 있을지라도, 당신이 유혹을 받기 쉽고 구원에 가장 방해가 되는 직업을 선택하지 말라. 그러나 일꾼들에게 영원한 존재를 기억할 여유를 허용하고, 선을 얻고 선을 행할 수 있는 적절한 기회를 주는 직업을 선택하라. 견습생이나 종으로 일하려고 하면, 가능한 한 하나님을 경외하는 사람들과 하라. 죄로 완악하게 만드는 그런 자들과 함께 하지 말라.

방향 제시-20 '자녀들이 결혼할 수 있고, 필요하다고 생각되면, 적절한 시기를 살피라.' 부모가 너무 오래 기다려서 결혼에 대한 그들의 의무를 다하지 않으면, 자녀들은 종종 스스로결혼 취소의 길을 선택하는데, 이는 그들의 판단에 의해 선택하는 것이 아니라 애정을 이해하지 못하기 때문이다.

이와 같이 자녀에 대한 부모의 일반적인 의무를 설명했으니 다음으로 각 부모의 역할에 대해 특별히 말할 것이다. 그러나 장황함을 피하기 위해 특별히 두 가지 지침만 기억하기를 원한다.

1. 자녀가 어릴 때에 함께 있는 어머니는 부지런히 자녀를 가르치고 선한 것을 따르게 해야한다. 아버지가 해외에 있을 때 어머니는 그들을 가르칠 기회가 더 많이 있으며, 여전히 가장 필요한 것에 대해 그들에게 말하며 그들을 돌볼 기회가 있다. 이것은 세상에서 대부분의여성들이 하나님을 위해 할 수 있는 가장 큰 봉사이다. 훌륭한 사역자를 가진 축복받은 교회는 어머니들의 경건한 교육에 감사할 것이며, 하늘에 있는 수많은 영혼들이 첫 번째 효과적인 수단인 어머니들의 거룩한 보살핌과 부지런함에 감사할지도 모른다. 이런 식으로 (자녀

를 잘 교육하는) 훌륭한 여성은 일반적으로 교회와 국가 모두에 큰 축복이 된다. (그래서 어떤 사람들은 디모데전서 2장 15절의, "자녀를 낳는 것"을 하나님을 위해 자녀를 양육하는 것으로 이해하지만, 나는 오히려 **마리아**가 약속의 씨인 그리스도를 낳음으로써 축복이 있다고 생각한다.)

2. 당신이 그렇게 가난하지 않다면, 그리고 당신이 해야 할 일이 무엇이든 간에, 반드시 아이들에게 읽는 법을 가르치라. 그렇지 않으면 당신은 그들의 교육과 구원에 대한 단 하나의 도움까지도 박탈하는 것이다. 성경이 이성적인 피조물에게 한낱 작은 조각에 불과하고, 그들 자신이 성경을 읽는 것과 마찬가지로, 그리고 세상에 있는 많은 훌륭한 책들이 그들에게 밀봉되어 있거나 중요하지 않은 것으로 있다는 것은 매우 유감스러운 일이다. 그러나 하나님이 당신의 자녀는 당신의 책임이 아니며, 이 모든 염려와 수고를 덜어 주신다면 불평하지 말고 그것이 당신에게 가장 좋은 것이라고 믿으며 감사하라. 부모가 최선을 다했을 때, 그가 당신을 얼마나 많은 의무와 고통과 마음의 슬픔에서 해방시켜 주셨는지, 그리고 얼마나 작은 것으로 성공하게 했는지 기억하라. 이곳에서 자녀들이 얼마나 비참한 삶을 겪어야 하는지, 그들의 죄와 저주에 대한 두려움은 당신에게 얼마나 슬픈 일이겠는가!

제11장

부모를 향한 자녀의 특별한 의무

자녀에 대한 가르침이라 할지라도 성숙한 나이에 있는 자녀들에게는 그다지 큰 힘을 발휘하지 못한다. 왜냐하면 그들의 타고난 무능력과 분별력 없이 이성을 짓누르는 유치한 정열과 쾌락 때문이다. 그러나 그들이 가지고 있는 이성의 기준은 훈련되어야 하고 훈련을 통해 개선되어야 하기 때문에 그들에게 어느 정도 말해야 한다. 그리고 성숙한 사람들도 부모가 있는 동안 부모에 대한 의무를 알고 행해야 하고, 하나님께서는 어린아이들도 그들의 의무를 수행할 때 축복하시곤 했기 때문이다.

방향 제시-1 '부모님을 진심으로 사랑하라.' 부모와 함께 있는 것을 기뻐하고, 한가하게 노는 동료들과 함께 있는 것을 더 좋아하고 부모와 같이 있는 것보다 밖에 나가서 노는 것을 더 좋아하는 비뚤어진 자녀처럼 되지 말라. 당신이 부모에게서 당신의 존재를 얻었다는 것과 그들의 허리에서 나왔다는 것을 기억하라. 당신이 그들에게 얼마나 큰 슬픔을 주었는지, 그들이 당신의 교육과 공급을 위해 얼마나 관심을 갖고 있는지 기억하라. 그들이 당신을 얼마나 부드럽게 사랑했는지, 그리고 당신이 목적을 달성하지 못하면 그들의 마음이 얼마나 슬퍼할 것인지, 그리고 당신의 행복이 그들을 얼마나 기쁘게 하는 것인지를 기억하라. 당신이 천성적으로나 현실에서 그들에게 빚진 사랑, 당신에 대한 모든 사랑, 당신을 위해 행한 모든 일을 기억하라. 그들은 당신의 행복이나 불행을 그들 자신의 삶의 행복이나 불행보다 더 크게 생각한다. 그러므로 당신 자신이 불행해짐으로써 그들의 행복을 빼앗지 말라. 당신 자신을 파멸시킴으로써 그들의 삶을 비참하게 하지 말라. 그들이 당신을 꾸짖고, 당신을 구속하고, 당신을 바로잡을지라도, 그들에 대한 당신의 사랑을 그치지 말라. 이것은 하나님께서 부모들에게 요구하시는 그들의 의무이며, 그들은 당신의 유익을 위해 이를 행하는 것이다. 부모가 당신을 징계하고, 당신 뜻대로 하지 못하게 한다고 해서 부모를 덜 사랑하는 것은 악한 자녀의 표시다. 비록 부모가 잘못이 많다고 할지라도 당신은 여전히 부모님으로서 그들을 사랑해야 한다.

방향 제시-2 '당신의 생각, 말, 행동 모두에서 당신의 부모를 공경하라.' 마음속으로 부모를 불명예스럽게 생각하거나 경멸하지 말라. 부모님에게나 또는 부모님에 대해 불명예스럽게, 무례하게, 불경하게, 뻔뻔하게 말하지 말라. 그들 앞에서 무례하고 불경하게 행동하지 말라. 참으로 당신 부모가 세상에서 가난하고 이해력이 약하지는 않다. 실로 그들이 경건하지 않지만, 이런 모든 것에도 불구하고 당신은 그들을 공경해야 한다. 부자나 지혜자나 경건한 자로 공경할 수 없더라도 부모로서 공경해야 한다. 제5계명에는 현세적 축복에 대한 특별한 약속이 있다는 것을 기억하라. "네 부모를 공경하라 그리하면 네 날이 길 것이다." 등등. 결과적으로 부모를 불명예스럽게 하는 사람은 이생에서도 특별한 저주를 받게 된다. 하나님의 공의는 보통 그것을 집행하는 데서 나타난다. 자기의 부모를 멸시하고 불명예스럽게 하는 자들은 세상에서 좀처럼 번영하지 못한다. 하나님께서 현세에서도 예기치 않게 복수를 하곤 하는 다섯 부류의 죄인이 있다. 그들은 1. 위증자 및 거짓 증인. 2. 살인자. 3. 박해자. 4. 신성 모독자. 그리고 5. 부모를 학대하고 불명예스럽게 하는 자들이다. 창세기 9장 22, 25절에 노아의 아들 **함**(Ham)에 대한 저주를 기억하라. 어떤 잘못 자란 경건하지 못한 자녀들이 그 부모를 경멸하고 무례하게 말하며 부모와 다투고 반박하며 마치 그들과 동등한 사람인 것처럼 말하는 것을 보고 듣는 것은 두려운 일이다. (그리고 일반적으로 그들을 그렇게 키우는 것은 부모들 자신이다.) 마침내 그들은 부모를 학대하고 비방하기까지 자랄 것이다. 잠언 30장 17절에, "아비를 조롱하며 어미 순종하기를 싫어하는 자의 눈은 골짜기의 까마귀에게 쪼이고 독수리의 새끼에게 먹히리라"고 했다.

방향 제시-3 '모든 일에 있어 부모에게 순종하라(하나님께서 금지하지 않은 일).' 자연이 당신을 당신 스스로 다스리기에 부적합하게 하였기에, 자연 속의 하나님은 당신을 위해 자비롭게도 다스리는 자를 마련하셨다는 것을 기억하라. 여기서 나는 먼저 순종이 무엇인지 말한 다음, 왜 그렇게 순종해야 하는지 말할 것이다.

I 부모에게 순종하는 것은 부모가 명령하는 것을 행하는 것이며, 그들이 금지하는 것을 삼가는 것이다. 왜냐하면 그렇게 하는 것이 그들의 뜻이기 때문이다. 당신은 1. 부모를 기쁘게 하려는 소망을 마음에 품고, 그들을 기쁘게 할 수 있는 것을 기뻐하고, 부모를 화나게 한다면 회개하고, 2. 당신의 지혜나 당신 뜻을 그들의 뜻에 거스르게 하지 말고, 그들의 명령을 기꺼이 순종하고, 마지못해 하거나 원망하거나 다투지 말라. 비록 당신의 방식이 최선이라 생각하고 당신의 욕망이 합리적이라 생각할지라도, 당신의 지혜와 의지를 그들의 것에 복종시켜야 한다. 그렇지 않으면 어떻게 순종하겠는가?

II 그리고 당신이 순종해야 하는 이유는 다음과 같다. 1. 그렇게 하는 것이 하나님의 뜻이며, 그분이 부모들을 직분자로 삼아 당신을 다스리게 하셨으니, 그들에게 불순종하는 것은 곧 하나님께 불순종하는 것이라고 생각하라. 에베소서 6장 1-3절을 읽어 보라. "자녀들아 주 안에서 너희 부모에게 순종하라 이것이 옳으니라 네 아버지와 어머니를 공경하라 이것은 약속이 있는 첫 계명이니 이로써 네가 잘되고 땅에서 장수하리라." 골로새서 3장 20절, "자녀들아 모든 일에 부모에게 순종하라 이는 주께서 기뻐하시는 것이다." 잠언 23장 22절, "너를 낳은 아비에게 청종하고 네 늙은 어미를 경히 여기지 말지니라." 잠언 13장 1절, "지혜로운 아들은 아비의 훈계를 들으나 거만한 자는 꾸지람을 즐겨 듣지 아니하느니라." 잠언 1장 8, 9절, "내 아들아 네 아비의 훈계를 들으며 네 어미의 법을 떠나지 말라 이는 네 머리의 아름다운 관이요 네 목의 금 사슬이니라." 2. 또한 네 부모의 다스림은 네 유익을 위하여 필요하다는 것을 생각하라. 이는 사랑의 다스림이다. 당신이 스스로 도울 수 없을 때 당신의 부모나 다른 사람들이 당신을 돌보지 않았다면 당신의 몸은 죽었을 것이다. 그러므로 당신을 가르치고 다스릴 다른 사람이 없다면 당신의 마음은 배우지 못하고 무식하여 짐승과 같을 것이다. 자연은 병아리에게 암탉을 따르도록 가르치고 모든 것이 어릴 때는 어미의 인도를 받고 안내받도록 가르친다. 그렇지 않으면 그들은 어떻게 될까? 3. 또한 부모가 당신에 대하여 하나님께 책임을 져야 한다는 것을 생각하라. 그들이 당신을 방치하면, **엘리** 제사장의 슬픈 예가 당신에게 말하는 것처럼 당신만 아니라 그들도 멸망할 수 있다. 그러므로 하나님께서 본성과 성경에 의해 당신을 위해 세우신 자들을 거역하지 말라. 제5계명이 명하는 것은 방백들과 주인과 목사들과 다른 상전들에게 순종할 것을 요구하지만, 그것은 오직 당신 아버지와 어머니만 언급한다. 이는 부모가 당신의 모든 통치자 중에서 첫째이며 본질적으로 당신에게 가장 큰 의무가 있기 때문이다. 그러나 당신은 아마도 어린 아이들은 부모의 다스림을 받아야 하지만 당신은 성숙하기에 스스로를 다스릴 만큼 지혜롭다고 말할 것이다. 거기에 대답한다. 하나님은 그렇게 생각하지 않는다. 그렇지 않으면 그분께서 당신 위에 통치자를 세우지 않았을 것이다. 당신은 그분보다 더 현명한가? 자신을 다스릴 만큼 충분히 현명한 사람은 이 세상에 극소수에 불과하다. 그렇지 아니하면 하나님이 지금까지 하신 것처럼 그들 위에 방백과 치안판사와 목사와 교사를 세우지 않았을 것이다. 가족의 종들은 당신만큼 나이가 많지만 스스로 다스리는 자가 되기에 부적합하다. 하나님은 당신을 주인 없는 자들로 내버려두시기보다 당신을 더 사랑한다. 왜냐하면 젊음은 경솔하고 경험이 없다는 것을 알기 때문이다.

탐구 '그러나 자녀들은 얼마나 오랫동안 부모의 명령과 다스림 아래 있어야 하는가?'

답변 부모의 다스림에는 그 목적과 용도에 따라 여러 가지 행위와 정도가 있다. 그들의 다스림의 어떤 행위는 다만 당신에게 말하는 법을 가르치고, 어떤 것은 당신에게 노동과 소명을 가르치고, 어떤 것은 당신에게 예의와 하나님 경외함과 성경 지식을 가르치고, 어떤 것은 더 이상 부모의 가까운 가르침이 필요 없는 그런 생활 방식에 당신을 정착하게 하는 것이다. 이러한 목적 중 하나가 완전히 달성되고 부모의 다스림이 당신을 도울 수 있는 모든 것을 당신이 갖추게 되면, 당신은 부모 다스림의 해당 부분을 벗어난 것이다. 그러나 여전히 당신은 그들에게 사랑과 명예와 존경을 돌려드릴 의무가 있는 것뿐 아니라, 당신의 도움과 인도를 위해 그들이 임명받은 모든 일에 지속적으로 순종해야 한다. 비록 당신이 결혼했을 때, 당신이 당신의 재산에 대한 소유권을 가지고 있어, 그들이 전처럼 당신에 대한 엄격한 명령을 하지 못하더라도, 그들이 당신에게 하나님이나 부모에 대한 의무를 명령한다면 당신은 여전히 그들에게 순종할 의무가 있다.

방향 제시-4 '당신을 위해 부모가 당신에게 공급하는 것과 당신에 대한 처분에 만족하라.' 그들에 대해 반항적으로 불평하지 말고 당신을 대하는 것에 대해 불평하지 말라. 더군다나 그들의 뜻에 반하는 일을 받아들이지 말라. 더 나은 삶을 누리지 못한다는 이유로, 운동과 놀이를 할 수 없다는 이유로, 더 좋은 옷이 없다는 이유로, 자신의 재량에 따라 소비하고 사용할 돈이 없다는 이유로 불만을 품고 불평하는 것은 순종하는 자녀가 아니라 육체적인 반역자가 하는 일이다. 당신은 다스림 아래 있지 않은가? 원수의 다스림이 아니라 부모의 다스림이 아닌가? 당신 부모의 분별보다 당신 정욕과 쾌락이 당신을 다스리는데 더 적합한가? 당신이 가진 것에 감사하고, 당신이 그것을 받을 자격이 없고 값없이 소유하고 있음을 기억하라. 당신을 이렇게 불평하게 만드는 것은 당신의 교만이나 육체의 관능 때문이지, 당신 안에 있는 어떤 지혜나 미덕 때문이 아니다. 그 교만과 육체적인 마음을 내려 놓으면 당신의 뜻을 그토록 열망하지 않을 것이다. 당신의 부모가 음식이나 의복이나 경비에 있어서 당신에게 너무 혹독하게 대했다면 어떨까? 그것이 당신에게 어떤 해를 끼치는가? 이기적이고 관능적인 마음 외에는 아무도 그것을 크게 문제 삼지 않을 것이다. 너무 낮게 키우고 너무 적게 먹이는 것보다,

너무 높게 키우고 너무 배부르고 맛있게 먹이는 것이 영혼과 육체에 백배 더 위험하다. 하나는 교만과 탐식과 방탕과 건강과 생명을 전복시키는 경향이 있고, 다른 하나는 겸손하고 절제하며 자기를 부인하는 삶과 육체의 건강과 건전성을 유지하는 데 도움이 된다. 민수기 16장에 **모세**와 **아론**을 원망하던 반역적인 원망자들에게 땅이 어떻게 열려서, 그들을 삼켜버렸는지 기억하라. 그것을 읽고 당신의 경우에 적용하라. 그리고 **다윗** 왕의 아들 반역자 **압살롬**의 이야기를 기억하라. 그리고 누가복음 15장의 탕자의 어리석음을 기억하고, 자기 마음대로 하기를 원하거나, 헛된 마음의 소원을 이루려고 애쓰지 말라. 당신이 부모에게 만족스럽게 복종하는 동안 당신은 하나님의 길을 따르며 그분의 축복을 기대할 수 있다. 그러나 당신 스스로 고기를 베어 나누어 주는 사람이 될 때, 당신은 반역자들이 받는 처벌을 받을 수 있다.

방향 제시-5 '자신을 낮추고, 부모가 시키는 일에 복종하라.' 당신이 자신의 영혼을 사랑하기 때문에, 교만한 마음으로 '이 일은 나에게 너무 천하고 고된 일'이라고 불평하거나, 또는 게으른 마음과 몸으로 인해 '이 일은 나에게 너무 어렵고 힘든 일'이라고 말하거나, 또는 어리석고 놀기 좋아하는 마음으로 인해 책을 읽거나 일하는 것에 싫증을 느끼고 스포츠를 즐기며 '이것은 나에게 너무 지루한 일'이라고 말하지 않도록 주의하라. 당신의 수고와 부지런함으로 인해 당신에게 닥치는 상처는 거의, 전혀 없다. 그러나 젊은 시절에 게으름과 관능의 기질이나 습관을 갖는 것은 위험한 일이다.

방향 제시-6 '당신의 부모나 선생님으로부터 가르침을 받는 것과, 특히 하나님을 경외하는 것에 대한 가르침과 당신의 구원의 문제에 대한 가르침에 기꺼이 감사하라.' 이것이 바로 당신이 태어나서 사는 이유이다. 이것은 부모가 당신에게 가장 먼저 가르쳐야 할 책임이 있는 것이다. 지식과 거룩함이 없다면 세상의 모든 부귀와 명예는 아무 가치가 없으며, 모든 즐거움은 당신을 파멸시킬 뿐이다. 자녀가 기꺼이 하나님의 말씀을 배우고 사랑하고, 그 말씀을 마음에 간직하고, 그것에 대해 이야기하고, 순종하고, 영생을 위해 일찍이 준비하는 것은 그것을 아는 부모에게 얼마나 큰 위로가 되겠는가! 그런 자녀들이 부모보다 먼저 죽으면, "천국은 이런 자의 것이니라"[146]고 말씀하신 그리스도의 품에 안기는 것 같아 얼마나 기쁘게 그

---

146) 마 19:14

들과 헤어질 수 있겠는가! 만일 부모가 먼저 죽으면 그 세대에 하나님을 섬기고, 그 뒤를 따라 천국에 가서 영원히 함께 살 수 있는 거룩한 씨를 남겨둘 수 있으니 얼마나 기쁜 일인가! 그러나 그들이 살든 죽든 하나님의 말씀과 길을 사랑하지 않고 가르침 받기를 좋아하지 않으며 자기의 방탕한 길을 제어하지 않는 불경건한 자녀들은 부모에게 얼마나 가슴 아픈 존재인가!

방향 제시-7 '당신 부모가 당신에게 하는 징계에 인내심을 가지고 복종하라.' 하나님께서 그들에게 징계하라고 명하신 것은 당신의 영혼을 지옥에서 구원하기 위한 것이라고 생각하라. 또 그들이 당신에게 원인이 있음에도 징계하지 않으면, 당신을 미워하는 것이며, 당신이 울 때에 돕지 않는 것이다.[147] 그것은 그들의 기쁨이 아니라 당신 자신의 필요를 위한 것이다. 잘못을 하지 않으면 징계를 피할 수 있다. 당신 부모는 당신이 우는 소리를 듣는 것보다 당신이 순종하는 것을 얼마나 더 좋아하겠는가! 당신이 징계받는 것은 그들 때문이 아니라 당신 때문이다. 그들에게 화를 내지 말고 당신 자신에게 화를 내라. 징계를 통해 더 나아지기보다 부모를 미워하여 더 나빠지는 것은 악한 자녀다. 징계는 하나님이 지정한 수단이다. 그러므로 무릎을 꿇고 기도로 하나님께 나아가서 그 일이 당신에게 유익이 되도록 축복하고 거룩하게 해 달라고 간청하라.

방향 제시-8 '스스로 친구를 선택하지 말고 부모가 정한 친구를 택하라.' 나쁜 친구는 자녀를 망치는 첫 번째 요인이다. 스포츠에 대한 사랑 때문에 게으르고 방탕하고 불순종하며 저주하고 욕하고 거짓말하고 더러운 말을 하고 책이나 의무에서 멀어지게 하는 그런 놀이 친구들을 선택한다면, 이것은 지옥으로 가는 마귀의 고속도로다. 부모가 당신의 친구를 선택해 주는 것이 가장 적합하다.

방향 제시-9 '부모의 선택이나 동의 없이는 자신의 소명(calling)이나 직업(trade)을 선택하지 않도록 하라.' 당신이 가장 선호하는 것을 부모님께 말씀드릴 수 있다. 하지만 선택하는 것은 당신보다 부모님에게 속한 것이다. 당신의 뜻을 부모님의 뜻에 따르도록 하는 것은 당신의 몫이다. 부모가 당신을 위해 불법적인 소명을 선택한다면, 당신은 (정중하게) 그것을

---

147) 잠 13:24, 19:18, 22:15, 23:13, 14, 29:15

거절할 수 있다. 그러나 그것이 단지 불편한 상황뿐이라면, 나중에 당신이 그들의 처분과 다스림으로부터 벗어날 때 더 나은 방향으로 가능하다면 바꿀 자유가 있다.

방향 제시-10 '부모님의 동의 없이는 결혼하지 말라.' 또한 만약 그렇다면 당신이 선택한 사람 중에서 부모님이 먼저 결정하도록 하라. 경험이 없는 젊은이는 공상과 열정으로 선택하지만, 경험 많은 부모님은 현명하게 선택할 것이다. 그러나 그들이 당신을 경건하지 않은 자들과 연합하게 하고 당신 삶을 죄악이나 비참하게 하려고 한다면 당신은 겸손하게 거절할 수 있다. 그러나 당신은 부모님이 더 나은 마음을 가질 때까지 올바른 수단을 사용하여 미혼으로 남아 순결하게 살 수 있다. 참으로 당신에게 결혼의 필요성이 명백한데도 부모가 거짓 종교나 당신에게 전혀 적합하지 않은 종교 외에는 허락하지 않는다면, 그런 경우 그들은 그들에게 주어진 권위를 상실한다. 부모의 권위는 당신의 교화를 위한 것이지 파멸을 위해 주어진 것이 아니다. 그런 다음 더 현명하고 충실한 다른 친구들과 상담해야 한다. 그러나 만일 당신이 부모의 뜻에 어긋나는 애정을 품고 (당신의 애정을 바꿀 수 없는 것처럼) 필연적인 척한다면, 이것은 하나님께 거룩하게 되어 축복을 받을 그런 삶의 상태에 죄를 짓는 것이다.

방향 제시-11 '만일 당신 부모가 궁핍하다면 당신 능력에 따라 구제하는 것이 당신의 의무다. 참으로 필요하다면 전적으로 그들을 부양하는 것이 당신의 의무다.' 당신이 할 수 있는 모든 것을 다해도 그들에게 받은 것을 되돌려주거나 그들과 동등하게 대해 줄 수 없다. 부모가 가난하게 되었을 때 그들에게 불충분한 생활비를 주어 낙담하게 하며, 자신은 부유하고 넉넉함에도 불구하고 부모를 종처럼 살게 하는 것은 비인간적인 짓이다. 당신의 부모는 여전히 당신의 윗사람으로 모셔야 하며, 아래 사람으로 대해서는 안 된다. 그들도 당신과 마찬가지로 잘 지내는지 살펴보라. 실로, 당신이 그들에게서 재물을 얻지 못했다 할지라도, 당신은 그냥 당신 존재 자체만 보아도, 그 이상으로 그들에게 빚을 지고 있다.

방향 제시-12 '부모가 살아 계실 때나 돌아가셨을 때나 그들의 좋은 모든 것을 모방하라.' 그들이 하나님과 그분의 말씀과 봉사를 사랑하고 그분을 경외하는 사람들을 사랑한다면, 그들의 모범에서 자극을 받고, 그들에게서 경험한 사랑을 보고 그분을 모방하라. 경건한 부모에게 사악한 자녀가 있다면 그 자녀는 세상에서 가장 비참한 존재다. 그런 사람을 본다는 것은 얼마나 끔찍한 일인가! 그토록 비참한 사람은 얼마나 지옥에 가까이 있는가! 아버지와 어머니가 경건함에 뛰어나고, 매일 구원의 문제를 가르치고 함께 기도하고 경고하고 그들을 위해 기도했는데, 이 모든 일 후에도 자녀가 탐욕스럽거나 술 취하거나 음란하거나 불경스럽고 하나님의 종들과 원수가 되고 신앙적인 부모의 길을 조롱하거나 무시한다면, 그러한 비참한 얼굴을 보는 것은 사람들의 몸을 떨게 할 것이다. 아직 그들에게 약간의 희망이 있다 해도, 그것은 너무 작아서 절망에 가까울 것이다. 가장 뛰어난 수단 아래서 살지만, 그들이 완고해지고, 빛이 있음에도 하나님을 보지 못하고, 하나님의 길을 아는 지식이 있어도 그들의 마음으로 부모를 더 반대한다면, 이와 같은 하나님의 은혜에 대한 저항자들에게 선을 행하는 것은 무슨 의미가 있는가? 가장 가능성이 높은 것은 무겁고 끔찍한 심판일 것이다. 오, 신앙적인 부모의 모든 기도와 눈물과 가르침과 좋은 모범이 자녀들에게 불리한 증거가 될 때, 그들에게 얼마나 비참한 날이 될까! 그들은 주님 앞에서 얼마나 놀라게 되겠는가! 거룩하고 부지런한 부모들의 모든 기도와 고통이 그들의 은혜 없는 자녀들에게 불리한 증거가 되어 그들을 지옥에 더 깊이 빠뜨려야 한다고 생각하는 것은 얼마나 슬픈 생각인가! 그러나 슬프게도 우리 눈앞에는 그러한 비참한 광경이 얼마나 많은가! 하나님의 교회는 그들을 더 잘 가르치고 그들 앞에서 거룩하고 모범적인 삶을 살았던 부모들이 낳은 자녀들의 악의와 사악함으로 인해 얼마나 큰 고통을 받고 있는가! 하지만 만약 그들의 부모가 무지하거나 미신적이거나 우상 숭배하거나 로마 가톨릭 숭배자이거나 불경스러우면 자녀들은 부모를 본받을 것이 뻔하다. 그런 다음 그들은 우리 조상들이 이런 마음을 가졌으니 우리는 그들이 구원받기를 바라며, 당신과 같은 혁신적인 개혁가들보다 오히려 그들을 본받겠다고 말할 수 있다. 그들이 **예레미야**에게 말했듯이, "네가 여호와의 이름으로 우리에게 하는 말을 우리가 듣지 아니하고… 우리가 본래 하던 것 곧 우리 선조와 우리 왕들과 우리 고관들이 유다 성읍들과 예루살렘 거리에서 하던 대로 하늘의 여왕에게 분향하고… 그때에는 우리가 먹을 것이 풍부하며 복을 받고 재난을 당하지 아니하였더니… 우리가 하늘의 여왕에게 분향하고 그 앞에 전제드리던 것을 폐한 후부터는 모든 것이 궁핍하고 칼과 기근에 멸망을 당하였느니라."[148] 따라서 그들은 "마음의 완악함을 따라 행하며 그들의 조상들이 그들에게 가르친

---

148) 렘 44:16-18

바알들을 따랐다."[149] "그들의 조상들이 하나님의 이름을 잊어버린 것 같이 하나님의 이름을 잊어버렸다."[150] "그들과 그들의 조상들이 범죄하여 오늘날까지 이르렀다."[151] 참으로 "그들이 목을 곧게 하여 그들의 조상보다 더 악을 행하는도다."[152] 그런 식으로 그들은 오류와 죄 가운데서 그들의 조상들을 본받을 수 있다. 오히려 그들은 '조상들로부터 전통으로 받은 헛된 행실에서 사람들을 구속하기 위해' 그리스도가 피를 흘렸다는 사실을 기억해야 한다.[153] 그리고 그들은 다니엘서 9장 8절처럼, 참회하는 마음으로, "주여 수치가 우리에게 돌아오고 우리 왕들과 방백들과 조상들에게 돌아온 것은 우리가 주께 패역하였음이오며" 그리고 시편 106편 6절처럼, "우리가 우리 조상들처럼 범죄하여 사악을 행하며 악을 지었나이다"라고 고백해야 한다. 하나님께서 말씀하신다. "너희 조상들이 나를 버리고… 내 율법을 지키지 아니하였음이라 너희가 너희 조상들보다 더욱 악을 행하였도다 보라 너희가 각기 악한 마음의 완악함을 따라 행하고 나에게 순종하지 아니하였으므로 내가 너희를 이 땅에서 쫓아내리라."[154] "너희가 너희 조상들의 악과 유다 왕들의 악과 너희 자신의 악을 잊었느냐?" 그들이 오늘날까지 겸손하지 아니하다."[155] "너희는 옛 선지자들이 외쳐 이르기를 너희는 이제 악한 길에서 돌이키라 하였으나 듣지 아니하였던 너희 조상들처럼 되지 말라."[156] "너희 조상 때부터 너희가 내 규례를 떠나서 지키지 아니하였도다 그런즉 내게로 돌아오라 그리하면 나도 너희에게로 돌아가리라."[157] "너희는 너희 조상들의 율례를 따르지 말라."[158] "너희 조상들의 죄와 허물을 본받지 말고 오직 그리스도를 본받는 자가 되라."[159]

---

149) 렘 9:14
150) 렘 23:27
151) 겔 2:3
152) 렘 7:26
153) 벧전 1:18, 19
154) 렘 16:11-13
155) 렘 44:9, 10
156) 슥 1:4
157) 말 3:7
158) 겔 20:18
159) 고전 11:1

제12장

하나님을 향한 어린이와
청소년의 특별한 의무

부모를 향한 당신의 의무를 먼저 설명한 것은 그것을 당신이 먼저 배워야 하기 때문이다. 그러나 하나님을 향한 당신의 의무는 당신에게 가장 크고 가장 필요한 의무다. 다음의 교훈들을 잘 배우라.

방향 제시-1 '세례를 통해 당신의 창조주, 구속주, 중생 하게하시는 분이신 성부, 성자, 성령 하나님과 맺은 언약과 서원에 대한 의미를 이해하라. 그것을 잘 이해하게 되면 당신은 당신 자신의 인격 안에서 하나님과 그 언약을 새롭게 하고, 당신의 창조주, 구속주, 성화하게 하시는 분이시며, 당신의 소유주, 통치자, 그리고 아버지이자 복되신 하나님께 여러분 자신을 완전히 드리라.' **세례는 공허한 예식이 아니라, 가장 큰 자비를 받고 가장 큰 의무를 이행하겠다는 하나님과의 엄숙한 언약체결이다. 그것은 당신이 평생 동안 행해야 할 길로 들어가고, 당신이 계속 수행해야 할 길을 하나님께 맹세하는 것이다.** 당신 부모가 당신을 위해 약속할 권한이 있지만, 그것을 이행하는 것은 당신 자신이다. 왜냐하면 그것은 부모들 자신이 아니라 당신에게 의무를 지웠기 때문이다. 부모가 무슨 권한으로 하나님과 언약을 맺어 당신에게 의무를 지웠느냐고 묻는다면, 나는 하나님께서 자연과 성경을 그들에게 주신 권위라고 대답할 것이다. 그들이 당신에게 왕의 백성이 되게 하거나, 임대계약이나 기타 계약을 할 때 당신의 이름을 어떤 계약에 넣는 것은 당신을 위한 것이며, 그들은 당신이 언약의 축복에 참여하도록 선을 행하는 것인데, 당신이 그것을 원망하고 성년이 되어서 자신의 동의를 거부하면, 당신은 그 혜택을 상실하게 될 것이다. 만약 그들이 당신에게 잘못 행했다고 생각하거나, 당신이 천국을 포기하기 원한다면, 언약에서 벗어날 수 있다. 그러나 부모가 당신에게 베푼 큰 축복의 수단이었음을 하나님께 감사하고, 부모가 당신을 위해 행한 것을 당신 스스로가 더 분명하게 행하는 것이 훨씬 현명하다. 당신이 맺은 언약을 숨김없이 감사하는 마음으로 소유하고, 당신의 모든 일생 동안 그 언약의 성취와 위안 가운데 살아가라.

방향 제시-2 '당신은 영원한 생명의 길로 들어가는 것이지 일정 기간 행복한 곳으로 가는 것이 아님을 기억하라. 그러므로 당신의 마음을 천국에 두고, 그리스도와 함께 천국에서 영원히 사는 것을 평생에 충족해야 하는 조건으로 삼아라.' 오, 하나님께서 당신이 어떻게 하는 것이 행복인가를 완전히 가르쳐 주시고, 당신이 처음 출발할 때 그 끝이 옳고, 당신의 얼굴을 하늘을 향하게 하신다면 행복한 것이다! 당신이 살기 시작하자마자 당신은 당신의 마지막을 향해 달려가고 있다는 것을 기억하라. 마치 촛불이 타기 시작하자마자 소진되어 가고, 모래 시계가 회전하자마자 소진되어 그 끝을 향해 서두르는 것과 같이, 당신이 살기 시작하자마자 당신의 삶은 소모되어 가고 마지막 시간을 향해 서두르는 것임을 기억하라. 경주자가 경기를 시작하자마자 끝을 향해 서둘러 달려가는 것처럼, 당신의 삶도 마찬가지다. 심지어 가장 어린시절에도 그렇다. 영원히 살아야 할 삶은 이 하찮고 불쌍한 육체의 삶과는 다른 종류의 삶이다. 그러므로 하나님께서 준비하라고 당신을 이생에 보내신 목적을 속히 이행하라. 오, 당신이 제때에 시작하고 즐거운 결심으로 끝까지 간다면 당신은 행복한 사람이다! 세상의 어리석은 짓에 의해 그 시간을 허비하거나 낭비하지 않고, 어릴 때부터 현명하게 행동하고 어린시절 시간의 가치를 아는 것은 복된 지혜다. 그러면 다른 사람들이 슬픈 회개나 최후의 절망을 향해 매일 거꾸로 가고 있을 때 당신은 참으로 지혜로워지고 명철하고 주님과의 친밀한 관계 속에서 성장할 수 있다. "너는 청년의 때에 너의 창조주를 기억하라 곧 곤고한 날이 이르기 전, 나는 아무 낙이 없다고 할 해가 가깝기 전에 그리하라."[160]

방향 제시-3 '당신에게는 치료해야 할 부패한 본성을 지니고 있으며, 그리스도는 그것을 고치는 의사임을 기억하라. 그리스도의 영이 당신 안에 거해야 너희를 거룩하게 하시고 새 마음과 새 성품을 주사 세상의 모든 명예와 쾌락보다 하나님과 천국을 사랑하게 하실 것이다. 그러므로 너희가 새롭게 거듭나고 성령이 너희를 거룩하게 하시고 하나님과 너희의 사랑하는 구속자의 사랑으로 너희 마음을 살리셨다는 것을 발견할 때까지 쉬지 말라.'[161] 옛 본성은 이 세상과 이 육체의 쾌락을 사랑한다. 그러나 새로운 본성은 당신을 지으시고 구속하시고 새롭게 하신 주님과 장차 올 세상의 끝없는 기쁨과 거기에 이르는 길인 거룩한 삶을 사랑한다.

방향 제시-4 '육체의 쾌락을 사랑하여 지나치게 먹거나 마시거나 노는 것을 삼가라.' 배(belly)나 스포츠에 마음을 두지 말고, 고기를 먹고 자고 놀아도 적당히 하라. 카드나 주사위와 매혹적이거나 방탕한 스포츠에 참여하지 말며 돈을 위하여 놀지 말라. 그것은 탐욕스러운 욕망을 불러일으키고 당신을 유혹하여 거짓말하고 다투며 남과 사이가 틀어지게 하는 것

---

160) 전 12:1
161) 고후 5:17; 롬 8:9, 13; 요 3:3, 5, 6

이다. 탐욕스러운 식욕은 아이들을 유혹하여 날것을 탐하게 하고, 이웃의 과수원을 약탈하게 하고, 동시에 영혼과 육체를 모두 망치게 한다. 놀이에 대한 지나친 사랑은 나쁜 친구들과 어울리게 하고, 시간을 허비하게 하고, 책에 대한 사랑과 의무, 부모 자신과 모든 선한 것을 파괴하게 한다. 쓸모없고 해로운 쾌락이 아니라 건강을 위해 먹고 자고 놀아야 한다.

방향 제시-5 '당신 자신의 뜻과 욕망을 하나님과 당신 상급자의 뜻에 복종시키고, 하나님이나 부모가 거부하는 어떤 일에도 덤벼들지 말라.' 자기의 공상이나 식욕이 갖고 싶은 것은 무엇이든지 고집하고, 그것이 없으면 울거나 불만을 품는 고집 세고 육체적인 어린아이들처럼 되지 말라. 나는 이것도 가져야 하고 저것도 가져야 한다고 말하지 말고, 하나님과 상급자의 뜻이면 어떤 것에도 만족하도록 하라. 자기의 의지가 원하는 것을 다 갖고 마음의 욕망에 굴복하는 것은 세상에서 가장 큰 비참함과 위험이다.

방향 제시-6 '어리석고 더러운 욕설, 거짓말 또는 기타 죄악 된 말을 하는 관습을 조심하라.' 당신은 그것을 사소한 일이라고 생각하나 하나님은 그렇지 않다. 당신을 지으신 하나님께 죄를 짓는 것은 농담이 아니다. 죄로 장난을 삼는 것을 어리석은 짓이다.[162] 한 번의 저주, 맹세, 저속한 말, 욕설, 조롱하는 말이 당신 육체가 견디는 모든 고통보다 더 심각하다.

방향 제시-7 '당신을 앞에서 말한 죄에 빠지게 하고 유혹하는 사람들과 놀이친구들을 조심하고, 하나님을 경외하는 데 도움이 될 만한 사람들을 선택하라.' 그리고 다른 사람들이 당신을 조롱하더라도 나뭇잎이 흔들리거나 개가 짖는 것 이상으로 신경 쓰지 말라. 음란하고 악한 무리를 주의하고 항상 너희 영혼 구원에 관심을 두라. 그들이 욕하거나 거짓말하거나 맹세하거나 더러운 말을 하는 것을 들으면, 하나님께서 그런 말하는 사람과 교제하는 것을 금하신다고 말하는 것을 부끄러워하지 말라.[163]

방향 제시-8 '교만과 탐심을 삼가라.' 과도하게 장식하지 말고, 모든 것을 자기 것으로 삼으려 하지 말고, 오직 겸손하고 온유하며 서로 사랑하고 다른 사람이 기뻐하는 것을 당신이 기뻐하는 것처럼 기뻐하라.

방향 제시-9 '당신을 더 지혜롭고 더 좋게 만들어 줄 모든 좋은 책들과 하나님의 말씀을

---

162) 잠 14:9, 10:23, 26:19
163) 시 119:63; 잠 18:7, 20; 고전 5:12; 엡 5:11

사랑하라.' 놀이책도, 이야기책도, 사랑책도, 쓸데없는 이야기도 읽지 말라. 게으른 아이들이 놀고 바보 짓을 하고 있을 때, 구원의 신비를 읽고 배우는 것이 당신의 기쁨이 되게 하라.

방향 제시-10 '주의 날을 거룩하게 지키라.' 그날을 놀거나 게으르게 보내지 말라. 그리스도의 사역자들을 존중하고, 그들이 가르치는 것을 기억하며, 그것이 당신의 영혼을 구원하는 하나님의 메시지임을 기억하라. 이해하지 못했거나 잊어버린 것이 있으면 집에 돌아와서 당신의 이해와 기억을 도와 달라고 부모님께 간청하라. 주일의 모든 거룩한 행사를 사랑하고, 그것이 먹고 누리는 것보다 더 즐거운 일이 되게 하라.

방향 제시-11 '듣고 읽는 것만큼이나 모든 것을 실천하는 데 주의를 기울이라.' 모든 것은 단지 당신을 거룩하게 하고 하나님을 사랑하며 순종하게 하기 위한 것임을 기억하고, 당신 지식에 거슬러 죄를 짓거나, 당신에게 주어진 경고에 거슬러 죄를 짓지 않도록 조심하라.

방향 제시-12 '당신이 자랄 때 부모의 지시에 따라 천국에 가장 큰 도움이 되고 방해가 가장 적으며 죽기 전에 하나님께 가장 잘 봉사할 수 있는 직업이나 소명을 선택하라.' 당신이 이 몇 가지 지침을 실천한다면 당신은 영원히 얼마나 행복한 사람이 될 것인가!

제13장

주인에 대한 종의 의무

종들이 편안한 삶을 살기 원한다면, 그들은 그들의 봉사가 하나님께 있다는 것을 인정해야 한다. 왜냐하면 그들은 하나님으로부터 위안을 얻어야 하기 때문이다. 이는 다음과 같은 지시에 따라 행해질 수 있다.

방향 제시-1 '당신을 종의 삶으로 부르신 하나님의 섭리를 존중하고, 당신의 수고와 낮은 처지를 원망하지 말고, 오직 주의 인자하심을 알고 감사하라.' 비록 당신이 주인들보다 수고가 많을지라도 당신은 그들보다 염려가 적지 않은가? 감사하지 않고 불평하는 마음만 없다면 대부분의 하인들은 더 평온한 삶을 살 수 있을 것이다. 당신은 집주인의 집세나 종들에게 고기와 술, 품삯을 제공하는 일에 대해 걱정하지 않으며, 아내와 자식들의 필요와 욕구, 여러분이 대하고 신뢰해야 하는 사람들의 잘못과 악함에 대해 걱정하지 않는다. 또한 주인이 책임지는 손실과 고난들 때문에 걱정하지 않는다. 약간의 육체적 노동으로 이 모든 염려의 짐에서 당신을 해방시켜 주시는 하나님께 감사하라.

방향 제시-2 '하나님이 당신을 위하여 택하신 조건을 받아들이고, 당신 자신을 그분의 종으로 생각하고, 당신 일을 그분의 일처럼 여기고, 모든 것을 주께 하듯 하고 사람에게 하듯 하지 말라. 하나님으로부터 당신의 가장 큰 보상을 기대하라.' 만일 하나님을 경외함으로 당신 양심이 통제받지 않으면, 당신은 눈앞에서만 일하는 종이나 위선자가 될 것이다. 당신이 세상에서 당신 주인들에게 최고의 종이 되고, 모든 일을 하나님께 순종하듯 하지 않는다면, 그것은 비천하고 무익한 봉사에 불과할 것이다. 하나님과 사람 사이가 무한히 멀다고 믿는다면, 하나님을 섬기는 것과 사람을 섬기는 것 사이에 어떤 차이를 만들 것이다. 당신의 삯은 사람에게서 받는 모든 보상이지만, 영생은 하나님의 상급이다. 똑 같은 일을 해도 어떤 사람은 봉급을 받고, 어떤 사람은 영생을 얻는다, (비록 공로로 받는 것이 아니라 우리 주의 은혜로 받을지라도.)[164] 왜냐하면 그는 이 상을 약속하신 하나님에 대한 사랑과 순종으로 그 일을 하기 때문이다. "종들아 모든 일에 육체의 주인들에게 순종하되 사람을 기쁘게 하는 자와 같이 눈앞에서만 일하는 자가 되지 말고 오직 주를 두려워 하여 성실한 마음으로 하라 무슨 일을 하든지 마음을 다하여 주께 하듯 하고 사람에게 하듯 하지 말라 이는 기업의 상을 주께

---

164) 롬 6:23

받을 줄 아나니 너희는 주 그리스도를 섬기느니라 불의를 행하는 자는 불의의 보응을 받으리니 주는 사람을 외모로 취하심이 없느니라."[165] 에베소서 6장 5-8절에서도 같은 말이 있다. 하나님은 마음을 매우 존중하시므로 동일한 행동일지라도 목적과 원칙이 다르면 성공과 보상도 다르다. 따라서 당신의 가장 낮은 봉사가 거룩해지고 하나님께 받아들여질 수 있다.

방향 제시-3 '종의 모든 수고와 의무를 수행함에 있어서 양심적이고 충실함으로 하라.' 당신이 해야 할 일을 게으르게 하거나 속이거나 반쪽짜리로 하지 말라. 시장에서 어떤 사람이 자기 상품 전체를 다른 사람에게 팔고 나서 그 상품의 일부를 숨기고 속이는 것은 도둑질이나 사기치는 것이다. 자신의 시간과 노동력을 다른 사람에게 팔고, 당신이 그에게 판 시간과 봉사의 일부를 그에게 속이는 것도 마찬가지다. 그러므로 자기 시간이 아닌 시간을 낭비하거나, 맡은 일을 하는 동안 졸고 있는 것이 죄가 아니라고 생각하지 말라. 게으름과 비양심은 종을 속이게 한다. 주인이 잘했다고 믿게 할 수만 있다면 자기 일을 어떻게 하든 상관하지 않는 자들은 위선자이며, 실제보다 고통스러우며 신뢰할 수 있는 종처럼 보이기 위해 더 많은 주의를 기울인다. 그들은 그들의 잘못과 게으름을 피하기보다는 그것을 감추려 한다. 마치 그들이 주인에게 행하는 모든 잘못을 벌하기로 결심하신 하나님으로부터 자신을 숨기는 것이 쉬운 것처럼 한다.[166] 만일 그들이 어슬렁거리며 편히 지낼 수만 있고 그들의 주인이 그것을 알지 못하면, 그들은 그것을 하나님 앞에 죄로 여기지 않고 게으름과 육체의 생각이 그들의 눈을 멀게 하여, 그들이 할 수 있는 대로 편히 지내는 것이 죄가 아니라고 생각하여, 그들의 주인과 함께 그냥 순탄하게 지내며, 그들의 일이 어떻게 되든 대충 처리하며, 그것이 일에 충분하다고 생각한다. 반면에 그들의 주인이 그들의 임금을 조금이라도 깎거나 적정 수준보다 더 많은 일을 시키면 그들은 이것은 죄라고 쉽게 확신할 것이다. 만일 당신의 노동이 당신의 건강을 해칠 만한 것이라면(물에 젖거나 추위 등으로), 당신은 그것을 예상하고 다른 장소를 선택하여 그것을 피할 수 있다. 그러나 만일 당신이 원망하는 것이 단지 노동뿐이라면, 그것은 육체적이고 불충실한 사람의 표시다. 하나님께 대한 의무를 위한 여가시간은 없지만, 당신의 영혼과 건강을 해칠만한 과도한 노동을 시키지 않는데 원망한다면 불충실한 사

---

165) 골 3:22-25
166) 골 3:25

람의 표시다. 주께서 친히 당신에게 명령하시기를 눈앞에서만 일하는 자가 아니라, 그리스도께 하듯, 한마음으로 순종하고 무슨 일을 하든지 마음을 다하여 하라 이는 무슨 선한 일을 하든지 주께로부터 그대로 받을 줄 앎이라.[167]

방향 제시-4 '당신에 대한 주인의 의무나 방식보다 주인에 대한 당신의 의무에 더 주의하라.' 얼마를 받는 것보다 얼마나 일할 것인가를 훨씬 더 주의하고, 좋은 곳에서 일하는 종보다 좋은 종이 되라. 그러나 당신은 겸손하게 당신에게 정당한 권리를 기대할 수 있고, 자신을 표현할 수 있는 종으로 사용되어야 한다. 그러나 당신의 의무는 훨씬 더 중요하다. 당신 주인이 당신에게 잘못했다면 그것은 그의 죄이지 당신의 죄가 아니다. 하나님은 다른 사람의 잘못으로 말미암아 당신에게 노하지 않고, 당신 자신의 잘못으로 노하실 것이다. 잘못을 행한 존재가 아니라 잘못을 행한 것에 대해 노하시는 것이다. 가장 작은 죄를 범하여 하나님을 노하게 하는 것보다 가장 큰 잘못을 겪는 것이 낫다.

방향 제시-5 '당신에게 맡겨진 모든 일에 진실하고 충실 하라. 당신 주인의 것을 그의 동의없이 처분하지 말라.' 비록 주인의 한 일이 결코 합당하거나 잘한 일이 아닐 지라도, 그것은 당신 자신의 것이 아니라는 것을 기억하라. 만일 당신이 가난한 자를 구제하거나 동료 종을 기쁘게 하거나 이웃에게 친절을 베풀고자 하는데 주인의 허락이 없다면 그의 것이 아니라 네 것으로 하라. 당신 자신을 위해 절약하는 것같이 당신 주인을 위해 절약하라. 그의 물건을 낭비하지 말고 네 것처럼 사용하라. 거짓된 종처럼 내 주인은 충분히 부자이니 해가 되지 않을 것이라고 생각하고 담대하게 행동할 수 있으며 검소하거나 절약하지 않을 수 있다. 문제는 그가 무엇을 해야 하는 것이 아니라 당신이 무엇을 해야 하는 것이다. 가난한 사람들에게 주려고 부유한 이웃의 물건이나 돈을 훔치면 도둑으로 교수형에 처해질 수 있으며, 자신을 위해 훔친 경우도 마찬가지다. 다른 사람의 뜻에 반하여 무엇이든 취하는 것은 강도나 훔치는 것이다. 가치가 작다고 결코 허용하지 말라. 만일 당신이 남의 것을 훔치거나 속이는 것이 한 푼의 가치에 불과하다 해도, 그 죄가 작지 아니하다. 아니, 오히려 그 죄를 더 중하게 하는 것이다. 당신이 이런 사소한 일로 하나님의 율법을 어기고, 이런 작은 일로 당신 영혼을

---

167) 엡 6:5, 6, 8; 골 3:23

위험에 빠뜨리는 것이다. 비록 그것이 자비를 베풀지 않는 사람에게서 빼앗은 것이라 할지라도 그것은 당신의 변명이 되지 않는다. 그것은 당신의 것이 아니기 때문이다. 특히 매매나 양식을 맡은 종들은 이것을 생각하라. 만일 당신이 감출 수 있다고 해서 주인을 속였다면, 그것을 아시는 하나님께서 그것을 드러내실 것이다. 당신이 그것에 대해 회개하려면, 그렇게 강탈한 것을 모두 배상하고, 만일 가진 것이 없으면 슬프고 부끄러운 마음으로 그들에게 자백하고 용서를 구해야 한다. 그러나 회개하지 않으면 지옥에서 이보다 더 비싼 대가를 치러야 할 것이다.

이의 '그러나 주님은 불의한 청지기를 칭찬하지 않았나?'[168]

답변 자신을 부양하는 재치 때문이기는 하지만 그의 불의에 대해서는 칭찬하지 않으셨다. 주님은 오직 악한 세상 사람들이 현세를 준비할 지혜가 있다면, 당신은 다가올 삶을 준비할 지혜가 더욱 있어야 한다는 점을 가르칠 뿐이다. 청지기의 의무는 신실함이다.[169]

방향 제시-6 '당신의 주인을 공경하고, 당신의 자리에서 요구하는 존중과 존경심을 가지고 그들을 대하라.' 말이나 행동으로 그들에게 무례하거나 경멸적인 태도를 취하지 말라. 마땅히 지켜야 할 거리와 경외심을 무시할 정도로 교만해서는 안 된다. 당신이 종으로서 예의 바르고 적절한 방식으로 행동하는 것을 거부한다면, 종이 되지 않았어야 한다. 그들에게 건방지거나 화나게 하거나 경멸하는 말을 하지 말라. 그들과 담대히 다투지 말고 당신의 잘못을 책망 받을 때에 변명하라. 사도들이 말한 디도서 2장 9, 10절의 말을 유의하라. "종들은 자기 상전들에게 범사에 순종하여 기쁘게 하고 거슬러 말하지 말며 훔치지 말고 오히려 모든 참된 신실성이 나타나게 하라 이는 범사에 우리 구주 하나님의 교훈을 빛나게 하려 함이라." 그리고 디모데전서 6장 1-4절의 말씀을 유의하라. "무릇 멍에 아래에 있는 종들은 자기 상전들을 범사에 마땅히 공경할 자로 여기라 (참으로 그들이 불신자이거나 부족한 사람일지라도) 이는 하나님의 이름과 교훈이 비방을 받지 않게 하려 함이라 (악한 사람들은 신앙을 고백하는 종들이 불순종하고 경건하지 않으며 신실하지 않을 때 이것이 당신의 종교인가?라고 말할 것이다.) 믿는 상전이 있는 자들은 그 상전을 형제라고 가볍게 여기지 말고 더 잘 섬기

---

168) 눅 16:8
169) 고전 4:2

도록 하라 이는 유익을 받는 자들이 믿는 자요 사랑을 받는 자임이라 너는 이것들을 가르치고 권하라 누구든지 다른 교훈을 하며 바른 말 곧 우리 주 예수 그리스도의 말씀과 경건에 관한 교훈을 따르지 아니하면 그는 교만하여 아무것도 알지 못하느니라."

방향 제시-7 '당신이 일할 때, 마지못해 하거나 투덜거리며 하지 말고 기쁜 마음으로 하라.' 내키지 않는 마음은 하나님의 보상과 사람의 인정을 받지 못한다. 마지못해 하는 것과 내키지 않는 마음으로 하는 일은 당신의 일의 가치를 떨어뜨리고, 일을 결코 잘할 수 없게 만든다. "선한 뜻을 가지고, 마음을 다하여 주님을 섬기라."[170]

방향 제시-8 '모든 일에 (하나님이 금하지 않고 그들이 당신에게 명령할 수 있는) 당신 주인들에게 순종하고 그들의 명령에 대항하여 당신 자신의 생각과 뜻을 세우지 말라.' 그들의 명령이 당신 자신의 의견과 뜻에 일치하지 않더라도 그들의 명령을 행하지 않는다면 그것은 순종이 아니다. 다른 방법이 최선이라고 생각하거나 다른 방법이 가장 잘 작동하거나 다른 시간이 가장 좋다고 생각하면 어떨까? 지시할 것인가 순종할 것인가? 그 일이 당신의 일이 아니라 다른 사람의 일이라면, 당신의 뜻이 아니라 다른 사람의 뜻이 이루어지게 하고, 그 사람의 방식대로 그 사람을 섬기라. "종들아, 모든 일에 너희 주인에게 순종하라"[171]고 명령하시는 분은 하나님이다.

방향 제시-9 '당신의 주인이나 가족의 비밀을 누설하지 말라.'[172] 집에서 한 말이나 행동을 다른 사람에게 말하지 말라. 주인의 일에 대해 이야기하고 싶은 유혹을 받을 수 있는 다른 사람과 너무 터놓고 지내지 말라. 그곳에서는 당신이 좋은 의도로 말한다 해도, 말을 많이 하면 나쁜 영향을 미칠 수 있다. 하인이 집 밖에 친한 사람이 있어 그에게 집에서 듣고 본 것을 모두 말한다면, 이 종은 지혜로운 사람의 집에 적합하지 않다. 그의 친숙한 사람에게는 또 다른 친숙한 사람이 있으므로 **유다**에 의해 배신당한 그리스도처럼 그 사람은 자기 집안 사람들에게 배신당할 것이다.[173]

---

170) 엡 6:7; 골 3:23
171) 골 3:22
172) 잠 25:9, 11:13, 20:19
173) 미 7:6

방향 제시-10 '가족을 위해 얻은 식품이 비열하다고 원망하지 말라.' 당신의 건강에 필요한 것이 없다면, 당신이 있는 곳을 비난하지 말고 가능한 한 빨리 다른 곳으로 옮기라. 그러나 일용할 양식, 즉 필요하고 건강에 좋은 음식이라면, 아무리 거칠어도 맛이 좋지 않다고 불평하는 것은 당신의 수치이며, 당신 마음이 당신 배(belly)에 빠져 있는 육체적인 사람이라는 것을 보여 줄 뿐이다.[174]

방향 제시-11 '개인적으로나 나머지 사람들과 함께 당신의 수고와 가족이 축복을 받도록 매일 기도하라.' 기도하는 종은 그들의 모든 수고보다 하나님으로 인해 승리할 수 있다. 그들의 수고는 기도하지 않고 경건하지 않은 사람의 수고보다 더 복을 받는다. 가족의 자비를 구하는 기도에 동참하지 않는다면, 당신은 가족의 자비를 받을 자격이 없다.

방향 제시-12 '하나님을 올바로 예배하는 것과 당신 자신의 영혼의 유익을 위해 당신 주인의 가르침과 다스림에 기꺼이 복종하라.' 당신을 가르치고 교리문답을 가르치고 함께 기도하며 주의 날과 다른 죄를 범하지 않도록 제지하고 당신의 이익을 살피고 당신 영혼을 돌보며 악한 일을 행할 때 날카롭게 꾸짖는 신앙적인 스승들과 함께 산다면 하나님을 찬양하라. 주인들의 지시를 기뻐하고, 무지하고 경건하지 않은 종들처럼 그들에게 불평하지 말라. 이 몇 가지 지침을 주의 깊게 따르면 불경건한 자들이 군주와 왕국을 섬기는 것보다 당신에게 더 나은 봉사를 하게 할 것이다.

---

174) 빌 3:18,19

제14장

주인의 의무

제1과 종에 대한 주인의 의무

좋은 종을 얻고자 한다면, 먼저 좋은 주인이 되어 자신의 의무를 다하는지 확인하라. 그러면 당신의 종들도 그들의 의무를 다할 것이고, 그렇지 않으면 당신이 얻는 것은 그들의 결함이 될 것이다.[175]

방향 제시-1 '그들은 그리스도 안에서 당신의 형제요 동료 종이라는 것을 기억하라. 그러므로 그들을 폭군적으로 다스리지 말고 온유와 사랑으로 다스려야 한다. 그리고 하나님의 법이나 그들의 영혼의 유익에 어긋나는 것은 어떤 것도 명령하지 말라.' 그들에게 분노와 비인격적인 화를 내지 말고, 지나치게 가혹하거나 불필요한 책망이나 징계도 하지 말라. 열정이 식었을 때, 선을 행할 가능성이 가장 높을 때, 신중하고 냉정하게 알맞은 때에 비난하라. 징계가 너무 적으면 그들이 악을 행하는 데에 대담해질 것이고, 너무 많거나 빈번하거나 열정적이면 그들은 그것을 경시하고 경멸하게 될 것이며, 그들의 회개를 완전히 방해할 것이다. 그들은 자신을 비난하는 대신에 당신의 성급함과 폭력을 비난하는 데 열중할 것이다.

---

175) 롬 8:28

방향 제시-2 '그들에게 편리하고 적합한 일을 제공하라. 그들의 건강을 해치거나 그들의 구원에 필요한 수단을 방해하는 정도의 일을 시켜서는 안 된다. 또는 그들의 게으름을 보호하거나 그들이 소중한 시간을 낭비하도록 원인을 제공해서도 안 된다.' 말이 운반할 수 있는 것보다 더 많은 짐을 싣거나 소의 가죽이 벗겨지고 뼈가 부러지도록 일을 시키는 것은 잔인한 일이다. "의인은 자기 짐승의 생명을 돌보며"[176) 그 종의 생명은 더욱 보호한다. 특히 당신의 종들에게 더 큰 목적을 위한 진정한 필요 없이 그들의 건강이나 생명을 위협하는 어떤 일도 시키지 말라. 그들의 노동보다 그들의 건강을 더 불쌍히 여기라. 노동은 몸을 건강하게 만든다. 그러나 심한 감기에 걸리거나 발이 물에 젖으면 질병과 사망에 이르게 된다. 당신의 유익을 위해 다른 사람의 생명을 버려야 하는가? 만일 당신이 종의 입장일 때 대접받고 싶은 대로 행하라. 그들의 일이 너무 많아서 그들이 일하기 전 기도할 시간을 빼앗지 말고, 그들이 기도나 교육이나 주의 날 예배를 드리지 못할 정도로 그들을 지치게 하지 말라. 기도하거나 말씀을 듣거나 좋은 것을 생각할 여유도 없이 누워서 잠을 자거나 더 쉬고 싶다고 할 정도로 그들을 지치게 하지 말라. 그러나 많은 위대한 사람들이 그들의 종을 잘못 사용하여 그들의 영혼과 육체를 파멸시키는 것처럼 그들이 게으르지 않도록 주의하라. 게으름은 그 자체로 작은 죄가 아니며, 그것은 다른 사람들에게 전염되고 그것을 마음에 품게 한다. 그로 인해 그들의 시간은 낭비된다. 그리고 그것은 정직한 직업이나 생활 방식, 자신이나 다른 사람을 돕기에 부적합하게 한다.

방향 제시-3 '그들에게 건강에 좋은 음식과 숙소를 제공하고, 그들의 봉사에 합당한 임금이나 당신이 그들에게 약속한 임금을 주라.' 그것이 즐거운 일이든 불쾌한 일이든 그들의 음식과 숙소가 건강에 좋도록 하라. 종이나 노동자의 임금을 속이는 것, 또는 마땅히 받아야 할 것보다 적게 주는 것은 너무나 혐오스러운 억압이자 불의한 것이다. (참으로 그가 마땅히 받아야 할 것보다 적게 주는 것에 대해) 나는 기독교인 사이에서 그것에 대해 많이 말할 필요가 없다고 생각한다. 야고보서 5장 1-5절을 읽어 보라. 그 내용으로 충분하기를 바란다.

방향 제시-4 '당신의 종들이 당신을 멸시할 정도로 너무 대담하고 친숙하게 행동하지 않

---

176) 잠 12:10

도록 하라. 그러나 너무 낯설거나 멀리 떨어져 있어서 당신이 그들의 영적 유익을 위해 그들에게 말할 기회를 얻지 못할 수 있거나, 너무 권위적이고 교만하다는 비난을 받을 수 있다.' 이 두 극단은 나쁜 영향을 미친다. 그러나 첫 번째는 가장 흔하여 많은 가족을 불안하게 한다.

방향 제시-5 '당신은 당신 가족의 영혼을 책임지고 있으며 당신 집의 제사장이자 교사와 같다는 것을 기억하라. 그러므로 특히 주의 날에 공적으로나 사적으로 변함없이 하나님을 경배하도록 하라. 그리고 그들의 구원에 관한 것들을 가르쳐야 한다.' (나중에 지시되는 대로) 그리고 당신 자신뿐 아니라 그들을 위해 매일 기도하라.

방향 제시-6 '그들이 하나님께 죄를 짓게 하지 말라.' 가족의 불경건이나 심각한 죄를 참지 말라. 시편 101편을 읽어 보라. 너희는 불경건한 주인과 같이 되지 말라. 그들은 자기 일이 이루어지기만 바라고 하나님께서 친히 자기 일을 돌보기를 구하며, 자기 종들의 영혼을 돌보지 않으니, 그들은 자기 자신을 돌보지 않기 때문이다. 다른 사람이 하나님을 섬기는 것을 염려하지 않으니 그들은 (위선적인 입술로만 섬기는 것이니) 하나님을 섬기는 것이 아니다.

방향 제시-7 '당신의 종들을 악한 사람들에게서 보호하고, 가능한 한 서로 유혹을 받지 않게 하라.' 만일 그들을 자주 술집이나 난동을 피우는 모임이나 방탕하거나 악의적인 사람들과 어울리게 하면, 그들 자신의 감염이 온 집을 감염시킬 것이며, 온 집안이 그로 인해 더 나빠질 수 있다. 그리고 **유다**가 바리새인들과 친해지면 그는 그들의 유혹에 넘어가 주인을 배반하게 될 것이다. 당신이 당신의 종들을 밖에 오래 머물도록 허용한다면 당신은 그들에 대해 책임을 질 수 없다.

방향 제시-8 '거룩함과 지혜, 그리고 당신이 그들에게 가르칠 모든 미덕과 의무의 모범이 되어 그들 앞에 나가라.' 실제로 무지하거나 맹세하고 저주하고 욕하는 불경건한 주인은 그들의 종에게 그렇게 하라고 가르치는 것이다. 그리고 만약 그의 말이 그들에게 그 반대를 가르친다 해도, 그는 존경이나 성공을 거의 기대할 수 없을 것이다.

방향 제시-9 '그들의 미숙함이나 신체적 기질 또는 기타 연약함으로 인해 주인의 의지를 거스르기 쉬운 일반적인 약점을 인내심으로 참으라.' 이의가 없는 마음은 많은 약점에 대한 변명이다. 고의나 심한 태만으로 인한 것이 아니라면 많은 것을 참아야 한다. 모든 연약함이나 잘못을 원인보다 더 중요하게 여기지 말라. 지상에서는 누구도 완전할 수 있다고 생각하지 말라. **아담**의 후손인 당신에게도 타락한 본성과 육체적 약점, 그리고 감당해야 할 많은 것들이 있다는 것을 생각하라. 당신이 하늘에 계신 주인을 얼마나 잘못 섬기고 있는지, 그분이 매일 당신의 잘못을 얼마나 많이 참으시는지, 그리고 당신이 일하면서 얼마나 많은 잘못과 실수를 저지르고 있는지, 만약 당신이 그들을 대신한다면 얼마나 많은 잘못을 저지를 것인지 생각해 보라. "상전들아 너희도 그들에게 이와 같이 하고 위협을 그치라. 이는 그들과 너희의 상전이 하늘에 계시고 그에게는 사람을 외모로 취하는 일이 없을 줄 너희가 앎이라."[177] "상전들아 의와 공평을 종들에게 베풀어라."[178]

방향 제시-10 '그들이 동료 종들에게 잘 처신하는지 살펴보라.' 이에 대하여는 다시 설명할 것이다.

---

177) 엡 6:9
178) 골 4:1

제2과 노예를 가진 주인에 대한 지침(몇 가지 사례에 대한 해결책)

방향 제시-1 '당신의 노예에 대한 당신의 권한이 어디까지 확장되는지, 그리고 하나님이 거기에 어떤 한계를 두셨는지 잘 이해하라.'

예를 들면,

1. 인간과 짐승은 분명히 다르다. 그들도 당신만큼 좋은 사람이라는 것을 기억하라. 즉, 그들은 당신과 마찬가지로 이성적인 존재이며, 자연적인 자유를 가지고 태어났다. 그들의 죄가 그들을 당신의 노예로 만들었다고 생각하지만, 자연은 그들을 당신과 동등하게 했다. 그들은 불멸의 영혼을 가지고 있으며, 당신과 마찬가지로 구원을 받을 수 있다는 것을 기억하라. 그러므로 당신은 그들의 구원을 방해하는 어떤 일도 시킬 권한이 없다. 당신의 사업, 필요성, 재화 또는 권력에 대한 어떤 구실도 당신이 그들을 너무 힘들게 하여 하나님께서 그들에게 맡기신 의무에 적절한 시간과 시기를 허락하지 않을 정도로 그들을 붙잡아 둘 수 없다.

2. 하나님은 그들의 절대적인 주인이시며, 당신은 그들에 대해 파생되고 제한된 소유권 외에는 아무것도 없다는 것을 기억하라. 당신이 그들과 당신의 주인이신 하나님의 동의를 얻

지 못한 이상 그들은 더 이상 당신의 것이 될 수 없다. 그러므로 그들에 관한 그리고 그들에 의한 하나님의 관심사가 먼저 섬겨져야 한다.

3. 그들과 당신은 동등하게 하나님의 다스림과 법 아래 있다는 것을 기억하라. 그러므로 그들은 모든 하나님의 법을 먼저 준수해야 하며, 당신은 하나님께서 그들에게 명하신 의무를 생략하거나 하나님께서 금지하신 죄를 범하도록 명령할 권한이 없다. 또한 당신은 반역이나 불순종 없이 당신의 일이나 명령이 하나님의 것보다 우선 되기를 기대할 수 없다.

4. 하나님은 그들과 화해하고, 부드러운 아버지이시며, 그들이 선하다면 당신과 마찬가지로 그들도 사랑하신다는 것을 기억하라. 그러므로 하나님의 사랑을 받는 자에게 어울리는 방법보다 더 비열하게 대해서는 안 된다. 당신이 하나님에 대한 사랑을 증거하기 위해서는, 하나님의 사람들을 사랑하는 방법 외에는 다른 방법이 없다.

5. 그들은 그리스도의 구속을 받은 자들이며, 그리스도께서 당신에게 자신의 소유권을 팔지 않았다는 것을 기억하라. 그분께서 귀중한 값으로 그들의 영혼을 사셨기 때문에, 그분께서 자신의 피로 얻은 소유물을 절대로 당신 마음대로 사용하게 하지 않는다. 그러므로 그들에 대한 그리스도의 권리와 관심을 유지하면서 그들을 사용하라.

방향 제시-2 '당신은 그들에 대한 처리를 그리스도로부터 위임 받은 자, 즉 그들의 영혼의 보호자라는 것을 기억하라. 그리고 그들에 대한 당신의 힘이 클수록, 그들에 대한 당신의 책임과 의무도 커진다는 것을 기억하라.' 당신이 자녀에게 일용직 근로자나 고용된 하인보다 더 많은 의무가 있는 것처럼, 그들은 당신의 소유이기 때문에 당신에게 보살핌의 임무가 맡겨졌다. 같은 이유로 노예들에게 더 많은 의무가 있는 것은 그들은 당신의 소유이기 때문이다. 권력과 의무는 함께 간다. **아브라함**이 돈으로 산 모든 종에게 할례를 베푼 것처럼, 넷째 계명은 주인에게 그들의 문 안에 있는 모든 사람이 안식일을 지키게 할 것을 요구한다. 마찬가지로 그들을 그리스도에 대한 지식과 믿음과 하나님의 명령에 대한 정당한 순종에 이르게 하기 위해 당신의 힘과 사랑을 행사해야 한다.

그러므로 그들의 흑인과 노예들에게 하나님의 말씀을 듣지 못하게 하고 그리스도인이 되지 못하게 하는 자들은, 그들이 율법에서 자유롭게 되든지 아니면 봉사의 일을 하지 못하게 될 것이기에, 공개적으로 하나님에 대해 반역을 공언하고, 영혼의 구속자이신 그리스도를 경멸하고, 사람의 영혼을 경멸하는 자들이다. 실제로 그들은 그들의 세속적 이익이 그들의 보물이자 그들의 신이라고 선언한다.

만일 이 일이 바베이도스(Barbadoes)나 다른 섬이나 농장에 있는 우리 원주민들 중 누구라도 이 가장 가증한 죄를 범하고, 그 죄에 따라 살아가고 있다면, 나는 그들에게 다음과 같이 더 생각해 볼 것을 간청한다.

1. 사람과 짐승을 동등하게 대하는 것은 얼마나 저주받을 만한 범죄인가! 이것이 당신의 관행 아닌가? 당신이 그들을 사서 당신의 말(horse)과 같은 목적으로만 사용하고 있지 않은가? 마치 그들이 당신보다 하찮고 당신을 섬기기 위해 만들어진 것처럼 당신의 재화를 위해 수고하고 있지 않은가?

2. 당신은 그들을 야만인과 미개인이라 비방하는 것이 당신 자신을 비난하고 정죄하는 것이라는 것을 알지 못하는가? 인간의 육체를 짐승처럼 사용할 뿐 아니라 그들의 영혼을 마치 아무것도 아닌 것처럼 당신의 세속적인 고된 일에 사용하는 것보다 더 야만적인 일을 해 본 적이 있는가? 세상의 작은 이익을 위해 그렇게 많은 영혼을 마귀에게 파는 것보다 더 잔인하고 추악한 짓을 한 식인종이 있는가? 당신과 동일한 목적으로 만들어지고, 당신과 동일한 대가를 치르고 구속한 영혼들을, 작은 돈을 위해, 그리스도와 거룩함과 천국에서 떼어 놓는 것보다 더 반역적이고 가장 자비로운 하나님의 뜻에 반대되는 일을 한 악당을 본 적이 있는가? 당신의 불쌍한 노예들이 이런 악행을 저지른 적이 있는가? 그들은 가장 큰 비인간적인 악을 행하는 가장 비열하고 야만적인 미개인 아닌가? 그들의 죄가 당신의 죄와 유사한가?

3. 그러한 잔인함의 본보기는, 당신이 그들에게 기독교를 막는 것 외에도, 그들과 다른 모든 사람들에게 기독교를 증오하도록 가르치는 경향을 가지고 있지 않은가? 마치 기독교가 사람들에게 개와 호랑이보다 훨씬 더 나쁘다고 가르치는 것과 같지 않은가?

4. 하나님께서 어떤 이유로 당신에게 재앙이 뒤따르게 하는지 주목하지 않는가? 그것은 많은 사람들의 영혼과 육체에 대한 당신의 비인간적인 행위 때문이라고 양심이 말하지 않을까? 바베이도스의 다리에서 최근에 일어난 화재를 기억하라. 바다에서 배에 있던 당신 총독이 익사한 것과, 당신에게 닥친 많은 심판들과, 현재 당신 가운데 있는 끔찍한 죽음을 기억하라.

5. 이웃 나라들의 본보기와 경고가 당신에게 불리한 판결을 내리고 당신을 정죄하지 않겠

는가? 당신은 히스파니올라(Hispaniola), 자메이카, 쿠바, 페루, 멕시코 및 조셉이 언급한 코스타, 예수회와 기타 지역에서 그들이 저지른 가장 비인간적인 잔인함으로 인해 스페인 사람의 명성이 얼마나 혐오스러워졌는지 (그리고 아쉽게도 서인도제도의 기독교 이름도) 듣지 않을 수 없다. 수백만 명을 죽인 그들의 잔인함이 사람의 몸은 죽이지 않은 당신보다 더 잔인하다는 것을 알지만, 모든 힘을 다해 그들을 도와야 할 당신이 그들의 구원의 수단을 막고, 그들의 영혼을 상품과 같이 마귀와 거래하는 당신의 잔인함도 그들에 못지않다. 오히려 뉴잉글랜드 사람들이 그들의 토착 토지를 빼앗지 않고 구매한다는 것은 얼마나 존경할 만한 일인가? 그들 중 누구도 그들을 노예로 삼거나 잔인하게 대하지 않고 자비를 베풀고 그들의 구원을 위해 많은 관심과 비용과 노력을 기울이고 있다는 사실은 얼마나 존경할 만한 일인가! 오, 거룩한 엘리엇 씨(Mr. Elliot)의 삶과 당신의 삶 사이에 얼마나 큰 차이가 있는가! 그는 그들을 구원하기 위해 오랜 세월 수고했고, 다른 책들과 함께 성경을 그들의 언어로 번역했다. 그리고 그의 사업을 촉진하기 위한 법인인 런던에 있는 선량한 사람들과 그 사업을 위해 많은 공헌을 한 그들의 친구들과, 사람의 영혼을 상품으로 파는 당신들과 얼마나 다른가!

6. 그런 값을 치르는 그 돈으로 결국 어떤 위안을 얻고 싶은가? 당신의 돈과 당신이 함께 멸망하지 않을까? 당신이 그 돈으로 **게하시**의 문둥병보다 더 심한 것을 얻지 않을까? 참으로 **아간**이 돌에 맞아 죽은 것보다 더 심하고, 회개가 그것을 막지 못한다면 **유다**가 스스로 목 매어 죽은 것만큼 심하지 않을까? 유다서 11절에 나오는 무서운 말씀을 기억하지 못하는가? "화 있을진저 그들이 **가인**의 길로 가고 **발람**의 잘못을 따라 탐욕스럽게 달려갔도다." 그리고 베드로후서 2장 3, 14, 15, 16절, "탐심으로써… 너희를 상품으로 생각하니… 탐심으로 행하는 마음 곧 저주 받은 자식들이라 (또는 저주의 자식들) 그들이 바른 길을 떠나 미혹되어 **브올**의 아들 **발람**의 길을 좇으며 그는 불의의 삯을 사랑하다가 자기의 불법으로 말미암아 책망을 받되 말하지 못하는 나귀가 사람의 소리로 말하여 이 선지자의 미친 행동을 저지 하였도다"는 말씀을 기억하라. 당신 모두가 "이 어리석은 자여 오늘 밤에 네 영혼을 도로 찾으리니 그러면 네 준비한 것이 누구의 것이 되겠느냐"[179]는 말을 듣게 될 것이다. 또한 당신이 많

---

179) 눅 12:19-21

은 영혼을 지옥으로 유혹하고 버림으로써 얻은 그 작은 돈을 기억하는 것은 당신에게 영구적인 깊은 상처를 주지 않을까? **야고보**가 당신에게 말하지 않았다면, 세상에서 누구에게 말했겠는가? "들으라 부한 자들아 너희에게 임할 고생으로 말미암아 울고 통곡하라 너희 재물은 썩었고 너희 옷은 좀먹었으며 너희 금과 은은 녹이 슬었으며 이 녹이 너희에게 증거가 되며 불 같이 너희 살을 먹으리라 너희가 말세에 재물을 쌓았도다 보라 너희 밭에서 추수한 품꾼에게 주지 아니한 삯이 소리 지르며 그 추수한 자의 우는 소리가 만군의 주의 귀에 들렸느니라."[180] 잘못된 길로 인도된 영혼들의 울부짖음은 얼마나 더 클까!

그리고 여기서 우리는 이러한 경우에 대해 적절하게 대답할 수 있다.

탐구 1 '그리스도인이 사람을 사서 노예로 사용하는 것이 합법적인가?'

탐구 2 '그리스도인을 노예로 삼는 것이 합법적인가?'

탐구 3 '자발적인 종과 노예 사이에 어떤 차이를 두어야 하는가?'

탐구 1에 대한 답변 어떤 사람은 합법적으로 노예로 처해질 수 있고, 노예로 삼아서는 안 되는 사람이 있다. 그리고 범죄자에게만 형벌로 주어질 수 있는 노예가 있다.

1. 누구도 첫 번째 계명이 거부되는 노예 생활, 즉 하나님의 관심과 봉사, 또는 인간의 구원에 해를 끼치는 노예 생활을 해서는 안 된다. 2. 어떤 사람도 자신의 범죄에 대한 정당한 형벌이 아니면 자유, 혜택 및 안락함을 박탈당할 정도로 노예가 될 수는 없다. 모든 사람은 형제 사랑으로 힘이 닿는 대로 다른 사람에게 선을 베풀어야 하는 의무를 고려해야 한다. 즉 같은 사람이 종이면서도 형제이기 때문에 동시에 두 역할을 해야 한다. 3. 가난이나 궁핍으로 인해 사람은 더 큰 것, 곧 죽음 자체를 피하기 위해 덜 비참한 삶에 자신을 팔기로 동의하게 된다. 그러나 다른 사람이 자신의 필요에 의해 그를 비참하게 하거나, 그의 성화, 위로, 구원에 도움이 될 만큼 많은 사랑을 실천하지 않는 것은 합법적이지 않다. 왜냐하면 그리스도인이나 사람에게 합당한 자선과 결합되지 않은 정의는 없기 때문이다.

그러나 1. 형벌을 받아 마땅한 자는 형벌적으로 사용될 수 있다. 2. 도적질한 것을 되돌려줄 수 없는 사람은 종으로서 그만큼 일하도록 강요될 수 있다. 이 두 경우 모두 단순한 계약

---

180) 약: 5:1-4

이나 동의에 의한 것보다 다른 사람의 편의나 자유에 반하여 더 많은 일이 행해질 수 있다. 중죄인을 교수형에 처할 수 있는 자는 그를 노예로 삼아도 사형보다 형벌이 적은 것이기에 잘못이 없다. 3. 필요한 동의에 의해 무고한 사람들에게 행해질 수 있는 것보다 합법적인 전쟁에서 잡힌 적들에 대해 더 많은 것이 행해질 수 있다. 4. 무고한 사람의 동의에 의해 어느 정도의 징역이나 노예 제도는 합법이 된다. 즉, (1) 하나님의 이익에 어긋나지 않아야 한다. (2) 국가의 법을 어김으로써 인류의 이익에 위배되지 않아야 한다. (3) 구원을 방해함으로써 그 사람 자신이나 그 구원에 필요한 수단을 막아서는 안 되며, 자연이 인간으로서 사람에게 주는 삶의 안락함을 막아서도 안 된다. (4) 우리가 살고 있는 국가나 사회의 이익을 해쳐서도 안 된다.

탐구 2에 대한 답변　1. 사람들이 그들 안에 있는 다양한 친근함의 정도에 따라 다양한 사랑을 받아야 하는 것처럼, 그들을 향한 다양한 정도의 사랑이 행사되어야 한다. 그러므로 착하고 참된 그리스도인들은 다른 사람들보다 더 많은 사랑과 형제애로 사랑해야 한다. 2. 또한 불신자들에게는 그들의 영혼을 구하기 위해 많은 자비를 베푸는 것도 합당하며, 적절한 격려로 기독교에 초대되어야 하기 때문이다. 그래서 그들이 그리스도인이 된다면 진리와 경건의 원수들보다 더 많은 특권과 보상을 받게 될 것이라는 것을 알아야 한다. 그러므로 불신자 노예가 정식으로 세례를 받으면 자유인이 되게 하는 법을 만든 군주들의 행위는 잘한 일이다. 3. 그러나 사악함으로 인해 자신의 생명이나 자유를 잃는 명목상의 그리스도인은 불신자와 마찬가지로 형벌적으로 노예가 될 수 있다. 4. 가난하고 궁핍한 그리스도인은 자신이 선택한 것보다 더 힘든 노예 상태에 자신을 팔 수도 있고, 아니면 우리가 그를 다른 상황에 넣을 수도 있다. 그러나 5. 해적이 되어 가난한 흑인이나 다른 땅의 사람들, 생명이나 자유를 빼앗긴 적이 없는 사람들을 붙잡아 노예로 만들어 파는 것은 세상에서 가장 나쁜 도둑질이며, 그런 사람들은 인류의 공동의 적으로 간주해야 하며, 그들을 사서 단순한 상품으로 짐승처럼 사용하고 그들의 영혼을 잘못된 길로 인도하거나 파괴하거나 방치하는 사람들은 육체를 입은 마귀라고 부르는 것이 더 합당하다. 그들을 그렇게 학대하는 사람들은 그리스도인이 아니다.

탐구 3에 대한 답변　나는 이 사건의 해결책은 이미 말한 것에서 얻을 수 있다고 답한다.

자발적인 종과 노예는 스스로 자기를 팔거나 고용되기 전까지는 둘 다 자유인이었고, 범죄자는 생명이나 자유를 상실하기 전까지는 자유인이었다. 그 이후의 차이점은 다음과 같다.

1. 자발적인 종은 자신의 서약이 자신을 그렇게 만든 것 외에는 더 이상 나의 종이 아니다. (1) 계약의 의미에 따라 어떤 종류와 분량의 노동에 종사해야 한다. (2) 1년, 2년, 3년, 7년 등 계약에 명시된 제한된 기간 동안만 종이다.

2. 단순한 계약에 의한 노예는 다음과 같다. (1) 대개 그의 노동의 종류와 분량에 관하여 다른 사람의 뜻에 맞춰 절대적으로 자신의 서비스를 제공하는 자이다. 그러나 노예라는 이름이 붙여진 후 (그리고 이전에) 하나님과 본성의 제한 사항은 그리스도인 사이에서 효력을 발휘한다고 생각된다. (2) 그는 일생 동안 그러한 노동에 자신을 팔아먹은 사람이다.

3. 정당한 형벌에 의한 노예는 치안판사가 그를 판결하는 만큼의 노역을 할 책임이 있는데, (1) 앞서 말한 노동뿐만 아니라 그의 주인이 부과하기를 원하는 노동도 해야 한다. (2) 그리고 평생 동안 해야 한다. (3) 그것은 다른 사람에게는 합법적으로 가해질 수 없는 채찍질과 가혹한 행위일 수 있다.

1. 가난을 통한 계약이나 동의에 의한 노예 상태의 한계는 다음과 같다. (1) 그러한 사람의 영혼은 비록 그가 불리한 것에 동의하더라도 보살핌과 보호를 받아야 한다. 그는 하나님의 말씀을 배우는 시간과 기도할 시간이 있어야 하며, 주의 날에는 쉬고 그 시간을 하나님을 섬기는 일에 사용해야 한다. 그는 교훈과 권면을 받고 죄로부터 보호받아야 한다. (2) 그는 하나님께 어떤 죄도 범하도록 강요되어서는 안 된다. (3) 그는 복음 국가의 평화에 따라 사랑과 감사로 하나님을 기쁘게 섬기는 데 필요한, 이생의 위로를 (강제로 동의하더라도) 거절당해서는 안 된다. 그것은 일용할 양식이라는 이름으로 불리는 것이다. 어느 누구도 범죄자나 처벌을 받은 노예가 아닌 노예에게 이 사실을 부인할 수 없다.

2. 가장 범죄적인 노예라 해도 강제로 죄짓게 할 수 없으며, 그의 구원에 필요한 도움을 못 받게 할 수 없다. 그러나 그는 형벌적으로 매를 맞고 일용할 양식의 일부를 받지 못할 수도 있다. 그러나 참된 정의가 요구하는 것보다 더 엄하게 행해져서는 안 된다.

탐구 '그러나 만일 사람들이 해적질로 훔쳤다고 믿을 만한 정당한 이유가 있는 흑인이나 다른 노예를 사거나, 그들을 팔 권한이 없는 자에게서 그들을 사거나, 그들 자신의 동의에 의해 고용하거나 사지 않고, 그들을 팔 권한이 없는 자의 동의에 의해 고용하거나 사고, 또한 합법적인 전쟁에서 잡은 포로가 아니라면, 그 후에 그들을 어떻게 처리해야 하는가?'

답변　1. 그들을 구출하기 위한 자선 목적이 아니라면, 그들을 사는 것은 그들의 가증스러운 죄이다. 2. 의심할 여지없이 소유한 사람은 현재 그들을 놓아줄 의무가 있다. 왜냐하면 그 사람은 당연히 그 사람의 것이기 때문이다. 그러므로 어떤 사람도 그 사람에 대한 정당한 소유권을 가질 수 없다.

탐구　'그러나 내가 그를 떠나게 한 후, 그를 발견한 상태 그대로 다시 팔아서 돈을 벌 수는 없는가?'

답변　안 된다. 왜냐하면 당신이 그를 소유하고 당신의 소유인 척했을 때 그의 권리를 침해하는 행위는 당신에 의한 것이기 때문이다. 이전에는 다른 사람에 의한 것뿐이었다. 잘못한 것이 이전 사람보다 크지는 않지만, 지금 당신이 저지른 것은 당신의 죄이다.

탐구　'내가 그를 사들였던 사람에게 그를 돌려줄 수 없는가?'

답변　안 된다. 그것은 그를 다른 사람에게 넘겨줌으로 계속 불의를 행하는 것에 불과하다. **빌라도**처럼 "나는 이 의인의 피에 대해 무죄하다"고 말하는 것은 당신의 무죄를 입증하는 것이 될 수 없다. 게다가 하나님의 율법은 당신을 사랑과 사랑의 행위를 하도록 구속하므로, 당신은 그를 자유롭게 하기 위해 최선을 다해야 한다. 길가에서 도둑의 손에 빠진 자를 구출하기로 작정한 자가 그 사람을 도둑의 노예로부터 사면 다시 도둑에게 넘겨줘서는 안 된다. 그러나 방향 제시에 따라 행하라.

방향 제시-3　'그러므로 하나님의 관심과 그들의 영적이고 영원한 행복을 우선하여 당신 종들의 필수 불가결한 것을 제공하라.' 그들에게 천국에 이르는 길을 가르치고 내가 전에 당신에게 다른 모든 종들에게 하라고 지시한 대로 그들의 영혼을 위해 모든 것을 행하라. 비록 당신이 그들의 노동과 식생활과 의복에 약간의 차이를 둘 수는 있지만, 그들의 구원을 증진시키는 데는 어떤 차이도 둘 수 없다. 그들이 불신자라면, 그리스도인들이 다른 사람들보다 덜 세속적이고 덜 잔인하고 열정적이며 더 현명하고 자비롭고 거룩하고 온유하다는 것을 보여 줌으로써 그들을 그리스도와 종교에 대한 사랑으로 인도하는 데 도움을 주도록 하라. 잔인함과 탐욕으로 노예들에게까지 큰 불쾌감을 주고, 그들의 회심과 구원을 막는 자들에게 화가 있을 것이다!

방향 제시-4 '그들의 힘든 처지가 그들의 생활을 얼마나 고단하게 하고, 하나님이 그들을 당신보다 더 낮게 하신 만큼, 당신의 사랑은 그들을 불쌍히 여기고, 당신의 조건이 허락하는 한 그들의 짐을 덜어 주고, 그들의 삶을 달콤하게 하도록 노력하라.' 그리고 노예일지라도 당신이 자신처럼 사랑해야 하는 이웃 중 하나 일 수 있다. 당신이 받기를 원하는 대로 그에게 행하라. 그렇게 한다면, 그의 구제를 위해 더 이상 지시가 필요하지 않을 것이다.

방향 제시-5 '당신이 정당하다고 생각하는 노동이나 용도 외에는 계약에 의하지 않고 당신의 뜻에 따라, 일반 종에게 요구하거나 요구할 수 있는 것 이상으로, 무죄한 노예에게 요구할 수 없다는 것을 기억하라.'

방향 제시-6 '그들이 불신자이고, 세례를 원한다 해도 너무 서두르거나 너무 지체하지도 말라.' 그들이 세례의 성약이 무엇인지 이해하기도 전에 세례를 베풀 정도로 서두르지 말라. 또한 그들이 진지하게 그러한 성약을 맺어야 한다는 가능성을 보이기 전에 세례를 서두르지 말라. 또한 그들이 교회 없는 상태에 머물지 않도록 지체하지도 말라. 그러나 고대 교회가 교리문답을 한 후에 한 것처럼, 그들이 배우도록 서두르고 그들의 욕망을 불러일으키도록 그들을 돌보아 주어라. 그들이 지식과 믿음과 욕망과 결심으로 거룩한 언약의 조건에 따라 하나님께 서약하기에 합당하다고 판단되면 세례를 베풀도록 하라. 그들이 세례를 받으면 당신에 대한 봉사가 줄어들 것이기에 그들의 회심에 대한 소망이 약해졌다고 느낀다면, (더구나 당신이 그들이 회심하지 않기를 바라는 마음이 있다면, 이는 명백한 마귀주의이다.) 그것을 당신의 깊은 겸손과 회개의 문제가 되게 하라.

방향 제시-7 '노예를 사서 사용하는 데 있어서, 그들을 그리스도께 인도하고 그들의 영혼을 구원하는 것을 가장 큰 목적으로 삼으라.' 당신이 먼저 당신 자신의 재물을 생각한 후에 부수적으로 그것을 행할 것이 아니라, 당신의 재물 자체보다 이것을 당신 목적으로 삼고, 그들의 구원을 그들의 봉사보다 훨씬 더 가치 있게 여기라. 그들은 그리스도에 의해 사탄의 노예에서 구원되었고, 영광된 성도의 자유 안에서 함께 살 수 있다는 것을 아는 자로서 그들을 소유하라.

제15장

자녀와 동료 종의 상호 의무

가정에서 좋은 지도자이든, 좋은 동료이든, 하급자들에게 큰 도움과 유익을 주기로 결심하는 것은 쉬운 일이 아니다. 종들은 서로 많이 어울리고, 자유롭고 서로 친숙하기 때문에, 능력과 마음만 있다면, 서로에게 도움이 될 수 있는 기회가 더 많다. 그러므로 그렇지 않으면 잃게 될 선을 행하고 얻는 데 있어서 의무를 아는 것이 필요하다.

방향 제시-1 '거짓 없이 서로 사랑하고, 모든 다툼과 관계 단절과 불화와 사랑을 약화시킬 수 있는 모든 일을 피하라. 특히 이익, 돈 또는 평판 측면에서 당신의 개인적인 이익에 대해 논쟁을 피하라.' 시기하는 마음을 조심하라. 시기하는 마음은 당신보다 우선시되는 사람이나 당신보다 더 잘나가는 사람에 대해 마음을 들끓게 할 것이다. **가인**의 죄와 비참함을 기억하고 그의 경고를 받아들이라. 남에게 자리를 양보하고 존경함으로 남을 낮게 여기며 남보다 선호되기를 구하지 말라.[181] 하나님은 자기를 낮추는 겸손한 자를 높이고 스스로 높이는 자를 낮추시기를 기뻐하신다. 육체의 이익으로 인해 서로 미워하거나 사이가 나빠질 수 있다면, 육체적 마음이 얼마나 무서운 표시인가![182]

방향 제시-2 '서로에 대해 자극하는 말을 하지 않도록 주의하라. 이는 사도들이 말하는 "지옥의 불"[183]에 바람을 불어넣는 풀무이기 때문이다.' "더러운 혀는 자연의 순리에 불을 지르므로 한 가정을 불태울 수 있다."[184] "시기와 다툼이 있는 곳에는 혼란과 모든 악한 일이 있다."[185] "분을 내어도 죄를 짓지 말며 해가 지도록 분을 품지 말고 마귀에게 틈을 주지 말라."[186] "너희는 모든 악독과 노함과 분냄과 떠드는 것과 비방하는 것을 모든 악의와 함께 버리고 서로 친절하게 하며 불쌍히 여기며 서로 용서하기를 하나님이 그리스도 안에서 너희를 용서하심과 같이 하라."[187] "모욕하는 자는 하나님이 나라를 유업으로 받지 못하리라."[188]

---

181) 롬 12:10, 16
182) 롬 8:6, 13
183) 약 3:6
184) 약 3:5, 6
185) 약 3:15, 16
186) 엡 4: 26, 27
187) 엡 4:31, 32
188) 고전 6:10

방향 제시-3 '사랑과 기쁨으로 수고하고 서로 도우며, 서로 원망하지 말고, 저 사람은 나보다 못하다 하지 말고, 당신 자신이 도움을 받고자 하는 대로 남을 도울 마음을 가지라.' 서로의 걱정을 자신의 일로 여기고 서로에게 이기적이지 않은 그러한 자녀와 하인으로 이루어진 가족을 보는 것은 매우 유쾌하다. "보라 형제가 연합하여 동거함이 어찌 그리 선하고 아름다운가!"[189]

방향 제시-4 '서로에게 죄와 비참함으로 끌어들이는 유혹자가 되지 않도록 주의하라.' 폭동에 가담하거나, 주인에게 해를 입히거나, 비밀리에 흥청망청하고, 그런 다음 그것을 숨기기 위해 거짓말을 하거나, 또는 순수하지 않은 부적절한 관계로 다른 성별의 사람을 올가미로 끌어 들이지 않도록 하라. 동료 하인이었던 남자와 하녀의 유혹적인 친밀함은 많은 죄와 불행이 뒤따른다. 그들의 친밀함은 그들에게 죄의 기회를 주고, 마귀는 그들이 기회를 잡도록 자극한다. 무례하고 호색적인 희롱과 음란한 말 때문에 그들은 마침내 음탕함과 파멸에 이르게 된다. 불에 타지 않으려면 짚을 불에 가져오지 말라.

방향 제시-5 '당신에게 가장 위험이 있는 죄와 유혹에 맞서 상호 보호하기 위해 서로를 보살피라.' 당신의 잘못을 서로에게 교만하게 또는 강렬한 감정으로 이야기하는 것이 아니라 사랑으로 하는 데 동의하고, 서로 그것을 감사하게 받아들이기로 결심하라. 만일 어떤 사람이 어리석고 무례하게 말하거나, 거짓말을 하거나, 하나님의 이름을 망령되이 부르거나, 하나님이나 사람에 대한 의무를 소홀히 하거나, 신뢰나 수고에 불충하게 행동하면, 다른 사람이 그에게 그의 죄를 진지하게 말하고 회개하도록 요구하라. 그리고 죄를 지은 사람은 그것을 기분 나쁘게 여기고 책망하는 사람에게 화를 내거나 잘못을 정당화하거나 변명하거나 반대하여 그를 공격하지 말고, 겸손하게 그것에 대해 감사하고 결함의 수정을 약속하라. 종들이 서로를 충실히 돌본다면 얼마나 행복할까!

방향 제시-6 '당신이 사람들과 함께 있고, 당신의 일이 허락할 때, 당신의 담론은 덕을 끼치거나, 말하거나 듣는 사람의 영적 유익에 도움이 되게 하라.' 어떤 일은 일을 하는 동안에 생각하고 이야기할 수 있고, 어떤 일은 일이 끝날 때까지 다른 것을 생각하거나 말할 여유가

---

189) 시 133:1

없을 수 있다. 대부분의 종들은 비록 그들이 하늘의 일을 함께 생각하고 이야기하더라도 자기 일을 잘 수행할 수 있다. 그렇지 않으면 그들의 일이 끝난 후 다른 시간에 서로 이야기할 수 있다. 시간을 내어 서로에게 좋은 말을 하라. 여러분 중 어떤 사람이 다른 사람보다 더 많은 지식을 가지고 있다면, 나머지 사람은 그의 조언과 가르침을 구하고, 그는 그들이 선을 행하도록 힘을 쓰라. 또는 당신이 지식에 있어 동등하다면, 당신 안에 있는 은혜를 일으키라. 또는 아무것도 없다면 은혜에 대한 욕망을 불러일으키라. 헛된 일에 당신의 귀중한 시간을 낭비하지 말고 헛된 말로 죄를 더하지 말라. 오, 이 두 가지 죄, 즉 시간 낭비와 헛된 말을 하는 죄를 느끼지 못하는 많은 영혼이 짊어져야 할 짐이 얼마나 무거운지! 매일 같은 죄를 반복해서 짓고 자신의 지식과 양심에 반하는 죄를 끊임없이 실천하는 것은 많은 사람들이 생각하는 것보다 더 위험한 일이다. 반면에 당신이 하늘의 상속자로 동거하면서 하나님의 사랑과 거룩한 의무에 대해 서로 자극하고 하나님의 말씀과 장래에 올 생명에 대해 즐겁게 이야기한다면 서로에게 얼마나 복이 될 것인가! 그러면 당신의 봉사와 수고가 당신 모두에게 거룩하고 편안한 삶이 될 것이다. "무릇 더러운 말은 너희 입 밖에도 내지 말고 오직 덕을 세우는 데 소용되는 대로 선한 말을 하여 듣는 자들에게 은혜를 끼치게 하라 하나님의 성령을 근심하게 하지 말라."[190] "음행과 온갖 더러운 것과 탐욕(지나친 육체의 욕망)은 너희 중에서 그 이름조차도 부르지 말라 이는 성도에게 마땅한 바니라 누추함과 어리석은 말이나 희롱의 말이 마땅치 아니하니 오히려 감사하는 말을 하라."[191] 이 부분에 대해서는 나중에 설명할 것이다.

방향 제시-7 '인내심을 가지고 서로의 결점을 견디고, 그 결점을 감추라. 그 결점을 드러내면 다툼만 일으키고 아무 유익이 되지 않을 것이다. 그러나 은폐로 기뻐하게 되거나, 당신의 주인이나 다른 사람에게 해를 끼치는 경향이 있는 결점은 숨기지 말라.' 당신 자신에 대한 잘못을 용서하는 것은 당신의 권한에 있지만, 하나님이나 다른 사람에 대한 것은 당신의 권한 밖이다. 그리고 그것을 언제 공개할지 말지를 알려면, 어느 쪽이 더 좋은 일이 되고, 더 해를 끼칠 일이 되는지를 좋은 판단력으로 미리 알고 있어야 한다. 그리고 여전히 의심이 된다

---

190) 엡 4:29, 30
191) 엡 5:3, 4

면, 비밀 친구에게 먼저 공개하여 더 공개할지 말지 조언을 구하는 것이 현명하다.

방향 제시-8 '만일 연약함이나 질병이나 궁핍이 형제나 자매나 동료를 괴롭힌다면, 당신의 힘이 있는 대로 그들을 친절하게 도와주라.' "말로만 사랑하지 말고 행함과 진실함으로 하라."[192]

---

192) 요일 3:18; 약 2:1-26

제16장

거룩한 회의에 대한 지침

회의는 매우 자주 행해야 하는 의무이고, 그리스도인의 평화와 교화는 매우 중요하기에, 나는 그것에 대해 몇 가지 간단한 지시를 할 것이다.

방향 제시-1 '충만하고 활기찬 마음을 위해 가장 힘쓰라. 그것은 당신 혀가 말해야 할 것들에 대한 직관을 가지고 있다.' 왜냐하면 1. 그러한 사람은 항상 흐르는 샘물과 같아서 개울에 끊임없이 물을 공급할 것이기 때문이다. 억지로 꾸미고 가장한 것들은 지속 시간이 짧다. 위선자의 영향을 받고, 억지로 하는 말은 행사되지만, 자기의 교만과 육체적 목적을 위하여 일하는 사람들 사이에서만 행사된다. 다른 때와 다른 무리들 사이에서 그는 다른 사람처럼 다른 말을 사용한다. 그것은 금방 사라지는 홍수와 같고, 활이 휘어지는 것 같아서 풀리자 마자 제자리로 돌아간다. 2. 당신 마음에서 우러나오는 말이 진지하고 진실하면 남에게 선을 행할 가능성이 높다. 왜냐하면 말은 그 말의 내용을 나타낼 뿐 아니라, 말하는 사람의 애정을 나타냄으로써 일을 하기 때문이다. 사랑을 느끼게 하기 위해서는 일반적으로 사랑을 표현해야 한다. 만약 그것이 말하는 사람의 진심에서 나오지 않는다면, 그것은 듣는 사람의 마음에 닿지 않을 것이다. 마음이 따뜻한 설교자와 거룩한 것들에 대한 진심 어린 담론은 마음 깊은 곳을 뚫고 선을 행한다. 그러나 진심 없는 미사여구는 그렇게 하지 못한다.

방향 제시-2 '그러나 당신의 마음이 차갑고 둔하고 황량할 때, 당신의 혀가 그 의무를 무시해도 된다고 생각하지 말라. 그리고 당신 마음이 더 좋아지기까지 모든 선한 일에 침묵해야 한다고 생각하지도 말고, 만일 혀가 제약없이 자유롭게 그 의무를 다하지 않을 경우, 혀로 그 의무를 다하도록 강요하라.' 왜냐하면, 1. 의무는 의무이며, 당신이 의무를 좋아하든 그렇지 않든, 사람들이 모든 의무를 나쁘게 여길 때마다 중단된다면, 악한 사람은 진정으로 거룩한 것에 구속되지 않을 것이다. 2. 마음과 혀에 모두 의무가 있다면, 둘 다 생략하는 것이 하나를 생략하는 것보다 더 나쁘다. 3. 마음이 차갑고 둔함에도 불구하고 의무에는 성실할 수 있다. 4. 할 수 있는 한 최선을 다해 의무를 행하기 시작하는 것이 우둔함과 부적당한 것을 극복하는 길이다. 당신이 처음에 당신의 혀로 좋은 것을 말하는 데 최선을 다할 때, 당신이 말하고 들을 때, 당신을 더 나은 행동으로 이끄는 데 도움이 될 것이다. 많은 사람이 냉담하게 기도를 시작했으나 기도가 끝나기 전에 마음이 뜨거워졌고, 많은 사람이 설교 듣기를 꺼려했으나 그 결과 회심하여 집으로 돌아갔다. 5. 당신이 의무의 길에 서 있을 때, 당신은 약속된 은혜의 길에 있는 것이다.

이의 '그러나 이것은 위선자를 흉내 내는 것이고, 내 혀를 내 마음보다 앞에 두며, 마음에 감동되지 않는 것을 말하는 것이 아닌가?'

답변 만일 당신이 거짓되고 속이기 위해 말한다면, 당신은 위선자의 방식으로 행하는 것이다. 그러나 거짓이나 위선 없이 최선을 다하여 선한 말을 할 수 있다. 내가 말했듯이 말이란 말하는 내용이나 말하는 사람의 마음을 나타낸다. 이제 당신이 하나님의 일에 대해 말하는 것은 더 이상 당신의 마음을 말하지 않고, 당신이 그것을 진실로 받아들이고, 당신의 말을 듣는 사람들이 그것을 존중하기를 바라는 것이다. 그러하다면 거기에는 위선이 없다. 참으로 당신이 듣는 사람들에게 당신 자신이 이러한 일로 깊이 감동을 받지 않았음에도 감동을 받았다고 말한다면, 그것은 위선이다. 그러나 사람은 자신이 좋은 사람이라고 공언하지 않고도, 다른 사람에게 좋은 사람이 되라고 촉구할 수 있다. 그렇다, 자신이 나쁜 사람이라고 고백할지라도 그렇다. 그러므로 악인의 모든 선한 말은 위선이 아니다. 말할 것도 없이 성실한 기독교인의 좋은 말은 무미건조하거나 냉담한 것이 아니다. 어떤 의무에 위선이 포함되어 있다면, 그것은 의무가 아니라 위선이며, 하나님이 싫어하는 것이기에 버려야 할 것이다. 의무에 냉담하다면, 비난을 받고 버려야 할 것은 그 의무가 아니라 냉담함이다. 그리고 의무를 완전히 생략하는 것은 의무의 주된 특징이 아닌 냉담함이나 위선으로 그 일을 하는 것보다 더 나쁘다.

이의 '그러나 만일 그것이 성령의 열매가 아니라면 하나님께서 받아들일 만한 것이 아니다. 그리고 내가 혀를 억지로 움직이는 것은 성령의 열매가 아니다. 그러므로 나는 성령이 나를 감동시킬 때까지 머물러야 한다.'

답변 1. 이성에 의해 수행되는 많은 의무가 있고, 그리고 하나님의 일반적인 도움을 받아 하는 일이 있는데, 그것은 그것들을 완전히 생략하는 경우보다 낫다. 그렇지 않으면 성화되지 못한 사람은 말씀을 듣거나 기도하거나 가난한 자를 구제하거나 왕이나 총독에게 순종하거나 자녀나 이웃에 대한 어떤 의무도 행하지 못할 것이다. 왜냐하면 성령의 특별한 은혜의 열매가 아닌 것은 모두 죄이기 때문이다. 믿음이 없이는 하나님을 기쁘시게 할 수 없다.

모든 사람이 믿음을 가진 것은 아니다.[193] 2. 이성과 하나님의 영이 같은 행위에서 함께 행동하는 원리가 아니라고 생각하는 것은 퀘이커 교도들과 다른 광신도들의 빗나간 자만심이다. 성령이 짐승이나 돌과 같은 상태에 있는 사람에게 역사하는가? 성령이 당신으로 하여금 몇 시인지 모르고 종을 치는 괘종시계처럼 말을 하게 하는가? 아니면 멜로디도 알지 못하고 그 안에서 즐거움도 없는 음악 악기처럼 사람의 영혼을 연주하는 것인가? 아니요, 하나님의 영은 인간의 본성이 있다고 생각하고, 당신 자신의 이해력과 의지를 자극하여 그 역할을 다하도록 인간에게 역사한다. 그러므로 당신 안에 남아 있는 모든 우둔함과 후진성에 맞서 당신이 스스로 의무에 최선을 다할 수 있는 것은 하나님의 영이 당신이 그러한 결심을 하고 그 힘을 사용하도록 도우시기 때문이다. 그러므로 성령은 육체에 대항하여 분투한다.[194] 비록 후진성이나 저항이나 억지로 할 필요성이 없는 곳이라 할지라도 성령을 통한 것이 더 많다는 것을 고백한다.

방향 제시-3 '하나님의 일에 대한 이해력을 갖추기 위해 노력하라.' 왜냐하면, 1. 이해력 있는 사람은 자신 안에 거룩한 주제의 광산을 가지고 있으며 좋은 대화를 위한 주제가 전혀 부족하지 않기 때문이다. 그는 하나님의 나라에 대해 교육받은 선한 서기관이요, 그의 곳간에서 새것과 옛것을 내오는 자다.[195] 2. 이해력 있는 사람은 신중하게 말한다. 따라서 그의 담론의 성공을 더욱 촉진할 것이며, 무분별함으로 인해 연설이 우스꽝스럽거나 경멸적이거나 비효과적으로 되지 않을 것이다. 그러나 당신이 무지하고 이해력이 부족하다고 침묵하지 말라. 왜냐하면 당신의 능력은 가장 적지만 당신의 필요성은 가장 크기 때문이다. 그러므로 궁핍한 사람이 원하는 것을 구걸하도록 강요하는 것처럼 필요에 따라 당신은 가르침을 구해야 한다. 그러나 지식을 늘리기 위해 노력을 아끼지 말라.

방향 제시-4 '만일 당신 자신의 이해와 마음이 당신에게 대화의 주제를 제공하지 못한다면, 하나님께서 당신에게 주시는 다양한 도움에 의지하라.' 1. 당신이 마지막 들었던 설교에 대해 이야기할 수도 있고, 최근에 당신에게 감동을 주었던 어떤 설교에 대해 이야기할 수 있

---

193) 히 11:6; 살후 3:2
194) 갈 5:17; 롬 7:16-18
195) 마 13:52

다. 2. 또는 마지막으로 읽었던 책에서 나오는 내용을 말할 수 있다. 3. 또는 당신의 생각에 분명한 성경 본문을 말할 수 있다. 4. 또는 최근에 일어난 주목할 만한 (또는 일반적인) 섭리에 관해 말할 수 있다. 5. 또는 당신 앞에 새롭게 생긴 선이나 악의 예들을 말할 수 있다. 6. 또는 당신에 관한 의무를 올바르게 수행한 것, 또는 그와 유사한 도움이 되는 것을 말할 수 있다.

방향 제시-5 '헛되고 무익한 논쟁이나 교화에 거의 도움이 되지 않는 사소하고 상황적인 문제에 대해 자주 이야기하지 말라.' 왜냐하면 신앙적인 문제뿐만 아니라 기타 사소한 일에 대해 쓸데없는 이야기가 있을 수 있기 때문이다. 특히 특정 시기의 언쟁이 당신의 생각과 말을 너무 멀리, 무익하거나 다툼의 길로 나가지 않도록 주의하라.

방향 제시-6 '가장 교화적인 설교에 필요한 주제를 미리 준비하고 빈손으로 해외에 나가지 말라.' 그 주제는 일반적으로, 1. 작은 주제가 아니라 중요한 일. 2. 불확실한 것이 아니라 확실한 것이 되게 하라. 특히 일상적인 담론에 가장 적합한 주제는 다음과 같다. (1) 하나님 자신과 그분의 속성, 관계, 일들에 대하여. (2) 그리스도에 의한 인간 구속의 위대한 신비, 그분의 인격, 직분, 고난, 교리, 모범, 사역, 부활, 승천, 영광, 중보, 그리고 성도들의 모든 특권에 대하여. (3) 은혜의 언약, 약속, 의무, 조건 및 위협에 대하여. (4) 영혼에 대한 그리스도의 영의 역사, 그리고 우리 안에 있는 성령의 모든 은혜와 그 모든 징후와 도움과 방해에 대하여. (5) 사탄과 우리의 모든 영적인 원수들의 방법과 간계, 우리가 위험에 처할 특별한 유혹들, 그것들이 무엇이며 어떻게 피할 수 있는지, 그리고 그것들에 대항하는 가장 강력한 도움은 무엇인지에 대하여. (6) 마음의 부패함과 거짓됨, 무지, 불신앙, 위선, 교만, 관능, 세속적인 것과 불경건, 불의, 무절제, 무자비함 및 기타 모든 죄의 본질과 작용, 영향 및 징후, 그리고 그 모든 죄에 대항하는 모든 도움에 대하여. (7) 우리가 수행해야 할 하나님과 인간에 대한 내적, 외적 의무와 그 의무를 수행하는 방법, 그리고 가장 큰 방해와 도움은 무엇인지. (읽기, 듣기, 묵상, 기도, 자선 등) 그리고 우리의 관계의 의무와, 그리고 그 반대되는 죄들이 있는 여러 장소들에 대하여. (8) 세상의 헛됨과 땅에 있는 모든 것의 거짓됨에 대하여. (9) 우리를 거룩함으로 이끄시기 위해 그리스도께서 사용하신 강력한 이유와 마귀나 악인이 거룩함을 반대하는 모든 불합리한 광기에 대하여. (10) 우리가 예상하고 대비해야 하는 고난에 대하여. (11) 죽음과 그때에 필요한 준비에 대하여 그리고 그토록 큰 변화에 대비하는 방법에 대하여. (12) 심판의 날에 누가 의롭다 함을 받고 누가 정죄함을 받을 것인가에 대하여. (13) 천국의 기쁨, 직업, 회사, 본성 및 현재 상황에 대하여. (14) 저주를 받은 자들의 비참함과 그들이 지상에서 이전에 살았던 삶에 대해 갖게 될 생각에 대하여. (15) 지상교회의 상태와 교회의 복지를 위해 우리가 해야 할 일에 대하여. 이 모든 위대하고 중요한 점들은 매시간 묵상하고 회의하기에 충분하지 않은가?

방향 제시-7 '회의에서 교만한 자만심을 조심하라.' 거만하고 비판적이고 건방진 태도로 말하지 말라. 능력이 부족한 사람에 대해 그들보다 더 현명하다고 생각하지 말라. 다른 사람들이 당신에게 더 배워야 할 필요가 있다고 확신하지 않는 한, 다른 사람들의 교사로서가 아니라 학습자와 같이 질문을 통해 말할 준비를 하라. 종교 초보자들이 자신의 모든 담론을 가르치는 어조로 말하거나, 이해하기도 전에 스스로 설교자가 되려고 하는 것은 흔한 일이다. 미숙하고 자만심이 강하고, 근거도 없고, 경험도 없는 사람이 치안판사처럼 지껄이고, 자신보다 훨씬 훌륭하고 현명한 사람들의 교리나 관습, 또는 사람을 자신 있게 비난하는 것을 듣는 것은 가장 혐오스럽고 불쌍한 일이지만, 너무도 평범한 일이다. 만일 당신이 이런 교만하고 비판적인 영을 만나거든 먼저 책망하고 야고보서 3장을 읽어 주라. 만일 그들이 계속하면 그들에게서 돌아서서 피하라. 그들은 자기들이 어떤 영인지 알지 못한다. 그들은 예수님을 섬기지 않고, 그들 스스로 가장하거나 생각하는 것이 무엇이든 교만하여 아무것도 알지 못하며 오직 문제만 어리석게 좋아하고, 하나님의 교회에서 분열을 일으키며, 마귀의 정죄에 빠질 준비가 되어 있다.[196)]

방향 제시-8 '무리에서 가장 약한 사람이 아니라 가장 현명한 사람이 대부분의 이야기를 하게 하라.' 그러나 만일 어떤 사람이 다른 사람보다 말을 잘하는데 그 사람이 의심스럽고 논쟁의 여지가 있는 어떤 결정을 내린다면, 그의 판단을 성급하게 받아들이지 않도록 주의하고, 그의 이유가 조금도 그럴듯하거나 가망이 있다고 생각하지 말라. 그러나 의심과 같은 모든 의견을 내려 놓고, 그들을 마주하기 전에 선생이나 다른 공정하고 유능한 사람들에게 조치를 요청하라. 그렇게 하지 않으면, 무리에서 가장 재치 있고 말을 잘하는 사람이 나머지 모

---

196) 딤전 3:6, 6:3-5; 롬 16:17

든 사람을 자기가 원하는 오류나 이단으로 끌어들이고, 그들의 입을 막아 그들의 믿음을 무너뜨릴 수 있다.

방향 제시-9 '당신 말의 주제는 당신의 목적, 심지어 당신 자신이나 다른 사람의 유익에 적합하게 하라.' 한 집단에 적합한 동일한 주제가 다른 집단에는 매우 부적합 할 수 있다. 배운 사람과 무지한 사람, 경건한 사람과 불경건한 사람 사이에는 같은 종류의 담론이 적합하지 않다. 약은 질병에 맞게 신중하게 처방되어야 한다.

방향 제시-10 '당신이 신중한 사람이라면 득보다 해를 끼치는 것을 좋아하지 않는다고 말하려고 하는 경우, 때에 맞게 하라.' 신중한 사람에게는 잠잠하고 좋은 말이라도 삼가야 할 때가 있다.[197] "돼지 앞에 진주를 던지지 말고 개에게 거룩한 것을 주지 말라 그들이 그것을 발로 밟고 돌이켜 너희를 찢어 상하게 할까 염려하라."[198] 그렇다. 선한 사람들 상호간에도 말할 때가 있고 침묵할 때가 있다.[199] 청중을 지치게 하는 과도한 내용이 있을 수 있으며, 그들이 소화할 수 있는 것보다 더 많은 것을 밀어 넣을 수 있다. 과도한 것은 나중에 그것을 싫어하게 할 수 있다. 그들이 감당할 수 있는 것 이상을 주어서는 안 된다. 또한 당신의 사업과 부르심에 관한 문제도 시간과 장소에 따라 이야기해야 한다.

방향 제시-11 '거룩한 일에 관해 말할 때는 가능한 한 가장 진지하고 경건하게 말하라.' 말이 결코 듣기 좋게만 들리게 하지 마라. 경박함과 무례함으로 인해 불경스러운 말이 될 수 있다. 하나님과 거룩한 것들은 상스러운 방식으로 이야기해서는 안 된다. 그러나 당신의 말의 심각성은 듣는 자들에게 하찮거나 상스러운 것으로 생각하지 않게 해야 한다. 함께 사는 종들과 다른 사람들이 하나님의 말씀처럼 대화하고 말한다면, 그러한 가정이나 사회는 얼마나 거룩하고 하늘 같으며 행복할까!

---

197) 암 5:13; 시 39:1, 2
198) 마 7:6
199) 전 3:7

제17장

가족 구성원의 일상 생활방식에 대한 지침

우리가 의무의 일반적인 과정과 방법을 알고, 모든 일이 적절한 장소에서 벌어질 때, 그것은 우리에게 거룩한 삶을 더 쉽게 만드는 경향이 있다. 이는 농부나 상인이 자기 일의 일반적인 과정을 안다면, 특별한 경우를 제외하고 그 일에 추가 노력을 기울일 필요가 없는 것과 같다. 그러므로 나는 여기에서 하루하루 거룩한 시간 사용을 하기 위한 몇 가지 간단한 지침을 주겠다.

방향 제시-1 '잠자는 시간을 적절하게 분배하여 (가능하다면) 침대에서 귀중한 아침시간을 게으르게 낭비하지 않도록 하라.' 당신의 수면시간을 건강과 노동에 합리적으로 맞추며, 감각적인 게으른 즐거움에 맞추지 말라. 일반적으로 건강한 사람은 약 6시간 정도, 덜 건강한 사람은 7시간, 허약하고 나이가 든 사람은 8시간 정도가 적당하다. 아침 시간은 우리의 모든 임무에 있어서 하루 중 가장 귀중한 시간이다. 특히 시간이 부족한 종들은, 가능하면, 아침시간에 일이 없다면, 그때 기도시간을 내야 한다.

방향 제시-2 '잠에서 깨어나 먼저, 지난 밤에 지켜 주신 하나님께 마음으로 감사하고, 하루를 그분께 맡기라. 그리고 이 일에 끊임없이 힘쓰라. 그러면 일반적인 생각이 들어올 때 당신의 양심이 당신을 통제할 수 있을 것이다.' 그리고 이야기를 나눌 동료가 있다면 당신의 첫 말을 당신의 생각과 같게 하라. 그것은 당신을 놀라게 할 유혹에 대항하는 데 큰 도움이 될 것이며, 하루 종일 당신의 마음을 하나님과 거룩하게 연결할 것이다.

방향 제시-3 '당신의 자존심과 시대의 유행으로 아침에 당신의 옷 입는 시간을 길게 하지 않게 하겠다고 결심하라.' 쉽게 입을 수 있는 옷을 입으라. 화려함을 위해 매일 한시간 또는 한시간 반의 특별한 시간을 소비하는 것은 큰 비용을 들이는 것이다. 많은 여성들과 다른 화려한 사람들처럼 아침 시간을 너무 낭비하여 비난받는 것보다, 차라리 야생 인디언처럼 사는 것이 낫다.

방향 제시-4 '만약 당신이 교양 있는 사람이라면, 옷 입고 아침을 먹는 동안 (아침을 먹는다면) 어린아이나 하인을 고용하여 성경 한 장을 읽게 할 수 있다. 그렇지 않으면 시간이 허락하는 한, 그 시간을 유익한 묵상이나 주변 사람들과 유익한 대화에 사용할 수 있다.' 예를 들어, 하룻밤의 안식과 당신에게 새로운 시간을 주신 자비에 대해 생각하거나 이야기하는 것, 그리고 얼마나 많은 사람들이 그날 밤을 지옥에서 보냈는지, 얼마나 많은 사람들이 감옥에 있었고, 얼마나 많은 사람들이 더 춥고 더 힘든 숙소에 있었고, 얼마나 많은 사람들이 고통과 질병에 시달렸고, 얼마나 많은 사람들이 심한 고통과 질병에 시달렸으며, 병상과 삶에 지쳤으며, 얼마나 많은 사람들이 마음을 어지럽히는 공포 속에서 지냈는지를 생각하거나 이야기할 수 있다. 그날 밤 얼마나 많은 영혼들이 그들의 몸에서 불려 나와 그 두려운 하나님 앞에 나타나게 될지를 생각해 보라! 그리고 당신의 마지막 밤과 낮이 얼마나 빨리 올 것인가! 그리고 그러한 때를 대비하여 당신의 영혼에 부족한 것이 무엇인지 관찰하고, 지체없이 지금 그것을 구하라.

방향 제시-5 '더 이상 필요한 임무가 없다면, 혼자서 은밀한 기도를 드리거나, 방 동료와 함께, 또는 둘 다 함께 은밀한 기도를 가족의 공동기도 전에 하도록 하라. 이유 없이 그 일을 미루지 말고, 할 수 있다면 그날의 다른 일보다 먼저 하라.' 그러나 마치 하나님께서 당신을 그런 시간에 절대적으로 묶어 두신 것처럼 형식적이고 미신적인 시간이 되지 않도록 하라. 또한 더 필요한 임무가 있음에도 그 일을 쉬고, 한 번은 비밀리에 기도하고, 한 번은 방 동료와 함께 기도하고, 매일 아침 가족들과 함께 기도하는 것을 의무라고 생각하지 말라. 그 시간은 어떤 사람에게는 가장 좋은 시간이 되지만 어떤 사람에게는 가장 나쁜 시간이다. 대부분의 사람에게는 일어나서 옷을 입는 즉시 개인 기도가 가장 적합하지만 다른 사람들에게는 다른 시간이 더 자유롭고 적합할 수 있다. 그리고 더 이상 필요한 임무가 없는 사람은 앞서 언급한 모든 기회에 기도하는 것이 좋을 것이다. 그러나 독서와 명상에도 시간을 내도록 해야 하며, 당신의 소명에 대한 수고는 고통스러울 만큼 주의를 기울여야 한다. 그리고 자유롭지 못하거나 가족을 부양해야 하는 종들과 가난한 사람들은 다른 사람들처럼 합법적으로 기도하는 데에 많은 시간을 할애할 수 없으며, 특히 소명을 따를 수 없는 노약자들은 기도에 시간이 더 걸릴 수 있다. 그리고 돌봐야 할 영혼이 많고 공적인 일을 해야 하는 목회자는 이 중 어느 하나라도 소홀히 하지 않도록 주의해야 한다. 그래야 개인 기도를 더 오래, 더 자주 할 수 있기 때문이다. 두 가지 의무가 당신 앞에 있고 하나를 생략해야 할 때, 모든 것을 고려하여 가장 큰 것을 우선해야 한다는 것을 항상 기억하라. 그리고 상황에 따라 어떤 의무가 가장 큰지 이해하라. 보통은 가장 큰 선을 이루는 것이 가장 크지만, 때로는 다른 사람이 할 수 없고, 다른 시기에 할 수 없는 것이 그 당시에는 가장 큰 일이다. 기도하는 것 자체는 쟁기질이나 장사나 회의보다 낫지만, 이것들의 적절한 시기는 그것보다 더 많을 수 있다. 왜냐하면 쟁기질은 다른 시간에 할 수 없지만 기도는 할 수 있기 때문이다.

방향 제시-6 '가정예배는 지속적으로 그리고 계절에 따라 하루에 두 번, 방해받지 않는 가장 자유로운 시간에 드려야 한다. 정당한 이유 없이 미루지 말라. 그러나 예배를 드릴 때마다 경건하고 진지하며 영적으로 행하도록 하라.' 더 큰 의무가 방해되지 않는다면, 먼저 하나님의 이름을 간결하게 부르고, 그리스도를 통해 하나님의 도움과 축복을 갈망하는 것으로 시작하여, 성경의 일부를 순서대로 읽으라. 그리고 듣는 사람이 그것을 이해하고 적용할 수 있도록 도와주거나 그렇게 할 수 없다면, 그런 목적을 위해 그들에게 유익한 책을 읽어주고, 시편 한 편을 부르고, (그것을 할 만큼 충분하다면) 기도로 간절히 당신의 영혼을 쏟아 놓으라. 그러나 피치 못할 사정으로 이 모든 것을 할 수 없다면, 특히 기도로 할 수 있는 일을 하고 나머지는 다음에 하라. 그러나 어떤 의무가 마음에 들지 않아 필요 없는 척하면, 그것은 의식적 노력이 없거나 태만한 것이다. 가족 의무를 활발하게 수행하는 것은 세상에서 경건의 능력과 관심을 유지하는 주요 수단이며, 이것이 죽고 대수롭지 않고 가볍게 되고 형식적인 것이 되면 모든 것이 쇠퇴한다.

방향 제시-7 '하루 일과를 시작하거나 세상의 어떤 중요한 일을 시작할 때, 당신의 궁극적인 목적에 대한 실제적인 의도와 기억을 새롭게 하라. 당신이 하는 모든 일 위에 **주님께 거룩**이라고 새기라.' 하나님께서 허락하지 않은 일을 하지 말고, 진정으로 그분이 당신에게 맡기신 일을 하라. 그리고 세상의 어떤 궁극적인 목적을 위해서라도, 그분을 기쁘시게 하고 영화롭게 하고 만족시키는 것 외에는 아무것도 하지 말라. 그리고 당신이 무엇을 하든지 반드시 이것을 목적으로 해야 하며, 그것이 천국에 가는 길이라는 것을 기억하라. 당신의 모든 수고는 나그네의 수고와 같아야 한다. 이는 여행의 끝을 위한 것이다. 그리고 당신이 가는 길에 있는 어떤 장소나 사물에 대한 모든 존중이나 애정은 당신의 목적 달성과 관련이 있어야 한다. 나그네가 좋은 길, 좋은 말(horse), 좋은 여관, 방수 외투, 좋은 친구를 좋아하는 것과 같다. 그러나 여기서 그 무엇도 당신의 목적지나 집처럼 사랑받는 것이 있어서는 안 된다. 당신 마음을 하늘로 향하고, 이 일과 길이 직접적 또는 간접적으로 거기로 향하지 않는다면 그것은 나에게 아무 일도 길도 아니라고 말하라. 무엇을 하든지 다 하나님의 영광을 위하여 하라.

방향 제시-8 '당신의 소명을 매우 열심히 수행하라.' 그러면 많은 가치 있는 것들이 잇따를 것이다. 1. 당신이 육체의 안일함을 부인할 수 없는 게으른 자와 같은 육체의 종이 아님을 나타낼 것이다. 그리고 안일과 게으름으로 인해 자라나는 모든 육체의 정욕과 욕망을 더욱 억제하게 될 것이다. 2. 게으른 사람들의 마음속에 몰려드는 한가한 생각을 마음속에서 차단할 것이다. 3. 게으른 사람들이 매일 저지르는 귀중한 시간 낭비를 피하게 될 것이다. 4. 게으른 사람들이 할 일을 소홀히 하는 변함없는 죄에 빠져 있을 때 당신은 하나님께 순종하는 길을 걷게 될 것이다. 5. 당신이 하는 일을 정확하게 수행하면, 거룩한 훈련을 위해 더 많은 시간을 할애할 수 있다. 게으른 사람들은 기도나 독서할 시간이 없는데, 그 이유는 일터에서 빈둥거리다가 시간을 잃어버리고, 일을 여전히 뒷전에 남겨두기 때문이다. 6. 당신은 당신 자신과 가족에게 필요한 것을 주실 수 있고, 충분하게 공급하실 수 있는 하나님의 축복을 기대할 수 있다. 그럼에도 불구하고 게으른 자들은 스스로 궁핍하게 하고 그 궁핍으로 말미암아 많은 유혹에 빠져 선을 행할 것이 아무것도 없다. 7. 그것은 또한 당신 몸을 건강하게 만들어, 당신의 영혼을 섬기는데 더 적합하게 할 것이다. 그럼에도 게으름은 시간과 건강과 재산과 지혜와 은혜와 모든 것을 낭비한다.[200]

방향 제시-9 '당신과 관련된 부패와 유혹에 대해 철저히 알고, 하루 종일 그것들을 경계하라. 특히 당신에게 관련된 가장 위험한 종류의 부패와 회사나 사업에서 필연적으로 만나게 될 유혹을 경계하라.' 가장에 대한 반감, 불신의 근본적인 죄, 위선, 이기심, 교만, 호색, 육체를 기쁘게 하는 것과 땅의 것들에 대한 과도한 사랑을 대적하고 경계하라. 당신의 소명에 근면한 척하면서 세속적인 마음과 세상에서 출세하려는 지나친 관심이나 탐욕스러운 야심에 빠지지 않도록 주의하라. 당신이 다른 사람과 거래하거나 상대할 경우, 자신과 자신의 이익을 위해 가능한 한 다른 사람의 것을 끌어내거나 불필요하게 하려는 이기심을 조심하라. 다른 사람을 대할 때 불의와 무자비한 기미가 있는 모든 것에 주의하라. 만일 당신이 헛된 말을 하는 사람들과 대화한다면, 여전히 헛된 말의 유혹에 대비하라. 화가 난 사람들과 대화를 한다면, 그들의 도발에 맞서 굳건한 태도를 유지하라. 방탕한 사람이나 이성을 유혹하는 사람

---

200) 엡 4:28; 잠 10:4, 12:24, 27, 13:4, 18:9, 21:5, 25, 22:29, 24:30, 31

과 대화할 경우, 순결의 법이 요구하는 정숙함과 필요한 거리를 유지하고 말의 깨끗함을 유지하라. 당신에게 흠이 있는 하인이 있다면, 유혹에 대비하여 그들의 결점이 당신의 잘못이 되지 않도록 하고, 부적당하거나 불공평한 것은 아무것도 하지 말고, 그들을 고치는데 도움이 되는 일만 하라. 만일 당신이 가난하다면, 가난의 유혹에 대비하여, 가난이 당신에게 그보다 훨씬 더 큰 악을 가져오는 일이 없도록 하라. 당신이 부자라면, 아주 소수만이 피할 수 있는 더 위험한 부의 유혹에 맞서 당신의 마음을 더 다지는 일에 가장 부지런히 노력해야 한다. 당신이 아첨하는 사람이나 당신을 매우 존경하는 사람들과 대화한다면, 부풀어오르는 교만에 대비하여 마음을 공고히 하라. 당신을 멸시하고 상처를 주는 사람들과 대화한다면, 조급하고 복수심에 불타는 교만에 맞서 마음을 공고히 하라. 죄가 어떤 힘을 가지고 있는 동안에는 이러한 일이 처음에 매우 어려울 것이다. 그러나 당신이 이러한 모든 죄의 유해한 위험과 모든 유혹의 성향을 습관적으로 인식하게 되면, 당신의 마음은 별로 지치거나 사려 깊거나 걱정하지 않고도 쉽게 그것들을 피할 수 있을 것이다. 마치 사람이 전염병에 걸린 집을 지나가거나 수레나 자기에게 어떤 해를 끼칠 수 있는 어떤 것을 만나면 길을 비켜가는 것과 같다.

방향 제시-10 '당신이 혼자 일할 때, 실용적이고 결실 있는 묵상의 (추측이나 비생산적이 아닌) 시간을 개선하라. 특히 마음의 일과 천국의 일에 대해 그렇게 하라.' 하나님의 무한한 선하심과 완전하심, 그리고 그분의 사랑과 찬양 안에서 영원히 살아야 할 영광의 삶을 가장 중요한 묵상의 주제로 삼아라. 그다음 당신 생각의 주제는 그리스도와 인간 구속에 관한 은혜의 신비다. 다음은 당신 자신의 마음과 삶, 그리고 이전 제16장 방향 제시-6에 설명한 것이다. 묵상을 체계적으로 관리할 수 있다면 가장 좋다. 그러나 그렇게 할 수 없다면, 당신을 혼란스럽게 하고, 주의를 산만하게 하고, 우울에 빠지지 않고 할 수 있는, 갑작스러운 기도처럼, 묵상을 짧고 쉽게 하는 것이 좋다. 그러나 습관적으로 그것들이 당신의 마음에 좋은 일을 하도록 하라.

방향 제시-11 '만일 당신이 다른 사람들과 함께 한다면, 제16장에서 지시한대로 산만함을 피하고, 회의에 시간을 유용하게 개선하기 위해, 주제와 기술과 해결책을 상비하라.'

방향 제시-12 '당신이 무엇을 하든, 여럿이 있든 혼자 있든, 외부의 육체적인 의무뿐만 아니라 영혼의 은총을 내적으로 자극하고 행사하는데 하루를 보내라.' 그 목적을 달성하기 위해서는 외적인 의무가 아니라, 영혼을 움직이게 하는 내적인 은혜가 있어야 한다는 것을 알아야 한다. 그렇지 않으면 그것은 형상이나 시체에 불과하며 하나님께서 받아들일 수 없다. 당신이 기도하고 독서할 때는 믿음, 소망, 사랑, 회개 등의 은혜가 발휘되어야 한다. 혼자 있을 때, 묵상은 당신이 가장 필요하다고 생각하는 어떤 은혜를 발동시키는데 도움이 될 수 있다. 당신이 다른 사람과 의논할 때, 당신은 그들을 사랑해야 하며, 당신이 함께 이야기하는 진리와 주제가 요구하는 다른 은혜도 사랑해야 한다. 당신이 도발을 당하거나 고통을 받을 때에도 그렇게 실천하기 위해 인내심을 가져야 한다. 게다가 특히 믿음을 행사함으로써 하나님과 구속주의 사랑과 하늘의 희망과 즐거운 생각으로 당신의 마음을 따뜻하게 유지하는 것이 당신의 일상 업무가 되어야 한다. 수단은 다양하고 숙고와 선택을 인정하기 때문에, 수단으로만 사용되어야 하고 한꺼번에 사용되는 것이 아니라 때로는 하나, 때로는 다른 것이 사용되어야 한다. 그럼에도 그 목적은 여전히 동일하고 이전에 숙고와 선택은 동일하다. 그러므로 수단에 불과한 모든 은혜는 다양하게, 숙고와 선택으로 사용되어야 한다. 하나님에 대한 사랑과 영생에 대한 사랑은 다른 모든 중보 은혜의 행사로 이루어지는 마지막 은혜로서, 마음의 끊임없는 의향과 기질이 되어야 한다. 당신의 마음이 의무를 수행하고, 하나님을 따라 거룩한 호흡을 하거나, 그분을 향해 움직이거나, 사람들에게 행하는 의무의 진실한 내면에 있다면, 말로만 하거나 육체를 위한 일, 또는 무모한 생각은 결코 받아들이지 말라. 정의와 사랑은 당신이 세상에서 다루어야 하는 모든 일에 대해 여전히 행사해야 하는 은혜이다. 사랑은 율법의 완성이라 불린다.[201] 왜냐하면 하나님과 사람에 대한 사랑은 모든 외적인 의무의 핵심이며, 이러한 의무의 결과를 낳는 원인이기 때문이다.

방향 제시-13 '시간을 소중히 여기라. 그리고 금이나 은을 잃지 않는 것보다 시간을 낭비하지 않도록 매일 더 조심하라. 그리고 헛된 오락, 옷 입기, 잔치, 쓸데없는 대화, 무익한 교제, 잠 등이 당신의 시간을 빼앗아가는 유혹이 된다면, 그에 따라 그에 대항하는 경계심과 확고한 결심을 강화하라.' 당신의 시간을 빼앗아 갈 수 있는 사람, 행동, 삶의 과정을 피하는 것보다 시간의 도둑이나 강도를 피하는 데 더 주의하라. 시간을 절약하기 위해 특히, 결코 게으

---

201) 롬 13:10

르지 않을 뿐 아니라, 자신이 할 수 있는 최대의 선을 행하고, 더 큰 일보다 더 작은 일을 선호하지 않도록 주의하라.

방향 제시-14 '절제하고 감사하는 마음으로 먹고 마시라. 그것은 건강을 위함 이지, 무익한 즐거움을 위해서가 아니다.' 수량의 경우 초과하지 않도록 가장 주의하라. 수량을 많이 하는 경우, 적게 취한다 해도 초과할 수 있다. 당신 건강을 해치는 경향이 있는 육식이나 음료를 먹음으로 식욕을 만족시키지 말라. "포도주를 마시는 것이 왕들에게 마땅하지 아니하고 독주를 찾는 것이 주권자들에게 마땅하지 않도다… 독주는 죽게 된 자에게 포도주는 마음에 근심하는 자에게 줄지어다."[202] "왕은 어리고 대신들은 아침부터 잔치하는 나라야 네게 화가 있도다 왕은 귀족들의 아들이요 대신들은 취하지 아니하고 기력을 보하려고 정한 때에 먹는 나라여 네게 복이 있도다."[203] 그렇다면 가난한 사람들도 절제와 과식을 조심해야 한다. 고운 음식보다는 거친 음식을, 값비싼 음식보다는 값싼 음식을, 배부른 음식보다는 절제된 음식으로 식단을 꾸려야 한다. 나는 특히 부자들에게 식당이나 응접실 벽에 이 두 문장을 큰 글씨로 써서 붙여 놓으라고 조언하고 싶다. **"소돔의 죄악은 이러하니 그와 그의 딸들에게 교만함과 음식물의 풍족함과 태평함이 있음이며** 또 그가 가난하고 궁핍한 자를 도와주지 아니하였음이다."[204] "한 부자가 있어 **자색 옷과 고운 베옷을 입고 날마다 호화롭게 즐기더라…** 얘 너는 살았을 때에 좋은 것을 받았다는 것을 기억하라."[205] 바울은 그들을 가리켜 "그들의 마침은 멸망이요 그들의 신은 배요 그 영광은 그들의 부끄러움에 있고 땅의 일을 생각하고 십자가에 원수 된 자들이라"[206]고 말하며 눈물을 흘렸다. "오 너희가 죽을까 두려워하여 육체를 좇아 살지 말라."[207]

방향 제시-15 '어떤 유혹이 당신을 이기어 일반적인 도덕적 약점 외에 다른 죄에 빠지게 되면, 즉시 슬퍼하고 하나님 만 아니라 사람에게도 고백하라. 고백은 해로움보다 유익이 더

---

202) 잠 31:4,6
203) 전 10:16, 17
204) 겔 16:49
205) 눅 16:19, 25
206) 빌 3:18, 19
207) 롬 8:13; 갈 6:8

많을 것이다. 그리고 지체하지 말고 즉시 참되고 철저한 회개로 일어서라.' 육체를 아끼지 말고 의무 불이행을 진흙으로 가리지 말고, 변명으로 아픈 것을 숨기지 말고, 어떤 대가를 치르더라도 빨리 일어나라. 그것을 계속 진행하거나 완고함을 유지하는 것은 확실히 더 많은 비용이 들 것이다. 평범한 도덕적 약점에 대해서 너무 가볍게 여기지 말고 고백하고 매일 그것에 맞서 싸우라. 당신이 무슨 힘으로 그것에 대항하는지 확인하고, 회개하지 않고 멸시하여 약점을 악화시키지 말라.

방향 제시-16 '매일 당신의 여러 관계에 대한 특별한 의무를 살펴보라.' 남편, 아내, 부모, 자녀, 주인, 종, 목사, 백성, 치안판사, 신하에 관계없이 모든 관계에는 특별한 의무가 있고, 어떤 선을 행하든 유익이 있음을 기억하라. 하나님께서는 이런 의무들과 다른 어떤 의무들에 대해서도 충실을 요구하신다는 것을 기억하라. 이것들에서 한 사람의 진실성이나 위선은, 그 어떤 부분보다도, 보통 더 많이 시험을 받는다.

방향 제시-17 '저녁에는 아침에 지시한 대로 가족과 은밀하게 하나님께 다시 예배를 드려라.' 모든 일을 하나님 보시기에 합당하게, 그리고 당신의 필요에 따라 진지하게 행하라. 그리고 거룩한 성경의 가르침을 받고 하나님을 찬양하며 그리스도를 통해 그분의 이름을 부르는 것을 당신의 즐거움으로 삼으라.

방향 제시-18 '어느 날 하나님과 사람에 대한 의무를 지연시키는 특별한 방해물이 있다면 다음 날 부지런히 노력하여 만회하라. 특별한 도움이 있다면 그것들을 활용하고, 의무를 생략하지 않도록 하라.' 강연하는 날이나 장례식 설교, 또는 특별한 가치를 지닌 사람들과 대화할 기회가 있거나 또는 고행이나 감사 축제의 날인 경우, 당신은 그러한 특별한 도움으로부터 두 배의 힘을 얻을 것이라고 기대할 수 있다.

방향 제시-19 '잠자리에 들기 전, 지나간 하루의 행동과 자비를 살펴보는 것은 일반적으로 꼭 해야 하고 필요한 과정이다. 이는 당신에 관한 모든 특별한 긍휼에 감사하고 당신의 죄에 대해 겸손하게 되며 회개와 순종하겠다는 결심을 새롭게 하여 당신 영혼이 선한 지 악한 지, 죄가 사라지고 은혜가 더해지는지 당신 자신을 살피고, 당신이 고통과 죽음에 대해 더 잘 준비하고 있는지 여부를 살피게 하려 함이다.' 그러나 자신의 의무를 어떻게 수행하는지 스스로 살피고 자신의 일상적인 약점을 오랫동안 연구하면서, 의무를 게을리하는 사람들처럼 인생의 일상적인 이야기에 너무 많은 시간을 낭비하지 말라. 그러나 일반적인 (그러나 성실한) 회개를 통해, 매일의 피할 수 없었던 실수를 애통해하고, 그리스도께 매일의 용서와 새로운 은혜를 구하라. 특별한 죄나 긍휼이 있었을 경우에는 반드시 매우 겸손하고 감사해야 한다. 어떤 사람들은 자신의 죄와 긍휼을 일일 목록이나 일기로 기록하는 것이 가장 좋다고 생각한다. 그렇게 하면, 매일 되풀이되는 일에 대해 다시 열거하는 것에 세심할 필요가 없을 것이다. 왜냐하면, 매일 똑같은 일들이 반복해서 열거될 때, 그것은 당신의 시간을 낭비하고, 더 큰 의무를 등한시하고, 그런 죄와 긍휼에 대해 습관적이고 무의미하게 만드는 유혹이 될 것이기 때문이다. 그러나 공동의 긍휼이 더 일반적으로 기록되고 공동의 죄가 일반적으로 고백 되게 하라. (그러나 그들 중 어느 것도 가치 없는 것으로 취급되어서는 안 된다.) 특별한 긍휼과 더 큰 죄에 대해서는 더 구체적으로 관찰하라. 그러나 다른 사람들이 알기에 적합하지 않은 죄와 긍휼은 글로 쓰는 것보다 기억하는 것이 더 안전하다는 것을 기억하라. 내 생각에 겸손하고 감사하는 마음을 가진 사람은 그것들에 대한 기억을 쉽게 잊어서는 안 된다고 생각한다.

방향 제시-20 '잠자리에 들기 위해 마음을 다잡고, 다시 그리스도를 통해 자신을 하나님께 맡기고 그분의 보호를 간절히 바라며, 어떤 믿음과 사랑의 거룩한 활동으로 하루를 마감하라.' 당신이 밤에 깨어 있어야 하는 사람이라면, 당신의 묵상을 거룩하게 하고 당신의 영혼에 가장 유익한 주제를 이용하라. 그러나 나는 이것을 일반적인 지시로 내릴 수 없다. 왜냐하면 몸은 잠을 자야 하고 그렇지 않으면 일하기에 적합하지 아니할 것이고 거룩한 것에 대한 모든 생각은 진지해야 하기 때문이다. 모든 진지한 생각은 잠을 방해할 것이며, 밤에 깨어 나는 사람들은, 마지못해 깨어나며, 잠에 대한 희망에서 벗어나지 않을 것이다. 진지한 묵상은 하면 좋을 것이다. 또한 나는 로마 가톨릭교회의 신봉자들처럼 당신에게 (보통) 밤에 일어나 기도하라고 조언할 수는 없다. 이는 불합리하고 해로운 의식을 통해 하나님을 섬기기 위한 것일 뿐이다. 그런 사람들이 사랑과 영적인 예배의 삶에 이끌리지 않고 의식적으로 얼마나 멀리 갈 것인지는 의심스럽다. 사람들이 다른 시간도 아닌 밤 시간에 기도하며 비합리적으로 하나님을 섬기지 않는다면, 그들이 잠을 자는 중간에 두 번 옷을 입고 벗으며, 동일한 일에 대해 밤에 일어나거나 오래 앉아 있거나 일찍 일어나서 그들의 시간을 얼마나 경솔하게 죄악적으로 낭비하는지 알 수 있을 것이다. 게다가 추위로 인해 그리고 필요한 휴식의 부족으로 인해 건강이 파괴될 수도 있다. 그 경우 하나님께서는 신체를 손상시키는 행위, 건강 파괴, 수명 단축을(다른 사람에 대한 살인이나 잔인함은 아님) 허락하지 않으신다. 그러나 우리의 불필요하고 감각적인 즐거움을 거부하고, 영혼과 인간에게 가장 도움이 되는 방식으로 육체를 사용하라.

나는 매일의 올바른 시간 사용을 위해 이 20가지의 지침을 간략하게 정리했다. 이 지침을 필요로 하는데, 더 많은 구체적인 지침을 기억할 수 없는 사람들은, 적어도 이 몇 가지 지침을 마음에 새기고 그것들을 자기들의 삶에서 실천할 수 있다. 만일 당신이 이것을 진심으로 행한다면, 그것이 당신의 삶에 거룩함과 풍요로움, 고요함, 그리고 당신의 평화롭고 안락한 죽음에 얼마나 도움이 되는지 상상할 수 없을 것이다.

제18장

거룩한 의무의 순서에 관한 방향 제시

제1과　가정에서 주의 날을 거룩하게 보내기 위한 방향 제시

방향 제시-1 '주의 날을 거룩하게 보내는 것이 불필요한 일이라고 생각하는 육체적인 사람들의 불평을 바로잡아라.' 주의 날의 명칭을 기독교의 안식일로 불릴 것인지 여부는 논쟁할 가치가 없다. 의심의 여지없이 **주의 날**(the Lord's day)의 명칭은 하나님의 영에 의해 붙여진 이름이다.[208] 그리고 고대 기독교인들이 제사, 제단이라는 이름을 사용하면서, 암시적으로, 그것을 **안식일**(the Sabbath)이라고 불렀다. 문제는 관습적인 이름이 중요한 것이 아니라, 불필요한 오락을 하지 않고 거룩한 활동을 하며 그날을 보내는가 여부이다. 안식일에 관해 의문을 해결하기 위한 증거들이 당신 곁에 있다.

1. 모든 사람의 고백에 의해, 당신은 하나님을 공개적으로 예배해야 하며, 예배를 위해 일정한 시간이 지정되어야 한다는 자연의 법칙을 알고 있다. 그리고 넷째 계명이 공식적으로 유효하든 폐지되든 그것과 무관하게, 이성의 동등성(the parity of reason)과 그것의 일반적인 형평성(general equity)은 우리에게 칠일 중 하루가 이 용도로 할당되었다는 것이 하나님

---

208) 계 1:10

의 뜻임을 알게 해 준다는 데에 일반적으로 동의한다. 그 당시 이것은 하나님 자신에 의해 합당한 비율로 판단된 것이며(창조에서부터, 그리고 창조를 기념하기 위해), 그리스도인은 창조와 구속 모두를 의식으로 기리고, 더 훌륭한 예배를 수행할 수 있는 시간을 많이 가져야 할 의무가 있다.

2. 그리스도께서 안식 후 첫날에 부활하셔서 그날 모인 제자들에게 나타나셨고 그날 그들에게 성령을 부어 주셨다는 것을 모든 그리스도인들이 고백한다. 그리고 사도들이 그날을 정했고, 기독교 교회들은 통상적으로 그날을 그들의 집회와 성찬으로 지켰다. 그리고 이 사도들은 성령의 특별한 은사로 가득 차서 예수 그리스도의 교리와 뜻을 교회에 확실하게 알리고 그것을 다음 세대를 위해 기록에 남길 수 있었다.[209] 그리하여 그들은 직분으로 위임을 받고 은사로 능력을 받아 복음 교회의 질서를 확정하는 일을 마치 **모세**가 성막의 일과 예배를 행한 것과 같이 했다. 그리하여 그들의 법이나 명령이 이렇게 확정된 것은 성령의 법이나 명령이었다.[210]

3. 또한 사도시대부터 지금까지 보편적인 교회는 그리스도의 부활을 기념하는 방식으로 주의 날을 항상 거룩하게 지켜 왔으며, 그리스도의 뜻을 좇아 사도들에 의해 또는 사도들로부터 그들에게 전달되었다고 고백한다. 나는 최근까지도 정통 기독교인이나 일반적인 관습을 따르지 않는 사람 중 어느 누구도 그것에 반대하거나 의문을 제기하거나 주저한 사람을 알지 못한다. 그리고 사실의 역사적 발견은, 사도들이 실제로 그것을 결정했다는 좋은 증거이다. 결과적으로 그들에게 사명을 주시고, 성령으로 영감을 주신 그리스도에 의해 이루어졌다.

4. 그 일은 여전히 보편적인 교회의 관습이라고 고백한다. 그 일을 단지 교회의 규정으로만 생각하는 사람들, 그들 중 일부는 영감을 받은 사도들을 통한 특별한 교회의 규정이라고 확신하는데, 그들 모두는 그 규정을 교회의 모든 구성원이 의무적인 것으로 받아들인다.

5. 우리가 살고 있는 나라의 법이 이를 명하고 왕은 공포하여 그 집행을 촉구한다. 그리고 교회법, 설교와 기독교 교회의 공식 예배는 주의 날의 거룩한 준수가 교회 지도자의 판단과

---

209) 막 16:2, 9; 눅 24:1
210) 요 20:1, 19, 26, 16:13-15; 행 2:1, 20:7; 고전 16:1, 2; 계 1:10; 마 28:19, 20; 롬 16:16; 살후 2:15

뜻임을 보여 준다. 예배 시간과 장소에 관한 강론을 읽어보라. 그렇다. 그들은 사람들에게 넷째 계명을 읽을 때 "주여 우리를 긍휼히 여기사 우리 마음을 움직여 이 율법을 지키게 하소서"라고 말하도록 요구한다. 권위의 명령은 경멸할 만한 의무가 아니다.

6. 이보다 더 많은 것들이 하나님에게서 온 것이라는 것을 모두가 인정한다. 모든 그리스도인 안에 있는 생명들은 주의 날이 사람에게, 종들에게만 아니라 모든 사람에게 매우 큰 자비라는 것을 말한다. 즉, 칠 일 중 하루는, 그들과 하나님과의 거룩한 교제를 방해할 수 있는, 세상의 모든 관심과 일에 대한 부담에서 벗어나, 그들 스스로 온전히 하나님의 뜻을 배우는 데 전념할 수 있다는 것이다. 자연은 자비가 우리에게 베풀어지면 그것을 받아들이고, 우리의 행복을 거스르는 논쟁은 하지 말라고 가르친다.

7. 일반적인 경험에 따르면 주의 날을 더욱 거룩하고 주의 깊게 지키는 곳에서는 지식과 종교가 가장 번성한다. 게다가 그날에는 다른 날보다 더 많은 영혼들이 회심하고, 그에 따라 사람들은 더욱 교화 되고, 주의 날을 일반적으로 무시하거나 잘못 사용하는 곳에서는 종교와 예절이 쇠퇴하고, 그러한 장소와 가족과 그 밖의 사람들 사이에는 눈으로 볼 수 있는 통탄할 만한 차이가 있다.

8. 이성과 경험은, 만일 사람들에게 다른 누구의 간섭을 받지 않고, 하나님께 드리는 예배 시간을 정하게 한다면, 대부분의 장소에서는 시간이 너무 적고 무질서하며 불확실할 것이고, 신앙은 지금 기독교 세계에서 대부분 사라졌을 것이라고 말할 것이다. 그러므로 그것 때문에 어떤 보편적 법칙이 필요하고, 그러한 법칙이 존재했을 가능성이 있다. 그렇다면 그것은 하나님, 창조주, 구속자, 성령님 외에는 아무도 그것을 설립할 다른 보편적 통치자와 입법자는 있을 수 없다.

9. 모든 그리스도인은, 같은 날에 성회를 갖고, 동시에 온 세상에서 하나님을 예배하고 그의 은혜를 구하는 것이 각기 다른 날에 예배를 드리는 것보다 일치와 화합을 위해 더욱 바람직하다는 것을 고백해야 한다.

10. 지금까지 내가 말한 모든 것은, 주의 날을 거룩하게 보내는 데에는 사회법을 따르는 것이 필요하지 않다는 것을 인정하는 것이다. 그것의 필요성에 대해서 할말이 너무 많을지라도, 그날을 거룩하게 지키는 것이 그것을 가장 적절하게 보호하는 방법이다. 왜냐하면 이것

은 죄가 될 수 없지만 그 반대는 죄가 될 수 있기 때문이다. 법적인 조건은 그토록 큰 자비를 받아들일 만큼 충분한 격려가 된다. 이 모든 것이 합쳐지면 자신과 다른 사람의 영혼에 대한 영적인 가치를 아는 사람을 만족시킬 것이다.

이의 그러나 '그 본질적인 점 외에도 하루 종일 거룩한 활동을 해야 하는지, 아니면 공적인 성찬에 적합한 만큼만 보내야 하는지는 고대 교회에서 그것을 지키기 위해 어떤 시간 이상을 사용한 것이 발견되지 않았기에 논쟁이 아직 남아 있다.'

답변 현실적인 사람이라면 우리 자신이나 다른 사람의 생명, 건강, 재물을 보호하기 위해 꼭 필요한 일이 주의 날에 행해질 수 있다는 사실을 부인하지 않을 것이다. 그러므로 우리가 하루 종일 거룩하게 보내야 한다고 말할 때, 먹고 자고 예배에 필요한 행동은 고려에서 제외한다. 그것을 고려하기 때문에 성전 안의 제사장들이 안식일을 (즉, 외적 안식) 어기더라도 책망할 것이 없다고 말한다. 그러나 그 외에는 하루 종일이라는 사실이 다음과 같은 주장에서 분명하게 드러난다. 고대의 역사와 교회법은 하루 중 한 부분만을 말하는 것이 아니라 전체를 말한다. 모든 사람은 노동이나 죄악 된 스포츠가 금지될 때는 부분적으로만 금지되는 것이 아니라 하루 종일 금지된다는 것을 인정한다. 그리고 고대 교회의 관습에 대해 주장되는 것에 대해 나는 다음과 같이 답한다.

1. 가장 오래된 교회들은 거의 하루 종일 공중 예배와 성찬으로 보냈다. 아침에 시작하여 저녁까지 헤어지지 않고 계속되었다. 하루의 첫 시간은 새신자들을 가르치는데 보낸 후 그들은 해산되었고, 교회는 함께 설교하고 기도하는 일을 계속했는데, 특히 그리스도의 몸과 피의 성찬식에 수반되는 찬양과 성찬 예식과 관련된 일을 계속했다. 그들은 (지금의 식탐꾼들이 그러하듯이) 저녁식사를 참는 것을 금식으로 여기지 않았다. 그럼에도 저녁 식사를 했고, 그들은 실로 밤에 잔치를 벌였다. 로마인들 사이에서 저녁식사를 하는 것은 전혀 전형적이지 않다. 하루 종일 공중 예배와 성찬에 참여한 사람들은 춤이나 연극이나 세속적인 사업에 그 시간을 보내지 않았을 것이다.

2. 교회 역사는 특정한 사람들이 개인적으로 무엇을 했는지 거의 설명하지 않았으며, 기대할 수도 없다.

3. 교회가 하루의 일부를 스포츠나 게으름, 불필요하고 세상적인 사업에 보내는 것을 승인

했다는 증거를 누가 우리에게 댈 수 있는가? 아니면 어떤 교회가 (또는 관련 인물) 실제로 그렇게 보냈는가?

4. 그 증거가 우리 교회와 다른 교회의 많은 교회법에서 나온 것이기 때문에, 주의 날을 거룩하게 지키라고 지시하고, 이러한 연극과 노동을 금지하고 있는 것이다. 내가 고백하는 것은, 그것을 위반하는 것을 막기 위해 법이 필요한 사람들이 있었다는 것이다.

5. 다시 말하지만, 그날은 놀이와 게임, 게으름이 의무라고 말하는 사람이 거의 없을 것이다. 거룩하고 감사하는 그리스도인은 자기의 영혼과 주변 사람들의 유익을 위해 하루 종일 시간을 보내고, 다른 사람들이 그 시간을 헛되이 낭비하고 있는 동안 하나님의 말씀을 읽고 묵상하며 기도하고 찬양하며 자기 가족을 가르치고 지내면 충분할 것이다. 특히 여가 시간이 거의 없는 종과 가난한 사람들은, 지식을 찾거나 구원을 위해 그러한 도움을 받을 수밖에 없다. 일주일 내내 굶주리는 가난한 사람에게 주어지는, 주의 날에 주인과 함께 잔치를 벌이는 최소한의 자유는, 그를 그것에서 구속하는 법 없이 그를 만족시킬 것이다. 여기에 배고픈 영혼도 같이 있다.

방향 제시-2 '주의 날의 일은 일반적으로 세상에서 참된 믿음과 신앙을 유지하고, 우리의 창조주, 구원자, 거듭나게 하는 분을 사람 앞에서 공개적으로 인정하고 존경하는 것임을 기억하라. 그리고 영광 가운데 계신 그분과 교통하기 위해, 그분의 은혜를 받고 실천함으로써 성령 안에서 그리스도를 통해 하나님과 교통하는 것이다. 그러므로 (잘 이해된) 이것이 당신의 목적이 되게 하고, 이것에 하루 종일 힘쓰고, 육체적인 휴식과 외적인 의무에 위선적으로 집착하지 말라.' 그날은 혀와 귀와 무릎을 훈련하는 날일 뿐 아니라 마음의 활동을 하는 날이라는 것을 기억하라. 당신의 주요 사업은 하늘에 관한 것이다. 그러므로 하루 종일 당신의 마음을 지키고, 당신의 몸이 수고하는 동안 마음이 게으르지 않도록 하라. 마음이 아무것도 하지 않으면 아무것도 이루어지지 않는다.

방향 제시-3 '주의 날의 특별한 일은, 그리스도의 부활과 그분으로 인한 인류 구원의 모든 일을 기념하는 것임을 기억하라.' 그러므로 당신의 타고난 죄의 비참함을 깨닫고 힘을 다해 하나님과 우리 구속주의 놀라운 사랑에 대한 생생한 감각을 일깨우고, 하루 종일 믿음과 사랑의 특별한 활동을 하며 보내라. 이날은 기독교의 주간 축제, 즉 세상에서 가장 큰 자비에 대한 감사의 날이므로 감사의 날로 보내라. 특히 우리 주님을 기쁘게 찬양하는 날로 보내라. 주의 날의 겸손하고 교훈적인 활동이 모두 이러한 찬양하는 활동에 종속되도록 하라. 나는 무지하고 경건하지 않은 사람들을 가르치고 경고하는 데 많은 시간을 할애해야 한다는 것을 알고 있다. 왜냐하면, 그들의 가난과 노동은 그들이 얻을 수 있는 다른 기회를 막기 때문이다. 그날에 우리는 그들에게 말해 주어야 한다. 그렇지 않으면 전혀 기회가 없을 것이다. 그러나 그것이 단지 그들의 필요를 위한 것이 아니고, 우리가 일주일 중 다른 날에 그들과 이야기할 수 있다면, 교회는 모든 주의 날을 제도의 목적에 적합한 그러한 찬양과 감사로 보내야 한다. 그러나 그것은 필수적인 것이 아니기 때문에, 교회의 고대 관습을 더욱 본받고, 아침 설교는 무지하고 회심하지 않은 사람들의 상태에 적합하게 하고, 하루의 나머지 시간은 신자들의 기쁨과 격려에 대한 감사 행사와 그들의 상태에 적합한 가르침에 사용하는 것이 바람직하다고 생각한다. 그러나 능숙한 설교자는 이 두 가지를 함께 행할 것이고, 그리하여 우리 구속주의 사랑과 은혜를 선포해야 하며, 적절한 적용을 통해 불경건한 자들을 끌어들이고, 이미 성화된 자들을 위로하고, 하나님을 찬양하는 가운데 그들의 마음을 고양시킬 수 있다는 것을 덧붙이고 싶다.

방향 제시-4 '주의 날은 특별히 교회들의 공공 예배와 개인적인 성찬을 위해 지정되었다는 것을 기억하라. 그러므로 하루 중 최대한 많은 시간을 이 공공 예배와 교회의 성찬을 위해 보내라. 특히 그리스도께서 오실 때까지 그분의 죽음을 기억하기 위해 제정된 성찬에 관한 일을 하며 보내라.'[211] 초대 교회에서는 이 성찬을 매주 주의 날에 거행했다. 그렇다. 그리고 더 자주, 심지어는 일주일 중 격일로 교회들이 교제를 위해 모였을 때도 성찬식을 거행했다. 만일 관습이 그렇게 하는 것으로 되어 있다면, 설교나 기도에 어떤 방해 없이 그렇게 할 수 있을 것이다. 왜냐하면 이 성찬 예식에 가장 적합한 기도와 지시와 권고는 주의 날에 교회에 가장 적합한 기도와 설교가 될 것이기 때문이다. 그 사이에 교회 성찬과 공중 예배로 보내는 하루의 많은 시간을 그에 맞게 향상시켜라. 그 시간에는 당신의 은밀한 봉사나 가족 봉사에 참여하지 말고, 교회가 함께하지 않는 개인적인 의무에만 시간을 투자하라. 그리고 이 성

---

211) 고전 11:25, 26

찬식에서 성도들의 사랑이 얼마나 많이 발휘되어야 하는지를 기억하라. 그러므로 그 사랑이 살아 있도록 노력하라. 이 사랑 없이는 어느 누구도 이 제도의 목적에 따라 주의 날을 준수할 수 없다.

방향 제시-5 '주의 날이 얼마나 큰 자비인지 이해하라. 그날은 은혜를 받고 은혜를 행사하기 위해 하나님을 기다리고 세상의 산만한 생각과 일들을 버리고, 이 세상이 평생 줄 수 있는 것보다 하루에 더 많은 것을 얻을 수 있는 기회가 당신 가까이에 있다. 그러므로 이토록 큰 은혜 받음을 기뻐하고 그것을 바라는 마음으로 나아오고, 하나님과 그의 은혜와 봉사를 사랑하지 않고, 하는 일에 싫증을 내는 육체의 마음처럼, 불쾌한 일에 대하여 마지 못해서가 아니라 빨리 오기를 바라는 마음으로 오라. 그 일을 마쳤을 때 마치 소가 멍에를 벗은 것 같이 기뻐할 것이다.' "만일 안식일에 네 발을 금하여 네 성일에 오락을 행하지 아니하고 안식일을 일컬어 즐거운 날이라, 여호와의 성일을 존귀한 날이라 하여 이를 존귀하게 여기고 네 길로 행하지 아니하며 네 오락을 구하지 아니하며 사사로운 말을 하지 아니하면 네가 여호와의 즐거움을 얻을 것이라."[212] 주의 날에 대한 당신의 애정은 마음의 기질을 많이 나타낸다. 거룩한 사람은 그날의 거룩한 행사를 사랑하므로 그날이 오면 기뻐한다. 사악하고 육체적인 사람은 육체적인 안일함 때문에 좋아하지만, 영적인 의무에는 싫증을 낸다.

방향 제시-6 '당신의 육체적인 안식의 관점에서 불경함과 미신의 극단 모두를 피하라.' 그 목적을 위해 다음 사항을 준수하라.

1. 노동은 그날에 적합한 것이 아니고, 오히려 그날은 거룩한 일을 하는 것이 가장 적합하다. 그리스도께서 이르시되 "안식일이 사람을 위하여 있는 것이요 사람이 안식일을 위하여 있는 것이 아니다."[213] 그것은 우리의 유익을 위한 것이지, 우리에게 해를 끼치기 위해 지정된 것이 아니다.

2. 육체적 안식은 그 자체를 위해 정해진 것이 아니라 내적이고 영적인 일을 위해 마음의 자유를 위한 수단으로 주어진 것이다. 그러므로 모든 육체적이고 집단적인 노동과 거래는 허용되지 않으며, 그것은 어떤 식이 되었든 마음을 산만하게 하고, 우리의 외적 또는 내적으

---

212) 사 58:13, 14
213) 막 2:27

로 하나님에 대한 정기적 활동과 교화를 방해한다.

3. 그리고 (어떤 유대인에게도) 어떤 일반적인 말이나 행동은 불법이 아니다. 그것은 이 성찬과 예배와 영적 교화를 방해하지 않는다.

4. 그렇다. 종교적 의무를 유지하고 우리 자신이나 이웃의 생명이나 건강, 재산과 재화를 보호하는데 필요한 것들은 그날 필요한 의무다. (병원을 짓거나 가난한 사람을 위해 옷을 만들거나 땅을 경작하는 것이 자비로운 일이 될 수도 있기 때문에) 진정한 모든 자선활동이 아니라, 다음 날로 미룰 수 없고, 그날의 의무를 방해하지 않는 것과 같은 자비의 활동이다.

5. 주의 날에 어떤 사람에게는 불법적인 말이나 행동이 다른 사람에게는 합법적일 수 있다. 그 이유는 방해가 되지 않고, 참으로 그에게는 의무가 되는 것이기 때문이다. 그에 대해 그리스도께서 말씀하시기를 "안식일에 제사장들이 성전 안에서 안식을 범하여도 죄가 없음을 (즉 외적인 휴식은 명령을 어기는 것이 아니다.) 너희가 율법에서 읽지 못하였느냐"[214]고 하셨다. 그리고 요리사는 요리를 위해 합법적으로 고용될 수 있다. 그럼에도 불구하고 다른 사람이 필요성 없이 자발적으로 그렇게 하는 것은 죄이다.

6. 주의 날을 감사의 날로 지켜야 하기에 감사의 날에 합당한 음식을 요리하는 것을 양심에 꺼려 주저하지 말라. 사도 시대의 원시 기독교인들은 그날 저녁에 끊임없이 (주의 만찬과 함께 또는 그 후에) 공동 식사를 가졌다. 굽거나 요리한 고기 없이는 잔치를 벌일 수 없었을 것이다.

7. 그러나 그 자체로 합법적인 일은 그 일에 고용된 종들의 영혼에 대한 관심과 연민이 있어야 하며, 그들이 필요 이상으로 영적 유익을 빼앗기지 않도록 해야 한다.

8. 또한 품위 위반에 대한 도덕적 분노가 무분별하고 연약한 사람을 유혹하여 불법적인 일을 하게 하는 경우, 때때로 합법적인 일도 삼가야 한다. 사람을 올바른 길에서 벗어나게 하는 것은 단지 단순한 혐오감을 유발하는 것이 아니라, 성경에 거스르는 도덕적 분노가 그렇다. 그것은 약한 사람들에게 죄를 짓게 유혹한다.

9. 그날의 거룩한 준수를 합법적인 금욕으로 바꾸는 위선적이고 비판적인 성향을 주의하

---

214) 마 12:15

라. 같은 마음을 품지 않은 사람들을 불경한 사람들로 여겨 비난하는 것을 주의하고, 그렇게 하는 사람만 아니라 그러한 일도 용납하지 말라. 이 점에서 그리스도와 바리새인들의 차이점을 주목하라. 그들이 예수님과 다투는 대부분은 안식일의 외적인 준수에 관한 것이었다. 이는 그의 제자들이 안식일에 곡식을 비비어 먹고, 예수께서 안식일에 병을 고치시며, 병 나은 사람에게 자리를 들고 걸어가라 명하셨기 때문이다. 그들은 사람이 일할 날이 엿새가 있기에 그 동안에 가서 고침을 받을 수 있다고 생각했다.[215] 그런 생각을 가진 사람은 바리새인들이 옳다고 할 것이다. 의심할 여지없이 그리스도께서는 치료를 위해 다른 날을 선택하셨을 수도 있다. 그러나 그는 안식일에 하나님의 능력이 선포되고, 모든 사람 앞에서 하나님을 영화롭게 하며, 복음을 확증하는 일이 가장 적합하다는 것을 알고 있었다. 그러므로 바리새인들의 형식주의와 비난을 주의하라. 주일에 어떤 사람이 해외로 나가는 것을 볼 때, 그 사람이 불경하거나 부주의로 그런 일을 하는지 알 때까지 그를 비난하지 말라. 당신은 그 일이 그의 건강에 필요할 수도 있고, 그의 거룩한 묵상을 통해 건강을 향상시킬 수 있을지 모르지 않는가? 어떤 사람이 당신이 필요하다고 생각하는 것보다, 일상적인 일에 대해 더 많은 말을 하고, 음식과 의복에 대해 더 많은 일을 하는 것을 듣더라도, 그들의 이유를 듣기 전에는 그들을 비난하지 말라. 그들의 거룩한 의무가 그 일로 인해 조금도 방해받지 않을 때, 그러한 외적인 준수 사항에 대한 양심적인 행위를 비난하지 말라. 양심적이지 않다는 이유로 사람들을 비난하는 것은 영적이고 자비로운 기도교인들에게는 너무 형식적이고 의식적인 종교 행위이다. 그리고 이런 종류의 일부 경건한 사람들의 극단적인 행동으로 인해 퀘이커 교도들과 종교적 구도자들은 모든 날을 동등하다고 생각하고 사용하며, 불경한 사람들은 주의 날의 거룩함을 경멸하게 되었다.

---

215) 눅 6:1, 5, 6, 13:12, 14-16, 14:1, 3, 5, 6; 요 5:9, 10, 16, 17, 18, 7:22-24, 9:14, 16; 막 1:21, 24, 2:23-28, 3:2, 3, 5, 6:2, 5

제2과 거룩한 직무의 순서에 대한 구체적인 방향 제시

방향 제시-1 '주의 날이 오기 전에 그날을 기억하고 준비하여, 당신을 방해하고 당신의 유익을 빼앗는 걱정을 막아라.' 준비를 위해 다음과 같이 하라.

1. "너는 엿새 동안 힘써서 네 할 일을 다 하라." 당신의 모든 일을 제때에 처리하여 주의 날에 당신을 방해하고 어지럽히지 않게 하라. 당신의 종들도 그렇게 하도록 보살펴주라.

2. 세상적인 생각을 떨쳐 버리고 세상적인 즐거움과 근심으로부터 마음을 비우라.

3. 지난 주일에 당신이 배운 교리를 기억하고 (그리고 종들이 있다면 기억하게 하여) 다음 주일을 맞을 준비를 하라.

4. 때에 맞춰 잠자리에 들라. 그러면 당신과 당신의 종들이 다음날 아침에 오래 누워 있거나 주일에 졸지 않을 것이다.

5. 묵상으로 하루를 준비하라. 지난 주에 지은 죄를 최대한 낱낱이 심각하게 회개하라. 그리고 그리스도를 통해 용서와 평안을 구하라. 그리하여 주 앞에 죄책감이나 양심에 괴로움을 가지고 나가지 않도록 하라.

방향 제시-2 '당신의 첫 생각이 거룩할 뿐 아니라 그날의 상황에 적합하게 하라.' 그날 당신의 구속자가 얼마나 아침 일찍 죽음에서 부활하셨는지, 그리고 당신이 얼마나 훌륭한 일에 종사하게 될 것인지, 자비의 그날이 당신에게 무엇을 자각하게 할지를 기쁜 마음으로 기억하라.

방향 제시-3 '다른 날과 마찬가지로 그날도 일찍 일어나라.' 주의 날을 거룩하게 하는데, 돼지처럼 잠을 자고 게으름을 피우고 포만감에 차 있는 세속적인 세대와 같이 하지 말라. 당신의 세속적인 사업이 당신의 영적인 일보다 일찍 일어날 가치가 있다고 생각하지 말라.

방향 제시-4 '옷차림 하는 시간을 유익한 명상이나 회의를 하며 보내거나 누군가가 성경한 장을 읽는 것을 듣는데 보내라.' 당신의 의무를 오래 지체하지 말라.

방향 제시-5 '여유가 있으면 은밀한 기도를 선행하라.' 당신이 종으로서 할 일이 있으면 빨리 끝내라. 그러면 더 나은 일을 위해 자유로울 것이다.

방향 제시-6 '다음에는 가족 예배를 드리고. 조금이라도 대충하지 말고 진지하고 경건하게 예배를 드리며, 그날의 특성이나 목적에 맞게 예배를 드려라.' 특히 당신 자신과 종들이 각성하여, 공공장소에서 할 일을 생각하고, 준비되고, 성결 된 마음으로 나아가라.

방향 제시-7 '경건함과 기쁨으로 성회에 들어가, 영생에 관한 문제에 대해 살아 계신 하나님께 간청하기 위해 그곳에 오는 자들처럼 마음을 가다듬어라.' 그리고 당신의 마음이 방황하지도 않고, 잠을 자지도 않고, 당신이 하려고 하는 신성한 일들을 가볍게 여기지 않도록 경계하라. 그리고 당신의 눈을 지켜 마음을 빼앗기지 않도록 하라. 당신 마음을 잠시도 멍하니 있게 하지 말고 항상 진지하게 사용하도록 하라. 위선자들과 무절제한 그리스도인들이 연설자나 회중이나 예배 방식의 불완전성에 대해 다투고 있을 때, 오히려 부지런히 노력하여 마음을 경계하고 듣는 내용을 반박하지 말라.

방향 제시-8 '집에 돌아오자마자 저녁 식사가 준비되는 동안에는 은밀한 기도나 묵상을 위한 적절한 시간이 될 것이다. 당신이 들은 것을 기억하고 마음에 새기며, 그것이 개선되도록 하나님께 도움을 구하고 당신의 공개적인 잘못에 대해 용서를 구하라.'

방향 제시-9 '식사를 할 때는 구속주의 사랑을 기억하고 언급하는 시간으로 즐겁게 보내라. 친교와 그날에 적합한 어떤 것을 기억하며 보내라.'

방향 제시-10 '저녁 식사 후에는 가족들을 불러 모아 찬송가를 부르고, 구두질문이나 들

은 설교를 반복, 또는 두 가지 모두를 통해 공개적으로 배운 내용을 기억하라.'

방향 제시-11 '그런 다음 (처음부터) 다시 모임에 가서 이전처럼 행동하라.'

방향 제시-12 '집에 돌아오면 가족들을 한자리에 모으고 먼저 하나님의 도움과 하나님에 대한 믿음을 간구하라. 그런 다음 찬송가를 부르라. 그리고 당신이 들은 설교 말씀을 반복하라.' 또는 아무것도 없다면 활기차고 유익한 책 중 하나를 읽으라. 그런 다음 일과 일상에 적합한 거룩한 진지함과 기쁨으로 기도하고 하나님을 찬양하라.

방향 제시-13 '그런 다음 저녁 식사가 준비되는 동안 은밀한 기도와 묵상에 전념하라. 당신이 가장 유익하다고 생각하는 대로 당신의 방에서나 걸어 다니며 묵상하라.' 당신의 종들이 동일한 특권을 누리는 데 꼭 필요한 것 외에는 그들을 방해하지 않도록 하라.

방향 제시-14 '저녁을 먹을 때에도 앞서 말한 대로 시간을 보내라.' 비록 감사의 날이기는 해도 폭식하는 날은 아니며, 너무 배불리 먹어서는 안 된다는 것을 기억하라. 그렇지 않으면 몸이 무거워지고 졸리며 거룩한 의무를 수행하기에 부적합하게 된다.

방향 제시-15 '저녁 식사 후에는 자녀들과 종들이 하루 종일 배운 것을 점검하고 찬송가를 부르고 기도와 감사로 마무리하라.'

방향 제시-16 '나중에 시간이 있으면, 당신과 그들 모두 주의 날의 의무와 다른 사람에 대한 관용과 결함을 은밀히 되돌아본 뒤에 밤을 위해 기도로 하나님의 손에 당신 자신을 맡기라.' 그리고 휴식을 취하라.

방향 제시-17 '그리고 모든 일을 종료하고, 당신이 받은 자비와 우리 중보자께서 계시하신 하나님의 선하심에 감사하는 마음으로 당신의 마지막 생각을 거룩하게 하라. 그리고 당신의 영혼과 몸을 그분의 손에 편안하게 맡기고 당신이 그분의 영광에 더 가까이 나아가고, 그분을 영원히 바라보고 향유하기를 갈망하라.'

나는 의무를 지킬 기회가 있는 사람들의 기억을 위해 의무에 대한 순서를 간략하게 설명했다. 그러나 어떤 사람은 처지와 조건으로 인해 이렇게 할 기회가 없다면, 그는 자신이 할 수 있는 일을 해야 한다. 그러나 육체적인 부주의로 인해 의무에 소홀해서는 안 된다는 것은 알아라. 이제 나는 이 작업이 게으름, 헛된 이야기, 카드, 주사위, 춤, 술집, 세상의 사업이나 토론보다 그리스도인의 원칙, 목적, 희망에 더 적합하지 않은지 당신의 이성과 양심과 경험에 호소한다. 이것이 참된 믿음과 거룩함과 정직을 증진시키는 데 크게 도움이 되지 않겠는가? 그들 중 세속적인 사람이나 방탕한 관능주의자가 있다면, 그들이 죽는 날에 주의 날을 소홀히 한 것을 발견하지 않을까? 아니면 게으르고, 육체적이고 경건하지 않은 사람들이 주의 날을 그렇게 보내는 중에 그것을 발견하는 것이 아니라, 시간이 지나고, 사라졌을 때, 그것을 되돌아보지 않을까?

제19장

설교를 유익하게 듣는 방법

외적인 예배 방식에 관한 방향 제시를 생략하고 (3부에서 언급한 이유와, 나와 내가 살고 있는 시기와 장소에서 알려졌기에) 나는 당신의 교화에 가장 필요하다고 생각하는 당신의 의무에 대한 개인적, 내적인 관리에 대해 지시한다. 당신의 의무와 이익이 되는 행위는 다음 네 가지 개괄적인 요소에 있다. 즉, 1. 당신이 이해력을 가지고 듣는 것. 2. 당신이 들은 것을 기억하는 것. 3. 당신이 들은 것에 의해 합당한 영향을 받는 것. 4. 당신이 들은 것을 진심으로 실천하는 것이다. 이 모든 목적과 의무를 달성하기 위해 더 세부적으로 당신에게 설명한다.

제1과　듣는 말씀을 깨닫는 방법

방향 제시-1　'개인적으로 성경을 많이 읽고 묵상하라. 그러면 당신은 공개적으로 성경에 대해 설교 되는 내용을 더 잘 이해하고 그것이 하나님에게서 나온 교리인지 알 수 있다.' 반면에 당신이 성경에 익숙하지 않다면, 성경에서 다루어지거나 주장되는 모든 것이 당신에게 너무 낯선 것이므로 성경에 의해 거의 교훈을 얻지 못할 것이다.[216]

방향 제시-2　'당신이 얻을 수 있는 가장 명확하고 분명하며 설득력 있는 가르침 아래서 살아라.' 청중의 교화에 관해서는, 분별력 있고 분명하며 뚜렷하고 능숙한 설교자와, 무지하고 혼란스럽고 일반적이고 무미건조하고 소화되지 않은 몇 가지 말들과 다른 작가의 글을 수집하여 그것으로 한 시간을 채우는 설교자 사이에는 말할 수 없는 차이가 있다. 철학, 물리학, 문법, 법률, 그리고 모든 예술과 과학에서 한 선생과 다른 선생 사이에 큰 차이가 있다면, 그것은 종교에서도 당연히 그렇다. 자기가 말하는 것 자체를 이해하지 못하는 무지한 선생들은 당신을 깨닫게 할 수 없다. 잘못된 선생은 당신에게 종교를 수용하게 하거나 감동을 주지

---

216) 시 1:2, 119:1-176

못할 것이다.

방향 제시-3 '말씀을 들을 때 마치 별거 아닌 것을 듣는 것처럼 부주의한 마음으로 듣지 말고, 당신이 듣게 될 거룩한 말씀의 말할 수 없는 중요성과 필요성과 결과를 의식하고 들으라. 그것이 당신에게 얼마나 중요한지 이해하고 그것을 생명의 말씀처럼 진정으로 사랑할 때, 그것은 모든 특별한 진리를 이해하는데 큰 도움이 될 것이다.' 사람이 사랑하지도 않고 필요성도 인식하지 못할 때, 관심과 주의를 두지 않고 듣게 되어 마음에 큰 인상을 남기지 못할 것이다. 그러나 말씀의 탁월함과 필요성에 대해 충분히 이해하고, 흥미진진한 사랑과 진지한 관심은 세부사항을 이해하기 쉽게 만들 것이다. 그렇지 않으면 당신은 그것을 수용하고 싶어도 입구가 막히거나 주둥이가 좁은 병과 같을 것이다. 그러나 나는 이해가 영향을 받는 상태보다 우선되어야 한다는 것을 안다. 당신 자신의 영혼에 대한 중요성과 가치를 이해하려면 먼저 당신의 구원에 대한 세심한 주의와 하나님의 말씀에 대한 일반적인 존중이 있어야 한다. 이는 나중에 듣게 될 세부적인 말씀을 이해하는 데 필요한 것이다.

방향 제시-4 '헛된 생각을 하거나 꾸벅꾸벅 조는 행위로 당신의 주의를 산만하게 하지 말라.' 당신이 배우는 것에 주의를 하지 않는다면 어떻게 이해하고 깨닫겠는가? 살기 위해 열심히 배우라. 당신이 설교자에게 가르치라고 시킨 것처럼, 참석하여 배우는데 부지런하고 진지하라.[217] 졸리게 하고 부주의한 설교자가 나쁘다면 졸고 부주의하게 듣는 사람도 좋지 않다. **모세**가 말하기를, "오늘 내가 너희에게 증언하는 모든 말을 너희의 마음에 두라… 이것이 너희에게 헛된 것이 아니니 이는 너희 생명이니라."[218] 당신이 고난 중에 있을 때 당신은 하나님이 당신의 기도에 주의를 기울이시길 원한다. "귀를 돌이켜 율법을 듣지 않는 자의 기도는 하나님께 가증하니"라고 말씀하셨음에도 왜 당신은 그의 말씀에 주의를 기울이지 않는가? "모든 백성이 그리스도의 말씀을 듣고 귀를 기울였더라."[219] **에스라**가 "아침부터 정오까지 율법을 낭독하면 모든 백성이 그것에 귀를 기울였더라."[220] **바울**이 밤중까지 주의 날 훈

---

217) 잠 4:1, 20, 5:1, 7:24, 28:9; 느 1:6, 11; 시 130:2
218) 신 32:46, 47
219) 눅: 19:48
220) 느 8:3

련과 연설을 계속할 때, 잠든 한 청년이 삼 층에서 떨어져 죽음으로 말씀을 들을 때 잠자는 것을 경고하였다.[221] 그러므로 그날 너희는 세속적인 일을 하지 말고 "흐트러짐 없이 주를 섬기라."[222] **루디아**는 바울의 말에 주의를 기울였으며 마음이 열리고 회심했다.[223]

방향 제시-5 '특히 설교의 의도와 취지, 주요 교리에 주목하라.' 모두 설교자가 선택한 가장 중요한 것이기 때문이다. 그것에 대한 이해가 그것에 의존하고 그것과 관련된 나머지 모든 것을 이해하는 데 많은 도움이 될 것이기 때문이다.

방향 제시-6 '당신의 영혼에 가장 중요하고 염려되는 것에 주의하라.' 몇 가지 작은 말이나 부수적인 말이나 재치 있는 말에 사로잡히지 말라. 그것은 어린 애들이 흉내 내는 단편적인 말이나 낱말에 불과하다.

방향 제시-7 '먼저 집에서 교리문답을 배우고, 사도신경과 주기도문, 십계명에 담긴 종교의 주요 핵심 내용을 배우라. 당신이 듣는 가운데 먼저 이것들을 더 명확하게 이해하기 위해 노력하라. 그러면 여기에서 자라난 작은 가지들이 더 잘 이해될 것이다.' 이 중요한 필수 사항을 배우는 데 많은 관심과 수고를 아끼지 말라. 그것은 당신의 모든 연구 중에서 가장 유익한 것이다. 여기서는 두 가지를 더 피하라고 조언한다.

1. 당신이 이것을 잘 이해하기도 전에 더 작은 지점으로 (어떤 사람들은 높은 지점이라고 부르는) 성급하게 올라가는 것과 그들이 자신감을 갖게 해, 정당한 존중 없이 높은 지점을 독립적으로 받는 것.

2. 무미 건조하고 무의미한 논쟁을 즐기며, 듣기 좋은 가벼운 농담, 건방지고 건설적이 않은 것들, 형식과 상황에 관한 담론을 좋아하는 것이다.

방향 제시-8 '집에 돌아와서 들은 내용을 더 잘 이해할 때까지 묵상하라.'[224]

방향 제시-9 '의심스러운 부분이 있으면 그것을 해석하고 가르칠 수 있는 사람에게 문의하라.' 능력이 있는 목사나 선생이 여가가 있어 그들을 도우려는 의지가 있음에도 불구하고,

---

221) 행 20:9
222) 고전 7:35
223) 행 16:14, 15
224) 시 1:2

한 주 또는 한 해가 끝날 때까지 한 번도 의심에 대한 해결을 구하지 않는 대부분의 사람들과 종들이 있다면, 그것은 그들의 부주의한 마음과 하나님의 말씀에 대한 멸시를 나타낸다. "그리스도께서 홀로 계실 때에, 함께한 사람들이 열 두 제자와 더불어 그에게 비유의 의미를 물었다."[225]

방향 제시-10 '당신이 알기 원하는 교리를 잘 다루는 가장 거룩한 책들을 많이 읽으라.'

방향 제시-11 '지혜와 성령의 조명을 달라고 간절히 기도하라.'[226]

방향 제시-12 '아는 것을 양심적으로 실천하는 것은 이해하는 데 큰 도움이 된다.'[227]

---

225) 막 4:10
226) 엡 1:18; 행 26:18; 약 1:5
227) 요 12:3

제2과 들은 것을 기억하는 방법

자연적인 노화와 쇠퇴로 인해 발생하는 기억력 부족은 치료될 수 없다. 그리스도의 어떤 종들도 이 문제로 인해 지나치게 괴로워해서는 안 된다. 그리스도께서는 나이가 들거나 질병을 이유로 자신의 종들을 버리지 않을 것이다. 그러나 기억력이 부족해도 치료가 가능한 결함에 대해서는 다음과 같은 지시를 내린다.

방향 제시-1 '당신이 기억하고 싶은 내용을 완전히 이해하는 것은 기억에 큰 도움이 된다.' 무지는 기억을 방해하는 가장 큰 장애물이다. 일반적인 경험은 당신에게, 당신이 철저하게 이해한 어떤 담론도 얼마나 쉽게 기억할 수 있는지 말해 준다. (당신이 알아낸 지식은 당신의 기억을 되살릴 것이다.) 중요하지 않거나 우리가 이해하지 못하는 단어를 기억하는 것은 얼마나 어려운지 모른다. 그러므로 뒤에 오는 지시에 따라 명확한 이해를 위해 노력하는 것이 가장 중요하다.

방향 제시-2 '깊고 각성된 감정은 기억에 매우 강력한 도움이 된다.' 사소한 일은 무시되고 곧 잊어버릴 수 있음에도 우리의 재산이나 삶에 놓여 있는 모든 것은 쉽게 기억한다. 그러므로 다음의 지침에 따라 모든 것을 당신의 마음에 새기도록 노력하라.

방향 제시-3 '체계적으로 정리된 지침은 기억에 아주 큰 도움이 된다.' 그러므로 설교자의 지침을 파악하라. 그러면 당신은 쉽게 잊지 않게 된다. 그러므로 목회자들은 체계적이어야 할 뿐 아니라, 장황하고, 혼란스럽고, 복잡한 담론과 그들의 지침을 드러내지 않는 악의적인 자만심을 피해야 한다. 행위자가 마음에 담을 수 있도록 같은 유형의 지침을 사용해야 한다. 청중이 가장 잘 이해하고 기억하기 쉬운 지침을 선택하고 그들이 당신의 관점을 인식할 수 있도록 노력해야 한다.

방향 제시-4 '숫자는 기억에 큰 도움이 된다.' 그렇기 때문에 이유, 용도, 동기, 기호, 방향이 여섯, 일곱, 여덟이라고 말하는 방식은 기억하기 쉽다. 첫 번째, 두 번째, 세 번째, 등 그 순서를 알면 기억하는 데 많은 도움이 된다.

방향 제시-5 '명칭과 상징적인 단어들도 기억에 큰 도움이 된다.' 모든 문장을 기억할 수 없는 사람이라도 한 단어는 기억할 수 있다. 한 단어가 사람에게 나머지 부분을 기억해 내는 데 큰 도움을 줄 수 있다. 그러므로 설교자들은 가능한 한 모든 이유, 용도, 방향 등의 뜻을 어떤 강조하는 한 가지 말로 고안해야 한다. (어떤 사람들은 각각의 단어를 같은 문자로 시작하도록 매우 유익하게 고안하는데, 이는 기억하기에 좋다. 그러나 그것이 너무 긴장시키거나 불편하게 해서는 안 된다.) 내가 당신에게 구원에 가장 큰 도움이 되는 것을 가르치려 한다면, 서두를 'P'라는 것으로 연관시켜 말할 수 있다. 1. 강력한 설교(Powerful preaching). 2. 기도(Prayer). 3. 신중함(Prudence). 4. 경건함(Piety). 5. 고통스러움(Painfulness). 6. 인내(Patience). 7. 끈기(Perseverance). 비록 내가 모든 것을 전체적으로 설명했으나, 바로 그 명칭들은 듣는 사람들의 기억에 도움이 될 것이다. 사역자들이, 호기심 많은 귀를 즐겁게 하는 것보다 사람들의 영혼을 돌보기 위해 교리, 이유, 용도, 동기, 도움 등에 관해 공통된 길로 안내하고, 비난, 책망, 권고 등의 동일한 제목을 사용하는 것은 바로 이런 이유다. 그러나 주제가 우리에게 다른 방법을 지시할 때, 청중을 불쾌하게 해서는 안 된다. 왜냐하면 한 가지 방법이 모든 주제에 정확하게 도움이 되는 것은 아니며, 우리는 본문이나 내용이 잘못되는 것을 혐오해야 하기 때문이다.

방향 제시-6 '종종 듣는 시간에 말한 명칭이나 서두를 불러내어 반복하는 것은 기억에 큰 도움이 된다.' 사람의 마음은 동시에 두 가지 일을 할 수 있다. 당신은 말하는 것을 들으며 지나간 것을 회상하고 반복할 수 있다. 그것에 집착하지 말고, 자주 그리고 신속하게 그것에 대해 이름, 예를 들면 이유, 용도 등을 떠올리라. 나에게는 이것이 (이해와 감정 다음으로) 내가 사용해 본 어떤 것보다 가장 큰 도움이 되었다. 그렇지 않고 서두를 한 번 듣는 것으로 설교가 끝날 때까지 더 이상 생각하지 않으면 그것을 결코 기억에서 불러내지 못할 것이다.

방향 제시-7 '당신이 잡을 수 있는 능력 이상의 것을 붙잡아 모든 것을 잃지 않도록 하라.' 당신이 기억할 수 있는 것보다 더 많은 세부사항이 있다면, 당신이 가장 관심있는 부분을 잡고 나머지는 버려라. 아마 당신이 무시한 것을 다른 사람이 차지할 수도 있다. 그러나 당신의 마음을 사로잡은 것보다 더 많은 것을 언급하는 것을 설교자의 잘못이라고 말하지 말라. 왜냐하면, 1. 그러면 그가 더 확대해서 말하는 부분과 설교의 대부분을 빼내야 한다. 왜냐하면 그래야 당신이 사로잡은 부분과 같기 때문이다. 2. 다른 사람이 당신보다 더 많은 것을 기억할 수 있음을 인정하라. 3. 말은 잊어버려도 모든 것이 사라지는 것이 아니다. 왜냐하면 그것은 이해하는 습관을 길러 결심과 감정, 실천을 촉진할 수 있기 때문이다.

방향 제시-8 '들은 내용을 메모하는 것은 그것을 활용하는 사람들의 기억에 도움을 준다.' 어떤 사람들은 그 메모하는 일이 감정을 훼방하기 때문에 그것을 활용해야 하는지 의문을 제기한다. 그러나 그것은 주제와 듣는 사람의 차이에 따라 다른 한계를 설정해야 한다. 어떤 설교는 모두 현재의 감정에 작용하기 위한 것으로, 현재의 유익이 뒤에 숙독하는 것보다 선호된다. 그러나 어떤 설교는 소화되고 검토된 후에 우리에게 더 많은 유익을 준다. 그리고 어떤 청중들은 쉽게 많은 글을 쓸 수 있어 그들의 감정이 거의 방해가 되지 않는다. 어떤 사람들은 너무 간단히 쓰지만, 너무 많이 방해가 되어 손해에 대한 보상을 얻지 못한다. 어떤 사람들은 말하는 내용을 모두 잘 알고 있어서 메모가 필요하지 않다. 교육받지 못한 일부 사람들은 정독을 위해 그것들이 필요하다.

방향 제시-9 '집에 돌아와 기억나는 것을 주의 깊게 생각하거나 적어 두라. 그리고 잊어버리기 전에 빨리 확고하게 하라. 그리고 그것을 잘 반복할 수 있는 다른 사람들의 말을 들어보라.' 그것에 대해 기도하고 다른 사람들과 함께 이야기하라.

방향 제시-10 '단어 자체를 잊어버린 경우에도 모든 것의 주요 흐름을 기억하고, 그들이 추구하는 해결책과 감정을 얻으라.' 당신은 말씀을 놓쳤을지라도 설교를 놓친 것이 아니다. 음식을 버린 것이 아니고, 음식을 소화하여 살과 피로 변화시킨 것이다.

제3과 말씀을 듣고 거룩한 결심과 사랑을 실천하기 위한 지침

이해와 기억은 마음으로 가는 통로 이상은 아니고, 실천은 바로 마음의 표현이다. 그러므로 마음에 어떻게 작용하느냐가 가장 중요한 문제이다.

방향 제시-1 '가능한 한 가장 설득력 있고 활기차고 진지한 설교자 밑에서 살아라.' 이는 모든 사람에게 큰 관심이 되는 문제이지만, 특히 우둔하고 지각이 없는 마음을 가진 사람들에게는 그렇다. 하나님께서는 가장 약한 자들에게도 복을 주실 수 있기에, 가장 약한 자들에게 도움이 되지 못하는 것은 당신 자신의 잘못이라고 말하는 세상 사람들의 말을 듣지 말라. 그러므로 당신에게는 문제가 되지 않으니, 무지하고, 벙어리이고, 어리석은 자를 달게 수용하라. 하나님께서는 가장 약한 자에 대한 수고를 축복해 주실 수 있기 때문에 기꺼이 나쁜 하인이나 나쁜 의사를 좋게 대했는지 먼저 평가해 보라. 자녀들의 욕구로 잘못한 일에 대해 그들에게 합당한 책망이나 교정을 하지 않아도 괜찮은가? 자녀들을 병들게 한 것이 그들 자신의 잘못임에도 불구하고, 자녀들이 과식한 후에도 약을 주지 않아도 되는지 판단해 보라. 우리의 모든 죄는 우리 자신의 잘못이라는 것은 사실이다. 하지만 문제는 가장 효과적인 치료법은 무엇인가 하는 것이다. 살아 있고 깨어 있는 사람 중에 죽은 설교자와 살아 있는 설교자

사이의 큰 차이를 느끼지 못하는 사람이 어디 있겠는가?

방향 제시-2 '사역자들은 그리스도의 사자이며 그분의 사업과 이름으로 당신에게 나아간다는 것을 기억하라. 그러므로 그들을 강연자라고 하기보다, 그분의 관리자로서, 하나님 자신과 더 관련이 있는 사람으로서, 그들의 말을 들으라.'[228] 성령은, "우리의 결산을 받을 이의 눈앞에 만물이 벌거벗은 것같이 드러난다"[229]고 말씀하신다. 당신이 함께 해야 할 분은 하나님이다. 그러므로 그에 상응하여 행동하라.[230]

방향 제시-3 '하나님께서는 바로 당신의 영혼을 구원하는 일에 관해 당신에게 지시하고, 가르치고, 경고하고, 치료하고 계신다는 것을 기억하라.' 그러므로 와서 당신의 구원에 대한 소식을 들으라. 하나님께서 사람들에게 당부하는 문제가 천국과 지옥이라는 것을 잘 생각한다면 그 마음이 무감각 할 수 있을까?

방향 제시-4 '당신이 들을 수 있는 시간이 얼마 없다는 것을 기억하라. 당신은 언제 다시 듣게 될지 알지 못한다. 그러므로 그것이 당신의 마지막인 것처럼 들으라.' 하나님의 부르심과 은혜의 제안을 듣는다고 생각하라. 이것이 나의 마지막 기회일지 모른다. 내가 내일 죽을 것이 확실하다면 어떤 자세로 들을까? 나는 그것이 머지않아 될 것이라고 확신한다. 잘은 모르지만 아마도 오늘이 될 수도 있다.

방향 제시-5 '이 모든 날들과 설교들은 반드시 되짚어 보아야 하며, 당신이 들은 모든 것을 사랑으로 들었든, 싫어하며 들었든, 부지런히 주의를 기울이며 들었든, 부주의하게 들었든 간에 당신이 책임져야 한다는 것을 기억하라. 당신이 들은 그 말씀이 마지막 날에 당신을 심판할 것이다.'[231] 그러므로 듣고 순종한 것에 대해 심판 받으러 가는 자들처럼 들으라.

방향 제시-6 '들은 말씀을 그대로 부지런히 적용하고, 말씀에 관련된 적절한 결심과 사랑의 실천을 당신의 일로 삼아라.' 강제로 끌려가는 것 외에는 더 이상 아무것도 할 수 없는 것처럼 모든 것을 사역자에게 맡기지 말라. 이것은 산 사람보다 죽은 사람에게 더 적합한 일이

---

228) 고후 6:1
229) 히 4:13
230) 눅 10:16; 살전 4:8; 고전 4:1
231) 요 12:48

다. 당신은 설교자만큼 해야 할 일이 있고, 그동안 내내 그 사람만큼 바빠야 한다. 도움이 필요한 아이라도 어머니가 젖을 줄 때 빨아야 한다. 만일 당신이 먹어야 한다면 입을 열어서 먹고 소화시켜야 한다. 왜냐하면 다른 사람이 당신을 대신해 그것을 먹고 소화시킬 수 없기 때문이다. 가장 거룩하고 지혜롭고 강력한 사역자라도 당신이 없으면 당신을 회심 시키거나 구원할 수 없으며, 자신의 구원을 위해 움직이지 않는 백성을 죄와 지옥에서 구원할 수 없다. 그러므로 항상 일하며, 게으른 사역자와 마찬가지로 듣기에 게으른 마음을 혐오하라.

방향 제시-7　'새김질을 하고, 집에 돌아와서 설교 때 들은 모든 것을 은밀하게 불러내어 묵상으로 자신에게 설교하라.' 설교자가 냉정하게 전한 것이라면, 그 문제의 중요성을 깊이 생각하고 더욱 간절하게 여러분의 마음에 전하라. 여러분은 자신을 가장 사랑해야 하며 자신의 상태와 필요 사항을 가장 잘 알고 있어야 한다.

방향 제시-8　'이 모든 것을 하나님께 기도하라. 거기서 어리석은 마음을 한탄하며, 하늘에 대한 불만을 몰아내라.' 하나님의 이름과 임재에는 소생시키고 깨우는 능력을 가지고 있다.

방향 제시-9　'하나님의 성령을 소생시키려면 믿음으로 그리스도께 나아가라.' 당신의 생명은 당신의 뿌리이자 머리 이신 그분 안에 숨겨져 있다. 모든 것이 그분에게서 나온다. 아들 (the Son)이 있는 사람에게 생명이 있다. 그가 살아 계시므로 우리도 살 것이다. 죽은 자를 살리신 부활의 능력을 찬양하도록 간청하라. 또 당신의 마음을 열고, 그분의 영이 당신에게 말하게 하라. 그러면 당신이 하나님의 가르침을 받고, 당신의 마음은 하나님의 편지와 영원한 율법이 기록된 책이 될 것이다.[232]

방향 제시-10　'다른 사람을 가르치고 간청하는 일을 염두에 두라.' 당신의 의도에 대해 무지한 영혼들을 불쌍히 여겨라. 하나님을 섬기는 일에서 그분은 더 좋은 은혜를 베푸신다. 우리의 공급품은 사르밧 여인의 기름과 같으니, 그 기름은 그녀가 붓는 동안 증가했고, 그녀가 기름 따르는 것을 멈췄을 때 사라졌다.[233] 선을 행하는 것이 선을 받는 가장 좋은 방법이다. 거의 굶주려 죽어 가는 가난한 사람을 불쌍히 여겨 그를 위로하면 열기를 얻고 둘 다 이득을 얻는 자가 될 것이다.

---

232) 골 3:3, 4; 요 15:1-5, 6:45, 11:25, 14:19; 빌 3:7, 8; 행 16:14; 고후 3:3, 6, 17, 18; 히 8:10, 10:16; 렘 31:33
233) 왕상 17:12, 14, 16

제4과　들은 것을 실천하기 위한 지침

들은 것에 대한 실천 없는 안식은 헛되고 거짓이므로 이에 대해 어느 정도 언급한다.

방향 제시-1 　'당신의 마음과 삶의 결점을 잘 알고, 그러한 특정한 결점에 대한 지침과 도움을 얻을 목적으로 나아가라.' 무엇이 당신을 괴롭히는지 모른다면, 당신에게 필요한 약이 무엇인지, 더군다나 그것을 어떻게 사용하는지 알 수 없을 것이다. 당신이 어떤 의무를 생략하고 부주의하게 수행하는지, 당신이 가장 큰 죄를 짓는 것이 무엇인지 알고, 집 밖에 나갈 때 내 질병 때문에 그리스도께 치료를 받으러 간다고 말하라. 내가 돌아오기 전에 이 죄에 맞서는데 도움이 되고, 내 의무를 더 잘 수행할 수 있게 해 주고, 나를 더 효과적으로 자극할 수 있는 이야기 듣기를 기대하며 나가라. 자신의 질병을 알지 못하거나, 아니면 질병을 사랑하여 치료하기를 원치 않는 사람들이 그리스도의 지시를 실천하기 원하겠는가?

방향 제시-2 　'들은 것을 실천하기 위해서는 앞서 언급한 세 가지가 여전히 전제되어 있어야 한다. 즉, 말씀이 먼저 당신의 이해와 기억과 마음에 그 역할을 다해야 한다는 것이다.' 왜냐하면 말씀을 실천할 수 없는 것은, 그 말씀이 이해되지 않고 전혀 기억되지 않고 결심과 사랑을 낳지 못하기 때문이다. 삶의 개혁을 위해 반드시 얻어야 하는 것은 마음의 작용이다.

방향 제시-3 '설교자가 추구하는 실천의 관점이 무엇인지 깨달을 때, 특히 필요성과 활동의 이유를 알아채고 마음으로 그것들을 간구하라. 사역자가 설교하는 모든 것에 대해 양심이 설교하게 하라.' 당신은 유능하고 충실한 설교자를 침묵하게 하고, 입을 다문 설교자들과 또한 보살펴야 할 양떼를 먹이지 않는 설교자들을 영혼의 살해자로 받아들인다. 결심이나 실천에 이르기 전에 모든 것을 마음에 새기라고 말하는 설교자는 당신의 양심인데 그것을 죽이는 것이 작은 문제라고 생각하는가? 설교를 듣는 동안 양심을 지키고, 귀로 듣는 모든 것을 마음에 전하고 신속한 결심을 촉구하라. 신성의 본질(body of divinity)에 대한 것이 그 목적과 경향에서 실용적이라는 것을 기억하라. 따라서 단순히 개념적인 청취자가 되지 말라. 하지만 당신이 듣는 모든 말을 고려하고, 그것이 어떤 실천을 제안하는지, 그 말을 당신의 기억 속에 깊이 두라. 당신이 들은 이유와 동기에 대한 모든 말을 잊어버렸다면, 그들이 당신에게 권유한 실천이 무엇인지 기억하라. 무자비함, 비난, 타인에 해를 끼치는 것에 대항하는 설교를 들었는데, 그 구체적인 이유와 동기를 잊었다면, 지금 당신이 기억해야 하는 것은 청문회에서 비난하고 상처를 주는 무자비함은 큰 죄라고 확신했던 것이다. 그것이 당신이 잊은 것을 해결할 충분한 이유라고 생각하라. 양심이 끝까지 설교하도록 하라. 그것이 순수한 확신으로 죽지 않게 하라. 그러나 흔들리기 전에 결심하고 흔들리지 말라. 그리고 무엇보다도 설교에 있어서 실천 지침과 도움을 기억하라. 가장 참된 방법은 설교에 대한 소음을 멈추는 것이다.

방향 제시-4 '집에 돌아오면, 양심으로 하여금 다른 사람에게 들리지 않는 소리로 자신에게 설교를 반복하게 하라.' 하나님이 당신에게 전하는 말씀 중에서 당신 영혼에 가장 중요한 것인 무엇인지 생각하라. 당신의 어떤 범죄가 비난을 받을만한 죄인지? 당신이 생략하도록 압박한 의무는 무엇인지를 생각하라. 관습의 중요성과 이유를 진지하게 묵상하라. 그리고 빛을 저항하지 말라. 그러나 그때까지 당신이 문제에 대한 해결책을 찾지 못했다면, 모든 것을 하겠다는 확고한 결심을 하라. 의심스러운 일에 관한 위험한 서원이나 그리스도를 의지하지 않은 채 독단적인 서원을 하여 자신을 올무에 빠뜨리지 말라. 그러나 의무를 다하기로 굳게 결심하고 조심스럽게 참여하라. 육체적인 회피와 보류가 아니라 오직 겸손히 은혜에 의지하라. 이것이 없이는 여러분 스스로 아무것도 할 수 없다.

방향 제시-5 '당신이 만날 수 있는 가장 실천적인 설교자의 말을 들으라.' 실천적인 것은 화려한 장식품이 달려있지 않고, 가장 깔끔한 문체와, 가장 멋진 말이 아니다. 하지만 그것은 여전히 당신에게 마음과 생활의 거룩함을 촉구하고 모든 진리를 실천하도록 동기를 부여한다. 거짓 교리는 결코 거룩한 삶을 살게 할 수 없다. 그러나 참된 교리를 문 앞에 두어서는 안 되며, 집으로 가져가서 적절한 목적에 사용하고, 마음속에 자리 잡고, 모든 바퀴를 움직이게 할 수 있는 시계의 균형 추로 두라.

방향 제시-6 '특히 두 종류의 거짓 교사를 조심하라. 율법 폐기론을 받아들이는 자유주의자와 자율적인 바리새인을 조심하라.' 첫 번째 사람들은 그들의 죄를 그리스도 위에 쌓고, 죄 자체를 변호하는 것이 아니라, 죄에 대항하는 데에 도움이 되는 주요한 것들을 많이 무너뜨리고, 죄를 파괴시킬 무기를 우리에게서 해제 시키고, 그리스도 자신과 그의 사도들이 사용한 조건과 동기에 따라 그들의 왕 그리스도에 대한 순종을 설교할 때, 순종을 참되게 설교하는 자들을 율법주의자들이라고 비난하는 자들이다. 그리스도를 믿는 믿음과 칭의와 값없는 은혜에 관한 참된 교리를 올바로 이해하지 못하고, (그들은 자기 외에 다른 사람은 이해하지 못한다고 생각한다.) 그들은 그것을 왜곡하여 그리스도의 왕의 직분과 성화와 순종에 대한 필요한 의무를 유해한 것으로 만든다.

다른 부류는 그들의 전통으로 하나님의 계명을 헛된 것으로 만들고, 그리스도의 율법을 거룩하게 실천하는 대신에 불과 칼로 세상을 작동하게 하여 그들의 모든 미신적인 어리석음을 실천하려고 한다. 그래서 보편적인 왕의 율법 중 몇 가지 명백하고 필수적인 계율은 그들의 교회법의 큰 본문에 익사한다. 그리고 로마 가톨릭교가 특정 방식으로 행동하도록 강요하는 의식은 그리스도의 제도에 비하면 너무 많아서 하나님을 예배하는 것과 기독교의 활동이 그것으로 인해 부패되고 다른 것으로 변질된다. 밀(wheat)은, 그들 자신과 그리스도의 모든 교회에 입법자가 되려는 자들에 의해 왕겨(chaff) 속으로 사라져 버린다.

방향 제시-7 '가장 거룩하고 진지하며 실제적인 그리스도인들과 연합하라.' 불경건한 자들이나 무익한 독선주의 자들(그들이 교회라고 부르는), 그들의 종파의 방식이나 이해관계에 대해서만 이야기하는 자들과도 함께하지 말고, 그리스도와 그의 제자들을 미워하고 핍박하면서도, 손을 씻는 것과 박하의 십일조와 조상들의 전통에 대해 논쟁하는, 외식적(outside), 형식적, 의식적인 바리새인들과도 함께하지 말라. 그러나 가장 거룩하고 흠 없고 자비로운 자들과 함께 행하라. 그들은 다른 사람들이 말하는 진리에 따라 생활하며 "먼저 성결하고 다음에 화평하고 온유한 지혜로"[234] 하나님을 기쁘시게 하려고 노력한다. 그럼에도, 다른 사람들은 자기들의 여러 종파를 위해 다투거나, 사람을 죽이거나 비난하거나 그분의 종들을 비난하면서도, 그리스도를 기쁘게 섬기는 일이라고 할 것이다.[235]

방향 제시-8 '당신이 실천하는 것을 공정하게 기록하라.' 매일 그리고 한 주일의 마지막 날에 당신이 어떻게 시간을 보냈는지, 그리고 배운 것을 어떻게 실천했는지 스스로 점검해 보라. 그리고 당신 노력으로 얻은 것을 하나님 앞에서 스스로 판단하라.' 그렇다. 당신은 자신이 하나님의 일을 하든 그렇지 않든 매시간 무엇을 하고 있는지, 어떻게 하고 있는지 스스로 생각해야 한다. 그리고 당신의 마음이 불성실한 종들처럼, 어슬렁거리는 학자들처럼, 무기력하고 지친 말처럼 의무를 행하는지 경계해야 한다.

방향 제시-9 '무엇보다도 그리스도 안에 있는 하나님의 놀라운 사랑과 거룩한 삶의 달콤함과 탁월함, 그리고 그것이 가져오는 헤아릴 수 없는 영광을 깊이 묵상하는데 마음을 두라. 그러면 당신의 영혼은 당신의 소중한 구속주를 사랑하게 되고, 거룩하고 사랑하고 순종하는 것이 당신에게 자연스럽게 될 것이다.' 그때 거룩한 교리를 실천하는 일은 당신의 기쁨이 되고, 당신에게 쉬울 것이다.

방향 제시-10 '설교자에 대해 근거 없거나 불필요한 편견을 갖지 않도록 주의하라.' 그렇게 되면 당신의 마음이 변하여 그분의 교리에 맞서 문이 잠길 것이다. 그러므로 자신의 방식과 이익을 위하지 않는 모든 사람들을 억압하고 비방하고 불명예스럽게 만드는 무자비함, 잔인함, 분열의 정신을 미워하라. 그리고 그리스도인들 사이에서 분열을 일으키는 마귀의 계획은 바로 그리스도인들이 서로의 혀와 손을 사용하여 서로를 비방하고 서로를 가증스럽게 만들고, 그분의 왕국을 방해하고 그리스도를 위한 중요한 봉사를 서로 무력화시키는 것이므로, 이를 깨닫지 못할 정도로 눈먼 사람이 되지 말라. 그래서 그리스도의 사역자가 영혼들을 구원해야 할 때, 거부되거나 멸시를 받는다. 청중들은 그리스도와 사랑의 원수가 가르친 수치스러운 이름으로 오, 그는 이런저런 사람이라고 말할 것이다.

---

234) 약 3:17, 18
235) 요 16:2, 3; 마 25:40, 45

제20장

성경을 유익하게 읽는 방법

인간의 기질과 이해력은 너무나 다양해서, 어떤 사람에게는 즐겁고 적합하다고 생각하는 것이 다른 사람에게도 그러하리라는 것은 있을 수 없다. 성경에서 나타난 것 중에는 이해되기 어려운 일이 많으니 무식하고 굳건하지 못한 자들이 그것을 억지로 풀다가 스스로 멸망에 이른다.[236] 어떤 사람에게는 사망으로부터 사망에 이르는 냄새니라.[237] 그러므로 읽을 때 주의가 필요하다. 그리고 그리스도께서 "어떻게 들을까 주의하라"[238]고 말씀하셨다. 그래서 나는 어떻게 읽는지 주의하라고 말한다.

방향 제시-1 '믿음을 거부하는 악한 마음을 가지지 말라. 성경은 성령에 의해 기록된 하나님의 책으로서 경외심을 가지고 보라. 신약의 교리는 세상의 빛이 되고 사람들에게 하나님의 뜻과 구원의 내용을 알리기 위해 하늘에서 보내심을 받은 하나님의 아들에 의해 계시되었음을 기억하라.' 하나님께서 천사를 통해 책이나 편지를 당신에게 보내신다면 당신은 그것을 얼마나 경건하게 받아들일 것인지 생각해 보라. 당신은 그것을 얼마나 주의 깊게 정독하고 세상의 모든 책보다 그것을 얼마나 중요하게 여길 것인가! 그리고 성령에 의해 쓰였고 모든 천사보다 더 큰 권위를 갖고 계신 그리스도 본인의 교리를 기록한 책이라면 얼마나 더 중요하게 여겨야 하겠는가! 그러므로 이 책을 단순하고 불경건한 마음을 가지고 평범하게 읽지 말라. 그러나 저자 되신 하나님을 두려워하고 사랑하는 마음으로 읽으라.

방향 제시-2 '당신은 성경에 의지해서 살아야 하고, 마침내 그것에 따라 심판을 받아야 하는 것이 하나님의 법이라는 것을 기억하라. 그러므로 육체와 사람과 마귀가 그것을 반대하더라도 그것이 명령하는 것은 무엇이든 순종하겠다는 온전한 결심을 가지고 읽으라.' 당신의 마음속에 은밀한 예외가 없도록 하며 그 계율 중 하나라도 간과하거나, 육체의 탓으로 순종을 미루지 말라.

방향 제시-3 '성경은 주님의 뜻과 신념의 표현이며, 가장 완전하고 은혜로운 약속의 언약임을 기억하라. 당신의 모든 위로와 용서와 영생에 대한 당신의 모든 희망은 그것이 발판이 된다. 그러므로 사랑과 큰 기쁨으로 읽으라.' 당신이 가장 사랑하는 친구의 편지나 당신의 땅

---

236) 벧후 3:16
237) 고후 2:16; 막 4:24
238) 눅 8:18

을 차지하기 위한 행위, 또는 그 밖의 별 중요하지 않은 어떤 일보다 성경을 천 배나 더 가치 있게 생각하라. 만일 율법이 **다윗**에게 꿀보다 더 달고 천금보다 귀하며 종일토록 그의 즐거움과 묵상이 되었다면 오, 복음은 우리에게 얼마나 달고 귀한 것이 되어야 하겠는가!

　방향 제시-4　'성경은 보이지 않는 것들과 가장 큰 신비에 관한 교리라는 것을 기억하라. 그러므로 재판관 같은 오만함이 아니라 배우는 사람이나 제자처럼 겸손하게 가라. 그리고 어떤 것이 당신에게 어렵거나 불가능하게 보인다면, 하나님의 신성한 말씀이 아닌 당신 자신의 이해력 부족을 의심하라.' 어떤 예술이나 과학을 배우는 사람이 궁지에 빠지거나 의심스러운 일을 접하게 될 때마다, 그의 스승과 책을 의심하는 것은, 그의 자존심이 그의 무지를 유지하는 것이기에 그의 어리석음은 치료될 수 없을 것이다.

　방향 제시-5　'성경은 가장 무지한 사람과 호기심 많은 사람을 위해 쓰여진 보편적인 법칙과 교리라는 것을 기억하라. 그러므로 단순한 사람들의 평이한 능력에 적합하고, 게다가 가장 미묘한 지혜를 발휘할 수 있는 중요성도 있다. 그리고 하나님께서는 중요성보다는, 사람의 순수한 약점을 더 많이 생각할 수 있는 스타일을 사용하신다.' 그러므로 성령께서 사용하기에 걸맞다고 생각하는 것보다 덜 정중한 것처럼 보일 때 기분이 상하거나 당황하지 말라. 어떤 부분에 대한 평범함이나 다른 부분에 신비함에 대해서도 당황하지 말라. 그러나 불쌍한 피조물에 대한 하나님의 지혜와 부드러운 겸손을 찬양하라.

　방향 제시-6　'육체적인 마음을 품지 말라. 그것은 육체적인 것을 즐기고, 성경이 정죄하는 죄에 지배를 받는다.' "육체의 생각은 하나님과 원수가 되나니 이는 하나님의 법에 굴복하지 아니할 뿐 아니라 할 수도 없음이라."[239] "육에 속한 사람은 하나님의 성령의 일들을 분별하지 못하나니 이는 그것들이 그에게는 어리석게 보임이요 또 깨닫지도 못하나니 이런 일은 영적으로라야 분별되기 때문이다."[240] 적대적인 성향은 모든 것을 사악하게 말한다. 그것은 모든 사람과 싸우게 할 것이며, 하나님의 말씀으로 당신 안에 있는 많은 잘못을 찾아내어 흠을 만들어 낼 것이고, 당신이 가장 좋아하고 사랑하는 죄를 막는 그 말씀을 싫어할 것이다. 또는 당신이 육체적인 마음과 적대감을 가지고 있다면, 그 마음을 믿지 말라. 하나님을 거스

---

239) 롬 8:7, 8
240) 고전 2:14

르는 사악한 원수와 편파적인 사람보다 그것을 더 믿어서는 안 된다. 하나님은 그 어떤 어리석은 원수보다도 자신이 쓴 글을 더 잘 이해하신다.

방향 제시-7 '성경의 한 부분을 다른 부분과 비교하라. 단순한 부분을 사용하여 가장 어두운 부분을 해석하고, 더 빈번하고 일반적인 부분을 통해 빈번하지 않은 숨겨진 표현을 해석하고, 가장 확실한 부분을 통해 더 의심스러운 부분을 해석하라.' 그것과 반대로 해서는 안 된다.

방향 제시-8 '자신의 이해력을 의지하지 말고 겸손히 하나님께 빛을 달라고 기도하라. 그리고 당신이 성경을 읽기 전과 후에, 성경을 쓰신 성령께서 그것을 당신에게 설명해 주시고, 불신과 오류에서 당신을 지켜 진리로 인도하시기를 간절히 기도하라.'[241]

방향 제시-9 '가장 좋은 주석이나 해설서를 읽어 보라.' 그들이 당신보다 성경을 더 잘 알기에 당신의 이해를 더 명료하게 하는데 도움이 될 것이다. **빌립**이 이사야서 53장을 읽는 내시에게 "네가 읽는 것을 깨닫느냐?"고 물었을 때, 나를 지도해 주는 사람이 없으니 어찌 깨달을 수 있느냐"[242]고 답하였다. 실수하지 않으려면 안내자를 이용하라.

방향 제시-10 '당신을 압도하는 어떤 어려움으로 인해 정체상태에 있을 때, 그것을 기록하고 그것을 당신의 목사에게 보이고 그의 도움을 간절히 구하라. 또는 (그곳의 사역자가 무지하고 능력이 없으면) 하나님께서 그러한 일을 하도록 준비시킨 사람에게 가라.' 결국 어떤 것들이 여전히 모호하고 어렵다면, 당신의 불완전함을 기억하고, 하나님께서 더 많은 빛을 주시기를 기다리며, 감사하는 마음으로 성경의 나머지 명백한 부분을 모두 활용하라. 그리고 로마 가톨릭 교회처럼 사람이 실수할까 두려워하여 성경 읽는 것을 금해야 한다고 하는 것처럼, 사람들이 독약을 먹을까 두려워하여 먹는 것을 금해야 한다고 하는 것처럼, 신하들이 왕의 법을 오해하거나 남용할 것이 두려워 그 법을 모르게 해야 한다고 하는 것처럼 생각하지 말라.

---

241) 고전 2:10, 12, 12:8-10
242) 행 8:30, 31

제21장

다른 책을 읽는 방법

하나님께서 그의 종들의 탁월하고 거룩한 기록을 이 땅과 시대의 특별한 축복으로 삼으셨다. 많은 사람들이 좋은 책을 가지고 있을 수 있지만, 일주일 중 언제라도 좋은 설교자를 만날 수는 없다. 나는 모든 하나님의 종들에게 이렇게 큰 자비에 감사하고, 그것을 활용하고, 많이 읽으라고 추천한다. 대부분의 경우 독서는 듣는 것보다 지식에 더 도움이 된다. 왜냐하면 당신이 원하는 주제와 가장 훌륭한 책을 선택할 수 있기 때문이다. 그리고 자주 책을 읽을 수 있고, 잊은 것을 계속해서 숙독할 수도 있고, 그것을 마음에 새기는데 시간을 할애할 수도 있기 때문이다. 많은 사람들에게 듣는 것이 유익 할지라도, 읽는 것에서 더 감동을 받을 수 있다. 왜냐하면 생동감 있는 책은 생동감 있는 설교자보다 더 용이할 수 있기 때문이다. 특히 다음과 같은 종류의 사람들은 책을 많이 읽어야 한다.

1. 자기 자신보다 돌보아야 할 영혼이 많은 가족의 주인.

2. 설교가 없는 곳에 사는 사람들, 혹은 설교가 없는 곳보다 나쁘거나 더 열악한 조건의 사람들.

3. 사람들이 들을 수 있는 기회가 주어지는 주의 날에 집에 머물도록 강요되는 가난한 사람들, 종들, 아이들.

4. 남들보다 더 많은 여유가 있는 할 일이 없는 사람들. 이 모든 사람들은 책을 더 많이 읽어야 한다. 특히 가정의 가장들에게 여기서 몇 가지 지침을 제시한다.

방향 제시-1 '나는 당신이 마귀의 책을 당신의 손과 집에 두지 않는다고 가정한다.' 즉 그것은 카드, 쓸모없는 이야기, 놀이 책, 로맨스 또는 사랑 책, 거짓되고 매혹적인 이야기, 모든 거짓 교사들의 유혹적인 책, 여러 종파와 파벌의 사람들이 서로를 대항하고 미워하고 사랑을 추방하려는 의도로 욕하거나 경멸하는 책들을 의미한다. 이것들이 사람의 마음을 타락시키는 곳에서는 모든 중대하고 유용한 글들이 방해받기 때문이다. 이것이 어린이들과 다른 많은 생각 없는 사람들의 마음에 얼마나 강력하게 해를 끼치는지 보면, 참으로 놀라운 일이다. 또한 **고라** 자손들에 대해 쓰여진 책도, 백성들의 마음에 그들의 총독, 곧 치안판사와 목회자를 거스르는 혐오와 불만을 일으키기 위해 쓴 것이다. 가장 좋은 통치자들 속에도, 선동적인 사람의 혀가 가득 차고, 사람들의 죄를 가중시키는 어떤 것이 있다. 심지어 독실한 사람들에게도 무언가 있는데, 그것은 그들이 깨닫기도 전에 너무 쉽게 열광하고 혼란에 빠지는 것이다. 그런데 그들은 그것들이 초래하는 악을 예측하지 못한다.

방향 제시-2 '가족이나 다른 사람들에게 책을 읽어주며, 말없이 주의를 기울이는 것이 필요할 때에는 적절한 시기에 진지하게 읽으라. 아이들이 울거나 말할 때나, 하인들이 분주하게 당신을 방해할 때가 아니라 때에 맞게 하라.' 가장 중요한 일에서는 주의를 산만하게 하는 것이 최악이다.

방향 제시-3 '당신이나 듣는 사람들의 상태에 가장 적합한 책을 선택하라.' 어리석은 자신감을 가지고 있으며, 굳어지고, 완고하고, 겸손하지 않은 마음을 가진 사람들의 괴로운 마음을 위로하기 위해 책을 읽어 주는 것은, 무익한 것보다 더 나쁘다. 그것은 환자의 필요에 반하여 약이나 반창고를 붙여 주고, 질병을 오히려 소중히 여기는 사람만큼 나쁜 것이다. 너무 높은 차원의 문체나 주제의 책을 어리석고 무지한 청중에게 읽어 주는 것도 마찬가지다. 말하자면, 어떤 사람에게는 음식이 되지만 다른 사람에게 독이 될 수 있다는 것이다. 재료가 좋은 것만으로는 충분하지 않고, 그것이 사용되는 상황에 적합해야 한다.

방향 제시-4 '일반 가정에서는 기초 주요 원칙의 관점을 즉시 알려 주고 애정을 일깨워 즐겁게 하고 향상시키는 책부터 시작한다.' 중생, 회심, 회개에 대한 책으로는 다음과 같다. 그 목적을 위해 내가 쓴, 회심하지 않은 자들에 대한 부르심, '회심론'과 건전한 회심을 위한 방향 제시, '심판론'과 그리스도를 경시하는 것에 대한 설교, '진정한 기독교'와 회개에 대한 설교, '지금 아니면 못한다'와 '성도 아니면 짐승'이라는 책이 있다. 다른 사람을 고려하는 것은 그들을 다른 사람들과 같이 대하는 것이 아니라 내가 더 책임을 져야 하는 사람으로 대하는 것이다. 이 주제에 관해 다음과 같은 책은 매우 훌륭하다. 알렌 씨의 작품, 워터레이 씨의 《새로운 탄생》, 스위녹 씨의 《거듭남》, 핑크 씨의 다섯 가지 설교, 후커 씨의 대부분의 설교, 로저 씨의 《신앙교리》, 덴트 씨의 《평범한 인간이 천국으로 가는 길》, 퍼킨스 씨와 볼튼 씨의 작품 대부분과 유사한 작품 등이다.

방향 제시-5 '다음으로, 은혜 안에서 성장하고 믿음과 사랑과 순종을 실천하고, 이기심, 교만, 관능, 세속성과 기타 가장 위험한 죄를 억제하기 위해 젊은 그리스도인의 상태에 가장 적합한 책들을 읽으라.' 이 주제에 관한 나의 책, 《약한 그리스도인을 위한 지침》, 《성도의 안식》, 《자제론》, 《자기 무지의 또 다른 해악》, 《신앙의 삶》, 《세상을 십자가에 못 박음》, 《불신앙의 불합리함》,《진정한 기쁨》 등이 있다. 이를 활용하는 데는 다음의 책들이 훌륭하다. 힐 더샴 씨의 작품, 프레스턴 씨의 작품, 퍼킨스 씨의 작품, 볼튼 씨의 작품, 페너 씨의 작품, 구 널 씨의 작품, 앤서니 버지스 씨의 설교, 골로새 교회에 관한 로키어 씨의 작품. 그 외 하나님 께서 우리에게 축복해 주신 많은 것들이 있다.

방향 제시-6 '동시에 당신의 지식을 체계화하기 위해 노력하라. 그러기 위해서는 먼저 읽 고 짧은 교리문답을 배운 다음 더 큰 교리문답[볼(Ball) 씨나 총회의 더 큰 교리문답]을 배우 라. 그리고 다음에는 《신성한 몸(body of divinity)》[영어로 번역된 에임스(Amesius)의 《신 성의 본질》 및 《양심의 본질》] 이 있다.' 그리고 당신이 살아 있는 동안 교리문답을 기억하고, 나머지는 철저히 이해하라.

방향 제시-7 '다음으로 신조, 주기도문, 십계명에 대한 더 풍부한 설명을 (자신이나 가족 에게) 읽어 주라.' 계명에 관해서는 퍼킨스와 앤드류 주교, 도드(Dod)의 것을 읽어 주라. 당 신의 이해가 더욱 완전하고 구체적이며 뚜렷할 수 있다면, 당신 가족도 개괄적인 내용에 그 쳐서는 안 된다. 그러면 그것을 충분히 파악하지 못할 수 있다.

방향 제시-8 '하나님과 일상적인 교감 과정과 그리고 당신의 모든 대화의 순서에 관해 가 르쳐 주는 책을 많이 읽으라.' 레이너 씨의 지도서, 《경건의 실천》, 팔머 씨와 스커드 씨와 볼 튼 씨의 지도서, 《나의 신성한 삶》이 있다.

방향 제시-9 '평화와 위안, 그리고 하나님의 사랑의 증대를 위해 시몬드 씨의 《황폐한 영 혼》과 《신앙의 삶》, 십(Sibb) 박사의 모든 작품, 하스넷 씨의 《소생》, 홀 주교의 작품, 《평화 를 위한 나의 방법》과 《성도의 안식》 등을 읽으라.'

방향 제시-10 '성경 본문을 이해하려면 데오다데(Deodate)의 작품, 《신성한 모임》 또는 네덜란드 사람의 성경 주석을 가까이 두라. 하몬드 박사나 딕슨 씨와 허치슨 씨의 《성경의 요약》을 참조하라.'

방향 제시-11 '무자비한 열심과 분열, 그리고 종교를 위한 논쟁적 언쟁과 잔인함으로부터 당신을 보호하기 위해 홀 주교의 《화평케 하는 자》를 (그의 다른 책들) 부지런히 읽으라.' 부 라후 씨의 《기도문》, 어콘티우스의 《사탄의 속임수》, 《가톨릭 연합》, 《가톨릭 교회》, 《보편 적 일치》를 부지런히 읽으라.

방향 제시-12 '반대 극단에 치우치지 않고 가장 합법적인 근거에 따라 로마 가톨릭 교회에 맞서 당신을 세우려면, 챌로너 박사의 《교회 신조》 등과 《두려움을 해결하는 가치》, 필드 박사의 《교회》 등, 그리고 《진정한 가톨릭(Catholic)》, 그리고 《가톨릭을 위한 열쇠》, 그리고 《안전한 종교》, 그리고 《교황 용 수의》, 그리고 존슨 씨의 《논쟁》을 읽으라.'

방향 제시-13 '고난, 괴로움, 질병, 죽음에 대한 특별한 준비를 위해 휴즈 씨의 《채찍》을 읽어 보라. 로렌스 씨의 《질병을 이기는 그리스도의 능력》, 러더퍼드 씨의 《편지》, 《절제론》, 《신자의 마지막 일》, 《마지막 원수의 죽음》, 그리고 《성도의 안식》의 네 번째 부분을 읽으라. 너무 많지 않도록 더 이상 추가하지 않겠다.'

제22장

자녀와 종들에게
올바른 교육을 하기 위한 방법

나는 당신의 자녀와 종들이 전혀 배우지 못한 것으로 가정한다. 그러므로 당신의 가르침과 그들이 배우는 초기부터 당신이 무엇을 해야 하는지를 가르칠 것이다. 그리고 나는 당신이 다른 많은 장(Chapter)보다 이 장을 더 많이 연구하기를 바란다. 왜냐하면 이 문제에 있어서, 부모와 선생의 기술과 의지와 근면의 부족으로 인해, 교회와 인간의 영혼에 닥친 손실은 말할 수 없이 크기 때문이다.

방향 제시-1 '당신의 어린 자녀들이 아직 말씀의 본질을 이해하지 못할지라도 말씀을 배우게 하라.' 또 어떤 사람들처럼 이 일이 그들을 위선자로 만들고 하나님의 이름을 망령되이 일컫게 하는 줄로 생각하지 말라. 왜냐하면 그들이 본질과 의미를 조기에 깨닫게 하기 위해, 단어와 기호를 먼저 이해하도록 돕는 것은 헛된 일도 위선도 아니기 때문이다. 그렇게 하지 않으면 누구도 그들에게 어떤 언어도 가르치지 못할 것이며, 어떤 좋은 말도 읽도록 가르칠 수 없을 것이다. 왜냐하면 그들은 의미를 깨닫기 전에 먼저 단어를 인지해야 하기 때문이다. 아이가 성경 읽는 법을 배운다면 그것은 하나님의 이름이나 말씀을 이해하지 못하더라도 헛되이 받아들이는 것이 아니다. 왜냐하면 그것은 그가 그 인지한 것을 깨닫기 위해 배우기 때문이다. 그렇게 유익하게 사용되는 것은 헛된 일이 아니다. 스무 살이 될 때까지도 가르치지 않고 방치했다면, 그들은 본질을 깨닫기 전에 먼저 단어를 배워야 한다. 그러므로 그들이 위선의 자식이 될까 두려워하여 지옥의 자식들로 버려두지 말라. 그들이 배울 수 있는 것을 먼저 가르치는 것은 시간을 절약하는 훌륭한 방법이 될 것이다. 대여섯 살 된 어린이는 교리문답이나 성경을 이해하기 전에 그것의 단어를 배울 수 있다. 그러다가 그들이 몇 년 뒤 이해하게 되었을 때, 그들의 작업의 일부가 끝나고, 그들은 이미 배운 단어의 의미와 사용법을 연구하는 것 외에는 할 일이 없다. 반면에 그때까지 그들을 전혀 배우지 않은 상태로 놔두면, 그들은 그 이전에 배웠을 수도 있었을 같은 단어를 배우는 데 오랜 시간을 허비하게 된다. 그러나 많은 시간의 손실은 작은 손실이 아니고 죄이다.

방향 제시-2 '자녀들에게 **하나님의 말씀**의 의미와 구원의 문제를 가르치는 가장 자연스러운 방법은 그들의 능력에 맞추어 친숙한 대화를 나누는 것이다. 자녀가 어머니의 무릎에 앉아 있을 때부터 시작하고 자주 사용하라.' 왜냐하면 그들은 작은 문제 만 아니라 더 큰 문제에 대해서도 어느 정도 빠르게 이해할 수 있기 때문이다. 지식은 서서히 와야 한다. 그들의

마음이 허영과 장난감에 사로잡힐 때까지 머물지 말라.[243]

방향 제시-3 '당신이 그토록 가난하지 않다면, 어떻게 하든 반드시 당신의 자녀들이 읽는 것을 배우게 하라.' 글을 읽지 못하는 하인이 있을 때, 그들에게 능력과 의지가 있다면, (한가한 시간에) 배우게 하라. 성경과 좋은 책 자체를 읽을 수 있게 한다는 것은 매우 큰 자비이고, 다른 사람에게 듣는 것 외에는 아무것도 할 수 없다는 것은 매우 큰 불행이기 때문이다. 배운 그들은 들을 수 없을 때에도 거의 언제든지 읽을 수 있다.

방향 제시-4 '당신의 자녀들이 어렸을 때 성경의 역사를 많이 읽게 하라.' 비록 이것 자체만으로는 그들에게 구원의 지식을 심어 주기에는 충분하지 않지만, 성경을 읽는 즐거움을 느끼게 유도한다. 그러면 그들이 성경을 좋아하게 될 때 자주 읽게 될 것이다. 그래서 다음과 같은 혜택이 뒤따르게 하라. 1. 그것이 그들이 책을 사랑하게 할 것이다. 2. 아이들이 놀고 싶을 때에도 그들은 그 안에서 시간을 보내게 될 것이다. 3. 그것은 그들에게 성경의 역사를 알게 해 줄 것이며, 나중에 그들에게 매우 유용할 것이다. 4. 그것은 역사와 함께 얽혀 있는 교리에 대한 지식으로 그들을 단계적으로 인도할 것이다.

방향 제시-5 '일상적인 일에 **개인적인 적용** 없이 매일 설교만 듣고 반복함으로써 가족의 모든 교훈을 관습적이고 형식적인 과정으로 바꾸지 않도록 주의하라.' 왜냐하면 그들은 그렇게 지루하고 먼 의무의 길에서 (물론 좋은 일이지만) 마치, 당신이 그들에게 거의 아무 말도 하지 않은 것처럼 그들은 졸리고, 무분별하고, 습관적이 되어 자라날 것이기 때문이다. 그러므로 당신이 할 일은 그들의 속으로 들어가 그들의 양심을 일깨워서 그 문제가 그들에게 가장 중요하다는 것을 알게 하고, 그들 스스로 말씀을 개인적으로 적용하도록 강요해야 한다.

방향 제시-6 '자신이 설교자나 사역에 능력이 있는 사람이 아닌 경우, 누구도 그들의 가족에게 공식적으로 가르침을 전달하는 방법에 대해 영향을 줄 사람은 없다. 오히려 그들에게 가장 강력한 책을 읽어 주고, 그들의 영혼의 상태와 문제에 관해 더 친숙하게 이야기하는 데 시간을 보내라.' 사역자가 자기 사람들에게 하는 것과 같은 방법으로 남자가 자기 가족에게 설교하는 것이 불법이라고 생각하는 것이 아니다. 의심할 바 없이, 그는 자신이 할 수 있는

---

243) 잠 22:6

가장 유익한 방법으로 그들을 가르칠 수 있기 때문이다. 강단에서 가장 좋은 방법으로 미리 준비된 연설은 대개 가족에게도 가장 좋은 방법이다. 그러나 일반적으로 이러한 설교 방식을 반대하는 이유는 다음과 같다. 1. 왜냐하면 그것을 할 수 있는 가족의 가장은 극소수이기 때문이다. (그렇게 한다고 생각하는 사람들 중에도) 그들은 무지하여 성경을 남용할 수 있어 하나님을 불명예스럽게 만드는 경향이 있다. 2. 그들 모두가 부족하여, 그들 자신보다 훨씬 더 깨달음을 주는 방식으로, 그들이 가장 듣고 싶은 것에 대한 활기차고 유익한 책들을 가족들에게 읽어 줄 수 있기 때문이다. (단, 너무 가난하여 그러한 책을 구할 수 없다는 점은 제외한다.) 3. 친숙한 방식이 깨달음을 주는데 가장 좋기 때문이다. 그리고 자녀들과 종들에게 그들 영혼의 큰 관심사에 관해 진지하게 이야기하는 것은 일반적으로 설교나 연설보다 더 감동을 준다. 그러나 두 가지 모두에게 알맞은 시기가 있기 때문에 때로는 강력한 책을 읽어 줄 수도 있고 때로는 친숙하게 이야기할 수도 있다. 4. 사람들이 자신의 역할을 보여 주기 위해 자신의 말을 설교하는 방식으로 할 때, 그것은 흔히 교만에서 비롯되고 교만을 키우게 된다.

방향 제시-7 '그들을 가르치는 방식은 자주 대화하는 형식이나 질문형이 되도록 하라.' 너무 많은 사람이 참석한 경우에는 그러한 친숙함이 가르치는 상황에 맞지 않기 때문에 성경을 읽거나 남에게 들은 것을 전하거나 미리 준비된 연설을 하는 것이 가장 좋다. 그러나 청중의 수나 수준에 방해가 되지 않는 경우에는 질문과 친숙한 대화가 가장 좋다는 것을 알게 될 것이다. 1. 그것은 그들이 당신의 질문에 어떤 대답을 해야 한다는 것을 알 때, 그들을 깨어 있게 하고 주의를 기울이게 한다. 준비된 연설이라 할지라도 흥미 없어 하고 게으른 사람들에게는 힘들 것이다. 2. 그리고 그것은 적용에 큰 도움이 된다. 그래서 그들은 훨씬 더 쉽게 그것을 집으로 배워 갈 수 있고, 그것에 대해 자신들이 관심을 가지고 있음을 인식할 수 있다.

방향 제시-8 '그러나 다른 사람들 앞에서 누가되었든 그들의 무지나 죄, 마음의 비밀을 폭로하거나 어떤 식으로 든 그들을 부끄럽게 하는 말을 하지 않도록 조심하라.' (완고한 사람에게 필요한 책망을 제외하고) 만일 그들에게 질문을 함으로써 그들의 일반적인 무지가 드러날 것 같으면, 서로 잘 이해하는 종들이나 자녀들 앞에서는 그렇게 할 수 있지만, 낯선 사람이 있을 때는 그렇게 하지 말라. 그러나 당신이 그들의 영혼의 비밀스러운 상태에 관해 조사하는 중이라면, 그 사람이 혼자 있을 때 일대일로 해야 한다. 그들을 부끄럽게 하고 괴롭힘으로 그들이 교훈을 싫어하고 교훈의 모든 유익을 부정하지 않도록 하라.

방향 제시-9 '그들에게 종교 교리를 가르치러 갈 때, 기독교에 필수적인 모든 것의 요약인 **세례서약**부터 시작하라. 여기서 그들에게 이 모든 내용을 한꺼번에 간략하게 가르치라.' 그러한 일반적인 지식은 모호하고, 명확하지 않고 만족스럽지 않지만 처음에는 필요하다. 왜냐하면 그들은 진리가 설명하는 것을 전체적으로 보아야 하기 때문이다. 왜냐하면 그들이 조각난 부분에 대해 독립적으로 이해하면 그들은 아무것도 왜곡되지 않고 참되게 이해하지 못할 것이기 때문이다. 그러므로 세세한 부분에 대해 처음에는 거의 말하지 않더라도 그들에게 언약이나 기독교 전체 내용을 한꺼번에 접근할 수 있게 하라. 아버지와 아들과 성령의 이름으로 세례를 받는 것이 무엇인지 그들이 이해하도록 도와주라. 그리고 여기서는 이 순서대로 그들에게 접근해야 한다. 당신은 그들이 언약을 맺은 주체가 하나님이요 사람은 누구인지 알도록 도와야 한다. 먼저 사람의 본성이 설명되어야 하는 것은, 사람이 먼저 이해되어야 하기 때문이며, 하나님의 형상인 사람 안에 하나님이 계시기 때문이다. 그들에게 다음 사항을 친숙하게 말하라. "이 사람이란, 이성도 없고 자유 의지도 없고 다른 세상에 대한 지식도 없고 이생 외에 다른 삶에 대한 지식도 없는 짐승과는 같지 않다. 게다가 사람에게는 하나님을 아는 이해력과 선을 선택하고 악을 거부할 의지와 영원히 사는 불멸의 영혼이 있다. 모든 하등 피조물이 창조주를 섬기기 위해 창조된 것처럼 짐승은 인간을 섬기기 위해 만들어졌다. 사람이나 우리가 보는 어떤 것도 스스로 만들어질 수 없다. 그러나 하나님은 온 세상을 만드시고 보존하시고 처분하시는 분이다. 이 하나님은 능력과 지혜와 선하심이 무한하시며, 인간을 소유하신 분이요, 통치자요, 은혜를 베푸시는 자요, 지복(Felicity)이요, 사람의 끝이다. 사람은 자신의 주인이신 하나님께 전적으로 헌신하고 복종하도록 만들어졌으며, 통치자인 그분에 의해 전적으로 통치되고, 아버지이시며 지복(Felicity)이시며 끝이신 그분에 대한 사랑과 찬양에 전적으로 마음이 쏠리도록 만들어졌다. 유혹자가 사람을 이 복된 삶의 상태에서 끌어내서, **아담**의 타락으로 세상은 하나님의 진노 아래 떨어져 영원히 멸망 당하게 되었다. 그러나 하나님은 자비로우사 우리에게 구원자, 곧 하나님의 영원한 아들을 주셨다. 아버지와 하나인 예수님은, 사람의 본성을 기꺼이 받아들이셨고, 하나님과 사람이 한 존재

안에 있게 된 것이다. 그는 처녀에게 나시고 사람들 가운데서 사시며 하나님의 율법을 이루셨고, 유혹자와 세상을 이기셨고, 우리 죄를 위한 희생제물로 죽으시어 우리를 하나님과 화목하게 하셨다. 모든 사람은 부패한 본성을 가지고 태어나고 그리스도께서 그들을 회복하실 때까지 죄 가운데 살아가므로 이제 그분 외에는 구원의 소망이 없다. 그분은 우리의 빚을 갚으시고, 우리의 죄를 속죄하시고, 죽은 자 가운데서 살아나시므로, 사망과 사탄을 이기셨고, 승천하셔서 하늘에서 영광을 받으셨다. 그리고, 그분은 교회의 왕이시며 교사이시며 대제사장이시다. 그분은 은혜와 용서의 새 언약을 준비하셨고, 그것을 성경과 그분의 사역자들을 통해 세상에 제시하셨다. 이 언약으로 진실하고 신실한 자들은 구원을 얻을 것이요, 그렇지 아니한 자들은 구원없이 정죄를 받을 것이다. 이는 그들이 구제를 받기 위한 유일하고 마지막 수단인 그리스도와 은혜를 거절하기 때문이다. 그리고 여기서 그들에게 이 언약의 본질을 설명하라. 즉 하나님은 우리의 화해된 하나님, 아버지, 지복이 되시겠다고 제시하셨다. 그리고 그리스도는 우리의 구주가 되어 우리 죄를 용서하시고 우리를 하나님께 화목하게 하시고, 그의 성령으로 우리를 새롭게 하신다. 성령은 우리를 거룩하게 하시고, 우리를 비추시고, 거듭나게 하시고, 우리를 확증하시는 분이다. 그리고 우리 쪽에 요구되는 모든 것은 우리의 동의인데, 그것은 우리의 진지한 의무의 이행으로 나타난다. 우리가 성령으로 새로워지고, 그리스도로 말미암아 의롭게 되고, 가르침을 받고, 다스림을 받고, 그리스도에 의해 다시 아버지께로 인도되고, 그를 우리의 하나님이고 목적으로 사랑하고, 그분과 영원히 함께 살기 위해 우리 자신을 전적으로 포기하는 것이다. 그러나 마귀의 유혹과 이 기만적인 세상의 유혹, 육체의 욕망은 우리의 길을 가로막는 큰 적과 방해물이 되고 있다. 그렇지만, 우리는 또한 이런 모든 것을 버리고, 그것들을 붙잡지 않으며, 우리 자신을 부인하고, 하나님 한 분만 받아들이고, 하나님께서 합당하다고 보시는 것을 우리에게 주시므로, 우리의 모든 몫을 위해서는 우리를 천국으로 데려 가는 것에 동의해야 한다. 그리고 이 언약에 거짓 없이 동의하는 사람은 그리스도의 지체이며, 의롭고 화해한 하나님의 자녀이며, 하늘의 상속자로 유지되며 구원을 얻게 된다. 그렇게 하지 않는 사람들은 저주를 받을 것이다. 이것이 세례를 통해 우리가 우리 아버지이시며 지복이시며 우리의 구주이시며 거룩하게 하는 자인 하나님 아버지와 아들과 성령과 엄숙히 맺은 언약이다." 이러한 간략한 설명을 통해 당신은 그들에게 계속해서 친숙하게 다가가야 한다.

방향 제시-10 '그들에게 세례언약과 기독교의 핵심을 접근하게 한 후에, 그들에게 **사도신경(the Creed), 주기도문, 십계명**을 배우게 하라.' 그리고 그것들의 용도를 말하라. 영혼의 세 가지 능력은 이해력, 의지, 순종 또는 실행력인데, 이들 모두는 거룩해야 하며, 그것을 위해 각각에 대한 규칙이 있어야 한다. 따라서 사도신경은 우리의 지성이 무엇을 믿어야 하는지를 알려 주는 요약 규칙이다. 주기도문은 우리의 뜻이 갈망해야 하고 우리의 혀가 구해야 하는 것이 무엇인지를 우리에게 지시하는 요약 규칙이다. 십계명은 우리의 실천에 대한 요약된 규칙이다. 일반적으로 성경은 모든 것보다 더 크고 완전한 법칙이다. 참된 기독교인이라고 인정되는 모든 사람은 모든 성경에 대한 일반적이고 암묵적인 믿음과 사도신경, 주기도문, 십계명에 따른 특별하고 명시적인 믿음, 소망, 성실한 실천을 해야 한다는 것이다.

방향 제시-11 '다음에는 좀더 완전하게 설명하는 짧은 교리문답을 (기억하도록) 가르치고, 그다음에는 더 큰 교리문답을 가르치라.' 총회의 더 짧고 큰 교리문답은 이 용도에 매우 적합하다. 나는 아주 간결한 글을 출판했는데, 그 글에는 여덟 개의 항목 또는 답변에 믿음의 모든 실제적인 요점이 담겨있다. 한 답변에는 언약의 동의가 있고, 네 개의 항목 또는 답변에는 기독교 의무의 모든 실제적인 부분이 담겨있다. 그 답변들 중 일부는 아이들에게 그 내용이 길다. 그러나 내가 짧은 말들로 그토록 많은 것을 담고 있는 다른 어떤 것을 안다면, 나는 이 책이 불완전하다는 것을 알기에 당신에게 제안하지 않을 것이다. 그러나 실제 차이가 있는 교리문답은 거의 없다. 그들이 무엇을 배우든지, 그들이 이해하게 도와주고, 끝까지 그것을 기억하게 하라.

방향 제시-12 '다음으로 **언약**과 **교리문답**의 특정부분을 더욱 분명하게 밝혀주라.' 나는 다음 방법이 가족에게 가장 유익하다고 생각한다.

1. 사도신경, 주기도문, 십계명에 관해 얻을 수 있는 가장 좋은 설명서를 그들에게 읽어 주라. 그것은 너무 길지 않아 혼란스럽지도 않고, 너무 간략하여 이해하기 어려운 것도 아니다. 요약본으로 '브린실리 씨의 《진정한 파수꾼》'이 좋다. 그러나 그들에게 '퍼킨즈 씨의 《사도신경》', '킹 박사의 《주기도문》', '도드 씨의 《십계명에 대한 것》'을 읽어 주는 것이 적합하다. 한 번에 한 조항, 하나의 간청, 한 계명을 여러 번 읽으라.

2. 이 외에도 그들과 친숙한 대화에서 한 번에 종교의 한 꼭지나 항목을 명백하게 설명하고, 다음에 다른 것을 설명하는 식으로 끝까지 계속하라. 그리고 여기에서,

(1) 인간의 본성과 창조의 본질을 하나의 담론으로 시작하라.

(2) 다른 (또는 그 이전) 것으로는 하나님의 본성과 속성이 있다.

(3) 또 다른 측면에서는 인간의 타락, 특히 우리 본성의 부패가 있는데, 이는 세상적인 것과 육체적인 것에 대한 지나친 성향, 후진성, 반감, 하나님과 거룩함과 내세에 대한 적개심과 죄의 본성이 있기 때문이다. 그리고 이 죄를 용서받을 때까지는 구원받을 수 없으며, 이 본성이 세상을 사랑하는 것과 육체의 쾌락으로부터 하나님에 대한 사랑과 거룩함으로 새롭게 되고 회복되기까지는 구원받을 수 없다.

(4) 다음 담론은 일반적인 구속교리와 특히 그리스도의 성육신, 본성, 그리스도의 인격에 대해 그들에게 설명하라.

(5) 다음에는 그리스도의 삶, 그분이 율법을 성취하신 것, 유혹자를 이기신 것, 그분의 겸손한 삶과 세상에 대한 경멸, 그리고 모든 것의 종말, 그리고 그분이 어떻게 우리에게 모범이 되고 본이 되는지 설명하라.

(6) 다음에는 그리스도의 모든 굴욕과 고난, 그리고 박해자들의 거짓 주장과 그의 고난과 죽음과 장사됨의 목적과 용도를 설명하라.

(7) 다음에는 그분의 부활과 그 증거, 그리고 그 용도를 설명하라.

(8) 다음에는 우리를 위한 그분의 승천과 영광과 우리를 위한 중보와 모든 것의 용도를 설명하라.

(9) 다음에는 그분의 왕의 직분과 예언적인 직분, 그리고 인간과 은혜의 언약을 맺으신 것과 그 언약의 본질과 그 효과에 대해 설명하라.

(10) 다음에는 그리스도께서 지상에 있는 사람들 가운데서 그분의 대리자요 세상에 대한 그분의 위대한 증인으로 세우신 성령의 사역이나 직분을 전반적으로 설명하라. 특히 교회를 세우고, 성경을 기록하고 보장하기 위해 선지자들과 사도들에 대한 성령의 특별한 은사에 대해 설명한다. 그리고 그들에게 성경의 권위와 사용법을 설명하라.

(11) 다음에는 영혼을 밝히고 새롭게 하고 성화되게 하는 성령의 일상적인 사역과 말씀의

사역을 통해 이 모든 일을 어떤 순서로 행하시는지 그들에게 설명하라.

(12) 다음에는 그들에게 일반 사역의 직분과 용도와 의무, 특히 청중으로서 그들에 대한 의무, 공적 예배의 본질과 용도, 성도와 교회의 본질과 교제에 대해 설명한다.

(13) 다음에는 세례와 주님의 만찬의 본질과 사용법을 그들에게 설명한다.

(14) 다음에는 인생의 짧음과 사망과 사망 이후의 영혼의 상태와 심판의 날과 의인으로 정당성을 부여하는 것과 그날에 악인에 대한 정죄를 그들에게 설명한다.

(15) 그다음에는 그들에게 천국의 기쁨과 저주받은 자들의 비참함을 설명한다.

(16) 다음에는 이 세상의 모든 쾌락과 이익과 명예의 헛됨과 유혹의 방법과 그것들을 극복하는 방법을 그들에게 설명하라.

(17) 다음에는 그리스도를 위한 고난과 이타적일 이유와 활용, 그리고 질병과 죽음에 대비하는 방법을 그들에게 설명한다. 그리고 나서 주기도문과 십계명도 복습한다.

방향 제시-13 '모든 지시를 마친 후에는 그들이 이해하고 기억하는 바를 자신의 말로 간략하게 설명하게 하라. 아니면 다음 번에 설명할 때, 지난번 것을 설명하게 한다.' 그리고 그들의 노력에서 잘한 것을 격려해 주라.

방향 제시-14 '항상 깨어 있고 진지한 주의를 기울이고, 여전히 그들의 마음에 가장 중요한 것을 새겨 주기 위한 모든 것에 관해 노력하라.' 이를 위한 당신의 가르침과 담론에 있어서 다음과 같은 말 외에는 여러 말을 하지 말라. 1. 하나님의 본성과 관계. 2. 십자가에 못 박히시고 영광을 받으신 그리스도, 게다가 모든 하나님의 은혜와 특권을 지니신 그리스도. 3. 영혼에 대한 성령의 활동. 4. 죄인의 광기와 세상의 헛됨. 5. 성도들의 끝없는 영광과 기쁨, 불경건한 자들의 죽음 이후의 비참함. 이 다섯 가지 요점을 자주 강조하고 다른 모든 설교의 출발이 되게 하라. 그리고 그들에게 말하는 방식에 있어서, 그들이 원하든 원하지 않든 그들의 진지한 관심을 끌 수 있도록 항상 친숙함과 진지함을 혼합하여 사용하라. 그들이나 당신이 죽어 가고 있는 것처럼, 그리고 하나님과 천국을 본 것처럼 그들에게 말하라.

방향 제시-15 '때때로 그들 각자에게 **거듭남**에 대해 설명하고 그들에게 거듭났는지 물어보라.' 그들에게 참된 은혜의 표시가 나타나게 하고 그들이 스스로 시험해 볼 수 있도록 도와주라. 그들이 하나님을 사랑하는지 피조물을 사랑하는지, 천국을 사랑하는지 땅을 사랑하는지, 거룩함을 사랑하는지 육체의 만족을 사랑하는지, 솔직히 당신에게 말하도록 권하라. 그들의 마음과 관심은 무엇이고 무엇을 위해 최선의 노력을 하는가? 그들이 거듭나는 것이 발견되면 그들을 강화하도록 도와주라. 그들이 너무 낙담한다고 생각되면, 그들을 위로하라. 만일 그들이 거듭나지 않은 것을 발견하면, 그들을 설득하고, 겸손하게 하고, 그리스도안에 있는 치료법을 알게 하고, 그들이 그리스도 안에 참여할 수 있도록 그들의 의무를 보여 주고, 모든 사람에게 당신이 원하는 목표를 잘 이해시켜라. 그러나 이 모든 일을 사랑과 온화함, 그리고 은밀하게 하라.

방향 제시-16 '대답을 통해 그들로 하여금 스스로 깨닫거나 스스로 판단하도록 유도하는 다음과 같은 몇 가지 적절한 질문은 때때로 매우 유용할 것이다.' "당신은 머지않아 죽게 될 것을 모르는가? 죽음 이후 지체 없이, 당신의 영혼이 끝없는 기쁨이나 비참한 삶에 들어가야 한다는 것을 믿지 않는가? 그러면 세상의 부와 명예나 육체의 쾌락이 당신에게 기쁨이 되겠는가? 그렇다면 당신은 성도가 되겠는가? 아니면 하나님에 대한 경외심이 부족한 죄인이 되겠는가? 그렇다면 당신은 악인 중에서 가장 위대하고 부유한 사람이 되기보다 세상이 멸시하고 학대하는, 가장 거룩한 사람이 되는 것이 낫지 않은가? 죽어서 너희가 시간에 대해 평가받을 때, 너희가 그 시간을 교만과 쾌락과 육체를 탐하는 데 보냈다고 하는 것보다 거룩함과 순종과 내생을 위한 부지런한 준비로 보냈다고 하는 것이 낫지 않을까? 어떻게 그렇게 오래 영원한 삶을 잊고 그럭저럭 살 수 있을까? 아니면 어떻게 거듭나지 않은 상태에서 편안히 잠들 수 있을까? 만약 당신이 회심하기 전에 죽었다면 당신은 어떻게 되고, 어디에 있을 것이라고 생각하는가? 지옥에 있는 사람들 중 자신이 하나님을 경외하지 않은 상태를 기뻐할 사람이 있다고 생각하는가? 아니면 지옥에서 이전의 즐거움과 죄를 즐거워하는 사람이 있을까? 다시 살아난다면 그들이 무엇을 할 것이라고 생각하는가? 만일 천사나 성도가 하늘에서 내려와 경건한 자와 악한 사람 사이의 논쟁을 판결한다면 그가 하늘에 속한 생활을 반대하거나 방종하고 육체적인 생활을 주장할 것이라고 생각하는가? 아니면 어느 쪽을 택할 것이라고 생각하는가? 하나님은 성경을 만들 때 자신이 무엇을 했는지 모르셨을까? 그분이 존경을 받아야 할까 아니면 하나님을 경외하지 않는 경멸자가 더 존경을 받아야 할까? 당신은 세상의 모든 사람이 어떤 대가를 치르더라도 마침내 자신이 성도가 되기를 원하지 않을 것이라고 생각하는가?" 이러한 종류의 질문은 양심을 자극하고 많은 확신을 준다.

방향 제시-17 '모든 중요하고 필요한 의무와 모든 크고 위험한 죄에 대해 가장 단순하고 적절한 **성경 구절**을 배우게 하라. 종종 그것을 당신에게 말하게 하라.' 예를 들면, 누가복음 13장 3, 5절, "너희도 회개하지 않으면 망하리라." 요한복음 3장 5절, "사람이 물과 성령으로 거듭나지 아니하면 하나님 나라에 들어 갈 수 없느니라"와 같은 구절이다. 또한 마태복음 18장 3절, 로마서 8장 9절, 히브리서 12장 14절, 요한복음 3장 16절, 누가복음 18장 1절도 그렇다. 그러므로 거짓말, 맹세, 하나님의 이름을 망령되이 일컫는 것, 육체를 기쁘게 하는 것, 폭식, 교만, 안도감에 대한 성경구절을 말하게 하라.

방향 제시-18 '신념을 가지고 그들에게 목표를 위한 노력과 더 나은 것을 위해 마음을 고치겠다는 결단을 하게 하라. 당신이 그들을 설득한 대로 때로는 증인 앞에서 그렇게 하기로 약속하게 하라.' 그러나 다음과 같은 것들은 주의해야 한다. 1. 의심스러운 점이나 먼저 확신하지 못한 부분에 대해서는 약속을 강요하지 말라. 2. 현재의 능력을 넘어서는 약속은 강요하지 말라. 당신은 그들에게서 하나님을 믿거나 사랑하거나 온유한 마음을 갖거나 천국의 마음을 품겠다는 약속을 하라고 강요해서는 안 된다. 그러나 말씀을 듣거나, 읽거나, 기도하거나, 묵상하거나, 좋은 친구를 사귀거나, 유혹을 피하는 것과 같은 의무는 행하게 하라. 3. 그들이 가르침을 당연한 일로 받아들이지 않거나, 관습적으로 그들이 그것을 경멸하도록 가르치지 않기 위해 이 문제들을 너무 자주 다루지 말라. 하지만 때맞춰 신중하게 이루어지면, 그들의 약속은 그들에게 큰 의미를 부여할 것이다.

방향 제시-19 '형식에 관계없이 그들의 편의와 역할에 가장 적합한 방식으로 **기도하는 방법**을 가르치라. 그리고 당신 자신이나 당신에게 정보를 줄 수 있는 다른 사람들이 때때로 그들의 기도를 들어야 그들의 정신이 무엇인지, 그들에게 어떤 방법이 유익한지 알 수 있다.'

방향 제시-20 '그들에게 적합한 책을 줘어 주고, 혼자 있을 때 읽게 하라. 그리고 그들이 무엇을 이해하고 기억하는지 물어보라.' 그리고 그들에게 스스로 책을 읽을 시간이 없을 정도로 너무 열심히 일하도록 강요하지 말라. 그러나 열심히 일하게 하여도 그들이 일을 마친 후에 시간을 좀 가질 수 있게 하라.

방향 제시-21 '그들이 함께 있을 때 서로 가르치게 하라. 그들의 대화가 유익하도록 하라.'

가장 잘 읽는 사람은 때때로 다른 사람들에게 책을 읽어주고, 가르치고, 그들의 교화를 촉진하게 하라. 그들의 친숙함은 서로에게 매우 유용할 수 있다.

방향 제시-22 '한꺼번에 너무 많이 해서 그들을 지치게 하지 말라. 그러나 그들이 받을 수 있는 대로 주어라.' 입구가 좁은 병을 넓은 용기로 채우려 해서는 안 된다.

방향 제시-23 '모든 것을 그들에게 달고 즐겁게 하기 위해 노력하라. 그리고 이를 위해 때로는 유익한 역사에 대한 독서를 혼합하기도 하라.' 예를 들면《순교자에 관한 기록》, '클락크의《순교록》, 그리고 그의《존재의 기회》가 있다.

방향 제시-24 '마지막으로 친절과 보상으로 그들을 유인하라.' 당신의 자녀가 잘할 때 친절로 대하고, 당신의 형편에 따라 종들에게 관대하게 대하라. 이렇게 하면 먼저 당신의 사람들이 긍정으로 반응할 것이다. 그러면 당신의 지시는 훨씬 더 잘 받아들여질 것이다. 자연히 그것은 자신을 사랑하는 사람을 사랑하고 선한 일을 하며 사랑하는 사람의 말을 기꺼이 듣도록 가르친다. 때때로 작은 선물이 그들의 영혼에 더 많은 유익을 줄 수 있다.

방향 제시-25 '뜻밖의 경우에 어떤 사람은 이 지시 사항들이 너무 번거로워 소수만이 그것을 따를 수 있다고 말할 수 있다. 그런 경우에는 영혼이 소중하지 않고 이 모든 번거로운 일이 가치가 없는지 여부를 그들을 위해 죽으신 그리스도와 상담해 보기를 간청한다.' 영원한 종말에 비하면 이 모든 것이 얼마나 작은 노동인지 생각해 보라. 거룩한 마음을 가진 자들에게는 모든 것이 유익이요 즐거움이요 기쁨임을 기억하라. 앞에서 언급한 교육으로 교회와 왕국에 영향을 미치는 가족의 거룩한 지도자는 그 모든 고통에 상당한 보상을 받을 것이라는 사실을 기억하라.

제23장

기도에 대한 방향 제시

제1과 일반적인 기도에 대한 방향 제시

이 기도의 의무를 마땅히 수행하는 사람들은 그것을 신성의 본질(body of divinity)의 두 번째 구성요소로 삼아야 하고, 내가 여기서 의도하는 것보다 더 크고 더 정확한 체계적 담론을 허용해야 한다. 내가 전에 당신에게 말했듯이, 우리에게 이해력과 의지와 실행력이라는 세 가지 자연적인 능력이 있기 때문에, 이들은 경건한 자에게 믿음과 사랑과 순종과 함께 주어진다. 그리고 세 가지의 특별한 지침을 가지고 있다. **사도신경**은 우리가 무엇을 어떤 순서로 믿어야 하는지를 보여 주며, **주기도문**은 우리가 무엇을 어떤 순서로 간청하고 사랑해야 하는지를 보여 주고, **십계명**은 무엇을, 어떤 순서로 행해야 하는지를 알려 준다. (그러나 이것들은 서로 매우 가깝기 때문에 각 지침은 여러 면에서 동일한 행동을 요구한다.) 그것을 고려하여 계명은 믿고 사랑하며 순종해야 한다. 주기도문의 내용은 사랑받고 바라는 것뿐 아니라 선하고 필요한 것으로 믿어야 한다. 믿음, 사랑, 소망은 명령을 받은 것이며 우리 순종의 일부이다. 그러나 이 모든 것에도 불구하고 그들은 형식적으로 동일하지 않고 다양하다. 우리가 말했듯이 마음이나 의지는 명령하여 실행하는 사람의 기능이다. 그렇게 기독교인들은 도덕적으로 의지, 사랑, 소망을 지닌다. 그러므로 소망이나 기도의 법칙은 참된 종교의 주요부분이다. 이 의무의 내적 부분은 앞서 제3장 1부에서 부분적으로 다루었다. 그리고 내가 말한 교회 부분을 2부에서 그냥 지나친 이유는 우리가 살고 있는 정부가 그것을 민간사역자들의 논의에 맡기지 않았기 때문이다(사람들이 확립되고 명령된 것에 순종하도록 설득하는 것만 제외하고). 그러므로 후자는 생략했고 전자에서는 약간만 다루었기 때문에 (여러 가지 이유로) 이곳에서 그동안 미뤄둔 부분을 더 자세히 설명하겠다.

방향 제시-1 '기도가 무엇인지 이해하라. 우리의 소망을 다른 사람 앞에서 표현하거나 행동하는 것, 더 나아가 움직이거나 어떤 식으로 든 그분이 그것을 허락하도록 간청하는 것까지 이해하도록 하라. **참된 기독교 기도는 우리의 소망을 허락 받는 수단으로서, 우리의 중보자 예수를 통해 성령의 도움으로 하나님 앞에서 우리의 합법적인 소망에 대한 확신을 갖고 진지하게 표현하거나 행동하는 것이다.**' 여기서 주목할 점은, 1. 그 내적인 소망이 기도의 에너지이다. 2. 그들의 표현이나 내적 행위는 기도의 메시지로 간주된다. 3. 인간에게 그것은 그들이 이해할 수 있을지라도 표현된 소망이어야 한다. 그러나 하나님께는 소망의 내적 행위가 기도이다. 왜냐하면 하나님께서는 그것을 이해하시기 때문이다. 4. 그러나 기도는 단순히 소망의 행위 그 자체가 아니다. 왜냐하면 그 사람에게는 마음이나 음성으로 하나님께 드리지 않는 소망이 있을 수 있기 때문이다. 그러나 하나님의 축복을 얻기 위한 수단으로서 어떤 방식으로 든 하나님께 드려지거나, 표현되거나, 하나님을 향해 행동하는 바람이 있어야 그것이 정말로 기도다.

방향 제시-2 '기도의 목적과 사용법을 이해하라.' 어떤 사람들은 그것이 아무 소용이 없고 단지 하나님께서 이전에는 내키지 않던 것을 소원하도록 움직이게 하려는 것뿐이라고 생각한다. 그러므로 하나님은 불변하시기 때문에 그들은 기도가 쓸모없는 것이라고 생각한다. 그러나 기도는 1. 하나님의 명령에 순종하는 행위로서 유익하다. 2. 하나님께서 우리에게 자신의 자비를 약속한 것이 없다면, 그분이 이미 약속하신 조건의 이행으로서 유익하다. 3. 하나님에 대한 우리 자신의 겸손, 의존, 소망, 신뢰, 희망을 활성화하고 표현하고 증가시키는 수단으로서, 그리고 그렇게 하여 자비를 받는 데 적합하고 합당하게 만드는 수단으로서 유익하다. 다른 사람은 그 자비를 줄 수도 없고 주기에 합당하지도 않다. 4. 따라서 하나님 자신은 기도에 의해 변화되지 않으나, 기도에 의해 우리 안에서 이루어지는 실제적인 변화는 단순한 관계나 외적인 명칭으로 하나님 안에서의 변화를 암시한다. 그는 자신이 정한 율법과 언약의 취지에 따라 믿지 않고, 기도하지 않고, 불순종하는 자들을 거부하거나 처벌하기로 약속하고, 충실하게 원하고 순종하는 자들은 인정하거나 용서하기로 약속한 분이다. 따라서 이것은 상대적인 변화이거나 최소한 명칭상의 변화이다. 그러므로 기도에 있어서 믿음과 열심은 결코 무익하지 않고, 우리 자신에게 자격을 갖추게 함으로써 원하는 것을 얻을 수 있게 하여, 마치 그것들이 하나님의 마음을 실제적인 변화로 움직이게 하는 것처럼 여기게 한다. 마치 배 안에 있는 사람이 갈고리로 둑을 붙잡고 있을 때, 마치 그가 둑을 끌어당기는 것 같지만, 사실은 그의 노력으로 둑에 가까이 다가가는 것이다.

방향 제시-3 '무엇보다도 당신이 기도하는 대상인, 하나님을 알려고 노력하라.' 그분을 당신의 창조주, 구속자, 거듭나게 하시는 분으로 알고, 당신의 주인, 당신의 통치자, 그리고 당신의 아버지, 완전한 행복, 그리고 목적으로 아는 것이다. 그의 능력과 지혜와 선함은 무한하심으로 당신의 구원에 모든 것이 충분하다. 당신이 그분께 의존하고 있다는 것을 알고. 그분의 언약이나 약속을 이해하고, 그분은 어떤 조건으로 자비를 베푸시는지, 아니면 거부하는지 이해해야 한다. "하나님께 나아가는 자는 반드시 그가 계신 것과 또한 그가 자기를 찾는 자들에게 상주시는 이심을 믿어야 할지니라."[244] "주의 이름을 부르는 자는 구원을 받으리라 그런즉 그들이 믿지 아니하는 이를 어찌 부르리요."[245]

방향 제시-4 '당신이 기도하려고 할 때, 당신의 기도와 관련이 있는 보이지 않는 것들에 대한 가장 활기차고 진지한 믿음을 당신의 영혼에 불러일으키도록 노력하라. 마치 그들을 늘 보는 것처럼 기도하라. 마치 당신이 하나님의 영광을 보았고, 천국과 지옥, 영광을 받은 자와 저주받은 자와, 당신의 중보자 예수 그리스도께서 하늘에서 당신을 위해 간구하시는 것을 보는 것 같이 기도하라.' 당신의 눈이 모든 것을 보는 것처럼 기도하고, 그것을 믿으면서 기도하기를 힘쓰라. 그것들은 내가 본 것만큼 확실하지 않은가?라고 자신에게 말하라. 그것들은 하나님의 아들과 성령에 의해 알려지지 않았는가?

방향 제시-5 '당신 자신과 당신의 죄, 그리고 다양한 욕망과 필요사항을 알기 위해 끊임없

---

244) 히 11:6
245) 롬 10:13, 14

이 노력하라. 또한 당신이 기도할 때 당신의 상황에 대해 실제적이고 특별한 주의를 기울여야 한다.' 당신 자신의 상황에 대해 전부터 지속적으로 알지 못했다면, 기도할 때 갑자기 그것을 올바로 알 수 있을 것이라고 기대할 수는 없다. 그러나 기도할 때 마음과 삶을 제대로 살펴보지 않았다면, 당신의 영혼은 겸손하지 않을 것이며, 당신의 기도에 생명을 불어넣을 필요성에 대한 생생한 감각이 부족할 것이다. 죄가 무엇인지, 하나님의 진노가 무엇인지, 지옥과 심판이 무엇인지, 당신이 저지른 죄가 무엇인지, 당신이 빠뜨리고 실패한 의무가 무엇인지, 당신 안에 아직 어떤 욕망과 부패한 것이 있는지, 어떤 긍휼과 자비가 필요한지 잘 알라. 그러면 이 모든 것이 당신을 진심으로 기도하게 하고, 목적을 위해 기도하게 할 것이다. 그러나 사람들이 자기 자신에 대해 무관심하여, 잘못된 것과 부족한 것이 무엇인지 알아보기 위해 진지하게 뒤돌아보거나, 내면을 돌아보거나, 앞을 내다보지 않고, 자기 앞에 닥친 위험을 보지 않는다면, 그들의 마음이 죽고 둔감해지는 것은 당연하다. 그들은 잠자는 사람이 일하기에 적합하지 않은 것처럼 기도하기에도 적합하지 않다.

방향 제시-6 '당신은 위선을 미워하고 당신 입술이 당신의 마음을 떠나거나 따로 놀지 않게 하라. 오직 당신 마음이 당신이 하는 모든 말의 샘이 되게 하라. 죄에 맞서 기도하는 것이 적합함에도, 죄를 사랑하여 죄에서 떠나기를 주저하지 말라. 당신이 구하는 은혜를 진심으로 바라고, 당신이 가져서는 안 될 것을 구하지 말라. 당신이 구하는 자비를 얻기 위해 합법적인 수단을 사용할 준비가 되어 있어야 한다.' 추수 때에 하나님께서 더 많은 것을 주시기를 기도하면서 침대에 누워서 밭을 갈지도 파종하지도 않는 게으른 자들이나 또는 불이나 물의 위험에 처했을 때 구해달라고 기도하거나 애써 그 길에서 벗어나려고 하지 않는 자들과 같아지지 말라. 오, 얼마나 많은 비참한 사람들이 하나님께 위선적이고 거짓된 기도를 드리는가! 마치 그가 우상인 것처럼 그를 모독하고 자신의 위선을 알지 못하며 마음을 살피지 않는다! 아아, 마음속으로 순결과 거룩함을 미워하고, 기도하는 것이 적합함에도 조롱하고 반대하는 사람들이 '자기들의 남은 생애가 순결하고 거룩하도록' 공개적으로 기도하는 일이 얼마나 흔한가! **어거스틴**은 회심하기 전에 자신의 더러운 죄에 대해 기도했지만 하나님께서 자신의 기도를 들어주시지 않을까 두려워했다고 고백했다. 너무나 많은 사람들이 자신들이 구원받지 못할 죄에 대해 기도하고 있으며, 그들의 정복과 구원에 필요한 수단을 사용하지도 않는다. "그리스도의 이름을 부르는 자마다 불의에서 떠날지어다."[246] "내가 나의 마음에 죄악을 품었더라면 주께서 듣지 아니하시리라."[247] 슬프게도, 하나님을 경외하지 않는 사람이 몇 마디 기계적으로 말하는 법을 배우고, 자신이 말하는 것에 대한 어떤 감각도 없이 그 말을 무시하는 것이 얼마나 쉬운 가! 혀가 마음에 낯선 사람으로 있는 한, 혀는 그의 소망에 따라 말하지 않는다!

방향 제시-7 '많은 사랑을 받는 허영심이 당신으로 하여금 현재하고 있는 일에서 멀어지게 하고, 생각을 바꾸게 하거나, 당신의 감정을 사로잡아, 당신이 그것들을 사용해야 할 때 그것이 부족하지 않도록, 당신의 마음을 살피고 주의 깊게 관찰하라.' 마음을 다른 일에 둔다면, 기도는 열정이 없고, 생명 없는 것이 될 것이다. 슬프게도, 돈을 사랑하는 마음이나 야망이나 탐욕스러운 계획에 마음이 얽매인 사람의 기도는 얼마나 죽은 것 같고 비참한 일이 될 것인가! 생각은 쉽게 감정을 따라 갈 것이다.

방향 제시-8 '하나님의 뜻에 적합하지 않은 것은 무엇이든 기도하지 말라. 그것은 당신 자신이나 다른 사람의 유익을 위한 것도 아니고 하나님의 영광을 위한 것도 아니다. 그러므로 잘못된 판단이나 육체적인 욕망이나 정욕으로 인해 당신의 기도가 부패하여 죄로 변하지 않도록 주의하라.' 사람들이 무식한 방식으로 하나님께 자신들을 해쳐 달라고 기도할 때, 하나님이 처벌을 자제하고 그런 기도를 부정한다면 그것은 그들에게 베푸는 하나님의 자비이며, 그들에게 응답으로 주어지는 판결이다. 육체의 관심이나 편견이나 열정이 판단을 눈 멀게 하고 결과적으로 사람의 기도를 부패하게 하는 것은 쉬운 일이다. 야심적이거나 탐욕스러운 사람은 쉽게 자신의 죄 많은 욕망의 성취를 위해 기도하게 될 것이며, 그것이 자신의 이익을 위한 것이라고 생각할 것이다. 그리고 이단적이거나 그릇된 사람은 거의 세상 모두가 자기 의견에 굴복하여야 하고 자기에 반대하는 모든 사람들은 무너지는 것이 좋은 것이라고 생각한다. 많지 않지만 열성적인 율법 폐기론을 받아들이는 자(Antinomians), 급진적 기독교 세력(Anabaptist) 또는 교회를 분열시키는 사람들은, 보통 기도할 때 자신의 의견을 기도에 제시하고, 자신의 종파와 다른 사람들의 잘못된 판단에 관심을 가져달라고 하나님께 간구한다.

---

246) 딤후 2:19
247) 시 66:18; 겔 14:3, 4, 14

이는, 하나님께 대하여 핍박하는 열심을 품은 유대인들이 그 열심에 따라 기도하고 핍박한 것과 같다.[248] 이는, 마치 **바울** 자신이 그리스도인들을 대적하여 기도하면서도, 모르고 그들을 핍박한 것과 같다. 그리고 하나님의 종들을 죽임으로써 하나님을 섬긴다고 생각하는 사람들은 의심할 바 없이, 오늘날 로마 가톨릭교회와 다른 사람들이 하는 것처럼, 하나님의 종들을 대적하여 기도할 것이다. 그러므로 당신이 하나님께 기도하기 전에 당신 판단과 소원이 건전하고 거룩하도록 특히 주의하라. 하나님께 마귀의 일을 해달라고 간청하는 것은 하나님을 가장 비열하게 모욕하는 것이다. 그리고 악의적이고 잘못된 대부분 사람들이 그러하듯이, 그분 자신과 그의 종들과 그의 대의에 대항하여 자기들을 도우라고 그분께 간청하는 것도 그렇다.

방향 제시-9 '정죄받은 죄인에 어울리는 겸손과 그리스도의 자녀와 지체에 어울리는 믿음과 담대함으로 항상 하나님께 나아오라. 당신 자신이 합당하다고 조금도 자만하거나 확신하지 말라. 그러나 모든 합법적인 요청에 대해서는 마치 영화롭게 되신 중보자께서 당신을 위해 아버지께 간구하시는 것을 본 것처럼 확신을 가지라.' 희망은 기도와 모든 노력의 삶이며, 그리스도는 희망의 삶이다. 당신이 기도하면서도 결코 나아질 수 없다고 생각한다면, 당신의 기도는 생명이 거의 없을 것이다. 그리고 우리의 강력한 중보자를 통하지 않고는 성공할 희망은 없다. 그러므로 기도할 때, 십자가에 못 박히시고 영광을 받으신 그리스도께서 항상 당신의 눈앞에 계시게 하라. 그림 속에 있는 것이 아니라 믿는 마음의 생각 속에 있게 하라. 당신이 기도하는 곳에, 십자가 대신 요한복음 20장 17절과 같은 성경의 문장을 당신 앞에 써 놓으라. "내 형제들에게 가서 이르되 내가 내 아버지 곧 너희 아버지, 내 하나님 곧 너희 하나님께로 올라간다고 하라." 아니면 히브리서 4장 14절 "우리에게 큰 대제사장이 계시니 승천하신 이 곧 하나님의 아들 예수시라." 15, 16절에, "모든 일에 우리와 똑같이 시험을 받으신 이로되 죄는 없으시니라 그러므로 우리는 은혜를 얻기 위하여 은혜의 보좌 앞에 담대히 나아갈 것이니라,"등. "우리가 이 소망을 가지고 있는 것은 영혼의 닻 같아서 튼튼하고 견고하여 휘장 안에 들어가나니 그리로 앞서 예수께서 우리를 위하여 들어 가셨느니라."[249] "그

---

248) 롬 10:2
249) 히 6:19, 20

가 자기를 힘입어 하나님께 나아가는 자들을 온전히 구원하실 수 있으니 이는 그가 항상 살아 계셔서 그들을 위하여 간구하심이라."[250] "너희가 내 이름으로 무엇을 구하든지 내가 행하리라."[251] 그리스도의 약속이 당신의 모든 확신과 희망의 근거가 되어야 한다.

방향 제시-10 '당신의 마음이 경건하고 진지하고 열렬한 틀이 유지되도록 항상 열심히 일하라. 그리고 마음이 태만하고 냉담해지지 않고, 기도가 입술로만 말하는 것이 되거나 생명력 없는 형식과 또는 위선적이고 허세 부리는 태도와, 마음은 무감각함에도 목소리만 진지하게 아뢰는, 겉보기에만 열정적인 것이 되지 않도록 하라.' 마음을 주의 깊게 살펴보고 부지런히 돌보고 자극하지 않으면 마음은 쉽게 무너지고 습관적이고 위선적이 될 것이다. "의인의 간구는 역사하는 힘이 큼이니라."[252] 냉담한 기도는 소망하는 마음이 차가워서 자비를 받기에 합당하지 않게 된다. 하나님께서는 자신의 자비가 경멸할 만한 것이 아니라, 당신의 가장 간절한 기도에 합당하다는 것을 알게 하실 것이다.

방향 제시-11 '당신의 소망과 기도의 내용과 순서에 있어서 주기도문을 특별한 법칙으로 삼으라 그리고 그것을 잘 이해하려고 노력하라.' 간단한 설명을 활용할 수 있도록 약간의 도움을 주고자 한다.

---

250) 히 7:25
251) 요 14:13, 14
252) 약 5:16

주님의 기도의 방법에 대한 간략한 설명

A 주기도문에는 공식적인 청원과 서론으로 구성된다. 설명되거나 암시되는 내용은 다음과 같다

I 누구에게 기도를 드리는가?

1. 그는 누구인가? **하나님**이시다. 피조물, 성도도, 천사도 아니다.

2. 그는 우리와 어떤 관계에 있는지, 그는 **우리의 아버지**이시며, 그는 근본적으로 자기가 누구인지 안다.

1. **우리의 창조주.**

2. **우리의 구원자.**

3. 우리를 **거듭나게 하시는자**. 그러므로,

1. **우리의 소유주**, 또는 절대적인 주님.

2. **우리의 통치자** 또는 **최고의 왕.**

3. **우리에게 은혜를 베푸시는자**, 최고의 선, 그리고 우리의 지복과 우리의 목적.

3. 그의 속성은 무엇인가? **천국**에 있다. 그러므로 그는 다음을 의미한다.

1. 전능자. 우리가 구하는 모든 것을 허락하실 수 있으며, 모든 어려움에서 우리를 구제하고 도우실 수 있다.

2. 모든 것을 아신다. 우리의 마음과 원하는 것, 그리고 모든 것이 그분의 시야에 열려 있다.

이 한마디에는 하나님의 이러한 모든 속성들이 함축되어 있을 뿐만 아니라, 우리의 마음은 지금 위안과 목적지, 그리고 영원히 행복을 구하는 다음 단계로 향하게 된다. 세상적인 의존과 행복과 안식에 대한 기대를 버리고 마침내 하늘에서 모든 것을 찾는다.

3. 가장 선하신 분. 만물이 그에게서 나오고, 그로 말미암고, 그에게로 돌아간다. 모든 것의 원천이요, 처리자요, 종말이요, 모든 것의 풍성함과 영향력이 그 위에 존재한다. 그리고 현재 시제 '**are**'는 그의 영원성을 암시한다.

II 청원자는 누구인가?

1. **사람**이다. 자신의 존재의 이유로서.

2. 관계상 **하나님의 자녀**로서.

1. **창조**로 보면 모든 사람이 그러하다. 결과적으로 모든 사람이 그를 아버지라 부를 수 있다.

2. **구속**으로 보면 모든 사람이 그러하듯이 충분한 가치와 만족이 있다.

3. **거듭남**으로 보면 거듭난 자만이 그의 자녀다.

1. 그 자신의 것.

2. 그의 백성.

3. 끝까지 그분과 그분을 위해 살아가는 그분의 사랑받는 수혜자.

3. **특성**으로서.

1. 하나님께 의지한다.

2. 필요하다.

3. 죄인들.

그러나 1. 하나님을 그들의 아버지로 사랑함.

2. 사람으로서 자신을 사랑한다.

3. 다른 사람을 형제로서 사랑한다.

우리라는 단어가 의미하는 모든것.

I 첫 번째 부분은 존경,의도, 소망의 순서에 따른다.

1.목적을 위해서는 단순히 하나님이다. 'your'라는 말은 모든 청원에서 반복된다.

2.각각의 목적은 하나님의 관심에 대한 것으로

1. 가장 높거나 궁극적인 것, 즉 하나님의 영광은 **'당신의 이름이 거룩히 여김을 받으시오며'**이다.

2. 그분의 영광의 가장 높은 수단은 **'나라가 임하시오며'**이다. 즉 세상이 그들의 창조주이자 구원자이시고 보편적 왕이신 당신에게 복종하게 하소서.

3. 다음은 이것의 결과로서 **'당신의 뜻이 땅에서도 이루어지이다'**를 의미한다. 즉 당신의 법이 이루어지고 당신의 처분에 복종하게 하소서이다.

3. 낮은 수준의 목적을 위한 수단의 대상은 다음과 같다. 이는 인류와 세상과 교회의 공익이다. '땅에서' 즉 세상이 하나님에게 복종하고 교회가 하나님에게 복종하게 하소서. 그것은 그들에게 가장 큰 축복이 될 것이다.우리 자신도 세상에 포함되어 있다. 그리고 그 기준과 모형에 **'하늘에 있는 것과 같이'**라고 덧붙였다. 즉, 땅이 하늘의 모형에 최대한 가깝게 되도록 하라는 것이다. 그러므로 주기도문의 이 부분은 탁월함과 의도의 순서로 진행되도록 우리에게 지시한다. 1. 하나님을 우리의 궁극적이고 가장 높은 목적으로 삼으라. 그리고 그분의 관심을 먼저 구하고 그 순서는 (1) 그의 영광, (2) 그의 왕국, (3) 그의 율법에 대한 순종이다. 2.가장 고귀한 수단으로서 세상과 교회의 공익을 우리의 다음 목적으로 삼는 것이다. 3. 이것에 우리 자신의 관심을 최소한으로 포함시키는 것이다. 우리가 다른 사람들을 위해 바라는 것에 대해 우리 자신의 동의를 먼저 고백한다.

B 기도 또는 청원은 두부분으로 되어 있다. 그중에,

II 두번째 부분은 실행 순서에 따른 것으로 가장 낮은 것에서 시작하여 처음 의도한 끝까지 오름차순으로 우리 자신을 위해 마지막에 도달한다. 그것은,

1. 필요한 수단으로 우리의 본성을 유지하기 위해. **'give us this day our daily bread(오늘 우리에게 일용할 양식을 주옵시고)'**라고 한다. 이것은 은혜와 영광을 전제로한 하나님의 첫 번째 선물이다. **'give'**는 우리가 모든 것을 하나님께 의존한다는 것을 의미한다. **'us'**는 우리 자신과 다른 사람들을 위해 구원을 원하는 우리의 자선을 의미한다. **'daily(또는 실질적인)' 'bread(일용할 양식)'**은 우리의 절제를 의미하며 우리는 불필요한 것이나 넘치는 것을 원하지 않는다. **'this day'**는 우리의 의존의 지속성, 그리고 우리가 미래를 위해 너무 많은 것을 원하거나 신경쓰지 않으며 우리 자신의 장수를 약속하지 않는다는 것이다.

2. 과거의 모든 죄에서 우리를 깨끗하게 하심(여기서는 회개와 믿음이 전제된다). (1) 청원. **'우리의 죄를 사해 주십시요.'** (허물이나 죄) (2) 용서 받을 자격을 갖게된 동기, **'우리가 우리에게 죄지은 자를 사하여준 것같이'**인데 이것이 없이는 하나님께서 우리를 용서하지 않으실 것이다.

3. 미래의 보존을 위해. (1) **'우리를 시험에 빠지지 않게 하시고'**라는 뜻은, 즉 비록 당신이 우리를 정당하게 시험하실지라도 우리의 연약함을 불쌍히 여기시며, 우리가 죄를 짓고 파멸 당하도록 유혹할 수 있는 시험을 받게 하거나 허락하지 않으신다는 뜻이다. (2) 마지막 부분에서 **'다만 악에서 구하소서'**, 즉 1. 악한자, 사탄(그리고 그의 도구들) 2. 악한 것. (1) 죄, (2) 비참함, 그것은 사탄의 목적이다. 지옥과 비참함에서 구원 받고자 하는 사람은 죄에서 구원 받아야 한다. 그리고 이 두 가지 모두에서 구원을 받고자 하는 사람은 사탄과 유혹에서도 구원을 받아야 한다. **탐구.** 그러나 적극적인 거룩함과 은혜와 천국에 대한 요구는 어디에 있는가? **답변** 1.청원자는 회개와 믿음 가진 것으로 가정한다. 2. 그가 원하는 것이 첫째 부분의 세 가지 청원에서 요구되는데, 그것은 우리가 다른 사람과 함께 하나님의 이름을 거룩하게 하고 그의 나라의 백성이 되며 그의 뜻을 행하는 것이다. 그리스도와 은혜의 상태는 궁극적으로 첫 번째 간구에 있고 형식적으로 두 번째 간구에 있으며 명시적으로 세 번째 간구에 있다.

C 결론. 궁극적 목적에 있어서 우리 소망의 이유와 종결. 여기서 찬양함. 가장 낮은 것에서 시작하여 가장 높은 것까지 올라 가는것을 찬양함.

I 우리가 찬양하는 것은 무엇인가 또는 우리가 찬양하는 본질은 무엇인가? 하나님의 관심은 무엇인가?

1. 'for thine is the kingdom(나라가 그분의 것이니)' 그분의 보편적인 통치는 대상에 맞게, 다양하게 진행된다. 모든 사람은 여기에 절대적으로 순종해야 한다. 그는 당신이 소원하는 것을 명령하고 실행하는 분이다.

2. 그분 자신의 완전성은 'the power(권세)'이다. 권리와 능력 모두를 의미한다. 그분의 전지하심과 선하심, 그리고 전능하심을 포함한다.

3. 그분이 우리와 모든 것의 궁극적인 목적인 것과 같이, 그분의 이해할 수 없는 탁월함과 축복함이다. 즉 'and the glory(그의 영광)'이다. 로마서 11장 36절, 고린도전서 10장 31절.

II 우리가 찬양하는 분은 누구인가?

'thine(그분의 것)'이라는 말로 하나님을 찬양한다. 우리는 만물을 최초로 존재하게 하는 그분 안에서 시작한다. 우리는 지휘자인 그분의 도움을 구하며, 최종 원인인 그분 안에서 우리는 끝을 맺는다.

III 지속시간.

'for ever and ever'는 영원까지이다. 'amen'은 우리의 동의의 표현이다. 만물이 주에게서 나오고 주로 말미암고 주에게로 돌아감이라 그에게 영광이 세세에 있을 지어다 아멘. 롬 11장 36절.

그러므로 주기도문의 방법은 순환적이고 부분적으로는 분석적이며 종합적인 것이 분명하다. 하나님으로 시작하여 하나님으로 끝난다. 청원에 전제조건과 같은 인정으로 시작하고, 청원과 은총이 주는 찬양으로 끝난다. 하나님의 관심과 공공의 선을 위하여 우리의 청원은 존경과 의도의 순서로 시작하여, 우리가 완전한 목적에 도달할 때까지, 그리고 가장 낮은 곳에서 시작하여, 실행의 순서에 따라 올라간다. 피가 더 큰 혈관에서 수많은 더 작은 혈관으로 흘러 가는 것처럼, 그와 같이 받아들여지고, 그 원천으로 되돌아간다. 그러한 순환적인 방법은 자비와 의무를 유발하고, 결과적으로 우리의 소망을 유발한다.

제2과 기도에 관한 몇 가지 질문에 대한 답변

기도에 관한 나머지 일반적인 지침은 다음과 같은 의심을 해결하는 데 가장 잘 기여할 것이라고 생각한다.

탐구1 '주기도문은 단지 지도서인가, 아니면 우리가 기도할 때 사용하는 말의 형식인가?'

답변 1. 기도문은 주로 우리의 내적 욕구와 그 욕구의 외적 표현을 안내하는 것이 원칙이다. 우리가 원하는 것, 그리고 우리가 가장 먼저 그리고 가장 원하는 것의 순서를 위함이다. 2. 이 규칙은 말의 형태로 주어지는데, 가장 쉽게 그 내용과 순서를 표현할 수 있다. 3. 그리고 이 형식은 모든 사람에 의해, 그리고 더 필수적으로 어떤 사람들에 의해 적절한 시기에 사용될 수 있다. 4. 주기도문은 결코 우리가 사용해야 하는 유일한 말이 되도록 의도된 것은 아니다. 그러나 사도신경은 우리가 믿음의 교리를 표현하기 위해 사용해야 할 유일한 단어이고, 또한 십계명도 우리의 의무를 표현하기 위한 유일한 단어이다.

탐구2 '주기도문이 완전하다면 다른 기도의 말이 무슨 필요가 있는가?'

답변 왜냐하면 그것은 단지 일반적인 내용을 담고 있는 완전한 요약일 뿐이기 때문이다. 우리의 욕구는 더 구체적이 될 필요가 있다. 왜냐하면 보편적인 것들은 세부적인 것으로 존재하기 때문이다. 일반적인 것, 그리고 또 다른 일반적인 것 만을 언급하는 사람은 그 세부사항들을 거의 기억하지 못한다. "내가 범죄하여 주의 모든 계명을 어겼다"고 말하는 사람은 일반적으로 모든 죄를 고백하는 것이다. 그러나 이것저것, 다른 죄에 대한 구체적인 회개가 아니라면 참된 회개가 아니다. 적어도 기억할 수 있는 것보다 더 큰 것에 관해서, "나는 하나님의 모든 말씀을 믿는다 또는 나는 성부와 성자와 성령 하나님을 믿는다"라고 말하는 사람은 하나님의 말씀이 무엇인지, 또는 이 일반적인 것들이 의미하는 바를 대부분 알지 못할 수도 있다. 그러므로 우리의 믿음은 더욱 구체적이어야 한다. 그러므로 바라는 은혜도 구체적이어야 한다. 나는 이것이 로마 가톨릭 교회에서 라틴어로 드리는 기도는 신성하다는 어리석은 주장에 대한 답이라고 생각한다. 하나님은 어떤 표현이나 기도 없이도 우리의 소망을 아시며, 우리의 소망을 말하지 않아도 우리가 원하는 것을 알고 있다. 그러나 기도나 소망이 불필요한 것은 아니다. 우리 자신의 회개와 소망을 실천함으로써 우리는 용서와 원하는 은혜를 받기에 적합한 사람이 된다. 그럼에도 불구하고 회개하지 않는 사람과 그것을 원하지 않는 사람은 은혜 받기에 부적합하다. 당신이 어디서 죄를 지었는지, 당신의 죄가 무엇인지 알지도 기억하지도 못하면서, "내가 죄를 지어서 죄송합니다"라고 말한다면 그것은 참된 회개가 아니다. 그러므로 그것은 어떤 한 가지 죄도 전혀 회개한 것이 아니다. 그러므로 우리가 소망해야 하는 특별하고 필요한 은혜에 도달하지 못하는 것은 참된 소망이 아니다. 나는 아주 빠르고 포괄적인 마음을 가진 몇몇 사람들은 일반적인 단어만 사용해도 순간적으로 많은 세부사항을 생각해 낼 수 있다는 것을 알고 있다. 그리고 나는 더 작고 덜 필요한 것들은 일반적으로 무시될 수 있다는 것을 알고 있다. 서두를 때에 중요한 문제나, 게다가 특별한 요청을 할 때에 일반적인 것들은 무시된다.

탐구 3 '정해진 형식의 말로 기도하는 것이 합법적인가?'

답변 아주 무지한 사람 외에는 아무도 그것을 의심하지 않는다. 하나님께서 그것을 금지하신 곳이 있는가? 당신은 그분이 명령하지 아니한 것만으로도 충분하다고 말할 것이다. 나는 일반적으로 그분께서 당신에게 기도를 명령하실 때, 교화 행위를 할 가능성이 있는 모든 사람에게 그것을 명령하셨다고 대답한다. 그러나 그분은 특별한 명령도 금지도 내리지 않으셨다. 그분은 당신에게 더 이상 영어, 프랑스어, 라틴어로 기도하라고 명령하지 않으셨다. 또한 이 곡조나 저 곡조로 시편을 노래하라고 하지도 않고, 또는 이 번역이나 저 번역으로 부르라고 하지도 않으셨다. 특별히 이런 저런 방식으로 설교하라고 하지도 않으셨다. 항상 성경 본문을 말하라고 하지도 않으셨다. 서면 메모를 사용하라는 것도 아니고, 글을 쓰고, 익히고, 설교하라는 것도 아니고, 의심할 바 없이 합법적인 수백 가지 단어로 전체를 구성한 후에 설교하라는 것도 아니었다. 그렇다. 어떤 사람에게는 필요하지만 다른 사람에게는 필요하지 않다. 만일 당신이 성경 문장으로 당신의 기도를 모두 구성한다면, 이것은 규정된 단어의 형태로 기도하는 것이다. 결국 그것은 당신의 기도와 마찬가지로 적법하고 합당하다. 시편은 대부분 기도나 찬양의 형태로, 하나님의 영이 교회와 특정한 사람들의 사용을 위해 제정하신 것이다. 더 많은 추론과 이에 반대하는 모든 잘못된 반대에 대한 답변으로 많은 페이지를 채우는 것은 쉬울 것이다. 그러나 나는 독자와 나 자신을 지치게 하지 않을 것이다.

탐구 4 '하나님이 아닌 다른 사람이 정한 기도의 형식은 합법적인가?'

답변 그렇다. 그렇지 않다면 자녀나 학생이 부모나 선생이 정해 준 양식을 사용하는 것은 불법이 될 것이다. 그리고 부모, 교사, 목사 또는 군주가 그것을 규정하거나 명령하기 때문에 합법적인 것이 실제로 불법이 된다고 생각하는 것은, 그를 유죄라고 생각하는 자신을 다치지 않으려고 하는 생각이다. 실제로 그러한 문제에 대해 우리에게 권한이 없는 찬탈자가 그것을 규정한다면, 우리는 형식적인 복종, 즉, 그가 명령하기 때문에 그것을 행해야 할 의무는 없다. 그러나 나는 다른 어떤 이유로 그것에 묶여 있을 수도 있다. 여전히 그의 명령이 나를 구속하지 않는다 해도, 결국 그것이 그일 자체를 불법으로 만들지는 않는다.

탐구 5 '그러나 기도하는 내용을 미리 숙고하지 않고 즉석에서 기도하는 것이 합법적인가?'

답변 이해력 있는 기독교인이라면 누구도 이를 의심하지 않는다. 우리는 우리가 원하는 것과 죄, 우리가 바라는 은혜와 자비에 대해, 그리고 우리가 이야기하는 하나님을 미리 묵상해야 한다. 그리고 우리는 이러한 것들을 혐오스럽고 부적절한 표현 없이 명시할 수 있어야 한다. 그러나 기도 말을 미리 준비하든 아니하든, 말하는 사람이나 듣는 사람이 설교 노트를 사용하든 아니하든, 또는 필사본 성경을 사용하든, 인쇄본을 사용하든 간에, 하나님께서는 어떤 법으로 당신을 구속하지 않으신다.

탐구 6 '두 가지 방법 모두 합법적이라면 어느 것이 더 나은가?'

답변 당신이 교회의 다른 사람들과 연합하려 한다면 목사가 그 당시 사용하는 방법이 당신에게 더 좋다. 왜냐하면 하나님께 기도의 말을 올리는 것은 목사의 직무이지 당신의 직무가 아니기 때문이다. 만약 그가 어떤 형태를 선택한다면, (그것이 그의 의무에 가장 적합한지, 그의 백성들에게 가장 적합한 것인지, 다른 교회들과 조화를 위한 것인지, 총독에 대한 복종을 위한 것인지, 아니면 더 큰 불편을 피하기 위한 것인지 간에) 당신은 그와 함께 해야 한다. 그렇지 않으면 아예 참여하지 말라. 그러나 개인적으로 당신이 말하는 경우에는 영적인 발전에 (청중이 함께 있을 경우 다른 사람에게도) 가장 좋은 방식을 택해야 한다. 어떤 사람은 기도에 너무 익숙하지 않아서(무지하게 자랐기 때문에), 또는 준비되지 않았거나 표현에 너무 익숙하지 않기 때문에 형식의 도움 없이는 그가 특별히 원하는 것의 10분의 1도 기억할 수 없고, 자신이나 다른 사람들을 위해 그것을 정서적인 감각에 영향을 미치도록 표현할 수 없다. 아니, 어쩌면 평범한 말로도 표현할 수 없다. 그러한 사람은 기도의 형식을 사용하는 것이 의무일 수 있다. 마치 시력이 약한 사람이 안경을 쓰고 책을 읽는 것과 같고, 암기하지 못한 단어를 쪽지에 메모하여 사용하는 것과 같다. 어떤 사람에게는 그러한 도움이 필요하지 않을 수 있다. 아니, 그가 자신의 죄와 부족함을 이해하고 느끼는데 익숙하고, 준비성과 재능을 갖추고 있으며, 이러한 문제에 있어서도 기꺼이 자신의 마음을 표현하는데 익숙한 혀를 가지고 있다면, 그 기도의 형식은 말하는 사람의 감정의 열정을 크게 방해할 것이며, 계획된 말로 자신을 묶는 것이다. 그 반대로 말하는 것은, 말하는 사람들과 듣는 사람들의 상식과 경험에 반하는 말을 하는 것이다. 이것을 미심쩍고 사려 깊지 못한 기도라고 비웃는 사람들은, 배고픈 사람들이 빵을 구걸할 수 없고, 정통하거나 연구된 기도의 형식 외에는 의사나 변호사나 가장이나 다른 누구에게 도움을 구할 수 없는지 스스로 판단해야 한다. 아니면 그것까지도 마찬가지로 연구된 후에 도움을 청해야 하는가? 새로운 철학자 **데카르트**가 말하는 것이 사실이라는 것을 누가 알지 못하는가? 데카르트의 열정에 관해 제1부, 기술 44에서 말하는 것은 다음과 같다. '말하는 동안 우리가 말하고 싶은 것보다 더욱 감각적인 것에 대해서만 생각하면, 같은 말을 하는데 필요한 모든 방법을 동원하려고 생각했을 때보다 혀와 입술을 더 빠르고 더 잘 움직이게 된다. 왜냐하면 우리가 말하는 법을 배웠을 때 얻은 습관이기 때문이다.' 생각을 문제에서 말로 너무 염려하며 옮기는 것은 많은 사람들의 기도를 죽게 할 뿐만 아니라, 그것들을 죽은 형태로 바꾸고, 그 말 자체에 대해서도 더욱 건조하고 메마르게 만든다. 어떤 사람은 정해진 형식 없이 기도하는 것을 반대하고, 어떤 사람은 책이나 형식을 가지고 기도하는 것을 반대하는, 이 시대에 너무 흔한 왜곡된 비난과 신랄하고 경멸적인 말은 교회의 질병을 나타내는 증상이나 진단으로서 너무나 불명예스럽다. 건전성과 이해력 부분에 있어서 수치와 슬픔의 문제임에 틀림없다. 그것은 부인할 수 없는, 인간의 이해력과 다른 사람에 대한 이해의 태도 모두 극도로 낮다는 것을 증명하기 때문이다.

탐구 7 '우리는 항상 주기도문의 방법대로 기도해야 하며, 그렇지 않으면 죄가 되는가?'

답변 1. 주기도문은 먼저 당신의 소망을 이루기 위한 규칙이다. 그 방법을 따르지 않는 소망이 있다면 그것은 죄이다. 만일 당신이 당신의 궁극적인 목적인 하나님과 더불어 당신의 소망을 시작하지 않고, 먼저 그의 영광을 원하지 않고, 다음에는 그의 나라의 번영과, 그다음 당신의 특별한 혜택보다 그의 율법에 대한 순종과, 세상의 공공복지를 원하지 않는다면, 그것은 죄이다. 그리고 당신이 더 높은 영적 자비를 얻기 위해 더 낮은 자비로서 일용할 양식을 (또는 자연의 필요한 지원) 원하지 않는다면 그것은 죄이다. 미래의 거룩함과 의무와 완전한 행복(felicity)을 위한 수단으로 죄의 용서를 원하지 않고, 이것을 하나님의 영광을 위한 수단으로 원하지 않는다면, 그리고 그분에 대한 찬양을 당신 기도의 가장 높은 부분으로 삼지 않는다면, 그것은 죄이다. 그러나 이러한 소망을 표현하기 위해 특별한 경우에는 종종 다른 순서로 시작할 수도 있다. 예를 들어 병자를 위해 기도할 때나 지시를 위해 기도할 때나 설교나 특정 일을 하기 전에 축복할 때, 모든 시대의 거룩한 사람들의 기도가 그랬던 것처럼, 당신 앞에 있는 주제로 시작하고 끝낼 수 있다.

2. 소망과 감정을 구별해야 하듯이, 보편적인 기도와 특수한 기도도 구별해야 한다. 하나는 기도의 모든 부분을 담고 있고, 다른 하나는 한 가지 주제나 부분에 관한 것, 또는 일부에 관한 것이다. 마지막 하나 혹은 몇 개의 특별한 청원은 모든 부분을 포함하는 보편적인 기도의 형식으로 말할 수 없다. 주기도문은 무리 중 한 사람의 청원이 아니지만, 기도 자체가 될 수 있다. 그때 그것은 다른 청원을 부분으로 가질 수 없다.

3. 그리고 어떤 특별한 이유, 애정, 또는 사고로 인해 어떤 특별한 것을 가장 주목하게 될 때, 당신은 기독교인의 평범하고 일반적인 경우와 그분의 특별한 경우를 구분해야 한다. 평

범하고 일반적인 기도에서 모든 보편적인 기도는 주기도문의 방식으로 표현되어야 한다. 특별한 이유와 원인이 있는 경우에는 그렇지 않을 수도 있다.

탐구 8 '성령이 우리를 감동시킬 때 항상 기도해야 하는가? 그때만 기도해야 하는가, 아니면 이성이 우리를 인도하는 대로 기도해야 하는가?'

답변 성령의 움직임에는 두 가지가 있다. 하나는 특별한 영감이나 충동으로 선지자들과 사도들을 감동시켜 새로운 율법, 계율, 사건을 계시하거나, 영감 자체가 아닌 다른 명령에 구애 받지 않고 어떤 행동을 하도록 하는 것이다. 그리스도인들은 지금 이 일을 기대해서는 안 된다. 왜냐하면 경험이 우리에게 그러한 것이 끝났음을 말해 주기 때문이다. 또는 사건에 대한 예측이 아직 중단되지 않았다고 하거나, 어떤 모호한 것에 대한 지침이 없기에 아직 중단되지 않았다고 주장하는 사람도 있지만, 입법 행위에 관해 중단된 것이 가장 확실하다. 성령이 이미 우리에게 율법을 주셨고 그것은 세상 끝날까지 완전하고 변함없다고 선언하셨기 때문이다. 또 다른 종류의 성령의 역사는 새로운 법이나 의무를 만드는 것이 아니라 이미 만들어진 법에 의해 이전에 우리의 의무였던 일을 행하도록 우리를 인도하고 소생시키는 것이다. 이것이 바로 모든 참된 기독교인이 지금 기대해야 할 성령의 활동이다. 성령과 이성은 여기서 단절되지 않고, 더 이상 대립하지 않는다는 것을 알 수 있다. 동시에 이성은 성령 없이는, 어두움과 무감각으로 인해 충분하지 않다. 그렇게 성령은 의지로 역사하지 않고 이성에 따라 역사한다. 하나님은 사람을 짐승이나 돌처럼 움직이지 않으시며, 이유도 모르는 상태에서 일을 하게 하지도 않으신다. 그러나 조명을 통해 사람에게 그 일을 하는 가장 확실한 이유를 제시하신다. 의무는 그것을 행하는 것보다 앞선 임무다. 우리 자신의 죄로 인해 성령의 특별한 명령이나 도움을 상실했다고 해서, 의무가 중지되는 것도 아니고 의무를 소홀히 한 죄가 사라지는 것도 아니다. 만일 하나님의 영이 당신의 일을 고려하여, 가장 자유로울 때 기도하기에 가장 좋은 시기를 분별하도록 가르치신다면, 이것은 이성적이기 때문에 성령의 역사라는 것이 부인되어서는 안 된다(열성적인 자들이 상상하는 것처럼). 그리고 당신이 복잡한 사업 속에서 기도하도록 감동을 받았거나, 또는 이성이 그것은 당신의 의무가 아니라 죄라고 증명할 수 있는 때에 기도하도록 감동을 받았다면, 당신을 그렇게 하도록 한 것은 하나님의 영이 아니라는 것을 증명한다. 왜냐하면 마음에 있는 성령은 성경에 있는 성령과 반대되지 않기 때문이다. 성경의 성령이 당신에게 명하는 의무를 지키라. 그러면 당신은 성령에 순종한다는 것을 확신하게 될 것이다. 그렇지 않으면 당신은 성령에 불순종하는 것이다. 그렇다. 당신의 마음이 차가우면 기도를 하지 않는 것보다 기도를 하는 것이 마음을 따뜻하게 하는 더 좋은 방법이다. 마음이 차갑고 내키지 않을 때 기도해야 하는지 묻는 것은, 따뜻해 지기 전에 천천히 움직여야 하는지 아니면 불이 있는 쪽으로 향해도 되는지를 묻는 것과 같다. 하나님의 영은 당신이 의무를 무시할 때보다 의무를 이행하는 중에 도움을 줄 것이다.

탐구 9 '얻고자 하는 은혜를 전혀 바라지 않고 기도할 수 있는가?'

답변 아니다. 왜냐하면 그것은 기도가 아니라 가장하는 것이기 때문이다. 가장하는 것은 의무가 아니다. 원하지 않는 것을 구하는 사람은 위선으로 하나님께 거짓말하는 것이다. 그러나 어떤 사람이 차갑고 일반적인 욕구만 가지고 있다면 (비록 그것이 참된 은혜의 증거가 될 만한 것에 도달하지 못하더라도) 그는 자신이 갖고 있는 소망을 기도하고 표현할 수 있다.

탐구 10 '하나님에 관한 자신의 관심이 미심쩍고, 자녀로서 아버지라고 부르지 못하는 사람이 기도할 수 있나?'

답변 1. 하나님은 모든 사람에게 선하시며 그리스도를 통한 그분의 자비가 모든 사람에게 제공되는 것처럼, 하나님 안에는 모든 인류에 대한 공통적인 관심이 있다. 그러므로 거듭나지 않은 자들도 창조와 그의 자비로 인해 그의 자녀가 된다. 그들은 둘 모두 그분을 아버지라고 부르고 그분에게 기도할 수 있지만, 아직 그들은 거듭나지 않았다.[253] 2. 당신이 하나님께 특별한 관심을 갖고 있지 않더라도 하나님께서는 당신에게 관심을 갖고 계신다. 그러므로 당신에게 기도하라고 명하시는 그분의 명령에 순종해야 한다. 3. 근거 없는 의심이 당신의 의무를 제한하지 못할 것이다. 그렇지 않으면 사람들은 거의 모든 순종에서 자유로울 것이다.

탐구 11 '악하거나 거듭나지 않은 사람이 하나님께 기도하면 받아들여질 수 있나? 아니면 그의 기도는 하나님께 가증한 것이 아닌가?'

답변 1. 악인으로서 악인은 악하게 기도할 수밖에 없다. 즉, 그는 불법적인 것을 구하거

---

253) 시 42:9, 22:1; 요 2:14; 렘 31:9; 눅 15:12, 17, 19; 말 2:10

나 합법적인 것을 불법적인 목적을 위해 구한다. 그리고 이것은 여전히 하나님께 가증한 것이다. 2. 악인이 일반은총에서 나오는 선을 그 안에 갖고 있을 수도 있다. 그리고 그는 이것을 실천할 수 있다. 그래서 그는 선에 관한 한 기도를 통해 자신이 소망을 표현할 수 있다. 3. 악인의 악한 기도는 결코 받아들여지지 않는다. 그러나 일반 은총으로부터 나오는 선한 일을 위한 악인의 기도는 그것이 자신의 개혁에 도움이 되는 수단인 만큼 받아들여진다.[254] 비록 그의 인격이 여전히 의롭지 않고 이 기도들이 죄일지라도 그것들의 완전한 누락은 더 큰 죄악이다. 4. 악한 사람은 즉시 회개하고 기도해야 한다.[255] 하나님께서 그에게 은혜를 구하라고 제안하실 때마다, 그는 그분에게 은혜를 소망하라고 명하시는 것이다. 그에게 기도하라고 명령하는 것은 그에게 회개하고 더 나은 마음을 가지라고 명령하는 것이다. 그러므로 악한 사람들을 설득하여 기도하게 하는 목회자를 책망하는 것은, 그들이 회개하고 선한 소망을 갖도록 설득하는 것에 대해 책망하는 것이다. 그러나 만약 그들이 하나님과 사람이 권하는 회개를 하지 않고 기도한다면 그 죄는 그들의 것이다. 그러나 만일 그들의 소망이 구원의 상태에 못 미치더라도 그들의 모든 수고는 손실되지 않는다. 그들은 사람을 그리스도께 더 가까이 데려가는 데 도움을 주는 많은 의무를 지고 있으며, 특별한 구원의 은혜 없이도 그 일을 할 수 있다.

탐구 12 '악인이 주기도문으로 기도할 수 있는가? 아니면 그것을 사용하도록 권고 받을 수 있는가?'

답변 1. 주기도문은 온전하고 합당한 의미에서 회개하고 의롭게 된 사람이 드려야 한다.[256] 왜냐하면 온전한 의미 외에서 어느 누구도 그분을 우리 아버지라 부를 수 없기 때문이다. (비록 제한된 의미에서 악한 자들은 그럴 수 있지만) 그들은 하나님의 영광과 그의 나라가 임하는 것을 바랄 수 없으며 그의 뜻이 하늘에서 이룬 것 같이 땅에서도 이루어지기를 바랄 수 없다. 이것은 참된 은혜 없이는 진실로 바랄 수 없는 것이다. (특히 거룩함의 원수들은 하늘에서 행해지는 것보다 무수하게 낮은 차원의 땅에서 하나님의 뜻을 행하는 것이 너무

---

254) 행 15:17, 17:27, 8:22; 시 14:4
255) 행 8:22; 사 55:6, 7
256) 히 11:6; 롬 10:14

엄격하다고 생각한다.) 또한 그들은 합당한 의미에 따라 진심으로 그 기도를 하나도 간구할 수 없다. 아니, 그들은 하나님의 뜻을 행하고 그의 영광과 그의 나라를 먼저 구하는 동시에 그들의 생계수단으로 일용할 양식을 위해 기도할 수 없다는 것이다. 그러나 그들이 전혀 나쁘지 않은 공통된 욕망에서 이런 말을 하는 것은 가능하다.

탐구 13 '성자나 천사에게 기도하는 것은 우상숭배인가? 아니면 항상 죄를 짓는 것인가?'

답변 나는 다른 사람의 헌신에 대해 다투는 것을 좋아하지 않는다. 그러나 1. 나는 천사나 세상을 떠난 성인에게 기도하는 것이 어떻게 죄에서 면죄될 수 있는지 모르겠다.[257] 왜냐하면 그것은 그들이 무소부재 하고, 전지하고, 마음을 알고, 참으로 모든 사람의 마음을 즉시 안다고 가정하기 때문이다. 그렇지 않으면, 그들은 성자나 천사가 언제든 나타나 자기의 말을 듣거나 그렇지 않은 것에 대해 아는 척하는 것이다. 성경에는 하나님께서 우리가 그러한 성자나 천사에게 기도하기를 바란다는 뜻이 어디에도 없기 때문이다. 그러나 그렇지 않다는 반대의 것은 우리를 만족시키기에 충분하다는 것을 의미한다. 2. 그러나 그들에게 드리는 모든 기도가 아니라 일부는 우상숭배이므로 우리가 바르게 판단하려면 구별해야 한다. (1) 전능하고, 전지하고, 전능하다고 가정되는 성인이나 천사에게 기도하는 것은 노골적인 우상숭배다. (2) 그들에게 하나님을 거스른 우리의 죄를 용서해 달라고 기도하거나, 의롭게 해달라고, 거룩하게 해달라고, 구속해 달라고, 지옥에서 구원해 달라고, 또는 하나님만이 하시는 일에 속한 것을 해달라고 기도하는 것은 우상숭배와 마찬가지다. (3) 그들에게 단지 수호자에 속한 일을 하도록 기도하거나, 그들에게 맡겨진 자선의 일을 행하도록 기도하거나, 그들이 편재하거나 전지전능하지 않으며, 그들이 기도하는 시간에 당신의 말을 듣는지 여부를 알지 못하더라도 기도하는 것은, 불확실한 상태에서 모험하는 것이고, 당신의 많은 노력을 낭비하는 것에 지나지 않을 것이다. 나는 이것이 죄악적인 미신이지만 우상숭배는 아니라고 생각한다.[258] (4) 그러나 살아 있는 성도나 죄인을 위해 기도하여 그들에게 속한 것을 주는 것은 전혀 죄가 아니다.

탐구 14 '사람은 가정에서 일반적으로 기도할 의무가 있는가?'

---

257) 시 65:2, 145:18, 62:8; 사 63:16; 왕상 8:39; 행 1:24; 롬 8:27, 10:14; 마 4:9
258) 계 22:8, 9; 골 2:18

답변　이전에 이에 대해 긍정적으로 대답했고 그것을 증명했다. 아주 작은 은혜가 논쟁이 할 수 있는 것보다 더 나은 답을 줄 것이다.

탐구 15　'연설자가 다른 사람과 함께 가족 안에서 기도가 끝나고 개인적으로 기도해야 하는가?'

답변　1. 연설자였던 사람과 그렇지 않은 사람을 구별하라. 그리고 2. 더 크거나 더 긴급한 의무로부터 여유가 있는 사람과 그렇지 않은 사람을 구별하라. 그러므로 (1) 그 당시에 더 큰 다른 업무로 인해 긴급한 일이 없는 사람들은 가족 안에서 개인적으로 기도해야 한다. 특히 그들이 연설자가 아니라면 대개 개인적인 기도가 더 필요할 것이다. 왜냐하면 대중 앞에서 그들의 마음은 약해지고, 그들의 개인 사건의 대부분은 생략될 수 있기 때문이다. (2) 그러나 더 시급하고 더 큰 의무가 있는 사람은 그 시간에 가족 기도만 할 수 있다. (특히 연설자라면 은밀한 불시의 외침으로) 비밀리에 하는 것과 똑 같은 요청을 거기에 올릴 수 있다.

탐구 16　'기도를 위해 정해진 시간을 지키는 것이 최선인가? 아니면 현재 가장 적합한 시간을 갖는 것이 최선인가?'

답변　일반적으로 정해진 시간에 하는 것이 가장 적합하다. 시간을 결정하지 않고 불확실하게 놔두면 모든 것이 혼란스러워지고 장애물이 늘어나고 의무가 방해를 받게 된다. 그러나 특별한 상황으로 인해 평범한 시간이 부적합할 경우에는 더 적절한 시간을 택해야 한다.

탐구 17　'하나님을 경외하지 않는 사람들과 함께 가족 기도에 (또는 교회) 참여하는 것이 합법적인가?'

답변　사례가 거의 다르지 않기 때문에 나는 두 가지를 함께 결합하여 설명한다. 왜냐하면 가정 예배에 가족의 주인이 있듯이, 교회 예배에는 목사가 사람들을 다스리기 때문이다. 당신은 처음에 당신이 교회의 일원이 될 것인지 가족의 일원이 될 것인지 선택할 수 있다(당신의 특권을 가지고 태어나지 않은 경우). 당신이 어느 한쪽의 구성원일 때에는 구성원으로서 다스림을 받아야 한다. 1. 당신은 공개적으로 인정된 악한 사람과 그들의 신앙선언에 반하여 죄를 짓는 자들을 구별해야 한다. 2. 그리고 완전히 악한 가정과 (혹은 교회) 선악이 섞인 가정 (혹은 교회) 사이를 구별해야 한다. 3. 당신이 악한 사람들을 쫓아낼 힘이 있을 때, 그들과 함께 있으면 당신의 죄가 되고, 당신이 제거할 힘이 없을 때 그들의 존재는 당신의 죄가 아니다. 4. 그리고 자신이 어떤 가족이 될지, 아직 선택할 수 없는 사람과 선택할 수 있는 사람 사이를 구별해야 한다. 그래서 나는 이렇게 대답한다. (1) 그런 악한 사람들이 그곳에 있고 쫓겨나지 않은 것이 집주인의 (또는 교회의 목사들) 잘못이라면, 그들을 합류하는 것은 집주인의 죄이다. 왜냐하면 악한 사람들을 내보내는 것은 집주인의 의무이기 때문이다. 그러나 힘이 없는 동료 종들의 (또는 사람들) 경우는 그렇지 않다. (2) 만약 그 악한 사람들이 충분히 훈계를 받았음에도 그들의 사악함을 고수한다면, 당신은 그들과 교제의 단절을 공언해야 한다. 그런 다음 지역적으로 분리할 힘이 없다면 도덕적으로 분리하고 자유로워야 한다. (3) 당신이 제거할 수 없는 죄인이 거기 있기 때문에 당신의 의무를 회피하는 것은 당신의 죄이다. (4) 사악한 사람은 반드시 하나님께 올려야 할 기도가 많이 있다. 그가 비록 잘못은 있지만, 그의 의무를 다한다고 해서 당신의 의무를 생략해서는 안 된다. 나는 당신이 기도하는 사람과 함께 하는 것보다 기도를 저버리는 사람과 (더 큰 죄) 어울리거나 대화하는 것을 더 꺼려 해야 한다고 생각한다. (5) 그러나 당신이 더 자유롭게 선택할 수 있다면 더 나은 가족을 (또는 교회) (다른 조건이 동일할 때) 선택하지 않으면 비난을 받을 것이다. 특히 사회 전체가 사악할 경우 더욱 그렇다.

탐구 18 '집주인이 (또는 목사) 이단자이거나 하나님을 경외하지 않는 자라면 어떻게 해야 하는가?'

답변 당신은 그의 개인적인 잘못과, 그가 행한 일과 예배에 대한 잘못을 구별해야 한다. 그의 개인적인 결점을 (예를 들면 욕설이나 술 취함 등) 거부해야 하며, 당신이 더 나은 선택을 할 수 있다면 그러한 주인을 (또는 목사) 선택해서는 안 된다. 그 외에 악한 일에 동참하지 않고, 선한 일에 그와 동참하는 것은 합법적이다. 그러나 그의 임무 자체가 용납할 수 없는 것이라면, 당신은 그와 함께 있어서는 안 된다. 이제 다음과 같은 경우는 용납할 수 없다. 1. 그가 기도로 표현할 수 없거나 기도하지 못할 경우. 2. 그가 그의 기도를 경건과 알려진 진리와 사랑과 화평에 어긋나게 하여 그의 기도가 해악의 도구가 되며, 다른 사람에게 이로움보다 해를 더 많이 끼치는 경우는 용납할 수 없다.

탐구 19 '우리는 외적인 자비를 위해서 절대적으로 기도할 수 있는가? 아니면 조건적으로만 기도할 수 있는가?'

답변　당신은 다음을 구별해야 한다. 1. 그것이 자비인지 아닌지 불확실할 때, 주제에 대해 말하는 조건과 베풂의 외적 조건을 구별해야 한다. 2. 기도의 조건과 기대의 조건 사이를 구별해야 한다. 3. 하나님의 뜻에 대한 복종과 조건부 소망이나 기도 사이를 구별해야 한다. 그래서 나는 다음과 같이 대답한다. (1) 대상 자체가 좋은지 아닌지 불확실할 때 주관적인 조건으로 기도하는 것이 필요하다. 그것이 좋다면 이것을 허락하고, 혹은 좋지 않다면 나는 그것을 위해 기도하지 않는다. 왜냐하면 기도할 때 우리는 기도한 것이 선하다는 것을 아는 것을 전제로 하기 때문이다. (2) 그러나 우리가 그것이 자비와 선이라는 것을 알 때, 우리는 절대적으로 그것을 위해 기도할 수 있다. (3) 그러나 우리는 우리가 절대적으로 기도하는 모든 것을 절대적으로 기도한 대로 받게 될 것이라고 믿지 않을 수도 있다. 기도는 갈망의 표현이기 때문에, 비록 절대적으로 약속된 것은 아닐지라도 절대적으로 원할 수 있는 것을 위해 절대적으로 기도할 수 있다. (우리의 은혜의 증거나 힘, 우리 관계의 전환 등.) (4) 그러나 여전히 그러한 모든 것은 하나님의 뜻에 복종하는 가운데 구해야 하지만, 그것이 다음과 같을 때 적절한 조건부 기도의 형태가 아니다. 왜냐하면 기도의 본질이 하나님의 뜻을 움직이는 것과 같을 때, '주님, 그것이 이미 당신의 뜻한 바라면 이것을 하십시오'라 말하는 것은 그다지 적절하지 않다. 아니면, '주님, 당신이 원하신다면 이것을 하시기 바랍니다. 주님 자비를 베풀어 주십시오. 하지만 당신이 그것을 거부하시면, 복종하는 것이 나의 의무입니다'와 같이 말하는 것은 적절한 형태의 조건부 기도가 아니다. 그래서 그리스도께서는 주관적인 조건성과 그분의 뜻에 대한 복종을 모두 언급하셨다. "만일 할 만하시거든 이 잔을 내게서 지나가게 하옵소서 그러나 나의 원대로 마시옵고 아버지의 원대로 하옵소서."[259] 마치 그분이 말했듯이, 본성은 단순한 의지로 고통을 꺼려 하는데, 이것이 나의 중재자의 원하는 목적과 일치한다면 그것을 피하기 원한다. 그러나 그렇게 할 수 없다는 것을 알기에, 나의 비교는 이 단순한 자기 보존 의지에 명령하여 그분의 가장 완전한 의지에 복종시킬 것이다. 그러나 이것을 조건이라 부르는 사람이 있다면, 그 이유는 중요하지 않다.

탐구 20　'우리가 원하는 모든 것을 위해 기도하는 것은 합법적이라 할 수 있는가?'

---

259) 마 26:39

답변 아니다. 기도는 욕망의 표현일 뿐만 아니라 원하는 것을 얻기 위한 수단도 되기 때문이다. 어떤 것들은 (적어도 단순한 소원으로) 합법적으로 구할 수 있지만, 하나님께서 허락하지 않겠다고 말씀하신 것에서는 바랄 수 없기 때문에 요청하지 못할 수도 있다. 발견할 희망이 없는 것을 찾는 것은 헛된 일이기 때문이다. 온 세상이 회심하는 것을 원하거나 죽지 않고 **에녹**처럼 천국에 가기를 바라는 것은 (단순한 소원으로) 합법적이다. 그러나 모든 것을 평가해 볼 때, 복종하지 않고 무조건적으로 그것을 원하는 것은 합법적이지 않다. 그러므로 그런 것을 구하지 말라. 그것은, 단호한 욕구를 표현하는 것이며, 필요한 것을 얻기 위한 수단을 사용하는 기도라고 부르는 것이 적절하다. 내가 원하는 것은 무엇이든 구할 수 있다. 왜냐하면 그것에 대한 희망이 없다면 그것을 그다지 바라지 않을 것이기 때문이다. 게다가 희망이 없을 때에는 가장 낮은 수준의 욕망도 기도에 담을 수 없다. 나는 여기, 심지어 이 시간에도 죄 없이 완전함을 얻고자 하는 순수한 소망을 (복종과 함께) 가져야 하지만, 희망이 없기 때문에 필요한 것을 얻고자 하는 판단에 따른 확고한 열망이나 올바른 기도로 나아갈 수 없는 것이다. 그러나 이러한 소원은 기도의 온전한 성격을 갖고 있지는 않더라도 기도로 표현될 수 있다.

이의 '그러나 마태복음 26장 39절의 그리스도의 기도도 그렇지 않았나?'

답변 인간으로서 그리스도께서는 그 잔이 자기에게서 지나가지 않을 것을 확신하셨거나 불확신 했거나 둘 중의 하나다. 그분이 불확신 했다는 것을 증명할 수 있다면 그것은 (아버지의 뜻에 복종하는) 올바른 기도이다. 그러나 그가 그것이 자기에게서 지나가지 않을 것이라고 확신했다면, 그것은 비유적으로 단지 기도일 뿐이며, 그것은 그의 아버지에 대한 그의 가장 낮은 수준의 의지(velleity)를 나타내는 것일 뿐, 그의 확고한 의지도 아니고 그 목적을 달성하기 위한 어떤 수단도 아니었다. 그리고 실제로 그것은 마치 그가 아버지께, 그것이 나의 직무와 하나님의 목적과 일치하지 않는다면 이것을 당신에게 구했을 것이라고 말한 것과 같았다. 그러나 그렇지 않기 때문에 나는 복종한다. 우리가 할 수 있는 일은 이 정도까지다.

탐구 21 '그러면 우리는 어떻게 온 세상의 구원을 위해 기도할 수 있나? 그것은 모든 사람들을 위한 것이어야 하는가? 아니면 특정한 인물을 제외하고 일부만 위한 것이어야 하는가?'

답변 그리스도께서 이 본문에서 기도하셨던 것처럼, 우리는 그 자체로 가장 바람직한 일로서 (그리스도께서 져야 할 그 잔이 지나갔으면 하는 것처럼) 하나님께 우리의 순수한 가장 낮은 수준의 의지를 표현해야 한다. 그러나 우리는 그 목적을 달성하기 위한 수단으로서 어떤 특수한 의도를 가진 완전한 기도로 확정적인 의지를 표현할 수 없다. 왜냐하면 우리는 하나님의 뜻이 그것에 반대하거나 그렇지 않을 것이라는 것을 확신하기 때문이다.

탐구 22 '세계 모든 민족이 기독교로 개종할 수 있도록 소망의 기도를 할 수 있을까?'

답변 그렇다. 비록 가능성은 희박하지만 모든 나라가 그렇게 개종하지 않을 것이라고 우리는 확신할 수 없다.

탐구 23 '온 왕국이 모두 참으로 회개하고 구원받을 수 있도록 올바른 기도로 (그것을 얻기 위한 수단으로) 희망을 가지고 기도할 수 있는가?'

답변 그렇다. 하나님께서는 그런 일이 일어나지 않을 것이라고 결코 말씀하지 않으셨다. 있을 법하지 않은 일이라 할지라도 불가능한 일은 아니다. 그러므로 매우 바람직한 것을 기도할 수 있다. 그리스도께서는 그의 양떼가 적고 생명의 길을 찾는 사람이 거의 없다고 우리에게 말씀하셨지만, 그것은 왕국의 구원과 공존할 수 있다.

탐구 24 '그리스도의 적들이나, 복음의 적들이나, 왕의 적들의 멸망을 위해 기도할 수 있나?'

답변 이것은 하나님의 선행의 뜻이라 (God's antecedent will) 불리는 것과는 관련이 없다. 그러므로 우리는 먼저 그들의 회심을 위해 기도해야 한다. (그리고 그때까지 억제하라.) 그의 결과적인 뜻이라고 (consequent will) 불리는 것에 대해서는 기도할 수 있다. 즉 우리는 먼저 그들이 통제되고 회심할 수 있도록 기도해야 하며, 두 번째로 그렇지 않으면, 그들이 멸망하기를 기도해야 한다.

탐구 25 '일부 사람들이 기도에 관하여 특별한 믿음이라고 부르는 것을 어떻게 생각해야 하는가? 합법적인 기도가 현물로 주어질 수 있을 것이라고 내가 확고하게 믿을 수 있다면, 그것이 그렇게 되리라는 것을 신성한 믿음으로 확신할 수 있지 않을까?'

답변 믿음은 증언이나 계시와 관련이 있다. 기도는 그 일이 바람직하다면 합법적인 것으로 보증될 수 있으며, 확실성이나 확실한 약속이 없더라도 그것을 얻을 가능성이 있다. 그러나 믿음이나 기대는 약속에 의해 보증되어야 한다. 하나님이 당신이 기도한 것을 약속하셨다면, 당신은 그것을 받을 가능성이 있다. 그렇지 않다면 당신의 특별한 신앙은 공상이거나 자신을 믿는 것이지, 당신에게 그것을 주겠다고 결코 약속하지 않은 하나님을 믿는 것이 아니다.

이의 마태복음 21장 22절에 "너희가 기도할 때에 무엇이든지 믿고 구하는 것은 다 받으리라"고 하지 않았는가?

답변 믿음에는 두 가지 종류가 있다. 하나는 일반적인 약속과 자비와 관계가 있는 일반적인 믿음이다. 본문은 다른 의미로 이해될 수 있다. 내가 너희에게 약속한 모든 것을 너희가 믿고 구하면 너희가 받을 것이다. 그러나 이것은 약속되지 않은 것에 대한 것이 아니다. 또 다른 믿음은 기적을 행하는 특별한 것이다. 이 믿음은 사람이 욕망할 때 그 사람의 능력에 있지 않고. 기적이 일어날 때 하나님의 영에 의해 영감처럼 주어지는 강력한 내적 확신이다. 이것이 본문에서 말하는 것과 같다. 이것은 모든 시대의 모든 사람에게 주어진 것이 아니라 복음이 기적으로 확정되고 전달되어야 하는 시대에 주어진 특별한 약속 위에 세워졌다. 특히 사도들에게는 더욱 그렇다. 그러므로 이 시대에는 그들이 믿어야 했던 것처럼 우리가 기적을 행할 것이라는 약속도 없고, 그러한 특별한 종류의 믿음을 행사할 능력도 여전히 없다. 그러므로 우리가 어떤 약속이나 예언으로 증명할 수 없는 어떤 일이 일어날 것이라는 강한 자만심은 (열렬한 기도에서 나오더라도) 전혀 신성한 믿음의 행위라고 할 수 없으며 신뢰할 수도 없다.

탐구 26 '그러면 우리는 모든 합법적인 기도는 하나님께서 받으시고 들으신다는 것을 믿어서는 안 되는가?'

답변 그렇다. 그러나 그분이 약속하지 않는 한, 그것이 바로 허락되지 않을 것이다. 그러나 당신은 당신의 기도가 버려지지 않으며 그것이 당신에게 유익을 주는 수단이 될 것을 믿을 수 있다.[260]

탐구 27 '다른 사람의 영혼이나 육체를 위해 어떤 믿음으로 기도해야 하는가? 그들의 회심이나 그들의 삶을 위해서 기도해야 하는가?'

답변 경건한 사람들은 악한 관계에 있어도 다른 사람들을 위해 기도할 수 있다. 그들이

---

260) 롬 8:28; 사 45:19

하나님을 경외하지 않는 사람들임에도, 자신을 위해 기도할 수 있는 것보다 더 큰 희망을 가지고 그들을 위해 기도할 수 있다. 그러나 그가 요구하는 바가 성공할 것이라는 확신은 전혀 없다. 왜냐하면 그것은 그에게 절대적으로 약속된 것이 아니기 때문이다. 그렇지 않다면 **사무엘**의 **사울**을 위한 기도가, **이삭**의 **에서**를 위한 기도가, **다윗**의 **압살롬**을 위한 기도가, 그리고 선한 백성들의 악인을 위한 기도가 성공했을 것이다. 그러면 어떤 경건한 부모도 자녀를 잃지 않을 것이다. 아니, 세상에서 누구도 멸망하지 않을 것이다. 경건한 사람들은 그들 모두를 위해 기도하기 때문이다. 그러나 그 기도를 올리는 사람들은 그 기도를 잃지 않을 것이다.

탐구 28 '우리는 어떤 믿음으로 어떤 나라를 위해 교회와 복음이 지속되도록 기도할 수 있는가?'

답변 이전의 답변은 이것에 도움이 된다. 우리의 희망은 가능성의 정도에 따라 달라질 수 있다. 그러나 그것은 하나님께서 약속하신 것이 아니기 때문에 신성한 믿음으로 확신할 수 없다.

탐구 29 '우리의 기도를 하나님께서 응답하셨는지 여부를 어떻게 알 수 있는가?'

답변 두 가지 방법이 있다. 어떤 것 자체가 실체로 우리에게 주어지는 경험에 의해 알 수 있으며, 언제나 약속에 따라 응답된다. 하나님께서 우리에게 구하라고 명하신 것, 또는 주겠다고 약속한 것을 우리가 구할 때 응답될 수 있다. 왜냐하면 우리는 하나님의 약속이 성취된다는 것을 확신하기 때문이다. 우리가 감각의 대상을 (음식, 의복 건강 등) 구하면 감각은 우리가 구한 것과 같은 종류의 기도가 응답되는지 여부를 알려 줄 것이다. 그러나 기도가 믿음의 대상에 관한 것이라면, 당신의 기도가 받아들여졌다고 말해 주는 것은 믿음이다. 그러나 믿음과 이성은 증거나 표징을 사용한다. 마치 약속의 말씀이 보증하는 죄의 용서와 구원을 위해 기도하고, 내가 회개하고 믿고 거듭난 사람이 된다면, 이 기도가 받아들여졌다는 것이다. 기도 후 회개하지 않는다면 기도가 받아들여진 것이 아니다. 그러므로 믿음은 내가 그리스도 안에서 나의 거듭남과 회개와 믿음의 증거를 인식할 때에만 나에게 그러한 기도가 받아들여졌다고 보증한다. 그러므로 다른 사람을 위한 나의 기도나 현세적인 자비를 위한 기도가 다른 방식으로 응답되고 다른 방식으로 나의 선이 이뤄졌는지 여부에 대한 질문이 있다면, 믿음은 증거의 도움으로 당신에게 약속을 통해 이것에 대해 말한다. 수백만 개의 기도가 죽음과 심판 때에 모두 응답 받을 것이며, 우리는 그것을 믿음 이외의 다른 방법으로는 응답 여부를 알지 못한다.

[기도의 동기를 지속적으로 얻는 방법]

탐구 30 '기도 내용이 건조하고 메마르며, 기도할 때 할말이 거의 없고, 기도를 시작하자마자 일어날 준비가 되어 있는 약한 능력을 가진 그리스도인은 어떻게 해야 하는가?'

답변 1. 당신은 자신에게 낯선 사람이 되어서는 안 되며, 자신의 마음과 삶을 잘 연구해야 한다. 그러면 당신은 애통할 만큼 내적 부패가 많고, 공급되어야 할 결핍이 많고, 강화되어야 할 많은 약점, 바로잡아야 할 장애와 용서받아야 할 실제 죄를 발견하게 될 것이고, 그 주제만큼 적절한 표현을 하려면, 여러 날 동안 사죄하고, 불만을 표현하고, 간청해야 할 것이다.

2. 하나님을 연구하고 그분의 본성과 속성과 사역에 대한 지식을 얻으라. 그러면 당신은 자신의 죄를 가중시킬 만큼 충분한 문제를 발견하고, 매일매일 하나님에 대한 거룩한 찬양을 드리게 될 것이다. 어떤 책의 내용을 모두 아는 사람은 그것에 대해 풍부하게 논의할 수 있지만, 그 안에 무엇이 있는지 모르는 사람은 그것에 대해 거의 말할 수 없다. 그러므로 하나님과 그분의 일을 (그리고 자기 자신과 자기의 죄와 소원) 아는 사람은 최고의 기도 내용을 잘 알고 있으며, 그가 하나님께 말씀하러 올 때마다 항상 그 앞에 드릴 많은 기도의 제목을 가지고 있다.

3. 사람에 대한 구속의 비밀과 그리스도의 인격과 직분과 언약과 은혜를 연구하라. 그러면 당신은 기도나 찬양 제목이 부족하지 않을 것이다. 아주 어린아이도, 자기가 원하는 것이 잔뜩 들어 있는 행상 꾸러미가 열려 있는 것을 본다면 책에서 배운 일 없이도, '오 아버지여, 이것을 저에게 주시고, 저것도 주세요'라고 말할 것이다. 그리스도의 보물과 풍성함을 보는 영혼도 그러할 것이다.

4. 하나님의 율법의 범위와 십계명의 뜻을 알라. 만약 당신이 각 계명에서 금지된 죄가 무엇인지, 요구되는 의무가 무엇인지 안다면, 고백하고 청원할 충분한 내용을 찾을 수 있을 것

이다. 따라서 브린슬리 씨의《참된 감시자, True Watch》와 다운암 박사와 와틀리 씨의《성만찬 예배, Table》에서 볼 수 있는 계명에 대한 간략한 설명의 관점은 그러한 용도로 사용하기에 적합한 도구가 될 것이다. 특히 굴욕의 날에 대한 설명도 그러할 것이다. 그러므로 그것은 또한 사도신경과 주기도문에 대한 특별한 이해를 갖게 할 것이고, 당신에게 많은 기도 제목을 제공할 것이다.

5. 당신의 육체가 짊어져야 할 유혹, 세상에서 직면하는 유혹, 유혹하는 자가 제안하는 유혹을 잘 연구하라. 그리고 당신이 해야 할 많은 의무와 겪어야 할 많은 위험과 고통을 생각해 보라. 그러면 당신의 기도에 필요한 내용이 결코 부족하지 않을 것이다.

6. 당신 자신과 다른 사람들을 위한 매일의 섭리의 통로를 잘 관찰하고, 매일 당신의 영혼과 함께 어떻게 진행되는지 살펴보고, 하나님의 교회와 함께 어떻게 진행되는지 듣고, 이웃과 함께 어떻게 진행되는지 살펴보라. 그러면 기도에 필요한 내용을 충분히 찾을 수 있을 것이다.

7. 당신이 가게 될 천국의 기쁨을 생각해 보라. 그러면 새 예루살렘의 거리는 믿음으로 걸어 다닐 수 있을 만큼 넓을 것이다.

8. 단어에 대해서는, 성경의 문구를 숙지하라. 그러면 모든 경우에 대해 예비된 말을 발견하게 될 것이다. 윌킨즈 박사의 책《기도의 선물》, 브린슬리 씨의《참된 감시자》나 이파 씨(Mr. E. Parr)의《아바 아버지》를 읽어 보라.

9. 마음의 자세를 경건하고, 진지하고, 활기차게 유지하라. 그러면 그것이 당신에게 기도 내용을 공급하는 끊임없는 샘이 될 것이다. 반면에 죽어 있고 척박한 마음은 메마르고 활기 없는 혀를 가지고 있다.

10. 기도가 풍부하고 충만한 사람들과 가능한 한 자주 연합하라. 당신이 하는 기도의 본보기와 사용에 큰 도움이 될 것이다.

11. 당신을 도우시는 하나님의 영을 소멸하지 말라.

12. 필요한 경우, 책이나 양식 없이도 더 잘할 수 있는 기도의 능력이 생길 때까지 더 많은 책이나 양식을 사용하라. 제6장 1부 제2과의 방향 제시를 더 읽어 보라.

[기도에 열심을 유지하는 방법]

탐구 31 '그리스도인은 어떻게 기도에서 평소의 열심을 유지할 수 있는가?'

답변 1. 지식과 믿음이 당신에게 기도 내용을 제공하는지 보라. 연료가 없으면 불이 꺼지듯이, 당신이 메마르면 열심은 쇠퇴할 것이고, 당신이 무슨 말을 해야 할지 모르거나, 당신이 이해하는 것도 잘 믿지 못할 때 열심은 쇠퇴할 것이다.

2. 과식과 과음이나 지나친 노동으로 몸에 부담을 주지 말라. 활동적인 몸이 마음의 활동에 많은 도움을 주기 때문이다. 가장 거룩한 사람이라 할지라도 둔하고 나른한 육체 아래서는 자기의 열정을 제대로 발휘하지 못할 것이다.

3. 갑자기 기도를 서두르거나, 다른 많은 일에서 나오거나, 최근의 세속적 걱정이나 담론이 깨끗이 마음에서 사라지기 전에, 기도를 서두르지 말라. 연구하고 기도할 때, '분주한 마음으로 하는 일은 제대로 되지 않는다'는 것이 얼마나 확실한 진리인가? 히에론(Hieron) 왕이 파올리누스에게 보낸 서간 143번에서, 그 일은 다른 일에 몰두하거나 다른 일에 바빴던 마음으로 했기 때문에 잘할 수 없었다고 했다. 기도나 연구는 그 마음이 현재의 다른 모든 생각이나 사업에서 완전히 자유로워져야 잘될 것이다.

4. 자신의 염려에 대해 무감각하지 않은 예민한 마음과 양심을 유지하라. 마음과 양심이 굳어지고 화인을 맞고 잠들었다면, 당신의 모든 기도는 반드시 잠꼬대 같은 기도가 될 것이다.

5. 혀보다는 마음을 더 많이 사용하라. 당신의 기도의 성공은 그것에 달려 있다는 것을 기억하라. 기도의 게으름을 참지 말라. 기도할 때 당신 옆에서 잠자는 자녀나 종에게 하듯이 기도에게도 그렇게 하라. 당신은 그들이 코를 골도록 놔두지 말고, 그들을 흔들어 깨우라. 그러므로 그들이 지루하다는 것을 알게 되면 마음을 다해 그들을 깨우라.

6. 항상 하나님의 임재 안에 있는 것처럼 생활하라. 그러나 당신이 그분에게 말하려 할 때 그분의 특별한 임재를 이해하도록 노력하라. 당신이 주님을 보거나 그의 거룩한 천사 중 가장 낮은 천사를 본다면 어떻게 처신해야 할지 당신 마음에 물어보라.

7. 천국과 지옥이 당신 앞에 항상 열려 있음을 볼 수 있는 믿음을 가지라. 그런 광경은 확실히 당신을 진지하게 할 것이다.

8. 죽음과 심판을 당신의 지속적인 기억과 기대 속에 간직하라. 당신의 모든 기도가 어떻게 응답될 것인지 기억하라. 장수를 바라지 말라. 당신이 알고 있는 이 기도가 당신의 마지막 기도가 될 수도 있다는 것과 당신이 기도할 시간이 얼마 남지 않았다는 것을 확실히 기억하라. 그러므로 죽어 가는 사람이 하는 것처럼 기도하라.

9. 당신 영혼의 절대적인 필요성을 잘 연구하라. 만일 당신이 용서와 은혜와 보호를 받지 못한다면 당신은 멸망하고 영원히 죽게 될 것이다. 당신에게는 꼭 필요한 일이 있고, 마지막에 천국 아니면 지옥이 있고, 당신은 천명 이상의 생명을 위한 기도가 있음을 기억하라.

10. 당신이 구하는 이루 말할 수 없는 자비의 탁월함을 잘 연구하라. 오, 당신이 하나님을 더 알고, 그분을 더 사랑하고, 흠 없는 천국의 삶을 살 수 있고, 천국에서 그리스도와 함께 영원히 살 수 있다면 얼마나 축복 된 삶이 될지 생각해 보라. 사랑의 불꽃이 당신의 기도에 생명을 불어넣을 때까지 이 자비를 연구하라.

11. 당신이 기도하고 소망해야 할 그 넘치는 격려를 잘 연구하라. 당신의 희망이 쇠퇴하면 당신의 열정도 쇠퇴할 것이다. 하나님의 상상할 수 없는 사랑, 당신의 구속주와 성령의 도우심으로 당신에게 보여 주신 놀라운 자비, 그리고 그리스도께서 지금 당신을 위해 어떻게 중보하고 계시는지 생각해 보라. 믿음이 당신의 마음을 기쁘게 할 때까지 이것들을 생각하라. 이러한 기쁨 속에서 찬양과 감사가 당신의 일상적인 기도에 적지 않은 비중을 차지하게 하라. 왜냐하면 항상 자신의 질병만 응시하면 마음이 지치고, 자신의 연약함만 바라보는 것은 낙담하게 할 것이기 때문이다. 이런 경우 슬프고 낙담한 성격은 감사하고 칭찬하며 즐거운 성격만큼 활기찬 성격이 될 수 없다. 왜냐하면, '행복은 표정에 넘치어 그 자체를 보여 주는 경향이 있기 때문이다.' 그러나 히에론 왕이 데오프 알렉산더에게 보낸 서간 31번은, '슬픈 사람은 말이 없다. 특히 몸의 병이 마음의 병에 더해지면 더욱 그렇다'고 말한다. 슬픈 사람은 거의 말을 하지 않는다. 특히, 몸도 아프고 마음도 아픈 경우에는 더욱 그렇다.

12. 피를 흘리며 기도하시는 그리스도와 그의 성도들의 기도하는 형상을 (당신 눈앞에 그리지 말고) 당신 마음에 새기라. 그것을 따르는 것이 바람직하지 않은가? 그들이 당신보다 더 간절히 기도할 필요가 있었는가?

13. 기도의 형식을 사용할 때 매우 조심하라. 그렇지 않으면 당신은 무디고 습관적으로 되

어, 깨닫기도 전에 당신의 혀가 당신의 마음과 관계없이 말할 것이다. 마음은 어떤 긴급한 자극을 느끼지 않을 때 편안함을 느끼기 쉽다. 하나님의 임재는 사람의 시선에 관계없이 즉각적인 필요를 충족시키기에 충분할지라도, 불완전한 사람의 마음은 두 가지 각각이 일치할 때 그 의무를 가장 잘 지키게 된다. 그러므로 대부분의 사람들은 그들의 생각보다 그들의 말을 조심스럽게 한다. 그렇기에 아이들은 선생이 듣지 않을 것이라고 생각하는 때보다 선생이 들을 것이라는 것을 알 때 더 잘 배울 것이다. 지금 졸린 마음으로 기도양식을 사용할 때 사람에 의해서는 전혀 식별되지 않지만 오직 하나님만은 식별할 수 있다. 왜냐하면 말은 모두 당신의 손에 주어지어, 가장 우둔하고 부주의한 마음에 의해서도 말할 수 있기 때문이다. 그러나 그러한 기도양식의 도움 없이 당신 자신의 소망을 표현해야 할 때, 당신은 당신이 하는 일에 주의를 기울여 당신의 소망을 적절한 표현으로 만들어야 한다. 그렇지 않으면 당신의 둔함이나 부주의함은 사람들에게 관찰될 것이다. 그리고 당신은 마차나 말이나 목발을 빼앗긴 사람과 같아서 다리가 있으면 다리를 사용해야 하고 그렇지 않으면 가만히 누워 있어야 할 것이다. 능력이 있는 사람은, 종종 그 능력을 필요로 하는 곳에 사용하는 것이 큰 도움이 된다. 그들의 도움을 받지 못하는 것은 다른 사람에게는 손실이다. 내가 이렇게 말하는 것은 형식을 사용하는 기도의 합법성에 반대하는 것이 아니라 기도의 양식을 사용하는데 닥치는 유혹에 대해 경고를 하기 위한 것이다.

14. 가장 진지하고 열렬한 기독교인들과 자주 연합하라. 왜냐하면 그들의 열정이 당신의 마음을 불타오르게 하고 당신을 그들과 같이 만들 것이기 때문이다.

15. 열성에 불순물을 섞고 그것을 파괴하지 말고, 그것이 얼어붙고 공허한 마음을 가리는 위선적인 덮개에 불과할 때, 그것을 감동적인 진지한 말과 큰 목소리로 바꾸라.

탐구 32 '우리 자신이나 우리 기도에서 어떤 일에 대해 항상 성공하기를 기대할 수 있는가? 우리가 그리스도만을 신뢰해야 함에도 그것은 자신과 기도를 신뢰하는 것이 아닌가?'

답변 우리는 그리스도의 부분이고 자신의 것이 아닌 것에 대해 기대해서는 안 된다. 그러나 나 자신이 책임을 져야 하는 것에 대해서는 그것에 헌신하는 것이 (아무리 다투는 사람들이 그 말을 욕하거나 헐뜯을지라도) 의무이다. 기도의 고유한 역할을 불신하는 사람은 아무 목적 없이도 기도할 것이다. 그리고 신실하고, 열렬하고, 절박하고, 분별 있는 기도가, 위선자의 수다나, 무지하고, 부주의하고, 믿음 없고. 무관심한 사람들의 졸린 기도보다 자비를 위해 하나님께 더 효과적이지는 않다고 생각하는 사람은, 자신이 어떻게 기도하든, 아니면 기도하든, 아예 기도를 하지 않든 상관하지 않을 것이다. 우리의 인격과 기도가 교환적 정의의(commutative justice) 관점에서, 그리스도의 공로에 조화되는 것이 전혀 없고 하나님 앞에 공로도 없어, 하나님께서는 그것을 받아들이시지 않을 외적인 조건이 있음에도, 은혜의 언약에 따라 아버지의 통치 정의의(paternal governing justice) 관점에서 그리스도의 공로에 순종하는 것을 공로로 여긴다. 순종하는 아이는 불순종하는 아이보다 아버지로부터 더 많은 사랑과 칭찬과 보상을 받을 자격이 있는 것과 같다. 같은 방법으로 고대 아버지들이 공로라는 단어를 사용했다.

탐구 33 '사람과 기도가 하나님께 받아들여지기 위해 어떤 자격을 갖춰야 하는가?'

답변 하나님이 받아들이시는 정도에는 몇 가지가 있다. 1. 일반 은총에서 오는 것이 전혀 없는 것보다 더 잘 받아들여질 수 있다.

2. 특히 사면과 구제에 관하여 어느 정도 성공 가능성이 있는 것은,

(1) 회개하고, 믿고, 거룩한 사람이 되어야 한다.

(2) 그것은 진정한 소망에서 나와야 하고 진실해야 하며, 어떤 면에서는 새롭게 된 믿음과 회개를 가져야 한다.

(3) 그것은 그리스도의 공로와 중보에 대해 확신 속에 세워져야 한다.

(4) 이것은 오직 합법적인 것들을 위한 것이어야 한다.

(5) 합법적인 목적을 위한 것이어야 한다.

3. 특별하게 받아들여지고 성공적인 것은 이 모든 면에서 특별해야 한다. 사람의 거룩함과 새로운 믿음과 적절한 신념과 거룩한 사랑에서 특별해야 한다.

제3과 가족 기도에 대한 특별 방향 제시

방향 제시-1 '가족의 주인이 유능하다면, 다른 사람이 유능하다 할지라도 가족의 주인이 그 기도를 하도록 하라. 그러나 주인이 완전히 부적합하다면, 전혀 가족 기도를 하지 않는 것보다 다른 사람이 하는 것이 낫다.' 그리고 나머지 사람들이 가장 잘 받아들일 수 있고, 가장 좋은 일을 하고 싶어 하는 사람을 통해 그 일을 하게 하라.

방향 제시-2 '기도는 그 안에 참여하는 사람들의 상황과 가족의 상태에 맞게 하라.' 그리고 모든 시대와 사람들에게 똑같이 적용하는 판에 박힌 방식으로 해서는 안 된다.

방향 제시-3 '가족의 마음이 따뜻하게 되고 그들의 욕구가 표현되기 전에 끝날 정도로 너무 짧지 않도록 (마치 내키지 않는 일을 하며 졸린 듯하지 말고, 빨리 끝냈으면 좋겠다 하는 마음으로 하지 말라) 하라. 가족에게 싫은 짐이 될 만큼 지루하게 하지도 말라.'

방향 제시-4 '말하는 사람의 냉담함과 우둔함 때문에 가족이 잠들지 않게 하라.' 게다가 당신 자신의 마음을 깨우라. 그러면 나머지 사람들도 깨어나고 관심을 갖게 될 것이다.

방향 제시-5 '가족이 가장 산만하거나 졸리거나 피곤하거나 방해가 되지 않는 시간에 기도하라.'

방향 제시-6 '기도를 돕기 위해 가능한 한 다른 의무, 즉 시편을 읽거나 노래하는 일을 함께 하라.'

방향 제시-7 '가능한 한 하나님께 가장 경건한 마음으로 모든 일을 하라'. 경건해 보이는 것이 아니라 실제로 경건 하라. 당신이 말하는 모든 말에 사람보다 하나님의 것이 더 많이 나타나도록 하라.

방향 제시-8 '듣는 사람들이 기도에 더 많이 신경 쓸수록, 당신은 표현의 적합성에 더 신경을 써야 한다.' 다른 사람들 앞에서 하는 기도말은, 그 말이 불쾌감을 주고 하나님과 기도가 불명예스럽게 되지 않기 위해, 반드시 먼저 생각해야 한다. 기도 양식 없이는 기도를 유능하게 할 수 없다면, 잘 구성된 양식을 사용하라.

방향 제시-9 '교회에서 공중 기도를 할 때 가족 기도를 하지 말고, 그 방식을 더 선호하지 말라.' 비록 공중 기도의 방식이 가족 기도보다 더 불완전하더라도 오히려 공중 기도를 선호하라.

방향 제시-10 '당신의 자녀와 종들에게 스스로 기도하는 법을 가르쳐서,' 그들이 기도할 수 없는 사람들 가운데 갈 때 기도하지 못하는 일이 없도록 하라. **요한**과 그리스도께서는 제자들에게 기도하는 법을 가르쳤다.

제4과   은밀한 기도에 대한 방향 제시

방향 제시-1   '은밀한 기도가 방해받지 않도록 가능한 한 비밀스러운 곳에서 하라.' 당신이 피할 수 있다면 다른 사람들이 그것을 목격하지 못하게 하라. 그러나 당신이 비밀리에 기도 한다는 것을 알지 못하게 하는 것은 당신의 의무가 아니다. 그것이 그들에게 올가미와 험담 이 될 것이기 때문이다.

방향 제시-2   '다른 사람이 당신의 기도를 듣지 못한다면, 당신의 목소리가 당신 자신의 도 움과 유익에 적합하도록 하라.' 자신의 생각을 질서 있게 펼치거나 애정을 따뜻하게 하는 데 에 필요하다면 목소리를 낼 수도 있다. 그러나 다른 사람들이 들을 수 있는 범위에 있다면 그 것은 매우 부적절하다.

방향 제시-3   '은밀히 기도할 재료는, 가장 특별한 당신 자신의 관심사이거나, 공개 기도에 적합하지 않은 비밀스러운 것이거나, 시간이 경과된 비밀스러운 것으로 삼으라.' 그러나 그 리스도와 복음, 세상과 교회의 최고의 관심사를 결코 잊지 말라.

방향 제시-4   '남들이 하는 말과 남들이 몰래 하는 말에 덜 주의를 기울이고, 당신의 마음 에서 하는 말에 주의를 기울여라.' 왜냐하면 하나님께서 당신의 기도에서 가장 중요하게 여기시는 것이 마음이기 때문이다.

방향 제시-5 '당신이 시간이 있을 때, 세속적인 마음 때문에 은밀한 기도를 게을리하지 말라. 또한 당신은 자신이 건강하든, 더 큰일을 하다가 휴가를 보내고 있든, 그렇지 않든 간에 불필요한 것에 자신을 묶어 두지 말라.' 그러나 당신이 건강하고 비어 있는 시간에는 더 길게 기도하고, 그렇지 않을 때에는 더 짧게 하라. 모든 세속적인 것에 굴복하는 것은 한편으로는 죄이다. 오랜 시간 작업을 하여, 피곤하기만 하고, 잠을 자거나, 사업을 할 때에도, 질병으로 인해 생명을 잃게 됨에도 불구하고, 너무 오랜 시간을 작업하기로 결심하는 것은, 다른 한편으로 죄이다. 둘 다 피하라.

방향 제시-6 '사회에서 많이 떨어져 있는 사람과 자기 성찰에 부적합한 우울한 사람들은 비밀 기도에서, 그것을 감당할 수 있는 다른 그리스도인들보다 훨씬 짧아야 한다.' 그들은 할 수 없는 일 대신에 그들이 할 수 있는 일에 더욱 힘써야 하고, 다른 사람과 합류하거나 짧은 기도를 다른 의무보다 더욱 힘써야 한다. 그러나 우울함을 치료한다는 어떤 구실로도 그들의 경건을 약화시켜서는 안 된다.

제24장

그리스도의 몸과
피의 성찬식에 관한 간략한 방향 제시

이 성찬식의 공적 집행과 관련된 사항은 생략하며(2부에서 간접적으로 설명했기 때문에), 여기서는 당신의 개인적인 의무에 대한 몇 가지 간략한 지침만 말하려 한다.

[성찬식의 목적은 무엇인가?]

방향 제시-1 '그리스도께서 이 성찬식을 제정하신 목적이 무엇인지 잘 이해하라. 그것이 결코 명령되지 않았다는 생각으로 목적 없이 사용하지 않도록 주의하라.' 진정한 목적은 다음과 같다.

1. 예수 그리스도의 죽음과 고통을 엄숙하게 기념하는 것이다. 말하자면, 그가 오실 때까지 그의 육체적 부재중에 교회 앞에서 이를 지키는 것이다.[261]

2. 그리스도와 성찬을 받는 자 사이에 세례로 처음 맺어진 거룩한 언약을 의식적으로 갱신하는 것이다. 그리고 그 언약은 그리스도의 편에서 먼저 자신을 의식적으로 전달하고, 자신과 함께 용서, 화해, 양자 됨, 영생의 권리의 혜택을 전달하는 것이다. 인간의 입장에서는, 그리스도의 조건에 따라 그분의 혜택과 함께 그리스도를 신성하게 받아들이고, 구속 받은 자로서, 화해하신 우리의 아버지로서 하나님께, 그리고 우리 주님과 구원자로서 아들께, 우리를 성화 시키는 성령님께, 우리 자신을 내어드리는 것이며 이토록 큰 유익에 대해 감사를 표하는 것이다.

3. 그것은 그리스도의 영이 신자들의 회개, 믿음, 소원, 사랑, 소망, 기쁨, 감사, 새로운 순종을 불러일으키고, 실천에 옮기고, 증가시키기 위해 역사하는 생생한 객관적인 수단으로 지정되었다. 그리고 죄의 악, 그리스도 안에 있는 하나님의 무한한 사랑, 언약이나 약속의 확실함, 주어진 자비의 위대함과 확실함, 그리고 우리를 사시고 약속한 축복과 우리에게 주어진 큰 의무를 생생하게 나타내는 수단으로 지정되었다.[262] 그리고 여기에서 신자들은 이 모든 은혜를 가장 진지하게 행사하도록 엄숙하게 부르심을 받고, 그리스도 안에서 하나님과의 교통에 힘쓰고, 희생된 그리스도를 통하여 더 많은 것을 기도하도록 자극받고 도움을 받을 수

---

261) 고전 11:24-26
262) 마 26:26; 막 14:24; 눅 22:20; 고전 11:25; 히 9:15-18; 고전 10:16, 24; 요 6:32, 35, 51, 58

있다.[263]

4. 그것은 신자들의 신앙과 사랑, 감사, 성부, 성자, 성령 하나님에 대한 순종과 기독교 신앙을 확고히 하겠다는 엄숙한 고백으로 정해졌다. 그리고 그것은 세상 앞에 있는 교회의 휘장이다.

5. 그것은 성도들의 일치와 사랑, 친교, 그리고 그들이 서로 의사 소통할 준비가 되어 있음을 나타내는 표시이자 수단이 되도록 정해졌다.

당신이 피해야 할 거짓과 성찬 의식의 잘못된 목적은 다음과 같다.

1. 당신은 로마 가톨릭교회처럼, 성찬식 때 먹는 빵과 포도주가 빵과 포도주가 아닌 것으로 변환되는 것이 그 목적이라고 생각해서는 안 되며, 그것들이 진정으로 그리스도의 참된 몸과 피가 된다고 생각해서는 안 된다. 왜냐하면 (모든 사람에게 그것이 여전히 빵과 포도주라고 말하는) 이 감각을 믿지 않는다면, 우리는 복음서, 사도, 교황, 사람 또는 세상에 어떤 것이 있었다는 것을 믿을 수 없기 때문이다. 사도는 성찬을 받은 후에 그것을 세 번, 세 구절에서 명시적으로 빵이라 부른다.[264] 그리고 그는 그것의 용도가 (주의 몸을 실제로 존재하게 하기 위한 것이 아니라) "주의 죽으심을 그가 오실 때까지 전하기 위함"이라고 말한다. 즉 그분이 오실 때까지 그분의 육체적 임재를 대신하여 눈에 보이는 상징과 기념의 표시라고 말한다.

2. 또한 당신은 로마 가톨릭교회처럼 그리스도를 실제로 아버지께 다시 바치고, 산 자와 죽은 자들을 위해 그들을 속죄하고, 연옥(Purgatory)에 있는 영혼들을 위로하고, 구출하기 위해 이 성찬을 사용해서는 안 된다. 그리스도께서는 한 번 죽으셨기에 더 이상 죽지 않으시고, 그를 죽이지 않고는 그를 희생시킬 수 없다. 저가 단번에 자기를 드리사 거룩하게 된 자들을 영원히 온전하게 하셨으니 이제 다시는 죄를 위하여 제사드릴 것이 없고 땅에서 제사의 일을 마치시고 이제 구원받은 자들을 위해 하나님 앞에 나타나기 위하여 하늘로 들어가셨다.[265]

3. 1605년 영국의 화약 음모자들이 그랬던 것처럼, 반란이나 다른 불법적인 계획을 위해

---

263) 고전 11:27-29, 31, 10:16, 17, 21, 6:14; 행 2:42, 46, 20:7
264) 고전 11:26-28
265) 롬 6:18; 고전 15:3; 고후 5:14, 15; 히 9:16, 24, 10:12, 26

일부 동맹이나 비밀 맹세를 확인하기 위해 성찬을 받는 것은, 가증하고 불경건보다 나을 것이 없다.

4. 사제가 악명 높은 무지하고 불경건한 사람들에게 이 신비를 받아들이도록 강요하거나 용납하는 것은 이 거룩한 신비를 모독하는 것과 다름이 없다. 성찬식은 자신들이 참으로 하나님의 자녀라고 믿게 만들거나, 또는 하나님을 경외하지 않는 사람들이 자기들을 경건하게 하기 위해 사용하는 수단이 되거나, 이교도 또는 회개하지 않는 사람들이 회개하고 그리스도를 믿도록 돕기 위해 사용하는 수단으로 사용하는 것이 아니다. 비록 그 안에 그들의 회심의 수단이 될 수 있는 것이 있을지라도 (성경이나 설교책을 훔친 도둑이 그것에 의해 회심할 수 있듯이) 그것을 받는 사람에게 그러한 목적으로 사용해서는 안 된다. 그것은 그들의 회심을 위한 수단으로 하나님께 거짓말을 하는 것이다. 누구든지 보장된 사면을 받으러 오는 사람은, 그들이 반드시 해야 할 말에 따라 회개해야 하고, 빵과 포도주를 먹고 마시는 사람은 누구나 실제로 그리스도를 믿음으로 받아들이고 그에게 의뢰한다고 고백해야 한다. 그러므로 만일 이 중 하나도 행하지 않는다면 그는 공개적으로 하나님께 거짓말을 하는 것이다. 거짓과 거짓 언약은 회심의 지정된 수단이 아니다. 사역자가 그것을 전달하는데 있어서 거짓말쟁이라는 것이 아니다. 만일 그가 진심으로 회개하고 믿으면, 받는 사람에게 조건부로 하나님의 언약과 혜택을 보장하고 전달하여 그의 것이 되게 할 뿐이다. 그러나 받는 사람이 거기에서 고백한 대로 실제 회개하고 믿지 않는다면, 받는 사람 자신이 거짓말을 하는 것이다.

5. 어떤 사제가 더러운 돈을 사랑하여 그것을 받아서는 안 되는 사람들에게 주고 자기의 수수료나 예물을 챙기면, 그것은 성찬을 불경하게 모독하는 것이다. 또는 사제가 그렇고 그런 영혼을 위해 미사를 드린 대가로 어떤 것을 유언으로 받는다면 그것 또한 성찬을 불경하게 만드는 것이다.

6. 성찬을 연맹이나 당파의 결속으로 사용하고, 사람들을 당파로 모아 그들을 당파에 굳게 묶어서 그들이 사제와 그의 당파에 의존하도록 하는 것은 성찬을 가증스럽게 모독하는 것이다. 그로 인해 그의 당파와 관심이 강화될 수 있고 추종자가 많아 보일 수도 있다.

7. 당신이 힘들고 고생스럽게 행한 일이나 외적인 행위에 의해서만 용서받고 성화되고, 구원받기 위해 성찬을 받는 것은 그것에 대한 위험한 남용이다. 마치 하나님께서 당신에게 은

혜를 주셔야 할 의무가 있는 것처럼, 당신은 마음으로 애쓰지 않고, 당신 앞에 있는 수단으로 사랑이나 욕망이나 믿음이나 순종을 일으키려 하는 것이다. 또는 교회법에 반하여, 마치 많은 빵을 먹고 많은 포도주를 마셔야만 하나님께서 당신을 용서하고 구원하시는 것처럼, 또는 마치 성찬이 은혜를 전달하는 것처럼, 주문(charm)을 많이 외워야 작용하는 것처럼 성찬을 받는 것은 그것의 위험한 남용이다.

8. 마지막으로, 이 성찬의 정해진 목적은, 받는 사람이 자신의 회개와 믿음의 진실성을 스스로 확신한다고 고백하는 것이 아니다. (왜냐하면 신앙의 진실성은 성찬을 받는 것에 의해서만 관리되는 것이 아니고, 그것을 전달하는 사역자에 의해서도 관리되지 않기 때문이다.) 그러나 오직 그 사람만이, 자신의 마음을 관찰함으로써 분별할 수 있기에, 그리스도와 그 은혜를, 그것들이 제공되는 조건에 따라, 진실로 기꺼이 받으려 한다고 공언한다. 그리고 그곳에서 그는 자신이 갱신하기로 한 언약에 동의한다. 그러므로 성찬이 이러한 (잘못된) 목적을 위해 제정되었다고 생각하지 말라.

[성찬의 구성 요소는 무엇인가?]

방향 제시-2 '성찬의 필요한 요소를 분명히 이해하여 그것을 확실하게 사용하고 무엇인지 모르는 일이 없도록 하라.' 이 성찬에는 세 부분이 있다. 1. 빵과 포도주를 거룩하게 하는 의식은(consecration) 그리스도의 몸과 피를 대표한다. 2. 그리스도의 희생을 표현하고 기념하는 행위(commemoration). 3. 영적 교감 또는 그리스도에 의해 빵과 포도주를 베푸심(communication)과 사람들이 빵과 포도주를 받는 행위.

1. 거룩하게 하는 의식에(consecration) 있어서, 교회는 먼저 빵과 포도주를 신성하게 사용하기 위해 하나님이 받아들이시도록 바친다. 하나님은 그들을 받아들이시고 이 용도로 그것들을 축복하신다. 그는 자신이 제정한 말씀과 사역자들의 행동, 하나님의 도움과 축복과 인도하심을 구하는 짧은 기도, 이 모두를 통해 그것의 중요성을 부여한다. 그들은 이 용납과 축복에 있어서 백성을 위한 하나님의 대리자이며, 이 용도를 위해 피조물을 바치고 헌신하는 데 있어 하나님에 대한 백성의 대리자이다. 하나님 아버지께 특별한 존경을 표하는 이 거룩

하게 하는 의식에서 우리는 그분과의 세 가지 중요한 관계를 인정한다. (1) 그분은 창조주이시며 모든 피조물의 소유자이시다. 그러므로 우리는 그분의 것으로 그분께 바친다. (2) 그는 우리의 의로운 통치자이시며, **아담**과 우리가 그의 율법을 어겼고, 속죄가 필요했는데, 희생과 속죄를 인정하셨기에, 그 율법의 엄격하고 완전한 집행을 면제하시고, 앞으로 은혜의 법에 따라 우리를 다스릴 것이다. (3) 그분은 우리에게 구속자이시고, 은혜의 언약을 값없이 주시는 우리의 아버지이시며 은혜를 베푸는 자이다. 우리는 죄로 인해 그분의 사랑과 호의를 잃었으나, 그리스도로 말미암아 관계가 회복되기를 원하고 소망한다.

그리스도 자신이 하나님께 희생되기 전에 성육신 하신 참 그리스도이셨고, 그 희생이 영혼들에게 생명과 영양을 주기 전에 하나님께 바쳐졌듯이, 그렇게 성찬에서 거룩하게 하는 의식은 먼저 피조물이 그리스도의 살과 피를 대표하도록 만들어야 한다. 그다음 그 살과 피의 희생이 표현되고 기념되어야 한다. 그다음 희생된 살과 피는 받는 이들의 영적 생명을 위하여 전달된다.

2. 기념하는 행위는(commemoration) 주로 아들 하나님을 존경한다. 왜냐하면 그분께서는 이러한 절차를 통한 표상들이 그 방식과 행동으로 그분의 몸이 하늘에 계신 동안 그분의 육체적 임재를 대신하도록 정하셨기 때문이다. 다른 한편으로, 말하자면, 초상으로, 표상으로, 그는 여전히 교회의 눈앞에 십자가에 못 박혀 있을 수도 있다. 그들은 마치 십자가에서 그분을 본 것처럼 감동을 받을 수 있다. 그리고 믿음과 기도로, 그분이 했던 것처럼, 그들은 그분을 하나님께 바칠 수 있다. 즉 그들이 신뢰하는 가운데, 그들의 죄를 위해 단번에 바쳐진 희생을 아버지께 보여 줄 수 있으며, 이를 통해 그들은 하나님께서 그들의 인격을 받아들이실 것을 기대하고, 만남을 소망한다. 그때 그들은 자비를 구하고 그분께 기도와 찬양을 드린다.

3. 빵과 포도주를 받음에(communication) 있어서, 성찬은 주된 수여자로서 성부와, 은사이자(Gift) 수여자이신 성자를 존경한다. 게다가 영혼을 소생시키는 살과 피에 주어지는 성령을 특별히 존경한다. 이것이 없으면 육체는 아무 유익도 얻지 못할 것이다. 성령의 활동은 그리스도의 구원의 유익을 우리에게 전달하고 적용한다.[266]

---

266) 요 6:63, 7:39, 3:5; 고전 12:12, 13, 15:45; 갈 3:14, 4:6; 엡 2:22

이 세 가지는 성찬 전체의 구성요소로서 성찬에 필수적인 신성한 행위와 참여를 포함한다. 중요한 관련성과 상관성은 다음과 같다. 1. 실질적이고 사물의 속성에 근거한 묘사다. 2. 능동적이고 수동적이다. (1) 첫 번째는 표징으로 서의 빵과 포도주이며, 기호에 의해 언급되는 것으로서 그리스도의 몸과 피이며 이 외에 그의 은혜와 유익이다. (2) 둘째는 목회자의 역할로 (거룩하게 하는 의식 후) 쪼개고 붓고 전달하는 행위와, 받는 자가 상징으로 받아서 먹고 마시는 행위다. 중요성은 그리스도가 십자가에 못 박히시고 희생하신 것과 신자에게 그의 유익을 전하는 것과 받는 자가 그 선물을 감사히 받고 사용하는 것이다. 여기에 적절한 형식과 목적을 추가하면 이 성찬식의 정의가 된다. 이에 대한 자세한 내용은 내가 쓴 책,《보편적 언약》페이지 46에서 확인할 수 있다.

방향 제시-3 '사역자를 그리스도의 대리자 또는 관리자로 여겨라.' 그는 언약과 그 혜택을 보장하고 여러분에게 전달하도록 위임을 받았다. 그리고 그리스도께서 친히 당신에게 말씀하시는 것을 듣는 것처럼 '빵과 포도주, 그리고 그로 인한 용서와 은혜를 받으라.' 그리스도의 위임을 받은 관리자의 손을 통해 우리에게 자비와 용서가 주어지는 것은 그 사용에 큰 도움이 된다.

방향 제시-4 '성찬을 미리 준비할 때 다음의 두 가지 극단에 주의하라.' 1. 일반적인 일처럼 오염된 마음을 가지고 불경스럽고 부주의하게 참석하지 말라. 하나님은 자기에게 가까이 하는 자 중에서 거룩함을 나타낼 것이다.[267] 합당치 않게 먹고 마시는 자들은 주의 몸과 일반 떡과 분별하지 못하고 일반 식사처럼 먹는 것은 생명 대신에 죽음을 자기 자신에게 먹이는 것이다. 2. 이 성찬식의 본질에 대한 오류로 인해 성찬을 받기에 합당하지 않은 사람이라는 두려움과 그에 따른 위험에 빠지지 않도록 주의하라. 그것은 초대받은 신앙과 사랑과 찬미의 기쁨을 실천하는 데에 당신의 영혼을 상당히 혼란 시키고 부적합하게 할 수 있기 때문이다. 잔치하는 어떤 행동을 제외하고는, 아무튼 그것을 받는 것에 대해 양심의 가책을 느끼는 많은 사람들은, 잔치하는 마음 가짐을 제외하고, 그것을 받기에 조심스러움과 신중함이 너무 없다.

---

267) 레 10:3

첫 번째 극단은 모독과 태만, 또는 성찬식의 본질에 대한 총체적인 무지로 인해 발생한다. 두 번째 극단은 종종 다음과 같은 것이 원인이 된다. 1. 하나님에 대한 예배의 다른 부분보다 이 성찬식에 더 큰 존경의식을 갖음으로써 발생한다. 그래서 과도한 경외심이 어떤 사람들의 마음을 공포로 압도한다. 2. 만일 그들이 합당치 않게 행한다면, 그들 자신이 저주를 먹고 마신다는 끔찍한 말씀을, 그 축복받은 잔치에 제공되는 사랑과 자비의 모든 표현보다 더 많이 연구함으로써 발생한다. 그래서 무한한 사랑의 견해가 그것에 강제로 사로잡히면, 그들은 마치 그리스도가 아니라 **모세**에게서 온 것처럼 그들을 겁주기 위해 진노와 복수를 연구한다. 3. 무엇이 받을 자격이 되고 안 되는지를 분별하는 것이 아니라, 본의 아닌 약점을 부적합한 것으로 생각함으로써 발생한다. 4. 성찬을 그들에게 익숙하지 않게 하여, 그들의 두려움을 증가시킬 정도로 그것을 아주 드물게 받음으로써 발생한다. 반면 그것이 원시 교회와 같이 주의 날마다 시행된다면, 그들에게 그것을 더 잘 알게 하고, 그 두려움을 치료할 것이다. 5. 자기 자신의 성실함에 대한 확신이 부족한 사람은 아무도 믿음으로 받을 수 없다고 생각함으로써 발생한다. 6. 그릇된 신앙심의 나쁜 습관에 빠져서, 그리스도 안에 있는 하나님의 사랑을 연구하고, 그의 이름을 매일 찬양하며, 그분의 과분한 자비에 대해 즐겁게 감사하며 사는 것이 아니라, 자기 자신을 응시하고 그들의 타락을 애도하는데 모든 것을 집중함으로써 발생한다. 7. 이 모든 것 외에도 몸이 약하거나 소심하고 우울한 질병에 걸리면 마음은 가장 감미로운 일에서도 두려움과 괴로움을 느끼는 것 외에는 거의 아무것도 할 수 없게 될 것이다. 그러나 많은 경우에서, 주의 만찬의 성찬식은 하나님의 어떤 다른 규례보다 마음이 불안한 그리스도인들에게 더 끔찍하고 불편한 것이 되었다. 그러므로 그들을 가장 위로해야 할 것이 그들을 가장 괴롭히는 것이 되었다.

탐구1 '그러나 이 성찬식은 예배의 다른 부분보다 더 거룩하고 두려운 것이며, 더 많은 준비를 해야 하는 것이 아닌가?'

답변 그 정도에 있어서, 참으로 매우 주의 깊게 준비되어야 한다. 우리는 그것을 예배의 다른 부분과 비교할 수 없다. 찬양과 감사와 하나님과의 언약과 기도와 같은 다른 부분들이 여기에 구성되고 수행되기 때문이다. 그러나 의심할 여지없이 하나님은 다른 모든 예배에서도 거룩하게 여겨져야 하며, 하나님의 이름이 헛되이 일컬어져서는 안 된다. 이 성찬이 주의 날마다, 그리고 그 주에 종종 받아들여질 때, 그리스도인들은 일반적인 준비 상태로 계속 살아야 하며, 많은 불쌍한 기독교인들이 생각하는 것처럼 정당한 준비상태에서 그렇게 멀리 떨어져 있어서는 안 된다.

탐구 2 '우리는 성찬이 경멸이나 이상한 것이 되지 않도록 얼마나 자주 거행해야 하는가?'

답변 일반적으로 잘 훈련된 교회에서는 여전히 매 주일 거행되어야 한다. 왜냐하면, 1. (1) 우리는 사도들의 예와 이 경우에 대한 지정이 그 시대에 합당했다는 것을 증명할 이유가 없으며, 매일의 찬양과 감사가 그들에게 적절했다는 것에 대해 더 이상 증명할 이유가 없다. 그 이유라면 우리는 그와 같이 다른 법규나 사도적 명령의 의무를 부정할 수도 있다. (2) 이는 주일 예배를 위한 정해진 순서의 일부이다. 그것을 생략하면 그날의 예배를 훼손하고 변경하는 것이다. 그때 가장 많이 행해져야 할 감사와 찬양, 그리고 그리스도를 생생하게 기념하는 행위를 생략하게 된다. 그래서 그리스도인들은 슬픔과 애도, 우울한 종교에 익숙해지고 예배와 복음의 정신에 익숙하지 않게 된다. (3) 이로 인해 이 규례에 대한 로마 가톨릭교회의 개탄스러운 부패는 심지어 그들의 하나님으로서 빵을 숭배하게 될 때까지 거의 받지 못하는 과도한 경외심과 두려움으로 자라났다. (4) 좀처럼 성찬에 참여하지 않음으로써, 사람들은 교회의 모든 적절한 친교가 그 성찬에 있다고 생각하도록 유혹을 받고, 예배의 다른 많은 부분을 남용하는 데 더욱 담대하게 된다. (5) 성찬을 생략하거나 대체하는 것보다 성찬을 멸시받지 않도록 지키는 더 나은 방법이 (가르침과 훈련) 있다. (6) 매 주의 날은 그리스도인들이 필요로 하는 것보다 더 자주 오지 않는다. (7) 그 빈도는 그들에게 준비된 삶을 살도록 가르칠 것이며, 같은 일이 일 년 내내 소홀히 될 때, 한 달에 한 번 또는 분기에 한 번 소란을 피우도록 할 것이다. 죽음에 대한 지속적인 기대 속에 사는 사람이라 할지라도 지속적인 준비를 하며 살 것이다. 그때 단순히 심각한 질병에 걸린 상태에서 죽음을 기대하는 사람은, 겁에 질려 어떤 현실적인 것을 준비하게 될 것인데, 그것은 그의 영혼의 옷이 아니라, 질병이 끝나면 다시 사용하기 위한 것이다.

2. 그러나 일부 훈련되지 않은 교회에서는, 그리고 어떤 경우에는 성찬식이 생략되거나 거의 사용되지 않을 수 있다는 점을 부가한다. 어떤 의무도 모든 경우에 의무가 되는 것은 아니다. 그러므로 특별한 경우에는 장애가 발생할 수 있으며, 이로 인해 이것과 다른 많은 특권이

오랫동안 방해받을 수 있다. 그러나 관습적이고 둔 해지기 쉬운 우리의 불완전한 마음의 일반적인 결점은 그것을 드물게 행해야 할 타당한 이유가 되지 않는다. 또한 예배와 교회 친교의 다른 특별한 의무에 대한 이유도 되지 않는다. **바울**이 고린도인 들에게 보낸 서신을 잘 읽어 보라. 그러면 당신은 그 당시 그들이 지금의 참 그리스도인들 만큼 나빴으며, 심지어 이 성찬에서도 그들은 매우 과실이 있었다는 것을 알게 될 것이다. 그러나 **바울**은 성찬에 드물게 참여하는 자를 제거하려 하지 않았다.

탐구 3 '세상의 교회 모든 구성원이 이 성찬에 대한 특권을 누릴 수 있고, 참여해야 하는가?'

답변 모든 사람이 그것을 구하거나 받는 것이 아니다. 왜냐하면 많은 사람들이 자신의 부적합함을 알지만 교회나 목사들은 그것을 모르기 때문이다. 그러나 목사가 인정하는 사람은 와서 그것을 구해야 한다. 제외되는 사람은, 그들이 성찬에서 무엇을 받고 무엇을 해야 하는지 모르는, 어린이, 바보, 무지한 사람, 이단자이며, 그리고 사악하고 추악하기로 악명 높은 사람들이나, 자신의 회개를 분명하게 하지 않은 사람들이다. 게다가 성찬을 받을 사람이 교회의 구성원 중 어른들이라고 포함해서는 안 되고, 참된 기독교 신앙에 대한 신뢰할 만한 고백을 통해 개인적으로 세례 언약을 맺은 사람들만 포함되어야 한다는 것이 전제된다.

탐구 4 '지식과 공손함과 일반적인 은사를 가진 사람이 아직 자신에게 참된 회개와 다른 구원의 은혜가 없다는 것을 아는데, 와서 이 성찬을 받을 수 있는가?'

답변 아니다. 왜냐하면 그 사람은 자신이 현재 상태에서는 그것을 할 수 없는 사람이라는 것을 분별해야 하기 때문이다.

탐구 5 '자신이 하나님을 경외하지 않는 사람이라는 줄도 모르는 불경건한 사람이 성찬을 받을 수 있는가?'

답변 아니다. 왜냐하면 그는 자신이 불경건한 사람이라는 것을 알아야 한다. 그리고 자신의 상태에 대한 죄악 된 무지 속에 있는 사람은 자신의 죄에 대한 회개를 자신의 의무로 삼지도 않고, 하나님 앞에서 자신의 또다른 잘못에 대해 용서를 구하지도 않을 것이기 때문이다.

탐구 6 '자신의 진실성이 불확실하여 계속 의심하는, 진실한 그리스도인이 있다면, 그는 성찬을 받아야 하는가?'

답변 이 성찬에는 두 가지 준비가 필요하다. 첫째는 일반적인 준비로 은혜의 상태에 있는 것이고, 의심하는 그리스도인은 이 은혜의 상태 안에 있어야 한다. 둘째는 특별한 준비로 성찬을 받을 실제 적절한 상태에 있어야 한다. 모든 질문은 이것에 관한 것이다. 이것을 알기 위해서는 진실을 분명히 밝혀야 하는 의무와 감정적으로 초연한 의무와 그리스도인의 의심의 정도를 추가로 구별해야 한다.

1. 의심하는 그리스도인에게서 진실을 분명히 밝혀야 하는 의무는 자신의 상황을 알 때까지 의심을 해결하기 위한 방법을 사용하는 것이며, 그후 다음 일은 성찬을 받는 것이다. 그리고 이 두 가지 모두는 여전히 그의 의무이며, 이 순서대로 수행되어야 한다. 만약 누군가가 말하기를, 내가 최선을 다했다고 하면, 나는 해결할 수 없다. 그러나 그를 어두운 가운데 두어 그의 확신을 방해하는 것이 있다면, 확실히 그 자신의 죄이다. 그렇다고 의무가 사라지는 것은 아니다. 그리스도의 율법은 여전히 그가 확신을 갖고 성찬을 받을 의무가 있다고 말한다. 그가 자신의 상태를 모르고 성찬을 받지 않는 것은 그의 거듭되는 죄이다. 만약 그가 이러한 양심의 가책을 느끼지 않고, 오랫동안 그 상태에 누워 있다면 그것은 하나님이 그를 정죄하지 않으실 만한 연약함 일지라도 그의 죄이다. (그는 은혜의 상태에 있어야 하기 때문이다.) 그러나 당신은 '그가 진실한 믿음과 회개를 했는지 그렇지 않은지에 대한 의심을 여전히 해소할 수 없다고 말한다면 어떻게 해야 하는가'라고 말할 것이다. 의심이 가는 동안 그는 무엇을 해야 하는가? 나는 대답한다. 이 경우 그의 의무는 무엇인가? 그리고 또 하나 물어볼 것은, 어느 것이 더 작거나 덜 위험한 죄인가? 여하간 그의 의무는 그의 마음을 아는 것과 성찬을 받는 것이다. 그러나 그가 (약함으로 인해) 첫 번째 것을 실패하여 죄를 짓는 동안, 다른 것을 생략하는 것이 더 나은가, 아니면 그렇지 않은가? 의심을 잘 해소하기 위해서는 다음을 분별해야 한다. (1) 자기 자신에 대한 판단이 오히려 자기의 회개와 믿음이 진실하다고 생각하고 희망하는 쪽으로 기울어지는지, 아니면 그렇지 않은지 분별해야 한다. (2) 그리고 그 결과가 그에게 좋은 것인지 나쁜 것인지, 그가 진실하기를 바라는 것이 그 반대에 대한 두려움보다 더 크다면, 그의 성찬 참여를 방해할 수 있는 두려워할 만한 나쁜 결과는 없다. 그러나 그것을 행하는 것이 최선의 방법이며, 그분의 규례를 사용하여 하나님을 기다리는 것이다. 그러나 그분이 베푸는 은혜가 없는 것에 대한 확신이 그의 진실성에 대한 희망보다 크다면,

그는 성찬 참여를 할 때 자신이 어떤 영향을 받을지 살펴야 한다. 만일 그가 그분의 은혜의 작용으로 그의 마음의 장애물이 제거되고, 그의 희망을 증가시키는 것과 같다고 생각한다면 그는 여전히 성찬에 참여하는 것이 최선이다. 그러나 만일 그가 자신의 마음이 공포에 사로잡혀 절망에 빠지는 것과 같고, 합당하지 않은 성찬 참여라는 죄책감에 빠진다면 그것을 행하는 것이 생략하는 것보다 더 나쁠 것이다.

2. 나는 수년 동안 성찬에 참여하지 않으려는 겁이 많은 기독교인들을 많이 알고 있다. 왜냐하면 그들이 자신이 성찬 받을 자격이 없다는 것을 확신하는 동안 그것을 받아들인다면 그들은 절망에 빠져 스스로 저주를 받았다고 생각하게 될 것이기 때문이다. (영국 교회 법 25번 조항에서 자격 없이 성찬 받는 자에 대해 말한 것처럼.) 그러므로 이렇게 의심하며 성찬을 받는 자의 주된 죄는 그가 의심하면서도 받는 것이 아니다. 의심한다고 해서 우리가 의무를 소홀히 하는 죄에 대해 변명이 되지 않는다. (이것은 기도나 감사와 마찬가지다.) 그러나 오직 신중함만이 그런 사람에게 자신의 장애로 인해 절망과 파멸의 수단이 될 일을 금하도록 요구한다. 약이나 음식, 아무리 좋은 것이라도, 취하는 자를 죽일 것이다. 하나님의 규례들은 우리를 멸망시키려고 정한 것이 아니라 오직 우리의 교화를 위해 정한 것이다. 따라서 그에 맞춰 사용해야 한다. 그러나 이런 경우에 감히 성찬 참여를 할 수 없다는 기독교인들에게 나는 이 질문을 할 수밖에 없다. 어떻게 감히 그것을 오랫동안 거절할 수 있는가? 언약에 동의하는 사람은 담대히 와서 자신의 동의를 나타내고 하나님의 보장된 언약을 받을 수 있다. 동의는 당신의 준비 또는 당신의 권리에 필요한 조건이다. 당신이 동의하지 않으면 언약의 모든 자비를 거절하는 것이다. 감히 그런 상태에서 살 수 있는가? 유죄판결을 받은 도둑에게 용서가 주어졌다고 가정해 보라. 그러나 만일 그가 그것을 쓰레기통에 버리거나 배신자가 된다면 그는 더 심한 죽음을 맞이하게 될 것이다. 그것을 받아들이기보다는 죽음을 택하고, 나는 그것이 남용될까 두려워 그랬다고 말할 것인가? 하나님의 언약을 거절하는 것은 확실한 죽음이지만 동의하는 것은 당신의 준비와 생명이다.

탐구 7 '그러나 상관들이 그러한 그리스도인에게 성찬 참여를 강요하거나 아니면 그를 파문하거나 투옥한다면 무엇을 선택해야 하는가?'

답변 만약 그가 자신의 영혼에 해를 끼치지 않고 그것을 할 수 있다면, 그는 그들에게 복종해야 한다. (그들이 그에게 명령하는 것이 그 자체로 선한 것일 뿐이라고 가정한다면.)[268] 그러나 그들이 교화하는 힘을 가지고 있으나, 파멸의 원인이 되어서는 안 되며, 자기의 영혼을 자기 몸보다 더 귀하게 여겨야 한다. 그러므로 파문을 당하고, 거짓말하고 감옥에서 죽는 것이, 그가 심각한 죄와 저주가 될 일을 함으로써 자기의 영혼을 절망에 빠뜨리는 것보다 더 작은 상처라는 것은 의심의 여지가 없다. 그러나 모든 수단을 동원해서 그 자신의 잘못된 분별력을 치료해야 한다.

탐구 8 '자신이 위선자인 줄을 모르는 위선자와 자신이 진실하다는 것을 모르면서 진실하다고 여기는 그리스도인의 경우는 모두 성찬 참여를 할 수 없는가? 둘 다 같이 의심스러울 때 성찬 참여를 할 수 없는가?'

답변 아니다. 실재성과 이해는 구별되어야 하는 것이기 때문이다. 그 사람은 존재 자체에 은혜를 가지고 있지만, 그것을 이해하지 못하는 것이다. 그러므로 언약의 축복에 대한 권리가 있다. 그러므로 즉시 그의 자격을 식별하고 와서 가져야 할 의무가 있다. 그러므로 의심하게 된다면, 그의 죄는 성찬 참여가 아니라 받는 방식에 있어서 두려워하며 받는 것이다. 그러므로 마지막에 언급된 경우가 아닌 한, 전혀 받지 않는 것은 더 큰 죄가 될 것이다. 그 결과는 그에게 더 나쁜 것 같다. 그러나 은혜가 없는 사람에게는 참된 회개도, 믿음도, 실재성에 대한 사랑도 없다. 그러므로 언약의 축복을 받을 권리가 없다. 지금 그는 자신이 은혜 없는 사람이라는 것을 분별하고 회개해야 할 의무가 있다. 그가 자신의 자격을 의심하는 것은 자신의 죄가 아니라 그가 자격이 없는 것을 요구하고 취하는 것이 그의 죄이다. 그러므로 회복과 준비를 위해 지체하는 것보다 그것을 취하는 것이 그에게 더 큰 죄이다. 그렇다. 위로의 측면에서도 약간의 차이가 있다. 비록 참된 그리스도인이 위선자보다 훨씬 더 큰 공포를 가지고 있을지라도, 그가 자신을 합당하지 않게 받는 자로 여길 때, (문제의 중요성을 더 현명하게 고려하는 것처럼) 일반적으로 그의 모든 두려움 중에도, 그의 마음속에는 하나님을 사랑하는 은밀한 삶의 증거가 있다. 이것은 그를 절망에 빠지지 않게 해 주는 따뜻한 소망이고, 자신의 진실성을 거짓으로 확신하는 모든 위선자들보다 더 많은 생명력과 힘을 가지고 있다.

---

268) 고후 13:8; 마 10:28

탐구 9 '만약 위선자와 하나님을 경외하지 않는 자가 성찬을 받는다면 어떤 점에서 죄인가?'

답변 그의 죄는, 1. 그는 자신의 죄를 거짓 없이 회개하고, 거룩한 삶을 살기로 결심하고, 그리스도를 믿고, 그분의 언약 조건에 따라 그분을 영접하고, 아버지이시며 구주이시고 성화시키는 분인 하나님께 항복하고, 육체와 세상과 마귀를 버린다고 고백하는 거짓말과 위선에 있다. 사실 그는 이런 일을 한 번도 행한 적이 없고, 은밀히 마음속으로 그것을 몹시 싫어하여 확신하지도 않았다. 그러므로 이 모든 고백과 그의 언약 자체와 언약의 표징으로 성찬을 받는 것은 거짓에 지나지 않는다. 성령을 속이는 것이 무엇인지 **아나니아**와 **삽비라**의 사례가 우리에게 말해 준다. 2. 받을 자격이 없는 혜택을 받기를 주장하는 것은 강탈하려는 것이다. 3. 이렇게 사용하는 것은 이 거룩한 신비를 모독하는 것이다. 이는 질투하시는 하나님이며 그에게 가까이하는 모든 자에게 거룩하게 되실 하나님의 이름을 망령되게 부르는 것이다.[269] 4. 이런 하나님을 경외하지 않는 자와 위선자가 교인으로서 무단 침입하는 것은 하나님의 교회와 성도의 교제와 기독교의 명예에 해가 되는 일이다. 왕의 군대에 스파이들이 몰래 들어온 것과 같거나 그분의 결혼 잔치에 누더기를 입은 손님이 들어온 것과 같다.[270]

이의 '그러나 그것은 거짓말이 아니다. 왜냐하면 그들은 자신의 고백을 진실이라고 생각하기 때문이다.'

답변 그것은 그들의 죄악 된 태만과 자기기만 때문이다. 그는 거짓을 말하는 거짓말쟁이다. 비록 그가 그것을 알지 못하더라도 그것이 거짓임을 알 수 있고 알아야 한다. 의도적인 거짓말쟁이 만 아니라, 경솔하고 태만한 사람 안에도 거짓말쟁이가 있다.

탐구 10 '성찬을 합당하지 않게 받는 모든 사람이 저주를 받는가? 아니면 그러한 위협은 어떤 가치가 있는가?'[271]

답변 거기에는 세 가지 종류의 부적절함과 (또는 부적합) 이에 상응하는 세 가지 종류의 두려운 심판이 있다. 1. 이교도, 또는 회개하지 않고 하나님을 경외하지 않는 위선자는 성찬을 받기에 완전히 부적절하다. 지옥불의 저주는, 회심하지 않았다면, 그런 사람들이 반드시

---

269) 십계명의 2, 3항, 레 10:1-3
270) 마 22:11-13
271) 고전 11:28, 29

예상해야 하는 형벌이다. 2. 중생 한 사람이 어떤 크고 추악한 범죄를 저지르게 되면 성찬 참여에 부적절하게 된다. 그리고 이것은 그가 회개하고 죄를 버릴 때까지 한동안 성찬에 참여하지 못하게 할 것이다. 그가 특별한 회개로 타락에서 벗어나기 전에 오면 (성찬 자체를 사용하여 죄를 지은 고린도인들처럼) 그들은 현재 주목할만한 현세적인 심판이 예측된다. 죄에 대해 회개를 하지 않는다면, 그들은 영원한 심판을 두려워해야 할 것이다. 3. 일반적으로 성도의 일반적인 도덕적 결함은 부적절함의 기준이다. 그러나 그들에게 성찬 받는 것을 저지해서는 안 된다. 왜냐하면 성찬에는 더 큰 가치가 수반되기 때문이다. 그렇다. 그들의 결함이 그들의 받는 시간과 방식에 나타나더라도 저지해서는 안 된다. 그러나 이러한 일반적인 결점은 일반적인 재활이 뒤따를 수 있다. (나는 성찬 자체에 대한 더 심한 남용은 두 번째 것과 같다고 생각한다.)

탐구 11 '성찬 참여에 적합한 사람에게 필요한 특별한 준비는 무엇인가?'

답변 이것은 다음 방향 제시에서 언급한다.

[진실성의 표시]

방향 제시-5 '이 성찬을 준비하는 데에는 다음과 같은 세부사항이 필요하다. 1. 자신의 양심과 마음에 대한 의무. 2. 하나님에 대한 의무. 3. 이웃에 대한 의무에 관해 준비하라.'

I 당신의 마음에 대한 의무는 다음과 같은 세부사항에 있다.

1. 당신의 상태와 믿음, 회개, 순종의 진실성에 대해 마음을 면밀히 성찰하는데 최선을 다하라. 이는 당신이 갱신하고 인장을 찍을 언약에 관하여 당신 마음이 하나님께 진실한지 알려는 것이다. 이는 다음의 질문을 통해 나타나는 징후로 식별될 수 있다. (1) 당신이 마음과 삶에서 지은 모든 죄 때문에 자신을 진심으로 미워하는지, 그리고 당신의 불완전함과 타락이 자신에게 세상의 모든 것보다 더 불쾌하고 부담이 되는지 여부.[272] (2) 당신에게 죄가 없는지, 그것이 사실이 아니라면 진정으로 알고 싶은 것이 무엇인지, 알려진 죄는 없지만 당신

---

272) 겔 6:9, 20:43, 36:31; 롬 7:24

이 진정으로 제거하고 싶은 것이 무엇인지, 당신이 세상에서 어떤 고난보다도 완전히 자유롭고 싶은 것이 죄로부터 자유로운 것인지 여부.[273] (3) 당신의 안정된 평화와 개혁을 위하여 당신 자신을 소생시키는 빛을 찾고 개혁하고, 하나님 말씀을 탐구하고 책과 설교를 좋아하는지 여부.[274] (4) 당신이 아직 도달하지 못한 거룩함을 진정으로 사랑하는지, 그리고 당신의 능력에 따라 사람들을 구제하고, 당신의 의무일 때 그들을 위해 고통받을 진정한 사랑을 가지고 그리스도를 사랑하는지 여부.[275] (5) 그렇게 높은 정도의 거룩함은 아닐지라도 그것을 바라고, 이세상의 모든 부와 즐거움을 누리는 것보다 하나님에 대한 사랑과 그의 뜻에 순종하는 가운데 온전해지기를 원하는지 여부[276]와 땅 위에서 가장 유명하고 번영한 왕자가 되는 것보다는 오히려 가장 거룩한 성도가 되는 것이 더 낫다고 생각하는지 여부.[277] (6) 당신이 지금까지 당신의 보물과 소망을 하늘에 쌓아 두었고 그것을 당신의 분깃으로 삼기로 결심했는지 여부. 그리고 천국에 대한 소망과 영혼의 관심이 그것과 경쟁하는 모든 것에 맞서 당신 마음에서 최우선권을 가지고 있는지 여부.[278] (7) 당신의 마음의 가장 큰 관심과 삶의 노력이 세상적인 일보다 하나님을 섬기고 기쁘시게 하며 영원히 그를 즐거워하는지 여부.[279] (8) 육체를 죽이고, 성령에 대한 반항적 갈등을 극복하는 것이 당신의 매일의 소망과 노력인지, 그리고 당신은 육체에 이끌려 살지 않고, 당신의 삶의 진로와 방향이 영적으로 우세한지 여부.[280] (9) 세상과 그 모든 명예와 부와 즐거움이 당신에게 하찮고 경멸스러운 것으로 보여 당신은 그것을 그리스도와 하나님의 사랑과 영광에 비하여 배설물이나 아무것도 아니라고 여기는가? 당신은 그리스도안에서 당신의 분깃 이외에 모든 것을 포기하기로 결심했는가? 시련의 때에 당신이 의도적으로 선택하여 사용하는 것은 무엇인가?[281] (10) 당신이

---

273) 롬 7:18, 22, 24, 8:18

274) 요 3:19-21

275) 요일 3:14, 16; 벧전 1:22, 3:8; 약 2:12-17; 마 25:40

276) 롬 7:18, 21, 24; 시 119:5; 마 5:6

277) 시 15:4, 16:2, 84:10, 65:4

278) 골 3:1, 3, 4; 마 6:20, 21

279) 마 6:23; 요 5:26; 고후 5:1, 6-9

280) 롬 8:1, 6-10, 15; 갈 5:17, 21, 22

281) 빌 3:7-9, 13, 18-20; 요일 2:15; 눅 14:26, 30, 33; 마 13:19, 21

거룩함과 순종의 길을 택하고, 하나님께서 당신에게 알려 주신 수단을 사용하여 그분을 기쁘시게 하고, 당신의 부패를 정복하는 방법으로 삼는지 여부. 그러나 당신의 마음이 연약한 것과 죄의 짐을 느끼면서, 하나님 앞에서 그리스도를 당신의 의로 믿고, 은혜의 성령만이 당신을 밝히고, 거룩하게 하고, 믿음을 굳건히 해 줄 수 있다고 믿는지 여부.[282] 이 표시로 당신은 당신의 상태를 안전하게 시험해 볼 수 있다.

2. 이 일이 끝나면 당신은 또한 당신의 은혜의 힘과 분량을 시험해 보아야 한다. 이는 당신으로 하여금 당신의 연약함을 깨닫고 당신이 그리스도께 무슨 도움을 구해야 할지 알게 할 것이다. 그리고 당신 안에 아직도 가장 강한 내적 부패와 죄악의 경향이 무엇인지 알아내고, 무엇을 슬퍼해야 할지, 무엇에 대한 용서를 구해야 할지 알게 할 것이다. 《약한 기독교인을 위한 방향 제시》라는 나의 책은 이에 관해 더 완전한 조언을 해 줄 것이다.

3. 당신은 또한 당신의 삶을 엄격히 회계해야 한다.[283] 특히 최근에, 하나님과의 언약이 마지막으로 갱신된 이후(성찬식 이후)로 당신이 하나님과 인간을, 은밀한 가운데 그리고 공개적인 가운데, 어떻게 대하는지 살펴보아야 한다. 하나님과 양심이 당신의 죄와 죄의 악화에 대해 말하는 것을 들어야 한다.[284]

4. 당신이 발견한 대로 당신의 상태에 마음을 기울이도록 노력해야 한다. 죄악 된 일에 대하여 겸손하고 연약함에 대하여 도움을 구하며 분별하는 은혜에 감사하기 위함이다.

5. 마지막으로, 당신이 하려고 하는 모든 일과 당신이 받게 될 모든 자비와 이 모든 것에 어떤 은총이 필요하며, 그것들을 어떻게 사용해야 하는지 생각해야 한다. 그렇게 그 모든 은총을 예상하고, 부름 받은 활동을 위해 그들을 끌어내라. 자세한 것은 곧 말할 것이다.

II 이 성찬을 준비함에 있어 하나님께 대한 당신의 의무는 다음과 같다.

1. 당신이 발견한 모든 죄에 대해 겸손하고 참회하는 고백과 탄식으로 그분 앞에 엎드리라. 당신이 그것을 공개적으로 확증하고 말하기 전에 비밀리에 그분의 용서를 구하라.

2. 그분께 그토록 큰 자비를 받게 될 사람으로서 감사와 사랑과 기쁨으로 그분을 바라보는

---

282) 행 11:23; 시 119:57, 63, 69, 106; 고전 1:30; 롬 8:9; 요 16:5; 고후 12:9
283) 벧전 4:5
284) 시 139:23; 고전 11:28

것이다. 그리고 당신을 준비시키고, 그 일 가운데 당신을 소생시킬 수 있는 은혜를 겸손히 간구하라.

III 이 준비에서 다른 사람에 대한 당신의 의무는 다음과 같다.

1. 당신에게 잘못한 사람을 용서하고, 당신이 잘못한 사람들에게 당신의 잘못을 고백하고, 가능한 한 그들을 치유하고 배상하는 것이다. 우호적인 관계가 중단된 사람과 화해하기 위함이다. 당신이 당신의 이웃을 당신 자신처럼 사랑하는 것을 알기 위함이다.

2. 스스로 해결하기가 너무 어렵고 특별한 도움이 필요한 경우에는 목회자나 적합한 사람에게 조언을 구하라.

3. 성찬식에 참여하기에 합당하지 않고, 하나님을 두려워하지 않고, 회개하지 않는 큰 죄가 있는 사람이 거기에 오려고 하는 것을 안다면 사랑으로 경고하라. 그가 죄짓는 것을 용인함으로 당신이 당신의 형제를 미워하는 것을 나타내지 말라.[285] 그러나 그리스도께서 마태복음 18장 15-17절에서 당신에게 지시한 대로 그에게 그의 결점을 말해 주라. 그리고 그리스도의 징계를 촉진하고 교회를 순결하게 유지하기 위해 고린도전서 5장 전체에서 말한 당신의 역할을 다하라.

방향 제시-6 '당신이 성찬식에 참석할 때, 사역자나 동료에 대한 과도한 관심이나, 직무의 불완전성으로 당신의 묵상을 방해하거나, 또는 그날의 고결하고 진지한 일에서 당신의 마음이 흔들리지 않게 하라.' 자신의 신앙을 신체적 활동에 두는 위선자들은 많은 약한 그리스도인들에게 도덕성에 대한 불필요한 죄책감을 느끼게 하고, 외부적인 것에 그들의 눈과 관심을 돌리도록 가르쳐 왔다.

탐구 '그러나 우리는 이러한 신성한 신비의 정당한 거행과 사역자, 성찬을 받는 자, 집행 방식에 전혀 관심을 가지지 않아도 되는가?'

답변 아니요, 당신은 그것들에 매우 관심을 가져야 한다.

1. 당신이 고칠 수 있는 잘못은 다 고쳤는지 살피라.

2. 알려진 죄를 범하는 데에 가담하지 말라. 그러나 (1) 다른 사람의 모든 죄를 당신의 죄

---

285) 레 19:17

로 여기지 말라. 당신이 고치지 못하는 다른 사람의 죄를 당신이 범하고 있다고 생각하지 말라. 또는 당신의 죄가 아닌 그러한 부패 때문에 교회와 하나님에 대한 예배를 버리거나, 다른 사람들이 그것을 부정하게 사용하거나 남용하는 것으로 당신에 대한 자비를 부인하지 말라. (2) 당신에게 부과된 어떤 것이 죄가 된다고 의심된다면, 그곳에 오기 전에 죄를 점검해 보라. 당신의 마음이 그리스도와 온전히 함께해야 할 때 혼란에 빠지지 않도록 하라.

[합당하지 않은 사역자에게서 성찬을 받을 수 있는가?]

탐구1 '우리가 하나님에 대해 경외심이 없고 합당하지 않은 사역자로부터 이 성찬을 합법적으로 받을 수 있는가?'

답변 1. 당신의 목사로서, 당신의 영혼의 인도를 합법적으로 맡길 수 있는 사람에게 당신은 합법적으로 성찬을 받을 수 있다. 그리고 어떤 경우에는 다른 사역자로부터 합법적으로 성찬을 받을 수 있다. 왜냐하면 당신이 속해 있지 않은 교회에 들어갈 경우, 비록 목사가 당신의 영혼을 인도할 수 없을 정도로 과오가 있을지라도 현재로서는 낯선 사람으로 교회의 성찬에 참여하기 때문이다. 그들이 더 나은 사역자를 선택하지 않은 것은 그들의 잘못이지 당신의 잘못이 아니다. 그리고 (어떤 경우에는) 그러한 잘못은 당신이 그들과의 성찬을 피할 수 있는 정당한 이유가 되지 않을 것이다. 그러나 기독교의 본질에 반하는 어떤 오류를 가르치는 이단자라는 것을 안다면 당신은 그에게서 성찬을 받아서는 안 된다. 2. 기독교 신앙이나 의무에 대해 전혀 무지한 사람, 또는 다른 사람에게 그것을 가르칠 수 없을 정도로 악명이 높은 사람에게서 받아서도 안 된다. 3. 하나님에 대해 공경심이 없다고 공언하는 사람이나 경건 자체를 경멸하는 사람에게서 성찬을 받는 것도 마찬가지다. 당신은 그리스도의 사역자가 될 수 없는 사람을 결코 받아들여서는 안 된다. 그러나 그렇지 않은 사람은 아무도 없기에 아무도 받아들이지 않는다고 생각하지 않도록 주의하라. 그리고 세 가지 종류가 더 있는데, 그것은 당신이 선택할 수 있을 때 당신의 목사로 받아들이거나, 목사로 생각할 수 없는 사람이 있다. 그러나 다른 사람의 상태에 따라 당신이 불가피하게 선택해야 하는 경우에, 이는 합법적이며 당신의 의무이다. 즉, (1) 합법적으로 청함을 받지도 않았는데 자신을 당신의 목사로 여기는 사람은 아마도 교회의 합법적인 목사를 강제로 쫓아낸 강탈자일 것이다. (2) 필요하다면 용인될 수도 있지만 합당한 사람들과 비교할 수 없는 약하고, 무지하고, 냉담하고 생명력 없는 설교자들이다. (3) 수치스럽고 사악한 삶을 사는 목사들이다. 이것들 중 어느 하나를 더 나은 것보다 더 좋은 것으로 여기고, 선택할 수 있을 때 그들을 선택하는 것은 당신 안에 있는 죄이다. 하지만 당신이 이들 중 어느 하나도 선택하지 않거나, 어떤 것도 하지 않는다면, 오히려 그것은 다른 한편으로 죄이다. 그러한 경우에 당신이 그들의 사역에 복종한다고 해서 그들의 잘못을 인정한 것은 아니다.

탐구 2 '합당하지 않은 사람과 함께 또는 규율 없는 교회에서 성찬을 받을 수 있는가?'

답변 여기에서 당신이 실수하지 않으려면 다음을 구별해야 한다. (1) 그리스도인이 아닐 정도로 성찬을 받을 자격이 없는 사람과 비난받는 악의적인 기독교인 사이. (2) 소수의 구성원과 전체 사회나 교파 사이. (3) 고백하고 인정한 죄인과 겉보기 회개에 의해 죄를 인정한 사람 사이. (4) 내가 자유롭게 더 나은 사회를 선택하여 성찬에 참여하는 경우와, 필요에 의해 더 나쁜 사회와 함께 성찬에 참여하는 경우와, 그렇지 않으면 아무것에 속하지 않는 경우를 다르게 인식해야 한다. 그래서 나는 다음과 같이 답한다, 즉,

1. 당신은 이 성찬에 있어서, 기독교를 인정하지 않는 사회와 함께 성찬에 참여해서는 안 된다. 즉 전체 또는 교파의 일부가(denominating part) 그러하다면, 즉, (1) 전혀 기독교 신앙을 고백한 적이 없는 사람들과 함께, (2) 아니면 기독교를 배교했거나, (3) 또는 기독교인의 본질적인 신앙이나 의무에 어긋나는 이단을 공개적으로 인정하거나, (4) 아니면 기독교가 무엇인지 모르는 것으로 악한 이름이 난 자들과 함께 성찬 참여를 해서는 안 된다.

2. 악명 높고 추악한 범죄자들이 회개할 때까지 그들을 멀리하는 것이 교회의 목사들과 다스리는 자들의 의무이다. 그리고 개인적인 책망을 통해 그들을 도와야 하고, 문제가 있을 때 교회에 알리는 것이 사람들의 의무다. 그러므로 만일 당신의 의무를 소홀히 하여 교회가 부패되고 규율이 없다면, 당신이 받든 받지 않든 그 죄는 당신의 것이다.

3. 당신이 동일 조건에서 더 나은 교회를 선택할 수 있음에도 부패하고 규율이 없는 교회를 선택하여 성찬에 참여한다면 당신의 잘못이다.

그러나 오히려 참된 목사가 있고, 교파 구성원 중 일부가 성찬을 나눌 수 있는 교회와 영적

교제를 하는 것은 당신의 죄가 아니라 당신의 의무이다. 거기에는 일부 불신자들, 이교도들, 또는 무능력한 사람들이 폭력적으로 침입할 수도 있고, 징계를 소홀히 하여 부끄러운 사람들이 있을지도 모른다. 당신이 더 나은 교회와 개인적인 영적 교제를 가질 선택권이 없고 또한 부패에 대해 유죄가 아닌 경우에 그러한 침입과 부패의 죄에 대해 적절하고 겸손하게 반대 의견을 주장함으로써 스스로 부담에서 벗어나라. 이때, 합법적인 분리의 이유와 목적은 염두에 두지 말라. 왜냐하면 그것은 하나님의 영광이나 그들의 개혁이나 당신의 유익에 도움이 되지 않거나, 부패한 교회보다 어떤 교회 와도 영적 교제를 나누지 않는 것이 더 방해되기 때문이다. 이것은 훨씬 더 좋은 것을 선택하라는 것이지 아무것도 선택하지 말라는 것이 아니다.

탐구 3 '하지만 무릎을 꿇거나 앉아서 성찬을 받는 등의 강요된 몸짓을 따르지 않는 사람은 성찬 참여를 못 하게 하면 어떻게 해야 하나?'

답변 1. 무릎을 꿇고 성찬을 받거나 앉아서 받는 것 자체는 의심할 여지없이 합법적이다. 그것이 명령되었다고 믿는다면, 그렇게 하지 않은 경우 명령에 따라 행동하지 않은 것이다. 그렇지 않다면 교회는 그리스도 이후 수백 년 동안 성찬을 받는 행위에서 무릎을 꿇지 않음으로 죄를 지어온 것이다. 그들이 무릎을 꿇지 않고 예배를 드린 것은, 일 년 중 어느 주의 날이나 부활절과 성령강림절 사이의 모든 주중에 무릎 꿇고 예배드리는 것을 보편적으로 금지한 일반 총회의 교회법에 따라 행동한 것이다. 이것을 사도적 또는 보편적 전통으로 만든 것은 교부 터툴리안(Tertullian), 에피파니우스(Epiphanius) 등에 의한 것이 명백하다.

2. 그리고 무릎 꿇는 것에 대해 나는 그것이 불법이라는 것을 증명할 만한 어떤 말도 아직 들어본 적이 없다. 어떤 것이 있다면 그것은 하나님의 말씀이거나 모순된 것으로 여겨지는 규례의 성격이어야 한다. 그러나 (1) 어떤 몸짓에 대한, 어떤 몸짓에 반대하는 하나님의 말씀이 없다. 그리스도의 모범은, 의무가 아니라고 인정되는 많은 상황들이 아니며, 이 점에서 우리에게 더 많은 의무를 지우려는 의도가 있다는 것을 결코 증명할 수 없다. 그리스도는 그것을 사역자들에게, 게다가 가족에게, 12제자에게, 그리고 저녁식사 후에, 그리고 목요일 밤에, 그리고 다락방에서 전달했다. 그의 몸짓은 우리처럼 앉아 있는 것이 아니었다. (2) 규례의 성격은 혼합되어 있다. 만일 우리가 무릎을 꿇고 왕으로부터 용서를 받는 것이 적법하다면, 우

리가 무릎을 꿇고 그리스도로부터 (그의 대사직에) 확증된 용서를 받는 것이 무엇이 불법이 될 수 있는지 모르겠다.

탐구 4 '그러나 공동 기도서나 다른 부과된 기도 형식에 따르지 않고는 성찬을 받을 수 없다면 어떻게 되나? 그렇게 하는 것이 합법적인가?'

답변 집전할 때 공동기도서와 함께 받는 것이 불법이라면 다음 중 하나이다. 1. 그것은 기도의 한 형태이기 때문이다. 2. 또는 그 기도 형식에 금지된 내용이 포함되어 있기 때문일 수 있다. 3. 아니면 기도 형식이 강요되었기 때문이다. 4. 또는 어떤 사악한 목적과 결과를 초래하기 때문이다. 그러나, (1) 기도형식은 이전에 입증되었으며 실제로 특정한 어떤 것에 대한 증거가 필요하지 않기 때문에 불법이 아니다. (2) 아직 이 특별한 형태에 악이 존재하지 않기 때문에 불법이 아니다. 기준에 따라 이 부분에서는 공동 기도가 일반적으로 승인된다. (3) 그러나 아직은 그것이 불편을 끼치지 않았다. 이전에 합법적이었던 것이 누군가의 취향에 맞게 불법으로 되는 것이 아니다. 그러나 그것은 많은 일을 합법적이고 의무적으로 만들었다. 그렇지 않았다면 우연히 불법이 되었을 것이다. (4) 그리고 지시하는 사람의 의도는 우리와 거의 관련이 없다. 그 명제의 두 번째 부분을 만족시키기 위해서는 양측 모두가 관련된다. 우리가 이행 거부한 결과는 가볍지 않을 것이다.

일반적으로, 나는 내 영혼의 쓰라린 슬픔 속에서, 하나님의 모든 백성에게 마침내 그들이 거의 모든 시대의 교회에서 가지고 있는 유혹이 성찬의 연합을 우리 분열의 큰 계기나 도구로 만들었다는 것을 분별할 때가 되었다고 말하여야겠다. 그리고 참된 겸손과 우리 자신에 대해 아는 것과 그리스도와 서로에 대한 진실한 사랑은, 어떤 사람들에게는 그들의 교만과 편견과 무지가 다른 사람들의 예배 방식을 그토록 가증스럽게 생각하게 했다는 것을 보여 줄 것이다. 그리고 참된 그리스도인들 사이의 모든 면에서 그들의 예배 방식은 편견, 당파, 편파가 보여 주는 것처럼 그렇게 가증스럽지 않다. 하나님은 그들이 거부하는 것을 참을성 있게 견디신다. 그리고 그들은 마귀가 어떻게 이런 수단으로 일반 사람들을 파멸시켰는지 보아야 한다. 그가 올바른 교회라고 생각하는 그 당파에 속해 있고 그와 그의 당파가 가장 좋다고 생각하는 방식으로 예배함으로써 구원을 기대하도록 모든 사람에게 가르침으로 파멸시킨다. 너무나 놀라운 것은 편견이다. 편견으로 인해 모든 당사자는 상대방이 최상이라고 평가하는 것을 우스꽝스럽고 사악하다고 이야기한다.

탐구 5 '그러나 내 양심이 만족스럽지 않고 여전히 의심스러운데도 성찬을 받아야 하는 가? "의심하고 먹는 자는 정죄되었나니 이는 믿음을 따라 하지 아니 하였기 때문이라 믿음을 따라 하지 아니하는 것은 다 죄니라"[286]고 성경이 말씀하셨기 때문이다.'

답변 1. 거기에서 사도가 말하는 것은 성찬 때 먹는 것이 아니라, 의심스러운 고기를 먹는 것이 어떨지 하는 것인데, 그것을 삼가는 것이 합법적이라고 확신하는 것이다. 그리고 사소한 일에 대해 의심하는 경우에, 더 확실한 방법은 그것을 삼가는 것이다. 왜냐하면 그것을 하는 것은 죄가 있을 수 있지만 삼가 하는 경우에는 죄가 있을 수 없기 때문이다. 그러나 의무의 경우에는 의심한다고 당신의 의무가 해제되지 않는다. 그렇지 않으면 사람들은 의무를 의심하기에 눈이 멀어, 기도하고, 하나님의 말씀을 듣고, 지도자를 믿고 순종하며, 가족을 부양하는 일을 포기하게 될 것이다. 2. 당신의 그릇된 양심이 입법자가 아니며 그것을 순종하는 것을 당신의 의무로 삼을 수 없다. 왜냐하면 하나님은 당신의 왕이시기 때문이다. 양심의 역할은 그분의 법을 분별하고 당신에게 순종을 촉구하는 것이지 스스로 법을 만드는 것이 아니다. 그것이 거짓을 말한다면, 그것은 당신에게 호의를 베푸는 것이 아니라, 당신을 속이는 것이다. 그것은 단지 당신을 구속하거나 함정에 빠지게 할 뿐, 의무를 지우거나 죄를 의무로 만들 수 없다. 그것은 당신이 오류를 포기할 때까지 어느 정도 죄를 지을 수밖에 없는 상황에 빠지게 한다. 그러나 이러한 의무의 경우, 의심스러운 양심으로 행하는 것이 죄이지만 (보통), 거절하는 것은 더 큰 죄이다.

이의 '그러나 일부 신학자들은 양심이 하나님의 일꾼이므로 양심이 잘못되면, 하나님께서 나로 하여금 그 오류를 따르도록 구속하시고 양심이 요구하는 악이 나의 의무가 된다고 기록한다.'

답변 그것은 영혼과 왕국을 전복시키는 경향이 있고, 하나님께 매우 불명예스러운 위험한 오류이다. 하나님께서는 그분의 뜻을 알고 행하는 것을 당신의 의무로 삼으셨다. 그분이 당신의 잘못과 죄 모두를 금지했음에도, 당신이 무지해서 그분께 잘못을 저지르고 나서, 당

---

286) 롬 14:23

신은 그분을 비난하고 그분을 당신의 죄에 가담한 것으로 끌어들일 겁니까? 그분은 동시에 같은 일을 행하라고도 금지하라고도 명령합니까? 바로 그 순간에도 하나님은 당신에게 오류를 따르라 강요하기는커녕, 여전히 그 오류를 멈추고, 그 반대로 행하도록 강요하신다. 당신이 할 수 없다고 한다면 나는 대답한다. 당신의 무능은 죄악이 되는 무능이다. 당신은, 그분의 은혜가 당신을 도울 수 있는, 수단을 사용할 수 있다. 그분은 그분의 법을 바꾸지 않을 것이며 그분을 대신하여 당신을 왕이나 통치자로 삼지 않을 것이다. 왜냐하면 당신은 무지하고 무능하기 때문이다.

방향 제시-7 '성찬을 하는 시간에, 행사 전체에 걸쳐 사역자와 함께 하고, 행사의 여러 부분에 적합한 모든 은혜를 주시는 예수 그리스도께 당신의 마음을 가까이 두라.' 모든 일이 사역자의 일이라고 생각하지 말라. 그날은 당신에게 바쁜 하루가 될 것이고, 당신의 손이 공동의 일을 하는 만큼 당신의 마음도 부지런히 움직여야 한다. 그러나 그것은 고단하고 피곤한 가운데 수고하며 무가치한 선물을 받는 것이 아니라, 하늘에 계신 하나님의 손님이 되어 달콤한 잔치에 참여하는 것이다.

여기서 나는 당신에게 분명히 다음과 같은 것을 보여 주고자 한다. I 성찬에서 당신이 가져야 할 태도는 무엇인지. II 성찬에서 이 모든 태도를 실천에 옮기기 위해 객관적으로 당신에게 제시되는 것은 무엇인지. III 이러한 내부 작업의 관리는 어느 때에 수행되어야 하는지.

I 성찬에서 가져야 태도는 다음과 같다(모든 예배에 공통적으로 적용되는 거룩한 두려움과 경외심 외에).

1. 죄에 대한 혐오감과 우리 자신의 파멸된 상태에 대한 겸손한 인식, 그리고 우리 자신에 대한 불쾌함과 우리 자신에 대한 혐오감, 그리고 우리가 지은 죄에 대한 것과, 우리의 창조주와, 구속주의 사랑과 자비를 거스르고, 은혜의 성령을 거스르는 것에 대한 열렬한 회개.

2. 주 예수와 그분의 은혜, 그리고 하나님의 은총과 그분과의 교제에 대한 주리고 목마른 갈망, 이것이 성찬에 참여하는 영혼에 드러나 나타나야 한다.

3. 우리 구속주와 그분의 죽음, 부활, 중보에 대한 생생한 믿음, 그리고 우리의 비참한 영혼을 우리의 구세주이자 도움이신 그분께 의탁하고, 그분이 제안한 조건에 따라 그분과 그분의 혜택을 진심으로 받아들인다.

4. 여기에서 우리에게 제공되는 말할 수 없는 자비에 대한 기쁨과 즐거움.

5. 우리가 성찬을 받는 그분을 향해 감사하는 마음.

6. 그런 사랑에 의해 우리의 사랑을 구하는 그분에 대한 열렬한 사랑.

7. 우리를 위해 값 주고 사시고 보장된, 영생에 대한 소망.

8. 우리 자신과 이 모든 세상을 부인하고 우리의 구원을 위해 고난을 받으신 그분을 위해 기꺼이 고통을 받으려는 의지와 결심.

9. 우리의 형제, 이웃, 원수에게, 그들을 구원하고, 그들이 우리에게 잘못했을 때 그들을 용서할 준비가 되어 있는 사랑.

10. 그리고 우리의 언약에 따라 우리의 창조주, 구속주, 거룩하게 하시는 이에게 장래에도 순종하겠다는 확고한 결심.

II 이 태도를 지정함에 있어, 나는 그 대상과 관련시켰다. 그러므로 당신은 가능한 한 그것이 효과를 발휘할 수 있도록 확실하게 지켜야 한다.

1. 당신의 겸손과 회개를 돕기 위한 것으로, 당신은 무거운 짐을 진 비참한 영혼을 그곳에 데려와 용서와 구제를 받는다. 그리고 당신은 희생된 하나님의 아들이 당신 앞에 있는 것으로 인지한다. 그분은 저주받은 우리를 구원하기 위해 자신의 영혼을 속죄물로 주시고 우리를 위해 저주를 받으셨다.

2. 당신의 소망을 이끌어내는 것으로, 이 세상이 할 수 있는 어떤 것보다 더 뛰어난 선물과 자비가 당신에게 제시되었다. 심지어 죄의 용서와 하나님의 사랑과 은혜의 성령과 영광의 소망과 이 모든 것을 주시는 그리스도가 당신에게 제시되었다.

3. 당신의 믿음을 실천하기 위한 것으로, 여기에 먼저 당신의 눈앞에 십자가에 못 박히신 그리스도의 이미지가 (떡과 포도주) 전시되어 있다. 그때 그것이 그분의 은혜와 함께 당신에게 값없이 주어지고, 그를 거부하지 말라는 명령과 함께 당신의 수락이 제안되었다.

4. 당신의 기쁨과 즐거움을 실천하기 위한 것으로, 당신에게 제시된 이 구세주와 이 구원을 갖게 되었다. 당신이 영혼이 바라는 모든 것이 당신 앞에 놓여 있다.

5. 당신의 감사를 실천하기 위한 것으로, 그토록 값진 선물을 사서 확실히 보증하고 거저 주는 것보다 더 큰 선물이 어디 있겠나?

6. 그리스도 안에서 하나님을 향한 사랑을 실천하기 위한 것으로, 지상의 영혼이 합리적으로 기대할 수 있는 그분의 매력적인 사랑에 대한 이미지가 있다. 심지어 당신의 눈과 미각과 마음에 제시되었다. 그토록 놀라운 우월성으로 인해 그 위대함과 기이함은 자연인의 믿음을 넘어선다.

7. 영생에 대한 소망을 실천하기 위한 것으로, 영생을 소유하는 데에 필요한 대가가 당신 앞에 놓여 있다. 당신에게 확증된 선물이 있다. 그리고 고난 속에 있는 유형화 된 (떡과 포도주) 구주가 있는데, 지금 그는 그곳에서 통치하고 계신다. 이는 세상을 심판하기 위해 영광스럽게 오시며, 당신을 영화롭게 하실 그분을 기억하게 하기 위함이다.

8. 고통과 세상과 육체의 쾌락을 경멸하고, 자기 부정과 결심을 실천하기 위한 것으로, 당신 앞에는 세상 사람에게 제시된 가장 큰 모범과 의무가 있다. 십자가에 못 박히신 그리스도를 보고 영접할 때, 그분은 당신을 위해 놀랍게도 자기를 부인하시고, 세상과 육체는 너무나 하찮게 여기실 것이다.

9. 형제뿐만 아니라 원수들에 대한 사랑을 실천하기 위한 것으로, 당신이 원수였을 때 죽기까지 당신을 사랑하신 그분의 모범이 당신의 눈앞에 있다. 그리고 당신의 눈앞에는 그분의 거룩한 종들이 있다. 그들은 성령의 활동으로 그분 안에서 사랑스러우며, 그분께서 형제들에게 당신의 사랑을 나타내기를 원하신다.

10. 미래의 순종에 대한 당신의 결심을 자극하기 위한 것으로, 당신은 창조주이자 구속자로서 당신의 관리에 대한 그분의 이중 직함을 이해한다. 그리고 자비와 감사의 의무를 느낀다. 공개적으로 모든 교회가 증인이 되는 곳에서 그 목적을 위해 그분과 언약을 갱신해야 한다. 그래서 당신은 여기에서 이 모든 은혜를 끌어낼 수 있는 강력한 대상이 당신 앞에 있다는 것을 보는데 그것들은 모두 당신에게 요구하는 일을 실천하는 것 이상은 아니다.

III 그러나 실천에 있어서 당신이 더 잘 준비할 수 있도록 행사의 모든 부분을 통해 나는 당신의 손을 잡고 돕는 것처럼 모든 태도에 대한 수행 시기와 방법을 알려 주려 한다. 그리고 함께 결합될 것들은 내가 함께 취하여 불필요한 것이 당신을 괴롭히지 않게 할 것이다.

1. 부름을 받아 주님의 성만찬에 나아갈 때 겸손과 소망과 감사를 표하고 마음속으로 '주님 나 같은 비참한 자를 부르십니까?'라고 말하라. 그분의 자비를 그토록 자주 멸시하고, 고의로

그분을 거스르며, 이 세상의 더러움과 육체의 쾌락을 그분보다 더 좋아한 나를 부르십니까? 아아, 내가 마땅히 받아야 할 것은 지옥에 있어야 하는 당신의 진노이다. 그러나 사랑이 그러한 무가치한 나그네를 선택하고, 자비가 그러한 죄와 비참함에 영광을 돌릴 것이라면, 주님 나는 당신의 부르심에 따라갈 겁니다. 나는 기쁜 마음으로 갑니다. 당신의 뜻이 이루어지게 하소서. 나를 초대하는 그 자비가 나를 받아들이게 하시고, 은혜롭게 위로하시길 빕니다. 나로 혼인 예복을 입지 않고는 오지 않게 하시며, 불경하게 거룩한 일을 서두르지 않게 하시고, 당신의 자비가 나의 죽음이 되지 않게 하소서.'

2. 사역자가 죄를 고백할 때, 당신의 영혼 자체가 당신의 무가치함을 깨닫고 엎드려, 당신의 특별한 죄와 그 극악한 악화가 당신의 눈에 떠오르도록 하라. 온전한 사람은 의사가 필요하지 않지만 아픈 사람은 필요하다. 그러나 여기서는 내가 여러분의 입이나 생각에 말을 넣어 줄 필요가 없다. 왜냐하면 사역자가 여러분보다 앞서 가므로 여러분의 마음은 그의 고백과 함께 가며, 그가 생략하는 숨은 죄도 넣어야 하기 때문이다.

3. 이 거룩한 용도를 위해 제공되고 바쳐지는 빵과 포도주를 볼 때, 그분은 만물의 창조주이시며, 그분으로 인해 당신의 생명이 있는데 그분의 율법을 어겼다는 사실을 기억하라. 그리고 당신의 마음속으로 말하기를 '모든 피조물이 의존하는, 나를 지으신 이의 법을 깨뜨렸으니 나의 죄가 어찌 그리 큰지요! 나는 당신에게서 일용할 양식을 얻었습니다. 그런데 내가 불순종으로 보답해야 하는가? 아버지여, 내가 하늘과 아버지께 죄를 지었으니 이제부터는 아버지의 아들이라 불릴 자격이 없습니다' 하라.

4. 성찬 제정의 말씀이 낭독되고 떡과 포도주가 거룩한 용도로 구별되어 엄숙히 봉헌되고 하나님의 수락과 축복이 요구될 때, 우리에게 구원자를 만들어 주신 자비에 감탄하며 이렇게 말하라. '오, 하나님, 당신의 지혜와 당신의 사랑은 어찌 그리 놀라운지요! 당신의 정의에 찬양할 기회를 주시며 죄를 처리해 주시는 당신의 자비에 얼마나 놀라운 영광을 돌릴지! 우리가 거역했을지라도 하나님은, 자신의 애정으로 당신 자신의 정의를 만족시키고, 사람이나 천사가 완전히 이해할 수 없을 만큼, 지혜와 사랑과 겸손의 기적으로 우리에게 구주를 주셨습니다. 아버지께서 이같이 죄악 된 세상을 사랑하사 아들을 주셨으니 이는 그를 믿는 자마다 멸망치 않고 영생을 얻게 하려 하심이라. 오, 우리에게 그토록 완전한 치료제와 귀중한 선

물을 마련해 주신 주님, 이 피조물이 그리스도를 닮은 몸과 피가 되도록 거룩하게 하시고, 이 큰 선물을 받도록 내 마음이 준비하게 하시며, 매우 크고 높고 거룩하고 존귀한 일로 준비하게 하소서.'

5. 성별된 빵과 포도주를 볼 때, 주님의 몸을 분별하고 예수 그리스도의 몸과 피를 상징하는 것으로 경외하라. 그리고 그것을 일반적인 빵과 포도주로 여겨 그것을 모독하지 않도록 주의하라. 비록 성찬의 빵과 포도주가 예수님의 몸과 피로 변화되지 않고 여전히 자연적인 빵과 포도주이지만 이미지와 효과에 있어서는 그리스도의 몸과 피이다. 그것을 생명의 거룩한 빵으로 보라. 이 빵은 살리시는 성령에 의해 당신에게 영생에 이르도록 영양분이 공급될 것이다.

6. 빵을 떼는 것과 포도주가 부어지는 것을 볼 때, 회개와 사랑과 소망과 감사가 당신 안에서 그렇게 일하게 하라. '오, 놀라운 사랑이여! 오 혐오스러운 죄여! 주님, 당신은 죄인에게 얼마나 자비스러우셨는가! 우리는 우리 자신과 당신에게 얼마나 잔인했는가! 사랑이 더 이상 몸을 굽힐 수 있을까? 하나님은 이보다 더 큰 자비를 베푸실 수 있을까? 나의 죄가 하나님의 아들을 죽이는 데, 그보다 더 끔찍한 짓을 할 수 있었을까? 죄가 용서되기 전에 그렇게 비싼 대가를 치러야 하는데, 나를 유혹한 것은 얼마나 작은 일인가! 내가 아주 쉽게 피할 수도 있었던 일에 대해, 나의 구세주께서는 얼마나 귀한 대가를 치르셨는가! 내가 헛되이 죄를 범하고 또 죄를 지었으니 내가 그분의 피를 얼마나 하찮게 보았는가! 이것이 내가 한 짓이다! 내 죄는 가시와 못과 창이었다! 그리스도를 살인한 자가 작은 범죄자일 수 있을까? 오, 무서운 정의여! 형벌을 받아야 마땅한 사람은 바로 나와 다른 죄인들이었으며, 죄를 지은 사람들이었고, 영원히 꺼지지 않는 불꽃의 연료가 될 자들이다. 오 귀중한 희생이여! 오, 미운 죄여! 오 은혜로우신 구주여! 인간의 둔하고 좁은 마음이 어떻게 그러한 초월적인 것들에 의해 정당하게 영향을 받을 수 있는가? 아니면 어떻게 하늘이 한 치의 육체에 성찬으로 생생한 인상을 줄 수 있는가? 그런 사랑에 대해 다시 둔감해질 수 있을까? 아니면 죄에 대한 호의적인 생각을 계속해야 하는가? 아니면 정의에 대한 생각을 두려움 없이 계속 할 수 있는가? 오, 굳어진 마음을 부수고 녹이기 위해 십자가에 못 박히신 나의 주님을 끝까지 따르게 하소서! 구원 받았기에 사랑의 눈물과 참된 회개는 불꽃에 있는 것보다 더 수월하다. 오, 이 고통에서 벗어

나게 하시고, 이 고귀한 피로 나를 씻어 주소서! 이것이 내가 신뢰하는 산 제사이다. 이것이 내가 죄 사함을 받고 죄가 없음을 선언할 수 있고, 주께 범한 율법의 저주에서 구원할 나의 의로움이다! 오 아버지, 세상을 위하여 십자가 위에서 이 일을 견디셨으니 이제 죄인들을 위하여 이 일을 보십시오. 그리고 비참한 자들에게 자비를 베풀어 달라고 부르짖는 그의 피의 소리를 들으시고, 오직 이 십자가에 못 박히신 그리스도로 인하여 우리를 용서하시고 우리를 화해한 당신의 자녀로 받아 주소서. 우리는 죄를 위한 다른 제사를 드릴 수 없고, 우리에게는 다른 것이 필요하지도 않습니다.'

7. 사역자가, 이 성찬을 통해, 우리에게 그리스도와 그분의 은혜를 베푸시고 우리를 용서하시고 의롭게 하시고 우리를 화해한 자녀로 받아 주시라고, 이 성찬의 효력을 위해 기도로 하나님께 간구할 때, 그러한 자비의 필요성과 가치를 아는 사람으로서 이러한 요청에 진심으로 진지하게 참여하라.

8. 사역자가 당신에게 성별된 빵과 포도주를 전달할 때, 그를 그리스도의 사자로 여기고 마치 그리스도께서 그를 통해 당신에게 말씀하시는 것처럼 그의 말을 들어라. '이 나의 부서진 살과 피를 가져가 영생에 이르도록 먹으며 또 나의 봉인한 언약과 그 안에 있는 내 사랑의 봉인한 증거와 너희 죄 사함의 봉인한 것과 영생의 봉인한 선물을 함께 가져가라. 그렇게 너희는 거짓 없이 내 언약에 동의하고 너희 자신을 구원받은 자로서 나에게 항복하라.' 마치 집이나 땅의 소유권을 넘겨줄 때, 소유자가 열쇠와 정원의 관목과 잔디를 주면서, '내가 이 집을 당신에게 넘겨주며 이 땅도 당신에게 넘겨준다'고 말하는 것과 같다. 이와 같이 사역자가 그리스도의 권위로 당신에게 그리스도와 용서와 영생의 권리를 전한다. 여기에 하나님께서 친히 지정하신 희생된 그리스도의 형상이 있다. 당신은 이것을 합법적으로, 이미지 그 이상으로 사용할 수 있다. 이는 그리스도의 이름으로 이 최고의 자비를 엄숙하게 전달함으로써 당신에게 권위를 주는 도구와 같은 것이다. 그러므로 당신의 마음은 기쁨과 감사, 믿음과 사랑으로 '오, 영원하신 하나님의 비할 데 없는 은혜여! 이 얼마나 무가치한 죄인들에게 큰 선물인가! 하나님께서 사람에게 그토록 낮은 자세로 굽히시고, 그렇게 사람에게 가까이 다가와, 쓸모없는 원수들을 화해시키려고 하시는가? 내가 행한 모든 일을 기꺼이 용서하시려 하는가? 나를 자기의 가족과 사랑으로 삼으시고 그리스도의 살과 피로 나를 먹이시려 하는가? 나

는 믿습니다. 주님, 나의 믿음 없음을 도와주세요. 나는 당신의 선물을 겸손하고 감사하게 받아들입니다! 내 마음을 열어서 더욱 기쁘고 감사하게 받아들일 수 있게 해 주세요.' 하나님을 눈으로 보는 것처럼 인식하면 무한한 선물을 주시는 그의 사랑과 자비를 찬양할 것이다. 자비가 필요한 비참한 자여 주님을 바라보라! 그것이 당신의 은혜와 언약에 대한 제안이라는 것을 눈으로 보는 것처럼 인식하면, 내 영혼은 당신을 나의 아버지로, 나의 구주와 나를 거룩하게 하시는 분으로 기꺼이 받아들일 것이다. 여기서 '나는 당신이 창조하시고 구속하시고 (내가 소망하는) 거듭나게 하신 그 이유로 나 자신을 당신께 드립니다. 당신에 의해 구원받고 거룩하게 되고, 당신에 의해 사랑받고, 당신을 영원히 사랑할, 당신의 것, 당신의 백성, 당신의 자녀로서 나 자신을 당신께 드립니다. 오, 이 언약과 용서를 당신의 성령으로 봉인하시고, 당신의 성찬에서 나에게 인봉하여 전달하소서. 나는 거리낌 없이 온전히 그리고 영원히 당신의 것이 될 것입니다!' 하라.

9. 성찬을 받는 자들을 볼 때에 당신 마음을 성도들과 사랑으로 하나되게 하고, 이르기를 '야곱아 네 장막이 어찌 그리 아름다운가, 여호와의 가족들이 어찌 그리 아름다운가! 형제의 연합이 어찌 그리 선하고 아름다운고!'라고 말하라. 내 주님의 소중한 지체들은 나에게 얼마나 소중한가! 비록 그들에게 아직 많은 흠과 약점이 있어도 하나님께서 용서하셨듯이 우리도 그래야 한다. 주여, 나의 선함이 당신께 미치지 못합니다. 그러나 땅 위에 있는 뛰어난 나의 기쁨이, 당신의 성도들에게 미치게 하소서! 당신이 내 재산의 얼마를 요구하든, 나는 기꺼이 가난한 사람들에게 주고, 내가 어떤 사람에게 부당한 일을 했다면, 나는 기꺼이 그것에 배상할 것이다. 원수가 되는 나를 사랑하시고 큰 빚을 용서해 주신 것을 알기에, 나는 나에게 잘못한 사람들을 진심으로 용서하고 내 원수를 사랑할 겁니다. 오, 나의 평생에 당신의 집안에 머물게 하십시오. 왜냐하면 주님의 궁정에서의 한 날이 다른 곳에서의 천 날보다 나은 즉, 악인의 장막에 사는 것보다 내 하나님의 성전 문지기로 있는 것이 좋기 때문입니다.[287]

10. 사역자가 하나님께 감사와 찬양을 드릴 때, 당신의 영혼에 간절함을 불러일으키라. 그리고 하늘의 수많은 성도들과 천사들이 그의 영광 앞에서 동일한 하나님을 찬양하는 것을

---

287) 민 24:5; 시 133:1-3, 15:4, 16:2, 3, 84:10; 눅 19:8

보았다고 가정해 보라. 당신도 그들과 같은 가족과 사회에 속해 있고, 그들의 일을 배우고 있으며, 머지않아 그들의 완전성에 도달해야 한다는 것을 스스로 생각하라. 그러므로 사랑과 기쁨으로 그들을 본받으려고 노력하라. 그리고 당신의 영혼이 찬양과 감사로 부어지게 하라. 그리고 다음에 개인적인 생각을 할 여가 시간이 있을 때(사역자가 당신의 의무를 권고할 때처럼) 사랑과 감사와 믿음과 소망과 자기 부인과 장래의 순종에 대한 결심을 다음과 같은 영혼의 호흡 속에서 행사하라. '오, 나의 자비로우신 하나님, 당신의 사랑은 인간의 모든 이해를 뛰어넘습니다! 이것이 합당하지 않은 탕자들에 대한 당신의 방식입니까? 나는 당신의 진노가 소멸하는 불처럼 죄 많은 영혼을 삼키지 않을까 두려워했습니다. 당신은 나의 모든 어리석음을 비난했을 것입니다. 나도 내 자신을 비난하고 있거늘 하나님께서는 나를 용서하시고 의롭다 하셨고, 가장 달콤한 사랑의 포옹으로 놀라게 합니다. 이제 내가 보니, 주의 생각은 우리 생각보다 뛰어나고 주의 길은 우리 길보다 뛰어나며 주의 사랑은 사람의 사랑보다 뛰어나며 하늘이 땅보다 높습니다. 당신은 당신의 영원한 복수를 받아야 마땅할 가련한 사람을 얼마나 값비싼 대가로 구원하셨는가! 불법을 행하는 자들과 함께 마땅히 쫓겨나야 할 나에게 당신께서 얼마나 귀하고 아름다운 잔치를 베풀어 주셨는가! 내가 이런 사랑을 소홀히 할 수 있을까? 그것이 나의 반역을 이기고 나의 차갑고 완고한 마음을 녹이지 않겠는가? 내가 지옥에서 구원을 받았는데 감사하지 않겠는가? 천사들도 이러한 사랑의 기적에 감탄하고 있는데 내가 그것에 놀라지 않겠는가? 우리에 대한 그들의 사랑은 곁에 서서 우리의 하늘 잔치를 보는 동안 그들을 기뻐하게 하는데, 그것을 먹는 손님인 우리에게는 그것이 더 달콤하지 않겠는가? 나의 하나님, 당신은 나에 대한 사랑을 사기 위해 얼마나 비싼 값을 치르셨습니까! 당신은 얼마나 이상하게도 우리가 그것을 받을 자격이 있다고 생각하고 구하셨는가! 그러한 사랑에 대한 응답으로 열렬하고 결실 있는 사랑 외에는 더 이상 슬픔이나 부끄러움은 없다. 오, 당신께서 나에게 당신의 초대에 응답할 마음을 주시고, 당신의 사랑이 이렇게 부어져 나를 끌어당기고, 내 영혼이 당신의 이 불꽃에 다가가서 불타오르게 된다면, 이 모든 고귀한 자비보다 더 한 것이 무엇이 있겠는가? 사랑의 감각으로 끌어낸 그 사랑은 나의 삶의 전부가 될 수 있다! 오, 내가 원하는 만큼 당신을 사랑할 수 있다면 얼마나 좋을까! 예, 내가 당신을 사랑하기 바라는 만큼! 그러나 이것은 세상에서 너무나 큰 행복입니다! 게다가 당신은 내가 그것을 얻을 수 있는 곳을 보여 주셨다! 나의 주님은 전권을 가지고 거기에 계신다. 그분이 오셔서 우리를 데리고 가서, 우리 주님의 기쁨 속에서 우리에게 잔치를 베풀 때까지 그분은 나에게 이 서약을 주셨다. 오, 축복받은 곳이여! 오, 그분의 영광을 보고 위로의 강물이 흐르는 것을 보는 행복한 무리여! 참으로, 당신께서 어둡고 비참한 상태에 있는 우리를 불러 내시고, 그렇게 확실한 안내자의 지휘 아래 우리를 그 행복의 상속자, 그곳에 가는 승객, 그곳을 기대하는 자로 삼으셨기에 우리는 행복하다! 오, 그러면 우리는 죄악 된 의심과 결함 없이 지금보다 다른 척도와 다른 방식으로 당신을 사랑할 것이다. 지금과는 다른 방법과 방식으로 당신의 매력적인 사랑을 드러내고, 전달할 때 의심없이 당신을 사랑할 것이다! 나의 하나님, 그때까지 나는 당신께 전념합니다. 법과 계약에 의해 나는 당신의 것입니다! 내 영혼이 여기서 나 자신에 대해, 내 사랑의 결함은 변명의 여지가 없다고 증언한다. 하늘과 땅에 있는 모든 성도들의 사랑이 당신에게 주어진다면, 당신은 모든 것을 받을 자격이 충분하다. 이 세상이 나의 애정과 무슨 관계가 있는가? 이 더럽고 썩어질 육체가 무엇이기에, 그 욕망과 쾌락이 내 영혼에 천벌을 내려 달라고 빌며, 나의 하나님을 등한시하도록 유혹하는가? 사람이 나에게 가하는 모든 고통 중에, 그토록 비길 데 없는 자발적인 고난을 인해 나를 지옥에서 구원하신 그분을 내가 기쁘게 받아들이지 못할 것이 무엇인가? 주님, 당신께서 이렇게 사악한 벌레 같은 나를 배려하시는 것을, 눈으로 보는 것처럼 인식하기에 내 마음과 혀와 손이 온전히 당신의 것임을 고백합니다. 오, 당신 외에는 누구 와도 살게 마시고, 당신에게 봉사하며 당신의 성도를 위해 살게 하소서. 오, 나로 더 이상 죄악으로 돌아가지 않게 하소서! 나의 주님을 죽인 그 죄를 감히 저지르지 않게 하소서! 그리고 이제 당신이 이렇게 낮은 처소를 선택하셨으니, 오 당신이 그렇게 자유롭게 선택한 처소인 마음에 대해 낯설게 여기지 마소서! 오, 그곳을 당신의 영이 매일 거하는 처소로 만드소서! 당신의 은혜로 그곳을 밝게 하시며, 당신의 선물로 그곳을 장식하고, 당신의 사랑으로 그곳을 사용하고, 당신의 참석으로 그곳을 기쁘게 하고, 당신의 기쁨과 당신의 얼굴의 빛으로 그곳을 새롭게 하고, 이 육체와 이기심과 불신은 파괴 하소서. 하나님께서 그 거처를 자신의 처소로 택하시면, 가장 낮은 마음을 궁전으로 바꾼다는 것을 세상으로 알게 하소서.'

방향 제시-8 '집에 돌아와서 당신이 받은 은혜와 당신이 행한 의무와 당신이 맺은 언약을 검토하라. 그리고 1. 그분의 사업을 완성하기 위해 찬양과 기도로 하나님께 의지하라. 2. 당신의 마음이 냉담해지지 않도록 주의하라. 세상적인 일이나 오락적인 사소한 일로 인해 그리스도께서 주신 신성한 인상이 지워지게 하지 말고, 이전의 둔하고 졸린 상태가 되어 빨리 식어지지 않도록 주의하라. 3. 성찬식에서 받은 은혜로 당신의 삶이 변화되도록 하라. 그리하면 당신과 대화하는 사람들도 당신이 하나님과 함께 한다는 것을 알게 될 것이다.' 특히 유혹이 당신을 다시 죄에 빠지게 할 때, 그리고 친구의 모욕이나 원수가 당신을 도발할 때, 어떤 값비싼 수고나 고통을 통해 그리스도에 대한 당신의 사랑을 증언하도록 부름 받을 그때, 당신의 눈앞에서 있었던 일과 마음에 품은 일과 결심한 것과 하나님과 맺은 언약이 무엇인지 기억하라. 그러나 당신이 받은 열매를 느낌으로 판단하지 말고, 믿음으로 판단하라. 왜냐하면 당신이 지금까지 받은 것보다 더 많은 것이 약속되어 있기 때문이다.

제25장

자신의 진실성과 정당성에 대해
의구심을 가진 그리스도인을 위한 방향 제시

나는 가족들에게 관계의 의무와 하나님을 올바로 예배하도록 지시한 후, 그들의 영혼과 육체의 상태에 관련하여 특별한 도움과 조언이 필요한 일부 그리스도인들에게 특별한 의무에 대해 말하려 한다. 예를 들면 1. 자신의 정당성을 확신할 수 없어 의심하고 불안정한 그리스도인. 2. 쇠퇴하거나 타락한 그리스도인. 3. 열등한 사람. 4. 노인. 5. 아픈 사람. 6. 병들고 죽어 가는 사람들에 관한 것이다. 영혼과 육체의 상태가 첫 번째에 속하는 것처럼 보일지라도, 나는 가족 중 여러 종류의 사람들이 가장 필요로 하는 그 방향 제시들을 여기서 함께 설명하겠다. 강한 사람, 부자, 젊고 건강한 사람의 특별한 의무에 대해서는 생략한다. 왜냐하면 책의 내용이 커지고, 여러 주제에 대해 이전에 말한 내용에서 그 내용을 알 수 있기 때문이다. 그리고 자기 자신의 정당성에 대해 의심하는 그리스도인들에게 먼저 줄 지침은 몇 가지 간략한 메모일 뿐이다. 왜냐하면 나는 이미 '양심의 평화와 영적 위안을 위한 지침이나 방법'에서 그 말을 했기 때문이다. 그리고 여기의 많은 것들이 우울함과 절망에 대항하는 방향 제시에 언급되어 있다.

방향 제시-1 '당신의 정당성에 대한 특별한 의심과 불안정함의 원인을 찾아내고, 그 원인을 제거하기 위해 최대한의 노력을 기울이라.' 같은 치료법이 정당성을 의심하는 모든 영혼에게 도움이 되는 것도 아니며, 같은 의심을 품고 있는 모든 사람에게 도움이 되지 않을 것이다. 원인은 다양할 수 있지만 의심은 동일하다. 원인이 남아 있는 한 의심은 계속될 것이다.

1. 어떤 사람들의 주요 원인은 마음과 몸이 소심하고 나약하나 열정적성격을 가진 것이다. 어떤 사람들의 (특히 약한 성별) 경우에는 너무나 자연스러운 질병이어서 완전한 치료의 희망이 없다. 하지만 우리는 가능한 한 최선을 다해 지도하고 도와주어야 한다. 이 사람들은 두 뇌는 너무 약하나 강한 열정이 그들의 삶이다. 그들은 열정에 따라 자신과 자신의 모든 의무를 판단한다. 열정은 대개 매우 높거나 매우 낮다. 기쁨으로 가득 차거나 절망에 빠져 있기도 하지만 대개 두려움이 그들의 주된 열정이다. 강한 두려움이 고요함과 평화에 얼마나 큰 적인지는 그것을 가진 모든 사람에게서 쉽게 관찰된다. 증거를 확보한다고 해서 그러한 두려움에 사로잡힌 마음이 진정될 수는 없으며 어떤 이유로도 그들을 만족시킬 수 없다. 이 사람들을 위한 방향 제시로는 내가 이전에 '크리스천 윤리2'에서 우울과 절망에 대해 제시한 것과 동일하다. 특히 그들을 돕기 위한 설교와 책과 수단은 그들이 관리할 수 없는 그러한 열성이

나 애정을 열성적으로 일깨우는 경향이 있는 것보다는 오히려 판단력을 주고, 의지를 확고히 하고, 삶을 인도하는 데에 도움을 주는 것이 우선적이다.

2. 기타 사람들의 문제의 원인은 우울함이다. 나는 오랫동안 극심한 의심이 계속되는 경건한 사람들의 가장 일반적인 원인이 우울이라는 것을 오랫동안 관찰해 왔다. 이것이 원인인 경우, 제거될 때까지 다른 치료법으로는 효과가 거의 없다. 그러나 이것에 대해서는 전에 말을 많이 한 적이 있다.

3. 그 외의 경우에는, 불만, 짜증, 조바심을 내는 습관이 원인이다. 그것은 세상의 어떤 결핍과 어려운 상황으로, 그들이 갖고 싶은 것을 갖지 못하기 때문에, 그들의 마음은 마치 궤양이 생겨 아프고 쓰라린 몸처럼, 고통과 통증을 짊어지고 다닌다. 그리고 그들은 여전히 그들이 느끼는 고통에 대해 불평하고 있다. 그러나 아프게 하고 고통을 일으키는 것은 아니다. 이들의 치료법은 그들을 기쁘게 하여 그들이 모든 일에 그들의 뜻을 가지도록 하는 것이다. (예를 들어 자녀를 흔들어 주고 그들이 원하는 것을 주어 조용하게 하는 것처럼.) 또는 오히려 그들의 조급함을 치료하고 그들의 유치하고 죄 많은 유혹에 대해 마음을 안정시키도록 돕는 것이다.

4. 다른 경우에는, 은혜언약의 취지와 예수 그리스도께서 이루신 구속과 성화 사역과 그 증거에 대한 오류나 큰 무지가 그 원인이다. 그들은 그리스도께서 죄를 용서하실 때, 어떤 조건으로 죄인들을 대하시는지, 성화의 확실한 표징이 무엇인지 알지 못한다. 이러한 문제를 치료하는 것은 확실한 가르침과 부지런한 배움이다.

5. 어떤 경우에는, 부주의한 생활이나 빈번한 죄로 인해 양심의 상처가 여전히 피를 흘리고 있기 때문이다. 그들은 여전히 아픈 상처를 괴롭히고 있으며, 피부는 그것을 견디지 못할 것이다. 그들은 욕설과 다툼, 악의, 은밀한 정욕, 사기행위, 어떤 방식으로 든 그들의 양심에 부담을 주고 다치게 한다. 하나님께서는 그들이 개혁될 때까지 그들에게 평안과 위로를 주시지 않을 것이다. 자비는 누군가에게 걱정을 끼치고, 감각이 없는 화인 맞은 양심에 주어지지 않는다.

6. 그 외의 사람들의 의심의 원인은, 그들의 종교를 너무 겸손에 두기 때문에, 지속적으로 반성하며, 종교의 가장 높고 가장 중요한 부분들을 간과하거나 무시하기 때문이다. 곧, 하나

님의 사랑에 대한 일상적인 연구와, 예수 그리스도 안에 있는 은혜의 풍성함으로 인해 영혼을 일깨워, 하나님을 사랑하고 기뻐하는 것을 간과하거나 등한시하는 것이다. 그들이 이것을 그들의 종교와 사업에 더 많이 활용한다면, 그들의 영혼은 더욱 감미로운 맛을 느끼게 될 것이다.

7. 그 외의 사람들의 원인은, 의무를 모르고, 생각이 혼란스럽고, 마음이 어두워서 자기 자신을 살피지 못하고, 자기 안에 무엇이 있는지 알지 못한다는 것이다. 그들이 회개하거나 하나님에 대한 사랑, 또는 어떤 은혜에 관해 질문할 때, 그들은 낯선 사람처럼 대답하기 쉽고, 자기들이 그것을 행하는지 안 하는지 알 수 없다고 한다. 이 사람들은 유능하고 충실한 안내자의 판단을 다른 사람들보다 더 많이 사용해야 한다.

8. 그러나 무엇보다도 불확실함의 가장 흔한 원인은 은혜가 약하든지 거의 없는 것이다. 은혜가 전혀 없는 것에 가까울 때, 그것을 거의 알 수 없다고 말하는 것이 당연하다. 그러므로,

방향 제시-2 '자기 검토를 게을리하지 말고, 이 중요한 일을 올바로 관리하는 기술을 위해 노력하라. 그러나 이미 은혜를 받았는지 안 받았는지 시험해 보는 것보다, 은혜를 얻고 사용하고 늘리는 데에 당신의 관심과 부지런함을 훨씬 더 크게 하라.' 왜냐하면, 시험에 있어서, 당신이 목적에 이르기 위한 올바른 길을 택했음에도 여전히 이전과 마찬가지로 의심을 품고 있다면, 이러한 시험하는 문제에 대해 지나치게 많은 노력을 기울인다 해도 당신에게 도움이 되거나 낫게 하는 일이 거의 없고, 시간과 노력은 거의 손실될 것이기 때문이다. 반면에 당신이 은혜를 얻고 사용하고 증가시키는 데 쓰는 모든 노력은 선한 목적을 위해 유익하게 사용된다. 먼저 당신의 안전과 구원에 주의를 기울이고, 그다음에는 더 쉬운 확신과 위안을 기대하라. 세상에는 당신이 은혜를 가졌다는 것을 확신할 수 있는 방법은 없으며, 쉽게 분별되고 드러낼 수 있을 정도로 은혜 얻은 것을 알 수 있는 것은, 은혜를 많이 행사하는 것을 보고 알 수 있다. 당신이 강한 믿음을 가질 때, 당신은 당신이 믿는다는 것을 쉽게 확신하게 될 것이다. 당신이, 그리스도와 거룩함 그리고 하나님의 말씀과 길과 종들에 대한 열렬한 사랑을 가질 때, 당신은 그들을 사랑한다는 것을 쉽게 확신할 것이다. 당신이 죄를 강하게 미워하고 보편적으로 끊임없이 순종하며 살 때, 당신은 당신의 회개와 순종을 쉽게 분별하게 될 것이다. 그러나 은혜가 약하면 확신도 약하고 위로도 거의 없을 것이다.

방향 제시-3 '마음과 삶의 모든 죄를 없애기 위해 모든 능력과 힘을 다하고, 당신의 의무를 수행하고 있는 곳에서 하나님을 기쁘시게 하며 존경하고, 세상에서 당신이 할 수 있는 모든 선을 행하는 것을 주된 관심과 일로 삼으라. 당신이 그분의 길에서 그분을 기다리는 한, 당신의 영혼으로 하나님을 신뢰하라.' 당신이 고의적인 죄와 태만 속에 산다 해도, 책망과 구원받는 것을 꺼려 하지 말라! 만일 당신이 감각적이고 육체적인 정욕을 소중히 여기며 세상에 너무 열중하고, 불화와 정욕을 옹호하여 하나님과 사람에 대한 의무를 게을리하고, 참된 개혁을 마음에 두지 않는다면, 은혜의 흔적을 나타내는 것이 아니라, 그것은 당신의 확신 상태를 아는데 도움이 될 것이다. 그러한 가시가 당신의 발에 있는 동안 당신은 마음이 편안해지기 전에 오랫동안 불평할 수도 있다. 양심이 당신에게 확실하고 확고한 평화의 말을 하기 전에 먼저 마음을 다잡아야 한다. 그러나 당신이 모든 관심과 능력을 다하여 의무를 수행하고 주님을 기쁘시게 할 때, 그분은 당신의 수고를 헛되게 하지 않을 것이다. 당신이 당신의 의무를 수행하는 동안 그분은 당신의 평안과 안위를 돌보실 것이다. 이런 식으로 당신은 그분을 담대하게 신뢰할 수 있을 것이다. 다만 섬기고 기쁘시게 하기 위해 연구하는 당신에게 하나님의 선하심이 거의 없다고 하거나 거짓된 것으로 생각하지 말라.

방향 제시-4 '당신이 어떤 상황에 처해 있든, 인류에게 공통적으로 알려진 위로의 일반적인 근거를 이해하고 굳건히 지키며 이를 향상시키도록 하라. 다음 세 가지는 우리 모두에 대한 위로의 기초이다.'

1. 하나님의 본성 안에 있는 하나님의 선하심과 자비하심. 2. 그리스도의 속죄 또는 희생의 충분함. 3. 모든 사람에 대한 언약 또는 용서와 구원에 대한 약속의 보편성과 자유로움, 최후까지 회개하지 않고 불신으로 계속해서 구원의 언약(또는 거짓 없이 회개하고 믿는 모든 사람에 대한 구원)을 완고하게 거부하지 않는 사람에게는 확실성이 있다. (1) 하나님의 무한한 선하심을 초라하고 빈약하다고 생각하지 말라.[288] 그분은 율법의 두 번째 말씀에서 **모세**에게도 그분은 "여호와라 여호와라 자비롭고 은혜롭고 노하기를 더디하고 인자와 진실이 많은 하나님이라 인자를 천대까지 베풀며 악과 과실과 죄를 용서하리라"고 자기 이름을 선포

---

288) 시 103:8, 11, 17, 86:5, 15, 25:10, 119:64, 116:5

했다.[289] 그분의 자비는 그분이 하신 모든 일 위에 있다. 그것은 크고 하늘에 닿았다. 그것은 견고하고 영원히 지속된다. "여호와는 그의 인자하심을 바라는 자들을 기뻐하신다."[290] (2) 그리스도의 공로와 희생을 과소평가하지 말라. 그러나 그리스도께서 인간의 죄를 위해 죽는 것으로 불충분하거나, 인간의 죄에 대한 희생제물이 되기에 부족해서 사람이 저주를 받는 것이 아니라 오직 회개와 그분에 대한 믿음이 없기 때문이라는 것을 알라.[291] (3) 모든 사람에게 제공되는 용서와 구원의 조건부 약속의 보편성을 부인하지 말고 제공자의 조건에 따라 이를 받아들이라. 만약 당신이 이 세 가지 기초가 당신 아래 확고하고 견고하다고 느끼기만 한다면, 그것은 의지가 있는 모든 영혼을 격려할 것이다. 하나님의 사랑의 원인은 그리스도에 의한 우리의 구속이다. 구속의 기초는 약속이나 새 언약이다. 이 삼중 구조 위에 집을 짓는 사람은 안전하다.

방향 제시-5 '당신이 언약의 축복에 대한 특별한 소유권을 시험할 때, 언약의 조건을 잘 이해하고 있는지 확인하라. 당신의 소유에 대한 확실한 증거로서 그 조건의 수행을 자신 안에서 찾으며, 그 조건은 오직 언약에 대한 거짓 없는 동의라는 것을 알라.' 또는 복음에서 제시하는 모든 자비와 그러한 자비를 위해 요구되는 의무를 기꺼이 받아들이게 만드는 복음에 대한 믿음이라는 것을 알라. 그리스도의 복음과 용서와 구원을 인식하는 자들은 그 어떤 것도 빼앗기지 않을 것이다. 그러나 자비와 필요한 부가의무를 고집스럽게 꺼리거나 거부하는 사람은 그렇지 않다. 이것을 잘 이해하고 은혜의 언약을 자세히 읽으라(그것은 단지 하나님을, 당신의 하나님과 당신의 행복, 당신의 아버지, 당신의 구원자, 당신을 성화되게 하는 자로 삼는 것이다). 그런 다음, 여기에 당신이 원하지 않는 것이 있는지 마음속으로 물어보라. 그리고 원하지 않는 것이 당신이 원하는 것보다 크다면 그것은 당신이 원하지 않는 것이다. 그리고 당신이 진정으로 이 조건에 따라 당신의 하나님, 구세주, 성화되게 하는 자와 언약을 맺으려 한다면, 당신에게 제시한 용서에 대한 동의, 기꺼이 하려는 마음 또는 수용은 당신의 소유권에 대한 조건을 진정으로 이행하겠다는 것이며, 결과적으로 당신의 소유권에 대한 확

---

289) 출 34:6, 7
290) 시 147:11, 100:5, 33:18, 57:10, 108:4
291) 요 3:16

실한 증거가 된다. 결혼 동의가 개인과 특권에 대한 소유권의 조건인 것처럼, 당신이 이것을 찾으면 의심이 해결된다. 당신은 성경이 우리에게 알려주는 것과 같은 좋은 증거를 발견했다. 이것이 당신을 조용하게 하고 만족시키지 못한다면 당신은 그 일을 이해하지 못하는 것이다. 또한 당신이 그것들을 더 잘 이해할 준비가 될 때까지는 당신을 만족시킬 수 있는 이유나 증거는 없다. 그러나 정말로 당신이 언약의 조건에 동의하지 않고 마음에 꺼린다면 의심하지 말라. 그것은 당신이 아직 성화되지 않은 것이 확실하기 때문이다. 그러면 지금 당신이 해야 할 일은 언약의 조건과 혜택, 그리고 당신을 꺼리게 만드는 불합리한 이유를 더 잘 고려하는 것이다. 당신의 행복이 이 일에 달려 있다는 것을 깨닫고, 당신이 이 세상에서 이 일을 기꺼이 할 수 있는 모든 이유가 있지만, 이 일에 동의를 보류할 진정한 이유가 없다는 것을 깨닫기 전까지는 당신을 꺼리게 만드는 불합리한 이유를 더 잘 고려하라. 이러한 고려 사항에 대한 깨달음이 당신의 동의를 이끌어낼 때, 일치가 이루어지고 당신의 증거가 확실해진다.

방향 제시-6 '갑작스럽게 지나가는 생각이나, 느낌에 따라 당신의 마음과 증거를 판단하지 말고, 당신의 마음이 명확하고 차분한 환경에 있을 때, 진지하고 신중하게 검토하여 판단하라. 당신이 자신을 발견했을 때, 판단이나 발견된 것을 기록하라. 그리고 그 기록에 대해, 갑자기 그것이 가치 없게 보이거나 두려움이 생긴다 해도 그것을 믿지 말라.' 그렇게 하지 않으면 당신은 결코 침착하거나 결정하지 못할 것이다. 게다가 현재의 감각에 따라 위아래로 요동할 수 있다. 이 사건은 중대하기에, 갑작스러운 양상이나 흩어진 마음이나 혼란스러운 마음에 의해 결정되지 않는다. 당신이 준비되지 않거나 혼란스러운 이해력을 가진 상태에서 갑자기 그렇게 큰 일을 하라고 하면, 당신이 거짓말을 하게 되는 것은 당연하다. 눈이 충혈되었을 때나 색안경을 끼었을 때, 또는 사물이 멀리 있을 때는 색깔을 판단해서는 안 된다. 이는 길고 어려운 계산을 하는 것과 같아, 시간을 들여 신중히 수행해야 한다. 그렇게 하고, 금액이 지불된 후, 그 계좌에 대해 질문을 받는다면, 당신은 그 계좌에 대해 충분한 시간을 가져야 하며, 당신이 전처럼 침착하게 그리고 여유 있을 때 수행해야 하고, 갑작스러운 전망이나 특별한 생각으로 정확한 계좌를 흔들어서는 안 된다. 그러므로 당신은 당신의 영혼 상태에 관한 어떤 조사나 결정도 신뢰하지 말아야 한다. 게다가 오랫동안 차분하게 숙고한 가운데 결정한 것도 논쟁이 되어 왔다.

방향 제시-7 '그리고 이 일을 할 때, 당신 자신의 약점이 있는 한, 유능하고 충실한 안내자를 활용하여 도움 받는 것을 게을리하지 말라.' 당신의 의심은 당신 스스로 의심을 만족스럽게 제거하지 못하는 것이다. 그렇다면 문제는 현명한 사람이 당신에게 어떤 도움을 줄 수는 있는가 하는 것이다. 그는 은혜의 참된 본질과 확실한 표시, 은혜의 정도와 언약의 취지를 당신에게 더욱 분명하게 밝혀 줄 수 있다. 그는 당신의 마음을 추적하여 그 안에서 선과 악에 대해 어떻게 관찰하는지 도와줄 수 있다. 그는 당신에게 당신의 실수를 보여 주고, 지원하는 데 도움을 줄 수 있으며, 자신과 다른 사람들의 경험에 대해서도 많은 것을 말해 줄 수 있다. 그가 특히 당신의 삶의 과정을 알고 당신과 친밀한 사람이라면 당신 자신의 경우에 대해 강한 추측을 할 수 있다. 죄와 은혜는 둘 다 표현적이고 작용하는 것이다. 마치 생명처럼, 보통 움직이는 것과 불이 보이는 것처럼 보일 것이다. 비록 그들의 판단이 당신에 대해 확실하지 않을 수 있고, 위선이 당신을 다른 사람처럼 잠시 동안 숨길 수 있을지라도, 결국 위조는 길지 않을 것이다. 일반적으로 본성은 보일 것이고, 당신 안에 있는 것 그 자체가 보일 것이다. 그러므로 사적으로나 공적으로나 당신의 생활을 보는 당신의 지인들은 당신이 진실로 하나님을 기쁘시게 하려고 노력하는지 아닌 지에 대해 매우 강한 추측을 할 수 있다. 그러므로 가능하다면 당신을 도와줄 1. 능력 있고, 2. 충실하고, 3. 당신을 잘 아는 사람을 선택하라. 그리고 그의 판단을 과소평가하지 말라.

방향 제시-8 '당신이 처한 상황에 대한 확신을 얻을 수 없을 때, 확률적으로 얻을 수 있는 위로를 과소평가하거나 무시하지 말라.' 나는 이토록 중요한 사건에서 확실성을 간절히 원하고 그것을 위해 최선을 다해 노력해야 한다는 것을 알고 있다. 게다가 가능성이나 희망이 당신에게 줄 수 있는 것은 작은 위로가 아니다. 남편과 아내 둘 중 서로 한 사람이 다른 사람을 죽일 수 있을지에 대해 불확실 해도, 합리적으로 기대할 수 없는 일이기에 그들은 함께 편안하게 살 수 있다. 가능하기는 하지만 별로 두려워할 것은 아니다. 그리스도인의 모든 위로도 그들의 확신에 달려 있지 않다. 이 세상에서 분명한 확신에 도달하는 기독교인은 극소수에 불과하다. 왜냐하면 모든 로마 가톨릭교회, 루터교회(Lutherans), 알미니안주의자(Armin-ian)들은 그들의 구원에 대한 확신을 하기에는 뭔가 부족하기 때문이다. 왜냐하면 그들은 그것을 가질 수 없다고 생각하기 때문이다. 그리고 모든 얀센주의자(Jansensists)나 개신교인들은 그들의 칭의와 성화에 대한 확신은 가질 수 있을지라도 구원에 대한 확신을 하기에는 뭔가 부족하다는 것이 어거스틴의 판단이다. 왜냐하면 그들은 의롭고 성화된 사람들이 (선택받은 자는 아니지만) 타락할 수 있다고 판단하기 때문이다. 그리고 견인의(perseverance) 교리를 고수하는 사람들 중에서 자신의 진실성과 구원을 확신한다고 말할 수 있는 사람들은 얼마나 적은가? 슬프게도 아주 많은 사람 중 한 사람만 확신한다. 그럼에도 불구하고 이들 중 수천 명은 그들이 도달한 희망과 개연성 속에서 어느 정도 양심의 평화와 고요함, 위로를 누리며 살아가고 있다.

방향 제시-9 '하나님을 찬양하고 감사하는 중요하고 즐거운 의무에 많이 참여하기로 결심하라. 당신의 모든 기도의 상당 부분을 (보통) 이곳에서 보내라. 특히 주의 날을 이 일들로 보내라.' 그리하면 당신에게 세 가지 큰 이점이 있을 것이다. 1. 사랑, 감사, 기쁨의 행동들은 논쟁과 자기 성찰이 하는 것보다 더 가까운 방식으로 당신을 위로하도록 도울 것이다. 불이 당신을 따뜻하게 하는 것처럼, 심지어 어떤 느낌으로도 위로할 것이다. 2. 가장 감미로운 은혜를 실천하는 습관은 당신의 영혼을 그것에 익숙하게 할 것이며, 시간이 지나면서 부정적인 신념을 지울 것이다. 3. 하나님은 가장 높은 의무를 수행하는 당신을 최고로 인정하실 것이다.

방향 제시-10 '지금까지 당신의 의심이 당신의 성화에 도움이 되기도 하고 방해가 되기도 한다는 점을 유의하라. 그것이 당신의 마음을 하나님에게서, 그리고 거룩한 삶에 대한 사랑과 기쁨에서 떠나게 하고, 감사와 즐거운 순종을 부적합하게 하고, 의심에 의해 사탄이 만족하고 하나님께서 기뻐하지 않으시는 한, 그들은 저항 되어야 한다는 것을 확신할 수 있다. 그러나 그것이 당신을 겸손하게 하고 순종하게 하고, 죄를 더욱 예민하게 두려워하게 하며, 그리스도의 은혜에 대한 당신의 소망을 불러일으키는 한, 하나님께서는 당신의 유익을 위해 그것을 사용하신다.' 그러므로 그들의 공격에 너무 조급하지 말고, 하나님의 방법을 사용하거나 기다리라. 그러면 그분께서 적절한 때에 위로를 베푸실 것이다. 확신 없이 오래 사는 것을 싫어하고, 확신을 강하게 바랄 때, 많은 사람들은 예수를 위해 죽음이나 고난받는 것을 올바른 확신이라고 생각했다. 특히 다음을 주의하라. 1. 자신의 태만으로 확신을 놓치는 일이 없도록 하라. 2. 당신의 의심이 당신의 마음을 하나님에게서 돌아서게 하거나 하나님을 섬기는 일에서 낙담하게 하는 나쁜 결과가 생기지 않게 하라. 그러면 당신은 의심을 인내의 시련으로 받아들일 수 있으며, 의심은 분명히 행복한 결말을 맺을 것이다.

제26장

일탈과 회귀, 견인에 대한 방향 제시

제1과　일탈하거나 회귀하는 그리스도인을 위한 방향 제시(인내에 관한 지침)

회귀하는 경우는 너무나 끔찍하다. 부당하게 생각하는 많은 기독교인들의 실수가 너무 흔해서 회귀하는 사람이 되는 것이기에, 이 주제는 더 신중하게 다뤄야 한다. 처음에는 치료를 위한 몇 가지 지침을 제시한 후, 다음에는 매우 부정적인 상태를 예방하기 위한 다른 지침도 제시한다.

방향 제시-1 '회귀에는 어떤 것이 있는지, 그 종류와 정도를 잘 이해하라. 그러면 그것이 실제로 당신의 경우인지 아닌지를 더 확실하고 정확하게 분별할 수 있다.' 이를 위해 나는 여기에서 당신에게, I 여러 종류의 회귀하는 자들. II 회귀하는 자들의 여러 단계 또는 정도, III 그것의 징후를 설명한다.

I 일반적으로 세 가지 종류의 회귀자가 있다. 1. 이해의 오류로 인해 진리에서 쇠퇴하는 자들. 2. 의지와 애정이 부패하여 하나님의 선하심과 거룩함을 버리는 자들. 3. 삶의 죄악으로 인해 하나님에 대한 순종과 올바른 대화를 그만둔 자들이다.

첫째 부류는 다음을 포함한다. 1. 믿음에서 불신앙에 빠지는 것. 그리고 하나님의 말씀의 진실성을 의심한다. 2. 그들은 성경의 진실성은 의심하지 않지만 성경의 의도에 대해서만 오류에 빠진다. 이 타락한 판단은 현재 마음과 삶을 모두 타락시킨다.

두 번째 부류는 (마음으로 회귀한 자) 다음을 포함한다. 1. 선에 대한 애정을 잃은 자들로 자기만족과 소망을 잃고, 죄에 대항하려는 혐오감과 열심을 잃은 자들이다. 2. 또한 의지의 결단력을 상실하고 무엇을 해야 할지 결심하지 못하는 사람으로서, 악을 행하기로 결심하지 않더라도 선한 것을 생략하는 사람이다.

세 번째 부류는 (삶으로 회귀한 자) 다음을 포함한다. 1. 하나님이나 사람을 향한 의무에서 타락한 자. 2. 명백한 죄에 빠지고 호색, 관능, 세속화 또는 교만에 빠지는 자들.

II-1 판단력이 타락한 사람은 때때로 천천히 넘어지기도 하고, 갑자기 넘어지기도 한다. 점차적으로 타락하는 자들은 이해력의 상실에서 시작된다. 그러나 대부분은 마음의 실패나 거짓에서 시작되며, 부패한 의지는 이해력을 부패 시킨다.

[이단이나 종파(sect)에 빠지는 과정]

1. 이해력의 실패로 인해 점점 타락하는 사람들은 결코 진리에 확고한 기반을 두지 못하는 어리석은 영혼들이다. 그들 중 어떤 사람들은 자신을 오류나 불신앙으로 합리화한다. 그들 중 다른 사람들은 (가장 일반적인 일이지만) 유혹자들의 교활함과 신중한 작업에 의해 그 속에 빠진다. 그리고 그 과정으로, 그들은 처음에는, 이전에 그들에게 타당해 보였던 몇 가지 주장에 대해 의심하게 된다. 그다음에 그들은 진리 자체를 의심한다. 아니면 그들은 유혹자로부터 어떤 주장을 듣게 되는데, 그들 자신의 약점 때문에 그 주장을 반박할 수 없다. 그 뒤에, 그들은 그것이 옳다 생각하는 것처럼 그것에 굴복한다. 왜냐하면 그들은 그것에 반대할 말을 알지도 못하고, 다른 사람들이 그 반대로 알고 있는 것을 알지도 못하며, 다른 사람들이 그것을 얼마나 쉽게 반증할 수 있는지 모르기 때문이다. 그리고 일단 그들이 이전에 알던 한 가지 것에 대해 의심을 품게 되면, 그들은 나머지 모든 것도 재빨리 의심하게 된다. 이전에는 가장 높이 평가했던 사람들에 대한 의심과 불만이 커진다. 그리고 나서 그들은 그들을 유혹한 사람과 정당에 대해 높은 존경심을 갖게 된다. 그리고 한 가지 면에서 더 현명한 사람은 다른 면에서도 더 현명하다고 생각한다. 그리하여 그들이 처음 받은 오류에 뒤따르는 모든

오류를 받아들일 준비가 된다. 그다음으로 그들은 그들을 유혹했던 종파와 한 덩어리가 된다. 그리고 교회의 진지하고 연합된 부분에서 분리된다. 그래서 그들은 자신들의 당을 확대하기 위해 집요함이 생기고, 자신들의 길을 반대하는 사람들에 대한 사랑을 잃는다. 그리고 그들 종파의 이익을 증진시키는 데 필요해 보이는 모든 부정직함을 합법이라고 생각함으로써 그들의 도덕성을 부패시키고, 그것이 진리와 하나님의 이익이라고 생각한다. 마침내 그들은 그 종파에 싫증이 나고, 다른 종파의 말에 귀를 기울이게 될 것인다. 결국 그들은 이 단계 중 하나에 이르게 된다. 가장 쉬운 종교로서 로마 가톨릭에 정착하여, 오랜 역사, 안정성, 통일성 및 보편성이 있다는 거짓 주장을 받아들인다. 아니면 무신론이나 불신앙으로 돌아가서 모든 종교를 단순한 사기로 여길 수도 있다. 아니면(그들이 이전의 방황에서 정직한 마음을 유지한다면), 하나님께서 그들에게 그들의 어리석음을 보여 주시고, 그들을 일치와 사랑으로 다시 데려가시며, 이전에 그들을 유혹했고, 한때 그들이 영적이고 천상의 깨달음이라고 생각했던 추론의 헛됨을 보게 하실 것이다. 이것이 오류의 일반적인 과정이다. 이때, 이해가 가장 주목할 만한 원인이다. 그러나 때때로, 사기꾼이 갑자기 그들이 반박할 수 없는 거짓된 진리를 가르침으로 그들에게서 승리를 거두는 경우도 있다. 그러나 여전히 준비가 부족하고 준비가 되어 있지 않은 마음이 가장 큰 원인이다.

2. 그러나 자기 의지의 비뚤어진 성향으로 판단을 하는 사람은, 대개 육체에 속한 위선자들이며 육체의 생각과 이익을 이기지 못하고, 세상을 극복하지 못하며 하늘의 본성과 생명을 알지 못하는 자들이다. 또한 신성한 사랑의 능력도 알지 못한다. 이 사람들은 새로워지고 거룩한 마음 없이, 교육이나 관리의 유익 또는 그들이 살고 있는 나라의 종교의 유익에 대한 이해와 확신만이 그들의 신앙고백이라 생각하므로, 그들 마음의 편견이 그들 이해의 빛에 대항하여 쉽게 승리한다. 그들은 고통에서 구원하고, 육체적이며 야심적이며 세속적인 삶을 살 자유를 주는 교리가 참이기를 원하기 때문에 점차적으로 그들의 이해는 그 교리를 받아들이는 데에 성공한다.

II-2 마음으로 회귀한 자들은 다양한 방법과 수단에 의해 넘어진다. 왜냐하면, 사탄의 방법이 항상 같은 것은 아니기 때문이다. 그들 중 일부는 판단력이 부패하여 넘어진다. 모든 오류는 마음에 많은 영향을 미치기 때문이다. 어떤 사람들은 갑자기 어떤 중대하고 관능적인 죄에 빠지도록 유혹을 받는다. 그리하여 그들의 삶의 오류가 그들의 마음을 하나님에게서 멀어지게 한다. 그러나 마음이나 의지의 어떤 죄가 여전히 먼저 가는 것은 아니지만, 마음의 예외적인 부패와 타락은 때때로 판단이나 삶의 오류로 인해 발생한다. 그러나 때때로, 타락의 시작과 과정이 욕구와 의지 자체에서 정확하지는 않지만, 관찰될 수 있다. 여기서는 악으로 (즉, 감각적이거나 육체적인 선) 기울어지는 것과, 참되고 영적인 선으로부터 일탈하는 것은 거의 항상 같이 간다. 가장 일반적으로 이러한 방법과 과정에 의해 넘어진다.

1. (1) 마귀는 대개 환상과 욕구로 시작하여 세상적이고 육체적인 것을 매우 즐겁고 바람직한 것으로 이해하게 한다. (2) 다음으로, 그는 생각을 유혹하기 위해 자기만족을 제시한다. 그래서 그들은 이 즐거움에 대해 많이 그리고 자주 생각하게 된다. (3) 그다음에는 의지가 그것을 좋아하게 되어 그것을 즐기기를 바란다. (부나 쾌적한 집이나 즐거운 교제나 맛있는 음식이나 술이나 육체의 충족이나 의복이나 명예, 명령, 안락, 정욕, 스포츠 및 오락 등.) (4) 다음으로, 이해를 계획에 끌어들여, 즐거움을 어떻게 얻을 수 있을지 계획하고 고안하며, 가능하다면 영혼의 위험없이 사업이 달성될 수 있도록 모든 합법적인 수단을 먼저 고려한다. (5) 그다음에는 합법적이라고 생각되는 수단을 사용하여 노력을 기울이고 양심은 무해하고 안전하다는 자만심으로 조용해진다. (6) 이때가 되면, 그 사람은 자신의 육체적인 원인과 행동에 관여하게 되므로 되돌아가기가 더 어려워진다. 그리고 감각적 쾌락에 대한 마음의 성향은 전보다 더 강해진다. (7) 그리고 나서, 그는 어떤 수단을 써서라도, 그것이 무슨 죄가 된다 하더라도 자신의 계획을 실행하려고 마음을 먹게 된다. 가능하다면 어떤 추론을 통해 모든 것이 여전히 합법적이라고 자신을 믿게 한다. 또는 그 사건이 어떻게 감춰질 수 없을 만큼 뚜렷하다면, 마침내 양심은 잠들고 화인 맞아서 마비되어 모든 사람 앞에서 침묵하게 된다. 은혜나 복수가 죄인을 깨우거나 그의 광기와 어리석음에 놀라게 될 때까지 침묵하게 된다. 이것은 마음이 뚜렷한 악으로 되돌아가는 가장 일반적인 방법이다.

2. 그러한 단계에 따라, 마음은 하나님과 선에 대한 사랑과 선함에서 쇠퇴한다. (1) 생각이 육체적인 허영심을 지나치게 사랑하는 것으로 전환되고, 하나님에 대한 생각은 평소보다 더 드물고 짧게 된다. (2) 동시에 하나님에 대한 생각은 덜 진지하고 즐겁지 않으며 죽은 것과 생명 없는 것이 된다. (3) 사랑을 불러일으키는 수단은 더욱 둔감하고 태만하며 무관심하게

사용된다. (4) 양심은 고의적인 부작위와 범죄로 인해 괴로움을 느끼며(육체적인 마음의 계획을 알고), 하나님의 불쾌하심에 대한 은밀한 두려움을 불러일으킨다. 이것이 사람의 죄를 제지할 만큼 충분히 강하지 않기 때문에 자신의 죄를 더 크게 만들고, 하나님께 가까이 나가거나 진지하게 생각하거나 그분께 부르짖는 것을 매우 꺼리게 만들고, 사랑을 공포와 혐오로 바꾼다. (5) 만약 하나님께서 죄인에게 죄를 멈추게 하고 회복시키지 않는다면, 그 사람은 하나님에 대해 상당히 싫증을 느끼고 거룩한 삶에 대한 사랑에서 빠져나와 세상적이고 육체적인 쾌락때문에 자기를 변화시킬 것이다. (6) 그다음에 그는 어떤 불신자, 무신론자, 방탕한 교리를 받아들일 것이며, 이는 자기를 정당화함으로써 죄의 길에서 자기를 안정시키고, 자기의 마음을 따라 판단할 것이다. (7) 그다음에 그는 하나님과 그의 길과 하나님의 종들을 미워하고 그들을 박해하는 자가 될 것이다. 복수가 그를 지옥에 가두게 될 때까지, 그곳에서 고통과 절망이 자신의 증오를 증가시킬 것이다. 그러나 자신의 육체의 쾌락과 악의적인 박해는 끝까지 지속될 것이다.

II-3 삶과 실천에 있어서 회귀한 자들은 첫 번째로 마음이 감염된다. 마음이 일탈하는 것만큼 삶도 일탈하지는 않는다. 그러나 나는 원인과 결과로 이것을 다른 것과 구별한다. 그리고 오히려 몇몇 소수의 사람들이 마음이 일탈했음에도 불구하고 사람들의 눈에는 그가 흠잡을 데 없는 삶을 사는 것처럼 보인다. 대개는 다음과 같은 단계로 행해진다.

1. 사람이 명확한 죄로 (관능적이거나 세속적으로) 회귀한 자의 마음은 이전으로 돌아갈 준비가 되어 있다. (1) 죄에 대한 심판을 이전보다 더 소홀히 생각한다. 그리고 의지는 심판에 대해 덜 단호하고, 무디고 약하게 반대한다. (2) 그런 다음 죄인은 미끼를 맛보고 감히 먼저 죄에 가까이 다가가서 죄를 지을 특별한 때와 기회를 받아들이지만 더 이상 포기할 생각은 없다. 이 경우에 그는 유혹하는 자와 너무 오랫동안 논쟁을 벌이고 그의 말에 귀를 기울이고 미끼를 바라보다가 마침내 굴복한다. 오랫동안 구덩이 언저리에서 놀았기 때문에 자기의 격렬한 정욕이나 욕구가 자신을 죄에 밀어 넣는다. (3) 그가 한번 (참된 믿음에 대항하여) 죄를 지으면, 그는 잠시 괴로워하며, 괴로워하는 그것을 참된 회개로 여기고, 첫 번째 죄를 용서받을 수 있다는 희망이 생기면 더 담대하게 다시 같은 일을 감행한다. 그리고 두 번째도 첫 번째와 마찬가지로 용서받을 수 있다고 생각한다. (4) 그는 습관이 될 때까지 같은 순서로 계

속해서 그 상태에 빠진다. (5) 이때가 되면 그는 그것을 더욱 사랑하게 되고, 그것이 합법적이고 그것으로 위험이 없으면 좋겠다고 생각한다. (6) 그리고 나서 그는 양심을 조용하게 하는 것이 합법적이라는 것을 증명하면 자기를 괴롭히지 않을 것이라고 생각한다. 그러므로 그는 자신의 죄에 대해 정당화하는 사람들이 그것에 대해 말하는 것을 기쁘게 듣고 그 이유가 중요하다고 스스로 믿게 된다. (7) 그리고 그는 양심의 가책 없이 죄를 짓는다.

2. 그러므로 사람이 믿음의 실천에서 회귀하는 경우는 다음과 같다. (1) 위에서 말한 것처럼 마음이 공감하지 못하고 마음이 내키지 않을 때. (2) 그리고 나서 의무의 삶이 쇠퇴해지고 그것이 죽은 형식으로 퇴화할 때. (3) 다음으로, 그는 의무를 자주 생략할 수 있는데, 특히 아무도 모르는 경우에 그렇다. 점차적으로 의무를 가끔씩 수행한다. (4) 그는 이 모든 것을 은혜의 상태에 있는 용서받은 사람의 과실로 여긴다. 그러므로 그는 그것에 대해 거의 걱정을 하지 않는다. (5) 다음으로 그는 믿음의 모든 삶과 위로를 잃어버리고, 의무를 생략할 때, 어떤 의무도 할 수 없는 것을 섭섭히 여기지 않는다. 게다가 의무를 피한 것을 멍에를 벗은 소처럼 기뻐한다. (6) 다음으로, 그는 종교에 있어서 너무 복잡한 사업을 마치 불필요하고 무익한 일인 것처럼 반대하는 사람들의 말을 듣기 시작한다. (7) 만일 하나님께서 그를 버리시면, 그는 이전의 노력을 후회하고, 아무것도 희생하지 않고 관례적으로 입에 발린 말을 하며 죽음의 길에 정착하거나, 아니면 완전히 세속적이고 불경건한 길, 아마도 마침내 악의와 박해하는 상태에 정착할 것이다.

[일탈의 징후]

III 이미 말한 내용에서 일탈의 조짐이나 증상을 알 수 있지만 몇 가지를 더 추가한다.

1. 당신이 죄에 대해 조심스러운 상태에 있을 때보다 죄짓는 때와 죄의 유혹을 받을 때 담대해지면 당신은 일탈하고 있는 것이다.

2. 한때 당신에게 심각하게 보였고 거의 참을 수 없을 것 같았던 내면의 부패와 연약함을 사소한 문제로 생각할 때.

3. 당신이 수고와 책망과 불경건한 자들에게 고난받는 일에 육체를 희생하지 않고, 힘들고

비용이 드는 부분은 제외하고 나머지 부분에서 매우 종교적인 것처럼 보이는 직업이나 신앙의 길에 안주할 때.

4. 일상적이고 관습적인 종교 행위를 수행하는데 그것으로 인한 유익이나 은혜의 증가나 하나님과 영적 교감을 못 해도 잠잠하고 만족할 때.

5. 당신이 하나님과 예수 그리스도에 대해 낯설어지고, 성령 안에서 그분과 대화가 거의 없어지고, 그분에 대한 당신의 생각도 거의 없어져 차갑게 되고, 생명이 없을 때 그리고 당신의 종교생활 모두가 좋아하는 사람들과 대화, 좋아하는 책들과 외적인 의무에만 관련할 때.

6. 당신이 당신의 마음을 외면하는 자와 낯선 자로 자라나, 날마다 자신을 시험하거나, 살피거나, 일깨우거나, 자신의 부패를 멈추는 데 있어서 거의 일하지 않게 된 때. 그러나 종교에서의 당신의 일은 대부분 사회에 있고 대외적인 활동에 관한 것일 때.

7. 그렇다. 비록 당신 자신의 마음과 의무에 당신의 관심과 생각이 많을지라도, 당신의 생각보다 그리스도 안에 있는 사랑과 은혜의 경이로움이 적거나, 영적으로 혼란에 빠진 당신 자신의 마음보다 십자가에 못 박혀 영광을 받으신 그리스도를 연구하는 일에 더 힘쓰지 않는다면.

8. 영적인 도움과 유익이 덜 즐거우며, 중요하지 않고, 한때는 그것 없이는 살 수 없었던, 설교와 기도와 성찬에 점점 무관심해질 때, 모든 것이 당신에게 만족스럽지 않다. 그리고 그것을 수단이 아닌 필요를 위한 최소한의 의무로 사용하고, 이익과 성공에 대한 희망으로 사용한다.

9. 당신이 사람의 눈을 지나치게 의식하고 하나님의 눈은 무시할 때, 그리고 기도와 설교의 의도와 내면적인 부분과 태도보다 말과 외면을 훨씬 더 주의할 때, 그리고 당신이 집밖에 있는 사람들에게는 매우 좋게 보이지만 집에서는 차갑고 무관심하고 삶의 가장 지저분한 모습을 보일 때.

10. 논쟁의 여지가 있는 종교의 작은 문제에 대해 가장 열광할 때, 또는 일반적인 진리와 그리스도의 대의에 대한 관심보다 당신이 선택한 어떤 사적인 견해와 정당의 관심에 더 열중할 때.

11. 다른 사람들과 함께 말할 때, 말하는 의도, 중요성, 탁월성보다 고상한 말을 더 좋아한

다. 설교자가 진리를 전달하는 데 있어서 어떤 개인적인 결점을 드러낸다면, 가장 유익한 진리임에도 참지 못한다. 설교가 참신성, 다양성, 우아함이 없으면 지치고 피곤할 때.

12. 당신이 당신의 동료에 대해 무관심해지고, 진지하고 경건한 기독교인의 동료에 덜 관심을 갖게 되며, 일반적인 친구의 대화에 더 만족할 때.

13. 죄에 대한 책망을 더욱 참지 못하고, 당신의 어떤 허물에 대해 말하는 것을 듣기 싫어하고, 당신에게 가장 큰 박수를 보내는 사람을 더 사랑할 때.

14. 회개를 새롭게 해도, 생명이 없고 피상적일 때, 주의 날이나 성찬, 또는 그 밖의 행사를 준비할 때, 당신은 당신 자신의 중요한 사건을 말하지 않거나, 당신의 사건에서 발견한 죄를 감수하지 않고 큰 문제로 여기지 않을 때.

15. 참을 수 있는 것임에도 다른 형제들에게 더욱 불친절하고 비판이 심할 때, 그리고 다른 사람의 명성이나 복지에 주의하지 않으며, 이웃을 자신처럼 사랑하지 않고, 당신이 받고 싶은 만큼 다른 사람에게 행하지 않을 때.

16. 하나님을 경외하지 않는 세상 사람들에 대한 동정심이 줄어들고, 온 땅에 있는 보편적인 교회와 예수 그리스도의 공동 유익에 대한 관심이 줄고, 더욱 편협하고 사적인 마음이 되어 당신의 관심을 자신과 자신의 정당에만 국한시킬 때.

17. 천국의 소망과 하나님의 사랑이 당신의 만족이 되지 않고, 오히려 세상적인 만족에 목말라 하고 당신 욕망에 더욱 열중하게 되고, 세상이 당신에게 더욱 달고, 당신의 눈에 더욱 사랑스러워질 때.

18. 감각적 욕구와 육체의 쾌락이 더욱 강력해지고, 당신은 그것을 크게 여기고, 당신이 짐승처럼 산다면 모를까, 마치 당신이 큰 영웅적 행동을 한 것처럼, 많은 노력과 후회 없이는 그것들을 부정할 수 없을 때.

19. 당신이 교만하고 참을성이 없어, 사람으로부터 경멸과 무시와 상처, 그리스도를 위하여 가난과 고난을 견디지 못하고, 육체와 세상에 대해 죽은 사람처럼 사는 것을 마땅하다 생각하지 않고, 당신에 대한 손실, 어려운 상황, 잘못을 더 큰 문제로 삼을 때.

20. 마지막으로, 당신은 하늘에 있는 것보다 땅에 사는 것이 더 낫다고 생각하고, 죽음에 대해 생각하거나 준비하고 기대하는 것을 더욱 꺼리며, 그리스도의 재림을 덜 사랑하고, 땅

에 사는 것을 더 좋아하여, 육체적으로 죄악 된 삶을 살 준비가 되어 있을 때. 이 모든 것은 아직 배교에 이르지는 않았으나, 일탈하고 있는 징후다.

[은혜 없는 상태의 징후]

영적 사망과 저주를 받을 만한 상태는 실제로 다음과 같은 태도로 알 수 있다.

1. 사람이 하늘에서 하나님의 사랑과 즐거움보다 세상적인 번영을 더 좋아할 때.

2. 하나님과 영혼의 이익을 위하는 것보다 육체의 이익을 위해 더 많은 일을 하고, 그리고 자신의 마음과 생명을 더 많이 지배하고 처분할 때.

3. 거룩함보다 관능적으로 살기를 더 좋아하고, 자기를 거룩하게 하고 치료해 줄 그리스도와 성령이 있는 것보다 자기가 원하는 대로 사는 것을 더 좋아할 때. 아니면 복음에 제시된 조건으로는 자신의 죄가 없어지지 않을 것이라고 생각할 때.

4. 자신을 회복시켜 줄 하늘의 영적 수단을 사랑하지 않을 때. 여기에 가까이 가면 갈수록 당신의 상황은 더욱 위험하다.

[회개하지 않은 징후]

다음과 같은 표시는 매우 위험한 징후이다.

1. 죄악 된 번영과 쾌락의 즐거움이 거룩함의 즐거움을 훨씬 능가하여 거룩한 의무를 수행할 때는 괴롭고 피곤하지만 죄악 된 즐거움을 누릴 때는 평안하고 즐거울 때.

2. 사역자나 어떤 친구의 어떤 설득으로도 당신의 공개적이고 추악한 죄를 완전히 회개할 수 없고, 그 죄를 자유롭게 고백함으로써 스스로 부끄러움을 당할 수가 없을 때(심지어 공개 집회에서 고백을 정당하게 요구 받았을 때에도). 그것은 스스로를 정죄하고 경고하며 지극히 거룩하신 하나님께 영광을 돌리려 하는 것이지만 당신은 그렇게 하지 않을 것이기에, 그러한 수치스러운 고백이 당신의 의무라고 믿지 않을 것이다.

3. 당신이 마음을 다잡고 당신의 죄를 버리겠다는 완전한 결심을 할 수 없을 때. 그러나 양

심은 죄 때문에 당신을 걱정하고 비난할지라도, 당신은 앞으로 죄를 고치려는 생각이 조금 있을 뿐이고, 현재는 결심하지 않는다.

4. 당신의 회복을 위해, 죄의 미끼와 유혹과 기회를 끊기 위한 효과적인 수단에 동의하지 않을 때. 많은 술꾼이 나에게 말하길, 그는 기꺼이 개혁될 것이라고 했다. 그래서 나는 그들에게 몇 가지를 요구했고 그들의 동의하에, 몇 달 동안 포도주나 맥주를 마시지 않고, 술집에 머물지 않고, 몇 달 동안 그들 자신의 통치를 그들의 아내나 그들과 함께 사는 다른 친구에게 맡겨 그들이 주는 것 외에는 더 마시지 않기로 했는데, 그들은 이 중 어느 것 하나도 이행하지 않았다. 기꺼이 고치겠다고 공언하는 그들의 위선을 그렇게 보여 주었다.

5. 죄가 쉬워지고 양심이 죄에 대하여 잠자코 있으며 그 아래서 평안할 때.

6. 죄를 회개하는 대신, 심판이 죄의 편을 들어, 죄를 정당화하거나 경감할 것이고, 혀가 그것을 변호할 것이라고 생각할 때. 이것은 회개하지 않고, 용서받지 못하고, 절망적인 영혼의 위험한 징후이다. 그리고 그 사람은 이것에 대해 위험한 길 속에 서 있다. (1) 그가 그 죄를 떠날 수 없을 정도로 죄에 대한 헛된 생각에 빠졌을 때, 그러나 그것은 그에게 매우 큰 대가를 치르게 할 것이다. 그것을 고백하는 것은 자신에게 수치가 되고, 그것을 버리는 것은 세상에서 자신이 파멸되거나, 그의 야심적이고 탐욕스러운 계획들에 바쳐진 많은 비용과 노동이 물거품이 되기 때문에, 그렇게 큰 어려움을 극복하는 것은 어려울 것이다. (2) 하나님께서 그를 죄 가운데 내버려두시어 죄 가운데서 형통케 하시며 죄를 크게 방해하시거나 괴롭게 하지 아니하실 때. 이것 또한 위험한 경우다.

[일탈의 징후가 아닌 것]

다음에 언급될 것을 통해, 당신은 일부 열등한 기독교인들이 두려워하는 일탈 상태의 징후가 아니라는 것을 알 수 있다. 예를 들면,

1. 가난으로 인해, 일부 부유한 사람들보다, 그들의 직업에 대해 더 많은 시간과 생각과 말을 해야 할 때.

2. 노령이나 질병으로 인해 기억력이 감퇴된 경우, 그들은 이전처럼 설교를 잘 기억하지 못

한다.

3. 나이가 들거나 질병이 와서 정신의 활력과 원기가 사라질 때. 그들은 기도나 거룩한 집회나 묵상이나 읽는 일이나 듣는 일에 있어서 이전과 같은 생생한 애정을 갖지 못한다. (그러나 그들은 여전히 죄와 허영에 반대하여 하나님을 위하기로 결심함에도.) 그들은 식어지고 무디어지며, 거룩한 활동에 대한 열정과 기쁨이 덜하게 된다.

4. 나이가 들거나 허약하거나 우울함으로 인해, 그들의 상상력이 쇠퇴하거나 혼란스러워지고 그들의 생각이 흐트러져 이전처럼 명령하거나 지도할 수 없게 된다.

5. 나이가 들거나 우울증으로 인해 그들의 역할과 재능이 약해졌을 때. 그래서 그들은 이전보다 이해력이 더디고 기도나 설교나 회의에서 자신의 생각을 잘 표현할 수 없다. 이 모든 것은 육체적 변화이고, 그에 따른 영혼에 대한 방해일 뿐이기에, 거룩함에서 일탈하고 하나님께 덜 받아들여지는 영혼의 징후로 생각해서는 안 된다.

방향 제시-2 '자신이 일탈의 징후가 있다는 것을 알게 되면 빛으로 와서 이것이 당신의 상태인지 아닌지를 기꺼이 알아보라. 당신의 질병을 어리석게 덮지 말라.' 당신이 이전에 하나님의 빛이 당신에게 비치고 당신이 그의 길을 즐거워하며 죄를 미워하고 거룩함을 사랑하던 때와 같은 것이 당신에게 있는지 조사하라. 당신이 죄를 미워하고 거룩함을 사랑하고 생명의 상속자들과 함께 기뻐하는지, 하나님의 말씀이 당신에게 기쁨이 되는지, 당신이 기도와 감사로 당신의 영혼을 그분께 쏟아 붓는지, 당신이 주의 날을 기뻐하고, 사역자들의 가르침과 권면으로 소생하고, 강화되는지, 당신이 거룩한 영혼의 만족과 세상의 부와 쾌락을 비교할 때, 세상 것을 어린아이의 장난감과 어리석은 일로 여기는지, 당신이 그리스도와 의를 따라가며 주리고 목말라 하는지, 이 세상의 모든 쾌락과 번영을 누리는 것보다 오히려 죄에서 벗어나 당신의 하나님을 향유하기 위해 하늘에 있었으면 좋았을 것이라고 생각하는지, 죽음을 준비하고 그리스도께서 약속하신 영원한 안식을 기대하며 사는 것이 일상적인 삶일 때, 그것이 거룩함을 사랑하던 때와 같은지 조사하라. 이것이 한때 당신의 경우였다면, 그것이 당신에게 계속되는지, 아니면 당신의 마음과 삶에 어떤 변화가 있는지 조사하라.

방향 제시-3 '만약 당신이 일탈한 상황에 처해 있다면, 그러한 상태의 위험과 비참함을 진지하게 고려함으로써 당신의 영혼을 일깨우기 위해 모든 수단을 사용하며 힘쓰라.' 그 목적을 위해 여기에서 당신에게 생명을 주는 몇 가지 고려사항을 제시한다(당신의 가장 큰 위험은 안전이다).

1. 하나님에게서 물러나는 것은 마귀에게서 오는 죄라고 생각해 보라. "자기 지위를 지키지 아니하고 자기 처소를 떠난 천사들을 큰 날의 심판까지 영원한 결박으로 흑암에 가두셨다."[292] 그들 자신의 저주에 당신을 끌어들여도 좋은가?

2. 하나님을 배반하여 거룩함을 상실한 죄는 우리의 첫 조상 **아담**과 **하와**의 죄였다. 온 세상으로 하여금 그토록 큰 고통을 겪게 한 죄보다 우리가 더 조심스럽게 피해야 할 죄가 있는가? 당신이 바라보는 모든 피조물과 당신이 느끼는 모든 고통과 비참함은, 당신에게 첫 조상의 죄를 상기시키고, 하나님에게서 추방되는 사람이 되지 말라고 하는, 당신의 첫 조상의 경고에 주의를 기울이라고 요구하는 것이다.

3. 당신이 지상에서 선택하는 것은 지옥의 일부이다. "저주받은 자들아, 나를 떠나라"[293]는 말은 저주받은 자들에 대한 선고다. 당신은 하나님을 떠나 하나님께서 당신을 부르시고 당신에게 은혜를 베푸실 때, 스스로 저주를 불러일으킬 것인가? 하나님으로부터 분리되는 것은 저주받은 자와 거의 같다.

4. 당신은 회심하지 않은 상태로 되돌아가고 있다. 그것은 얼마나 암흑과 어리석음과 망상과 죄와 비참한 상태였던가? 그것이 좋고 견딜 수 있었다면 당신은 왜 그것을 바꾸려 했는가? 어찌하여 그렇게 한탄했는가? 어찌하여 그렇게 간절하게 구출을 외쳤는가? 만약 그것이 당신이 그때 생각했던 것처럼 나쁘다면, 왜 다시 그쪽으로 돌아가려 하는가? 당신은 과거의 당신으로 돌아가려는가? 당신은 그 안에서 멸망하려는가? 아니면 그 모든 가슴 아픈 일과 공포를 다시 겪으려는 가? **바울**이 갈라디아 사람들에게 말한 것처럼, 나도 당신에게 "어리석은 죄인들아, 누가 너희를 꾀어 너희를 이같이 속히 돌아서게 하였느냐?"[294]라고 말하지 않아도 될까? 죄와 하나님과 그리스도와 천국과 지옥에 대하여 당신이 아는 것과 같은 것을 누가 보았는가?

---

292) 유 1:6
293) 마 25:41, 7:23
294) 갈 3:1-4

5. 그렇다. 당신이 향하고 있는 곳은 당신이 이전에 있었던 곳보다 훨씬 더 비참한 상태이다. 배교자의 죄는 그가 진리를 전혀 알지 못했을 때보다 훨씬 더 크기 때문이다. 그의 회복은 더 어렵고 희망도 더 적다. 왜냐하면 "그는 두 번 죽어 뿌리까지 뽑혔기 때문이다."[295] "만일 그들이 우리 주 되신 구주 예수 그리스도를 앎으로 세상의 더러움을 피한 후에 다시 그것에 얽매이고 그것에 지면 그 나중 형편이 처음보다 더 심하리니 의의 도를 안 후에 받은 거룩한 명령을 저버리는 것보다 알지 못하는 것이 도리어 그들에게 나았으리라. 실제 상태에 부합하는 속담에 이르기를 개가 그 토하였던 것에 돌아가고 돼지가 씻었다가 더러운 구덩이에 도로 누웠다 하는 말이 그들에게 응하였도다."[296] "우리가 진리를 아는 지식을 받은 후 짐짓 죄를 범 한즉 다시 속죄하는 제사가 없고 오직 무서운 마음으로 심판을 기다리는 것과 대적하는 자를 태울 맹렬한 불만 있으리라."[297] 나는 이것이 오직 그리스도로부터의 배도에 대해서만 말하고 있다는 것을 알고 있다. (이러한 배교는 **모세**의 율법을 멸시하는 자보다 더 엄한 형벌을 받아 마땅하다.)[298] 그러나 그렇게 절망적인 상태에 빠지는 것은 무서운 일이다. 중독은 이전에 소유했던 속성이 결핍된 상태(privation)보다 무언가를 부정하는 행위(negation)에 의해 도입되기 더 쉽다. 중독에서 완전히 헤어나온 자보다, 한 번도 중독된 적이 없는 자에게 도입되기 쉽다.

6. 당신의 회귀를 인정하기 위한 죄를 얼마나 많이 지었는가? 당신은 죄의 사악함과 회개의 쓰라림과 죄를 짓는 것에 대해 기만적으로 말해지는 모든 것을 알고 있다. 그리고 하나님의 선하심과 종교의 안전과 감미로움을 경험했다. 그런데 당신은 그렇게 큰 경험에 대항하여 죄를 지을 것인가? 당신의 말(horse)이 유사(quick sand)에 한 번 빠진 경험이 있다면, 다시는 그 속으로 들어 가지 않을 것이다. 당신은 그보다 덜 현명한가?

7. 당신은 하나님과 맺은 수많은 언약과 약속을 회귀함으로써 위반할 것인가? 두려움과 위험과 질병 속에서, 성찬과 굴욕의 날에 당신은 얼마나 자주 하나님께 당신의 의무를 새롭게

---

295) 유 1:12
296) 벧후 2:20-22
297) 히 10:26, 27
298) 히 10:28, 29

부과했는가? 당신은 이 모든 것을 잊어버리고 그것들에 반하여 죄를 지으려 하는가?

8. 하나님께서는 당신에게 얼마나 많은 자비를 베풀어 주셨는가! 당신이 회개하기 전의 자비, 당신을 회개하게 한 자비, 지금까지 자비를 얼마나 많이 베풀어 주셨는가! 그분은 얼마나 자비롭게 당신을 지옥에서 구해 주셨는가! 그분은 당신의 모든 죄를 얼마나 자비롭게 참으셨는가! 당신이 그분을 자극하는 동안 얼마나 당신을 옹호했는가! 당신이 그분에게 대항한 모든 일을 용서하셨다! (당신이 진실로 회개하는 신자라면!) 그분께서 자비롭게 당신을 가르치고 거룩하게 하시고 위로하시고, 얼마나 풍성하게 당신의 필요를 채워 주셨는가! 그런데도 그분을 버리고 어리석은 데로 돌아가려 하는가? 그분의 모든 자비에 대해, 그분에게 이런 식으로 부당하게 보답하려 하는가? 그분이 당신을 어떻게 다루셨는지 기억하고는 당신의 타락을 부끄러워하지 않을 수 있겠는가? 그분의 사랑을 되돌아보고 당신이 배은망덕하게 행한 일을 생각하면 당신의 마음이 누그러지지 않는가?

9. 아니, 당신은 현재의 얼마나 많은 자비로부터 도망치고 있는가? 죄로 돌아가는 것보다 그리스도께 충실한 것이 더 안전하고 낫다고 당신의 양심이 말하지 않는가? 당신은 당신의 하나님, 당신의 구속자, 당신의 성령을 떠날 건가? 당신은 용서와 보호, 그리고 모든 은혜의 약속에 대한 권리를 포기할 건가? 성도에 대한 모든 위로에 작별을 고할 건가? 그런 날을 생각하면 떨리지 않는가? 당신이 하나님을 저버릴 때, 이 모든 것도 버려진다.

10. 참으로 이 사람아, 당신 앞을 바라보고 당신이 지금까지 누렸던 것보다 더 큰 것들이 당신에게 약속되어 있다는 것을 생각하라. 그리스도께서는 당신을 하나님 앞에서 영원한 행복으로 인도하고 계신다. 그런데 당신은 당신의 인도자를 버리고 그분에게서 멀어지고 영생에 대한 당신의 모든 희망을 버릴 것인가?

11. 당신이 그토록 큰 위험을 무릅쓰고 하려는 일이 무엇인지 생각해 보라. 세상의 이익이나 명예를 위한 일이 아니면 육체의 쾌락이나 오락이나 안일을 위한 것이 아니겠는가? 당신은 이 모든 것이 무엇인지 오래전부터 알지 못했는가? 그것들이 당신을 위해 무엇을 했는가? 아니면 그것들은 영원히 무엇을 하겠는가? 세상에서 당신이 하나님을 버리고 거룩함의 길에서 돌아서는 것보다 더 이유가 없고 불합리한 일이 있겠는가? 세상이나 죄가 당신을 위해 하나님이 주시고자 하는 것보다 더 많은 것을 주겠는가? 아니면 세상이나 죄가 지금과 내세에

서 당신에게 더 좋을까? 당신이 하나님이나 구주 안에서 갖고 싶은 것 중에서 그분에게 부족한 것이 무엇이라고 생각하는가? 하나님에게서 나온 것 외에 세상이 만들어 낼 수 있는 것이 무엇인가? 하나님과 그분을 섬기는 일에서 그분이 당신에게 무슨 잘못을 했기에 지금 그분을 버리고 돌아서려고 하는가? 당신이 당신의 영혼을 위해, 당신이 지금까지 그토록 나쁘고 위험하다고 생각했던 길로 모험을 떠나기 전에 그러한 질문에 대한 합리적인 답을 생각해 보라! 세상과 지옥의 모든 악의가 하나님과 거룩함에 대해 최악의 말을 하도록 해 보라. 그것이 결코 당신의 반역을 정당화하지 못할 것이다!

12. 당신이 그리스도에게서 멀어지면, 얼마나 많은 수고와 겪은 고난을 다 잃게 되는지 생각해 보라. 당신의 듣는 것과 묵상하는 것과 기도하는 것이 여기에 해당되는지 생각해 보라? 당신의 자기부정과 그리스도와 경건을 위한 고난이 여기에 해당되는지 생각해 보라? "전날에 너희가 빛을 받은 후에 고난의 큰 싸움을 견디어 낸 것을 생각하라 혹은 비방과 환난으로써 사람에게 구경거리가 되고 혹은 이런 형편에 있는 자들과 사귀는 자가 되었으니… 그러므로 너희 담대함을 버리지 말라 이것이 큰 상을 얻게 하느니라."[299] 만일 당신이 그리스도를 끝까지 따르지 않는다면 당신은 그리스도를 배척하는 것이다. 가만히 앉아 있는 사람은 처음에 피곤하게 일하다가 나중에 일을 그만두는 사람보다 덜 어리석다. 밭을 갈고 씨를 뿌릴 수는 있는데, 마침내 수확해서 집으로 가져갈 노동력이 부족해서 곡식을 잃게 되는 농부보다는 차라리 빈둥거리는 거지가 덜 어리석다. 당신의 모든 고통과 고난을 마침내 아무것도 없이 소멸시킬 것인가?

13. 하나님께서는 정당한 이유가 있는 당신을 버리지 않는다. 그런데 왜 당신은 그에게서 돌아서려 하는가? 만약 그랬다면 오래전에 당신은 어떻게 되었을까? 더욱이 그분은 당신에게 아무런 변명을 하지 않았음에도 불구하고 당신은 얼마나 많은 변명을 그분에게 했는가? 당신의 죄가 당신에 대항하여 증언하고 부르짖는다! 당신이 폄하한 죄의 용서가 당신에 대항하여 부르짖는다! 그럼에도 불구하고 그분은 당신을 버리지 않으셨다! 사탄이 하나님 앞에 서서 당신을 참소하고 당신이 하나님께 완전히 버림받을 것을 원하고 기뻐할지라도, 여

---

299) 히 10:32-35

전히 하나님은 당신을 온전히 버리지 않으셨다. 당신이 그분을 버리는 동안에도 그는 당신을 보호하고 지원하며 공급하고 있다! 당신이 병들고 궁핍하고 위험에 처했을 때 하나님께서 당신을 버리셨는가? 만일 그분이 그랬다면 당신은 지금 여기에 있지 않을 것이다. 그럼에도 당신은 그분에게서 시작하고 그분에게서 도망칠 것인가? 만일 그리스도께서 당신에게 이혼증서를 제시하시면서 '네가 나와 나의 봉사에 별로 관심이 없으니 네 길을 택하고 다른 선생을 찾으라'고 말씀하신다면 어떻게 될까? 나는 너를 나와 모든 관계에서 해방시키니, 너는 자신의 길을 따르고, 그것으로 자신이 얻을 것을 취하라고 하면, 이것이 당신에게 반가운 소식이 되겠는가? 아니면 그것을 받아들이고 떠나야 하겠는가?

14. 만약 당신이 육체의 쾌락이나 세상의 승진이나 이익을 위한 것에서 돌아선다면, 당신은 지금 이전에 가졌던 것보다, 또는 회심하지 않은 사람이 가졌던 것보다, 그것들에 대한 즐거움을 덜 찾게 될 것이다. 어둠 속에서 죄짓는 자들은 자신의 위험을 알지 못하므로, 큰 두려움 없이 죄를 짓는다. 당신도 앞으로 그럴 수 있다. 당신은 그 위험을 알기에 어리석음을 고백했다. 하나님이 하신 말씀의 이유는 결코 잊히지 않을 것이며, 당신의 확신은 완전히 지워지지 않을 것이다. 당신은 그리스도의 옛 친절과 당신의 이전 목적, 약속, 방법을 기억하게 될 것이다. 당신의 지나간 날과 앞으로 올 날을 생각한다면 당신에 대한 심판을 미리 볼 수 있을 것이다. 만약에 그렇다면 당신은 이런 공포 가운데서 죄를 짓게 되고, 바로 그 죄로 인해 감옥의 맛을 느끼며 미래에 당할 고통을 알게 될 것이다. 세상과 죄를 이러한 조건에서 즐길 가치가 있는 것일까?

15. 당신은 두 번째 회개를 통해 당신의 타락에서 회복되기를 희망하거나, 아니면 회개 전 상태를 유지하려 할 것이다. 당신이 회복될 정도로 행복해지려면, 그것을 성취하는 것이 얼마나 큰 괴로움과 두려움인지 알고 있는가? 당신이 그러한 확신과 약속과 용서와 지식을 얻은 후, 당신이 반역하여 행한 일과 타락한 행위를 생각할 때, 당신은 절망에서 거의 벗어날 수 없을 것이다. 당신이 히브리서 6장 4-6절과 10장 26-29절의 구절을 읽으면 너무 무서워서 소망이 전혀 없다는 것을 알 것이다. 당신은 성령을 거스르는 죄를 지었고, 언약의 피를 짓밟고, 은혜의 성령을 멸시하는 일을 했다고 생각하게 될 것이다. 그리고 당신은 두 번 거듭나는 존재는 없다고 생각할 것이다! 또는 당신의 배교가 심히 크다면, 당신이 다시 살아난다 해도

이곳에서의 위로는, 거의 회복되지 않을 것이다. 게다가 실제로 위험은 심히 크며 만일 당신이 "두 번 죽어 뿌리까지 뽑히면"[300] 당신은 결코 회복되지 못할 수 있다. 그러므로 하나님께서 마침내 당신을 버리지 않도록 하라! 그렇게 되면 당신의 상황은 얼마나 절망적이겠는가!

16. 하나님이 그의 종들을 경고하기 위해 자신의 진노의 기념물로 세운 타락한 자들에 대한 본보기가 심히 두렵지 않은가? 그리스도께서는 재산이나 재물이나 생명을 구하려다 그것들을 이제 금방 잃어버리려 하고 있는 사람들에게 **롯의 아내를 기억하라**[301]고 말씀하셨다! **가인, 유다, 사울** 왕, 요하스, 율리아누스(Julian)를 기억하는 것이 얼마나 무서운 일인가![302] 슈피에라(Spira) 같은 사람이, 특히 그의 죽음에 대해 그의 영혼의 공포로 타락하여 울부짖는 것을 듣는 것은 얼마나 참담한 일인가! 그리고 그런 사람이 스스로 황급히 죽는 것을 보는 것은 얼마나 슬픈 일인가!

(Spira, 슈피에라: 이탈리아 법률가인 그는 1548년에 프로테스탄트 신앙을 철회한 후 자신의 저주를 확신하고 절망 속에 죽었다.)

17. 타락한 자들만큼 하나님을 불명예스럽게 하는 자들이 없다는 것을 생각하라. 다른 사람들은 무지한 가운데 죄를 짓는다고 생각된다. 그러나 타락한 당신은 당신의 삶으로 하나님을 모독하는 것과 같은 악한 일을 하고 있다. 마치 당신이, 나도 한때 하나님이 나의 최고의 주인이셨고, 그분의 종들이 가장 현명하고 행복한 사람들이었으며, 경건이 가장 좋고 안전한 삶이라고 생각했으나, 내가 두 가지를 시도해 본 결과, 경험을 통해 마귀가 더 나은 주인이고, 그의 종들이 가장 행복한 사람들이며, 세상과 육체가 마음의 진정한 행복을 주는 것을 발견했다고 말하는 것과 같다. 이것은 당신의 삶에 대한 명백한 모독이다. 하나님께서 이것을 어떻게 참으셔야 할지 생각해 보라!

18. 회귀한 자들만큼, 그들 자신의 죄로 악인들을 더 완악하게 하고 영혼의 저주를 더욱 가중시키는 자들은 없다. 양이나 가축을 집에 몰아넣고 싶다면 먼저 들어가는 것들 뒤에 나머지를 따르게 하라. 그러나 다시 뛰쳐나가는 것들은 나머지를 두렵게 하여 그것들을 도망치

---

300) 유 1:6
301) 눅 17:32
302) 대하 24:2

게 한다. 종교적으로 유명했다가 나중에 등을 돌리는 한 명의 배교자는 들어오려는 많은 사람들을 막는다. 말하자면, 그는 자신의 실천을 통해 그들에게 '종교 생활로 간섭받지 말고 멀리하라'고 말하고 있기 때문이다. 그것은 세속적이고 육체적인 삶이 더 낫다고 말하는 것이라는 것을 경험을 통해 알았다. 그러면 사람들은 속으로 '이런 사람도 종교 생활을 하다가 버렸구나'라고 생각할 것이다. 그러므로 그는 그 배교에 대한 어떤 이유를 가지고 있었고, 자신이 무슨 일을 했는지 알고 있다. "실족하게 하는 일들이 있음으로 말미암아 세상에 화가 있고 실족케 하는 그 사람에게 화가 있도다!"[303] 인간의 영혼이 지옥에 있고 그 원인이 바로 당신이라고 생각하는 것은 얼마나 무서운 일인가! "그 사람은 연자 맷돌이 그 목에 달려서 깊은 바다에 빠뜨려지는 것이 나으니라."[304]

19. 이 회귀한 자들만큼, 약한 그리스도인들에게 큰 두려움을 주는 것은 없다. 그들은 회귀한 자들이 무너지기 전에 얼마나 성공하였는지를 생각하고 있기 때문이다. 진정한 은혜를 잃을지도 모른다고 생각하는 사람들은 '아아, 나보다 낫고 강한 사람들도 다 무너졌으니 내가 어떻게 서겠는가?'라고 한다. 그리고 진정한 은혜는 잃어버려질 수 없다고 생각했던 사람들이 혼란하여 이렇게 말한다. 위선자는 무너진 후에 어디까지 멀어질 수 있는가? 이 사람은 얼마나 경건하게 살았는가! 그는 얼마나 슬프게 회개했는가! 그는 얼마나 흠 없이 걸었는가! 그는 얼마나 열렬하고 끊임없이 기도했는가! 그는 얼마나 진심으로 말했는가! 그는 얼마나 자비롭고 유익하게 살았는가! 내가 분별할 수 있는 한, 그보다 훨씬 부족한 나는, 그보다 더 앞서 있다는 것이 확신될 때까지, 내가 진실하다는 확신을 가질 수 없다. 이와 같이, 약한 자의 양심을 혼란스럽게 하여 믿는 자들의 위로를 막는 자여, 화 있을진저!

20. 회귀한 당신은 그리스도의 충실한 사역자들에게 가장 큰 슬픔이다. 목회자가 당신의 회심을 위해 많은 고통을 겪었고, 그 후에 당신이 그리스도의 양 떼에게 오는 것을 보고 기뻐했음에도 불구하고, 당신이 타락하는 것은 사역자의 마음과 위로에 얼마나 큰 상처를 주는지 당신은 상상할 수 없다. 그 후에 당신을 세우려고 여러 해 동안 수고했고, 당신을 위하여 하나님을 경외하지 않는 자들의 화난 기색을 견뎠는데, 마침내 그의 수고가 수포로 돌아가

---

303) 마 18:7; 눅 17:1
304) 마 18:6; 눅 17:2

는 것을 보고, 당신에 대한 그의 모든 영광이 그의 수치로 변하고, 당신에 대한 그의 모든 희망이 좌절되었다! 내가 당신에게 말하는데, 이것은 그에게 닥칠 수 있는 어떤 외적인 손실이나 고통스러운 상황보다 그의 마음에 더 슬픈 일이다. 영혼의 행복을 방해하지 않는 한, 그의 가장 큰 슬픔은 박해가 아니다. 그의 수고를 좌절하게 하고 그의 기쁨을 빼앗는 자가 그의 가장 극심한 박해자이다. 그의 슬픔은 언젠가 당신에게는 큰 고통이 될 것이다. 당신의 신실한 목사들의 생명과 위로가 당신의 손에 달려 있다. "너희가 주안에 굳게 선 즉 우리가 이제는 살리라."[305]

21. 당신은 일반적인 친구보다 그리스도를 더 신뢰하지 못한다. 당신은 까닭 없이 친구를 버릴 것인가? 특히 오래되고 좋다고 증명된 친구를 버릴 것인가? 특히 당신이 그분을 버리면 당신 자신까지 버리는 것인데도 그렇게 하겠는가? "네 친구와 네 아버지의 친구를 버리지 말라."[306] "친구는 사랑이 끊어지지 아니하고 형제는 위급한 때를 위하여 났느니라."[307] 당신 친구가 곤경에 처하면 그를 버리겠는가? 당신이 필요로 하지 않지만 당신 쓸 것을 공급하시는 당신의 하나님을 버리겠는가? **룻**은 시어머니 **나오미**에게 더 충실했다. "어머께서 가시는 곳에 나도 가고 어머니께서 머무시는 곳에 나도 머물고 어머니께서 죽는 곳에 나도 죽을 것이다"[308]라고 결심했다. 그런데 하나님은 당신보다 나쁜 대우를 받아야 하는가?

22. 아니, 당신은 마귀의 종들이 하나님을 대하는 것보다 더 악하게 대하고 있다. 아아, 그들은 하나님께 변함이 없다. 이성도 그들을 바꾸지 못하고, 하나님의 명령도, 영생의 제안도, 지옥에 대한 두려움도 바꾸지 못할 것이다. 하나님의 영이 역사하기 전까지는 아무것도 그들을 변화시키지 못할 것이다. 당신도 당신의 하나님께 변함이 없을 것인가?

23. 또한, 당신의 마지막이 너무 가까워서 버틸 시간이 조금 밖에 남지 않았다는 것을 생각하라. 어쩌면 당신은 단지 잠시 동안만 세상적인 즐거움을 누릴 수 있다는 것을 알았을 것이다. 가장 극심한 전투를 견디고 경주가 거의 끝날 때까지, 달리다가 조금 부족한 것 때문에

---

305) 살전 3:8; 고후 7:3
306) 잠 27:10
307) 잠 17:17
308) 룻 1:16, 17

패배하는 사람을 보는 것은 슬픈 일이다. 사람이 자기에게 살 날이 일 년이나 한 달 또는 하루도 남지 않음을 알지 못하는 상태에서, 육체의 쾌락을 위하여 자신의 하나님과 영혼과 천국을 파는 것을 보는 것은 슬픈 일이다. 자비가 가까이 왔음에도 사람이 피곤하여 기도를 포기하는 것이다! 자기의 수고와 고통이 거의 끝나갈 때인데, 지쳐서 거룩한 삶을 포기하는 것이다! 오늘 밤에 죽음이 당신의 삶을 빼앗아 간다면, 포기한 날이 당신에게 얼마나 슬픈 날이겠는가! 그렇다면 당신이 당신의 영혼을 판 그 모든 즐거움은 누구를 위한 것인가?[309] 당신의 수명이 한 달이나 일 년밖에 남지 않은 것을 안다면, 그 일 년을 버티지 않겠는가? 그것이 한 주가 될 줄을 당신은 알지 못하는가? 이것은 우리 대학 중에 한 학생의 슬픈 이야기와 같다. 그가 돈을 원했지만 그의 아버지는 돈을 보내는 것을 지체했다. 마침내 그는 더 이상 머물지 않고, 돈 없이 사는 것보다 돈을 위해, 도둑질하기로 결심했다. 그래서 나가서 그가 처음 만난 사람을 강탈하고 살해했다. 그가 강탈하고 죽인 사람은 그에게 돈을 가져온, 아버지가 보낸 심부름꾼이라는 것이 입증되었다. 그는 주머니에서 발견한 편지를 보고 양심의 가책으로 이를 자백하고 교수형을 당했다. 몇 시간만 더 참았더라면, 그는 죄짓지 않고 생명을 지킬 수 있었을 것이다. 회귀한 많은 가련한 자들도 마찬가지이다. 죄를 지은 행위에서 그들과 같지는 않지만, 이스라엘 남자 **시므리**(Zimri, 민 25:14)와 미디안 여인 **고스비**(Cozbi, 민 25:15)는 하나님을 저버린 기쁨을 잠시 누리지만 그 후에 곧 끊어진다.

방향 제시-4 '당신이 잠에서 깨어나 악화된 상태의 끔찍함을 보게 되면, 즉시 방향을 바꿔 그리스도께로 달려와 당신의 죄 있는 영혼을 하나님과 화해하라. 그리고 그 일을 멈추고 당신의 죄에서 한 걸음도 더 나아가지 말고, 지체 없이 당신의 의무에 충실 하라.' 그것은 계속하기에 너무 슬픈 사건이다. 만일 당신이 감히 더 오래 지체하고 고의로 다시 죄를 짓는다면, 당신은 아직 회개하지 않고, 마음이 완고한 것이다. 만일 여호와께서 당신을 불쌍히 여기어 속히 당신을 기억하지 않으시면 당신은 영원히 멸망하게 될 것이다.

방향 제시-5 '무리 속에서 당신이 죄를 지을 기회가 있고, 그들이 당신을 그 속에 얽어 맨다면 그곳을 속히 떠나라.' 그들이 당신을 죽이려 하는 강도라는 것을 안다면 당신은 떠날 것

---

309) 눅 12:19-21

이다. 그들이 유행하는 전염병을 앓는 사람이라는 것을 안다면 당신은 그들에게서 떠날 것이다. 그들이 당신을 이 죄에 감염시키고 당신의 구원을 속이려는 마귀의 종이라는 것을 안다면, 당신은 떠나지 않을까? 이 무리도 옳지 않고, 저 즐거움도 옳지 않다고 말로만 하지 말라. 만일 그것이 당신 마음을 유혹하여 죄를 짓게 하는 것 같으면, 그것이 다른 사람에게 어떻든 간에 당신에게는 불법이다. 당신 영혼을 파멸시키는 것은 옳지 않다.

방향 제시-6 '온전하고 깊은 회개로 나아가고, 죄를 자유롭게 고백함으로써 자신을 수치스럽게 하고, 죄의 문제를 가벼이 여기지 말며, 당신 죄를 부드럽게 다루지 말고, 당신의 육체적 관심을 불쌍히 여기지 말고, 아픈 곳을 피상적으로 다루지 말고, 오히려 진실을 발견하고, 보여 주기식 치료로 자신을 속이지 말라.'[310] 많은 사람들이 반쯤 회개하고, 자유로운 고백으로 수치스럽게 되는 것을 거부하고, 공개적으로 공언하는 결의에 의해, 철저한 개혁에 참여하지 아니함으로써 파멸된다. 자기를 사랑하고 육체를 아껴서, 아픈 곳을 칼로 열어 밑바닥까지 살펴야 할 때, 많은 사람들이 병이 나았다고 생각하기에, 멸망하게 된다.

방향 제시-7 '당신의 양심을 다스리고 적어도 외적인 죄의 행위를 참으라. 그동안 당신의 양심은 그 문제를 더 깊이 생각해야 한다.' 술 취하는 사람은 입을 다물 수 없다고 말할 수 있으나, 금지된 잔을 그대로 두라. 아무도 당신에게 강요하지 않는다. 그러나 원한다면 참을 수 있다. 다른 관능의 죄에 대해서도 마찬가지다. 당신은 당신의 손과 입과 눈에 명령하고 죄의 입구와 도구를 방어하라.

방향 제시-8 '당신의 감시를 도와줄 충실한 친구를 고용하라.' 당신의 안내자나 조력자가 될 수 있는 사람에게 당신의 모든 문제를 털어 놓으라. 그리고 죄에 대한 유혹을 받을 때마다, 죄짓기 전에 즉시 가서 고하겠다고 결심하라. 그리고 그들이 당신에게 솔직하게 대하도록 간청하라. 그리고 그들에게 당신의 유익을 위해 어떤 수단이라도 사용할 수 있는 권한을 주라.

방향 제시-9 '당신의 첫째 되는 일을 하고, 거룩한 삶의 모든 의무에 진지하게 임하라. 그리고 성도들의 사회에 참여하라.' 왜냐하면 거룩한 일과 거룩한 교제는 모든 죄에 대한 매우

---

310) 약 5:16; 느 9:2, 3; 마 3:6; 행 19:18

큰 방부제이기 때문이다.

방향 제시-10 '지금 죄를 짓고 있는 동료들에게 가서, 그들과 합류한 것에 대한 후회를 표현하고, 진심으로 경고하고, 회개하도록 간청하라. 그들이 원하지 않는다면, 그들의 길과의 동행을 버리고, 하나님께서 보여 주신 죄와 위험을 그들에게 말하라.' 참으로 너희가 **베드로**처럼 돌아오려 거든 **베드로**처럼 나가서 심히 통곡하라.[311] 당신이 돌이킨 후에는 당신의 형제를 격려하고, 당신과 함께 죄를 지은 사람들이 회복하도록 도우라.[312] 이러한 지침의 대부분은 무신론, 불신, 이단에 빠진 사람들보다 오히려 관능의 죄에 다시 빠진 사람에게 적합하다. 내가 이미 이런 죄들에 대항하는 방법을 이미 말했고, 거기에 주어진 방향 제시는 회복의 길을 보여 준다.

---

311) 마 26:75
312) 눅 22:32

제2과   회귀의 방지 또는 견인(perseverance)에 대한 방향 제시

배도와 회귀는 치료하기보다는 예방하기가 더 쉽다. 그러므로 나는 서 있는 사람들이 넘어지지 않도록 다음 지침의 사용을 권한다.

방향 제시-1   '당신의 종교에 대한 본질과 이유를 잘 알고 있어야 한다.' 당신의 판단이 반대자들을 반박하고 진리를 입증하며 인내해야 하는 충분한 근거를 제공하지 못하고, 당신이 인내하는 이유를 말해 주지 못한다면, 그것은 당신을 인내하게 할 가장 높은 열정과 해결책이 아니다. 나는 숨길 수 없는 슬픔과 수치심을 가지고 이 말을 한다. 기독교의 정의와 체계를 잘 알고 있으며, 그들이 진리라고 붙들고 있는 것을 입증하고, 반대자를 반박할 수 있는 기독교인의 수가 너무 적어서, 만약 무신론자들과 이교도들이 어느 때 공개적으로 속이기 위해, 그들의 최악의 일을 하도록 자유롭게 된다면 어떤 일을 벌일지 걱정스럽다! 만일 그들이 영혼불멸과 내생과 성경의 진리와 구원의 사역과 그리스도의 직분을 조롱하고 반대한다면, 슬프게도, 기독교인 자신들의 소망에 대한 충분한 이유를 제시함으로써 그들을 강력하게 반대할 수 있는 사람이 얼마나 될지! 우리가 아는 로마 가톨릭신자들, 그들은 최소한의 이성으로도 의심하지 않고 믿는 가장 강한 믿음을 가지고 있다. 그리고 우리는 기독교의 기초를 부인하는 것은 그리스도를 부인하는 (진실로) 끔찍한 범죄라고 배웠다. 그러므로 그것을 부정하거나 의문을 제기하는 것은 너무 끔찍한 범죄이기 때문에 우리는 그것을 증명하기 위해 연구할 필요가 없다고 생각했다. 그래서 대부분은 신뢰 위에 기초를 두고 (실제로 그것을 판단할 수 있는 기초가 거의 없다.) 상부구조에 대해서만 연구했고, 그리고 논란이 되는, 덜 필요한 점들을 증명하는 법을 배우는 데 시간을 보냈다. 때문에 나는 반율법주의자(Antinomian) 또는 재세례파(Anabaptist)가 부인하는 점을 증명하는 것이 영혼의 불멸성이나 성경이나 기독교의 진리를 증명하는 것보다 더 많을 것이라고 생각한다. 불신자와 그리스도를 위해 논쟁하는 것보다 의식이나 기도의 형태나 교회의 행정에 관해 논쟁하는 것이 더 낫다고 생각하는 점을 우려한다. 그리하여 그들의 일은 박수갈채를 받기 위해 준비되었으며, 그러한 불쾌한 사실과 불안정한 영혼들에 대한 준비가 넘치는 것은 큰 승리가 아니라고 말한다.

방향 제시-2 '당신이 믿는 모든 신성한 진리를 당신의 마음과 삶에 받아들이고, 모든 것이 거룩한 사랑과 실천으로 소화되도록 하라.' 당신의 음식이 중요한 영양분으로, 즉 살과 피로 바뀔 때, 당신을 아프게 하거나, 속을 뒤집지 않는다. 그것이 소화되고 분배되고 혼합되는 일이라도 그렇다. 거의 알려지지 않은 진리는 위장에서 소화되지 않은 고기와 같으나, 그러나 하나님의 사랑으로 변하게 하고, 거룩한 삶으로 변하게 하는 진리는 새로운 성품으로 변하게 하여 쉽게 놓치지 않을 것이다.

방향 제시-3 '추정과 안전의 교리에 주의를 기울이고, 은혜에서 떨어지는 것이 불가능하기에 모든 위험을 넘었다고 생각함으로써 넘어지지 않도록 주의하라.' 은혜의 언약은 절망의 유혹과 수단을 버리려는 유혹에 맞서 순종하고 소망하도록 당신을 충분히 격려한다. 그러나 그것은 어느 누구도 주제넘게 생각하거나 죄를 짓거나 수단을 불필요한 일이라고 생각하여 버리도록 조장하지 않는다. 당신이 서게 된다면, 넘어지는 것에 대한 두려움이 당신을 서게 하는 데 도움이 될 것이라는 것을 기억하라. 당신이 성도로 유지하려 한다면(성도의 견인), 당신을 두렵게 하고 그것을 방지하는 데 필요한 수단으로 당신을 깨울 만큼, 타락의 위험을 알아야 한다. 당신이 성도로 유지될 것이라는 것은 그렇게 되기 위해 필요한 수단을 확실히 사용하는 것보다 덜 확실하다. 한 가지 방법은 당신의 위험을 보고 두려움을 느끼고 그것을 피하려고 조심하는 것이다. 성도의 견인(perseverance) 교리를 남용하여 안전하다고 생각하는 상태에서 멸망되지 않게 하는 것이 나의 뜻이기 때문에, 내가 이에 대한 해독제를 내놓는 것에 대해 기분 나빠 하지 않기를 바란다.

1. 성도의 견인(perseverance) 교리에는 안전을 격려할 만한 어떤 것도 들어 있지 않다는 것을 생각하라. 그것에 관한 바로 그 논쟁은, 이전에 언급되지 않은 죄는 논쟁의 여지가 있는 교리 위에 세워져서는 안 된다는 결론을 내릴 수 있다. 어거스틴(Augustine) 시대까지는 어떤 사람의 견인을 분명히 주장한 고대 작가를 찾기 어렵다. 어거스틴과 프로스퍼(Prosper)는 택함을 받은 모든 자들의 확실한 견인을 주장하지만 중생하고 의롭다 하심을 받고 성화된 모든 자들의 확실한 견인은 부인한다. 그들은 택하신 자들보다 거듭나 의롭게 된 자들이 더 많으며, 그 중 일부는 섰고 나머지는 넘어졌다고 생각했다. 그래서 고백하자면, 나는 그리스도 이후 천 년은 아니더라도 수백 년 동안 의롭게 된 모든 사람의 견인에 대한 확신을 주장한 고대 교부나 기독교 작가의 글을 한 번도 읽은 적이 없다. 교회에 오랫동안 알려지지 않았던 교리는 당신에게 어떤 추정이나 안전을 주장할 만큼 확실성이나 필요성을 가지고 있지 않다. 교회들은 그것을 믿지 않은 채 수백 년 동안 구원을 받았다.

2. 견인의 교리는 안전에 어긋난다. 왜냐하면 그것은 목적과 수단을 함께 통합시키기 때문이다. 의롭게 된 사람은 결코 죄를 통해 하나님의 은혜에서 떨어지지 않는다고 가르치는 사람들은 또한 그들이 결코 안전이나 군림하는 죄(reigning sin)에 절대 빠지지 않을 것이라고 가르쳐야 한다. 왜냐하면 이것은 하나님의 은혜에서 떨어져 멸망하는 것이기 때문이다. 그리고 그들은 그들의 보존에 필요한 수단의 사용이 완전히 중단되지도 않을 것이고, 또한 영혼의 위험을 조심스럽게 피하지도 못할 것이라고 가르친다. 하나님은 당신이 한 번 구원받으면 견인이 (받은 은혜 안에 머무는 상태) 계속 유지된다고 말씀하는 것이 아니라, 당신은 당신의 위험에 대한 두려움을 가지고 신중하게 수단을 사용하여 성도의 견인을 유지해야 하고, 그래야 당신은 이 은혜와 다른 은혜를 유지할 것이라고 말씀하신다. 그러므로 당신이 안전과 죄악에 빠진다면, 당신은 은혜에서 떨어져 멸망할 것이며, 하나님께서는 당신이 결코 은혜에서 떨어지지 않을 것이라고 말씀하거나 약속한 적이 없다는 것을 나타내는 것이다.

3. 얼마만큼 사람들이 은혜에서 떨어졌는지 생각해 보라. 우리 시대의 사례는 내가 역사상 여러분에게 언급할 수 있는 어떤 사례보다 훨씬 더 많이 알고 있다. 겸손하고 거룩하게 행하

며, 모든 죄를 두려워하고, 그들의 삶에 흠이 없고, 종교에 열심인 것처럼 보이는 사람들이 20년 또는 30년 동안 함께 지내왔지만, 기독교 자체는 부인하지 않을지라도, 그리스도의 신성, 성경의 진리나 확실성을 부인하는 것으로 타락했다. 그리고 완전히 대의를 저버리지 않은 많은 사람들이 있다. 그들은 아직까지 심각한 죄에 빠져 있는데, 우리 모두에게 추정과 육체적 안전에 주의하라는 무서운 경고가 된다.

4. 은혜는 본질적으로 사라지지도 않고 잃을 수도 없는 것이 아니다. 왜냐하면, (1) 그것은 분리 가능한 성질이다. (2) 아담은 은혜를 잃었다. (3) 우리는 그것의 큰 특권을 너무 자주 잃는다. 남아 있는 특권은 동일한 성질을 갖는다. 그것을 잃는 것은 그 자체로 가능할 뿐만 아니라 너무 쉽다. 그것을 유지하는 것은 협력하는 은혜 없이 불가능하다.

5. 은혜는 우리에게 자연스러운 것이 아니다. 우리의 편안함과 명예와 친구를 사랑하는 것은 우리에게 자연스러운 일이다. 그러나 그리스도와 그분의 거룩한 길과 종들을 사랑하는 것은 우리에게 자연스러운 일이 아니다. 실제로 우리가 그렇게 할 때 그것을 행하는 것은 우리의 자연적인 힘이지만, 본성적으로 그렇게 하는 것이 아니라 초자연적인 은혜의 보살핌에 의해 기울어지는 대로 행하는 것이다. 먹고 마시고 자는 것은 자연 그 자체가 그것을 우리에게 기억하게 하기 때문에 잊지 않는다. 그러나 학습하고 습득한 습관은 깊이 뿌리내리지 않으면 잃을 수 있으며, 습관의 본질에 대해, 주입된 습관은 노력으로 얻은 습관과 같다는 것이 일반적인 결론이다.

6. 은혜는 말하자면 낯선 사람, 즉 우리 안에 새로 온 사람이다. 은혜가 우리 안에 온지 얼마 되지 않았기 때문에 우리는 그것의 올바른 사용법과 개선에 대해 너무 모르고 둔감하여 우리의 의무를 잊어버리거나, 무시하거나, 무지하여 파괴하는 경향이 있다.

7. 은혜는 은혜의 일에 대항하는 대상을 완전히 쫓아버리지도 않고, 은혜에 적대적인 원칙을 따르지도 않는, 마음속에 거하고 있다. 마음속에 하나님과 거룩함을 사랑하는 것보다 세상과 육체를 사랑하는 것이 먼저 있었고, 지식보다 무지가, 겸손보다 교만이, 자기부정보다 이기심이 먼저 있었다. 그리고 이것들은 완전히 뿌리 뽑힌 것이 아니다. 우리는 (이스라엘 사람들이 가나안 사람들과 여부스 사람들과 그 땅의 다른 주민들을 대했던 것처럼) 그들을 매우 관대하게 대했기 때문에 그들은 우리를 시험하고 우리의 옆구리에 가시가 되도록 남겨졌

다. 수비대도 그 안에 항상 적군이 있을 수 있는 위험에서 자유롭지 못하다. 우리의 원수들이 우리와 함께 집에 있어 우리와 함께 눕고 일어나며, 우리의 살과 뼈만큼 가까이 있다. 우리는 어디를 가든, 무엇을 하든 결코 그들이 없는 곳에 있을 수 없고, 그들을 우리 뒤에 남겨 둘 수도 없다. 형제가 형제를 대적하고, 아버지가 아들을 대적한다면, 우리가 우리 자신을 그토록 대적하는 것은 놀랄 일이 아니다.[313) 그런데도 우리는 여전히 안전한가?

8. 그리고 아직도 우리 앞에 놓여 있는 덫과 우리 영혼에 대한 교활하고 악의적인 적들의 숫자는, 우리가 위험에서 완전히 자유롭지 않다는 것을 쉽게 확신시킬 수 있다. 마귀는 얼마나 교활하고 부지런한 존재인지! 그의 종들은 얼마나 그를 흉내 내고 있는지! 우리가 관계하는 모든 피조물이나 사람, 그리고 우리가 받는 모든 일반적인 자비에는 우리가 두려워하고 경계해야 하는 위험 요소가 들어 있다.

9. **견인**은 다름 아닌 우리가 받은 은혜 안에 머무르는 것이다. 이 은혜는 행동에도 있고 습관에도 있다. 습관은 행동을 위한 것이다. 그 행위는 습관을 늘리고 지속시키는 것이다. 그리고 하나님을 경외하는 것과 그의 위협을 믿는 것과 회개와 깨어 있음과 부지런한 순종이 이 은혜의 큰 부분을 이룬다. 그리고 그 행위들은 하나님의 도움으로 우리 자신이 수행하는 것이다. 하나님은 우리가 믿고 회개하고 순종하게 하지 않으시고 우리 스스로 그 일을 하게 하신다. 그러므로 우리가 버림받지 않을 것을 가장하여, 냉담하고, 안전하다 생각하고, 죄악을 저지르는 것은 견인에 실패하는 것이고, 멸망하는 것이다. 왜냐하면 우리는 견인, 즉 한 번 구원을 받으면 멸망하지 않는다고 확신하기 때문이다. 이것은 완전한 모순이다.

10. 마지막으로, 성경의 이 모든 본문의 의미가 무엇인지, 그리고 성령께서 우리에게 이런 방식으로 말씀하시는 이유가 무엇인지 잘 생각해 보라. "너희를 화목하게 하사 거룩하게 하셨으니… 만일 너희가 믿음에 거하고 터 위에 굳게 서서 복음의 소망에서 흔들리지 말라."[314) "내 안에 거하라 나도 너희 안에 거하리라… 너희가 내 안에 거하고 내 말이 너희 안에 거하면 무엇이든지 원하는 대로 구하라 그리하면 이루리라."[315) "그러므로 우리는 두려워할지니

---

313) 마 10:21
314) 골 1:21-23
315) 요 15:4-7

그의 안식에 들어갈 약속이 남아 있을지라도 너희 중에는 혹 이르지 못할 자가 있을까 함이라."[316] "하나님의 사랑 안에서 자신을 지키라."[317] "다 같은 신령한 음료를 마셨으니 이는 그들을 따르는 신령한 반석으로부터 마셨으매 그 반석은 곧 그리스도시라 그러나 그들의 다수를 하나님이 기뻐하지 아니하셨으므로… 그런즉 선 줄로 생각하는 자는 넘어질까 조심하라."[318] "높은 마음을 품지 말고 도리어 두려워하라 하나님은 원가지들도 아끼지 아니하셨은즉 너도 아끼지 아니하시리라."[319] "너희는 은혜에서 떨어진 자라."[320] "끝까지 견디는 자는 구원을 얻으리라."[321] "그리스도는 하나님의 집을 맡은 아들로서 그와 같이 하셨으니 우리가 소망과 확신과 자랑을 끝까지 굳게 잡고 있으면 우리는 그의 집이라 우리가 시작할 때에 확신한 것을 끝까지 견고히 잡고 있으면 그리스도와 함께 참여한 자가 되리라."[322] "그러므로 우리가 저 안식에 들어가기를 힘쓸지니 이는 누구든지 순종하지 아니하는 본에 빠지지 않게 하려 함이라."[323] "내가 올 때까지 굳게 잡으라."[324] "이기는 자와 내 말을 지키는 그에게 만국을 다스리는 권세를 줄 것이다."[325]

그러므로 당신에게 말하는 이 교훈을 주의하라. 앞으로 짓는 죄는 짓기 전에 다 용서되고, 너희는 그 죄로부터 정당화되며, 은혜에서 떨어지는 것은 불가능하기 때문에 떨어지는 것을 두려워하는 것은 불법이라고 말하는 교리를 주의하라. 어떤 죄도 짓기 전에 용서받을 수 없다. (구제가 제공된다 할지라도) 그때는 죄가 아니기 때문이다. 그리고 당신은 용서받은 것 외에는 어떤 죄에서도 정당화되지 않는다. 하나님이 가장 자유롭고 우발적인 행위를 명령하시거나 미리 아신다고 가정해 보라. 그러면 하나님이 그렇게 정하시거나 예견하시는 것과는

---

316) 히 4:1
317) 유 1:21
318) 고전 10:4, 5, 12
319) 롬 11:20, 21
320) 갈 5:4
321) 마 10:22
322) 히 3:6, 14
323) 히 4:11
324) 계 2:25
325) 계 2:26

다른 결과가 논리적으로 불가능할 것이다. 게다가 그것은 사물 자체에 관해 자연적으로 불가능한 것을 추론하지 않는다. 왜냐하면 하나님은 이런 사람의 타락이 불가능할 뿐 아니라 미래에도 가능하지 않다고 정하시거나 예견하지도 않으셨기 때문이다.

방향 제시-4　'속이는 자 들과의 교제와 그들의 교리를 특별히 주의하라. 그렇다. 비록 그들이 가장 종교적인 사람들 같지만, 그들 자신도 먼저 속아 자기들이 옳다고 생각하는 것이다. 진실로 현명하고 경건한 사람들의 일반성에서 분리되는 분열적인 당파에 빠지지 않도록 주의하라.'[326] 이는 일반적으로 타락의 수단이 되어 왔다. 거짓 교리는 마음에 충격을 가하는 강력한 힘이 있다. 양들 중 한 마리를 다른 양들에게서 떼어놓을 수 있는 사람은 양을 속일 수 있는 상당한 수단을 가지고 있다.[327]

방향 제시-5　'교만의 죄, 특히 어떤 사람들이 영적인 교만이라고 부르는 은사, 지식, 거룩함의 교만을 경계하라.' 왜냐하면 하나님은 교만한 자를 멸하시기로 작정하셨기 때문이다. "교만은 패망의 선봉이요 거만한 마음은 넘어짐의 앞잡이니라."[328] 사탄은 우리의 첫 조상을 공격하여 스스로 타락하게 했다. 그의 성공은 그로 하여금 그들의 후손에게도 같은 방식을 시도하도록 격려한다. 아아, 그는 세상의 모든 시대를 통하여 지금까지 얼마나 크게 성공하였는가!

방향 제시-6　'분열되고 위선적인 마음을 조심하라. 그것은 최악의 상황을 예상하고 자기 부정의 관점에서 하나님을 위해 단호하게 결심한 적이 없고, 이 세상에 대한 사랑을 놓지 않고 내세의 삶을 굳게 믿지 않는다.' 왜냐하면 일반 은혜 외에는 어떤 은혜도 받은 적이 없고 영혼을 새롭게 한적도 없어, 은혜에서 떨어지는 것은 놀라운 일이 아니기 때문이다. 거짓된 마음을 가진 친구들이 그들의 이익이 필요할 때, 우리를 버리는 것은 놀라운 일이 아니다. 흙이 깊지 않은 곳에 뿌려진 씨는 열매를 맺지 못하고, 박해가 일어날 때 마르고 가시 떨기에 떨어진 것은 기운이 막힌다.[329] 차분히 당신이 그리스도인이 되는데 드는 비용을 생각해 보

---

326) 엡 4:14; 살전 5:12, 13
327) 롬 16: 17
328) 잠 16:18
329) 마 13:1-51

라. 실수로 또는 예비적으로 그리스도를 영접할 수는 없다.

방향 제시-7 '세상이나 그 안에 있는 어떤 것이 다시 당신의 마음을 빼앗아, 당신에게 너무 달콤해 보이지 않도록 주의하라.' 당신의 친구나 집, 땅과 부나 명예가 너무 좋아지고 그것을 지나치게 사랑하게 된다면, 당신의 생각은 곧 그것들을 쫓게 되고 하나님에게서 멀어지게 할 것이며 모든 거룩한 마음은 약화되고 쇠퇴할 것이며 은혜는 파괴 것이다. 돈을 사랑하는 것이 일만 악의 뿌리가 된다. 그리고 이 세상에 대한 사랑은 하나님에 대한 사랑의 치명적인 원수가 된다. 당신이 당신의 은혜를 지키고자 한다면, 마음으로부터 세상을 멀리하라.

방향 제시-8 '엄격한 관리를 유지하고 육체의 욕구와 감각을 경계하라.'[330] 육체적 정욕의 고삐를 풀고 감각적 욕망의 간청에 굴복하는 것은 은혜를 낭비하고 하나님으로부터 멀어지는 가장 일반적인 방법이다.

방향 제시-9 '유혹과 죄를 짓는 모든 때와 기회를 가능한 한 멀리하라.' 당신 자신의 힘을 믿지 말라. 불필요한 위험에 빠질 정도로 무모하지 말라. 파멸의 언저리에 서 있는 사람은 오랫동안 안전할 수 없다. 불과 지푸라기가 오랫동안 함께 있으면 마침내 불이 붙게 마련이다.

방향 제시-10 '성도들의 교제에 참여하고, 천국으로 가는 자들과 함께 가며, 견인을 위해 하나님께서 당신에게 지정하신 모든 방법을 지속적으로 사용하라. 특히 게으르고 나태하고 무익한 생활을 주의하라. 가장 활발한 활동을 통해 당신의 은혜를 지키라.' 나태한 사람은 낭비하는 사람의 형제다. 게으름은 우리의 육체뿐만 아니라 우리의 영적 건강과 힘을 소모하거나 부패하게 한다. 낮 동안에 부지런히 일하도록 하라. 당신이 할 수 있는 대로 당신이 있는 곳에서 모든 선한 일을 하라. 왜냐하면 행위는 습관을 보존하고 증가시키기 때문이다. 해를 끼치지 않는 것만으로 구성된 종교는 생명이 없고 부패하여 빨리 멸망할 것이다.

방향 제시-11 '타락한 사람의 슬픈 사례를 항상 당신의 눈에 간직하라.' (내가 이전에 설명한.) 오, 얼마나 무서운 일이 그들의 마음을 사로잡으려고 기다리고 있는지! 우리가 알고 있는 많은 사람들이 임종의 침상에서 영혼의 고뇌 속에, '내가 하나님을 버렸으므로 나는 하나님께 완전히 버림을 받았다!'라고 울부짖는지! 이런 배도한 가련한 자에게는 용서가 없다.

---

330) 롬 8:13

아, 내가 태어나지 않았더라면, 사람이 아닌 다른 존재였더라면 좋았을 것을! 내가 악한 자들의 꾀를 듣던 날과, 이 썩어질 육체를 기쁘게 하기 위해 내 영혼을 완전히 파멸시킨 날은 저주를 받을지라! 아, 모든 일을 다시 할 수 있다면! 결코 나를 만족시키지 못할 일로 인해 내 영혼을 잃고, 그분이 선하고 은혜롭다는 것을 발견하고도 하나님으로부터 등을 돌린, 미치광이, 넋을 잃은 죄인에게서 경고를 받으라. 오, 끝없는 절망 속에서 이와 같은 고통이나 이보다 더 심한 고통을 받을 준비를 하지 말라.

방향 제시-12 '회귀의 시작을 작은 문제로 여기지 말라.' 단번에 떨어져 나가는 사람은 거의 없으며, 비참함은 감지할 수 없을 정도로 서서히 진행된다. 당신은 한 가지 의무를 단축하고, 다른 의무를 생략하는 것이 작은 문제라 생각하고, 다른 의무를 소홀히 한다. 세상에 대한 즐거운 생각을 즐기기 위해, 처음에는 금단의 열매를 보고, 그다음에는 그것을 만지고, 그다음에 맛을 보는 것, 그것은 작은 문제가 아니다. 많은 것들에 대해 거스르는 생각, 시선, 맛, 또는 기쁨이 사람들에게서 시작되었고, 그것이 그들을 부끄러워 하게 하고, 영원히 그들을 파멸시킬 때까지 멈추지 않았다.

제27장

가난한 사람들을 위한 방향 제시

그렇게 낮거나 가난한 삶의 조건은 없다. 그러나 오해나 죄나 부주의가 그것을 해로운 것으로 만들거나, 그것에 대해 적개심을 품게 하지 않는다면, 그것은 우리에게 거룩하고 유익하며 편안할 수 있다. 우리가 처한 상황에 맞는 의무를 성실하게 수행한다면 그것에 대해 불평할 이유가 전혀 없을 것이다. 그러므로 나는 여기서 가난한 사람들에게 그들의 상황에 맞는 특별한 의무를 지시할 것이다. 만일 그들이 양심적으로 그 일을 한다면, 내가 그들을 가난에서 구하거나 그들이 원하는 만큼 부를 주는 것보다 그들에게 큰 친절을 베푸는 것이 될 것이다. 비록 이것이 대부분의 사람들에게 더 기쁨을 줄지는 의심스럽지만 그들에게 돈을 얻는 방법보다 돈에 대응하는 방법을 가르쳐 준 것에 대해 더 많은 감사를 표할 것이다.

방향 제시-1 '먼저 땅에 있는 모든 것의 용도와 가치를 이해하라. 그것들은 결코 당신의 몫과 행복이 되도록 만들어진 것이 아니라 천국에 가는 길에 당신에게 공급과 도움이 되도록 만들어졌다.'[331] 그러므로 그것들은 단지 그 자체로만 평가되거나 바라서는 안 되며, (하나님 외에는 선한 것이 없기 때문에,) 오직 그것은 가장 큰 선을 위한 수단으로만 필요하다. 그러므로 가난도 부도 우리 행복의 일부로서 단순히 그 자체로 기뻐할 수는 없다. 그러나 우리에게 천국을 가는데 가장 큰 도움을 주는 그러한 상태는 원하고 기뻐해야 한다. 하지만 천국과 우리의 의무를 가장 방해하는 상태는 오히려 한탄하고 미워해야 한다.

방향 제시-2 '그러므로 가난에 대한 모든 것을, 그 자체로는 당신에게 사소하고 작은 관심사항으로 생각하라. 그리고 더 큰 일에 도움이 되는 것 이상으로 많은 사랑이나 보살핌, 그것을 위해 슬픔을 겪을 가치가 없다고 생각하라.' 우리는 경주하는 선수와 같으며, 천국인가 지옥인가가 우리의 목적이 될 것이다. 그러므로 만일 우리가 곁눈질하거나 되돌아가거나 멈추거나 이러한 문제를 가볍게 여기거나 세상의 쓰레기로 우리 자신에게 짐을 지움으로써 경주에서 패하고 우리 영혼을 잃게 된다면 우리에게 화가 있을 것이다. 오, 선생이여, 가난이나 부보다 더 중요한 것이 무엇인가! 머지않아 천국이나 지옥에 가게 될 영혼들이 이러한 불합리한 것에 대해 진지하게 생각 할 시간이 있는가? 우리는 '보이지 않는 영원한 것보다 보이는 일시적인 것까지 바라보아야 할까?'[332] 아니면 "우리가 잠시 받는 환난의 경한 것이 지극히

---

331) 잠 28:6; 약 2:5
332) 고후 4:18

크고 영원한 영광의 중한 것으로 우리에게 이루게"[333] 할 것인가? 현재 우리의 "생명은 그 소유의 넉넉한 데 있지 아니하다."[334] 우리의 영생은 더욱 그러하다.

방향 제시-3 '그러므로 당신은 하나님의 사랑이나 당신의 행복이나 비참함에 대해 부유함이나 가난, 번영이나 역경을 기준으로 판단하지 않도록 주의하라. 그것들은 모든 사람에게 똑같이 다가온다.'[335] 사랑이나 미움은 사람에 의해 분별되지 않는다. 오직 하나님의 일반적인 사랑은 그렇지 않지만, 사람들은 육체에 대한 일반적인 자비만을 고려하기 때문에 분별할 수 없다. 환자에게 피를 흘리게 하고, 구토하게 했다고 외과의사를 미워하지 않는다면, 아이를 징계하는 부모를 미워해서는 안 된다. 더군다나 하나님을 당신의 원수나 무자비한 자로 판단해서는 안 된다. 왜냐하면 당신의 어리석음이 아닌 하나님의 지혜가 당신을 규제하고 당신의 재산을 처분하기 때문이다. 육체적인 마음은 영적인 자비의 특성을 소유하지 않았기 때문에 육체적인 것들로 자신의 행복과 하나님의 사랑을 판단한다. 그러나 은혜는 그리스도인에게 또 다른 판단력과 즐거움과 소망을 준다. 자연이 음식과 짐승의 쾌락보다 사람을 더 위에 두는 것과 같다.

방향 제시-4 '하나님은 당신보다 당신의 재산과 당신을 처분하는데 모든 면에서 더 적합하시다는 것을 굳게 믿으라.'[336] 그분은 무한히 지혜로우시며 무엇이 당신에게 가장 좋고 적합한지 아신다. 그분은 풍요와 결핍의 상태가 당신에게 어떤 유익과 해를 끼칠지 미리 아신다. 그분은 당신의 모든 부패함을 아시고, 어떤 상태가 그것을 강화하거나 파괴하는 데 가장 도움이 될 것인지, 그리고 어떤 것이 당신에게 가장 큰 유혹과 올무가 될지, 가장 안전한 상태가 될지 알고 계신다. 어떤 의사나 부모보다 환자나 자녀의 식단을 훨씬 더 잘 알고 계신다. 그분의 사랑과 친절은 당신 자신이 당신에게 하는 것보다 훨씬 더 크다. 그러므로 그분은 당신에게 선을 베풀려는 의지가 부족하지 않을 것이다. 그리고 당신에 대한 그분의 권위는 절대적이므로 당신에 대한 그분의 처분에는 의심의 여지가 없다. "이는 여호와시니 선하신

---

333) 고후 4:17
334) 눅 12:15
335) 전 2:14, 9:2, 3
336) 시 10:15; 삼상 2:7

대로 하실 것이니라."[337] 하나님의 뜻은 당신의 소망의 평안과 만족이 되어야 한다.[338]

방향 제시-5 '일반적으로 부가 가난보다 영혼에 훨씬 더 위험하고 인간의 구원에 더 큰 방해가 된다는 것을 확고히 믿으라.' 경험을 믿으라. 세상의 부자들과 통치자들 중에 거룩하고 하늘에 속하며 자기를 부정하고 겸손한 사람이 얼마나 적은가! 우리 구주를 믿으라. "재물이 있는 자는 하나님의 나라에 들어가기가 얼마나 어려운지 낙타가 바늘 귀로 들어 가는 것이 부자가 하나님의 나라에 들어가는 것보다 쉬우니라 듣는 자들이 이르되 그런즉 누가 구원을 얻을 수 있나이까? 이르시되 무릇 사람이 할 수 없는 것을 하나님은 하실 수 있느니라."[339] 그러므로 부자를 구원하는 것은 어려운 일이라 사람은 할 수 없으나 전능하신 하나님은 가능하다. 그래서 고린도전서 1장 26절에서 "형제들아 너희를 부르심을 보라 육체를 따라 지혜로운 자가 많지 아니하며 능한 자가 많지 아니하며 문벌 좋은 자가 많지 아니하도다"라고 말한다. 이것을 믿으라, 그러면 많은 위험한 실수를 예방할 수 있다.

방향 제시-6 '그러므로 당신은 비록 사람이 부나 가난을 위해 무조건적으로 기도해서는 안 되지만, 두 가지 중에서는 부를 위해 기도하는 것보다 자신을 위해 부를 견제하는 기도가 일반적으로 더 합리적이다. 하나님께서 우리를 가난하게 만드실 때보다 부유하게 만드실 때 차라리 더 걱정하는 것이 합리적이라는 것을 알 수 있다.' (내 말은, 둘 중 하나가 우리 자신에게 유익이나 고통거리를 만드는 관점에서 보면 그렇다는 것이다. 그럼에도 다른 사람에게 선을 행하려면 부가 더 바람직하다.) 그리스도를 믿는 사람이라면 누구나 이 사실을 부인할 수 없다. 왜냐하면 어떤 지혜로운 사람도 자신의 구원이 막히기를 바라거나, 낙타가 바늘 귀로 통과하는 것같이 자기의 구원을 어렵게 해달라고 하나님께 기도하지 않기 때문이다. 그럼에도 구원은 말할 수 없이 중요한 문제이고, 우리의 힘은 너무 작고, 어려움은 이미 너무 많고 크다.

이의 '그러나 그리스도께서는 가난한 이들의 어려움이 부자만큼 클 수 있다는 것을 부정하지 않으신다.'

---

337) 삼상 3:18
338) 행 21:14
339) 눅 18:24-27

답변 다른 이유로 일부 특정 사람에게는 그럴 수도 있다. 그러나 본문에서 그리스도께서 부자가 가난한 자보다 더 많은 어려움이 있다는 것을 비교적으로 말씀하신다는 것은 분명하다.

이의 '그렇다면 우리에게 부를 주시고 우리의 노동을 축복해 주신 하나님께 어떻게 감사할 수 있는가?'

답변 1. 그것들에 대해 감사해야 한다. 왜냐하면 그들은 본래 선한데, 예기치 않게 당신 자신의 부패로 인해 그렇게 위험한 존재가 되었기 때문이다. 2. 잘 활용하려는 마음이 있으면 다른 사람에게 좋은 일을 할 수 있기 때문이다. 3. 하나님께서 다른 사람보다 당신에게 그것을 주신 것은 (당신이 그분의 자녀라면) 그것이 다른 사람보다 당신에게 더 적합하다는 것을 의미하기 때문이다. 정신병원과 어리석은 아이들 사이에서는 불과 검과 칼을 막아주는 것이 친절이다. 그러나 그것은 이성을 사용하는 사람들에게는 유용하다. 그러나 영적인 문제에 있어서 우리의 어리석음은 너무나 커서 우리가 열심을 낼 명분 없이도 우리가 그토록 위험하게 남용하려는 경향이 있고, 그것은 그것을 가진 대부분의 사람들에게 파멸이라는 것을 증명한다.

방향 제시-7 '당신의 가난이 당신의 게으름, 폭식, 술 취함, 교만, 또는 기타 육체를 기쁘게 하는 죄의 결과가 아닌지 확인하라.'[340] 당신이 이같이 자행하면, 당신이 온전히 회개하여 죄에서 돌이키기까지는 그것이 당신의 유익을 위해 거룩하게 될 것이라고 기대할 수 없다. 또한 당신은 (비참한 죄인 외에는) 사람에게 동정을 받을 만한 대상도 아니다. 풍족함을 누리고 자신의 안일함과 즐거움을 원하는 것보다, 궁핍함에도 불구하고 차라리 안일함과 즐거움을 선택하는 사람이, 자기가 선택한 것보다 더 많이 가지려 한다는 것은 유감이다.

1. 나태함과 게으름은 자연적인 욕망을 따르는 죄인데, 하나님께서는 그들에게 가난을 형벌로 내리셨다. 잠언6장 11절, 12장 24, 27절, 18장 9절, 20장 13절, 24장 34절, 26장 14, 15절에서 보는 바와 같다. 그렇다. 그는 누구든지 "일하지 않으면 먹지도 말라고 하셨다."[341] 얼굴에 땀을 흘려야 먹을 것을 먹으리라"[342] 그리고 "엿새 동안 힘써 네 모든 일을 행할 것이

---

340) 고전 7:35
341) 살후 3:10
342) 창 3:19

다"[343]라고 하셨다. 게으른 상태를 유지하는 것은 다른 사람에게 죄이다. 당신이 당신의 육체를 기쁘게 하려고 한다면, 그것은 결핍으로 불만족스럽고, 당신이 선택한 것으로 고통을 받아야 한다.

2. 탐식과 술 취함은 짐승처럼 자비를 탐식하고 인류를 학대하므로 수치와 가난이 그들의 형벌이자 치료법이다. "술을 즐겨하는 자들과 고기를 탐하는 자들과는 더불어 사귀지 말라 술 취하고 음식을 탐하는 자는 가난하여 질 것이요… 해어진 옷을 입을 것임이라."[344] 어떤 사람이라도 그러한 탐욕스러운 욕구를 충족시키는 것은 불법이다. 만약 그들이 지속 가능한 수입보다 짧은 기간에 많은 수입을 선택한다면 그들에게 선택권을 주라.

3. 교만은 또한 가장 소모적이고 낭비적인 죄이다. 그것은 마귀의 가장 탁월한 죄로 마귀를 섬기며, 마귀를 위해 하나님의 용서를 포기하는 것이다. 교만한 사람은 다른 사람의 눈에 자신을 드러내기 위해, 화려함으로 그리고 외모를 과도하게 꾸미며, 건물과 오락과 좋은 옷과 진기한 물건으로 과도하게 꾸민다. 가난은 또한, 이 죄에 대한 합당한 형벌이자 치료법이다. 그들을 가난에서 구하기 위해 하나님을 대적하게 하는 것은 잔인한 일이다. 그것은 선한 일을 하기 위해 멸망의 길을 선택하는 것이다.[345]

4. 또한, 거짓과 기만과 부당한 이득은 가난을 초래한다. 하나님께서는 현세에서도 자주 불의한 자를 심판하신다. 부당하게 얻은 부는 초가집 안에 있는 불과 같아서 종종 나머지 사람에게 은밀한 저주와 파멸을 가져온다. 인정이 없는 가난한 사람들에 대해서도 같은 말을 할 수 있다.[346] 자유주의자는 풍족한 축복을 누리지만 반면에 가난으로 인해 자주 저주를 받는다.

방향 제시-8 '가난한 사람들에 대한 특별한 유혹을 잘 알면 그것들을 물리치기 위한 준비를 할 수 있다.' 모든 조건에는 고유한 유혹이 있으며, 그러한 조건에 있는 사람은 특별히 강화하고 경계해야 한다. 이것이 그리스도인의 지혜와 안전의 상당부분이다.

유혹 1 가난에서 오는 한 가지 유혹은, 당신에게 마땅히 생각할 것보다 부와 명예를 더

---

343) 신 5:13
344) 잠 23:20, 21
345) 잠 11:2, 16:18, 29:23
346) 잠 11:24, 25; 사 32:8

높이 생각하도록 끌어들일 것이고, 부자가 가난한 자보다 훨씬 더 행복하다고 생각하게 할 것이다. 세상은 다른 모든 기만자들과 같기에, 잘 알지 못하는 것이 가장 높게 평가된다. 부와 풍요, 번영의 삶을 살아 본 적이 없는 사람들은 그것을 존경하고 그것이 가난보다 더 탁월하고 더 낫다고 생각하기 쉽다. 그래서 당신도 다른 사람들이 풍요를 누리는 것만큼, 궁핍으로 인해 세상을 지나치게 사랑하게 될 수 있다. 이에 반하여, 당신이 결코 살아 보지도 알지도 못한 것을 높이 평가하는 것은 어리석은 일이라는 것을 기억하라. 그리고 풍요롭게 살아 온 사람들이 마지막까지 그것을 비방하지 않는지 살펴보라. 죽어 가는 사람들은 부와 명예를 허영심과 속임수보다 나을 것이 없다고 말한다. 그리고 하나님께서 최악이라고 판단하는 상황을 가장 고귀하게 평가하는 방식으로 하나님의 지혜에 반대하는 것은 당신 안에 있는 반역적인 교만이다. 그리고 그분이 거부하는 것을 사랑하는 것도 마찬가지다.

유혹 2　가난한 사람들도 자신의 필요와 세속적인 문제에 신경을 많이 쓰고 싶을 것이다.[347] 그들은 자신에게 필요한 것을 구하는 것은 허용될 것이라고 생각할 것이다. 당신의 일을 올바로 수행하는 데 필요한 만큼 주의하는 것은 당신의 의무다. 자신의 의무를 수행하는 방법에 주의하라. 그러나 하나님께 속한 일에 대해서는 너무 염려하지 말라. 당신이 어떤 사람이 되고, 무엇을 해야 할지 관심을 갖는다면, 하나님께서는 당신이 마땅히 가져야 할 것에 대해 충분히 관심을 가지실 것이다.[348] 그러므로 당신이 사업을 충실히 수행하더라도, 당신의 다른 걱정은 성공에 아무런 보탬이 되지 못하며, 당신을 더 부유하게 해 주지도 않을 뿐 아니라, 단지 당신의 마음을 불안하게 할 뿐이다. 하나님께서는 가난한 자와 부유한 자 모두에게 아무것도 염려하지 말고 모든 염려를 자기에게 맡기라고 명령하셨다.

유혹 3　가난은 또한 당신으로 하여금 불평하고, 조급하고, 불만을 품고, 다른 사람들과 어울리지 못하도록 유혹할 것이다. 그것은 가장 큰 유혹이기 때문에 나중에 별도로 언급할 것이다.

유혹 4　또한 당신은 더 많은 것을 탐하고 싶은 유혹을 받게 될 것이다.[349] 사탄은 가난한

---

347) 눅 10:41
348) 마 6:1-34; 벧전 5:7; 빌 4:6
349) 잠 23:4

사람들에게 부자들이 범하는 것보다 더 큰 탐욕에 빠지게 하는 올가미를 만든다. 더 많이 욕망하면 할수록 더 목마르지 않는 사람은 없다. 결국 그들의 가난은 그들의 눈을 멀게 하여 그들이 탐욕스럽다는 것을 깨닫지 못하거나 그렇지 않으면 그것을 이치에 맞는다고 생각한다. 그들은 겨우 필수품만 원하기에, 차고 넘치지 않는다면 그것은 탐심이 아니라고 생각한다. 그러나 당신은 하나님께서 당신에게 허락한 것 이상을 탐하지 않는가? 당신은 그분이 주시는 금액에 불만이 없는가? 그분은 당신에게 필요한 것과 초과되는 것이 무엇인지 가장 잘 알지 않으실까? 그렇다면 초과되는 것은 탐욕이 아니고 무엇인가?

유혹 5 또한 당신은 부자를 부러워하고, 당신이 판단할 수 없는 문제에 관해 그들을 비난하고 싶은 유혹을 받을 것이다. 가난한 사람들이 부자에 대해 시기하고 비난하는 것은 흔한 일이다. 그들은 단지 그들이 부자이기 때문에, 특히 그들이 자기에게 아무것도 주지 않았을 경우에 탐욕스럽다고 한다. 그들은 부자들이 어떠한 필요 경비를 가지고 있는지 모르고, 얼마나 많은 다른 비용을 아낌없이 사용하는지도 모르고 탐욕스럽다고 한다. 그들의 계정을 보기 전에는, 그들을 비난할 자격이 없다.

유혹 6 가난한 사람들도 자신의 필요를 충족시키기 위해 불법적인 수단을 사용하고 싶은 유혹을 받을 것이다.[350] 얼마나 많은 사람들이 필연적인 유혹을 받아 죄짓고, 그들의 양심을 상하게 하고, 호의나 승진을 위해 거짓을 말하고, 아첨하고, 속이고, 도적질하고, 속이려는 유혹을 받는지! 얼마나 값비싼 대가인가! 영원한 생명을 잃거나 위험을 무릅쓰고 멸망하는 음식을 사는 것은 그들의 육체를 부양하기 위해 자신의 영혼을 잃는 것이다!

유혹 7 또한 당신은 영혼을 소홀히 하며 영적인 의무를 생략하고, **마르다**처럼 많은 일에 대해 고심하여, 필요한 일을 소홀히 하는 유혹을 받을 것이다. 그리고 당신은 필요성이 있으면 이 모든 것이 허용될 것이라고 생각할 것이다. 그렇다. 어떤 사람들은 자신이 가난하기 때문에 구원받는다고 생각하며, 하나님께서는 이 생과 저 생에서 그들을 벌하지 않을 것이라고 말한다. 그러나 슬프게도 당신이 하나님을 경외하지 않으며 내세에 대해 무관심하면 부자보다 더 변명의 여지가 없다. 천국보다 가난하고 비참한 삶을 더 사랑하는 사람은 그보다

---

350) 잠 30:8, 9

풍요롭고 번영하는 삶을 선호하는 사람보다 훨씬 더 가난하고 비참한 삶을 사는 것이 마땅하다. 하나님께서는 자신의 섭리를 통해 당신이 천국 안에서 행복해야 한다고 가르쳐 주셨다, 아니면 어디서도 행복할 수 없다. 만약 당신이 세상 사람이 되어, 땅에서 당신의 몫을 위해 하늘을 버리고자 한다면, 당신은 얼마나 하찮은 거래를 원하고 있는 것인 지! 누더기와 수고와 궁핍과 슬픔을 영원한 기쁨과 행복보다 더 사랑하는 것이 세상에서 가장 불합리한 불경건이다. 당신은 더 많은 여가시간을 보내는 일부 사람들처럼 일주일 중 많은 시간을 독서와 묵상에 시간을 보내도록 부름을 받지 않은 것은 사실이다. 그러나 당신에게는 그들만큼 천국을 구하고 거기에 마음을 둘 이유가 있다. 그리고 당신은 일할 때 그것을 생각해야 하며, 당신에게 허용된 영적인 의무를 수행할 기회를 활용해야 한다. 가난하다 해서 불경건이 허용되는 것은 아니다! 하나님을 섬기고 구원받는 것만큼 필요한 것은 없다. 그러므로 구원과 하나님을 섬기는 일 외에 어떤 필요성도 용납되지 않는다.[351] **마리아**와 **마르다**의 사례를 읽어 보라. 당신의 마음은 전적으로 하늘에 있어야 하며, 하늘 외에는 믿을 것이 없다고 생각해야 한다. 가난한 사람은 부자보다 영생에 이르는 길에 장애물이 더 적다! 하나님께서는 사람이 가난하기 때문에 그를 구원하지 않으시고, 오로지 불경건한 자는 가난하든 부자이든 정죄할 것이다.

유혹 8   가난한 자들의 또 다른 큰 유혹은 자녀들의 거룩한 교육을 소홀히 하는 것이다. 그러므로 대부분의 장소에서 가난한 사람들과 그들의 자녀들만큼 무지하고, 무례하고, 이교도적이고, 배우기를 꺼리는 사람들이 없다. 그들은 결코 자녀들에게 읽는 법을 가르치지 않으며 그들의 영혼 구원을 위한 어떤 것도 가르치려 하지 않는다. 그들은 그들의 가난이 모든 것에 대해 변명이 될 것이라고 생각한다. 그러나 이성은 그들에게, 세상에서 그들에게 아무것도 줄 수 없는 사람들보다, 그들의 자녀들을 천국에 가도록 도와주는 사람은 더욱 없다고 말한다.

방향 제시-9   '가난한 사람들에 대한 특별한 의무를 잘 알고, 신중하게 수행하라.' 그것들은 다음과 같다.

---

351) 눅 10:41, 42

1. 고난을 통해 세상을 경멸하는 법을 배우라. 만약 가난이 세상의 모든 것들로부터 당신의 애정을 떼어놓는 데 도움이 된다면 그것은 행복한 가난이 될 것이다. 세상에는 가질만한 가치가 있는 것이 거의 없다고 생각하라.

2. 탁월한 하늘의 마음을 가져라. 더 나은 것을 바라면 바랄수록, 이생에서는 가질 것이나 바랄 것이 더 적어진다.[352] 당신은 적어도 가장 위대한 왕자만큼 하늘의 보물을 소유할 수 있다. 하나님은 의도적으로 세상에서 당신의 상태를 곤경에 빠뜨려 당신의 마음을 자신에게 향하게 하시고 당신이 구할만한 가치 있는 것을 먼저 찾도록 가르치신다.[353]

3. 오직 하나님께 의지하여 사는 법을 배우라. 그의 선하심과 신실하심과 모든 충족하심을 연구하라. 세상에서 편하게 쉴 곳이나 친구가 없을 때, 하나님께로 돌아가 그분을 신뢰하고 더욱 그분과 함께 거하라.[354] 당신의 가난으로 이 정도의 효과가 있다면, 그것은 세상의 모든 부보다 당신에게 더 나은 것이다.

4. 당신의 소명에 근면하고 부지런 하라. 교훈과 필요성이 모두 당신에게 그렇게 하라고 한다. 만일 당신이 하늘의 마음과 순종의 마음을 가지고 당신의 손으로 그분을 기쁘게 섬긴다면, 그것은 마치 당신이 그 모든 시간을 더욱 영적인 훈련에 보낸 것처럼 그분께서 받아들이실 것이다. 왜냐하면 그는 제사보다 순종을 좋아하시기 때문이다. 모든 것이 순수한 자에게 순수하고 거룩해진다. 만일 당신이 가장 비천한 일에서도 하나님을 섬긴다면, 당신의 순종과 복종이 얼마나 큰지 아시고, 그에 따라 하나님께서는 그것을 더욱 기뻐하실 것이다.[355]

5. 모든 사람에게 겸손하고 유순하라. 가난한 사람의 교만은 두 배나 밉살스럽다. 가난이 당신의 교만을 치료하고 진정으로 겸손해지도록 도와준다면 그것은 당신에게 적지 않은 자비가 될 것이다.[356]

6. 특별히 육체를 죽여야 할 의무가 있으며, 감각과 욕구를 억제해야 한다. 왜냐하면 당신이 부자보다 그것을 피하기 쉽기 때문이다. 당신은 그들과 같은 정욕, 문란, 탐식, 관능의 미

---

352) 빌 3:18, 20, 21; 고후 5:7, 8
353) 마 6:33, 19-21
354) 갈 2:20; 시 73:25-28; 고후 1:10
355) 엡 4:28; 잠 21:25; 삼상 15:22; 살후 3:8, 10
356) 잠 18:23

끼를 그다지 많이 가지고 있지 않다.

7. 당신이 물질적으로 결핍할 때, 당신은 영적으로 결핍한 것을 더 분별하고 기억해야 한다. 영적인 축복을 소중히 여기도록 가르치라. 배고프고 춥고 벌거벗은 몸이 그토록 재난이라면, 죄 많고 은혜 없는 영혼, 죽어 있거나 병든 마음이 얼마나 더 큰 재난인지 스스로 생각해 보라! 만일 몸에 필요한 음식과 필수품이 그토록 바람직하다면, 오, 그리스도와 그의 영과 하나님에 대한 사랑과 영생은 얼마나 더 바람직한지!

8. 당신은 무엇보다도 시간을 주의 깊게 절약해야 한다. 특히 주의 날에 그렇게 해야 한다. 당신의 일은 당신의 시간을 너무 많이 차지하므로 당신의 영혼을 위한 모든 기회를 붙잡기 위해서는 더욱 주의를 기울여야 한다! 거룩한 의무를 위해 30분 더 일찍 일어나라. 수고하면서 거룩한 것들을 묵상하고, 특별히 부지런히 주의 날을 보내고, 그러한 때를 기뻐하라. 결핍한 상태가 당신의 욕구에 대한 방부제가 되게 하라.

9. 죽을 각오를 하라. 세상이 당신에게 주는 것은 너무나 무의미한 즐거움이라는 것을 알기에, 하나님께서 당신을 부르실 때, 그것들을 쉽게 놓아줄 수 있는 것에 만족하라. 무엇이 당신의 마음을 붙잡고 있는가?

10. 무엇보다도 당신은 사람들로부터 오는 고난을 두려워하지 않아야 하며, 하나님과 양심에 충실해야 한다. 당신은 큰 명예도 없고 부유함도 없고 향락도 없고 도둑질 당할 것이 없다. 도둑이 훔칠 것이 아무것도 없어 도둑을 두려워하지 않는 것과 같다.

11. 당신 자녀도 천국에 합당하도록 특별히 주의하게 하여 그들에게 하나님나라에서 더 나은 몫을 받게 하라. 왜냐하면 당신은 세상에서 그들에게 줄 수 있는 것이 거의 없기 때문이다.

12. 당신의 형편에서 인내와 만족의 모범이 되라. 은혜는 가장 많이 실천 하면할수록 우리 안에서 가장 강해지기 때문이다. 가난은 당신이 이렇게 자주 실천하도록 요구한다.

방향 제시-10 '당신의 형편에 대해 기분 좋게 만족할 수 있는 이유를 특별히 준비하라. 그러면 불안과 불만에 대한 모든 생각을 억제할 수 있다.' 예를 들면, 1. 앞서 말한 대로 그것이 당신을 천국에 가장 잘 인도하는 최선의 조건이라고 생각하라. 하나님께서는 당신에게 유익이 될지, 해가 될지 가장 잘 아신다. 2. 하나님의 뜻을 원망하는 것은 반역이다. 하나님의 뜻에 따라 처분해야 하고 우리의 안식이 되어야 한다. 3. 당신을 위해 가난한 삶을 선택하신 그리스도의 삶을 바라보라. 그분은 머리 둘 곳도 없었다. 그분은 세상에서 부유하고 사치스러운 분이 아니셨다. 당신은 그분을 본받는 것이 슬픈가?[357] 4. 그분의 모든 사도들과 가장 거룩한 종들과 순교자들을 바라보라. 그들도 당신만큼 큰 고통을 받아들이지 않았는가? 5. 부자들도 머지않아 당신처럼 가난해질 것이라고 생각하라. 그들도 벌거벗은 채 세상에 나왔고 벌거벗은 채 세상을 떠나야 한다. 약간의 시간이 큰 차이를 만들지 않는다. 6. 부자로 죽는 것이 가난하게 죽는 것보다 더 위로가 되지 않는다. 그러나 일반적으로 위로가 훨씬 적다. 왜냐하면 세상이 그들에게 더 즐거울수록, 세상을 떠나는 것은 더 큰 슬픔이기 때문이다. 7. 모든 사람은 세상이 결국 헛되다고 외친다. 죽어 가는 사람에게 부요함이 얼마나 가치 있는 일이 될까! 세상은 그를 얼마나 안타깝다 하며 쫓아낼까! 8. 당신이 즐겨야 할 시간은 매우 짧고 불확실하다. 이제 며칠만 더 걸으면 우리는 떠나야 한다. 슬프게도, 사람이 부자이든 가난하든, 다른 세계로 들어 갈 준비에 얼마나 관심이 없는지! 9. 하나님을 향한 마음을 약화시키는 세상에 대한 사랑은 일반적으로 저주의 원인이다. 세상이 당신을 원수처럼 대하는 것보다 번영으로 당신을 즐겁게 하는 것을 더 좋아한다면, 그것은 세상을 더 사랑하는 자가 아닌가? 결과적으로 하나님께서 당신을 저주받을 죄에서 구원하시는 것이 불쾌하다는 것인가? 그리고 그분이 당신의 천국 가는 길을 편하게 만드시는 것이 불쾌한가? 10. 당신은 부자의 고민을 전혀 알지 못한다. 많이 가진 사람은 할 일도 많고 돌볼 것도 많다. 상대해야 할 사람도 많고, 상상하는 것보다 괴로움도 더 많다. 11. 고통받는 것은 육체뿐이다. 고통받는 것은 당신의 육체를 죽이는데 도움을 준다. 12. 당신은 오직 일용할 양식을 위해서 기도하므로 그것으로 만족해야 한다. 13. 하나님과 그리스도와 천국이 당신에게 충분하지 않은가? 천국에 살아야 하는 것이 불만스러운가? 14. 당신이 불평하는 것은 당신의 박식한 이성보다 당신의 정욕이 불평하는 것이 아닌가? 나는 이 모든 이유를 간략하게 언급할 뿐이다. 묵상할 때 그 이유를 더 확대할 수 있다.

---

357) 빌 3:7-9

제28장

부자들을 위한 방향 제시

나는 이미 이것에 대해 1부 탐심이나 세속적인 것, 선행에 관한 것에서 너무 많이 말했다. 그리고 나의 책 《자기 부정》과 《세상을 십자가에 못 박음》에서 언급했다. 내 이성은 나에게 이곳에서 간결할 것을 명한다.

방향 제시-1 '부는 당신의 행복의 일부가 아니라는 것을 기억하라. 또는 부유함보다 더 나은 것이 없다면 당신은 망한 사람이다.' 부가 당신을 행복하게 하기에 적합하다고 감히 말할 수 있는가? 당신이 그것을 당신의 일부로 생각한다고 감히 말하는가? 그것이 당신을 버렸을 때 실망하지 않고 만족할 수 있는가? 그것은 하나님과 화해하지 못한다. 그것은 그분의 진노에서 구원하지 못한다. 그것은 상처받은 양심을 치료하지 못한다. 그것은 당신의 육체를 기쁘게 하고 당신의 장례 행렬을 돋보이게 할 수는 있지만, 죽음을 지체하거나 거룩하게 하거나 달콤하게 하지 못하며 당신을 가난한 사람보다 더 좋게 하거나 행복하게 하지도 않는다. 부는 매혹적이고 썩어질 육체를 위한 풍성한 양식일 뿐이다. 육체가 흙 속에 있으면 더 이상 부유하지 않다. **아담** 시대부터 지금까지 풍성했던 모든 것들은 흙먼지 속에서 가장 낮은 것과 동등해진다.

방향 제시-2 '그렇다. 부는 당신의 영혼에 대한 가장 작은 유혹이자 가장 작은 위험이 아니라는 것을 기억하라.' 부가 당신을 기쁘게 하고 즐겁게 하는가? 그렇다면 그것은 당신을 파멸에 이르게 할 수도 있다. 만일 그것이 하나님보다 사랑받고 땅이 하늘보다 더 좋아 보이면 그것은 당신을 파멸시킨 것이다. 하나님께서 당신을 회복시키지 않으시면, 당신은 그처럼 속아서 비참한 영혼으로 사는 것보다 벌레나 짐승으로 사는 것이 더 나을 것이다. 그리스도께서 부에 관해 그토록 많은 무서운 경고를 하시고 세상 부자의 어리석음과 위험과 비참함과 부자들의 구원이 얼마나 어려운지 말하는 것은 충분한 이유가 있다.[358] 불은 연료가 가장 많을 때 가장 활활 타오른다. 부는 세상적인 사랑과 육체적인 정욕의 원동력이다.[359]

방향 제시-3 '세속적인 번영과 부를 사랑하고 신뢰하는 것이 무엇인지 이해하라.' 여기에 있는 많은 사람들은 자신을 속여 멸망에 이르고 있다. 그들은 자신의 부를 필요에 의해서만 원하고 사용한다고 스스로를 설득한다. 그럼에도 불구하고 그들은 부를 사랑하는 것도 의지

---

358) 눅 12:17-20, 16:19-21, 18:21-23
359) 요일 2:15, 16; 롬 13:13, 14

하는 것도 아니다. 왜냐하면 그들은 천국이 더 좋고, 부는 무덤에서 우리를 떠날 것이라고 말하기 때문이다. 그러나 당신은 부가 주는 편안함, 그 위대함, 그 지배력, 그 충만함, 욕구, 시각적 감각, 공상의 만족을 사랑하지 않는가? 육체적인 세상 사람들이 자신을 위해 사랑하는 것은 육체의 정욕과 욕망과 쾌락이다. 또한 그들은 이런 것들 때문에 그들의 부를 사랑한다. 부를 신뢰한다는 것은 부유함이 결코 자신을 떠나지 않을 것이라고 신뢰하는 것이 아니다. 모든 어리석은 자들은 그 반대로 알고 있다. 그러나 당신이 그것을 신뢰하는 이유는 그것이 당신을 가장 기쁘게 하고, 건강하게 하거나 원하는 대로 해 주기에, 그들 안에서 쉬고, 바쁘지 않고, 당신 마음의 괴로움을 덜기 때문이다. 누가복음 12장 18, 19절에는 "내 영혼아 여러 해 쓸 물건을 많이 쌓아 두었으니 평안히 쉬고 먹고 마시고 즐거워하자"고 했다. 이것이 바로 재물을 사랑하고 신뢰하는 것이다.

방향 제시-4 '이 세상의 모든 속임수와 위험 중에서, 세상과 천국이 잘 어울릴 수 있다고 하는 은밀하고 위선적인 희망에 주의하라. 그것은 양쪽의 행복을 모두 가질 수 있다고 하는 것이며, 복합적인 부분을 꿈꾸거나 하나님과 재물을 동시에 섬기는 것을 꿈꾸게 한다.' 위선자의 마음과 희망의 진정한 상태는 자신의 세상적인 번영을 가장 사랑하고, 육체의 쾌락을 즐기기 위해 그것을 가능한 한 오랫동안 유지하고자 하는 것이다. 그럼에도 그가 자신의 뜻에 반하여 세상을 떠나야 할 때, 그는 천국을 자신의 예비처로 삼기를 희망한다. 왜냐하면 그는 천국이 지옥보다 좋다고 생각하며, 그의 욕망과 애정은 이 땅을 좋아함에도 불구하고, 그의 혀는 땅보다 낫다고 말할 수 있기 때문이다. 만일 이것이 당신의 경우라면 주님께서 당신에게 자비를 베푸시어 당신에게 더 많은 믿음과 신령한 마음을 주지 않으시면 당신은 길을 잃고 당신과 당신의 보물은 함께 멸망할 것이다.

방향 제시-5 '그러므로 당신 자신과 당신이 가진 모든 것을 하나님께 맡길 때 마음속에 비밀스러운 목적이 있지 않도록 조심하라. 이는 당신이 그리스도를 얻기 위하여, 그리고 더 나은 세상에 대한 소망 때문에 세상에서 멸망하지 않게 하려는 것이다.' 교활한 위선자는 복음서에서 제안된 그리스도의 약속의 조건이 모든 것을 버리는 것보다 나쁘지 않다는 사실을 모르는 것이 아니다. 세례와 그리스도와의 언약에 있어 모든 것은 그분을 위해 실행하고 헌신해야 하고, 그 십자가는 모든 것 대신에 받아들여야 한다. 그렇지 않으면 우리는 그리스도와 언약을 맺은 것이 아니므로 그리스도인이 아니다. 그러나 위선자의 희망은 그리스도께서 사람에게 이러한 약속을 주셨을지라도, 결코 사람에게 이행을 위한 시련을 주지 않을 것이며, 모든 것을 버리라 요구하지도 않을 것이라는 것이다. 그러므로 그가 어떤 일을 하더라도 그는 항상 자기가 한 약속을 이행하지 않을 것이다. 그는 의사가 자신이 감당할 수 없는 어떤 일도 하지 않기를 바라면서도 전적으로 의사의 치료를 받겠다고 약속하는 환자와 같다. 게다가 쓴 약이나 구토제를 주면, 나는 당신이 좀더 순한 약을 주길 바랐는데, 먹을 수 없다고 말하는 환자와 같다.

방향 제시-6 '그러므로 당신이 하나님을 위하여 사는 체하고, 그분의 청지기로서 당신이 가지고 있는 모든 것을 사용하여 봉사해야 하는 동안, 당신은 당신의 정욕의 찌꺼기를 기만적으로 사용하여 그분께 혐오감을 주거나, 당신 육체가 할 수 있는 만큼만 그분께 드리지 않도록 주의하라.' 누가복음 16장의 천벌 받은 부자라 해도 가난한 사람들에게 아무것도 주지 않았을 가능성은 없다. 그렇지 않다면 거지들이 부잣집 문 앞에서 무엇을 기대했을까? 그리스도께서 사람들에게 냉수 한 잔을 준 것에 대해서도 보답하겠다고 약속하실 때, 그 의미는 그들이 가지고 있다면 더 나은 것을 베풀라는 뜻이다. 아무리 지옥에 가는 부자라 해도, 가난한 사람에게 아무것도 주지 않을 정도로 인간적 동정심이나 자신의 명성에 대한 감각이 없는 사람은 없다. 하나님이 소유하신 모든 것이 가난한 사람을 위한 것은 아니지만, 모든 것은 그분이 명령하신 대로 사용되어야 할 것이고, 당신의 십일조나 찌꺼기 때문에 실망하지도 않으신다. 그분의 청지기들은 그들 자신의 것은 없다고 고백한다.

방향 제시-7 '당신이 그리스도를 버리는 것이 아니라 오히려 시련 중에도 그리스도를 위해 당신의 모든 것을 버리겠다고 약속하는 경우, 당신의 부(riches)를 성공적으로 사용함으로써, 그것이 거짓이 아니라는 것을 나타내라.' 그리스도와 당신의 언약이 참인지 거짓인지는, 시련의 날에 당신이 무엇을 하는지, 일상생활에서 무엇을 하는지를 통해 알 수 있다. 날마다 부를 가지고 그리스도를 섬길 수 없는 사람이 어떻게 단번에 그리스도를 위해 모든 것을 드릴 수 있겠는가? 경건한 의무나 자선적인 의무를 수행하는데 있어서 하나님께서 요구하는 것을 조금도 드릴 수 없는 사람이 어떻게 그리스도를 위해 모든 것을 드릴 수 있겠는가? 하나님을 위해 모든 것을 맡긴다는 것은 하나님께 죄를 짓는 것이 아니고, 모든 것을 드리는 것이 아니면 무엇인가? 그리고 어떤 부분도 드릴 수 없기 때문에 선한 일을 생략함으로써 날마다 하나님께 죄짓는 자가 그렇게 할 수 있겠나? 신실한 청지기로서 당신이 현재 가지고 있는 것으로 최선을 다해 하나님을 섬기기 위해 힘쓰라. 그러면 당신은 그분의 은혜로 인해, 시련가운데도 모든 것을 드리고, 활력을 잃은 위선자와 배교자가 되지 않을 것이라고 기대할 수 있다.

방향 제시-8 '자신이나 육체의 뜻과 정욕에 부요하지 말라. 그러나 부자는 영적인 사람이어야 하고 가난한 사람과 마찬가지로 육체를 죽여야 한다는 것을 기억하라.' 당신의 정욕이 결코 모든 충만한 재산의 대부분을 먹게 하지 말라. 어쨌거나 당신의 영혼을 단식하게 하고 겸손하게 하라. 더 이상 고기와 음료에 대한 지나친 욕망을 갖지 말라. 더 이상 무익한 나태 속에 살지 말라. 부자는 가난한 사람과 같은 종류의 일은 하지 않더라도 그들처럼 끊임없이 일을 해야 한다. 부자는 진지하고 절제하며 천상적인 삶을 살아야 하며 가난한 사람과 마찬가지로 모든 육체의 욕망을 억제해야 한다. 당신은 동일한 법과 주인을 가지고 있으며, 더 이상 당신의 정욕에 빠질 자유가 없다. 그러나 당신이 육체대로 살면 다른 사람과 같이 죽을 것이다. 오, 육체적인 마음이 가진 편파성이여! 그들은 때때로 선술집에 가기도 하며, 아마도 일주일 내내 물을 (또는 그 옆에 있는 것) 마시는 가난한 사람을 비난한다. 그럼에도 불구하고, 포도주와 독주 없이는 식사를 하지 않고 식욕이 원하는 대로 먹는 사람들은 결코 자신을 비난하지 않는다. 그들은 가난한 사람이 인생의 대부분을 일하며 보냄에도, 하루만 게으르게 보내면 그것을 범죄로 생각한다. 신사들은 그들의 부가 수익성 있는 노동 없이도 살 수 있고, 육체를 만족시키며, 맛있게 먹을 수 있고, 마치 관능적이고 저주받는 일이 그들의 특권인 것처럼 산다.[360]

방향 제시-9 '사실 당신은 가난한 사람들보다 관능과 악덕을 견제하기 위해 훨씬 더 큰 자기 부정과 두려움, 경계의 필요성이 있다는 것을 잊어서는 안 된다.' 정욕의 억제는 사람들의 구원에 있어서도, 당신의 구원에도 필요하지만 더욱 심히 어려운 일이다. 당신이 육체대로 살면 육체와 같이 죽을 것이다. 당신의 유혹은 얼마나 더 강렬한가? 날마다 풍성한 식탁과

---

360) 롬 8:1, 5-9, 13

유혹적이고 맛있는 음식을 앞에 두고 있는 사람은 반년에 한 번도 그런 유혹을 받지 않는 사람보다 폭식이나 음식의 질이나 양의 과잉에 더 쉽게 빠지지 않는가? 매일 식탁에 맛있는 음식과 음료가 차려져 있는 사람이 식욕을 거부하는 것은, 그런 음식을 거의 볼 수 없고 아마도 그것을 구할 가능성도 없어 식욕이나 생각을 자극할 것이 없는 사람보다 더 어렵지 않겠는가? 의심할 바 없이 부자가 구원을 받고자 한다면, 가난한 사람보다 더 큰 유혹과 위험 속에 살아야 하기에, 더 끊임없이 깨어 있고, 육체를 더욱 단호하게 경계하며, 관능을 더 두려워하며 살아야 한다.

방향 제시-10 '그러므로 특별히 번영의 유혹이 무엇인지를 알고, 번영에 대해 성공적인 저항을 할 수 있도록 하라.' 그 유혹에 저항하기 위한 방법은 다음과 같다.

1. 교만. 인간의 어리석은 마음이 부와 같이 아주 하찮은 것과 결합되면 으스대기 쉽다. 사람들은 자신이 이웃보다 우월하다고 생각하며, 더 부유하다면 더 많은 명예와 존경을 받아야 한다고 생각한다.[361]

2. 빵의 충만함.[362] 그들이 구토할 때까지 먹지만 않는다면, 그들은 고기와 음료로 그들의 식욕을 지속적으로 그리고 사치스럽게 즐기는 것이 정당하다고 생각한다.

3. 게으름. 그들은 충분히 소유했기에 노동할 의무가 없으며, 노동 없이도 살아갈 수 있다고 생각한다.

4. 시간을 낭비하는 스포츠 및 레크리에이션. 그들은 그들의 모든 삶이 육체에 바쳐지고 있을 때에는 언제나 그들의 시간은 육체에 바칠 수 있다고 생각한다. 그들은 그들의 재산이 그들을 놀게 하고, 구애하게 하고, 선물을 주게 하며, 귀중한 시간을 일하는 데에는 사용하지 않아도 된다고 생각한다. 그들은 하나님께서 그들이 필요한 것보다 더 많은 시간을 주셨다고 말한다. 그렇다면 하나님께서는 그것을 끊으시며 그들에게 더 이상 가질 것이 없을 것이라고 말씀하실 것이다.

5. 정욕과 문란함, 충만함과 게으름은, 생각과 성향 모두가 더러움에 빠지는 것을 기뻐한

---

361) 약 5:1-6
362) 겔 16:1-63

다. 탐식하고 술에 취한 생활을 하는 것은 불륜과 문란한 생활과 같다.[363]

6. 호기심. 삶의 큰 사업을 배제하고, 작고, 의례적이고, 무익한 많은 일을 하면서 인생을 낭비한다.[364] 스스로를 파멸시키는 많은 부자들의 삶이 얼마나 비참한지 볼 때, 인간의 정욕은 그들을 감금하는 자이며 족쇄라고 말해도 괜찮을 것이다. 나는 감방에 갇혀 시간을 보내고 있는 사람을 불쌍히 여긴다. 불쌍한 영혼과 무지하고, 교만하고, 세속적이고, 불평하고, 위선적이고, 치유되어야 하는 불경건한 영혼을 가지고 있는 사람들이, 영원을 위한 크고 중대한 삶이 있음에도 불구하고, 그들은 하루 종일 사소한 일들이 너무 많아서 하나님과 대화의 시간도, 양심과 대화의 시간도, 정말로 가치 있는 일을 할 시간도 거의 없다. 그들은 입고 사용할 멋진 옷과 장식품이 너무 많으며, 아름답게 꾸미고 장식할 방이 너무 많고, 자기에게 시중들고 함께 이야기를 나눌 하인도 많고, 예약한 요리와 채소도 많고, 가꿔야 할 많은 화초들, 산책하고 마음을 즐기기 위한 곳도 많이 있다. 그리고 많은 방문객들과 함께 몇 시간 동안 헛된 대화를 나누며 즐겁게 지낸다. 따라서 많은 고관들이 방문하게 된다. 지켜야 할 많은 의식과 칭찬의 법칙들, 그리고 즐길 수 있는 많은 게임들이 너무 많고, 그리고 잠잘 시간도 너무 많아서, 그들이 무엇을 위해 살았는지 알기도 전에, 하루, 일 년, 그들의 삶은 사라져 버린다. 만약 하나님께서 그들에게 하루 종일 짚을 주우면서 보내거나, 밑바닥 없는 그릇을 채우는데 보내거나, 그들이 원하는 대로 하루를 보내도록 벌을 내리셨다면, 그것은 하나님이 그의 피조물인 우리에게 무자비하다고, 생각하도록 자극했을 것이다.

7. 폭정과 억압. 인간이 다른 사람보다 위에 있을 때, 그들은 모든 사람들이 자신의 뜻에 따라야 하며, 누구도 자기를 거스르면 안 된다고 얼마나 흔히 생각하며, 그들은 마치 자기 아래에 있는 다른 모든 사람들이 마치 짐승처럼 그들을 섬기고 기쁘게 하기 위해 지음을 받은 것처럼 산다.

방향 제시-11 '하나님에 대한 당신의 열매와 공공의 이익이 당신의 소유에 비례하도록 하라.'[365] 가난한 사람들보다 세상에서 더 많은 선한 일을 하라. 당신이 그들보다 더 나은 것을

---

363) 롬 13:13, 14
364) 눅 10:40-42
365) 요 15:5; 막 12:41; 눅 12:48

누리고 있기 때문이다. 당신의 종들이 하나님의 말씀을 배우는데 더 많은 시간을 갖게 하고, 당신의 가족이 더욱 종교적으로 교육받고 다스려지게 하라. 하나님이 많이 주신 자에게는 많이 기대하신다.

방향 제시-12 '강요받은 선만 행하는 것이 아니라, 선한 일에 열심인 사람들처럼 모든 선한 일을 하는 방법을 연구하라.'[366] 선한 일에 대한 당신의 열심은 당신을, 1. 그것을 위해 계획을 세우고 궁리하게 할 것이다. 2. 선한 일을 위해 상담하고 조언을 구하게 할 것이다. 3. 희망적인 기회를 만나면 당신을 기쁘게 할 것이다. 4. 그것은 당신이 선한 일을 아낌없이 하게 하고, 유보하거나 절반(halve)씩 하게 하지 않게 할 것이다. 5. 그것은 당신이 신속하게 그 일에 참여하게 하고, 기쁜 마음 없이 뒷걸음질치거나 지체하지 않게 할 것이다. 6. 그것은 당신의 인생이 끝날 때까지 끊임없이 그렇게 하게 할 것이다. 7. 그것은 당신으로 하여금 당신의 육체를 꼬집게 하고 다른 사람에게 선을 행하기 위해 어느 정도 고통을 받게 할 것이다. 8. 그것은 당신이 그 일을 당신의 직업처럼 수고하게 할 뿐만 아니라 다른 사람들이 당신의 책임에 따라 선한 일을 하는 것에 대해 한마음이 되게 할 것이다. 9. 선한 일을 하면 기뻐하고, 그 대가로 인해 원망을 품지 않을 것이다. 10. 한 마디로 말하면, 그것은 당신의 이웃을 당신 자신과 같이 만들고, 위에 계신 하나님의 기쁨이 되고, 대접받는 것처럼 선을 행하는 것을 기뻐하게 할 것이다.

방향 제시-13 '인간의 영혼과 육체 모두에 대해 선을 행하라. 그러나 육체의 도움이 육체의 도움만을 위한 것이 아니라, 영혼의 도움과 마땅한 복종에 기여하게 하라.' 그리고 제1부 3장 방향 제시 10에서 광범위하게 규정된 선행의 다른 많은 규칙을 준수하라.

방향 제시-14 '죽음의 때와 심판의 때에 당신의 재산이 어떻게 기부되었으면 좋을지 스스로에게 자주 물어보라.' 이제 그에 따라 사용하라. 왜 이성적인 사람이 자신이 행했으면 하고, 미리 알고 있는 일을 하면 안 되는가?

방향 제시-15 '당신의 보살핌은 당신의 자녀와 가족을 위한 특별한 방식으로 이루어져야 한다. 그러므로 하나님과 그들 자신의 영혼은 자녀들이 재산을 조금만 소유해도 된다고 생

---

366) 마 5:16; 갈 6-10; 벧전 2:12; 히 10:24; 딛 2:7, 14, 3:8, 14; 엡 2:10; 딤전 2:10, 5:10; 행 9:36

각하는데, 자녀들이 많이 소유해야 한다고 생각하는 세상 사람들의 일반적인 오류에 주의하라.' 이기적인 사람들은 더 이상 자신의 재산을 스스로 지킬 수 없을 때, 자신의 존속자인 자녀들에게 재산을 준다. 그리고 일부 중요하지 않은 한 꾸러미를 제외하고 모든 것을 만(gulf)에 던져 버린다.

방향 제시-16 '스승의 재능을 활용하고 향상시키는 일을 매일 기록하라.'[367] 자신의 선행을 너무 많이 기억하라는 것이 아니라, 행해야 하는 것을 기억하라. 그러므로 오늘이나 이번 주에 내가 가진 모든 것으로 어떤 좋은 일을 했는지 자문해 보라.

방향 제시-17 '장수를 바라지 말라. 이 경우 많은 식량이 필요하다고 생각할 것이다. 그러나 날마다 죽고 이익을 포기하는 자처럼 살아라.' 그리하면 양심이 당신에게, 충실한 청지기로 사는지, 하늘에 보화를 쌓는지, 남들이 불의에 이용하는 재물과 친구가 되는지, 장래를 위해 좋은 기초를 놓는지, 하나님께서 그것을 주신 것을 기뻐하고, 다른 사람들의 유익과 당신의 구원이 증진되는데 사용하도록 강요할 것이다.[368] 살고 죽는 것, 선을 행하는 것이 당신의 관심과 사업이 되도록 하라.

---

367) 마 25:14-16
368) 딤전 6:18, 5:25; 고전 4:1, 2; 눅 15:10

제29장

노인(및 약자)을 위한 방향 제시

하나님과 부모에 대한 자녀들의 의무를 먼저 설명한 후에 나는 젊은이들에게 특별한 다른 지시를 하지 않고, 노인들의 특별한 의무를 설명할 것이다.

방향 제시-1 '늙고 약한 사람들은 자기 영혼의 상태를 정확하게 살피고 부르심과 택하심을 굳게 하라는 하나님의 큰 요구를 알고 있다.' 지금까지 그들이 거듭나고 성화되었는지 여부는 모든 사람이 해야 할 가장 중요한 질문이다. 그러나 특히 종말에 가장 가까운 사람들에게는 더욱 그렇다. 그러므로 유능하고 신실한 사역자나 친구에게 조언을 구하며, 영생에 대한 당신의 자격을 시험하고 당신의 재산에 대한 증여를 준비하라. 그리고 하나님과 당신 사이에 모든 것이 어떠한 상태인지 살펴라. 만일 당신이 자신의 영혼을 사랑할지라도 새로워지지 않은 상태에 있는 것을 알았다면, 더 이상 지체하지 말고, 그토록 필요하고 위대한 사업을 그토록 오랫동안 바보처럼 등한시한데 대해 즉시 겸손해지라. 가서 유능한 사역자에게 당신의 사정을 털어놓고 당신의 죄를 애통해 하며 그리스도께 달려가 당신의 마음을 당신의 완전한 행복이신 하나님께 두라. 그리고 당신의 친구와 진로를 바꾸라. 그렇게 위험하고 비참한 상황에 더 이상 안주하지 말라. 나는 이 책의 시작 부분과 다른 여러 부분에서 당신의 회심을 위한 더 완전한 방향을 제시했다. 그러므로 그런 부분은 더 이상 말하지 않겠다. 내가 특별히 지시하는 여기에 있는 사람들은 그 사람들과 다른 사람들이다.

방향 제시-2 '당신의 평생에 걸쳐 저지른 죄에 눈을 돌려라. 그러면 오랫동안 죄를 지은 영혼이 얼마나 겸손해야 하는지 인식하게 될 것이다. 그리고 오랜 죄악 된 삶에 대해 용서받기 위해 당신에게 그리스도가 얼마나 필요한지 느낄 수 있을 것이다.' 당신은 오래전에 회개하여 의롭다 하심을 받았으나 그 후로 날마다 죄를 범해왔다. 그리고 회개한 모든 것이 용서될 지라도, 당신은 겸손을 유지하고, 계속해서 회개를 실천하며, 그리스도께 나아가고, 감사가 여전히 당신의 눈앞에 있어야 한다. 그렇다. 당신의 용서와 칭의는 당신의 성화와 마찬가지로 (어떤 사람들이 당신에게 반대로 말하더라도) 아직 완전하지 않다. 왜냐하면, 1. 당신의 의롭다 하심이 당신에게 주어졌으나 그것이 지속되는 것에 관해서는 조건부, 곧 당신 견인이 (받은 은혜 안에 머무르는 것) 조건으로 주어졌다. 2. 현세적인 징계, 죽음의 고통, 육체가 하늘로부터 오래 떠나 있는 것, 그리고 현재의 은혜와 위로와 하나님과의 영적 교제가 부족한 것은 아직 완전히 용서받지 못한 것의 처벌이다. 3. (가장 온전한) 심판의 날에 의롭다

하심을 얻는 최종 판결이 아직 이르지 않았다. 그러므로 당신에게는 지나간 모든 일을 되돌아보고 회개하며 용서를 얻기 위해 기도할 충분한 이유가 아직 있다. 여러 해 동안 지은 죄를 심각하게 회개하고 주님 앞에 엎드리라.

방향 제시-3 '이제 그 어느 때보다 그리스도께 더 가까이 다가가라.' 당신에게는 죄 된 삶이 있다는 것을 기억하라. 심판의 때에 그분께서 당신을 위해 대신 대답하고 구원해 주실 것이다. 그때가 다가오고 있으니, 그때는 당신이 그 어느 때보다 그분을 더욱 절실히 필요로 하는 날이다. 당신은 곧 당신의 구세주, 변호자, 재판관인 그분께 맡겨지고, 그분이 당신이 영원히 어떻게 될 것인지에 대한 문제를 결정하고, 그분이 당신을 위해 행하신 모든 것에 대한 조치를 취하시고, 당신이 바라고 추구했던 모든 것을 성공적으로 완료할 것이다. 지금 당신의 자연적인 생명은 쇠퇴하고 있다. 이제는 당신의 뿌리가 되신 그분께 물러나서 "그리스도와 함께 하나님 안에 감추어진 생명"[369]을 바라보아야 할 때이다. 그리고 당신을 위해 집을 마련하고 계시는 분을 바라보아야 할 때이다. 그리고 그분의 임무는 참된 신자들이 죽어 천국으로 떠나는 영혼을 받아들이는 것이다. 그러므로 매일 그리스도를 생각하는 가운데 살고, 그분 안에 있는 충만한 공급과 안전에 대한 믿음으로 당신의 영혼을 위로하라.

방향 제시-4 '이전에 받은 자비와 하나님이 베푸신 사랑에 대한 경험이 당신의 전 생애를 통해 당신 앞에 여전히, 그리고 당신의 마음에 신선하게 남아 있어서, 그것이 하나님에 대한 당신의 사랑과 감사에 불을 붙이게 하고, 당신 자신의 기쁨과 위안을 공급하고, 앞으로 다가올 일에 대한 긴장감과 죽음을 쉽게 감수하는 데에 도움이 될 수 있게 하라.' 먹은 빵을 잊어서는 안 된다. 감사한 기억은 이전의 모든 자비를 여전히 신선하고 푸르게 보존한다. 비록 은혜를 입은 것 자체는 과거이고 사라져도 달콤함과 유익은 남아 있을 수 있다. 이것은 나이가 든 그리스도인의 큰 특권이다. 그에게는 다른 사람보다 더 많은 생각을 할 수 있는 자비가 있는 것이다. 모든 자비는 당신이 그것을 받을 당시 그 자체로 당신에게 달콤했다(고난과 오해되고 관찰되지 않는 자비는 제외한다). 그리고 그 모든 것을 합하면 얼마나 달콤할까! 만일 그들 중에 감사하지 않는 상태에서 땅에 묻힌 어떤 것이 있다면, 이제는 감사함으로 그

---

369) 골 3:3, 4

것들을 부활시켜라. 당신의 어린 시절을 되돌아보고, 자비가 어떻게 당신을 길러냈고, 당신이 살았던 모든 곳으로 인도했는지 기억하는 것은 당신의 생각에 얼마나 즐거운 일인가! 당신을 먹이시고 보호하시며 당신의 기도를 들으시고 모든 것을 당신의 유익을 위하여 처분했고, 자비가 어떻게 당신을 은혜의 수단으로 인도하고, 당신을 위해 그것들을 주었는지, 그리고 하나님의 영이 어떻게 당신의 마음에 은혜의 역사를 시작하고 수행하셨는지 기억하는 것은 얼마나 즐거운 일인가! 나는 하나님께서 당신의 모든 삶에 가득 채워 주신 자비의 놀라운 일들을 당신의 마음에 기록해 두길 바란다. 그리고 그것들을 곰곰이 생각해 보는 것은 노년에 즐거운 일이 아닌가? 여행자가 자신의 여행에 대해 이야기하고 군인이나 선원이 자신의 모험담에 대해 이야기하기를 좋아하는 것처럼, 그리스도인이 자신의 삶을 통해 자비를 베푸는 모든 행위와 자신의 마음에 역사하시는 성령의 모든 역사를 훑어보는 것은 얼마나 감미롭겠는가! 감사는 지금까지 사람들에게 그들의 자비를 하나님의 상징물로 삼도록 가르쳤다. "그들을 애굽 땅에서 인도하여 낸 하나님"이 이스라엘의 하나님의 이름이었다. **야곱**은 자신의 노년을 기뻐하며 다음과 같이 자비에 대해 회고했다. "나의 출생으로부터 지금까지 나를 기르신 하나님, 나를 모든 환난에서 건지신 여호와의 사자께서 이 아이들에게 복을 주소서."[370] 그렇다. 이전의 자비에 대한 그와 같은 감사한 회고는 순진한 영혼을 질병과 고통과 죽음을 더욱 조용히 감수하게 할 것이다. 그리고 우리가 **욥**처럼, "우리가 하나님께 복을 받았은 즉 재앙도 받지 아니하겠느뇨"[371]라 말하게 할 것이며, 늙은 **시므온**처럼, "주여 이제는 말씀하신대로 종을 평안히 놓아 주시는도다"[372]라 말하게 할 것이다. 우리가 이미 이 세상에서 얼마나 많은 자비를 받았는지 생각하는 것은 모든 불만에 대한 강력한 질책이며 죽음 자체를 더욱 환영하게 만든다.

방향 제시-5 '당신이 오랫동안 쌓아 두었던 지혜와 경험의 보화를 끌어내어 무지한 자들을 가르치고, 당신 주위에 있는 경험 없고 하나님을 경외하지 않는 자들에게 경고하라.' "나

---

370) 창 48:15
371) 욥 2:10
372) 눅 2:29

이가 많은 자가 말할 것이요 연륜이 많은 자가 지혜를 가르칠 것이라."[373] "나이 많은 여자들은 젊은 여자들을 가르쳐 신중하며 순결하며 집안 일을 하며 선하며 자기 남편에게 복종하게 하라 이는 하나님의 말씀이 비방을 받지 않게 하려함이라."[374] 시간과 경험은 미숙하고 무지한 젊은이들이 아는 것보다 더 많은 것을 당신에게 가르쳐 주었다고 추정된다. 당신은 죄의 속임수로 인해 어떤 고통을 겪었는지, 유혹의 방법과 위험에 대해 그들에게 말하라. 당신이 회개를 지체함으로써 무엇을 잃었는지, 하나님께서 당신을 어떻게 회복시키셨는지, 성령께서 여러분의 영혼에 어떻게 역사하셨는지, 여러분이 하나님 안에서 어떤 위로를 받았는지 그들에게 이야기하라. 거룩한 삶은 얼마나 안전하고 감미로운지, 성경은 얼마나 당신에게 감미로운지, 어떻게 기도 응답을 받았는지, 어떻게 하나님의 약속이 성취되었는지, 당신은 얼마나 큰 자비와 큰 구원을 받았는지, 그들에게 이야기하라. 하나님을 발견한 것이 당신에게 얼마나 좋은 일인지, 죄가 얼마나 나쁜 것인지, 세상에서 얻는 것은 얼마나 헛된 것인지, 그들에게 이야기하라. 그들에게 육체의 정욕을 물리치고, 덫에 걸리게 하는 죄의 아첨에 주의하라고 경고하라. 당신이 살았던 시대의 공공의 죄와 심판과 자비의 역사에 관하여 그들에게 솔직히 알리라. 하나님께서는 이것을 노인의 의무로 삼으셨으니, "아버지들로 하여금 하나님이 행하신 기사와 긍휼을 자식들에게 전하여 오는 세대로 여호와를 찬송하게 하려 하심이라."[375]

방향 제시-6 '노인들은 젊은 사람들에게 지혜와 진지함과 거룩함의 본이 되어야 한다.' 그토록 많은 시간과 도움과 경험이 있는 당신이 아니라면 그들은 어디에서 탁월한 미덕을 찾을 수 있겠는가? 당신의 입에서는 오직 고상하고, 지혜롭고, 거룩한 것 외에는 나오지 않을 것이라고 예상된다. 겉보기에도 지혜롭지 않거나 경건하지 않은 것을 당신의 삶에서 절대 나타내지 말라. 미래에 당신의 자녀가 되기를 바라는 대로, 모든 대화에서 그들에게 당신 자신을 보여 주라.

방향 제시-7 '경건하다고 하는 젊은 교수의 바람직하지 않은 관심과 분열과 다툼과 비방

373) 욥 32:7
374) 딛 2:3-5
375) 신 4:10; 시 78:4-8

하는 성향을 뒤로 물러서게 하는 것은 특별히 당신에게 속한 것이다.' 그들은 피의 열기 속에 있으며, 그들의 열정을 통제할 노인의 지식과 경험이 필요하다. 그들은 선과 악을 분별하는 데 있어서 아직 감각을 발휘하지 못한다.[376] 그들은 영들을 시험해 볼 수 없다. 그들은 아직 어린아이 같아서 이리저리 흔들리기 쉽고, "미혹하는 자들의 교활함과 속임수에 빠져 온갖 교훈의 풍조에 밀려 이리저리 밀려다닌다."[377] 초심자들은 교만으로 우쭐대고 "마귀의 정죄에 빠지기"[378] 쉽다. 그들은 당신처럼 오류와 종파와 당파와 분열과 다툼이 일어나는 문제를 결코 보지 못했다. 그러므로 그들을 일치와 관용과 평화로 부르고, 그들이 교회에서 선동가가 되는 것을 막고, 그들의 이해와 선택이 급속히 퍼지지 못하게 하는 것은 진지함과 경험을 가진 나이든 사람들의 몫이다.

방향 제시-8 '모든 사람 중에서 당신은 세상의 것들을 가장 경멸하며 살아야 하며, 세상에 대한 사랑과 불필요한 문제에는 조금도 얽매이지 말아야 한다.' 당신은 세상의 것들을 필요로 하지만 잠시 동안 사용할 수 있을 뿐이다. 여행이 거의 끝나가는 사람에게는 조금 도움이 될 수 있을 것이다. 당신은 세상의 허무함을 가장 크게 경험한 사람이다. 나는 당신이 다른 세계의 위대한 것들에 너무 가까이 있기 때문에 허무한 것을 기억할 여유도 없고 그것에 대해 불필요한 생각이나 말을 할 여지도 없다고 생각한다. 당신의 몸은 다른 사람들보다 세속적인 일을 할 수 있는 능력이 적기 때문에, 다른 사람들보다 그 일에서 물러나는 것이 괜찮기에 당신의 다가올 삶에 대한 더 진지한 생각을 할 수 있다고 생각한다. 노인들이 보통 젊은 이들처럼 탐내는 것을 보는 것은 세상의 매혹적인 힘과 죄의 어리석음과 불합리함의 표시다. 세상으로 나가는 사람들은 마치 세상에서 죽지 않을 사람처럼, 세상을 다정하게 사랑하고, 세상에서 얻는 것에 몰두하는 사람들이다. 오히려 당신은 젊은 이들에게 탐심과 세상에 사로잡히는 것에 대해 경고하고, 그들의 손으로 성실하게 수고하고, 그들의 마음을 온전히 하나님께 맡기도록 충고해야 한다.

방향 제시-9 '당신은 당신이 가진 시간의 매 순간을 귀히 여겨야 하며, 게으름이나 불필요

---

376) 히 5:12
377) 엡 4:14
378) 딤전 3:6

한 일로 인해 아무것도 잃어서는 안 된다. 그러나 항상 좋은 일을 하고 좋은 일을 붙잡고, 당신이 하는 일에 최선을 다하라.' 이제 당신은 당신의 시간이 그리 길지 않다는 것을 확신한다. 영원을 위해 나머지 모든 준비를 하기 위해 당신에게 남은 시간이 얼마나 적은가! 젊은 사람이 빨리 죽을 수도 있지만, 늙은 사람은 자신의 시간이 짧다는 것을 알고 있다. 비록 본성은 쇠퇴하지만 은혜는 생명과 힘 안에서 자랄 수 있다. 그리고 "우리의 겉사람은 낡아지나 우리의 속 사람은 날로 새롭게 된다."[379] 시간은 모든 사람에게 가장 귀중한 자산이다. 그러나 특히 그들이 천국에서 영원히 살아야 할지 아니면 지옥에서 영원히 살아야 할지에 대한 질문을 결정하는 데 시간이 조금밖에 없는 사람들에게는 더욱 그렇다. 비록 당신이 지금 세속적인 사업을 할 수는 없지만, 당신이 할 수 있는 다양한 거룩한 활동이 있다. 당신에게 육체적인 편안함이 적절해 보이지만 게으름은 다른 어떤 것보다 당신에게 나쁘다.

방향 제시-10 '당신의 힘이나 기억이나 재능이 쇠퇴하여 이전과 같이 당신 스스로 책을 읽거나 기도하거나 묵상할 수 없게 되었을 때, 이제는 다른 사람들의 활기찬 은사와 도움을 더 많이 활용할 수 있다.' 다른 사람들의 말을 잘 듣고 그들과 함께 기도하는 일에 더욱 힘쓰라. 그들의 기억과 열정과 발언이 당신을 고양시키고 이전과 같이 행동하는데 도움을 줄 수 있다.

방향 제시-11 '본성과 그것에 의존하는 은사와 행위의 쇠퇴를 은혜의 쇠퇴로 여기지 말라.' 비록 당신의 기억과 말과 애정의 열정이 당신의 본연의 열기가 식어가면서 약해지더라도 낙심하지 말라. 그럼에도 불구하고 당신은 은혜 안에서 성장할 것이라는 것만 기억하라. 만일 당신이 거룩한 지혜와 판단력안에서 성장하고, 하나님과 거룩함에 대한 더 높은 존경심과, 세상의 모든 헛된 것에 대한 경멸심과, 하나님을 의지하고, 그리스도를 신뢰하며, 결코 세상과 죄악에 돌아가지 않겠다는 확고한 결심 안에서 성장하기만 한다면, 이것은 은혜안에서의 성장이다.

방향 제시-12 '노년기의 모든 허약함과 불편함 속에서도 인내하라.' 그것들 때문에 불만을 품지 말고, 불평하지 말고, 주변 사람들에게 짜증을 내거나 완고하게 굴지 말라. 이것은 노인

---

379) 고후 4:16

들이 조심스럽게 저항해야 할 일반적인 유혹이다. 당신은 처음에 당신에게 썩어야 하는 몸이 있다는 것을 알았다. 썩을 때까지 몸을 가지고 있을 수 없다는 것을 안다면, 왜 그렇게 죽기를 꺼려 했는가? 그렇다면 왜 불평하는가? 당신이 이미 향유했던 젊음의 날과 힘과 건강과 평안을 인해 하나님을 찬양하라! 썩어질 육체가 썩어가는 것을 원망하지 말라.

방향 제시-13 '수동적 순종은 하나님께서 당신의 나이와 연약함 속에서 당신에게 요구하는 것이며, 당신의 수고가 끝날 때 하나님을 섬기고 공경하는 것임을 잘 이해하라.' 당신이 어떤 큰 일이나 공적인 일을 하기에 부적합하고, 전처럼 행사할 자발적인 순종의 기회가 없을 때, 당신이 인내하는 고난을 통해 그분을 공경하는 것은 하나님께서 받아들이실 만한 일이다. 그러므로 무기력하고 쇠약하고 침대에 누워 있는 모든 사람이 마치 하나님께 전혀 소용이 없는 것처럼 그들이 죽기를 바라는 것은 그들의 큰 잘못이다. 당신에게 말하는데, 그들이 기도와 하나님을 향한 은밀한 사랑으로 행할 뿐 아니라 믿음과 인내와 하늘에 속한 마음과 하나님에 대한 확신과 기쁨의 본이 되어 행하는 모든 것은 작은 섬김이 아니다. 하나님께서 당신을 그렇게 사용하실지라도 원망하지 말라.

방향 제시-14 '죽음에 대한 생각과 준비를 마치 죽음이 눈앞에 있는 것처럼 진지하게 하라.' 비록 당신의 인생 전체가 죽음을 준비하기에 충분하지 않고, 결심한 직후에 해야 할 일이지만, 나이와 허약함은 당신에게 더 크게 소리 내어, 지금 지체하지 않고 준비하라고 요구한다. 그러므로 당신에게 마지막 병이 임할 때에 당신이 기꺼이 했으면 하는 모든 일을 하라. 죽음을 준비하지 않았다고 해서 죽음을 끔찍하게 생각하지도, 당신의 나이를 불편하게 여기지도 말라.

방향 제시-15 '천국에 거의 가까이 간 사람처럼, 그리고 영원히 그리스도와 함께 살기를 바라는 사람처럼 당신의 변화를 기쁘게 기대하며 살아가라.' 믿음으로 이해한 모든 높고 영광스러운 것들이 이제 당신 영혼의 사랑과 기쁨과 갈망 속에서 그 능력이 나타나게 하라. 연약하고 연로한 사람들은 자신들의 변화를 기쁜 마음으로 예상하고 그리스도와 함께 있기를 간절히 바라는 것보다, 더 그리스도를 공경하고 다른 사람들에게 선을 행할 수 있는 것은 없다. 이것은 불신자들에게 약속이 참되고, 천국이 실재하며, 거룩한 삶이 참으로 가장 좋은 것이며, 그 끝이 매우 행복하다는 것을 확신시키는 데 큰 도움이 될 것이다. 다른 사람들이 가장 깊은 고통에 빠져 있음에도 불구하고 당신이 가장 기뻐하는 것을 볼 때, 불경건한 (하나님을 경외하지 않는) 사람들의 모든 행복이 끝남에도 불구하고, 당신이 하나님의 행복에 들어가는 것처럼 기뻐할 때, 이것은 죄인을 거룩한 삶으로 설득하기 위해 많은 설교를 하는 것보다 더 많은 일을 할 것이다. 나는 이것이 쉽게 성취되지 않는다는 것을 알고 있다. 그러나 당신 자신에게 매우 감미롭고 유익하며, 다른 사람들의 유익에 매우 유용하고, 하나님의 명예에 도움이 되는 일이기에 온 힘을 다해 노력해야 한다. 그러면 당신은 당신의 수고에 대해 하나님의 축복을 기대할 수 있다. 내가 쓴 《성도의 안식》이라는 책의 네 번째 부분을 읽어 보라.

제30장

병자들을 위한 방향 제시

우리가 죽음을 준비하는 가장 중요한 부분은 건강할 때에 준비하는 것이고, 그것은 긴 수명에 대응하는 일이라 해도 그리 길지 않다. 그러나 회심하지 않은 죄인의 어리석음은 죽음이 임박한 것을 볼 때까지 자신이 태어난 목적을 잊어버릴 정도로 크며, 최선을 다하기 위해서는 특별한 준비가 필요하기 때문에 여기서 병자들을 위한 몇 가지 방향을 제시한다. 그리고 나는 그것들을 다음 네 가지 꼭지로 요약할 것이다. 1. 우리의 죽음을 안전하게 하여 지옥이 아닌 천국으로 가는 길이 되도록 하려면 무엇을 해야 하는가? 2. 질병이 우리에게 유익이 되도록 하려면 무엇을 해야 하는가? 3. 죽음이 우리에게 편안함을 주고, 우리가 평화와 기쁨 속에서 죽을 수 있도록 하려면 무엇을 해야 하는가? 4. 우리의 질병이 우리 주변의 다른 사람들에게 유익이 되도록 하려면 어떻게 해야 하는가?

제1과   구원을 확보하고, 안전한 죽음을 위한 방향 제시

이런 종류의 지시는 특히 회심하지 않고 회개하지 않는 죄인에게 필요하나 경건한 사람들에게도 필요하다. 그러므로 나는 두 종류의 사람 모두에 대해 개별적으로 말한다.

[I 병에 걸린 회심하지 않은 죄인을 위한 방향 제시]

회심하지 않은 상태에서 질병에 걸리는 것은 매우 무서운 경우이다. 해야 할 일이 너무나 많고, 할 시간은 너무 적고, 영혼과 육체가 회심하기에 부적합하며 의향이 없고, 만약 회심하지 않으면 너무나 확실하게 빨리 뒤따를 비참함이 (심지어 영원한 고통까지도) 너무 크기 때문에, 건강할 때 그런 상태를 예견하기 위해서는, 놀라움과 공포로 사람의 이성과 마음을 압도해야 한다고 생각할 것이다. 병중에 회심하지 않은 자신을 발견하는 경우가 훨씬 더 많다. 그리고 누구라도 죽음이 가까워지고 다른 세상이 가까워지면, 죄인은 회심하려는 것이 거부할 수 없을 정도로 강력하여, 그들이 어떻게 살았던 회심하지 않고 죽는 사람은 거의 없거나 아무도 없을 것이라고 생각할 것이다. 그럼에도 불구하고 성경과 슬픈 경험은 그와 반대로 대부분의 사람들이 성화되지 않고 비참한 상태에서 살다가 죽는다고 말한다.

왜냐하면, 1. 죄악의 삶은 대개 사람을 무지 또는 종교적 믿음의 거부에 빠지거나, 또는 둘 다에 빠지게 한다. 그래서 그는 어둠의 감옥에 갇힌 채 질병에 걸리게 되고, 두려움에 당황하여 길을 잃고 어디로 가는지, 무엇을 해야 하는지 알지 못하게 된다.

2. 또한 죄는 비통하게도 그들의 마음을 굳게 하고, 그리고 오래도록 그들에 대해 참고 있던 하나님의 영이 그들을 포기하고, 그들을 병에 넘겨준다. 그들은 건강 중에도 하나님의 다스림을 받지 않고 거룩한 사람이 되지 않았기에 여전히 마지막까지도 통나무나 짐승처럼 남아 있다.

3. 그리고 질병과 임박한 죽음의 본질은 영혼을 새롭게 하기보다는 더욱 두렵게 하는 경향이 있어, 오히려 사랑보다는 두려움과 괴로움을 낳는다. 슬픔과 두려움은 좋은 준비와 도움이 된다 해도, 영혼의 중생과 회복이 이루어지는 것은 하나님에 대한 사랑과 거룩함이다. 그 사랑과 의지가 있는 것보다 더 거룩한 것은 없다. 그리고 겁에 질려 강한 회개와 부르짖음과 기도와 약속을 하고, 자신과 다른 사람들에게 회심한 것처럼 보이는 많은 사람들은 회복했다고 함에도 불구하고, 여전히 그들의 죄와 비참함 속에서 죽거나 회복되지 못한 삶으로 돌아가며, 슬픈 경험이 자주 증언하듯이, 마음을 새롭게 하는 참된 회개에 대해 여전히 낯선 사람이 된다.

4. 많은 불쌍한 죄인들은 시간이 너무 짧다는 사실을 깨닫고 자신의 생각을 정리하거나, 자신의 마음과 삶을 살피거나, 그리스도에 대한 믿음을 행사하지도 않고, 자신에게 주어진 어떤 지시도 따르지 않고, 도살당할 짐승보다 훨씬 더 무서운 죽음의 공포에 완전히 사로잡힌 채, 떨고 놀라는 가운데 누워 있다.

5. 육체의 고통은 많은 사람들의 생각을 산만하게 하거나 방해하므로 그들은 큰 일을 하는 데 필요한 어떤 영적인 것도 침착함으로 신경을 쓸 수 없게 한다.

6. 가장 많은 사람들이 부분적으로는 무지에 혼란스러워지고, 부분적으로는 후진성과 무질서에 의해 보류되고, 부분적으로는 새로운 피조물이 되는 것이 불가능하다는 생각으로, 그리고 갑작스럽게 하늘의 마음으로 거듭나는 것은 불가능하다는 생각으로 낙담하며, 그들은 그것 없이도 구원받을 것이고, 비록 그들이 죄인일지라도, 지금까지 그들이 실행한 회개

는 자신의 직접적인 목적이나 필요에 충분하기에 받아들여질 것이며, 하나님은 그들을 정죄하는 것보다 용서를 베푸실 것이라고 억지로 희망한다. 그들은 이 거짓 희망이 받아들여져야 한다고 생각한다. 취할 수 있는 길은 두 가지뿐이다. 하나는 성경과 이성과 자연 그 자체는 모두 이에 반대되기에 완전히 절망하는 것이고, 다른 하나는 예수그리스도를 믿는 생생한 믿음을 가지고 참으로 회심하고 하나님과 천국의 사랑을 얻는 것이다. 그들은 그런 믿음이 없다. 그들은 이것에 대해 낯설어하고, 의향이 없으며 그것이 불가능하다고 생각한다. 이와 같은 조건 외에는 아무런 희망을 가질 수 없다면, 그들은 전혀 희망이 없을 것이라고 생각한다. 아니면 다른 희망이 없고 거룩한 자 외에는 구원을 얻을 수 없다는 말을 들으면, 그들은 자신들은 이 모든 것을 가지고 있고, 그들이 진정으로 회심하여 새로운 피조물이 되기를 스스로에게 바라고, 무엇보다도 하나님과 거룩함을 사랑하도록 스스로에게 강요할 것이다. 실제로 그런 것이 아니라, 그들이 저주를 받을까 두려워서 그렇게 행하는 것이다. 그들에게 믿음과 사랑과 거룩함이 결여되어 있음을 발견하고 새로운 영혼을 얻기 위해 노력하는 대신, 그들은 이미 그렇게 되었다고 믿는 것을 더 가까운 방법이라고 생각한다. 그리하여 그들은 추정과 자기기만과 거짓된 희망 속에서 죽음이 자기 눈앞에서 시작되고, 지옥이 그들을 깨우쳐 줄 때까지 회심에 신경을 쓰지 않은 채 꾸물거린다.

7. 그들이 건강한 상태에서 참된 회개를 막았던 바로 그 마귀와 악한 자들의 도구들은 그들이 병들었을 때에도 그들의 건강을 막으려고 부지런히 노력할 것이다. 그리고 마귀는 항상 정복하고 있었던 것을 마지막 시도에서 모든 것을 잃는 것을 싫어할 것이다. 질병이 닥쳐 고통과 두려움에 휩싸일 때까지 마귀가 그들을 점유할 수 있다면, 그는 자신이 시작해서 지금까지 수행한 일을 마칠 때까지 며칠 더 잡아 두기를 바랄 것이다. 그리고 여기 저기에 더 이상 거짓된 희망과 추측에 사로잡혀 있지 않을 사람이 있다면, 그는 마침내 그들을 절망에 의해 그들을 떼어낼 생각을 하고, 그들로 하여금 구제책이 없다고 믿게 만들 것이다.

그리고 고통과 연약함 속에 있는 죄인을 마지막에 회심 시키는 것은 매우 어렵고 가능성이 없는 일이기 때문에 그런 사람에 대해 경건한 친구들조차도 희망이 거의 없다고 생각하여 그들을 내버려 두는 경우가 많은데, 그것은 매우 죄가 되는 행동이다. 생명이 있는 한 희망이 있고, 희망이 있는 한 우리는 수단을 사용해야 한다. 의사는 가장 위험한 질병에 대해 절망하지 않고 그가 가진 최선의 치료법을 시도할 것이다. 치료법이 없어 희망이 없는 것이 확실할 때, 도움을 주지 못하는 것은 해를 끼치는 것이 아니다. 그러므로 우리는 생명이 있고 희망이 있는 동안 불쌍한 영혼을 구원하기 위해 노력해야 한다. 왜냐하면 죽음이 그들의 시간과 희망을 끝내면 그때는 너무 늦기 때문이다. 그때 그들은 영원히 우리의 손이 닿지 않고 도움을 받을 수 없을 것이다. 질병으로 인해 슬픈 상황에 처해 있는 사람들에게 여기서는 몇 가지 간단한 방향 제시만 줄 것이다. 왜냐하면 제1장 1부에서 그것에 대해 이미 언급했기 때문이다.

[자신에 대한 검사]

방향 제시-1 '장차 하나님의 심판을 받을 사람처럼 자신에 대한 판단을 신속하고 진지하게 하라.' 다음과 같은 방식으로 하라.

1. 당신이 심판에 대해 알게 된다면, 지금은 당신의 영원한 상태에 대해 확신을 가져야만 할 때라는 것을 알기에, 기꺼이 그리고 결단력 있게 심판에 관한 준비를 하라. 사람이 심판하시는 창조주 앞에 설 때 자기가 거룩한 신자인지 아닌지를 스스로 알아야 하지 않을까?

2. 죽음이 자신에게 진리를 알리자마자 자신이 속았다는 것을 발견하지 않기를 바라는 사람으로서 검사를 공정하게 수행하라. 오, 당신은 당신의 영혼을 사랑하면서, 어리석게도 자신에게 인정을 베풀며, 당신의 비참함으로 인해 고통 당할 것 같은 두려움을 해소하기 위해, 참이든 거짓이든 간에 당신이 안전하다고 믿으려 하는데, 그것을 주의하라. 이것이 수천 명을 파멸시킨 방식이다. 당신이 거룩해졌다고 생각하는 것은 당신이 거룩하다는 것을 증명할 수도, 그렇게 되게 하지도 않을 것이다. 당신이 건강하다고 생각하는 것으로 당신을 건강하게 하거나 그것을 증명하지도 못할 것이다. 당신이 용서받고 구원받을 것이라고 생각하였다가 며칠 후 지옥에서 너무 늦은 때에야 당신이 착각했다는 것을 알게 된다면 그것이 무슨 소용이 있겠는가? 그렇게 짧은 속임수의 편안함이 당신이 처할 모든 고통과 손실을 감수할 만한 가치가 있는가? 아아, 불쌍한 영혼아! 하나님께서는 우리가 당신의 비참함에 대해 자세히 설명하는 것이 당신을 겁주려 하는 불필요한 것이 아니라는 것을 아신다. 우리는 당신을 잔인하게 모욕하거나 괴롭히고 싶지도 않다. 그러나 우리는 당신이 성화되지 않은 채 다른 세

상으로 들어갈 준비가 되어 있고, 거기서 끝없는 비참함을 선고받을 것인데, 거기에 도달할 때까지 그것을 알지 못하는 당신의 경우가 너무나 슬프기에 안타깝다. 우리가 위험을 설명하는 주된 이유는 당신이 그곳에서 탈출할 필요가 있기 때문이다. 만약 영혼의 질병이 때로는 환자가 위험을 모르는 채 치료될 수 있는 신체의 질병과 같다면, 우리는 이런 때에 결코 당신을 괴롭히지 않을 것이다. 그러나 그렇게 되지는 않는다. 당신이 비참함으로부터 구원을 받으려면 당신의 위험을 이해해야 한다. 그러므로 당신이 현명하다면 자신에 대해 편견을 갖지 말고, 최악의 경우도 기꺼이 알고자 해야 한다.

3. 당신을 판단할 때에는 하나님께서 당신을 판단하시는 그 규칙이나 법대로 하라. 즉, 복음에 나타난 하나님의 말씀으로 판단하라. 지금 당신이 할 일은 당신의 양심에 일시적인 안식의 효과를 얻는 것이 아니라, 하나님께서 당신의 영혼을 어떻게 심판하실지, 그분이 당신을 끝없는 행복으로 선고하실지 또는 비참함으로 선고하실지 아는 것이다. 하나님께서 당신을 심판하실 법이나 규칙이 아니고서 어떻게 이것을 알 수 있겠는가? 하나님께서는 분명히 당신을 다스리는 법과 규칙 또는 세상에서 살도록 당신에게 주신 것과 동일한 법과 규칙으로 당신을 심판하실 것이다. 만일 그 사람이 스스로 잘못된 행동을 했다면, 그 사람이 좋은 생각으로 했든 나쁜 생각으로 했든 그 사람이 누구든지 간에 결코 더 좋아지거나 더 나빠지지 않을 것이다. 게다가 하나님께서는 세상에서 어떤 누구에게나 행할 것이라고 말씀하신 그대로 심판 날에 그 사람에게 행하실 것이다. 복음에서 의롭다 한 사람은 모두 의롭게 되고, 복음에서 정죄한 사람은 모두 정죄를 받을 것이다. 그러므로 스스로 판단하라. 어떤 징조로 거룩하지 않은 사람을 알 수 있는지에 대해 이전에, 《크리스천 윤리 1》의 1부 제1장 방향 제시-8에서 언급했다. 전에 성찬의 준비에서 말한 징조로도 참된 은혜를 알 수 있다고 말했다.

4. 만약 당신이 자신의 상태에 대해 만족할 수 없다면, 경건하고 유능한 사역자나 당신과 가장 잘 아는 다른 기독교인들에게 조언을 구하라. 조언할 수 있는 사람은 당신이 하나님과 사람을 향해 어떻게 살아왔는지 아는 사람이어야 한다. 그가 당신의 삶을 알고 있을 수 있더라도 최소한 당신의 온 마음과 삶을 그에게 열어 보이라. 만약 그가 당신이 아직 성화되지 않은 것이 걱정스럽다고 말한다면, 당신은 최악의 상황을 걱정할 더 많은 이유가 있는 것이다. 게다가 그때, 자신이 육체에 속하고 하나님을 경외하지 않는 세상적인 사람이 아닌지 확인

하라. 왜냐하면 자신에게 아첨하고 속이는 사람들은 다른 사람들을 속이는 것과 다르지 않기 때문이다. 그러한 맹목적인 사기꾼들은 전반적으로 심하게 아첨하며 결코 당신 자신을 괴롭히지 말라고 이야기한다. 그러나 그들이 스스로 위로하는 것처럼 당신을 위로하며, 모든 것이 잘되며 잘될 것이니 믿으라고 당신에게 강요할 것이다. 아니면 강제적인 고백과 불건전한 회개가 진정한 회심 대신에 도움이 될 것이라고 믿게 할 것이다. 그러나 하나님의 심판대에 나아가는 사람은 자기 자신이나 다른 사람에게 속는 것을 싫어해야 한다.

[겸손과 회개를 위해]

방향 제시-2 '만일 합당한 조사를 통해 당신 자신이 성화되지 않았다고 판단된다면, 당신이 진정으로 겸손해질 때까지, 그리고 하나님께서 당신의 구원을 위해 제공한 모든 조건을 기꺼이 받아들일 때까지, 당신의 행한 일과 현재 처해있는 상황에 대해 진지하게 생각하라.' 당신이 얼마나 어리석게 행했고, 얼마나 반역하고, 감사하지 않았고, 당신의 하나님을 버리고, 당신의 영혼을 잊고, 당신의 모든 시간을 낭비하고, 하나님의 모든 자비를 남용하고, 당신을 만들고, 보존하고, 당신을 위해 몸값을 지불한 일을 망쳤는지 생각하라. 아아, 당신이 죽어야 한다는 사실을 지금까지 전혀 몰랐는가? 당신은 죽음 이후에 닥칠 끝없는 삶을 준비할 시간이 충분했다는 것을 몰랐는가? 사역자나 친구로부터 경고를 받은 적이 없는가? 당신은 지금까지 거룩한 하늘에 속한 삶의 필요성과, 거듭나고 성화된 상태에 대해서 들어본 적이 없는가? 오, 영생이 달려있는 생명을 버리는 것보다 더 현명하지 못하거나 사악한 짓을 행할 수 있을까? 마지막 최후까지 당신의 구주와 그분의 은혜와 자비를 거절하는 것보다 더 현명하지 못한 일이 있을까? 지금이 인생의 끝임에도 불구하고 새로운 출산을 살피고 당신의 삶을 시작할 때인가? 오, 당신은 지금까지 그토록 중요한 일을 지체하고 무슨 일을 해오고 있는가? 이제 당신이 거듭나기 전에 죽으면 당신은 영원히 파멸된다. 오, 주님 앞에서 당신의 영혼을 겸손하게 하라! 당신의 어리석음을 한탄하고 즉시 그분 앞에서 자신을 비난하고 희망이 있는 동안 그분에게 자비를 구하라.

[그리스도를 믿는 믿음을 얻기 위해]

방향 제시-3 '당신이 당신의 죄와 비참함에 대해 겸손해지고, 어떤 조건에서도 자비를 바라는 마음이 되면, 당신의 경우 구제받을 수 없다고 생각하지 말고, 예수 그리스도께서 당신의 죄를 위해 자신을 희생 제물로 하나님께 드렸기에 충분한 구원자가 되신다는 것을 믿으며, 당신의 사면과 구원을 방해할 수 있는 것은 당신의 회개치 않음과 불신 외에는 아무것도 없다는 것을 믿으라.' 그러므로 영혼의 구주가 되시는 그분에게 나아오라. 그리하면 그가 당신에게 하나님의 뜻을 가르치고 아버지와 화목하게 하시고 당신의 죄를 사하시며 그분의 성령으로 당신을 새롭게 하시고 아버지의 사랑을 알게 하시고 저주에서 구원하시어 영원한 생명의 상속자가 되게 할 것이다. 당신의 시간이 짧은 것을 고려해야 하지만 어쩌면 아직은 그 모든 것이 이루어질 가능성이 있다. 만약 회개하지 않는다면 여전히 구원은 긴 시간이 걸릴 것이다. 은혜의 언약은 모든 참회하는 신자들이 진정으로 하나님께 의지하기만 하면, 전 세계 어느 시간이나 어느 누구를 가리지 않고 그들에게 용서와 구원을 약속한다. 믿을 수 없고, 완악한 마음, 그분의 은혜를 거부하고 거룩해지기를 꺼리는 마음 외에는 마지막 순간이라도 당신의 용서와 구원을 빼앗을 수 없다. 지금까지 그것을 미룬 것은 당신의 가장 어리석은 악행이었다. 게다가 이 모든 것으로도 아직 구원을 얻지 못하였다면, 그것은 그리스도께서 미루는 것이 아니라 당신이 미루는 것이다. 그러나 그분은 당신에게 거저 긍휼을 베푸시며 당신이 거절하지 않으면 그는 당신의 구주가 될 것이다. 이 계약은 그분 쪽에서 깨는 일은 없을 것이다. 당신 쪽에서 계약이 깨지지 않도록 주의하라. 그러면 당신은 구원을 받을 것이다. 그러므로 하나님과 사람으로서 예수님이 어떤 분인지, 그리고 죄 많고 비참한 세상을 구원하시기 위해 그분이 얼마나 복된 일을 했는지 알아야 한다. 그리고 그분이 우리를 위해 한 일에서, 그분의 삶과 교리에서, 그분의 죽음과 고난에서, 그분의 부활과 은혜의 언약을 통해, 그리고 지금 아버지 우편에서 무엇을 하고 계시는지, 회개하는 신자들을 위해 중보하고 계신 일에서, 그분께서 사람들을 위해 얼마나 끝없는 영광을 준비하고 계신지, 자기를 힘입어 하나님께 나오는 모든 사람을 얼마나 최대한으로 구원하려고 하는지 알아야 한다. 오, 그러나 당신에게는 죄의 풍성함보다 은혜의 풍성함이 더 많은, 모든 것에 충분하시며 성취하고 은혜로우신 구주가 있다는 사실에 기뻐하여 마음이 뛰게 하라. 지금 당신이 처한 상황과 같은, 지옥에 있는 마귀들과 불쌍하고 저주받은 영혼들이 당신이 받은 제안과 희망을 가졌다면, 얼마나 기뻐할 것이라고 상상하는가! 그러므로 믿음과 확신으로 구세주께 자신을 맡기고, 당신의 죄를 용서받고 하나님과의 평화를 이루기 위해 그분의 희생과 공로에 당신의 영혼을 맡기고 그분께 성령의 새롭게 하는 은혜를 구하라. 당신이 살아 남기 위해서는, 기꺼이 거룩해지고 새로운 피조물이 되어 거룩한 삶을 살도록 하며, 전적으로 그분의 통치를 받기로 결심하라. 그리고 그분에 의해 의롭게 되고 성화되고 구원받기 위해 당신의 구주 되신 그분께 절대적으로 복종하라. 그런 다음 영원한 행복을 위해 그분을 신뢰하라! 아직 거짓 없이 그렇게 할 수 있다면 당신은 얼마나 행복한 영혼인가!

[새로운 마음을 얻고, 하나님을 사랑하고, 거룩하고 순종하는 삶을 위한 결의를 위하여]

방향 제시-4 '지금 하나님을 믿으라 그리고 하나님은 당신의 영혼을 위해 어떤 분이시며 앞으로 어떻게 될 분이고, 그분이 그리스도를 통해 당신에게 어떤 사랑을 보이셨는지 그리고 당신이 지은 모든 죄에도 불구하고 당신이 하늘에서 영원히 그분과 함께 누리게 될 무한한 기쁨과 영광이 무엇인지 생각해 보라. 그리고 하나님과 비교하여 세상과 육체가 당신을 위해 한 일을 생각해 보라. 당신이 하나님을 사랑할 때까지, 당신 마음과 소망이 하늘에 있고 이 세상과 육체에서 돌아설 때까지 그리고 거룩함과 사랑에 빠진 자신을 느낄 때까지, 그리고 하나님께서 당신을 회복시키시면 그리스도의 능력 안에서 당신이 거룩한 삶을 살기로 굳게 결심할 때까지 이것을 생각하라.' 그렇다면 당신은 참으로 죄에서 자유로워진 것이며, 만약 당신이 이런 상태로 죽는다면 구원받을 것이다. 당신이 오직 두려움에서 오는 회개와 선한 목적이면 충분하다고 여기지 않도록 주의하라. 만약 그렇게 당신이 회복되면, 당신의 두려움이 끝났을 때 이 모든 것이 다시 죽을 수 있다. 당신의 사랑이 주님을 향하기 전에는, 당신은 죄에서 자유롭지 않고, 하나님도 당신 마음을 받아들이지 않는다. 두려움을 통해서만 용서받을 수 있다면, 차라리 하지 않는 것이 나을 것이다. 그렇기 때문에 당신의 마음은 여전히 그것을 반대한다. 그리스도 안에서 하나님의 말할 수 없는 사랑의 느낌이, 당신의 마음을 녹이고 극복 하게하면, 하나님의 무한한 선하심과 당신의 영혼과 몸에 대한 그분의 자비로 인해 당신은 그분을 모든 세상보다 더 사랑스럽고 바람직한 것으로 받아들이게 되며, 당신이 세상의 형통보다 하나님을 더 사랑하고, 그러한 사랑과 거룩한 삶이 죄인의 즐거움보다 더 좋아 보이고, 불경건한 자들 가운데 가장 형통한 자보다 오히려 성도가 되기를 바라고, 거룩한 삶을 위해 굳게 결심하며, 그것을 고려하여 하나님이 당신을 회복시키시면, 당신은 참으로 은혜의 상태에 있는 것이며 그때까지는 은혜의 상태가 아니다. 이것이 당신의 경우이어야 하며, 그렇지 않으면 당신은 영원히 파멸될 것이다. 그러므로 그리스도의 사랑과 하나님의 선하심과 하늘의 기쁨과 성도들의 행복과 세상 사람들과 경건치 않은 (하나님을 경외하지 않는) 사람들의 비참함을 묵상하라. 당신의 눈이 열리고 당신의 마음이 거룩한 사랑으로 감동되고, 천국과 거룩함이 무엇보다도 당신이 원하는 것이 될 때까지 이것을 묵상하라. 그러면 당신은 담대히 하나님께 나아갈 수 있고, 당신의 모든 죄가 용서받았다는 것을 믿을 수 있다. 당신의 마음을 변화시키고 일하게 하는 것은 단순히 공포에 의한 것이 아니라 하나님과 하늘과 그리스도와 사랑을 믿는 마음이다.

이 네 개의 방향 제시에 대한 진정한 실천은, 당신의 상태가 슬프고 위험한 만큼 당신을 안전한 땅에 세울 것이다. 그러나 자신의 직접적인 목적이나 필요에 충분할 것이라고 하는 것은 사람들의 의견을 청취하는 것에 의해서도, 또는 사람들이 단순히 타당하다고 하는 행위에 의해서도 되는 것이 아니다. 네 개의 방향 제시의 실천은 당신의 죄악 되고 비참한 상태를 발견하고, 그것에 대해 진실로 겸손해지고, 당신이 그리스도 안에 있는 치료법을 식별하고, 회개하고 믿음으로 그분의 언약에 들어가고, 당신의 행복이 전적으로 하나님의 사랑과 결실에 있다는 것을 알고, 성도를 위하여 예비된 영광을 믿고, 세상의 모든 번영보다 그것을 선호하고, 사랑하며, 그것에 마음을 두고, 그 상태에 도달하여 거룩한 생활을 하기로 결심한다면 이 거짓된 세상과 육체를 버리는 것이다. 이 모든 일은 앞서 언급한 것처럼 쉽게 할 수 있는 일이 아니며, 더욱 진지하고 확고한 생각을 요구하는 일이다. 그리고 그것은 고통스럽고 허약하고 정신이 나간 상태보다는 당신이 젊은 활력에 있을 때 더 적합한 것이다. 게다가 필요한 것은 당신에게 달려 있다. 그것은 이미 했어야 하고, 철저하고 진실하게 해야 한다. 그렇지 않으면 당신은 영원히 멸망할 것이다. 그러므로 당신이 할 수 있는 대로 구원에 관한 일을 하고 당신 마음이 당신을 경솔하게 여기거나 속이지 않도록 주의하라. 어떤 면에서 당신은 이전 어느 때보다 더 큰 도움을 받았다. 이제 당신은 죽음을 미래에 멀리 있는 것으로 여겨 당신의 완악한 마음과 안전을 유지할 수 없다. 이제 당신은 육체와 육체의 모든 쾌락이 어떻게 될 것인지, 그리고 당신의 죄악 된 스포츠와 오락과 즐거움이 당신에게 어떤 도움을 줄 것인지, 이전 어느 때보다 더 충분히 경험하게 되었다. 그리고 세상의 모든 부와 위대함과 용감함과 명예의 가치가 무엇인지, 그리고 그것이 당신이 필요로 할 때 당신을 위해 무엇을 해 줄 것인지를 충분히 경험하게 되었다. 나는 당신이 다른 세계에 너무 가까이에 와있고, 주님 앞에 빨리 나아가야 하기 때문에 죽어 있고 감각 없는 마음이, 더 이상 당신의 하나님, 당신의 구원자, 그리고 당신의 끝없는 생명을 무시하게 놔두거나, 육체와 세상이 더 이상 당신을 속이게 놔둘 수는 없다고 생각한다. 오 행복한 영혼이여, 마침내 당신이 겁을 먹고 건전하지 못한 회개를 하지 않을 뿐만 아니라, 모든 죄를 미워하고, 주님을 사랑하고, 그리스도를 신뢰하고, 당신 자신을 그분께 전적으로 맡기며, 당신의 마음을 그 복된 삶에 둘 수 있다면, 그곳에서 당신은 그분을 영원히 보고 완전하게 사랑할 수 있다!

[늦은 회개에 대해]

탐구 '그러나 너무 오랫동안 하나님을 경외하지 않던 사람이 그렇게 늦게 회개하는 것이 자신의 직접적인 목적이나 필요에 충분할까?'

답변 만약 그것이 진실하다면 그러하다. 그러나 거기에는 의심이 많다. 이제 당신의 구원은 그 진실함에 달려 있다.

탐구 '하지만 그것이 진심인지 어떻게 알 수 있는가?'

답변 1. 만약 당신이 비참함에 대해 겁을 먹을 뿐만 아니라, 당신의 마음과 뜻과 사랑 자체가 변화된다면 진심이다.

2. 그것이 끝까지, 그리고 필요한 행동계획까지 확장된다면 진심이다. 그리하여 당신은 세상의 모든 번영과 쾌락보다 하나님과 하늘의 기쁨을 사랑하게 된다. 또한 죄의 모든 즐거움을 누리며 사는 것보다는 온전히 거룩해지는 것을 바란다. 당신이 알려진 모든 죄를 미워하

고, 거룩한 길과 하나님의 종들을 거짓 없이 사랑한다면, 이것이 진정한 변화이다.

3. 그리고 이 회개와 변화가 그대로 유지되고, 하나님께서 당신을 회복시키시어, 새롭고 거룩하며 자기를 부정하는 삶으로 나타난다면, 그리고 그것이 두려움에서 오는 것만이 아니라 사랑에서 오는 것이라면, 반드시 그렇게 될 것이다. 그러나 세상에는 구제책이 없기에, 당신이 자신의 뜻에 반하여 세상과 육체를 버린다면, 당신이 하나님을 더 사랑하기 때문이 아니고, 당신이 세상적이고 죄악 된 쾌락을 지키고 싶어도 그것을 지킬 수 없기 때문에 그것에 작별을 고한 것이라면, 그리고 당신이 하나님과 천국을 당신의 최고로 여기지 않고, 오직 지옥보다 나을 것으로 여기는 것이라면, 게다가 당신이 선택할 수도 있었던 세속적 번영보다 천국이 보다 더 나은 것이 아니라고 생각한다면, 이런 종류의 회개는 결코 당신을 구원하지 못할 것이다. 그리고 그런 상태를 회복한 상태라고 믿는다면, 죽음에 대한 두려움이 끝나자마자, 그것은 사라지고, 당신은 다시 세상의 기쁨으로 돌아갈 것이다. 당신이 지금 극한 상황에서 결코 그다지 자신 있게 외치지 못한다면, 오, 나는 땅보다 하늘이 갖고 싶고, 죄인의 모든 쾌락과 번영보다 그리스도와 거룩함을 갖고 싶다 할지라도, 그것이 새롭게 되고 거룩하게 된 마음에서 나온 것이 아니고, 그러길 바라는 마음이고, 단지 필요와 두려움으로, 당신의 마음과 뜻의 습관에 반하는 것이라면, 이것은 **유다**가 가졌던 회개에 지나지 않으며, 그것은 현재 진실하지도 않고, 회복되어 거룩한 삶을 유지하지도 못할 것이다.

[II 안전한 출발을 위한 방향 제시(정당화된 사람에게)]

영혼이 진정으로 회심하여 정당화되면 안전한 출발에 필요한 주요한 일을 신속하게 수행해야 한다. 그들은 "더욱 힘써 부르심과 택하심을 굳게 하라는"[380] 권고를 받은 사람들이기 때문이다. 이는 (그리스어가 암시하는 것은) 부르심과 택하심을 알리거나 확실하게 하는 것뿐만 아니라, 견고하게 하는 것은 단순히 그것을 식별하는 것 이상을 의미한다. 아직 다음과 같은 의무들은 더 필요하다.

---

380) 벧후 1:10

방향 제시-1 '일단 당신 자신이 진실하다는 것을 알게 되면 그것으로 만족하지 말라. 게다가 당신의 이해가 명확하고 자유롭다면 다시 시험해 보라. 만약 당신이 스스로 부족하다고 생각되면 신실하고 현명한 사역자나 친구의 도움을 받으라.' 사람이 하나님의 법정에서, 그분에게 중요한 것은 가능한 한 모든 것을 확실히 하는 것이다.

방향 제시-2 '당신의 삶을 되돌아보고, 당신이 지은 모든 죄에 대해 공통적으로 행한 회개를 새롭게 하라. 또한 당신의 특정한 회개가 당신이 기억하는 모든 특별한 죄, 특히 당신의 가장 심각하게, 영혼에 상처를 준 죄를 회개하는 데까지 이르게 하라.' 당신의 회개가 공통적이고 올바르다면 그것은 또한 당신만 아는 것일 것이다. 그러면 당신은 독특한 죄 때문에 특별히 겸손해질 것이다. 그리고 깊이 살펴보고 빠트린 것이 없는지 확인하라. 당신은 오래전에 회개하고 용서받았기에, 죄를 회개하거나 용서를 구하지 않아도 된다고 생각하지 말라. 이것은 마지막까지 해야 할 일이기 때문이다.

방향 제시-3 '예수 그리스도에 대한 믿음을 새롭게 하고, 그분의 공로와 중보에 당신의 영혼을 맡기라.' 당신이 믿음의 습관을 갖고 있고 이전에 믿었다고 자족하지 말라. 그러나 당신의 믿음과 반석이 되는 피난처로 날아가 당신의 믿음을 계속 행사하고 당신의 영혼을 다시 그리스도께 쏟으라.

방향 제시-4 '하나님의 사랑과 영광 속에서 그리스도와 함께 살고자 하는 소망을 당신의 마음에 불러일으키는 것을 주요한 일로 삼으라.' 이것의 도구인 위안과 격려하는 것들이 여전히 당신의 생각 속에 있게 하라. 당신이 그렇게 할 수 있다면, 그것은 면류관에 대한 당신의 자격을 가장 확실하게 증거하는 것이 될 것이다.

방향 제시-5 '당신이 어떤 사람들에게 말이나 행동으로 잘못했다면, 그것을 바로잡기 위해 최선을 다하고 그들을 만족하게 하라.' 당신이 어떤 사람과 사이가 나빠졌다면 그들과 화해하라. 다른 사람의 재산을 상속인이나 유언집행자에게 맡기지 말고, 유산을 남기기 전에 부당하게 얻은 것을 돌려보내라. 어찌할 수 없는 당신의 잘못은 고백하고, 당신이 상처를 입힌 사람들에게 용서를 구하라. 그리고 당신이 배상할 수 있는 한, 이전에 저지른 잘못의 영향을 사람의 이름이나 재산, 영혼에게 남겨두지 말라.

방향 제시-6 '하나님께서 지금 당신에게 요구하는, 하나님에 대한 당신의 의무를 다하라.

그리하면 당신이 게으르거나 부주의한 죄들 가운데서 발견되지 않을 것이다. 그러나 마지막에 가장 거룩하고 유익할 것이다.' 질병으로 당신이 건강할 때 부과된 것과 같은 의무를 다하도록 요구하지 않을지라도, 병자에게 기대되는 의무가 전혀 없다고 생각하지 말라. 모든 때와 상태에 우리가 알아야 할 특별한 의무와 특별한 자비가 있다. 그것은 매우 중요한 일이기에 그것이 무엇인지 구체적으로 말할 것이다.

방향 제시-7 '병자들을 공격하기 위해 사용하는 사탄의 가장 위험한 유혹에 대해 특별히 강화하고 경계해야 한다.' 특히 하나님께서 당신을 시험에 들게 하지 않고 악에서 구해 주시기를 위해 기도하라. 왜냐하면 당신의 약함 때문에 당신은 다른 때보다 그들과 싸우기에 적합하지 않을 수 있기 때문이다. 오, 하나님께 간구하라. 그분께서 지금까지 당신을 붙드시고 보호하셨듯이, 당신이 극한 상황에 처했을 때에도 끝내 당신을 버리지 않을 것이다. 특히,

유혹1 원수의 가장 위험한 유혹은, '그리스도인의 육체적 약점을 이용하여 그의 믿음을 흔들고 그의 믿음의 기초가 되는 것들에 의문을 제기하고 그의 원칙에 대해 즉, 영혼이 불멸인지 여부? 천국이 있고 지옥이 있는지 여부? 그리고 그리스도가 하나님의 아들이며 성경이 하나님의 말씀인지 여부에 대해 다시 논쟁하도록 요구하는 것이다.' 마치 이전에 그것에 대해 한 번도 질문하고, 검사하고, 해결한 적이 없는 것처럼 의문을 제기한다! 사탄이 이러한 악의적인 행동을 통해 기대하는 것은 큰 이익을 얻는 것이다. 만일 그가 할 수만 있다면 그는 당신을 그리스도를 믿는 데에서 믿지 않는 데로 이끌 것이다. 그러나 그리스도께서는 당신의 믿음이 떨어지지 않도록 당신을 위해 기도하신다. 만일 그리스도께서 이것을 하지 않는다면, 마귀는 적어도 당신의 믿음을 약화시킬 것이고, 그에 따라 모든 은혜가 약화될 것이다. 이로써 마귀는 당신의 현재 상태에 적합한 더 필요한 생각에서 당신의 주의를 다른 데로 돌리게 할 것이며, 이로써 마귀는 당신의 주의를 산만하게 하고, 당신의 안락함을 파괴하고, 당신을 당혹스러운 상황에 끌어들여 하나님께 불명예를 돌리게 할 것이다. 그러므로 이러한 신성 모독적이고 때에 맞지 않는 행동을 그만두라. 그것들을 혐오하고 경멸하며 던져 버려라. 지금은 당신의 기초에 의문을 제기할 때가 아니다. 당신은 더 건강한 상황에 있을 때 이 일을 더 계절에 맞게 해냈다. 고통스럽고 쇠약한 몸과 불안하고 혼란스러운 마음은 기습적으로 모든 원칙을 조사하고 논쟁을 벌이기에 부적합하다. 사탄에게, 당신은 봉사에 대해 빚

진 것이 없으며, 당신이 훨씬 더 나은 일을 할 수 있는 몇 시간과 생각을 그렇게 버리지 않을 것이라고 말하라. 당신 안에 증거가 있으니 곧 성령과 하나님의 형상과 인침이다. 당신은 그 말씀의 능력으로 회심하고 새로워졌다. 이것에 대해 그분은 당신에게 응답을 요청할 것이다. 은혜의 성령에 의해 당신이 그 말씀을 소유하고 있음을 알게 했는데, 그 은혜의 성령은 말씀의 능력을 죄의 가장 강력한 요새를 무너뜨리도록 강하게 하셨다. 사탄에게 이렇게 말하라. 나의 거룩한, 천상의 소망에 대해 너와 논쟁할 정도로 너를 기쁘게 하지 않을 것이며, 그것들은 내가 그토록 자주 증명해 왔던 진리들이다. 이제 당신은 오랫동안 당신을 보호하고 자비의 삶을 통해 당신에게 그분의 존재와 선하심을 증거하신 하나님의 존재에 대해 의문을 제기하지 않을 것이며, 또한 이제 당신은 당신을 구속하신 분의 존재나 진리, 또는 당신을 거룩하게 하고 인도하고 위로하고 확증한 성령이나 말씀에 대해 의문을 제기하지 않을 것이다. 만일 사탄이 당신에게 모든 것을 증명하라 한다면, 지금 할 일이 아니라고 그에게 말하라. 당신은 오랫동안 당신의 하나님의 진리와 선하심, 구주의 자비, 그분의 성령과 말씀의 능력을 증명해 왔다. 이제 그 말씀에 따라 살고, 그 말씀에서 희망과 위안을 얻고, 그것에 의문을 제기하지 않는 것이 당신의 할 일이다.

유혹 2   사탄의 또 다른 위험한 유혹은, '당신으로 하여금 복음의 취지를 오해하게 하거나, 하나님의 자비나 그리스도의 만족에 대해 너무 편협하고 합당하지 않다고 생각하게 함으로써 당신을 절망에 빠뜨리려 할 때이다.' 그러나 이 유혹은 대개 영혼을 더 불편하게 만드는 경향이 있기 때문에, 그것을 비난하기보다는, 나는 그것에 대해 제3과에서 더 많은 이야기를 하려 한다.

유혹 3   또 다른 위험한 유혹은, '사탄이 당신의 죄를 간과하게 하고, 당신의 은혜를 과대평가하게 하고, 당신의 선행을 자랑하도록 유인할 때이다. 그때는 당신에게 위안이 너무 크게 되어, 그리스도가 필요하다는 감각을 잃어버리게 하거나, 당신이 그분의 직분이나 명예의 어느 부분을 빼앗는 때이다.' 나는 나중에 당신이 당신 자신 안에 있는 어떤 은혜를 얼마나 많이 관찰해야 하는지 알려주겠다. 그러나 확실히 당신을 교만하게 만드는 것, 그리스도의 직분을 침해하는 것, 또는 그분을 과소평가하게 만드는 것은 하나님께 속한 것이 아니다. 그러므로 당신은 죄가 많다는 것과 무가치함을 깨닫고 겸손함을 유지하고 당신을 그리스도에게서 멀어지게 하는 모든 행실을 버리고, 당신 자신과 당신의 행실의 의로움을 당신의 구원으로 여기는 생각을 버리라.

유혹 4 또 다른 위험한 유혹은, '죽음과 무덤에 대한 생각과 내세에 대한 의심과 두려움을 야기함으로써 하나님의 사랑과 (위로뿐 아니라) 그리스도와 함께 하고자 하는 마음의 소원과 뜻이 없어지게 하는 것이다.' 하나님과 하늘에 대한 당신의 사랑을 줄이고 두려움으로 멀리 생각하면 그것은 식을 것이다. 제3과에 있는 방향 제시는 이 유혹을 물리치는 데에 도움이 될 것이다.

유혹 5 '또 다른 위험한 유혹은, 당신의 세속적인 마음의 잔재에서 비롯된다. 당신의 존엄성이나 명예, 당신의 집이나 땅, 당신의 친척과 친구, 당신의 즐거움과 만족이 당신에게 아주 달콤해서 당신이 그것들을 떠나기 싫어한다면, 죽음은 당신이 무척 사랑하는 것들을 빼앗아 가기에, 죽음에 대한 생각이 당신을 슬프게 하고, 당신은 세상을 떠나고 싶지 않기에 하나님과 천국을 원하지 않게 된다.' 이 큰 유혹을 주의 깊게 경계하라. 그것이 어떻게 당신의 은혜와 영혼의 파멸을 추구하는지 관찰하라. 그리고 그것이 어떻게 하나님과 하늘을 향한 당신의 사랑과 맞서 싸우며, 그것이 어떻게 그리스도와 그분의 영이 그토록 오랫동안 행해 왔던 모든 일을 폐지하려는지 관찰하라. 당신 안에 문제의 뿌리가 있다는 것을 발견하고, 더욱 겸손 해져라. 모든 것의 종말이 어떠한 지 인식한다면, 이제 세상이 어떤 곳인지, 육체의 편안함이 얼마나 가치 없는 것인지 알라. 당신은 결코 죽지 않을 수 있는가? 당신은 세상적인 것을 영원히 즐기려 하는가? 당신은 새 예루살렘의 하늘 영광 가운데 그리스도와 함께 사는 것보다 세상의 것들이 갖고 싶은가? 만일 당신이 그렇다면 그것은 당신의 심각한 죄이자 어리석음이다. 당신은 그것이 결코 달성할 수 없는 소망이라는 것을 알고 있다. 당신이 원하든 원하지 않든 당신은 반드시 죽어야 한다! 그렇다면 당신은 무엇 때문에 세상에 머물 것인가? 세상이 당신에게 덜 유쾌해지고, 당신의 사랑과 마음이 세상으로부터 멀어질 때까지 머물 것인가? 그때가 지금이 아니라면 언제인가? 당신이 처한 이 죽어 가는 상태에서 벗어나는 것보다 더 효과적으로 해야 할 것은 무엇인가? 이제 당신은 이러한 오염된 쾌락을 뱉아내야 할 때이다. 이제는 참되고, 거룩하며, 측량할 수 없는, 영원한 즐거움을 바라보아야 할 때이다.

제2과 질병의 때에 유익을 얻기 위한 방향 제시

당신의 회복이 하나님을 기쁘게 하든지 그렇지 않든지, 당신의 역할을 다하고, 당신이 다음 방향 제시에 따라 충실히 개선한다면, 당신이 하나님을 만남으로 얻을 수 있는 유익은 적지 않을 것이다.

방향 제시-1 '당신이 당신의 회심의 진실성에 관해 당신의 마음을 면밀히 시험하라는 하나님의 부름을 듣고, 그로 인해 더 정확한 조사를 받고, 당신의 상태를 진정으로 알게 된다면 (좋든 나쁘든) 그 혜택은 클 것이다.' 만일 그것이 좋다면 당신은 큰 위로와 확신을 얻고 하나님께 감사와 찬송을 드리는 것이 마땅하다. 만일 그것이 나쁘다면 빨리 깨어나 당신을 돌아보고 회복을 추구하라.

방향 제시-2 '당신의 삶을 되돌아보면서 당신이 이전에 간과했던 죄를 발견하고, 이전에 당신이 작게 여겼던 죄의 심각성을 깨닫게 된다면, 그 유익은 매우 클 것이다.' 왜냐하면 그것은 더 깊고 건전한 회개에 도움이 되고, 회복되면 모든 죄에 대해 더 강한 결심을 하는 데 도움이 될 것이기 때문이다. 그리고 고난은 이 점에서 우리에게 매우 큰 도움이 되는데, 질병이 그를 깨웠을 때, 많은 사람이 같은 죄로 인해 부끄러워하고 매우 겸손 해졌다. 이전에 그들은 마치 죄 안에 손상이나 위험이 없는 것처럼 죄와 친구가 될 수 있었다.

방향 제시-3 '마음속 깊이 있는 많은 부패는, 고통으로 말미암아 드러나고 발견되는데, 형통의 시기에는 거짓된 상태로 숨어 있다.' 이것들을 탐지하는 것은 영혼에 적지 않은 이익이 된다. 당신이 부와 명예와 헤어질 때, 당신이 얼마나 그것들을 사랑했는지 이전보다 더 잘 알게 될 것이다. 그러므로 당신의 고통 중에 어떤 부패가 나타나는지, 마음이 어떤 거짓을 드러내는지 주의해 살펴보라. 그러면 무엇을 회개하고 고칠지 알 수 있을 것이다.

방향 제시-4 '고통이 당신에게 당신의 은혜를 사용하고 행사하도록 괴롭힐 때, 당신은 은혜의 강함과 약함을 알 수 있도록 큰 도움을 받는다.' 당신이 믿음과 사랑과 인내와 하늘에 속한 마음을 사용하도록 크게 부름을 받을 때, 당신은 그러한 도움을 받지 않았을 때보다 당신이 가진 모든 은혜의 크기가 얼마인지 더 잘 알 수 있다. 그러므로 시련 속에서 당신의 마음이 체험한 것과, 각각의 은혜가 그 행사에서 어떻게 나타나는지 주목하라.

방향 제시-5 '당신은 이제 세상의 허무함에 대한 지식을 충분히 가졌다. 그러므로 땅 아래 있는 것들에 대한 모든 애정을 억제하는 데 무엇이 큰 도움이 되는지 이해한다.' 이제 부와 명예와 풍부함과 높은 지위의 가치를 판단하라. 그것들과 헤어져 죽어 가는 사람에게 그것이 위로가 되겠는가? 아니면 가난한 사람이 죽을 때 그것을 즐기지 못했다는 사실이 그에게 어떤 슬픔이 되겠는가? 만약 당신이 이러한 일시적인 것들을 높이 평가한 적이 있다면 지금 당신의 잘못을 바로잡는 것이 쉽지 않을까? 오, 하나님께서 당신을 회복시키시면 당신은 이 세상을 더 낮은 가치로 평가하고, 그에 따라 세상에 대한 가치를 정하고, 그에 합당한 만큼 구하겠다고 지금 결심하라.

방향 제시-6 '또한 이제 당신은 하늘에 있는 성도들의 행복, 거룩한 삶의 필요성과 탁월성, 땅에 있는 성도들의 지혜에 대해 평가를 하는데 특별한 도움을 받았다. 그리고 누구의 선택이 가장 현명한지 이해한다.'[381] 이제 당신은 우리가 추구할 가치가 있는 곳은 오직 천국뿐이며, 그곳이 최종적으로 신뢰할 수 있는 곳이고, 고난 가운데서도 우리를 실망시키지 않을 곳이라는 것을 알 수 있다. 이제 당신은 의로운 사람과 악한 사람을 분별할 수 있고, 하나님

---

381) 눅 10:42; 빌 1:19, 23

을 섬기는 자와 섬기지 않는 자의 차이를 알 수 있다.[382] 이제 방종한 세상적인 삶이 더 나을 지, 아니면 거룩한 하늘의 삶이 더 나을지 판단해 보라. 그리고 그에 따라 마음속으로 확고히 결정하라.

방향 제시-7 '이제 당신은 방탕한 생활의 어리석음을 분별하고 육체의 행위와 욕망을 죽 이는데 무엇이 큰 도움이 되는지 이해한다. 하나님께서 육체의 자연적인 욕망을 수치스럽게 할 때, 그것은 당신의 죄악 된 욕망을 억제하는 데 도움이 될 수 있다.' 이제 정욕과 놀이와 노 름과 잔치와 술 취함과 허풍을 떠는 것이 가치가 있는지 판단해 보라. 이제 당신은 그러한 모 든 즐거움의 끝을 안다. 당신은 그것이 천국의 기쁨보다 좋고, 그것을 얻기 위해 인간의 구원 을 버리는 것이 합당하다고 생각하는가? 아니면 거룩한 삶의 즐거움보다 더 낫다고 생각하 는가?

방향 제시-8 '또한 이제 당신에게는 마음을 소생시킬 수 있는 큰 장점을 가지고 있다. 즉 열정을 잃고 기도에 냉담하고 묵상에 둔하고 거룩한 집회를 무시하는 마음을 소생시킬 수 있다.' 만일 당신이 진지하게 기도한다면, 확실히 지금 그렇게 될 것이다. 만약 당신이 구원 의 문제에 관해 진지하게 고백한다면, 지금 얻게 될 것이다. 이제 당신은 열렬한 기도, 진지 한 신앙, 신중하게 행동해야 하는 이유를 이전보다 더 잘 이해한다. 이제 당신은 거룩함에 대 한 불경건한 자, 자유주의자들의 격렬한 조롱이나 비난을 쉽게 반박할 수 있다. 마치 어리석 은 자의 노망이나 제정신이 아닌 사람의 광란을 비난할 수 있는 것과 같다.

방향 제시-9 '당신은 하나님에 대한 당신의 의존을 더 현명하게 인식할 수 있는 큰 장점을 가지고 있다. 당신이 온 세상 앞에서 그분을 기쁘시게 해야 하는 이유를 이해하고, 지상의 모 든 사물이나 사람보다 그분의 호의와 불쾌함을 더 존중해야 할 이유를 이해한다.' 이제 당신 은 인간이 얼마나 헛된 존재인지 안다. 그리고 온 세상의 호의가 당신의 가장 큰 필요를 채우 기에는 얼마나 적은지 안다. 이제 당신은 마침내 신뢰할 분은 오직 하나님이라는 것을 안다. 그러므로 세상의 모든 것이 어떠하든 순종하고 기뻐해야 할 분은 하나님이라는 것을 안다.

방향 제시-10 '당신은 이제 시간의 소중함을 알고, 그것이 얼마나 꼼꼼하게 상환되어야

---

382) 말 3:17, 18

하는지 알며, 오락과 의상에 대한 호기심, 불필요한 액세서리와 방문, 그리고 금이나 보물보다 더 귀중한 것을 세상에서 강탈하는 수많은 허영심으로 시간을 낭비할 수 있는 사람들의 산만함을 분별할 수 있는 큰 장점을 가지고 있다.' 지금 당신은 한가롭게 시간을 낭비하는 것에 대해 어떻게 생각하는가? 이제 당신은 그 시간을 유치하게 어리석은 일이나 불필요한 세속적인 일에 버리는 것보다 내세를 위한 거룩한 준비에 사용하는 것이 더 현명하다고 생각하지 않는가?

방향 제시-11 '또한 이제 당신은 죽음에 대한 준비와 천국에 대한 생각을 그 어느 때보다 더 진지하게 하는 데에 무엇이 특별히 도움을 주는지 이해한다. 그래서 이전보다 준비를 더 잘해야 한다. 질병이 당신의 죽음을 더 잘 준비하게 하고, 당신이 살든지 죽든지, 당신의 마음을 더 높은 곳에 두도록 도와준다면, 그것은 당신에게 유익한 것이 될 것이다.'

방향 제시-12 '하나님께서 당신의 건강을 회복시켜 주신다면, 당신의 친구들이 당신의 공개적인 고백과 결심의 증인이 되도록 하고, 당신이 한 모든 약속을 기억하고, 당신을 돌보고, 필요할 때마다 당신에게 그것을 말하도록 그들을 참여시키라.' 이러한 방법으로 질병이 나아지고, 당신에게 자비가 될 수 있다.

[질병에서 회복된 사람들을 위한 방향 제시]

다음으로 나는 질병에서 회복된 사람들에게 몇 가지 특별한 방향 제시를 할 것이다. 그러나 쓸데없이 지루하게 하지 않으려고, 여기서 이미 말한 내용을 참고한다. 1. 그들로 하여금 이 열두 개의 방향 제시 내용을 살펴보게 하고, 그 유익이 그들의 마음에 남아 있는지 살펴보게 하라. 2. 그들이 이러한 결심을 했을 때 그들이 가졌던 감각과 그들이 가진 마음을 생생하게 상기하게 하라. 3. 고칠 수 없던 병이라도 다시 걸릴 수 있다는 것을 기억하게 하라. 4. 다음 병이 왔을 때, 그들이 지난번 회복한 것에 대해 감사하지 않고, 그들의 약속을 깨고 하나님을 얼마나 거짓으로 대했는지를 기억하고, 그들이 얼마나 심히 양심에 상처를 입을지, 그리고 그들의 영혼이 얼마나 당황하게 될지를 스스로 생각하게 하라. 이것을 예견하면, 당신은 그것을 방지할 것이다.

제3과 편안하고 평화로운 죽음을 위한 방향 제시

위로는 우리를 기쁘게 할 뿐만 아니라 우리를 강화하고 우리의 가장 큰 임무를 수행하는 데에 도움을 주기에 바람직한 것이다. 병들고 죽음이 다가올 때보다 그것이 더 필요한 때가 언제인가? 그러므로 나는 우리의 죽음을 최소한 편안하고 평화롭고 안전하게 하는데 필요한 방향 제시를 추가한다.

방향 제시-1 '그것을 위해 내가 필요로 하는 이외의 글은 작성하지 않을 것이다. 죽음에 대한 두려움을 극복하고 기꺼이 죽을 수 있다는 의지를 갖기 위해, 나는 병자들이 나의 책《자기 부정》에서 제시한 20가지 고려 사항과, 아래의 지침을 읽어 보기를 원한다.' 그리고 죽음에 대한 두려움을 극복하면 그들의 위로를 가로막는 큰 장애물이 제거된다.

방향 제시-2 '질병을 실제보다 다른 더 큰 악인 것처럼 오해하지 말라. 그러나 죽음이 그토록 적절한 전조나 선구자라는 사실이 얼마나 큰 자비인지 관찰하라.' 하나님께서는 우리를 이 세상에서 데려가시기 전에 우리를 세상에 대한 의존을 멈추고 기꺼이 떠나게 하기 위해 많은 일을 하셔야 한다. 기꺼이 가지 않으려는 육체는 고통의 도움을 받고 마음을 지상의 것들로 끌어 당기는 감각과 식욕은 쇠약해지고 쇠퇴한다. 그렇게 우리는 큰 소리로 부르는 외침을 가지고 있으며, 그것은 참된 회개와 진지한 준비를 하는 데에 큰 도움이 된다! 나는 하나님과 매우 가까이 동행하며 항상 준비되어 있는 사람들에게 갑작스러운 죽음이 자비가 될 수 있다는 것을 안다. 최근에 우리가 알게 된 것처럼, 여러 거룩한 사역자들과 다른 사람들이 성찬식 후나 주의 날 저녁에 또는 어떤 거룩한 활동 중에, 거의 고통 없는 상태에서 죽어,[383] 그들이 죽을 때 아무도 눈치채지 못했다. 그러나 보통, 고통스러운 질병으로 인해 육체가 무너지고 약해지는 것은, 우리가 죽고 싶어 하지 않는 자연적인 본성을 극복하는 데에 도움이 되는 자비이다.

방향 제시-3 '질병의 사실을 전하는 자가 누구인지, 또 당신을 죽음으로 부르는 자가 누구인지 기억하라.' 우리에게서 생명을 취하시는 분은 우리에게 생명을 주신, 온 세상의 주님이시며, 그분은 천사들과 사람들, 왕자들과 왕국들, 하늘과 땅을 마음대로 처분할 수 있는 분이시다. 그러므로 벌레와 같은 우리가 죽음에서 제외되길 바랄 이유는 없다. 그분이 하나님이라는 사실을 부인하지 않고는 그분이 만물의 처분자라는 것을 부인할 수 없다. 그분은 우리를 사랑하시고 우리에게 행하신 어떤 일에서도 결코 우리에게 해를 끼치지 않으시며, 그분은 우리를 구속하기 위해 자기 아들의 생명을 주셨다. 그러므로 우리에게 너무 좋은 지상의 삶이 있다고 추정하지 말라. 우리의 질병과 죽음은 우리에게 구세주를 보내 준 사랑과, 그분의 말씀을 전하는 능력 있는 전도자들을 보내 준 사랑과, 우리에게 그분의 성령을 보내 준 사랑과, 우리 마음을 은밀하고 감미롭게 변화시켜 사랑으로 그분과 엮어 준 그런 사랑과 같은 사랑에 의해 보내졌다. 그분은 우리의 영혼과 육체를 위해 귀중한 자비의 생명을 내주셨고, 우리에게 영원한 생명을 주겠다고 약속하셨다. 이제 그분이 우리에게 어떤 해를 끼치려 한다고 생각해야 할까? 그분께서는 우리가 뉘우치며 한탄하는 다수의 고통을 끝냈기에, 이 일을 우리의 유익으로 돌릴 수 있지 않을까?

방향 제시-4 '죽으시고, 장사되고, 부활하시고, 승천하시고 영광을 받으신 주님을 믿음으로 바라보라.' 그분이 정말로 독과 죽음을 이겼다고 믿는 것보다 독과 죽음에 대한 두려움을 더 강력하게 극복할 수 있는 것은 없다. 영혼을 육체와 떼어놓는 것이 무서운가? 우리 주님께

---

383) Mr. Vines, Mr. Capel, Mr. Hollingworth, Mr. Ashurst, Mr. Ambrose, Mrs. Burnel, 등

서 그렇게 하셨고, 게다가 주님께서는 그것을 이기셨다. 시체를 무덤에 눕히는 것이 무서운가? 우리 구주께서도 그렇게 했다. 그분은 썩음을 당하지 않고 자신의 신성의 능력으로 속히 일어나셨다. 그분은 우리에게 믿음과 담대함으로 죽음을 감수하도록 가르치기 위해 죽으셨다. 그분은 우리에게 무덤을 너무 두려워하지 말라고 가르치기 위해 묻혔다. 그분은 우리를 위해 죽음을 이기시고, 새 생명으로 살아나는 자들에게 마침내 그분의 능력으로 일으켜 세워 영광에 이르게 한다는 것을 확신시키기 위해 다시 살아나셨다. 첫째 부활에 참여하는 자가 되셨으니 둘째 사망이 그들을 주관할 수 없으리라. 그분은 우리의 뇌리에 살아 계시니 이는 우리로 하여금 그로 말미암아 살게 하려 하심이라. 또 여기 있는 모든 사람들이 그와 함께 일어설 수 있다는 것을 확신시키려 함이라. 위의 것을 먼저 구하라, 이는 너희 생명이 그리스도와 함께 하나님 안에 감추어졌음이라. 우리 생명이신 그리스도께서 나타나실 그때에 우리도 그와 함께 영광 중에 나타날 것이다.[384] "내가 살아 있으니 너희도 살 것이다"[385]는 말은 얼마나 위로가 되는 말인가? 죽음은 생명의 주님을 붙잡을 수 없다. 또한 "사망과 음부의 열쇠"[386]를 가지신 하나님의 뜻에 대항하여 우리를 붙잡을 수도 없다. 그분은 당신이 당신의 눈이나 손이나 몸의 다른 지체를 사랑하는 것보다 그분이 거룩하게 하신 모든 사람을 훨씬 더 사랑하신다. 당신도 당신의 지체를 구할 수만 있다면 잃지 않을 것이다. 그분은 승천하실 때 그분의 추종자들에게 위로가 가득 담긴 메시지를 우리에게 남기셨다. "너는 네 형제들에게 가서 이르되 내가 내 아버지 곧 너희 아버지, 내 하나님 곧 너희 아버지께로 올라간다 하라."[387] 이에 관해, 환자의 침상 머리에 다음 두 가지를 나란히 쓴다면 좋을 것이다. "사람이 나를 섬기려면 나를 따르라 나 있는 곳에 나를 섬기는 자도 거기 있을 것이다."[388] 그리고 "내가 진실로 네게 이르노니 오늘 네가 나와 함께 낙원에 있으리라."[389] 오, 신자가 죽을 때에 자신이 구세주에게 가고 있다고 생각하고, 우리 주님이 우리보다 먼저 일어나 천국에 가서서,

---

384) 골 3:1, 2, 4, 5
385) 요 14:19
386) 계 1:18
387) 요 20:17
388) 요 12:26
389) 눅 23:43

우리를 위한 거처를 예비하시고 우리를 영접하신다는 것을 생각하는 것은 얼마나 기쁜 일인가.[390] "너희는 마음에 근심하지 말라 너희가 하나님을 믿으니 또 나를 믿으라."[391] 우리가 당신에게 말하는 것은 낯선 사람이 아니다. 오히려 그분은 당신이 자신을 사랑하는 것보다 당신을 사랑하시는 당신의 머리이자 구주가 되시며, 당신을 위해 하나님 앞에 끊임없이 변론하시는 일이 그분의 임무이고, 마지막에는 세상을 떠나는 당신의 영혼을 영접하기 위해 그곳에 계신다. 그러므로 당신은 **스데반**이 했던 것처럼 당신의 영혼을 그분의 손에 맡기라.[392]

방향 제시-5 '당신의 상태에 가장 적합한 몇 가지 약속을 골라 그것을 마음속에서 반복해 말하며, 그것들을 믿음으로 먹고 살아가라.' 아픈 사람은 (일반적으로) 아주 많은 것을 생각하기에 적합하지 않다. 그러므로 그의 눈앞에 두 세 가지 위로를 줄 수 있는 약속이 그의 생각에서 가장 유익한 것이 될 수 있다. 앞서 언급한 세 가지와 같은 것이다. 만일 그가 자기 죄의 심각함으로 인해 가장 괴로워한다면 다음과 같은 구절을 선택하라. "하나님이 세상을 이처럼 사랑하사 독생자를 주셨으니 이는 그를 믿는 자마다 멸망하지 않고 영생을 얻게 하려 하심이라."[393] "또 **모세**의 율법으로 너희가 의롭다 하심을 얻지 못하던 모든 일에도 이 사람을 힘입어 믿는 자마다 의롭다 하심을 얻는 이것이라."[394] "내가 그들의 불의를 긍휼히 여기고 그들의 죄를 다시 기억하지 않을 것이다."[395] 만일 그를 괴롭히는 것이 자신이 받은 은혜의 약함이라면 그는 다음과 같은 구절을 선택하도록 하라. "그는 목자같이 양떼를 먹이시며 양을 그 팔로 모아 품에 안으시며 젖먹이는 암컷들을 부드럽게 인도하시리라."[396] "육체의 소욕은 성령을 거스르고 성령은 육체를 거스르나니 이 둘이 서로 대적함으로 너희가 원하는 것을 하지 못하게 하려 함이라." "마음에는 원이로되 육신이 약하도다." "아버지께서 내게 주시는 자는 다 내게로 올 것이요 내게 오는 자는 내가 결코 내쫓지 아니하리라."[397] "사도

---

390) 요 14:2-4
391) 요 14:1
392) 행 7:59
393) 요 3:16
394) 행 13:39
395) 히 8:12
396) 사 40:11
397) 요 6:37

들이 주께 여짜오되 우리에게 믿음을 더하소서."[398] 당신을 괴롭히는 것이 죽음에 대한 두려움과 저 세상에 대한 낯설음이라면 앞서 인용한 그리스도의 말씀과 고린도후서 5장 1-4, 8절을 기억하라. "만일 땅에 있는 우리의 장막집이 무너지면 하나님께서 지으신 집 곧 손으로 지은 것이 아니요 하늘에 있는 영원한 집이 우리에게 있는 줄 아느니라 참으로 우리가 여기 있어 탄식하며 하늘로부터 오는 우리 처소를 덧입기를 간절히 사모하노라 이렇게 입음은 우리가 벗은 자들로 발견되지 않으려 함이라 참으로 이 장막에 있는 우리가 짐진 것같이 탄식하는 것은 벗고자 함이 아니요 오히려 덧입고자 함이니 죽을 것이 생명에 삼킨 바 되게 하려 함이라… 우리가 담대하여 원하는 바는 차라리 몸을 떠나 주와 함께 있는 그것이라." "내가 그 둘 사이에 끼었으니 차라리 세상을 떠나서 그리스도와 함께 있는 것이 훨씬 더 좋은 일이라."[399] "지금 이후로 주 안에서 죽는 자들은 복이 있도다 하시매 성령이 이르시되 그러하다 그들이 수고를 그치고 쉬리니 이는 그들의 행한 일이 따름이라 하시니라."[400] "사망아 너의 쏘는 것이 어디 있느냐 음부야 너의 승리가 어디 있느냐?"[401] "주 예수여 내 영을 받으시옵소서."[402] 당신이 극한 상황에 있을 때 도움이 될 수 있는 말이나 약속을 굳게 잡으라.

방향 제시-6 '하늘의 영광이시며 영혼들의 빛이요 생명이시며 기쁨이신 하나님을 바라보고, 그분의 얼굴을 볼 것이며, 영광을 받은 자들 가운데서 그분의 충만한 사랑의 완전하고 영원한 결실 속에서 살게 될 것을 믿으라.' 여기서 그분의 업적을 아는 것이 즐겁다면, 모든 것의 원인을 보는 것은 어떨까? 하늘과 땅에 있는 모든 피조물이 연합한다 해도, 하나님과 같이 거룩한 영혼에게 만족과 기쁨을 결코 줄 수 없다. 오, 천국에서 우리가 우러러보아야 할 그분을 보아야 할 때, 우리가 필멸의 지하 감옥에 있다면 그것이 얼마나 지긋지긋 하겠는가! 그러면 우리는 그분 얼굴 보기를 얼마나 간절히 갈망해야 할까! 껍질에서 나온 닭이나 자궁에서 갓난 아이는, 이 환한 인간이 대화하는 세계로 그냥 들어가지만, 육체에서 새로 풀려난 영혼이 이 필멸의 삶에서 하나님께 받아들여지는 것처럼 기쁜 변화를 받지 못한다. 한 번 축

---

398) 눅 17:5
399) 빌 1:23
400) 계 14:13
401) 고전 15:55
402) 행 7:59

복받은 영혼으로 하나님을 보는 것은 세상의 모든 왕국을 보는 것보다 더 가치가 있다. 태양을 바라보는 것은 눈에 즐겁다. 그러나 태양은 그분의 영광 중에서는 어둠처럼 쓸모가 없다. "그 성은 해나 달의 비침이 쓸데 없으니 이는 하나님의 영광이 비치고 어린 양이 그 등불이 되심이라."[403] "다시 저주가 없으며 하나님과 그 어린양의 보좌가 그 가운데에 있으리니 그의 종들이 그를 섬기며 그의 얼굴을 볼 터이요 그의 이름도 그들의 이마에 있으리라 다시 밤이 없겠고 등불과 햇빛이 쓸데 없으니 이는 주 하나님이 그들에게 비치심이라 그들이 세세토록 왕 노릇 하리로다."[404] 광야에서 **다윗**이 예루살렘에 있는 그의 성소에 나아가 생존하시는 하나님 뵈옵기를 그토록 간절히 갈망했다면,[405] 우리는 하늘 예루살렘에서 하나님의 영광 보기를 얼마나 간절히 사모해야 하겠는가? 하나님의 뒷모습을 어렴풋이 알아차리는 것이 **모세**가 볼 수 있는 전부였지만,[406] 그 정도만으로도 그의 얼굴에 빛나는 광채를 가져다 주었다. 사람들이 **스데반**을 돌로 칠 준비가 되어 있을 때, 그가 본 광경은 매우 아름다운 광경이었다.[407] 변형된 그리스도의 모습은 그것을 본 세 명의 사도를 황홀하게 하였다.[408] 셋째 하늘에 이끌려 올라가서 본 사도 **바울**의 환상은 그를 다른 사람보다 더 앞선 상태가 되게 했다! 그러나 우리가 천국에서 하나님의 영광을 보는 것은 이 모든 것을 훨씬 능가할 것이다. 우리의 온전한 몸이 영광스러운 그리스도의 몸을 보게 되고, 우리의 온전한 영혼이 진리의 하나님, **창조되지 않은 가장 완전한 빛을 알게 될 때**, 창조된 이성이 그 이상 무엇을 할 수 있겠는가? 그러나 이것은 우리 행복의 정점이 아니다. 이해력은 단지 마음이나 의지로 가는 통로일 뿐이고, 진리는 선에 종속되었을 뿐이기 때문이다. 그러므로 이해는 단지 천국의 환상을 보는 것에 불과하지만, 사람은 더 많은 것을 할 수 있다. 하나님의 사랑을 온전히 받고, 그것이 마음에 부어지는 것을 느끼고, 완전한 사랑의 복귀 속에서 사는 것까지 할 수 있다. 그리고 이 사랑의 교제 속에서 우리는 최고의 기쁨을 누리게 될 것이며, 이것이 우리가 천국에서 누

---

403) 계 21:23
404) 계 22:3-5
405) 시 42:2
406) 출 34:6, 29, 30
407) 행 7:55, 56
408) 마 17:2-4

리는 행복의 정점이다. 오, 하나님께서 우리에게 생생한 믿음으로, 그분의 영광 가운데 그분을 바라보고 완전한 사랑과 기쁨 속에 사는 것이 무엇인지를 미리 알게 해 주셨기에, 죽음은 더 이상 우리를 불안하게 할 수 없고, 우리도 그러한 축복받은 변화를 꺼려 해서는 안 된다. 그러나 나의 책 《성도의 안식》에서 너무 많이 이야기했기에 나는 여기서 그친다. 더 이상은 그곳을 참고하라.

방향 제시-7 '그리스도와 함께하는 천사들과 성도들로 이루어진 복된 사회를 바라보고, 그들의 축복과 기쁨을 기억하고, 당신도 같은 사회에 속하며 그들과 함께 할 것이라는 것을 기억하라.' 믿음으로 우리보다 먼저 간 이들의 기쁨을 바라보는 것은 죽음에 대한 두려움을 극복하게 할 것이다. 게다가 그들과 우리의 관계를 생각하는 것 또한 그렇게 할 것이다. 우리보다 먼저 떠난 대부분의 가장 소중한 친구들이 안전하게 도착하고, 그들의 기쁨과 행복을 안다면 그것은 바다를 건너려는 사람에게 격려가 될 것이다. 지금 하나님의 얼굴을 보고 있는 그 천사들은 우리의 특별한 친구이자 수호자이며, 이 땅에 있는 어떤 친구들보다 우리를 전적으로 사랑한다! 천사들은 우리가 회심한 것을 기뻐하고 우리가 영광을 받는 것을 기뻐할 것이다. 그들이 우리보다 더 낫고 우리를 더 사랑하기 때문에, 그에 대한 우리의 사랑은 지상의 그 어떤 것보다도 더 커야 하며, 그들과 함께 있기를 더 바라야 한다. 지금 그리스도와 함께 있는 축복받은 영혼들은 한때 우리처럼 이 땅에 존재했었다. 그들도 유혹에 얽매이고 육체의 방해를 받았고 죄의 짐을 졌고 세상에서 박해를 받았고 우리와 마찬가지로 질병과 죽음으로 세상을 떠났다. 그러나 이제 그들의 눈물은 씻겨졌고 그들의 고통과 탄식과 두려움은 말할 수 없는 축복과 기쁨으로 바뀌었다. 그들과 함께 있고 싶지 않은가? 그들과의 동행이 더 바람직하지 않은가? 그들의 행복이 더 바람직하지 않은가? 새 예루살렘의 영광은 우리에게 헛되이 묘사된 것이 아니다.[409] 하나님은 저 세상의 유일한 태양이자 영광으로서 우리에게 모든 것이 되실 것이다. 그러나 우리는 영화롭게 되신 구세주를 볼 뿐 아니라 천국 사회와 대화하고 **아브라함**과 **이삭**과 **야곱**과 함께 하나님의 왕국에 앉아서 모든 거룩하고 축복받은 영들과 연합하고 조화를 이루는 가운데 그분을 사랑하고 찬양하는 기쁨을 누리게 될

---

409) 계 21, 22장

것이다. 우리는 우리보다 먼저 간 모든 세대의 성도들이 있는 곳에 가는 것을 두려워해야 할까? 우리의 가장 친한 친구, 가장 행복한 친구들과 함께 있는 것이 우리에게 아무런 도움이 되지 않을까? 우리가 그리스도와 함께 거하고 다음에 하나님의 영광을 보게 될 것이라고 생각하는 것이 우리의 가장 큰 기쁨임에 틀림없지만, 내가 한때 대화했던, 나보다 먼저 간 모든 거룩한 사람들의 뒤를 따를 것이라는 사실은 나를 위안하는 작은 부분이 아니다. 그리고 나는 **에녹**과 **엘리아**, **아브라함**과 **모세**, **욥**과 **다윗**, **베드로**와 **요한**, **바울**과 **디모데**, 그리고 이그나티우스와 폴리갑, 어거스틴과 크리소스톰, 키프리안, 나지안젠, 베르나르와 게르손, 사보나롤라와 미란둘라, 타올러루스와 켐피시우스, 멜란톤과 알라스코, 칼빈과 부콜처, 불링거와 무스쿨러스, 잰키와 뷰서, 파래우스와 그리내우스, 켐니티우스와 게르하르트, 카미에르와 카펠루스, 블론델과 리벳, 로저스와 브래드포드, 후퍼와 라티머, 힐더샴과 아메시우스, 랭글리와 니콜스, 휘태커와 카트라이트, 후커와 베인, 프레스턴과 시브스, 퍼킨스와 도드, 파커와 볼, 어셔와 홀, 가테커와 브래드쇼, 바인스와 애쉬,[410] 그리고 수백만 명의 하나님의 가족들과 함께 살 것을 생각하는 것도 나의 위안이 될 것이다. 나는 나 자신의 기쁨과 위안을 위해 이러한 이름을 언급했다. 나의 주님을 찬양하는 하늘의 기쁨과 찬양 가운데, 내가 어떤 동반자와 함께 할지 기억하는 것은 나에게 즐거운 일이다. 지금 그리스도와 함께 있는 성도들에 비하면 이 땅의 모든 성도들은 얼마나 적은가! 그리고 슬프게도, 위에는 거룩함과 완전함 외에는 아무것도 없는데 여기서 육체를 입고 있는 하나님의 불쌍한 자녀들은 얼마나 약하고, 무지하고, 부패하고, 얼마나 이기적이고, 다투며 완고한가! 지식이나 선함, 또는 어떤 탁월함이 피조물을 진정으로 사랑스럽게 만든다면, 거기 하늘에 모든 것은 가장 높은 수준에 있는 것이다. 그러나 슬프게도, 여기 땅에서 우리는 얼마나 작은 사랑을 가졌는가! 하나님의 사랑이나 우리에 대한 사랑이 다른 사람들을 우리에게 사랑스럽게 만든다면, 이것들과 모든 완전함이 번성하는 곳은 이곳이 아니라 그곳이다. 오, 지금 나는 지혜롭고 학식 있는 자, 경건하고 진실한 자들과 대화하는 것이, 무지하고 잔인하고 교만하고 악독한 자들과 거짓 마

---

410) 독자들이여 이렇게 혼합한 것을 양해하라. 왜냐하면 오만한 경쟁자들이 그것을 부인하거나 모독함에도 불구하고 하나님은 자신의 사람을 인정하실 것이기 때문이다. 그리고 당파와 교만한 지배자들이 쫓아내고 조소와 비방으로 헐뜯은 자들을 받아들일 것이다.

음을 가진 자와 불경건한 (하나님을 경외하지 않는) 폭도들과 대화하는 것과 얼마나 다른 지 깨닫는다! 거룩하고 지혜롭고 경험이 풍부한 그리스도인의 대화는 얼마나 달콤한 지! 오, 그렇다면 새 예루살렘은 어떤 곳인가? 주님을 보고 사랑하고 찬양하는 성도들과 천사들은 얼마나 즐거울까?

방향 제시-8 '질병과 죽음이 당신에게 편안함을 줄 수 있다. 그 이유는 영원으로 가는 통로로서 하나님의 인증과 증표, 곧 그분이 당신의 마음에 주신 은혜의 영이 알려주는 통지이기 때문이다.' 담대해진 **바울**과 그와 같은 다른 사람들이 불멸을 간절히 추구하며, "몸을 떠나 주와 함께 있기를 가장 원하노라"고 한 것은 하나님께서 친히 "이것을 우리에게 이루게 하시고 보증과 서약으로 성령을 우리에게 주셨기 때문이다."[411] 이는 하나님께서 택하시고 의롭다 하심을 받은 자들에게 주신 표니 이로써 그들은 "구속의 날까지 인치심을 받았느니라," "그 안에서 너희도 믿어 약속의 성령으로 인치심을 받았느니라."[412] "하나님이 우리에게 기름을 부으시고 인치시고 보증으로 성령을 우리 마음에 주셨느니라."[413] "이것이 우리 기업의 서약이요 보증이니라."[414] 그리고 우리가 하늘을 바라볼 때 우리 안에서 그러한 하나님의 보증을 발견하는 것은 우리에게 큰 위로가 되어야 하지 않을까? 만일 당신이 나에게는 이 같은 성령의 보증이 없어서 두렵다고 말한다면, 당신의 거룩함에 대한 소망은 어디에서 생겨났느냐? 무엇이 당신을 세상으로부터 떼어놓고, 당신의 희망과 행복을 위에 두게 만들었는가? 죄에 대한 당신의 적대감과 배척, 하나님의 영광과 복음의 번영과 영혼의 복을 사모하는 마음은 어디서 왔느냐? 거룩함과 거룩한 사람들에 대한 사랑과 하나님을 알고 그분을 온전하게 사랑하려는 당신의 소망은 당신 안에 있는 하늘의 본성이나 영을 보여 주는 것이며, 이것이 영생에 대한 가장 확실한 증거다. 그 영은 하나님께서 보내신 것이며, 당신의 마음을 이끌고 그것을 준비하기 위함이다. 하나님께서는 당신에게 그러한 본성과 갈망과 준비를 헛되이 주시지 않는다. 이것은 또한 "우리 영과 함께 (또는 우리 영에게) 우리가 하나님의 자녀인 것을

---

411) 고후 5:4, 5, 8
412) 엡 4:30, 1:13
413) 고후 1:21, 22
414) 엡 1:14

증거하시는 성령의 증거니 자녀이면 또한 상속자요 곧 하나님의 상속자요 그리스도와 함께 한 상속자다."[415] 그것은 증거를 통해 우리의 양자 됨을 보여 준다. 인치심이나 서약이 우리에게 확증된 것에 대한 우리의 소유권을 입증하는 것과 같다. 모든 것의 본질은 그 용도와 목적에 적합하다. 하나님께서 우리에게 천국을 의도하지 않으셨다면 우리에게 천국에 속한 본성과 소망을 주시지 않았을 것이다.

[히스기야 왕처럼 하라]

방향 제시-9 '거룩한 삶의 증거도 살펴보라. 왜냐하면 은혜가 당신을 고용하여 하늘의 유업을 구하게 하였기 때문이다.' 당신 자신의 어떤 행위나 의를 찾아내어, 그것을 전체적으로 또는 부분적으로 그리스도를 대신하여 놓거나 그분에게 합당한 영예를 그것에 돌리는 것은 불법이고 위험한 일이다. 당신이 결백하거나, 율법을 지키거나, 당신의 공로나 고통으로 당신이 저지른 죄에 대해 하나님께 보상이 된다고 상상하는 것은 위험한 일이다. 그러나 하나님께서 당신을 심판하시는 것처럼 당신의 병상에서 스스로를 판단해야 한다. 그리고 "그분은 각 사람의 행위대로 심판하실 것이다." 그리고 사람들에게 그들의 행위에 따라 보상하고 상을 줄 것이다.[416] "잘하였도다 착하고 충성된 종아 네가 적은 일에 충성하였으매 내가 많은 것을 네게 맡기리니… 내 아버지께 복 받은 자들이여 창세로부터 너희를 위하여 예비된 나라를 상속 받으라… 내가 주릴 때에 너희가 먹을 것을 주었느니라."[417] "온전하게 되셨은즉 자기에게 순종하는 모든 자에게 영원한 구원의 근원이 되셨다."[418] "누구든지 나의 이 말을 듣고 행하는 자는 그 집을 반석 위에 지은 지혜로운 사람과 같을 것이다."[419] "그의 계명을 지키는 자는 복이 있나니 이는 그들이 생명나무에 나아가며 문들을 통하여 성에 들어 갈 권세

---

415) 롬 8:15-17
416) 계 22:12
417) 마 25:21, 34, 35
418) 히 5:9
419) 마 7:24, 25

를 얻으리니, 개들과 점술가들은 성밖에 있으리라."[420] "이와 같이 너희도 우리 주 예수 그리스도의 십자가를 기뻐하라." 그분께서 당신을 위해 십자가에 못 박히셨을 뿐 아니라 당신도 "세상을 대하여 십자가에 못 박혔고, 세상도 당신에 대하여 그러하니라."[421] 은혜를 베푸는 자로서 교환적 정의(commutative justice)의 관점에서 (어떤 피조물도 하나님의 어떤 것을 받을 자격이 없기 때문에) 당신이 결코 받을 수 없는 그 영광을, 당신에게 의로운 통치자이자 재판관으로서, 오직 아버지의 역할과 통치와 분배의 정의에(distributive justice) 따라, 당신에게 그것을 전달할 것이다. 모든 사람은 몸으로 행한 대로 받을 것이다. 그러므로 당신은 합법적인 의가 (무죄 또는 율법의 저주로부터의 자유로움) 없더라도 새 언약의 조건을 따르는데 있는, 그리스도의 공로와 희생으로만 이루어지는 복음적 의에서 위로를 얻을 수 있다. 만일 당신이 회개하지 않았고 불신자이며 위선자라는 비난을 받는다면, 그리스도의 의는 당신을 그 비난에서 정당화하지 않을 것이다. 오직 당신의 회개와 믿음과 진실함을 (그리스도의 영이 여러분 안에서 역사하시는 것) 정당화하실 것이다. 그러나 만일 당신이 이 복음적 의의 증거만 보여 줄 수 있다하더라도, 그리스도께서는 당신에게 속한 다른 모든 죄책에서 당신을 정당화하실 것이다. (이에 대해서는 나중에 더 말할 것이다.) 그러므로 성령이 당신을 비참한 세상과 구별하고 영생에 대한 자격을 증명하기 위해 이러한 증거를 당신에게 주셨으니 만일 당신이 이것을 간과하면 당신은 위로자에게 저항하는 것이 되며 모든 은혜 없는 위선자가 볼 수 있는 것 외에는 다른 위로의 근거를 볼 수 없을 것이다. 거룩한 **바울**을 본받으라. "우리가 세상에서 특별히 너희에게 대하여 하나님의 거룩함과 진실함으로 행하되 육체의 지혜로 하지 아니하고 하나님의 은혜로 행함은 우리 양심이 증언하는 바이다."[422] "나는 선한 싸움을 싸우고 나의 달려갈 길을 마치고 믿음을 지켰으니 이제 후로는 나를 위하여 의의 면류관이 예비되었으므로 주 곧 의로우신 재판장이 그날에 내게 주실 것이며 내게만 아니라 주의 나타나심을 사모하는 모든 자에게도 주실 것이다."[423] 뒤를 돌아보며 당신이 진심

---

420) 계 22장
421) 갈 6:14
422) 고후 1:12
423) 딤후 4:7, 8

으로 천국에 이르는 길을 가고 있다는 것을 아는 것은 당신이 천국에 이를 것이라는 확신의 정당하고 필요한 근거이다. 그러나 당신이, 나는 큰 죄인이었습니다! 고 말한다면, 나는 대답한다. **바울**도 자기가 죄인이라는 것을 알고 기뻐했다! 그 죄는 회개하고 사면되는 것이 아닌가! 그러나 거룩한 삶을 편안하게 되돌아볼 수 없고, 나는 너무 얼룩지고 굴곡진 삶을 살아왔다! 고 말한다면, 나는 대답한다. 불완전하기는 하지만 진실하지 않았느냐? 당신은 "먼저 하나님의 나라와 그의 의를"구하지 않았는가?[424] 당신이 말하기를 마침내 하나님이 나를 낮추시기까지 나의 평생이 경건하지 않았다고 한다면, 나는 시간의 길이가 아니라 당신의 마음과 섬김의 성실함이 당신의 증거라고 대답할 것이다. 당신이 마지막 시간에 왔고, 지금 당신이 하나님께 신실하게 헌신하고 있다면, 당신은 당신의 죄악 된 삶을 회개를 통해 바라보아야 하지만, 궁극적으로 이 변화를 위안으로 바라볼 수 있을 것이다.

방향 제시-10 '당신이 그리스도에 관심이 있다는 증거 중 하나라도 발견하면, 당신이 책임져야 할 모든 죄에서 해방시켜 달라고 그분께 호소하라.' 그분을 믿는 사람은 누구나 **모세**의 율법으로는 의롭게 될 수 없는 모든 일에서 의롭게 될 수 있기 때문이다. "그리스도 예수 안에 있는 자에게는 결코 정죄함이 없나니 육신을 좇지 아니하고 그 영을 좇아 행하는 자니라."[425] 회개하는 신자는 어떤 죄를 지었더라도 그는 그것에 대한 책임을 지지 않는다. 그리스도께서는 이에 대해 책임지시고 그를 정당화하실 것을 약속하셨다. 그러므로 죄를 두려워하는 마음으로 보지 말고, 회개하는 부끄러움과 믿음의 행위를 하게 하는 것이기에 고마움으로 바라보라. 그러므로 구속주에게 영광이 되고, 죄인에게는 정죄가 되지 않기를 기대해야 한다. 그는 우리의 죄를 지셨고 그가 채찍에 맞음으로 우리는 나음을 받았다.[426]

방향 제시-11 '당신의 삶에서 받은 모든 자비를 되돌아보고 그것이 어디서 왔으며 무엇을 의미하는지 생각해 보라.' 사랑의 표시는 그것을 보내신 분에게 당신의 마음을 움직이게 하는 힘이 있다. 이것은 당신을 이끌어내기 위해 하늘에서 떨어뜨린 것이다! 만일 하나님이 이곳 지상에서 당신에게 이처럼 좋은 일을 하셨다면, 영광 중에 계신 그분은 어떤 일을 하실지!

---

424) 마 6:33
425) 롬 8:1
426) 사 53:5, 10-12

그분이 이 광야에서 당신을 그렇게 축복을 하신다면, 그분은 약속의 땅에서 어떤 일을 하실지! 나를 그토록 다정하게 사랑하시고, 은혜롭게 보호하시고, 내 평생 동안 온갖 종류의 자비를 풍성히 베풀어 주시는 그 하나님께 나아가는 것은 내 영혼을 매우 담대하게 할 것이다. 그분은 선하시기에 좋은 일을 기뻐하신다! 먼 곳에 계신 그분의 자비가 그토록 감미롭다면, 그분이 임재하는 곳은 분명 더 달콤할 것이다. 그분의 사랑이 이 죄와 불완전 상태에서 그토록 많은 것을 맛보게 하셨는데, 내가 완전하게 된다면, 내가 얼마나 큰 사랑을 누릴 수 있을까! 자비의 감각은 마음의 두려움과 불안을 쫓아낼 것이다.

방향 제시-12 '(당신이 쇠퇴하는 나이에 도달했다면) 당신이 세상에서 시간을 얼마나 그 목적에 적합하게 사용했는지 상기하라.' 당신이 반드시 죽는다는 사실에 슬퍼진다면, 그 때문에 당신은 평생 동안 슬퍼했을 것이다. 그러나 특히 당신이 아주 빨리 죽는다 해도, 당신이 잘 살았다면, 당신은 오래 산 것이다. 내가 죽음에 가까워지고 나보다 어린 사람이 많이 사라진 이후로 내가 얼마나 많은 자비를 받아왔는지, 그리고 그 모든 시간 동안 내가 얼마나 풍성한 자비를 받았는지 생각할 때, 솔직함은 죽음의 때에 나로 하여금 원망하는 것을 막고, 오래 살도록 구한 것을 부끄럽게 만든다. 당신은 기꺼이 하나님께 나아가기 전에 얼마나 오래 더 머물고 싶은가? 만약 그분도 우리와 함께 있기를 원하지 않고, 하늘에서 기껏 우리가 바라는 정도만 행복하기를 바란다면, 우리는 소돔의 **롯**처럼 여기에 머무르는 것이 좋을 것이다! 우리는 우리의 뜻에 반하여 낚아 채이고 강제로 우리 아버지 앞에 끌려가야 하는가?

방향 제시-13 '모든 인류는 반드시 죽어야 하는 존재이며, 당신은 세상에 나온 모든 사람들이 당신보다 앞서 지나간 길 외에 다른 길로는 갈 수 없다는 것을 기억하라.(**에녹**과 **엘리아**를 제외하고)' 그렇다. 불쌍한 짐승들은 당신의 배고픔이나 즐거움을 만족시키기 위해 당신의 뜻에 따라 죽어야 한다. 짐승과 새와 물고기, 심지어 당신의 한 끼 식사를 위해 많은 동물이 죽어야 한다. 그러면 당신은 악인과 같은 지옥에 이르지 않고 짐승과 같은 멸망에 이르지 않고, 오직 승리를 거둔 그리스도와 그의 교회와 함께 기쁨 가운데 살기 위해 춤추며 통과하는 그런 길의 입구에서 왜 움츠러들어야 하는가?

방향 제시-14 '당신의 몸이 얼마나 비열한지, 그리고 그것이 당신의 영혼에 얼마나 큰 적이 되는지 기억하라. 그러면 당신은 그 죽음을 참을성 있게 견딜 수 있을 것이다.' 하나님께서 무너뜨리시는 것은 당신의 거처가 아니라 당신의 장막이나 감옥이다. 그러나 이 천한 몸도 부패되면 마침내 "그의 저항할 수 없는 능력의 역사로 그리스도의 영광의 몸의 형체로"[427] 변할 것이다. 그리고 영을 거역하고 천국에 가는 길을 어렵게 만들고 영혼을 많은 갈등에 빠뜨린 것은 육체이기 때문에, 우리는 그것을 정의의 뜻에 더 쉽게 복종시켜야 하며 잠시 동안 사라지게 해야 한다. 그러나 우리는 자비가 마침내 그것을 회복할 것이라는 사실로 안심할 것이다.

방향 제시-15 '당신이 떠나게 될 세상이 어떤 곳인지 기억하고, 그곳을 당신이 가게 될 세상과 비교해 보라. 그리고 거의 끝나가는 삶과 다음에 만날 삶을 비교해 보라.' 그것은 하나님과 동행함으로써, 오염된 세상에서 데려감을 받은 **에녹**이 받았던 상이 아닌가? 1. 당신이 여기에 있는 동안에는 당신 자신도 더럽혀진다. 죄는 당신의 본성 안에 있고, 당신의 은혜는 모두 일부 부족하다. 죄는 당신의 삶 속에 있고 당신의 책임은 모두 완벽하지 않다. 하루나 한 시간도 그러한 상태에서 자유로울 수 없다. 그것에서 구원받는 것이 자비가 아닌가? 더 이상 죄를 짓지 않고 거룩함 속에서 온전해지는 것이 당신에게 바람직하지 않은가? 당신이 지금 원하는 것보다 훨씬 더 많이 하나님을 알고 그분을 사랑하는 것이 바람직하지 않은가? 당신은 매일 이곳에서 자신의 어두운 상태와 불신, 하나님과의 소원함과 그분에 대한 사랑의 부족을 한탄하고 있다. 당신은 얼마나 자주 이 모든 것이 치료되도록 얼마나 자주 기도해 왔는가? 하나님께서 그것을 당신에게 주시려 하는데, 지금 당신은 그것을 받지 않으려는 건가? 하나님께서 왜 당신에게 하늘의 생명과 불꽃을 주셨을까? 죄에 맞서 싸우다 지치게 하려고 주셨을까? 그런데도 당신은 승리를 얻고 그리스도와 함께 있는 것보다 계속 죄를 짓고 싶은가? 2. 세상은 죄악뿐만 아니라 슬픔의 삶이다. 그리고 근심과 의심과 두려움의 삶이다! 당신이 최악의 상황에 있음에도 불구하고, 당신은 덜 나쁜 상황을 두려워하고 있다! 만약 그것이 죽음 자체에 대한 두려움뿐이라면, 그것은 당신으로 하여금 죽음에 더 기꺼이 굴복하게 하고, 그러한 두려움을 극복하게 만들 것이다. 3. 당신은 육체가 약하므로 날마다 고통을 받고 있다. 당신이 그렇게 싫어하는 것은 해결되어야 한다. 그 굶주림과 목마름을 만족시키고, 벌

---

427) 빌 3:20, 21

거벗음을 덮어주고, 거처를 제공하고, 원하는 모든 것을 공급하려면, 당신이 얼마나 보살펴야 하고 수고를 해야 하겠는가! 그 연약함과 질병과 고통은 여러분을 자주 지치게 만들어 **바울**이 고린도후서 5장 3, 4, 6절에서 말한 것처럼 "짐진 것같이 탄식"하게 만든다. 결국 그리스도와 함께 있는 것이 바람직하지 않은가? 4. 당신이 유혹에 둘러싸여 있고 연약함으로 항상 위험에 처해 있는데 아직도 위험에서 벗어나지 않으려 하는가? 그 끔찍하고 혐오스러운 유혹을 더 많이 경험하려고 하는가? 5. 당신은 일부러 이곳을 들짐승들이 사는 광야로 만들었다. 당신은 이리 가운데 있는 어린 양과 같으며, 많은 환난을 겪으면서 천국에 들어가야 한다. 당신은 자기를 부인하고 자기 십자가를 지고 자기가 가진 모든 것을 버려야 한다. 그리스도 예수 안에서 경건하게 살고자 하는 사람은 모두 박해를 겪어야 한다. 세상에서 너희는 환난을 당할 것이요, 하나님이 사탄을 너희 발 아래에서 상하게 하시기 전에, 뱀의 씨가 너희 발꿈치를 상하게 할 것이라![428] 이와 같은 삶이 그리스도와 함께 있는 것보다 더 바람직할까? 그러한 폭풍우와 폭풍이 지난 후에도 안식에 들어 가기를 두려워해야 하는가? 사악한 세상, 악의적인 세상, 잔인한 세상, 냉혹한 세상을 보는 것이, 천사들의 기쁨과 그리스도를 보는 것, 그리고 영광의 위엄 가운데 계시는 하나님 자신을 보는 것보다 우리에게 더 기쁨이 될까? 하나님께서 의도적으로 세상을 우리에게 그토록 쓰라리게 만들었고, 세상이 우리를 불의하고 잔인하게 사용하도록 허락하셨으며, 이 모든 것이 우리가 세상을 덜 사랑하게 하고, 우리 마음을 그분께 몰아가도록 만들지 않았나? 그런데도 우리는 세상을 떠나고 싶지 않은가?

방향 제시-16 '세상적인 문제가 당신을 혼란스럽게 하거나 방해하지 않도록 당신의 재산을 일찍 처분하라.' 하나님께서 당신에게 부를 주셨다면, 경건하고 자선적인 용도에 합당한 비율로 처분하라. 그러면 그것들을 당신에게 주신 하나님께 가장 유용할 것이다. 우리가 살아 있고 건강의 시기에 우리가 할 수 있는 만큼을 주어야 하지만, 가족 부양에 필요한 것 이상을 가진 많은 사람들은, 건강한 시기에 베풀지 못한 것들을, 죽을 때 좋은 용도로 나누어 줄 수도 있다. 특히 자녀가 없거나 또는 사악한 자녀들을 둔 사람에게 일용할 양식 이상을 주는 것은 그들에게 상처를 입히는 것과 같다.

---

428) 롬 16:20; 창 3:15

방향 제시-17 '가능하다면, 당신이 약해서 스스로 활동을 할 수 없을 때, 당신의 질병 중에 당신과 함께 있고, 당신에게 조언하고, 당신의 의심을 해결하고, 당신과 함께 기도하고, 하늘의 일에 대해 이야기할 유능하고 신실한 인도자와 위로자를 구하라.' 육체에 속한 사람들이 헛된 말로 당신을 방해하지 못하게 하라. 좋은 교제와 나쁜 교제의 차이는 건강할 때에는 매우 중요하다. 하지만 이제 병에 걸리면 더 잘 분별할 수 있을 것이다. 신실한 친구이자 영적인 목사는 언제나 큰 자비를 베풀지만, 특별히 당신의 마지막 필요할 때는 더욱 그렇다. 그러므로 당신의 고통과 연약함이 허락하는 한 그들을 활용하라.

방향 제시-18 '사탄이 극한 상황에 처한 사람들을 공격할 때 사용하는 유혹에 대한 방비를 강화하라.' 마지막 전투에서 저항을 견지하라. 그러면 면류관은 당신의 것이다. 구체적인 예를 들어 설명하겠다.

[병든 때에 사탄의 유혹에 저항하기 위한 방향 제시]

유혹 1 신자들의 위로를 견제하는 가장 일반적인 유혹은 (내가 이미 그들의 안전을 거스르는 자들에 대해 말했기 때문에) 그들 자신의 진실성을 의심하게 하는 것이다. 결과적으로 그리스도에 대한 그들의 역할을 의심하게 하는 것이다. 유혹하는 자는 이렇게 말한다. '네가 행한 모든 일은 위선에 불과하다. 당신은 결코 진실한 신자가 아니었고, 진실로 죄를 회개한 적도 없었고, 진실로 하나님을 사랑한 적도 없었다. 그러므로 당신은 정당화되지 않았으며, 속히 정죄를 받을 것이다.'

이 유혹에 맞서는 신자들은 두 가지 대책을 가지고 있다.

1. 자신이 진실했다는 것을 증명할 (내가 앞에서 자주 언급했던 것과 같은) 증거들로 유혹하는 자를 반박하는 것이다. 유혹하는 자가 당신이 위선자라고 입증하려고 하는 추론을 인정하지 않음으로 반박하는 것이다.

이의 '당신은 회개했으나 약간만 겸손해지고 반만 회개했다고 할 때.'

답변 그러나 나는 진심으로 그랬고, 약한 은혜는 은혜가 아니다.

이의 '당신은 세상을 사랑하고 당신의 영혼을 무시했으며 당신의 구원을 위해 행한 모든

일에 냉담했다.'

답변 그러나 나는 땅보다 하늘에 더 많은 것을 두었다. 나는 먼저 하나님의 나라와 그의 의를 세상의 모든 부보다 더 귀히 여기고 구했다.

이의 '당신은 신앙을 고백하는 동안에도 죄를 계속 지었다.'

답변 나는 내 영혼의 습관적이고 평범한 성격으로 인해 죄를 사랑하기보다는 미워했고, 그것을 지키기보다는 그것에서 구원받는 것이 더 좋았고, 오히려 나는 거짓 없이 회개한 것 외에는 다른 것이 없다.

이의 '당신은 하나님의 약속과 내세를 진실로 믿지 않았다. 믿었다면 당신은 결코 의심하지 않았을 것이고, 그렇게 약한 소망으로 그러한 왕국을 추구하지도 않았을 것이다.'

답변 내 믿음은 약했지만 세상을 이겼다. 나는 지금까지 다른 삶에 대한 약속을 믿었고, 이 삶보다 그것을 더 좋아했으며, 그 약속된 축복에 대한 나의 희망을 버리기보다는 오히려 온 세상을 버리기로 결심했다. 그 믿음은 이것을 할 수 있는 (아무리 약하더라도) 진실함이다.

이의 '그러나 당신이 한 일은 사람에게 보이려고 행한 것이요, 사람들이 당신을 인정하지도 않고 존중하지도 않았을 때 괴로워했다. 이것은 단순한 위선이 아니고 무엇이겠나?'

답변 나에게 조금은 위선이 있었으나 위선이 아니었다. 왜냐하면 그 위선은 나에게 지배적이거나 널리 퍼진 상태가 아니었기 때문이다. 나는 사람들의 존중을 많이 생각했지만 하나님의 존중을 더 중요하게 생각했다. 따라서 기독교인이 자신의 증거를 분별한다면, 사탄의 거짓 추론은 반박될 것이다.

2. 일반적으로 두 번째 방법을 택하는 것이 더 쉬운 길이다. 즉, 현재 믿는 것과 회개하는 것이다. 따라서 사탄이 회개하지 않은 신자라고 말하는 것을 반박하라.[429] 그러나 그렇다면 당신은 믿는 것과 회개하는 것이 무엇인지 진정으로 이해해야 한다. 그렇지 않으면 당신은 믿고 회개함에도 그렇지 않다고 생각할 수 있다. **그리스도를 믿는다는 것은 그가 세상의 구세주이심을 믿는 것이며, 그가 당신의 구주가 되어, 그의 피로 당신을 정당화하고, 그의 성령으로 당신을 거룩하게 하려는 뜻에 동의하는 것이다. 회개한다는 것은 당신이 죄를 지었다**

---

429) 요 1:10-12, 3:16, 19, 20; 롬 7:9, 20-25; 시 11:1-5

는 사실을 너무 뉘우치기에 다시 그런 일을 만나면 그렇게 하지 않을 것이라는 것이다. (총체적인 죄와 죄의 상태로 돌아가지 않겠다는 것이다.) 가장 작은 질병이라도 당신의 뜻은 너무나 그것을 싫어하기 때문에 당신은 그 질병으로부터 구원받기를 원한다. 정당화하는 것을 믿는다는 것은 이미 정당화되었고 죄사함을 받았다는 것을 믿는 것이 아니다. 회개는 어떤 사람들이 기대하는 만큼의 슬픔으로 이루어지지 않는다. 오직 마음과 뜻을 바꾸어 관능적인 삶에서 거룩한 삶으로 바꾸는 것이다. 당신이 이것을 알고 있다면 유혹하는 자에게 이렇게 대답하라. 네가 나를 고통스럽게 해서 나의 이전의 모든 정직성에 대한 위로를 빼앗으려 해도, 결국 나의 현재의 진실함과 나의 희망에 대한 위로는 빼앗지 못할 것이다. 나는 지금 너무 약하고 마음이 불안해서 지나간 일이나 사라진 일을 모두 실험으로 증명할 수 없다. 지금 과거의 행동을 식별하지만 기억으로만 알 수 있다. 그것들은 거의 당시처럼 판단될 수 없고, 그것들을 검토할 당시 마음의 기질과 이해력에 따라 판단되어야 한다. 나는 이제 나 자신이 너무 변하고 약해져서 과거의 모든 일에 대한 내 마음의 올바른 기질과 생각을 정말로 기억하고 있는지 알 수 없다. 지금 나에게 가장 중요한 것은 내가 지금까지 무엇을 해왔는지를 아는 것이 아니라 **내가 누구인지를 아는 것이다**. 그리스도께서는 과거에 내가 어떠한 사람이 었는가에 따라 심판하지 않으시고, 지금 내가 누구인지에 대해 발견한 대로 심판하실 것이다. 그분은 늦게 회개하고 믿었다는 이유로, 회개하고 믿는 영혼을 결코 거부하지 않았다. 나는 지금 내 모든 죄를 거짓 없이 회개하고 그리스도에 의해 용서받고 정결해지고 성화되기를 진심으로 원한다. 이 맥락은 그분을 나의 구주로 인정하고 이 언약에 동의한다는 것이다. 이것이 바로 회개하는 것이고 믿는 것이다. 그러므로 질병에 걸려 있는 불쌍한 그리스도인은 과거에 회개한 것보다 지금 회개하는 것이 자신을 증명할 수 있는 훨씬 더 쉽고 확실한 방법이다.

유혹 2 그러나 때때로 사탄은 정반대의 유혹을 가지고 오기에 그에 상응하는 방법으로 저항해야 한다. 그리스도인이 너무 당황한 상태일 때, 질병으로 인해 마음이 상하여 어떤 생각도 할 수 없을 때, 사탄은 그에게 이렇게 묻는다. '지금 네 믿음과 회개는 어디 있느냐? 너에게 그런 것이 있거나 있었다면 지금 나에게 보여 주라.' 이 경우 그리스도인은 이전의 성실함을 기억하고 유혹하는 자에게 다음과 같이 말해야 한다. 나는 이전에 거짓 없이 내 주님께 나 자신을 바쳤다. 그분은 자기에게 오는 자들을 모른 체하거나 결코 내쫓지 않는다. 이제 내가 적절한 은혜를 행사할 수 없다 해도, 그분은 나의 질병을 나의 죄로 여기지 않는다.

유혹 3 또 다른 일반적인 유혹은 지금은 너무 늦었다는 것이다. '하나님은 이제 회개를 받아들이지 않을 것이고, 은혜의 날은 끝났고 사라졌다. 또는 적어도 임종의 때에 회개하는 것은 진실한 것이 아니라고 말하는 것이다.' 이렇게 유혹 받는 영혼은 다음과 같이 대답해야 한다. 1. 만일 이 생애에서 어느 때라도 믿음과 회개가 받아들여지지 않는다면, "저를 믿는 자마다 멸망하지 않고 영생을 얻으리라"[430] 하신 하나님의 말씀은 사실이 아니라는 것이다. 이 세상에는 진리를 거부하는 일부 사람들이 자신의 정욕과 죄를 사랑하고 거룩함을 미워하는 데에 빠져 회개하지 않을 때가 있다. 그러나 이 생애에서 하나님께 참으로 회개하는 죄인이 그리스도를 믿을 때, 그 죄인을 정당화하시기를 거부하신 적은 단 한 번도 없다. 2. 임종의 때에 하는 회개가 진실로 마음을 세상에서 하나님께로, 죄에서 거룩함으로 돌이켜서, 회개하는 사람이 회복된다면, 회개하는 사람은 새롭고 거룩한 삶으로 인도될 것이다. 그러면 그때의 회개는 마치 그 이전에 회개했던 것과 마찬가지로 분명히 용서와 구원의 약속을 가지고 있다. 그러나 지체하는 것은 모든 사람에게 위험하다는 것을 고백해야 하며, 사람들을 매우 큰 위험에 빠뜨리고, 비록 그들이 마침내 회개하고 용서받더라도 그들의 손실은 심히 크다.

유혹 4 때때로 유혹하는 자는 이렇게 말한다. '당신은 구원에 선택되지 않았다. 하나님은 자신이 택하신 자 외에는 아무도 구원하지 않는다.' 그렇게 무지한 사람들로 자신의 선택을 의심하게 함으로써 당황하게 만든다. 이에 대해 우리는 믿음과 회개와 끝까지 인내로 택함을 입은 모든 영혼은 구원에 이르도록 택함을 입었다고 확실하게 대답해야 한다. 나는 하나님께서 믿음과 회개로 나를 선택한 것을 알고 있다. 왜냐하면 하나님께서 나에게 믿음과 회개를 주셨기 때문이다. 나를 지원하는 은혜는 내가 그분을 신뢰할 충분한 이유가 된다. 그 은혜는 나로 인내하게 할 것이다.

유혹 5 '그러나 유혹하는 자는 이렇게 말한다. 그리스도께서는 당신을 위해 죽지 않으셨다. 그리스도께서 대신 죽지 않으셨다면 누구도 구원을 받을 수 없다.' 이에 대해서는 다음과

---

430) 요 3:16; 눅 24:47; 행 5:31, 11:18, 20:21; 딤후 2:25; 벧후 3:9

같이 대답해야 한다. 그리스도께서 모든 사람을 위해 죽으신 것은, 모든 사람의 죄를 대신하기 위한 충분한 희생이 되고, 그분과 그분의 선물을 받아들일 모든 사람에게 용서와 구원을 약속하시기 위한 것이다. 그리고 그분은 복음을 듣는 모든 사람에게 그것을 받아들이라고 간청한다. 그리하여 그분은 자기의 언약에 동의하는 모든 사람을 구원할 것이다. 나는 죄 많은 **아담**의 자손이다. 결과적으로 그리스도께서는 그 자손을 위해 희생제물이 되신 분이다. 나는 그분의 언약에 동의한다. 나는 그 언약에 의해 그리스도께서 정당화하고 구원할 자이다.

유혹 6　때때로 유혹하는 자는 신성모독과 불신앙의 유혹으로 영혼을 괴롭히고 사람에게 묻는다. '하나님이 계시다는 것과 내생이 있다는 것과 영혼이 불멸이라는 것과 성경이 참되다는 것을 네가 어떻게 아는가?' 이에 대해서는 이전에 언급했다. 이에 대해 우리는 다음과 같이 대답해야 한다. 나는 당신의 제안을 혐오한다. 그것들은 오래 전에 증명되었으며, 나의 약함과 극한 상황에서도 태양이 있는지 땅이 있는지 논쟁하는 것에 지나지 않는, 이 확증된 기본 진리에 관해, 의문을 제기하고 논쟁을 하여 당신을 만족시키지 않을 것이다.

유혹 7　때로 유혹하는 자는 이렇게 말할 것이다. '아무래도 당신은 구원의 확신이 없다. 천국에 갈지 지옥에 갈지 알 수 없는데 어떻게 죽음을 생각하고 떨지 않을 수 있겠는가?' 이에 대해 확신이 없는 영혼은 다음과 같이 대답해야 한다. '나를 불안하게 만드는 것은 나 자신의 실수나 약점이다. 나는 나의 약점을 편들지도 않고, 그 결과로 인해 그것들을 더하지도 않을 것이다. 나는 자신의 구원에 대한 주관적 확신을 원하지만 나의 희망은 나의 욕망을 물리치는 것이다. 비록, 어린 아이는 어머니나 친구가 자신을 해치거나 생명을 빼앗아 가지 않을 것이라는 확신이 없다 해도, 어머니나 모든 친구와 함께 있는 것을 좋아한다. 왜 내가 가능성이 없는 문제로 고민해야 하는가? 아니면 내가 두려워할 타당한 이유가 없는 것을 두려워해야 하는가? 오히려 나는 죽음을 기뻐해야 한다. 그러면 죽음이 나의 확신을 완벽하게 해줄 수도 있고, 나의 모든 의심과 두려움을 종식시킬 것이다.

유혹 8　그러나 유혹하는 자는 '네가 하나님과 내세에 대하여 얼마나 낯선 자인가! 당신은 그곳을 본 적이 없고, 너무나 낯선 세상에서 불변의 삶을 시작하는 것이 두렵지 않은가?'라 말한다. 다음과 같이 답변하라. 그러나 그리스도께서는 그곳에 대해 낯선 분이 아니다. 나를 위해 그분이 기다리는 곳이기에, 나는 그분을 절대적으로 믿을 것이다. 내 눈은 내 머리가 아니면 어디에 두어야 하는가? 내가 거기에 갈 때까지는 결코 그곳을 볼 수 없을 것이다. 내가 거기에 잠시 있는 동안, 그 어두움과 두려움과 낯섦은 사라질 것이다. 나는 이 세상에 오기 전에 이 세상에 대해 낯선 자였다. 그리고 하늘에 있는 모든 거룩한 영혼들도 한때는 나처럼 그곳에 대해 낯선 사람들이었다. 그러므로 나는 더 이상 그분께 낯선 사람이 되지 않기 위해 그리스도와 함께 있기를 갈망할 것이다.

유혹 9 그러나 유혹하는 자가 '당신이 두려워하고 싫어하는 것은 당신이 하나님에 대한 사랑도 없고 하늘에 속한 마음도 없다는 표시이다. 그러면 네가 어떻게 천국에 가기를 바랄 수 있겠느냐?'라 말할 때, 다음과 같이 답변하라. 나의 두려움은 낯섦, 믿음의 약함, 그리고 죽음에 대한 자연스러운 적대감에서 비롯된다. 내가 기쁨과 영광 가운데 그리스도께 나아갈 수 있고, 죽음 없이 거룩함 가운데 온전해질 수 있다면 나는 그것을 꺼리지 않을 것이다. 하나님은 나의 본성이 기꺼이 죽는 것을 바라지 않는다. 하지만 은혜는 내가 그리스도와 함께 있기를 원하게 만든다. 참을성 있게 그토록 극도로 슬픈 통과 행위를 감수하게 하신다. 심지어 그리스도 자신도 '가능하다면 그 잔이 자신에게서 지나 갈 수 있기를' 기도하셨다.

유혹 10 '하지만 당신이 떠나고 나면 당신의 아내와 아이들은 어떻게 되는가?'

답변 하나님은 그들에게 나보다 더 많은 관심을 갖고 계신다. 그분은 아무런 걱정이 없도록 자기 자신에게 속한 것을 살피실 것이다. 온 세상이 그분에게 달려 있는데, 그분에게 내 아내와 아이들을 맡길 수 없겠는가?

유혹 11 '그러나 당신은 다시 교회를 위해 봉사할 수 없을 것이며, 당신의 모든 일은 영원히 끝날 것이다. 당신이 죽기 전에 해야 할 많은 일들이 모두 사라질 것이다.'

답변 1. 나는 더 높고, 더 거룩하고, 더 감미로운 일을 할 것이다. 그것이 땅에 있는 사람들의 유익에 어떤 도움이 될지는 모르겠지만, 나는 그것이 가장 높고 가장 바람직한 목적을 달성하는데 더 도움이 될 것이라는 것을 알고 있다. 2. 나의 일이 이루어질 때 나의 환난과 피곤함과 두려움과 악하고 감사하지 않는 세상으로 인한 고통도 모두 끝날 것이다. 3. 나의 일이 끝나면 나의 상과 영원한 안식이 시작된다. 4. 하나님께서는 나 같은 벌레가 필요하지 않다! 일은 그분의 것이므로 그분이 일꾼을 선택하는 것이 당연하다.

유혹 12 '하지만 당신이 모든 것을 말했음에도 불구하고, 죽음은 죽음이 될 것이고, 공포

의 왕이 될 것이다.'

답변 　네가 (유혹자) 모든 말을 했음에도 불구하고, 하나님은 하나님이 될 것이고, 천국은 곧 천국이 될 것이다. 그리스도는 그리스도이시니 사망을 이기시고 사망과 음부의 열쇠 곧 권세를 가지셨으니 약속은 확실해질 것이다. 그를 의지하는 사람은 결코 부끄러움을 당하거나 당황하지 않을 것이다. 그러므로 "마음에는 원이로되 육신이 약한 것이다."[431]

---

431) 마 26:41

제4과 질병 속에서 다른 사람들에게 선을 행하기 위한 방향 제시

　그리스도인의 전 생애는 하나님을 섬기는 것이어야 하며, 자신의 몸이 비록 병에 걸려 쓸모없을 것처럼 보일지라도 자신이 마지막까지 해야 할 일은 자기의 봉사 중에 가장 작거나 낮은 일이 아니다. 얼마간은 자신의 거룩한 모범을 보이는 것이고, 얼마간은 자신의 말을 하는 것이다. 둘 다는 다른 어떤 사람들보다 죽어 가는 사람들에게서 더 많이 관찰된다. 이제 하나님의 심판대에 나아가는 영혼은 이전에 어떤 위선의 가면이 있었더라도 그것을 벗어버리고, 진실하게 행동할 것이라고 모든 사람은 생각한다. 이제 우리는 번영에 대한 모든 어리석은 망상에서 해방되었으므로 다른 사람들의 조언자가 되기에 더 적합하다고 생각한다. 모든 그리스도인은 끝까지 선을 행하고자 하는 열망이 있어야 하며, 그렇게 행하는 모습이 나타나야 한다.

　방향 제시-1　'비정상적인 정신적, 육체적 행동과, 조급한 마음을 나타내지 말라.' 고통은 불쾌한 것이고 육체는 타락할 수 있는 것일지라도 여전히 당신에게 이성과 정신이 있다는 것을 사람들에게 나타내라. 그것이 당신의 몸을 편안하게 해 주지 못하더라도 당신의 영혼을 진정시켜 줄 것이다. 우리가 하나님에 의해 고난을 당하면 그것이 우리에게 유익하며 모든 것이 합력하여 우리에게 선을 이룰 것이라고 참으로 믿는 사람처럼 하나님을 선하게 생각하라.[432] 욥과 같이 그분께 비난하는 말을 하지 말라. "이 모든 일에 욥이 범죄하지 아니하고 하나님을 향하여 원망하지 아니하니라."[433] 그리고 당신 주변 사람들에게 너무 짜증을 내거나 조급하게 말하지 말라. 연약함에 의해 그렇게 하려는 경향이 있을지라도, 은혜의 능력을 나타내라.

방향 제시-2 '당신 주변 사람들이, 당신이 다가올 삶을 현실로 받아들이고, 영원히 그리스도와 함께 기쁨으로 살기를 간절히 기다리고 있는 것을 보게 하라. 당신이 거룩한 기쁨과 확신 속에서, 그리스도를 통해 주신 은혜와 소망에 대해 하나님께 감사하는 마음을 가지고, 그리스도와 함께 살기를 기다리고 있는 것을 그들이 보게 하라.' 괴로워하고 힘을 잃은 육체는 영혼이 위안을 표현할 수 없다는 것을 안다. 영혼이 지휘관으로 있는 한, 그들이 건강한 것처럼 활력과 민첩성은 없을지라도, 영혼이 위안을 받고 있다는 것이 어느 정도 표현될 수 있다. 무엇보다도 먼저, 그리스도와 함께 살게 될 사람처럼 행동하라. 당신이 그들에게 천국을 진정한 행복으로 여긴다는 것을 보여 주면 그들을 그렇게 하도록 이끄는 데 큰 도움이 될 것이다. 의인의 죽음과 악인의 죽음의 차이를 그들에게 보여 주라. 그리고 그것은 그들로 하여금 의인의 죽음처럼 죽고자 하는 소망을 갖게 하고, 또한 그렇게 살기로 결심하게 할 수도 있다. 죽어 가는 하나님의 종들에게서, 기쁨과 축복의 세계로 들어가는 사람들에게 어울리는 확신과 기쁨을 본다면 얼마나 많은 영혼들이 하나님께로 돌아갈 수 있겠는가! 감옥에서 자유로, 지루한 여행에서 원하는 집으로 돌아가듯이 우리가 몸 밖으로 나간다면, 그것은 죄인들도 동일한 행복을 추구하도록 초대하고, 분별없는 사람들을 회심하게 하는 강력한 설교가 될 것이다.

방향 제시-3 '이제 불쌍한 죄인들에게 세상의 헛됨과 그 모든 영광과 부와 쾌락의 헛됨과, 죄의 해악과 기만성을 말해 주라.' 그들에게 말하기를, 오, 선생이여, 당신은 내 안에서 세상의 가치가 무엇인지 볼 수 있을 것이다. 만일 당신이 원하는 모든 부와 쾌락을 가지고 있다 해도, 그것은 당신을 외면하고 결국 당신을 버릴 것이고, 그것은 고통을 덜어주지 못할 것이

---

432) 히 12:7-9; 롬 8:28
433) 욥 1:22

며, 그것이 괴로운 영혼에게 평화를 주지 못할 것이며, 그것은 당신의 생명을 한 시간도 연장시켜주지 못할 것이다. 그것은 하나님의 진노에서 당신을 구원하지도 못하고, 당신의 죽음을 더욱 슬프게 할 것이다. 왜냐하면 죽음은 당신의 부와 쾌락을 빼앗아 갈 것이기 때문이다. 당신의 죄는 더욱 공포를 유발할 것이다. 오, 그렇게 헛되고 기만적인 세상을 사랑하지 말라! 그렇게 싼 가격에 영혼을 팔지 말라! 당신이 가진 것에 의하여 버림받기 전에 그것을 버리라! 오, 어떤 죄라도 가볍게 여기지 말라! 방탕한 육체가 그것을 무해한 것으로 여길지라도, 쾌락이 사라지면 얼마나 날카로운 독침이 남아 있을지 상상할 수 없다. 이 세상에서 당신의 영혼이 가장 거룩하신 하나님의 두려운 임재 안으로 들어갈 때, 죄는 더 이상 농담거리가 되지 않을 것이다.

방향 제시-4 '이제 당신은 당신 주위에 있는 사람들에게 하나님과 하늘과 그리스도와 거룩한 삶에 대한 사랑의 탁월성과 필요성에 대해 말하라.' 비록 이것들이 좀 떨어져 있는 사람들에게는 무시될지라도, 그것들에 가까이 다가가는 영혼들은 그것들의 가치를 이해하기 위해 더욱 깨어날 것이다. 그들에게, 오 친구여, 나는 이제 이전 어느 때보다 오직 하나님만이 영혼의 목적과 행복이라는 것을 알게 되었다. 예수그리스도를 통한 그분의 은혜 외에는 아무것도 죽어 가는 사람을 위로하고 만족시킬 수 없다. 그리스도 외에는 누구도 우리를 하나님과 화해시킬 수 없고, 우리의 죄에 대해 책임질 수 없으며, 우리를 받아들일만한 사람으로 만들 수 없다. 믿음과 거룩함만이 행복으로 끝날 것이다. 신앙에 관한 견해와 관습적인 형식은 자신의 직접적인 목적이나 필요에 충분하지 않을 것이다. 이런 저런 종파나 교회 친교에 속한다고 해서 당신이 구원받을 수는 없다. 오직 그리스도에 의해 정당화되고, 그의 성령으로 거룩해지고, 하나님의 사랑과 거룩함에 이르게 되는 영혼만이 구원을 받을 것이다. 당신이 어떤 의견이나 교회에 속해 있더라도, 거룩함 없이는 결코 하나님을 당신의 위로자로 인식할 수 없다. 믿음 없이는 하나님을 기쁘게 할 수 없기 때문이다.[434] 오, 내가 세상의 모든 부와 명예를 가지고 있어도, 하나님의 은혜를 받지 않고, 그것에 상응하는 희생을 치르고 획득하시는 그리스도와, 그것을 증거하시고 더 나은 삶을 위해 나를 준비시키시는 그의 성령

---

434) 히 12:14, 11:6; 롬 8:6, 7, 8

이 없다면, 나는 얼마나 비참한 처지일까? 이제 나는 거룩함 가운데 시간을 보내는 것과 죄 가운데 시간을 보내는 것의 차이와, 경건한 삶과 세속적이고 육체적이며 부주의한 삶 사이의 차이를 안다. 이제 나는 내 인생을 관능과 하나님에 대한 경외심이 없는 가운데 살면서, 신앙생활에 이방인으로 남아 있는 천개의 세계를 원하지 않을 것이다. 이제 내가 세상을 안다면 내 삶을 더욱 거룩하게 할 텐데! 오 선생이여, 당신이 죽게 되면 죄는 참으로 죄가 될 것이며, 그리스도와 은혜가 부유함보다 나을 것이며, 중생 하지 않고 성화되지 않은 상태에서 죽는 것은 지금 어떤 사람이 생각할 수 있는 것보다 더욱 비참하게 될 것이라는 것을 믿으라.

방향 제시-5 '또한 사람들로 하여금 경건한 자와 악한 자의 차이를 알게 하라.' 그들이 나는 이제 누가 가장 현명한 선택을 하는지 안다고 말하게 하라. 오 끝없는 기쁨을 선택하는 행복한 사람들이여, "너희의 보물을 하늘에 쌓아 두라 거기는 좀이나 동록이 해하지 못하며 도둑이 구멍을 뚫지도 못하느니라 네 보물이 있는 그곳에는 네 마음도 있느니라."[435] 오, 어리석은 죄인이여, 한치의 육체적이고 더러운 쾌락 때문에 영원한 안식과 기쁨을 잃어버리다니!

방향 제시-6 '또한 시간의 소중함을 인식하지 못하는 것과 회개와 거룩한 생활을 끝까지 미루는 것이 얼마나 어리석은 일인지 사람들에게 확신시키기 위해 노력하라.' 그들에게, 오 친구여, 건강하고 번영할 때에는 시간을 그 가치에 따라 판단하기 어렵지만, 시간이 없거나 끝이 가까워지면 시간은 얼마나 소중한가! 이제 나에게 불필요한 수면, 스포츠, 호기심, 나태함, 또는 기타 불필요한 일에 소비한 모든 시간을 다시 얻는다면, 나는 얼마나 그 시간을 귀히 여기고 이전과 다른 방식으로 사용하려 할까! 지난간 내 모든 삶 중에서 어느 때를 기억해봐도 하나님께 순종하며 보냈던 때 외에는 위로가 없다. 오, 당신의 구원이 사라져 당신이 상실의 고통스러운 감정에 빠지기 전에, 시간을 내어 당신의 구원을 확인하라.

방향 제시-7 '또한 그들에게 게으름 그리고 하나님과 그들의 구원에 관해 빈둥거리는 죄악을 이해시키고, 그들이 온 힘을 다해 구원에 관한 일을 하도록 일깨우라.' 그들에게, 불경건한 사람들이 경건한 사람들의 근면과 열심과 엄격함을 비웃거나 비난하는 것을 자주 들었다고 말하라. 그러나 내가 보고 느끼는 것을 그들이 보고 느낀다면 그들은 그렇게 할 수 없을

---

435) 마 6:19, 20; 요 6:27

것이다. 다른 세계로 가는 사람이, 자신의 하나님과 구원만큼 자신의 가장 큰 열심과 노력을 기울일 만한 다른 가치 있는 어떤 것이 있다고 상상할 수 있을까? 아니면, 지옥에서 불타는 것을 싫어하는 사람들을 비난할 수 있을까? 아니면 육체보다 영혼을 위해, 더 많은 고통을 겪는 것을 비난할 수 있을까? 오 친구여, 바보들이 잠들고 혼미한 가운데 자기들이 하고 싶은 대로 말하게 하라. 그럼에도 당신은 당신의 영혼을 사랑하므로 당신의 구원을 위해서 어떤 걱정이나 대가, 고통이 너무 크다고 생각하지 말라. 그들이 자기들의 노동이 이 세상에 좋지 않다고 생각한다 해서, 당신도 더 나은 세상을 위한 당신의 노동이 좋지 않다고 생각하는가? 자 이제 그들이 원하는 대로 말하게 하라. 그들이 죽음에 이르게 되었을 때, 그들 중 감각과 이성을 통해 완전히 버림받았다고 생각하지 않는 사람은 아무도 없을 것이다. 위선적으로 하나님께 존경을 표하는 형식적인 것이 아니라, 다만 하나님을 사랑하고, 자기들의 마음과 영혼과 힘을 다해 그분을 찾고 섬겼더라면 좋았을 텐데라는 바람이 있을 것이다.

방향 제시-8 '또한 그리스도를 위한 고난에 대한 모든 두려움과 그들의 고난에 대한 모든 조바심에 맞서 친구들의 마음을 강화하도록 노력하라' 그들에게, 이생의 고통과 즐거움은 너무 짧기에, 앞으로 있을 삶의 영속성과 비교될 만한 가치가 없다고 말하라. 내가 궁핍하고 힘든 삶을 살아왔다면, 내가 고통스러운 병을 겪어왔다면, 사람들로부터 이보다 많은 고난을 당하고, 그리스도를 위하여 잔인하게 이용당했다면, 모든 것이 지나간 지금, 나에게 무엇이 더 나쁜가? 편안하고 명예롭고 풍요로운 삶이 나의 죽음을 더 안전하게 혹은 더 달콤하게 했을까? 아 아니다! 참으로 중요하고 존중할 만한 것은 영원한 것이다. 짧은 즐거움이나 고통도 별로 중요하지 않다. 영원한 즐거움이 있는지 확인하라. 그러면 당신은 당신의 일을 해낸 것이다. 오, 믿음으로 살고 감각으로 살지 말라. 사람들의 눈에 보이는 일시적인 것들을 보지 말라. 당신이 부자인지 가난한지, 명예가 있든지, 명예를 손상했든지, 건강한 상태인지 질병 상태인지는 당신에게 중요하지 않고, 당신이 정당화되고 거룩하게 되어 하늘에서 하나님과 함께 영원히 사는 것이 중요하다. 죽어 가는 사람들에 대한 이러한 진지한 권고는 그들이 건강할 때보다 질병 상태에 있을 때 더 효과적일 수 있다.

제31장

아픈 친구에 대한 방향 제시

방향 제시-1 '친구의 병이나 죽음을 보면 당신 자신도 같은 것을 준비하라는 하나님의 경고로 받아들이라.' 당신에게도 그와 같은 일이 있을 수 있다는 것을 기억하라. 당신도 그런 식으로 고통 속에 누워 있을 것이고, 결과적으로 세상 모든 사람이 당신을 버릴 것이며, 당신의 모든 명예나 부유함 중 어느 것도 당신에게 위로를 주지 못할 것이다. 이것은 당신의 모든 즐거움과 위대함과 당신의 집, 땅, 기대와, 당신의 맛있는 고기와 음료를 먹고 마시는 즐거움과, 당신의 모든 환희와 놀이와 오락의 끝이 될 것이다. 그러므로 당신의 시체는 당신의 영혼을 버리고 무덤에 안치되고 어둠 속에서 썩어가며 누워 있을 것이다. 그리고 당신의 영혼은 심판자 앞에 나타나 당신의 끝없는 상태에 대해 선고받는다. 이것은 분명히 당신의 경우가 될 것이다. 오, 그것이 얼마나 빨리 올 것인가! 그때 그리스도와 은혜의 가치는 얼마나 될까! 그때 하나님의 은혜 외에는 아무것도 당신을 위로할 수 없다. 그렇다면 거룩하고 잘 보낸 삶을 되돌아보는 것이 당신에게 더 낫겠는가, 아니면 육체적 안일과 즐거움의 삶을 되돌아보는 것이 더 낫겠는가? 그렇다면 당신은 성도가 되는 것이 더 나을까? 아니면 관능주의자가 되는 것이 더 나을까? 이것을 마음에 새기고 초상집에 가는 것을 더 낫게 생각하며, 죽을 사람처럼 살아라.

방향 제시-2 '가능한 한, 최고의 의사가 조언할 수 있는 처방으로 환자의 회복을 도모하라.' 병의 본질이나 치료법을 알지 못함에도, 병에 걸린 친구들에게 자신의 모든 약을 쏟아부으려 하는 자만하고 무지한 많은 사람들의 자부심과 어리석음에 대해 주의하라. 수 천 명의 사람들이 가장 가까운 친구들의 어리석음으로 인해 때아닌 죽음을 맞이한다. 그들은 친구들에게 약을 처방하고, 그들을 다스리고 의사를 무시한다. 마치 그들은 자기들이 하는 일에 대해 완전히 무지한데도 의사보다 훨씬 더 현명한 사람처럼 행동한다. 무지한 종파들이 신학자들을 경멸하고 더 나은 설교자라고 자처하는 것처럼, 많은 어리석은 여자들이 의사를 경멸한다. 어리석은 그들이 그 본질이나 사용법도 모르는 몇 가지 약을 얻었을 때, 그들은 의사보다 더 낫다고 생각한다. 그래서 가난한 친구들의 삶은 그들의 교만과 어리석음의 대가를 치르게 된다. 어떤 수단도 하나님 대신에 신뢰해서는 안 되며, 하나님께 복종하는 데에 최선을 다해야 한다. 그리고 그들은 약간의 재치와 겸손이 어리석은 여자들을 이해시키는데 당연히 도움을 준다고 생각할 것이다. 의학 연구에 1년도 투자하지 않은 사람은 그 일에 그들의 삶의 대부분을 연구하고 실천한 사람만큼 의학을 이해할 가능성이 높지 않다고 당연히 생각할 것이다. 사람들에게 친절을 베푼다 하며 사랑하는 친구를 죽이는 것을 보는 것은 슬픈 일이다. 심지어는 무지와 교만한 자만심으로 인해 그들은 그들 자신의 영혼을 파괴하는 자가 되기도 한다.

탐구 '그러나 하나님께서 모든 사람에게 시간을 정하셨으니 의학이 무슨 소용이 있는가? 만일 하나님께서 그들에게 살기로 정하셨다면 그들은 살 것이며, 그리고 하나님께서 그들에게 죽기로 작정하셨다면, 그들을 구할 수 있는 것은 의학이 아니다.'

답변 이것은 악인들이 자신의 구원에 관해 가지고 있는 어리석은 추론이다. 하나님께서 나를 구원하도록 정하셨다면 나는 구원을 받을 것이다. 그렇지 않다면 내가 아무리 부지런히 노력해도 아무 소용이 없을 것이다. 그러나 그런 사람들은 자기들이 하는 말을 모른다. 하나님께서는 자신의 규례보다 당신의 의무를 당신에게 많이 공개하고 알게 하셨다. 당신은 그분이 결합한 것을 별도의 부분별로 나누고 있다. 하나님께서는 구원의 수단을 고려하지 않고는 결코 구원할 사람을 지정하지 않으셨기 때문이다. 그러므로 하나님께서는 삶의 방식에 의해서만 사람이 살도록 정하신 것이 아니다. 그분의 규례는 '이런 사람은 구원을 받을 것이다.' 또는 '이러한 사람은 오래 살 것이다.'라는 것이 아니다. 그분의 규례는 **'이 사람은 믿음과 거룩함과 수단을 부지런히 사용하므로 구원을 받을 것이라'** 하신 것이요, 또 **'이 사람은 내가 그의 생명을 위해 예비한 수단을 사용함으로 오래 살리라'** 하신 것이다. 이는 거룩한 생활을 하는 자가 구원에 이르도록 택하심을 받았다고 (그가 끈질기게 추구한다면) 확신할 수 있고, 하나님에 대한 경외심이 없는 자는 지옥으로 가는 길에 있다는 것을 확신할 수 있다. 그러므로 자신의 건강과 생활 수단을 소홀히 하는 자는 그에게 하나님께서 살도록 정하신 것과는 다르다는 것을 보여 주는 것이다. 최선의 수단을 사용하는 사람은 회복하는 것을 선호하는 사람이다(최선을 다해도 불치병을 치료할 수 없고, 사람을 불멸의 존재로 만들 수 없을지라도). 그 논리는 ('오래 살리라 하는') 마치 '하나님께서 나에게 그토록 오래 살도록 정하셨다면 먹지도 마시지도 않더라도 살 것'이라고 말하는 것과 같다. 그러나 먹고 마시더라도, 먹고 마시는 것이 내 삶을 연장하지 못할 것이다. 당신이 알아야 할 것은 하나님이 당신을 살도록 정하신 것은 그분 뜻의 절반에 불과할 뿐 아니라, 당신이 먹고 마시면서 수단을 사용하며 살도록 명령하신다는 것이다.

방향 제시-3 '친구들이 당신의 재산에 대한 유언장을 작성하도록 조언하면 신중하게 처분하되 늦지 않도록 주의하라. 그렇게 하면 당신이 죽었을 때 재산에 대해 다투는 일이 없을 것이다.' 삶의 불확실성으로 인해 이것은 건강한 때 이뤄져야 한다. 그러나 병이 들 때까지 이것이 미결되었다면, 늦지 않게 해야 한다. 이를 무시하면 세상적인 일로 많은 다툼이 일어나며, 가장 우호와 평화 속에서 살아야 할 가까운 친척들 사이에서도 죄 많은 다툼이 일어나게 된다.

방향 제시-4 '가능한 한 헛된 사람들과 가까이하지 말라.'(꼭 필요하다고 인정하는 경우나 환자가 특정한 상담에 의해 유익한 것을 받는 것과 같은 경우는 제외) 별 목적 없는 것이나, 세상에 대해, 혹은 어떤 무관심한 것에 대해 말 하는 것을 듣는 것은 죽음에 가까운 사람에게 아주 짜증나는 일이다. 그들은 끝없는 상태로 빠르게 가고 있으며, 그들의 길에 더 이상 장애물이 없을지라도, 그들의 친구들이 그들에게 줄 수 있는 최고의 도움은 그들에게 혜택을 줄 수 있다. 그들과 함께 할 수 있는 능력 있고 충실한 사역자를 구하여, 그들의 영혼 문제에 대해 상담하도록 하라. 그들과 함께 기도하고 가르칠 수 있고, 그들에게 많은 관심을 가지고 있는 거룩하고 유능한 그리스도인들을 구하라.

방향 제시-5 '그들의 조급함을 참아주고, 그들이 당신을 괴롭힌 어떤 일에도 원망하지 말라.' 나약함은 다루기 어렵다는 것을 기억하고, 당신이 어린아이의 울음을 참듯이 병자의 짜증을 참아야 한다. 그것은 곧 당신 자신의 경우가 되고, 당신은 다른 사람에게 폐가 될 수 있고, 그들은 당신을 참아야 한다는 것을 기억하라. 아픈 친구들에게 싫증내지 말라. 그러나 사랑과 부드러움과 동정심이 많고 인내심이 있어야 한다.

방향 제시-6 '그들의 영혼 상태에 대해 신실하고 신중하게 대처하라.' 당신의 신실함은 다음의 두 가지 점이 나타나야 한다. 1. 그들이 죽을 가능성이 높을 때, 생명에 대한 헛된 희망으로 아첨하지 말라. 2. 그들이 아직 성화되지 않았는데도 그들의 상태가 안전하다는 거짓된 희망으로 아첨하지 말고, 거듭나지 않고도 구원받을 수 있다는 희망을 품게 하지 말라. (1) 당신의 조언과 연설과 기도를 그들의 상태에 맞게 조정하는데 있어 당신의 신중함이 나타나야 한다. 경건하지 않은 사람에게 경건한 사람에게 하는 것과 같은 말을 하지 않아야 한다.

(2) 하나님에 대한 경외심이 없는 자들의 회심을 위해 줄여서 말할 때에도 그들이 감당할 수 있는 것보다 더 많은 것으로 그들을 압도하지 말라. 그러나 구원에 대한 절대적인 필요성을 절대 빼놓아서는 안 된다. 아아, 그런 일을 하려면 얼마나 많은 기술이 필요한지! 이에 적합한 기독교인이 얼마나 적은가!

탐구1 '병자가 죽을 것 같은 상황에서 그들의 상태를 알리는 것이 의무인가?'

답변 그럴 때도 있고 그렇지 않을 때도 있다. 1. 어떤 질병은 두려움으로 인해 질병이 커질 수 있어서, 이전에 회복의 희망을 가지고 있던 환자는 그 소리를 듣고 거의 희망을 잃게 될 수도 있다. 어떤 질병은 매우 다르며 이로 인해 병이 더 커지는 것 같지 않다. 어떤 질병은 이미 모든 희망을 잃는다. 2. 어떤 사람들은 죽음을 각오하고 있어서 자신들의 위험에 대해 더 알 필요가 없다. 그러나 어떤 환자들은 회심하지 않았고 매우 위험한 경우에 처해있어서 그들 영혼의 절대적인 필요성이 그것을 요구할 수도 있다. 영혼이 매우 슬픈 상황에 처해있고, 여전히 육체가 사형선고에 대한 두려움으로 위험에 처해있을 때, 하나님께서 그들을 회복시켜 줄지는 모르지만, 그들의 질병은 너무 위험하므로 그들의 죽음에 대한 빠르고 진지한 준비를 촉구하도록 그들에게 말하는 것이 가장 안전한 길이다. 하나님이 그들을 회복시켜 주시면 그들은 잃지 않을 것이다. 그래서 그들은 그들의 죽음에 대한 두려움이 자신들을 죽이지 못하도록, 자신들의 위험에 대해 알고 있는 사람들처럼 희망을 가질 수 있고. 그들의 의무를 다 하게 할 수 있다. 그러나 이미 희망이 없거나 전혀 없는 경우, 또는 두려움으로 인해 질병이 커지지 않는 경우 (대부분의 경우) 위험을 숨겨서는 안 된다.

탐구 2 '나는 항상 악인에게 그의 죄와 비참함을 말해야 하는가? 그것이 그의 질병을 악화시키고 그의 마음을 상하게 할 때도 그렇게 해야 하는가?'

답변 마음이 평온한 경우에는 병이 위험하지 않지만, 마음이 불안하면 죽을 것 같은 경우, 그 사람을 위험하게 방해하지 않는 방식으로, 언젠가 회개하고 믿음을 갖도록 부르는 것이 가장 현명한 방법이다. 왜냐하면 구원에 대한 모든 희망을 현재에 두는 것보다 오랜 기간을 통해서 회개할 수 있도록 돕는 것이 그의 영혼에 가장 큰 자비이기 때문이다. 그러나 이것은 일반적인 경우가 아니다. 그러므로 일반적으로 아직 죄 가운데 있고 거듭나지 않은 병자에게 그의 위험에 대한 진실과 회복의 필요성을 알리는 것이 의무다. 아아! 저주에 빠질 불쌍한 영혼에게 희망으로 아첨하거나, 회복의 시간이 지나갈 때까지 그의 위험을 숨기거나, 그의 구원을 위해 일할 수 있는 시간이 며칠 또는 몇 주 밖에 남지 않았는데 그의 위험을 숨기는 것은 슬픈 우정이다. 그를 불쾌하게 하거나 불안하게 할 것이 두려워 그를 지옥에 보내는 것은 얼마나 잔인한 일인가!

이의 '그러나 내가 그에게 당신은 저주받은 상태에 있다고 분명히 말하면 그를 절망에 빠뜨릴 것 같아 두렵다.'

답변 그를 조금 더 내버려두면 그는 구제 불능의 절망에 빠질 것이다. 구제할 수 없는 절망은 없지만 지옥에는 있다. 하지만 지금 당신은 그를 현재의 절망과 끝없는 절망으로부터 구하는 데 도움을 줄 수 있다. 그는 그리스도 없이, 성령을 통한 중생 없이, 참된 믿음과 회개와 하나님에 대한 사랑과 거룩함 없이 영원히 구원받으려고 하기에 절망할 수밖에 없다. 그러나 그리스도가 그에게 값없이 주어지고 완전한 해결책이 가까이 있는데, 이 모든 것을 얻는데, 절망할 필요가 있는가? 그는 자신의 죄와 비참함을 알아야 한다. 그렇지 않으면 그는 결코 그것을 피하고 싶지 않을 것이다. 또한 그는 참된 치료법을 알고 있어야 하고, 그것은 그를 지옥으로 밀어 넣기 위해 아첨하는 것이 아니라 절망을 막는 방법이라는 것을 알아야 한다.

탐구 3 '그러나 그 짧은 시간에 그리고 마음이 죽은 죄인들을 어떻게 해야 하나? 아아! 무슨 희망이 있는가? 그들이 무지할 뿐이라면, 짧은 시간에 치유될 수 없다. 그렇다면 그렇게 짧은 시간 안에 그들을 지식과 회개, 변화된 마음으로 이끌어서, 하나님을 사랑하고 거룩하게 할 희망이 있는가? 그리고 고통과 약점이 그들을 무력하게 할 때 희망이 있는가?'

답변 이 사건은 참으로 매우 슬픈 경우다. 그러나 생명이 있는 동안에는 약간의 희망이 있다. 그리고 희망이 있는 동안에는 영혼을 구원하기 위해서 최선을 다 해야 한다. 그 어려움은 우리가 최대한의 기술과 근면을 사용하도록 자극할 것이다. 그러나 그러한 사람들의 회심을 너무도 부적절할 때까지 미루는 것이 비참한 일인 것처럼, 성공을 절망적으로 생각하며, 사람들의 회심에 대한 진지한 노력을 늦추는 것은 신자들의 죄이기도 하다.

탐구 4 '그러나 그 사람이 새로워지고 진정으로 회개했는지 여부를 알 수 없는 의심스러운 경우에는 어떻게 해야 하나? 우리가 다뤄야 할 대부분의 경우는 어떤 것인가?'

답변 당신은 희망의 근거가 더 큰지 또는 그것들에 대한 두려움이 더 큰지를 알 수 있다. 따라서 당신의 말은 혼합되고 절제되어야 하며, 당신의 조언이나 위안의 표현은 조건과 가정으로 주어져야 한다.

탐구 5 '그러나 시간이 너무 짧은데, 무지하고 하나님에 대한 경외심이 없는 사람들에게 어떠한 순서로 주의를 기울여서 말해야 하는가?'

답변 1. 그들에게 당면한 변화의 생생한 감각을 일깨우고, 그들의 영혼 상태를 돌볼 필요성을 이해할 수 있도록 노력하라.

2. 그런 다음 그들에게 구원의 조건이 무엇인지, 그리고 복음에서 구원과 저주로 판단될 사람이 누구인지 설명하라.

3. 다음으로 이들 중 어느 것이 그들의 상태인지 시험해 보고 충실하게 대처하도록 조언하라. 자만에 대해 파헤칠 수는 있지만, 그들에게 도움이 되지 않을 수 있다.

4. 그런 다음 테스트에서 그들을 도와주어라. 매일 도와주어라. 당신도 그러했다면 그것이 당신의 경우라는 것을 알 수 있을 것이다.

5. 그런 다음 그들이 회심하지 않은 것을 두려워한다면, 그들에게 당신이 두려워하는 이유를 말해 주고, 그들이 더 나아지기를 바란다면, 희망의 이유를 말해 주라.

6. 그런 다음 조건부로 (만약 그들이 아직 육체적이고 성화되지 않은 상태에 있다면) 그 상태를 슬퍼하고, 겸손하여, 그들의 죄 많고 하나님에 대해 경외심이 없는 삶을 회개하도록 권면하라.

7. 그리고 나서, 그리스도와 성령 안에 있는 치료법과 은혜의 약속이나 언약을 그들에게 말해 주라.

8. 마지막으로, 이 치료법이 그들의 구원에 효과적일 수 있도록 그들의 현재 의무를 말하라. 그리고 만약 당신이 당신에게 적합할 정도로 많은 관심이나 권위를 가지고 있다면, 그들 자신을 파헤칠 수 있는, 편리한 질문으로 그들을 자극하여 그들의 입장을 밝히도록 하고, 그들의 대답을 통해 그들이 진정으로 거룩한 삶을 위해 결심했는지 알아낼 수 있다. 하나님께서 그들을 회복시키셨다면, 그들의 마음이 참으로 변화되었는지 아닌지를 알 수 있다.

방향 제시-7 '만일 당신이 원하는 만큼 그들을 가르칠 수 없다면, 그들의 경우에 가장 적합한 좋은 책을 읽어 주라.' 예를 들면, 퍼킨스 씨의《잘 죽기 위한 올바른 기술》,《병자를 위한 경건의 실천》, 에드워드 로렌스의《질병에 관한 논문》등 그들에게 적합한 것들이 많이 있다. 그리고 대부분의 사람들은 환자들을 제대로 상담할 수 없고, 당신 가까이에 알맞은 책이 없을 수 있기에, 긴 대화를 견딜 수 없는 환자들에게 읽어 줄 간단한 양식 두 가지를 추가할 것이다. 그런 도움 없이는 기도할 수 없다면, 다른 책들도 당신이 기도하는 데 도움을 줄 것이다.

방향 제시-8 '질병에 걸린 사람의 행동으로 인간의 영혼 상태를 판단해서는 안 된다. 그것은 그들의 질병이나 신체적 이상으로 생기는 것이다.' 많은 무지한 사람들은 죽는 방식으로 사람을 판단한다. 사람이 평온함과 명료한 분별력과 몇 마디 좋은 말을 하고 죽으면, 그들은 이것이 성도처럼 죽는 것이라고 생각한다. 반면에 폐결핵, 종종 수종(dropsy) 및 기타 만성질환은 좋은 경우와 나쁜 경우 모두를 가지고 있는 것이 보통이다. 격렬한 열병이나 공황 상태, 산만함 속에서는 가장 훌륭한 사람이라도 이성을 쓰지 않고 죽을 수 있다. 어떤 질병은 사람을 둔하게 하고 침울하게 하며 말을 서투르게 할 수도 있다. 그리고 일부는 건강할 때만큼 말에 자유로울 수 있다. 인간의 영혼 상태를 이런 우연과 피할 수 없는 것들로 판단해서는 안 된다.

방향 제시-9 '친구의 죽음에 대해 비정상적으로 무분별하거나, 지나치게 낙담하거나 괴로워해서는 안 된다.' 좋은 사람이든 나쁜 사람이든 친척과 친구의 죽음을 가볍게 여기는 것은 매우 사악한 본성의 표출이다. 그것은 너무 이기적이어서 다른 사람의 생명을 별로 중요하게 생각하지 않는다는 것이다. 친구의 생명을 중요하게 생각하지 않는 사람은 자신의 낮은 관심 때문에 신뢰받기가 어렵다. 나는 성격상 울지 않는 사람들에 대해서 이런 말을 하는 것이 아니다. 눈물이 없는 사람도 눈물이 많은 사람과 마찬가지로 깊은 존경심과 슬픔이 있을 수 있기 때문이다. 그러나 나는 자신의 관심 외에는 다른 사람의 관심에 거의 영향을 받지 않는 악하고 이기적인 본성에 대해 이야기하고 있다.

그러나 친구의 죽음에 대한 슬픔은 그 정도와 종류에서 매우 다르다.

1. 하나님에 대해 경외심이 없는 자에 대해서는, 당신은 그들의 죄에 대해 슬퍼해야 한다. 왜냐하면 그들이 그렇게 죽으면 영원히 멸망하기 때문이다.

2. 경건한 친구들에 대해서는, 당신은 그들이 당신과 다른 사람들에게 베푼 배려로 인해 슬퍼해야 한다. 왜냐하면 하나님께서 그들과 관련된 사람들에게 축복이었던 사람을 제거하셨기 때문이다.

3. 훌륭한 순회판사와 사역자, 기타 공익을 위하던 사람에 대해서는, 공동의 손실로 당신의 슬픔은 더 커야 한다. 왜냐하면 이로 인해 세상에서 현명하게 판단할 능력 있는 사람을 잃었기 때문이다.

4. 세상을 이겨내고, 노쇠로 인한 허약함으로 거의 교회에 봉사할 수 없게 되고, 짐을 내려놓고 그리스도와 함께 있기 위해 신음하는 이들에게는 당신의 탄식은 최소가 되어야 하며, 그들의 완전한 행복에 대한 기쁨과 감사가 가장 커야 한다. 그러나 특히, 부모의 재산을 받거나, 당신이 부자가 되거나, 그들의 죽음으로 자유를 얻게 되기에 (또는 거의 슬퍼하지 않고) 부모의 죽음을 은밀히 기뻐하는 본성은 혐오하라. 하나님께서는 이생에서 조차 무거운 심판을 통해 이 죄를 처리하지 않고 버려두는 일은 거의 없다.

[친구의 죽음에 대한 과도한 슬픔을 극복하는 데 도움이 되는 것]

방향 제시-10 '친척의 죽음에 대한 과도한 슬픔을 극복하기 위해 다음 사항을 고려하라.'

1. 그 지나친 슬픔은 당신의 죄다. 당신의 고난을 나쁜 용도로 쓰는 것은 죄를 짓는 것이다.

2. 그것은 많은 것에 염증을 일으킨다. 과도한 슬픔은 하나님 안에서 기뻐하고 자비에 감사하며 그분의 사랑 안에서 찬양과 봉사로 즐거워하는 것과 같은, 당신이 해야 할 많은 의무를 행하기에 부적합하게 만든다. 가장 큰 의무를 수행하는데 당신을 부적합하게 하는 것이 작은 죄인가?

3. 당신이 하나님의 처분을 그토록 괴로워한다면, 하나님의 뜻을 거스르는 것 외에 당신의 뜻은 무엇인가? 그것은 당신이 하나님의 통치와 다스림, 즉 그분이 하나님이라는 사실을 원망하는 것과 같다. 모든 사람의 생명을 처분하기에 가장 현명하고, 가장 훌륭하고, 가장 적합한 분은 누구인가? 하나님이 아니면 당신인가? 당신은 하나님이 만유의 주가 되어 하늘과 땅, 그리고 가장 위대한 군주들의 생명과 면류관을 다스리는 것이 당연하다고 생각하지 않

는가? 그렇다면 당신은 그분이 하나님이 되는 것을 원하지 않는다는 것이다. 만약 당신이 원하지 않기에, 당신이나 당신의 친구만이 그분의 처분에서 제외되어야 한다는 것은 불합리하지 않은가?

4. 당신의 친구들이 하늘에 있다면, 그들은 그리스도와 함께 최고의 기쁨으로 행복한 상태에 있다. 그럼에도 그들을 위해 지나치게 슬퍼하는 것이 얼마나 합당치 않은 일인가? 사랑은 당신이 기뻐하는 자들과 함께 기뻐하고, 소망 없는 자들처럼 슬퍼하지 말라고 가르쳐야 한다.

5. 하나님께서 당신 친구들에게 어떤 자비를 베푸시어 다가올 재앙에서 그들을 구원하셨는지 당신이 알지 못하며, 땅과 교회가 어떤 고통에 빠져 있는지 당신이 알지 못한다. 아니면 그들은 적어도 스스로 넘어졌을 수도 있고, 어떤 죄에 유혹을 받았을지도 모른다.[436] 그러나 당신은 하늘이 땅보다 낮고 그들이 그리스도와 함께 있는 것이 훨씬 낫다고 확신한다.

6. 당신은 당신의 친구가 반드시 죽는다는 것을 알고 있었다. 그들이 필멸의 존재라는 사실을 슬퍼하는 것은 그들이 인간이었음을 슬퍼하는 것에 불과하다.

7. 만약 그들의 죽을 운명이나 죽음이 당신에게 슬픔을 유발한다면, 그들이 틀림없이 살고 더 이상 죽지 않는 불멸의 상태에 도달했다는 사실로 기뻐해야 한다.

8. 당신이 얼마나 빨리 그들과 함께 있어야 하는지 기억하라. 당신 자신이 오래 살 것이라는 기대감이 친구의 죽음에 대한 과도한 슬픔의 원인이다. 만약 당신이 내일, 또는 몇 주 안에 죽을 것이라면, 당신의 친구들이 당신보다 먼저 사라진 것에 대해 덜 슬퍼할 것이다.

9. 세상은 한 세대만을 위한 것이 아니라는 것을 기억하라. 우리가 떠나고 나면 다른 사람들이 우리 자리를 차지해야 한다. 하나님은 한 세대만이 아니라 대대로 섬겨질 것이다.

10. 당신이 정말로 그리스도인이라면, 천국에 가는 것이 당신의 모든 소망과 희망 중 가장 높은 것이다. 당신은 당신의 친구들이 당신이 가장 원하고 바라는 곳인 천국에 갔다는 것을 그토록 슬퍼할 것인가?

이의 '만일 내 친구가 천국에 갔다면 이 모든 것이 합리적이다. 그러나 친구는 회개하지

---

436) 사 57:1, 2; 빌 1:21, 23

않고 죽었다. 저주받았다고 생각되는 영혼에 대해 어떻게 내가 위로를 받을 수 있는가?'

[정죄받은 자들의 죽음에 대한 슬픔을 완화하는 데 도움이 되는 것]

답변 그들의 비참함은 당신의 슬픔이 될 것이지만, 그것은 당신의 더 큰 기쁨을 빼앗거나 더 큰 의무의 수행을 방해할 만한 것은 아니다. 1. 하나님은 자신의 자비와 자신의 공정의 척도로 판단하시기에 그를 데려가는 일에 당신의 판단보다 더 적합하시다. 당신은 그분보다 더 자비로운 척하지 말며 그분의 공의를 비난하지도 말라. 2. 하나님의 모든 일은 선하시다. 선한 모든 것은 사랑스럽다. 비록 피조물의 비참함은 선함에 부정적일지라도, 정의의 행위는 하나님의 지혜와 거룩하심을 선포한다. 우리가 완벽할수록 정의의 행위는 우리에게 더욱 사랑스러울 것이다. 왜냐하면, 3. 하나님 자신과 세상의 자비로운 구세주인 그리스도께서는 마침내 하나님에 대한 공경심이 없는 자들에 대한 저주를 승인할 것이기 때문이다. 4. 천국에 있는 성도들과 천사들은 지옥에 있는 영혼들의 비참함을 우리보다 더 잘 알고 있다. 그럼에도 그들의 기쁨은 줄어들지 않는다. 누구든지 온전하면 할수록 그만큼 더 하나님과 같은 생각을 갖게 된다. 5. 하나님께서 당신 자신을 영원한 불구덩이에서 구원해 주셨다고 생각하는 것은 얼마나 기쁘고 감사한 일인가! 다른 사람들의 비참함은 당신의 감사를 일깨워야 한다. 6. 모든 성도와 천사들의 기쁨이 당신의 기쁨이 되어야 하고, 악인의 고통이 당신의 슬픔이 되어야 하지 않겠는가? 그러나 무엇보다도 하나님 자신의 축복과 영광에 대한 생각이 당신과 함께 있는 피조물에 대한 모든 염려보다 우선되어야 한다. 당신이 왕의 정의와 번영과 영예와 그의 신실한 모든 백성들의 복지를 기뻐하는 것보다 교수형에 처해진 도둑과 살인자들을 더 많이 슬퍼하고 위한다면, 당신은 신실한 백성으로서 행동하는 것이 아니다. 7. 당신은 곧 천국에 가기를 바라고 있다. 그때 당신이 기뻐할 것을 고려하여 지금 정죄받는 자들을 위해 슬퍼하라. 아니면 당신이 지금이 아니라 완벽한 상태일 때와 비교해서. 적어도 그 슬퍼하는 상태의 변화가 너무 크지 않게 하라.

[질병에 걸린 불경건한 자들에게 주는 권고의 본보기]

친애하는 친구여, 우리와 우리의 모든 것을 처분하실 하나님께서는 이 질병으로 위협하고, 당신의 영혼을 불러내시어 당신의 순례 기간을 끝내시려 한다. 그러므로 당신을 사랑하고 동정하는 당신의 친구들이 당신의 준비와 구원을 위해 무슨 말을 할 수 있다면 지금 침묵하지 않을 것이다. 왜냐하면 며칠이 지나면 당신에게 더 이상 기회가 없을 것이기 때문이다. 지금 우리가 당신에게 말하지 않으면 당신은 듣지 못할 것이고, 우리의 조언과 도움은 영원히 지나갈 것이다. 나는 당신에게 짧게 말해야 하고, 당신의 기억력은 너무 많은 말을 감당할 수 없다는 약점을 알고 있다. 하지만 당신의 필요성을 무시하면 안 되는 일이기에 내가 당신에게 할 말을 다음의 네 가지로 줄이겠다.

1. 당신에게 앞으로 다가올 변화와 당신이 가고 있는 세상에 대하여 말할 것이다. 2. 구원받을 모든 사람이 해야 할 준비가 무엇이고, 복음이 정당화하거나 정죄하는 사람들이 누구인지에 대하여 말할 것이다. 3. 당신이 이 중 어떤 상태에 있는지, 그리고 그렇게 되면 당신의 영혼이 어떻게 될 것인지, 이해하는 데 도움이 되는 것에 대해 말할 것이다. 4. 만일 당신의 경우가 나쁘다면, 나는 당신이 그 상황에서 어떻게 벗어날 수 있는지, 그리고 시간과 희망이 남아 있는 동안 아직 해야 할 일이 무엇인지 지시할 것이다. 내 말에 마음을 기울이기를 기도한다. 왜냐하면 나는 성경에 명시된 하나님의 아들과 성령을 통해 세상에 계시되고 그리스도의 모든 교회가 믿는 하나님의 확실한 진리만을 말할 것이기 때문이다.

1. 하나님께서는 당신에게 앞으로 다가올 변화가 크다는 것을 알고 계신다. 당신은 영원을 준비하며 보내던 이 세상을 떠나, 육체는 부패하고 일반적인 흙으로 돌아가기에, 더 이상 사람들과 대화하지 못한다. 이제 당신은 복음이 당신에게 말하였고 당신도 자주 들어 보았지만, 당신도 우리도 본 적이 없는 그 세상을 보러 가려 한다. 친구들이 당신의 몸을 무덤에 눕히기 전에, 당신의 영혼은 영원한 상태에 들어가며, 부활할 때 당신의 몸은 그것과 결합되어야 한다. 천국이든 지옥이든 당신은 영원한 운명이다. 만약 천국이라면 빛과 사랑과 평화의 세계를 발견할 것이다. 그곳은 지식과 거룩함으로 완전하게 만들어진 천사들과 영광스러운 영혼들의 세계이다. 그들은 그들의 영광스러운 창조주, 구속주, 거듭나게 하시는 분에 대

한 완전한 사랑의 불꽃 속에 살며, 그들과 함께 당신도 완전해질 것이다. 당신의 영혼은 하나님의 영광을 보게 될 것이며, 그분의 사랑으로 움직이며, 그분의 기쁨으로 가득 차게 될 것이며, 그분에 대한 찬송으로 승리를 축하할 것이며, 이것은 영원히 계속될 것이다. 만약 지옥이 당신의 몫이라면, 당신은 하나님 앞에서 쫓겨날 것이며, 미움 받는 존재로 그곳, 마귀와 거룩하지 않고 저주받고 비참한 영혼들로 이루어진 세계를 발견하게 될 것이다. 당신은 하나님의 진노의 불길 속에, 양심의 공포 가운데 그들과 거해야 하며, 당신이 한 때 거부했던 자비와 한때 내버렸던 경고와 시간들을 괴로워하며 기억해내야 한다.[437] 그리고 부활 시에, 당신의 영혼과 육체는 재결합되고, 그곳에서 영원한 고통과 절망 속에 살아야 한다. 나는 하나님을 경외하지 않는 세상 사람들은 절반만 믿고 있음을 알고 있다. 하지만 그들은 그것들을 전부 믿는다고 공언한다. 그러므로 그들은 그들이 믿기를 거부하는 것을 느껴야 한다. 그러나 하나님께서 우리에게 그것을 계시하셨음으로, 우리는 우리의 창조주를 믿을 것이다. 이제 당신은 거룩함의 종말과 죄의 종말 사이의 큰 차이와, 경건한 자와 하나님을 경외하지 않는 자 사이의 큰 차이와, 악인들이 믿지 않기에 모르는 기쁨과 고통을 당신의 경험으로 알게 될 것이다. 오, 그러한 변화에 얼마나 많은 준비가 필요한가!

2. 다음으로, 당신은 누가 정당화되는지, 그들이 어떻게 다른지, 누가 이러한 다른 상태에 영원히 머무를 수 있는지 알게 될 것이다. 우리는 **아담**의 자녀이기 때문에 모두 타락했다. 우리의 마음은 육체적이며, 이 세상에 집중되어 있고, 육체의 일 외에는 아무것도 음미하지 않는다. 우리가 죄에 더 깊이 빠질수록 우리는 더욱 악화된다. 믿음의 삶과 하나님의 사랑과 내세에 대해서는 낯선 자가 되어, 우리가 가장 원하고 구하는 행복을 위해 육체의 번영과 쾌락을 취한다. 성경에서 이 상태에 있는 사람을 육체적이고 하나님을 경외하지 않고 거룩하지 않은 자라고 한다. 왜냐하면 그러한 사람들은 단지 육체적인 본성이나 육체적인 목적을 위해, 즉 육체적인 방식으로 살며, 전혀 하나님께 헌신하지 않고, 하늘의 소망과 기쁨을 목표로 하지 않기 때문이다. 게다가 주로 이생을 위해 살고 내생을 위해 살지 않는다. 그들이 더 이상 세상에서 머무를 수 없을 때, 저주를 받을까 두려워서 부차적, 부수 목적으로 어떤 종류

---

437) 마 13:1-58; 살후 1:6-11

의 종교를 받아들일 지라도 그들은 육체적인 사람이다. 여전히 그들이 주로 소중히 여기고 사랑하고 추구하는 것은 바로 세상이며, 그들의 종교는 그들의 세속적이고 육체적인 관심과 즐거움에 달려있다. 하나님께서 그들을 더 잘 가르치고 그분의 말씀과 성령으로 그들을 회복시키고 거룩하게 하시기 위해 구세주를 그들에게 주셨고, 그들이 그분을 믿고 돌아오면 그들을 용서할 것임에도 불구하고, 때가 지나 자비의 때가 사라지고 구제책이 없을 때까지, 그들은 완고하게 이 자비를 무시하거나 고집스럽게 거절하고, 세속적이고 육체적인 삶을 계속 산다. 이들은 하나님께서 정죄할 사람이며, 이것이 그들의 실제 모습이다. 그리고 그러한 삶은 통치하는 정의와 거룩함과 그들을 구원하는 하나님의 진리와 함께 할 수 없다.

반면에 하나님께서 구원하실 모든 사람은 하나님께서 영혼의 구원자로 보내신 예수 그리스도를 진심으로 믿으며, 그분은 (말씀과 성령을 통해) 타락한 본성의 상태에 있는 그들의 심각한 죄와 비참함을 알게 하신다. 그분은 죄를 알게 하심으로 그들을 낮추시고, 참된 회개에 이르게 하시며, 그들의 죄악을 스스로 혐오하게 만드신다. 그들이 어떻게 버림받고 파멸되었는지, 그리고 사탄의 종들과 지옥의 상속자들보다 나을 것이 없음을 보고, 그들은 그리스도 안에서 그들에게 제시된 치료법을 기쁘게 받아들인다. 그들은 진심으로 그분을 그들의 구주와 왕으로 받아들이고, 그분에 의해 정당화되고 성화되기 위해 그분과 언약을 맺고 자신을 포기한다. 그리하여 그분은 그들의 모든 죄를 용서하시고 그분의 성령으로 그들을 더욱 깨우쳐 주시고 거룩하게 하신다. 그분은 그들에게 믿음으로 하나님의 무한한 사랑, 그리고 그들이 하늘에서 그분과 함께 가질 수 있는 확실하고 영원하고 거룩한 기쁨을 보여 주신다. 그들이 거기에서 모든 축복받은 성도들과 천사들과 함께 (그분의 희생에 의한 획득과 선물을 통해) 얼마나 축복받은 삶을 얻을 수 있는지 알게 된다. 그분은 그들로 하여금, 이 영원한 행복의 제안을 모든 쾌락과 눈에 보이는 죄악의 이점, 그리고 이 기만적인 세상이 그들을 위해 할 수 있는 것과 의도적으로 비교하게 하신다. 두 가지를 모두 생각해 보면, 그들은 비교될 것이 없다는 것을 알게 되고, 하늘보다 땅을, 영원보다 한 치의 시간을, 영원한 기쁨보다 쾌락의 꿈을, 하나님의 임재와 은총과 영광보다 일시적인 세상의 쾌락을 더 좋아할 정도로 미친 짓을 부끄러워할 것이다. 그리고 앞으로 다가올 시간을 위하여 그들이 무엇을 해야 할지 굳게 결심한다. 그들의 유일한 행복을 위해 천국을 택하고, 거기에 그들의 소망과 보물을 쌓으며, 육체에 행한 것 같이 하나님을 위하여 살고, 그들의 세상적인 이익이 어떻게 되든, 그들의 구원을 다짐한다. 그리하여 성령이 그들 안에 거하시고 역사하시며, 그들의 마음을 새롭게 하시고 모든 죄를 미워하게 하시고, 모든 거룩한 것 곧 거룩한 말씀과 예배와 그분의 길과 주의 종들을 사랑하게 하신다. 한마디로 그분은 그들을 새로운 피조물로 만드신다. 비록 그들이 여전히 죄악 된 불완전성을 가지고 있을지라도, 그들의 마음과 생활의 방향은 거룩하고 하늘에 속하며, 그들은 완전하기를 갈망하고 그것을 위해 노력하며, 먼저 하나님의 나라와 그의 의를 구하고 세상과 육체보다 위에 것을 위해 산다. 그리하여 머지않아, 그리스도께서는 그들을 온전하게 하시고 그들의 심판의 날에 그들을 정당화하시고 그들의 모든 믿음과 순종과 인내의 영광스러운 끝을 주실 것이다. 이 사람들, 오직 이 사람들만이 (우리 가운데 이성을 사용하는) 하나님과 함께 살 것이다.

3. 이것이 바로 복음의 확실한 진리이고, 이것이 의인과 악인, 의로운 영혼과 정죄받은 영혼 사이의 참된 차이이다. 아, 이 중에서 어느 것이 당신의 상태인지 시험해 보는 것이 지금 당신에게 얼마나 중요한가! 당신의 상태는 확실히 알 수 있다. 왜냐하면 하나님은 그들을 다스리시는 똑같은 율법이나 언약으로 세상을 의롭게 심판하실 것이기 때문이다. 그리스도의 율법이 누구를 정죄하는지 아니면 정당화하는지를 알라. 그러면 재판관이 누구를 정죄하고 정당화할지 곧 알 수 있을 것이다. 왜냐하면 그분은 이 율법에 따라 심판을 진행할 것이기 때문이다. 만일 당신이 죄 가운데서 새로워지지 않은 상태로 죽게 되면, 천국에 대한 당신의 희망도 모두 당신과 함께 죽을 것이다. 만일 당신이 죽을 때까지, 자신에 대해 결코 만족스럽게 생각하지 않고, 그리스도와 하나님의 자비에 대해 확신을 갖고 신뢰하지 않는다고 말한다면, 한 시간 안에, 하나님의 자비와 그리스도의 공로가 성화되지 않은 영혼을 지금까지 한 번도 하늘에 데려가지 않았다는 사실, 즉 영원한 저주를 받게 된다고 확신하게 될 것이다. 자신의 행동에 대해 부당하게 높은 견해를 갖는 것은, 세월이 지나도록 회개하지 못하고, 치료법 없이 사탄의 덫에 걸려 잠자코 있는 것 외에는 아무 소용이 없다. 그러므로 당신이 당신의 영혼을 사랑하는 지금 자신을 살펴보고, 당신이 처해 있는 상태가 어떠한지 시험해 보고, 그에

따라 하나님께서 당신을 심판하시기 전에 스스로 판단하라.[438] 당신이 알기 원한다면, 당신이 땅이나 하늘 어느 쪽을 가장 중요하게 생각하는지, 당신이 가장 높은 존중과 결의로 선호하고 추구한 것이 무엇인지, 당신이 세상에 관심을 가졌는지 아니면 하늘에 관심을 가졌는지, 그들 중 어느 것이 다른 것에 양보했는지 모를 수 있을까? 사람이 자기가 원한다면, 자신의 영혼이 실제적으로 자신의 주요 관심이 무엇인지, 자신의 사랑과 보살핌을 가장 많이 받은 것이 무엇인지 말할 수 없을까? 그리고 자신의 마음속에 무엇이 있었으며, 헤어질 때 자신이 선호했던 것이 무엇이었으며, 하나가 다른 하나와 대립되는 것이었는지 모를까? 당신이 주로 이 세상의 형통과 죄의 쾌락을 위해 살았는지, 육체를 위해 살았는지 말할 수 없는가? 아니면 그리스도의 영이 그분의 말씀으로 당신을 깨우치셨고, 당신의 죄와 비참함을 보여 주셨으며, 이로 인해 당신을 낮추셨고, 내세의 영광과 하나님의 사랑 안에 사는 행복을 보여 주셨고, 이렇게 하여 당신 마음을 자기와 연합하게 하고, 죄에서 거룩함으로, 세상에서 하나님으로, 땅에서 하늘로, 그리고 당신을 새로운 피조물로 만들어, 당신이 땅을 위해 했던 것처럼 하늘을 위해 살게 하셨는지 여부를 말할 수 없는가? 분명 이것은 그렇게 작은 일이거나, 분별할 수 없는 일이나 분별할 수 없는 변화가 아니기에, 스스로 그것을 느낀 사람은 알 것이다. 죄인을 불러들여 자신의 불의와 비참함을 느끼게 하고, 의와 생명을 위해 자신을 그리스도께 집중하게 하는 것은 좋은 일이다. 이 세상의 모든 행복에서 마음을 떼어내는 일은 큰일이며, 그 마음을 진심으로 하나님께 고정하고, 세상의 모든 번영이나 육체의 쾌락이 무엇이든 간에 다른 세상에 자신의 행복을 두고 추구하는 것은 중요한 일이다. 결과적으로 모든 참된 신자들은 그렇다. 그럼에도 그들은 자신의 남은 죄와 약점을 가지고 있다. 당신도 그러 한지 그렇지 않은지 알 수 있지 않을까? 이것들 중 하나가 당신의 경우다. 하나님께서 자신의 판단을 당신에게 말할 준비가 되었기에, 지금은 그것들 중 어느 것이 당신의 것인지 알아야 할 때이다. 참으로 당신이 그리스도 안에 있고 그의 영이 당신 안에 있고, 당신을 새롭게 하고 거룩하게 하고, 당신 마음과 삶을 하나님께로 돌이키게 하시면, 그 이상 내가 여러분에게 말할 수 있는 평화와 위안은 없다. 그러나 만일 그렇지 않다면, 즉 당신이 아직 육체에

---

438) 마 18:3; 히 12:14; 요 3:3, 5, 6

속한 상태에 있고 그리스도의 영으로 새롭게 된 적이 없다면, 당신은 당신에 관하여 충실한 방식으로 대처하도록 허락해야 한다. 즉, 당신의 상태에 필요한 것으로, 당신의 죄와 처방책을 지금 바로 설명하게 하고, 당신이 구원받으려면 무엇을 해야 하는지 말하도록 허락해야 한다.

4. 그리고 먼저, 당신은 여기에서 당신의 어리석음을 마음에 새기고 주님 앞에 당신의 죄 많은 삶을 거짓 없이 한탄할 수 있겠는가? 이런저런 특정한 죄만 아니라, 주로 당신의 육체적인 마음과 삶에 대해서도 그럴 수 있겠는가? 대체로 당신은, 이 타락한 육체로 살아왔고, 당신의 하나님보다 당신 영혼의 행복을 위해 세상을 사랑하고, 구하고, 섬겨오고 있었는가? 아아, 친구여, 당신에게는 영원한 기쁨이나 비참함 속에서 살 수밖에 없는 불멸의 영혼이 있다는 것을 몰랐는가? 당신은 당신의 창조주를 사랑하고, 섬기고, 존경하도록 만들어졌다는 것과, 당신에게 주어진 인생의 짧은 시간이 당신의 끝없는 삶을 위해 노력하고 준비하도록 주어졌다는 것을 몰랐는가? 당신이 여기에 살았던 것으로 인해 당신이 영원히 천국이나 지옥에 가야 한다는 것을 몰랐는가? 만일 당신이 이런 일을 믿지 않았으면 어찌하여 그 진리의 증거를 당신에게 보여 줄 수 있는 현명한 하나님께 와서 반대의 이유를 제시하지 못했는가? 당신이 그것을 믿었다면, 그것을 잊는 것이 어떻게 가능한가? 당신은 천국과 지옥을 믿으면서도 그것을 무시할 수 있는가? 아니면 일시적인 세상의 허영심을 더 중요하게 여길 수 있는가? 당신은 세상에서 무엇을 해야 하는지 알고 있으면서도, 왜 지금까지 그 일을 허용하지 않는가? 당신은 이 날까지 그것으로 경고 받은 적이 없었는가? 설교자도, 성경도, 책도, 친구도, 양심도 당신에게 당신의 종말을 말해 주지 않았는가? 죄와 그리스도와 그분의 은혜에 대한 경멸과 모욕의 결과가 어떤 지 말해 주지 않았는가? 당신이 구원을 받으려면 세상보다 하나님을 사랑해야 하고, 그러기 위해서는 그리스도의 일에 참여하는 자가 되어야 하며 그분의 영으로 새로워져야 한다는 것을 알고 있었나? 그럼에도 불구하고 당신은 마음을 세상에 빼앗기고 육체의 동물적인 쾌락을 따르며 당신을 새롭게 하고 거룩하게 해 줄 그리스도와 성령을 결코 진지하게 구하지 않을 것인가? 지금은 하나님의 은혜에 맞서 마음을 굳히고, 무가치한 것을 위해 그리스도와 하늘과 당신의 구원을 멸시하는 것보다 이런 날들에 대비하여 당신의 영혼이 그리스도와 은혜를 구하고, 위에 있는 것들에 애정을 쏟고, 확실히 일하는

것이 더 현명했다고 생각하지 않는가? 당신은 이제 하늘보다 당신이 더 좋아했던 것이 무엇인지 알 수 있다. 이제 세상에 대한 죄악 된 사랑으로 당신은 무엇을 얻었는가? 당신의 육체적인 모든 쾌락은 지금 어디에 있는가? 이제 이 모든 것이 당신을 죽음이나 하나님의 진노, 그리고 영원한 비참함에서 구원하기에 충분하겠는가? 이제 그것이 당신과 함께 다른 세계로 갈까? 아니면 지옥에 있는 영혼이, 그가 이 땅에 모아 남겨둔 재물을 기억하는 것으로 위로가 될 것이라고 생각하는가? 이제 당신이 '나의 날은 나의 사랑하는 구원자에 대한 사랑과 나의 하나님을 진심으로 섬기는 가운데 거룩하게 보내고, 그분을 찬양하고 기도하며 그분의 거룩한 말씀과 뜻을 배우고 순종하며, 세상에서 내가 할 일은 하나님을 기쁘시게 하여 더 나은 세상을 찾는 일이었고, 합법적인 직업이나 소명을 따르는 동안 내 눈은 주로 영생을 향하고, 육체를 기쁘게 하는 대신에 나는 나의 구원자에 대한 사랑과 찬양과, 봉사와 나의 영원한 축복에 대한 소망으로 내 영혼을 기쁘게 하여, 이제 나는 내가 믿고 추구했던 그 하나님과 행복을 누리게 될 것이라'고 말할 수 있다면 위안이 되지 않을까? 지금 이것은 당신이 하나님과 당신의 구원보다 더 선호했던 세상적이고 육체적인 삶으로 보낸 시간을 되돌아보는 것보다 당신에게 더 편안하지 않겠는가? 만일 당신이 그분께 신실하게 붙어 있었다면, 그리스도께서는 세상이 그러하듯이 당신의 극한 순간에 당신을 버리지 않을 것이다. 당신은 당신의 거룩한 삶 속에서, 심지어 이 땅에서도, 어떤 평화와 위안을 얻었는지 거의 알지 못한다! 하나님의 말씀이 당신에게 얼마나 달콤했는지, 기도와 묵상과 거룩한 대화가 얼마나 달콤했는지 거의 알지 못한다! 참된 신자가 영생의 약속을 읽고, 그들이 하나님과 함께 영원한 기쁨으로 거하게 될 그 복된 상태에 대해 생각하고 말하는 것이 당신이 세상 쓰레기와 헛된 것에 대해 생각하고 말하는 것보다 더 즐겁지 않다고 생각되는가? 만약 당신이 세상을 여행하는 자로서 자기 여행의 필수품을 제공받는 곳으로 활용했다면, 천국에 대한 생각은 당신에게 내내 견고하고 합리적인 위안을 주었을 것이다. 오, 당신은 그리스도 안에서 하나님의 사랑의 달콤함에 대해 아는 바가 거의 없으며, 그리스도인이 자신의 지식과 믿음과 하나님에 대한 사랑과 자비에 대한 감사와, 천국에 대한 소망을 훈련하고 증가시킬 수 있으며, 천국의 대화 속에서 하나님과 동행할 때, 그것이 얼마나 좋은지 알지 못한다! 이제 이것이 당신의 길이었기를 바라지 않는가? 그러나 이미 이루어진 일은 되돌릴 수 없고 지나간 시간은 결코 되돌릴 수 없다. 그러나 당신이 그것을 마음에 품고 사용할 마음만 있다면 당신의 영혼을 위한 확실한 치료법이 있다. "하나님이 세상을 이처럼 사랑하사 독생자를 주셨으니 저를 믿는 자마다 멸망치 않고 영생을 얻게 하려 하심이라."[439] 예수 그리스도는 하나님이자 사람이며, 하나님과 사람 사이의 중보자이시다. 그분의 죽음은 우리 죄를 위한 충분한 희생이다. 자기를 힘입어 하나님께 나아가는 모든 사람을 구원하는 것이 그의 직무다. 오직 거짓 없이 죄악 된 삶을 회개하고 당신의 마음을 내생에 두고, 하나님과 거룩함을 이 세상과 육체보다 더 사랑하고, 당신의 영혼이 당신의 구속주로 그리스도를 의지한다면, 그분은 반드시 당신을 용서하고 당신을 하나님과 화목하게 하시고 당신을 정당하고 흠 없는 사람으로 그분 앞에 세우실 것이다. 당신은 당신 자신을 혐오할 때까지 당신의 죄를 생각하라. 당신에게 구주가 없다면 당신은 돌이킬 수 없다고 느껴질 때까지 당신의 죄와 비참함을 생각하라. 그런 다음, 하나님께서 그리스도 안에서 당신에게 보여 준 사랑이 무엇인지 생각해 보라. 즉 그분을 성육신 하게 하시고, 죄인들을 위해 죽게 하시고, 당신이 행한 모든 일을 값없이 용서하시고, 정당화하시고, 구원하시며, 당신이 그리스도께 자신을 맡기고 그분의 자비를 받아들여, 하나님께로 돌아오면 당신을 무한한 영광에 이르게 하실 것이다. 지금 죄 많고 비참한 영혼에게 얼마나 기쁜 소식이 전해졌는가! 그러나 이것은 하나님의 확실한 진리이다. 이것은 그리스도의 피로 세우신 그분의 은혜의 언약인데, 만약 당신이 진심으로 거짓 없이 동의하기만 하면 그분은 이제 당신과 함께할 준비가 되어 있고, 외부적으로는 성찬과 내부적으로는 그의 성령에 의해 당신에게 인치실 준비가 되어 있다. 당신이 꼭 회복해야 하겠다면, 그리스도를 믿고 세상과 육체에서 하나님께로 돌아서서 거룩한 삶을 살기를 결심하라. 그러면 나는 하나님의 말씀을 통해 그분이 당신을 기꺼이 용서하시고 당신을 그분의 자녀로 삼으시고 당신의 영혼을 끝없는 영광 가운데 구원하실 것이라고 보증할 수 있다. 비록 늦었지만, 당신의 온 마음을 다해 그리스도를 통해 그분께 돌아오면 그분은 반드시 여러분을 영접하실 것이다. 이제 당신의 마음은 당신이 범한 모든 죄와 당신이 잃어버린 모든 시간 후에도 당신을 기꺼이 구원하시려는 이 말할 수 없는 자비로 인해 기쁘지 않은가? 그럼에도 당신은 선하심과 사랑이 그토록

---

439) 요 3:16, 18

풍성하신 하나님을 사랑하지 않는가? 당신에게 이 용서와 구원을 주시기 위해 희생을 치르신 구주를 사랑하지 않는가? 당신은 육체의 정욕과 쾌락 가운데 사는 것보다 그분을 사랑하고 찬양하고 섬기는 것이 더 낫지 않은가? 죄인들의 헛된 쾌락을 잠시 누리다가 끝없는 비참함에 빠지는 것보다, 그분과 함께 천국에서 끝없는 기쁨으로 사는 것이 더 낫지 않은가? 오, 이제 하나님께 간구하여 그리스도를 믿고, 죄를 회개하고, 가장 거룩하고 선하고 은혜로우신 분을 사랑할 수 있는 새 마음을 달라고 간청하라. 그분의 은혜를 더 이상 멸시하지 않도록 주의하고, 당신이 꼭 회복해야 하겠다면, 당신이 계속해서는 안 되는 일을 하거나, 다른 사람이 되기 위해, 두려움으로 고백하지 않도록 주의하라. 그러므로 모든 것을 확실히 하기 위해서, 당신은 이제 진심으로 그리스도와 언약을 맺을 수 있는가? 내 말은 당신이 세례와 주님의 저녁 만찬에서 맺은 것과 똑같은 언약을 의미한다. 당신이 진심으로 언약을 했고 지켰다면 당신은 당연히 구원을 받을 것이다. 그러므로 나는 당신이 다음의 질문을 통해 그것을 이해하고 행할 수 있도록 도움을 주고자 한다. 당신이 하나님 앞에 나아가는 사람으로서 진지하게 대답하기를 바란다.

탐구 1 '당신은 당신이 창조주를 사랑하고 섬기도록 만들어진, 짐승과는 다른 이성적인 피조물이며, 천국이나 지옥에서 영원히 살아야 하는 불멸의 영혼을 갖고 있다는 것을 정말로 믿는가? 그리고 이생이 끝나면 참으로 기쁨의 천국과 형벌의 지옥이 있다는 것을 정말로 믿는가?'

탐구 2 '하늘에서는 죽음에서 정당화된 자들의 영혼과 부활한 몸이 천사들과 만나서, 그리스도와 함께 거하며, 하나님의 영광을 보고, 거룩함으로 온전하게 되어, 하나님의 사랑에 대한 감각과 우리의 본성이 받을 수 있는 가장 큰 기쁨으로 충만하고, 영원히 하나님의 최고의 사랑을 받고 그분을 찬양하는 가운데 살 것이라고 믿는가?'

탐구 3 '이생의 모든 쾌락은 짧고 죽음으로 끝나며, 쾌락을 원하는 육체는 썩을 것이 확실하기에, 천국의 기쁨이 이생의 모든 쾌락과 이익보다 한없이 좋고, 더 갈망하고 추구해야 할 것이 많다고 확실히 믿는가? 우리가 온 마음과 영혼과 힘을 다하여 모든 피조물보다 하나님을 사랑하는 것이 가장 합리적이라고 확실히 믿는가?'

탐구 4 '하나님에 대한 사랑이 우리의 의무이자 행복이라는 것을 안다면 그때에, 하나님으로부터 우리의 마음을 빼앗고, 그분을 사랑하고 원하고 찾는 것을 방해하는 세상의 어떤 것에 대한 사랑도 우리가 막아야 할 이유가 되지 않는가? 세상의 부와 명예와 즐거움에 대한 사랑이 하나님에 대한 사랑을 거스르는 한, 우리가 그것을 억제하는 것이 당연하지 않은가?'

탐구 5 '하나님이 세상의 절대적인 주님이자 통치자인 것을 알면, 그분이 명령하는 이유를 알지 못할지라도 그분이 우리에게 명령하는 것은 무엇이든 우리가 그분에게 순종하는 것이 합당하지 않은가? 게다가 하나님께서 우리에게 자기를 사랑하고 존경하고 경배하라고 명령하시고, 서로 사랑하고, 모든 사람을 공정하게 대하고, 우리가 다른 사람에게서 받고자 하는 대로 행하고, 우리의 영혼에 주의를 기울이고, 우리의 몸을 절제하고, 우리의 창조주를 등한시하거나 불명예스럽게 하지 않고, 우리 자신의 구원을 무시하지 않고, 짐승 같은 더러움이나 폭식으로 우리 몸을 남용하지 않고, 우리의 이웃에게 해를 끼치지 않고, 우리의 힘으로 그들에게 좋은 일을 하는 것을 거부하지 않는 것이 합당하지 않은가? 이것이 하나님의 모든 율법의 총합이며, 이것이 거룩함과 순종의 본질이다. 당신은 마음으로부터 이 모든 것이 매우 합리적이고 선하다고 믿지 않는가?'

탐구 6 '죄악 된 세상이 하나님과 거룩함에서 관능으로 돌아섬으로, 행복에서 비참으로 떨어졌을 때, 하나님은 자기의 아들을 죄인들의 구속자와 구세주로 보내셨다. 그분은 죄를 위한 제물이 되고, 거룩하고 순종적인 삶의 교사이자 모범이 되어, 그들과 새 언약을 세우셨다. 이로써 하나님은, 그들이 그들의 구세주와 거룩하게 하시는 분에게 자신을 포기하고 진정한 회개로 자기에게 돌아온다면 그들의 모든 죄를 용서하고 영원한 행복을 주신다. 당신은 비참한 죄인들이 그러한 제안을 기꺼이 감사하는 마음으로 받아들이는 것이 옳다고 생각하지 않는가? 그리고 그들을 그토록 부드럽게 사랑하시고, 그들을 지옥불에서 값없이 구원하시고, 그들에게 영생을 값없이 주시는 하나님과 구세주를 사랑하는 것이 옳다고 생각하지 않는가? 이 모든 일이 있은 후에도, 이 모든 자비를 무시하고 성화의 은혜로 새롭게 되기를 거부하며, 자기 하나님과 영혼과 이 구원을 무시한다면, 그 사람은 오히려 자기 죄를 지키기로 선택한 사람이 아닌가? 그런 사람은 구세주와 구원에 대해 결코 들어 본 적이 없는 사람보다 완전히 버림받고 더 많은 형벌을 받는 것이 마땅하지 않은가?'

탐구 7 '이것이 당신 자신의 경우가 아닌가? 당신은 육체적이고 세상적인 삶을 살아오며,

하나님과 당신의 구원을 무시하고, 이 낮은 것들에 신경을 쓰며 살아오지 않았나? 당신으로 하여금 회개하고 거룩한 삶에 이르게 할 그리스도의 말씀과 영을 거부하지 않았나? 결과적으로 구주 이신 그리스도와 거룩하게 하시는 분이신 성령, 그리고 이러한 조건으로 그분이 당신에게 베푼 모든 자비를 거부하지 않았나?'

탐구 8 '지금까지 당신의 경우가 그랬다면, 지금 당신은 그 일로 인해 진심으로 슬퍼하고 있는가? 그것이 당신을 지옥에 너무 가까이 이르게 했을 뿐만 아니라, 하나님을 불쾌하게 하고 당신이 지금까지 살아오는 동안 필요한 거룩하고 안락한 삶을 빼앗고 천국에 대한 당신의 모든 희망을 위태롭게 했기 때문이다. 당신은 지금까지 회개하며, 마음과 사랑이 변하여, 이 세상의 모든 즐거움과 번영을 누리는 것보다, 이 땅에서 거룩한 삶을 살고, 하늘의 기쁨 가운데 영원히 하나님을 보고 즐거워하기를 원하는가? 당신은 당신의 죄를 미워하고, 그 죄로 인해 자신을 혐오하며, 진실로 거룩해지기를 원하는가? 하나님께서 당신을 건강하게 회복시켜 주시면 새롭고 거룩한 삶을 살 것이라고 굳게 다짐을 했는가? 육체의 삶과 세상적인 삶 그리고 고의적인 모든 죄를 버리고, 하나님의 뜻을 배우고 그분께 의지하며 성도들의 거룩한 교제 가운데 살고, 하나님을 기쁘시게 하고 구원받는 것을 최우선으로 삼겠는가?'

탐구 9 '이러한 목적을 위해 당신은 화해하신 아버지, 구원자, 성화하게 하시는 자로서 성부, 성자, 성령 하나님께 절대적으로 자신을 포기하고, 거룩해지고 정당화되어, 당신의 죄와 하나님의 진노에서 벗어나 구원받고, 사랑과 거룩함으로 하나님을 위해 살기를 원하는가? 당신은 육체와 세상과 마귀를 버리고 하나님과 이 언약을 맺음으로써 이 일에 기꺼이 참여할 의향이 있는가? 당신은 당신의 마음이 이 결의와 언약을 원하고 그것에 진심이 담겨 있든지, 그렇지 않든지 둘 중 하나다. 그렇지 않다면 당신의 죄가 용서받고 당신의 영혼이 다른 어떤 방법이나 더 쉬운 조건으로 구원될 것이라는 희망은 없다! 하나님은 자비로우시고, 그리스도께서 죄인들을 위해 죽으셨기 때문에, 한 명의 회개하지 않고 성화되지 않은 영혼을 구할 의도는 결코 아니었다. 그러나 만일 당신 마음이 이에 거짓 없이 동의한다면, 나는 당신에게 그리스도 자신의 위임을 받아 말한다. 하나님은 당신과 화해하여 아버지가 되시고, 그리스도는 당신의 구원자가 되시며, 당신의 죄는 사면되고, 당신의 영혼은 구원될 것이며, 당신은 영원히 천국에서 하나님과 함께 거할 것이다.[440] 하나님께서는 당신이 동의하기 전에 동의하셨다. 그분은 당신에게 이 언약에 상응하는 값을 지불하시고, 만들어, 당신에게 제안하는 방식으로 자신의 동의를 보여 주었다. 이제 그것을 받아들이고 그분께 무조건적으로 포기함으로써 거짓 없는 동의를 나타내라. 그러면 당신은 그것을 확증할 그리스도의 피와 성령과 성찬을 갖게 된다. 육체와 세상은 당신을 속였지만, 그분의 언약의 조건으로 그리스도를 신뢰하라. 그리하면 그분은 결코 당신을 속이지 않을 것이다.'

이제 슬프게도, 그토록 비참한 상황에 처하고, 영원히 상실된 영혼에게 도움과 신속한 도움이 없어, 이 모든 은혜와 영광을 박탈당한다면 얼마나 안타까운 일인가! 단지 회개와 동의가 없어서 도움을 받을 수 없다면 얼마나 안타까운 일인가! 더 이상 자비가 베풀어지지 않는 다른 세계로 가려는 영혼이, 하나님께로 돌아와 그분의 자비를 받아들이지 않고 어리석게도 지옥으로 가는 것은 얼마나 안타까운 일인가! 진심으로 회개하고 이 언약에 동의하라. 그러면 이 언약의 모든 자비는 확실히 당신의 것이다. 하나님은 당신의 하나님과 그리스도가 되실 것이며, 성령이 되시고, 용서하시고 천국이 되시고, 모든 것이 당신의 것이 될 것이다. 주님께서는 당신의 마음을 열고 설득하여, 당신에게 주어진 자비를 받아들이지 않음으로 인해 멸망하고 영원히 지옥에 떨어지지 않기를 원하신다!

지금 당신이 죄를 용서받고 구원받을 것이라고 확신할 수 있다면, 그것이 당신에게 편안함이 될 것이라는 것을 안다. 이렇게 말할 수 없는 순간에, 자신의 이성을 올바르게 사용하는 사람에게 근거 있는 확신이 있다면 얼마나 기쁠까! 그러므로 내가 하나님의 말씀을 참조하여 말하면, 당신에게는 그분을 의심할 이유가 없는데, 있다면 오직 당신 자신 때문에 의심하는 것이다. 하나님이 자비를 베푸시는지, 그리스도께서 당신의 죄를 위한 충분한 구세주이자 희생이 되는지에 대해서는 의심할 여지가 없다. 또한 언약이 확실한지, 참으로 회개하는 모든 신자들에 대한 용서와 구원의 약속이 사실인지에 대해서도 마찬가지다. 모든 의심은 당신의 믿음과 회개가 진실한지 여부이다. 그러므로 나는 당신이 그것을 어떻게 알 수 있는지 말할 수밖에 없다. 그리고 나는 당신을 속이지 않고, 이유 없이 당신을 불편하게 하지도

---

440) 마 28:19, 20; 고후 6:16-18, 5:17

않을 진실을 당신에게 공개하겠다.

만일 지금 당신이 고백하는 이 회개와 변화, 그리고 하나님과 맺는 이 언약이 1. 변화되고 새로워진 마음에서 나오는 것이 아니고, 오직 현재의 두려움에서 나오는 것이며, 2. 당신의 결심이 당신을 회복시켜야 함에도, 당신이 거룩한 삶을 유지하지 못한다면, 당신의 회개는 희망을 잃고, 사라질 것이다. 두려움이 사라진다 해도 당신은 전과 같은 상태가 될 것이다. 그렇다면 그것은, 강제적이고 위선적인 회개일 뿐이며, 그렇게 죽는다면 당신을 구하지 못할 것이다.[441] 그리스도의 사역자가 당신의 모든 죄에 대한 면책을 위해, 그리스도의 몸과 피의 성찬을 베풀어 보증해 줄지라도, 진정한 회개가 아니면, 이 모든 것은 영원히 박탈당할 것이다. 왜냐하면 성찬은 당신의 믿음과 회개가 진실하다는 전제하에 주어지는 것이기 때문이다. 만약 이 조건에서 실패한다면, 세상에서 가장 거룩한 사역자에 의해 성찬을 받았을지라도 결코 당신을 구원하지 못할 것이다.

그러나 1. 당신의 회개와 언약이 현재의 두려움에서 만 아니라, 지금 하나님의 조건에서도, 하나님과 그리스도를 좋아하고, 그리고 천국과 거룩함을, 육체의 모든 명예와 세상의 부와 쾌락보다 더 사랑하는 새로운 마음에서 나오는 것이고, 2. 이 변화가, 마치 당신이 회복하지 않으면 안 되는 것처럼, 당신을 거룩한 삶에 붙들어 두거나, 공포가 사라졌음에도 불구하고 변화가 지속되고, 위선적인 형식으로 바뀌지 않는다면, 내가 하나님의 말씀을 참조하여 당신에게 보증하는 것은, 당신이 이 회개 속에서 생이 끝날 때, 반드시 구원을 받는다는 것이다. 뒤늦은 회개로 너무 많은 어려움을 겪기 때문에 그것이 참되고 건전한 것으로 증명되는 경우가 너무 드물다 하더라도, 우리의 구원을 그토록 큰 위험에 빠뜨리는 것은 말로 표현할 수 없는 미친 짓이다. 그리고 우리의 모든 삶의 주요한 사업이 되어야 할 그 일을 지금까지 미루는 것도 그렇다. 이를 위해서는 가장 큰 관심과 근면이라 해도 결코 과하지 않다. 그럼에도 불구하고 회개가 진실하다면, 아무리 늦은 회개라 할지라도 항상 받아들여진다. 돌아온 탕자는 그가 기대할 수 있었던 어떤 것보다, 더 나은 하나님과의 즐거움을 반드시 발견할 것이다. 그리스도께서는 진실한 마음으로 자신에게 돌아오는 영혼을 결코 하나도 내쫓지 않을 것이

---

441) 마 13:19-23, 18:3; 롬 8:7-9; 히 12:14; 요 3:3, 5, 6, 1:12, 3, 16; 엡 6:24, 2:14; 고전 16:22; 눅 14:26, 27

다.[442] 주님께서 당신에게 진실한 마음을 주시면 모든 것이 당신의 것이 될 것이다. 아멘.[443]

[질병에 걸린 경건한 사람들에게 주는 권고의 본보기]

친애하는 친구여. 비록 본성은 고통 중에 있는 당신의 육체에 연민을 갖도록 우리에게 가르치지만, 믿음은 우리에게 당신의 행복이 가까이 있음을 보고, 곧 다가올 끝없는 기쁨을 기대하며 당신과 함께 기뻐하라고 가르친다. 우리는 당신을 사랑하므로 당신의 행복에 참여하는 친구로서 당신과 함께 기뻐해야 하며, 동일한 행복을 향해 당신과 함께 가는 여행자이자 동료병사로서 당신과 함께 기뻐해야 한다. 우리가 잠시 뒤처져 있을지라도, 머지않아 당신을 따라가 다시는 당신과 떨어지지 않기를 바란다. 오늘은 그리스도께서 그토록 오래 당신을 위해 준비해 오셨던 날이다. 당신은 오래 예견해 왔고 오래 스스로 준비해 왔다. 오늘은 당신이 하나님을 만난 이후, 모든 기도와 인내, 모든 수고와 고난, 자기부정과 절제 속에서 생각해 온 날이다. 이제 당신은 당신이 생각해 오던 것을 볼 것이다. 당신이 구하고 바라던 것들을 소유하게 되고, 의인과 악인, 거룩한 삶과 세상적인 삶, 자비를 받은 사람과 진노를 받은 사람의 최종 차이를 보게 될 것이다. 당신의 시간은 종말을 향해 달려가고 있으며, 끝없는 축복이 그것을 뒤따를 것이다. 지금, 그리스도를 소유한다는 것이 얼마나 큰 자비인가! 당신은 정복되지 않은 죽음과 직면하는 것이 아니고, 중보자 없이 홀로 하나님께 나아가는 것도 아니다. 게다가 그 죽음은 그리스도에 의해 그 쏘는 것이 제거되었다. 당신은 당신의 영혼을 구속주의 손에 담대히 넘겨주고, 그분의 지체이기에 그분께 맡기기를 바란다. 자, 만약 당신에게 중보자가 없다면 당신의 영혼은 어떤 경우에 처해지겠는가! 만일 당신이 당신의 죄에 대해 대답해야 한다면, 당신을 위해 변호하고 대답할 구주 없이 당신이 홀로 대답해야 할 것이다! 이제 하나님께서 당신의 눈을 열어, 당신을 겸손하게 하셨고 변화시키고 마음을 새롭게 하셨다면, 당신은 그 전보다 더 잘 알 수 있을 것이다. 그리고 참회하는 신자가 된

---

442) 눅 15:19-22; 요 6:37
443) 렘 31:34; 엡 1:7, 5:26; 행 5:31, 4:4-6; 계 1:5; 고후 6:16; 말 3:17; 롬 8:1, 17, 1:5; 눅 4:18, 1:74, 23:43; 요 10:28; 고전 15:8; 딛 3:3-5; 딤전 1:13-16

다는 것이 얼마나 큰 자비인지 더 잘 알 수 있을 것이다. 이제 당신은, 하나님께서 당신을 회심하게 하셨을 때, 당신을 위해 무엇을 의도하셨는지, 이전 어느 때보다 더 완전하게 볼 수 있을 것이다. 그분이 당신의 모든 죄를 사하시고 그분의 은혜로 당신을 정당화하시고 당신을 자기 자녀와 생명의 상속자로 삼으시고 그의 성령으로 인치시어 거룩하게 하고 그분을 따르도록 당신을 구별하셨기에 당신은 이전 어느 때보다 더 완전하다고 볼 수 있다. 이제 당신이 아직, 죄악과 사탄의 속박 속에 있고, 영생을 얻을 자격이 있다는 증거가 없다면, 당신은 어떠한 상황에 처해 있겠는가! 만약 당신의 마음이 누그러지고, 겸손하고, 회심하려는 마음이 되고, 믿음과 정당화를 구하고, 천국을 위해 모든 준비를 한다면, 하나님은 당신을 떠나지 않을 것이다! 만약 당신이 고통스러운 몸과 혼란스러운 마음속에서도, 공포가 당신의 영혼을 압도하고 있는, 짧은 시간 중에도, 하나님과 영원에 관해 그리고 당신 앞에 있는 죽음에 관한 일을 한다면, 하나님이 당신을 떠나지 않을 것이다! 만일 지금 당신이 그리스도에 관해 관심을 갖고 당신의 모든 죄에 대한 용서를 구하고, 하나님과의 화평을 구한다면, 하나님이 당신을 떠나지 않을 것이다! 만약 당신이 과거의 모든 삶을 되돌아보고, 죄로 소모된 것 때문에, 시간이 거의 끝났음에도 불구하고, 과거의 모든 것을 잃어버린 것 때문에 울부짖는다면, 하나님은 당신을 떠나지 않을 것이다! 이것은 당신이 그렇게 하지 않았기에 정의의 하나님이 당신을 떠난 경우이다. 그러나 당신이 만나려고 하는 하나님과 이미 화목하게 되었다면 그것은 말할 수 없는 자비다! 지금 공포를 주는 모든 죄가 그리스도의 피로 용서된다는 것은 말할 수 없는 자비다! 당신은 회심한 날부터 하나님께 신실하게 헌신하고. 끝없는 삶을 위해 믿음으로 준비하며 보낸 당신의 시간을 되돌아볼 수 있다. 다양한 죄악으로 당신이 불완전함에도 불구하고 그리스도께서는 경건한 성실함으로 스스로 책임지시기로 작정하셨다! 당신은 자랑할 것이 하나도 없고, 율법에 따라 하나님의 법정에서 당신을 정당화할 어떤 행위도 있지 않다. 그래서 당신에게는 구주가 필요하며, 당신이 행한 모든 최선의 일 중에도, 실패한 것들에 대한 용서가 필요하다. 당신은 당신 안에 영생을 시작하게 하고, 당신이 그것을 소유할 수 있도록 준비시키시고 보증하신 그 은혜를 감사의 마음으로 기억해야 한다. 하나님 안에 있는 모든 긍휼과 하늘에 있는 모든 영광과 그리스도의 모든 공로와 성취와 모든 약속의 완성과 자유로운 상태를 감사의 마음으로 기억해야 한다.[444] 하나님께서 당신에게 믿음과 회개의 마음을 주시고 그분의 아들의 영으로 당신을 거룩하게 하고 보증하지 않으셨다면, 이 모든 것은 당신에게 조금도 위안이 될 수 없었을 것이다. 게다가 당신의 죄악으로 인해 당신의 비참함을 가중시켰을 것이다. 이때의 상황을 안다면, 많은 악인들은 의인의 죽음으로 죽는 것을 기쁨으로 여겼을 것이다. 너무 늦었음에도, 그들의 종말이 의인과 같을 수 있다면 그들은 모두 기뻐할 것이다. 하나님께서 그러한 종말로 당신을 준비시켜 주셨으니, 당신은 얼마나 기뻐해야 할까! 겸손한 영혼은 여전히 자신의 자격 없음에 눈을 돌리고 있지만, 사탄은 우리를 낙담하게 하고 두려워하게 하려고 우리의 죄를 악화시킬 준비가 되어 있다. 하지만 당신은 은혜가 그것들에 대해 얼마나 영광스러운 승리를 해 왔는지 보아라. 그리스도께서 하신 것처럼 그것들을 그분의 은혜의 장점으로 보아라. "죄가 더한 곳에 은혜가 넘쳤다."[445] 당신은 당신을 겸손하게 하고, **아담**의 자손이라는 것을 보여 줄 어떤 것을 가지고 있었다. 그리고 당신은 은혜로 맞서 싸워 이길 수 있는 어떤 것을 가지고 있었다. 그리고 용서해 주실 그리스도를 가지고 있었다. 미래가 없는 사람에게 승리를 주신 그분을 찬양하라. 당신이 지옥에 갈 만한 사람이었다면, 그리스도께서는 마땅히 지옥에 있어야 당신을 구원하지 않았을 것이다. 그분의 은혜에 대한 영원한 기억과 체험 속에서 어린 양의 노래가 당신에게 그토록 달콤하지 않았을 것이다. 당신은 사람으로서 죄를 지었고 하나님께서는 하나님으로서 용서하셨다. 당신은 연약하고 아무것도 아니었으나 그분의 은혜는 당신에게 충분했고, 그분의 능력으로 당신은 모든 것을 할 수 있다. 그분은 십자가 위에서 당신의 죄를 위해 피를 흘렸을 때와 마찬가지로 지금 영광 중에서도 당신을 사랑하신다. 그분께서는 그토록 값진 대가를 치르고 선택한 영혼이 멸망하는 것을 허용할까? 하늘에 계신 그리스도께서 이 땅에 한 번도 오신 적이 없다면, 우리에게 낯선 분으로 보였을 것이고, 우리의 비참함을 전혀 알지 못하셨을 것이며, 우리를 설득하고 격려하고 우리 마음을 얻을 수 있을 정도로 자신의 사랑을 그토록 값진 방식으로 증거하지 못하셨을 것이다. 우리를 위해 하늘로 올라가지 않은

---

444) 갈 4:4, 6; 롬 8:16, 17, 9, 3:24; 벧전 3:7
445) 롬 5:20, 8:25, 36; 엡 1:6, 7, 2:5, 7, 8; 딛 3:3, 5, 6, 7; 고후 12:9; 눅 15:4, 6, 24, 21:18; 마 18:14; 벧후 3:9; 요 3:15, 16, 18:9

지상의 그리스도는 우리에게 부족하고 패배한 친구로 보였을 것이다. 그리고 우리에게 아버지와 함께 거할 처소를 마련해 주시고 육체에서 분리된 영혼을 받아들이기에도 합당치 않은 자처럼 보였을 것이다. 그러나 "이제 우리에게 큰 대제사장이 있으니 하늘에 올라가사 모든 일에 우리와 한결같이 시험을 받으셨으나 죄는 없으시니라." 그러므로 "우리 연약함을 동정하지 못하실 이가 아니다. 그러므로 우리가 긍휼하심을 받고 때를 따라 돕는 은혜를 얻기 위하여 은혜의 보좌 앞에 담대히 나아갈 것이니라."[446] 지금은 당신에게 뭔가 필요한 시간이고, 여기에 당신의 모든 필요를 위한 공급품이 있다. 우리가 우리의 대제사장을 힘입어 은혜의 보좌 앞에 담대히 나아갈 수 있듯이 우리도 그분의 안내를 통해 영광의 하나님 앞에 담대히 나아갈 수 있다. 왜냐하면 그분은 "우리를 위하여 처소를 예비하여 그 계신 곳에 우리도 있게 하려"[447]고 의도적으로 앞서 가셨기 때문이다. 오, 우리가 건너갈 왕국을 우리의 머리와 구원자가 이미 소유하고 있다는 사실이 이곳을 떠나는 우리 영혼들에게 얼마나 큰 기쁨인가! 우리의 승천하는 머리(Head)로부터 "내 형제들에게 이르되 내가 내 아버지 곧 너희 아버지, 내 하나님 곧 너희 하나님께로 올라간다"[448]고 하는 메시지를 받는다는 것은 얼마나 큰 힘과 기쁨이 되는가? 그분의 약속인, "사람이 나를 섬기려면 나를 따르라 나 있는 곳에 나를 섬기는 자도 거기 있으리라"[449]를 읽는 것은 얼마나 기쁜 일인가? 당신은 그분을 섬겼고 따르고 있으며 이제 그분이 있는 곳에 그분과 함께 있을 것이다.

그곳에서 당신은 이세상의 어둠으로부터 자유롭게 될 것이다. 우리는 얼마나 어렴풋이 육체의 등불을 통해 보았는가! 우리는 얼마나 아는 바가 없었던가! 우리는 얼마나 무지했던가! 우리의 작은 지식으로 인해 얼마나 큰 고통을 겪었던가! 그러나 그곳에서 하나님의 얼굴을 한 번만 보면 이 긴 밤이 끝나게 될 것이고 천년 동안의 모든 독서와 연구로도 결코 만족스럽게 알 수 없었던 것을 알게 될 것이다. 거기서 당신은 여기서는 알지 못했던 하나님의 일, 즉 창조의 틀, 만물의 이치와 직분과 일을 이해하게 될 것이다. 천사들이 캐묻는 복음의 신비

---

446) 히 4:14-16
447) 요 14:1-3
448) 요 20:17
449) 요 12:26

는 가장 명석한 신학자들이 그것들을 설명할 수 있었던 것보다 훨씬 더 많이 당신에게 펼쳐질 것이다.[450] 거기에 있는 모든 과학은 하나의 보편적 지식의 체계일(pansophy) 것이다. 그러면 인식되는 모든 것이 경이롭고 완벽한 조화를 이루어 당신에게 나타날 것이다. 저 축복받은 천사들이 여기에서 당신을 섬기는 일을 수치로 여기지 않고, 당신의 길을 지원하고, 당신의 관심사에 관심을 갖고 하나님 앞에서 당신의 회심으로 인해 당신을 얼마나 환영할 것인가! 그때 그들은 약속된 행복의 항구에 안전하게 도착한 당신을 얼마나 기뻐하겠는가! 곧, 이 육체와 세상에서 자유롭게 된 축복받은 영들과 모든 거룩한 영혼들의 교제 안에서 환대를 받고 환영 받는 것이 당신에게 얼마나 큰 기쁨이 되겠는가! 그들의 질서를 보며, 그들의 사회에 속하게 되고, 그들의 즐거운 일에 참여하게 될 것이다. 오, 지상의 최고의 친구들보다 얼마나 더 나은 친구들인가! 무지가 없으므로 오류도 없다. 사랑이 부족하지도 않고 다툼도 없다. 또한 편협하고 사적인 이익을 위해 경쟁하지 않고, 모두가 그분 안에 있는 완전한 사랑 안에서 행복해진다. 그것이 그들의 보편적인 목적과 행복이다. 거기에는 불화도 없고 비뚤어진 논쟁도 없다. 다른 사람을 위한 무지한 열심도, 맹목적인 열정도 없다. 교만하거나 탐욕스러운 계획도 없다. 따라서 그들을 기소할 해로운 수단도 없고, 우리 자신을 구하거나 자신의 발전과 부를 위해 형제들을 해칠 필요성이 없어 보인다. 거기에는 중상하는 자들이 그리스도께서 정당화하신 영혼들을 비난하지 아니하며 의인에게서 의로움을 빼앗는 일도 없다. 잔인한 조롱이나 투옥이나 추방도 없다. 방황도, 궁핍도, 고난도, 고통도 없다. 의를 위하여 더 이상 고난을 받지 않고, 그리스도와 함께 고난을 받은 그들은 이제 그분과 함께 다스리게 된다. 그리고 세상에서 가치 없는 사람들이 가치 없는 세상에서 하나님께로 들어 간다. 불안을 유발하는 유전자 조작이나 혼란도 없고, 그 구성원들에게는 전쟁하려는 욕망이 없기 때문에 전쟁이나 전쟁에 대한 유언비어도 없다. 그러나 사랑의 조화 속에 연합된 영혼들은 어떤 불일치도 없이 주님을 찬양한다.[451] 교회는 구성원들의 교만이나 불만으로 인해 종파와 파벌로 나뉘지 않는다. 어느 누구도 나머지 사람들과 교제를 꺼리지 않는다. 어느 누구도 다른 사람들이 그들의 구속주를 찬양하는 것을 막지 못한다. 다른 사람들을 형제애와 친

---

450) 히 12:22, 1:14; 시 34:7; 눅 15:10, 16:22, 20:36; 빌 3:10, 20, 21
451) 히 11:35-38; 마 24:6; 시 46:9; 약 4:1, 2

교에서 쫓아내지 못한다. 불의한 법도 없고, 불순종하는 백성도 없고, 평화롭지 못한 이웃도 없고, 불성실한 친구도 없고, 해롭고 악의적인 원수도 없다! 괴로워하는 친구로 인해 애도할 일이 없고 절망적인 영혼으로 인해 슬퍼할 일도 없다. 가르쳐야 할 무지한 사람도 없고, 설득하거나 기도해야 할 완고한 사람도 없다. 위로받는 것을 두려워하고 의심하는 그리스도인이 없고, 약하거나 흔들리는 영혼을 견고하게 할 일도 없다. 경건한 자의 무분별하고 수치스러운 행위로 애통할 일이 없다. 빛을 차단하려는 교만, 자만심, 어떤 기만의 잔재도 없다. 그들에게는 원수들이 비난할 만한 흠도 없고, 악의적인 원수들이 책망할 만한 흠도 없다. 사물이나 사람에 대한 허위진술이 없다. 허위 보고서를 제기하거나 받지도 않는다. 슬퍼하거나 맞서 싸워야 할 우리 자신의 죄가 없다. 사회를 어지럽히거나 다른 사람들의 죄로 한탄할 일이 없다. 그곳에서는 친구로 인해 고통받을 일이 없다. 당신이 풍족한 동안에 궁핍함으로 수고하는 사람이 없고, 당신이 건강한 동안에 질병으로 신음하는 사람이 없다. 당신 자신의 어떤 결핍이나 고통이 당신을 괴롭히지 않으므로, 친구가 겪는 고통이 당신의 기쁨을 방해하지 않을 것이다. 당신 주위에 있는 남색 하는 세대의 광기와 완고한 사악함 때문에 당신의 위안이 애통으로 바뀌지 않을 것이다. 그들의 더럽고 무분별한 대화 때문에 당신의 의로운 영혼이 괴로워하지도 않을 것이다.[452] 당신은 대부분이 이교주의와 불신앙에 빠져 있는 세상이나, 교황의 폭정, 잔인함, 탐욕, 모독으로 더럽혀진 교회에 살지도 않을 것이다. 사회 전체가 빛으로 빛나고 사랑의 불꽃이 타오를 것이며, 어떤 약함이나 부패를 통해서도 다른 사람을 막거나 방해하지 않을 것이다.

무엇보다도 당신은 영광을 받으신 구속주의 인격을 보게 될 것이다! 당신은 한 때 동정녀의 태에서 겸손하게 되시어, 빈곤의 삶을 사셨고, 죄인들의 조롱을 받았던, 그 몸이 영광스럽게 변화된 것을 보게 될 것이다. 그때 그는 침 뱉음을 당하셨고, 매질을 당하셨고, 가시관을 쓰셨고, 처음에는 조롱거리가 된 다음, 교만하고 악의적인 박해자들의 뜻에 따라 십자가에 달려 죽으셨다. 당신은 거기서 하나님께서 모든 피조물보다 더 높이 들어 올리기 위하여 선택한 인격을 볼 것이다. 그 안에서 모든 성도들보다 더 영광스럽게 되실 것이다.[453] 거기서는

---

452) 습 3:17, 18; 겔 9:4; 벧후 2:7, 8
453) 요 17:2, 4; 빌 2:7-10

그분의 성육신의 놀라운 겸손과 위격적 결합의(hypostatical union) 놀라운 신비가 더 잘 이해될 것이다.

그리고, 무엇보다도 당신은 가장 거룩한 하나님을 직접 보게 될 것이다.[454] 그분의 본질을 보든 아니든, 의심할 바 없이 그분의 영광 속에서, 성령을 영화롭게 하기 위해, 자신의 영광을 드러내시려고 준비한 그 나라와 장소에서 그분의 영광을 볼 것이다. 당신은 당신의 이해력을 완전하게 해 줄 그의 통찰력을 보게 될 것이고, 그를 사랑하며, 그의 사랑의 충만함을 느낄 것이다. 이는 모든 창조된 존재가 얻을 수 있는 최고의 행복이다. 비록 영혼이 어느 정도 사랑스럽고 유능하기 때문에, 그 정도는 다르지만(그렇지 않다면 그리스도의 인간성은 우리보다 행복하지 않을 것이다), 어느 누구도 죄가 있거나 불안을 유발하는 불완전성을 가진 사람은 없을 것이며, 그들의 모든 능력은 하나님으로 채워질 것이다.

오, 사랑하는 친구여, 내가 당신에게 그토록 높고 영광스러운 일을 더 이상 분별력도, 감탄도 없이 언급한다는 것을 생각하면 혼란스럽고 부끄럽다! 내가 이렇게 초월적인 행복과 기쁨에 대해 말함에도 불구하고, 내 영혼이 더 열렬한 사랑의 불꽃에 휩싸이지 않고, 더 높은 기쁨으로 고양되지도 않고, 더 갈망하는 욕망에 끌리지도 않는 것을 생각하니 부끄럽다! 오, 당신과 내가 축복받은 **스데반**이나 **바울**처럼, 말로 표현할 수 없는 즐거움을 잠깐 만이라도 맛보았다면, 그것이 우리에게 얼마나 깊은 영향을 미칠까! 그러면 우리는 어떻게 이 죄의 삶을 혐오해야 하나? 이 어둡고 냉담한 상태에 싫증을 내고, 이 육체의 감옥에서 벗어나는 것을 기뻐하고, 현재의 악한 세상에서 구원받는 것을 기뻐하라.[455]

이것이 앞으로 당신이 살려고 하는 삶이다. 비록 고통스러운 죽음이 시간의 자궁을 열어 당신을 영원 속으로 들어가게 해야 하지만, 고통은 얼마나 빨리 끝날 것인가? 자연은 당신에게 죽음을 암울하게 하고 죄가 그것을 형벌로 만들었다. 그래서 당신은 지금 그것을 꺼림칙함과 두려움으로 바라보고 있다. 그러나 이 모든 것은 빠르게 지나갈 것이며, 당신의 영혼은 기쁨의 세계에 들어가 거기서 태어날 것이며, 그것은 당신의 모든 두려움과 슬픔을 잊게 만들 것이다. 자연의 탄생에는 고통이 있고 은혜의 탄생에는 회개의 슬픔이 있듯이, 영광의 탄

---

454) 마 5:8; 히 12:14
455) 행 7:56; 고후 12:3-5; 갈 1:4

생에는 우리에게 가장 행복한 상태로 들어가기에 가장 큰 어려움을 겪어야 한다.[456] 오, 겸손하고 두려운 영혼이 한 순간에 죄 많고 고통스러운 육체에서 벗어나 이 현재 삶의 모든 표현과 개념을 초월하는, 말로 표현할 수 없는 빛과 생명과 거룩한 사랑의 세계로 들어 간다는 것은 얼마나 큰 변화인가! 아아! 우리의 현재의 무지와 두려움은 그러한 변화에 우리를 뒤로 물러서게 할 것이다! 믿음 안에서 죽은 우리의 모든 형제들이 그리스도와 함께 이 기쁨에 승리를 축하하고 있는데, 우리의 영혼은 두려워 떨며 이 육체를 떠나는 것을 몹시 싫어하고 동일한 행복으로 부름 받는 것을 두려워해야 하다니! 오, 우리의 감금되고 불완전한 영혼들에게 불신의 잔재는 얼마나 큰 적인가! 그것은 우리 눈으로부터 그러한 바람직한 영광을 감출 수 있고, 더 이상 우리에게 영향을 미치지 못하게 하고, 오랫동안 하나님과 함께 있고 싶어 하는 바람을 막다니! 그러한 내키지 않는 영혼들을 행복으로 데려가는 그 사랑과 자비는 얼마나 놀라운가! 그리고 그 괴로운 비참함에 의해, 그리고 신체적 고통과 피로에 의해 사랑하는 이 세상에서 우리를 쫓아내다니 그 사랑과 자비는 얼마나 놀라운가! 말하자면 우리가 원하든 원하지 않든 우리를 즐거운 축복으로 이끌어 주실 것이다! 우리가 기꺼이 떠나고자 할 때까지 우리를 오랫동안 천국에서 분리하지 않을 것이다!

이제 당신의 여행은 거의 끝나는 것 같다. 하지만 이 더러운 세상에 남겨진 사람들에게는 아직 가야 할 더러운 발걸음이 얼마나 많이 남았는가? 당신은 선한 싸움을 했고 믿음을 지켰다. 이 마지막 공격이 끝나면 결코 적이나 유혹으로 인해 어려움을 겪지 않을 것이다. 당신은 결코 불신이나 교만이나 세속적인 생각이나 육체의 정욕이나 주님을 섬기는 데 있어서 어떤 결점으로 유혹을 받지 않을 것이다. 그리고 당신은 얼마나 많은 유혹에 휩싸여 있는 우리 곁을 떠나는가! 하지만 남아 있는 사람들이 극복해야 할 위험과 적들은 얼마나 많은가. 아아! 우리가 받을지도 모르는 추락과 상처는 얼마나 많은가! 당신 뒤에 남아 있는 사람들은 달려 갈 길이 많이 남아 있는데, 당신의 경주는 거의 끝나는 것 같다. 우리는 파도의 폭풍에 휩쓸려 가는데, 당신은 항구로 들어가고 있다. 육체는 더 이상 당신의 영혼을 유혹하거나 방해하지 않을 것이다! 당신은 더 이상 부당하게 명령하는 감각도, 부당한 통치 욕구도, 무질서한

---

456) 요 16:21, 3:3, 5, 7, 8

환상도, 방황하는 생각도, 완고한 정욕이나 억제해야 할 왕성한 열정도 갖지 않을 것이다. 당신은 더 이상 타락의 뿌리도, 하나님에 대한 적대적인 원칙도 갖지 않을 것이다. 당신이 선을 행하는 것이 더 이상 어렵거나 고단하지 않을 것이다. 당신이 하나님께 드리는 봉사는 더 이상 불완전함으로 뒤섞이거나 흠집을 내지 않을 것이다. 당신은 더 이상 차갑고, 완고하고, 꺼림칙한 마음을 갖거나, 부주의하고, 한탄할 관습적인 의무를 가지지 않을 것이다. 하나님의 사랑과 그 기쁨으로 이루어진 행사와 그 원시적인 거룩함이 완전해질 것이다. 회복의 수단으로 사용하는 거룩한 종속적인 의무는 필요가 없어질 것이다. 설교도, 공부도, 책도 더 이상 필요하지 않을 것이다. 성례와 교회의 권징, 그리고 그러한 모든 수단이 제 역할을 다했다. 회개와 믿음은 이미 목적을 달성했다. 부활 후에는 당신의 몸은 먹을 것이나 의복이나 보살핌이나 노동이 필요하지 않을 것이다. 이제 당신은 무엇이든 부족하지 않기 때문에, 당신의 영혼은 현세에서 피할 수 없는, 그러한 의식을 사용하지 아니할 것이다. 창조주를 직접 만나야 할 때, 유리를 통해 볼 필요가 없을 것이다.[457] 당신이 하나님을 알고자 하는 만큼 하나님을 알게 될 그날은 당신에게 즐거운 날이 아닐까? 당신이 그를 사랑하고 싶은 만큼, 그를 사랑하지 않을까? 당신이 합리적으로 사랑받고 싶어 하는 만큼, 사랑받지 않을까? 당신이 기뻐하고 싶은 만큼, 그 안에서 기뻐하지 않을까? 나는 당신에게 영원한 처소로 들어가는 창문만 열어 주었을 뿐이며, 약속의 땅인 하늘 예루살렘에 대한 어둡고 먼 전망만을 보여 주었을 뿐이다. 만족스러운 광경은 우리가 만족스러운 결실을 맺을 때까지 당분간 보류될 뿐이다.

지구상에서 그런 소망을 가질 만한 일이 있을까? 건강이나 부, 가장 높은 지위나 가장 큰 즐거움이 인간을 행복하게 할까? 그렇지 않을 것이라는 것을 당신도 알고 있다. 만일 그런 일이 있다면, 행복은 너무 짧아서 우리가 신경 쓸만한 가치가 없을 것이다. 모든 완벽함의 끝을 본 적이 없는가? 세상이 얼마나 기만적인 꿈과 행복의 그림자로 그의 추종자들을 낙담하게 했는지 관찰하고 경험해 보지 않았는가? 그들은 무대 위의 연기자처럼 어떤 연기를 했는가! 어제는, 꿈속에서 가면을 쓰고 연기하는 그들이 왕자, 영주, 또는 정복자처럼 보였지만, 오늘 그들은 어두운 무덤에 묻혀 있다! 어제는 위대하고 부유해 보였던 그들이 오늘은 관과

---

457) 고후 3:18, 4:6; 고전 13:12

수의, 그리고 그들의 역겨운 육체를 숨길 장소 외에는 더 이상 그들의 가구나 소유물이 없다! 어제는 즐겁고 명랑했고 건강과 명예를 누렸으나, 오늘은 고통스러운 비참함 속에서 신음하며 누워, 그들이 소중하게 얻은 사랑스러운 부와 이별하기에 더 이상 즐겁지 않다. 시작하자마자 끝나는, 이 일시적인 삶처럼 짧은 순간 동안, 부유하든 가난하든, 명예롭든 수치스럽든, 궁궐에서 살든 초막에서 살든, 고통을 겪든 쾌락을 느끼든, 영원히 천국이나 지옥에 살아야 하는 것이 그들에게 얼마나 상관이 없는 일인가! 얼마나 많은 죽어 가는 선조들이 세상을 향해 무의미한 것과 기대에 어긋난 일로 울부짖어 왔는가! 그러나 그들의 이성을 잃은 후손들은 세상을 높이 평가하고, 그것에 대한 사랑 때문에 그들의 영혼과 영원한 희망을 잃게 된다! 그들은 마치 그들의 집이 영원히 계속될 것처럼 그들의 풍요를 자랑하고 즐거워한다. 그들은 존귀하나 살지 못할 것이며 마치 멸망하는 짐승 같으니 그들이 양처럼 무덤에 누워 있으면 사망이 그들을 먹을 것이다. 비록 이것이 그들의 어리석은 길일지라도, 그들의 후손은 그들의 속담을 인정하고 같은 죄로 그들을 따라 같은 멸망에 이른다.[458] 이곳이 거룩한 영혼들이 사랑할 수 있는 세상인가? 그것이 우리의 사랑을 받을 만한 가치가 있는가? 그것이 우리를 아주 사랑하는가, 아니면 아주 잘 이용해서 우리가 그것을 떠나기 싫은 것인가?[459] 세상은 우리 주님에게서 이익을 추구하는 방식으로, 그분을 따르는 자들에게서 이익을 추구할 것이다. 그분이 제지하지 않는다면 세상이 그분을 악용하는 방식으로, 우리를 악용할 것이다. 성도들이 떠나기 싫어하는 세상이, 맹신적이고 혼란스럽고 악의적이고 잔인하고 하나님에 대해 경외심이 없으며, 거짓되고 배신하고 기만적인 곳인가? 오, 우리에게 더 나은 것을 주신 그 사랑과 그 피와 그 은혜가 복 되도다! 그렇다면 우리는 그토록 달콤한 잔치에 가고 싶지 않을까! 가서 그토록 고귀한 행복에 참여하고 싶지 않을까?[460]

자, 사랑하는 친구여, 마지막에 기절하지 말고, 경외해야 할 왕을 만나는 것을 두려워하지 말라! 이것을 정복하면 당신은 더 이상 정복할 것이 없을 것이다! 머리를 들어 승리하시고 다스리시는 주님을 바라보라. 마음의 고삐를 동이고 믿음과 인내를 잠시 동안 유지하고 이

---

458) 시 49:6, 7, 10-14, 17, 19, 20
459) 요 15:18-20
460) 요일 2:15; 요 15:17-20

마지막 경기를 잘하라.

만일 유혹하는 자가 지금 당신의 믿음을 공격하고, 육체가 압도되어 그에게 어떤 이익을 준다면, 그의 모독적 언동을 혐오하고, 그를 정복하신 분에게 도움을 청하라. 바다와 땅의 모든 지역에 사람들이 살아가고 있는데, 저쪽의 높고 넓은 주택이 있는 그곳에 사람이 살고 있지 않다고 생각하는가? 저 축복받은 천사들이 그토록 오랫동안 당신을 위해 봉사해 온 이유는 당신의 영혼이 그들에게서 그다지 멀리 떨어져 있지 않다는 것을 당신에게 알려주기 위함이 아니라, 그들은 당신과 친숙하기를 기뻐하며, 당신도 그들과 같거나 행복 속에서 동등하게 될 수 있다는 사실을 당신에게 알려 주기 위함이 아닐까? 자연은, 당신으로 하여금 하나님은 무한하고 영원한 존재이며, 능력과 지혜와 선함을 가지고 계시며, 모든 것의 효율적인 지휘자이며 최종 원인이시고, 세상의 창조주이자 통치자라는 사실을 의심의 여지가 없게 했다. 그리고 동일한 자연은 당신으로 하여금 그분의 피조물들이 가지고 있거나 할 수 있는 모든 것들은, 그것을 소유하신 그분께 달려 있다는 사실을 의심의 여지가 없게 했다. 당신이 그분을 알고, 사랑하고, 섬기는 것에 관한 한, 당신은 여기에서 당신의 능력을 사용해야 한다. 우리의 마음과 영혼과 온 힘을 다해 하나님을 사랑하고 섬기는 것이 우리의 의무라는 것보다 더 거부할 수 없는 것은 없다. 이 능력이 우리에게 헛되이 주어지지 않고, 이 의무가 우리에게 헛되이 요구되지 않고, 인간의 자연스럽고 가장 높은 의무가 비참함과 파멸의 길이 되지 않는다는 것도 당신에게 분명하다. 감각적 쾌락에 마음을 두고, 세상의 악의와 잔인함을 계획하고, 육체와 세상 모두에 완전한 적이 되는 많은 의무에 종사하는 것은, 확실히 그 사람에게 비참함과 고통이 될 것이다. 만약 내세에 상과 형벌이 없고, 모든 것을 바로잡을 장래의 심판이 없다면, 하나님을 섬기는 것은 사람들의 견해에 비뚤어진 것처럼 보일 것이다. 신성한 말씀의 신뢰성에 대한 모든 본질적인 증거가 충분하지 않고, 예언에 대한 모든 선행 증거가 너무 적다고 생각하며, 그리스도와 그의 사도들 그리고 그의 다른 종들과 그의 부활과 승천에 관한 모든 기적의 부수적인 증거가 당신에게 너무 멀게 느껴지면, 하나님께서 당신에게 이 복음의 진리와 앞으로 올 생명을 확신시키기 위해, 당신에게 깨닫게 하시기를 원한 후속 증거가 무엇인지 주목하라. **가인**과 **아벨**에서부터 오늘날까지 세상의 모든 세대와 나라에서, 영적이고 거룩한 씨에 대항하는 육체적인 것에서 발견되는 보편적이고 불합리한 적개심은 어디에서 비롯된 것인가? 세네카(Seneca)조차 더 나은 부류의 사람들에게도 미덕과 절제와 절제의 작은 부분이 발견되지 않는다는 것을, 이교도들과 함께 그것을 우리에게 말한다. 만약 **아담**의 타락이 사실이 아니라면, 모든 인류가 그토록 타락의 영향을 받아, 자신들을 해치지 않는 성도를, 자신들이 가장 사악하다고 고백하는 사람들보다 훨씬 더 미워할 수 있겠는가? 그 비이성적인 나병과 같은 전염으로 눈에 띄게 오염된 온 세상이 우리 눈앞에 있는데도, 우리의 일반적인 아버지가 그 질병에 걸린 것은 아닌지 의심해 보아야 할까? 그리고 복음이 진심으로 받아들여지는 곳마다, 영혼을 새롭게 하고 삶을 변화시키며 사람을 새 사람으로 만드는 것을 당신은 보지 못하는가? 잘못된 몇 가지 작은 것들을 고치는 것뿐 아니라 우리를 새로운 피조물로 만들고 마음과 삶의 방향을 다른 방향으로 바꾸는 것을 당신은 보지 못하는가? 결코 진심으로 복음을 받아들인 적이 없는 육체적이고 이름뿐인 명목상 기독교인은 이교도와 의견과 형식에 있어서 다르다. 하지만 진지한 기독교인은 다른 사람들이고, 매우 변화된 사람들이기에 그들의 거룩한 소망과 노력은 영생의 씨앗을 담고 있으며, 그것을 위한 준비가 헛되지 않다. 하나님께서는 그렇게, 많은 영혼의 개조를 효과적으로 하기 위해, 진리가 아니고 거룩하지도 않고 선하지도 않은 어떤 말씀에 동의하겠는가? 그분의 은혜의 일이 하늘의 지혜와 사랑과 능력에 의해 계속되고 있다는 것을 발견하지 못했는가? 은혜의 일이 그분의 특별한 섭리의 증거라는 것을 발견하지 못했는가? 영혼 위에 그분의 형상이 있다는 것을 발견하지 못했는가? 인장이 찍힌 이미지와 새겨진 것이 신성한 것임을 알면서도 인장의 저자에게 질문을 해야 하는가? 당신은 기도의 응답으로 사람의 영혼과 육체에 나타나는 이 말씀의 성취를 경험하지 않았는가? 그것은 당신이 모든 증거를 찾기에 부적합한 연약한 상태에 있을 때, 당신이 경험한 다른 증거를 찾기 어려울 때, 당신의 믿음을 흔드는 유혹자를 물리치기에 충분하다. 나로서는, 열렬한 기도로 일어나는 놀라운 일들을 알고, 느끼고, 보고, 들었으며, 그와 같은 약속의 진리와, 불쌍한 청원자들에 대한 하나님의 특별한 섭리를 여러 번 확신했다는 사실은 증거의 가치가 있다. 나는 고통받는 사람들의 급성 및 만성 질병이 자연적인 수단 없이도 기도를 통해 완화된 것을 알고 있다. 가장 격렬한 어떤 환자는 한 시간 안에 치료되었고, 일부는 더 느리지만 치료되었다. 사람들의 영혼과 재산과 공적인 일에 미치는 영향 말고도 그 수단과 원인을 명확하게 보여 주었다. 이렇게 우리에게 확증된 약속이 다시 의심받아야 할까? 아니, 당신은 당신 자신 안에 증거가 없는가?[461] 곧 그리스도의 영이시니 이는 너희 기업의 보증이요 증표이시며 너희에게 하나님의 인과 표가 아닌가? 한마디로, 합리적인 세계는 그 본성에 적합하지도 않고, 결코 그럴 수도 없으며, 그들을 움직이고 다스릴 목적 없이는, 본성에 부합하게 다스려지지도 않는다는 것은 의심할 여지가 없는 진실이다. 그것은 이 생명을 초월한 것이며, 이후에 보상과 처벌에 대한 희망과 두려움 없다면 그렇다. 만약 이것이 세상에서 사라진다면 인간은 더 이상 인간처럼 살지 않고 지구상에서 가장 가증스럽고 유해한 피조물로 살 것이다. 그렇게 고귀한 피조물을 거짓으로 다스리며, 그렇게 다스려야만 하는 본성을 만드는 것은 하나님의 전능하심과 지혜와 선하심에 부합하지 않는 것이 확실하다. 다른 모든 계시에는 미비함이 있고, 그리스도에 의해, 그리고 성령에 의해, 복음에 있는 생명과 불멸, 목적과 길과 같이 그렇게 밝혀지지 않았다는 것도 확실하다.[462]

그다음 악의적으로 유혹하는 자에게 이렇게 말하라. "사탄아 여호와께서 너를 책망하노라 예루살렘을 택한 여호와께서 너를 책망하노라."[463] "모든 거짓과 악행이 가득한 자여 하나님과 의의 원수여 네가 거짓말하는 영이 되어 여호와의 진리와 의로운 길을 굽게 하기를 그치지 아니하겠느냐."[464] 당신의 영혼의 목소리를 높여 하나님께 이렇게 말하라. 내가 믿나이다, 주님, 나의 믿음 없음을 도와주소서! 사탄이 내 우편에 서서 나를 대적할지라도 나는 불에서 꺼낸 불꽃이 아닌가요? 나는 당신의 것이 아닌가요? 나는 이 영혼을 당신에게 맡기지 않았나요? 주께서 그것을 주의 거룩한 언약으로 받아들이지 않았나요? 오, 그렇다면 그것을 당신의 것으로 방어해 주세요! 당신은 나의 주장을 변호하고, 당신의 일을 확증하며 당신의 진실과 나를 둘 모두의 악의적인 적에 맞서 정당화 하소서. 오, 나의 구원자의 중보가 승리하여 나의 믿음이 떨어지지 않게 하소서. 나에게서 더러운 옷을 벗겨 내 죄악을 사라지게 하소서. 내 영혼이 괴로울지라도 내가 무슨 말을 하리요? 아버지, 이 시간에서 나를 구원해 주세

---

461) 요일 5:10-12
462) 딤후 1:10
463) 슥 3:2
464) 행 13:10

요! 그러면 내가 당신 앞으로 나아갈 통로는 어딘가요? 나는 필멸의 인간으로 태어났고, 나보다 앞서 모든 세대가 가는 길을 갑니다. 나의 주님과 그의 모든 성도들을 따라갑니다. 아버지, 당신의 종을 받아들이시고 거룩하게 하시어 당신의 종이 영원히 당신의 이름을 찬양하게 하소서! 오 아버지, 당신이 만든 영혼을 받아 주소서! 오 구세주여, 당신이 그토록 귀하게 사시고 죽기까지 사랑하시고 당신의 피로 씻으신 영혼을 받아 주소서! 당신의 영으로 거듭나게 하시고 불멸의 씨로 살아난 영혼을 받으소서! 보십시오, 당신은 나의 날을 손바닥 한 뼘만큼으로 하셨습니다. 당신 앞에 있는 내 나이는 아무것도 아닙니다. 최고의 재산을 가진 사람도 모두 헛되다. 당신의 책망으로 우리의 죄악을 바로잡을 때, 당신은 우리의 아름다움을 좀먹듯이 소멸되게 하신다. 오 주님, 이제 나는 무엇을 기다려야 하나요? 내 희망은 당신에게만 있지 않습니까? 네 죄에서 나를 구원하시고, 내가 행한 죄를 나에게 돌리지 마소서. 나의 젊은 시절의 죄를 기억하지 마시고 나의 노년의 죄악을 용서하소서. 당신의 성령을 슬프게 하고, 당신의 은혜를 무시하고 저항한 나의 행위를 책망하지 마세요. 나의 무지와 지식의 죄, 나태함과 경솔함과 추정의 죄, 특히 내가 고의로 저지른 죄를 용서 하소서. 당신의 경고와 나의 양심의 경고에 반한 죄를 용서하소서. 나의 은밀한 죄를 깨끗하게 하소서. 오, 나의 무익함과 당신의 자비의 남용, 그리고 소중한 시간에 대한 부주의한 낭비를 용서해 주소서! 내가 당신을 더 잘 섬기지 않았고, 더 이상 당신을 사랑하지 않았으며, 은혜의 날에도 더 나은 것이 없었습니다! 비록 어리석음과 죄가 나의 빛을 어둡게 하고, 나의 가장 거룩한 예배를 흠집내고, 나의 죄악이 주의 목전에서 심했을지라도, 여전히 자기의 영혼을 속제제물로 삼은 우리 대제사장으로부터 당신이 받으신 희생으로 충분하지 않습니까? 그 안에서 아버지께서 기뻐하시니 그분은 우리의 화평이시라 내가 믿는 그분은, 거룩하고 악이 없고 더러움이 없고 죄인에게서 떠나 계시고 악을 행치 아니하시고 모든 의를 이루셨으며 그가 단번에 자기를 드림으로써 성화된 자들을 영원히 온전케 하셨다. 그분은 자기를 힘입어 하나님께 나아가는 자들을 최대한 구원할 수 있으며, 이는 그분은 항상 살아 계셔서 그들을 위하여 간구하심이라. 오 아버지, 당신이 가장 사랑하는 분 안에서 나를 받아 주소서. 십자가에서 자기 몸으로 우리의 죄를 담당하신, 그분이 채찍에 맞으므로 내 죄 많은 영혼을 낫게 하소서. 내가 그 안에서 발견되기를 원합니다. 나 자신이 가지고 있는 법적인 의로움은 아무것도 없고, 오직 그리스도를 믿는 믿음으로 말미암는 의입니다. 그리고 내가 그분의 죽으심에 힘입어 죽은 자 가운데서 부활에 이르고, 그로 말미암아 점이나 흠 없이 드려지게 하려 함이라. 나의 하나님, 당신은 당신의 많은 자비와 당신의 약속으로 두려워하는 나의 영혼을 격려하여 당신을 신뢰하고 당신에게 굴복하게 하셨습니다. 당신은 나의 모든 날을 자비로 채워 주셨고, 내가 살았던 모든 곳과 모든 관계와 세상에서 내가 했던 모든 일은 나를 향한 당신의 사랑과 자비의 증인입니다. 당신의 눈은 내 본질이 불완전하다는 것을 알았음에도, 나의 모든 지체가 당신의 책에 기록되었다. 나의 부모님은 당신에게서 나를 교육하라는 지시를 받았고, 당신이 명한 모든 것은 나의 보존과 위로와 구원에 도움이 되도록 하셨다. 당신은 나를 자비의 땅, 자비의 시대로 인도하셔서, 다른 사람들이 보거나 듣지 못한 것들을 듣고 보게 하셨다. 나를 위해 쾌적한 장소에 성벽을 둘러 주셨다. 나의 생명은 개들이 부르짖는 광야에 내보내지도, 주의 성소에서 쫓겨나지도, 주의 성도들과 교제에서 추방되지도 않았다. 어둠과 슬픔과 불모지에서 완전히 소비되지도 않았다. 그러나 나는 기쁨의 소리를 자주 듣고, 무리와 함께 하나님의 전에 가서 거기서 주님의 얼굴의 빛을 보고 주님의 기쁨의 강 곧 생명수를 마시고 기쁨과 찬양의 목소리로 위안을 받았다. 내가 환난 중에 얼마나 자주 주께 부르짖었던가, 그때마다 주께서 나를 고난에서 건져 주셨다! 나의 어리석음과 죄악으로 내가 고난을 당할 때에 당신은 나를 어둠과 죽음의 그늘에서 인도하셨다. 당신은 나의 나이를 **히스기야**의 나이처럼 새롭게 하시고, 나의 시간을 되돌리셨다! 나로 하여금 주의 선하심을 찬양하고 주의 행사를 사람의 자녀들에게 선포하도록 자유를 주셨다. 환난 날에 내가 주께 부르짖었더니 나를 구원하사 나로 주께 영광을 돌리게 하셨다. 나로 사망의 의미를 알게 하신 것은 죽은 자를 살리신 하나님을 믿게 하려하심이다. 나의 목자는 나를 쉴만한 목장, 잔잔한 물가로 인도하셨고 내 영혼을 소생시키고 나를 의의 길로 인도하셨다. 오 하나님, 당신의 생각은 나에게 얼마나 고귀한지요! 그것들의 합은 얼마나 큰지요! 그들의 수는 바다의 모래보다 더 많다. 나에게 풍성하게 주시고 오랫동안 나를 지지했던 그 자비가 이제 나를 버리겠는가? 주께서 이르시 되 내가 결코 너를 떠나지 아니하고 버리지 아니하리라 하셨다. 세상에 있는 자신의 사람들을 사랑하였으니 끝까지 사랑할 것이다. 당신의 자비는 위대하고 하늘에 닿으며 영원히 지속될 것이다. 오, 그러므로 내가 깰 때 당신과 함께 있게 하소서! 당신의 인자함이 생명보다 낫고, 이곳을 떠나서 그리스도와 함께 있는 것이 지상에서 가장 좋은 상태에 있는 것보다 훨씬 낫기 때문에, 주의 종으로 평안히 떠나게 하시고 믿음의 눈으로 주의 구원을 바라보게 하소서. 땅에 있는 이 장막이 무너지면, 하나님께서 지으신 집, 사람의 손으로 지은 것이 아닌, 하늘에 있는 영원한 집을 갖게 해 주십시오. 내가 현재 죄와 고통을 짊어지고 있음으로 인해 벗고자 함이 아니고 입고자 함으로 나로 더욱 간절히 탄식하게 하소서. 이는 죽을 것이 생명에게 삼킨 바 되게 하려 하는 것입니다. 이는 내가 몸을 떠나 주님과 함께 있으려 하는 것입니다. 이 잔이 나에게서 지나갈 수 없을 것 같아 나를 천국으로 데려갈 **엘리야**의 수레를 바라지 않고, 당신의 뜻이 이루어지게 하시고, 저로 하여금 그 안에서 안식하게 하시고, 죽음이 내 영혼의 유익이 되게 하소서. 이 겉사람은 낡아지나 속 사람은 날로 새로워지게 하소서. 내가 나의 조상들과 주의 모든 성도들과 인류의 세대들보다 나은 것이 무엇이기에 내가 죽음과 불멸의 세계 외에 다른 길을 생각할 수 있겠는가? 오, 이 지쳐가는 마음이 기뻐하고, 나의 영광을 기뻐하며, 사랑과 기쁨 가운데, 감사와 찬양 가운데, 나로 하여금 사랑과 기쁨의 세계로 들어가게 하소서. 영원히 감사와 찬양이 나의 일이 될 그곳에 들어가게 하소서. 비록 내 육체와 마음이 쇠약해질지라도, 오 하나님, 당신은 내 마음의 힘이 되시며 영원히 나의 몫이 되어 주소서. 내가 사망의 음침한 골짜기를 다닐지라도 해를 두려워하지 않게 하소서. 게다가 당신은 여전히 나와 함께 계셔서 당신의 지팡이와 막대기로 나를 안위하시고, 나의 모든 날 동안 나와 함께 하셨던 선하심과 인자하심으로 마침내 나를 받아 주셔서 내가 영원히 당신과 함께 살게 하소서. 나의 구속자의 뜻은 아버지께서 그에게 주신 자도 그가 있는 곳에 그와 함께 있어 아버지께서 그에게 주신 영광을 보게 하는 것이다. 그리고 그의 종들이 그를 따르게 하여 그가 있는 곳에 그의 종들도 함께 있게 하려 하심이라. 아멘, 주 예수님! 당신의 뜻과 당신이 하신 말씀이 좋습니다! 당신께서 구속하신 나의 영혼을 당신 손에 맡깁니다. 받아 주셔서 나로 당신과 함께 낙원에 있게 하소서. 우리를 형제로 부르신 분이여, 당신이 당신의 아버지, 우리의 아버지, 당신의 하나님, 우리의 하나님께 올라가신 후에, 당신이 우리를 위해 예비하신 처소로, 이 불쌍하고 합당치 않은 영혼을 데려가서 내가 당신이 있는 곳에 함께 있게 하소서. 비록 이 육체가 썩을지라도, 소망 가운데 쉬게 하시고, 한 알의 밀알처럼 뿌려지게 하소서. 당신의 강력한 부르심이 그것을 흙에서 일으키시고, 이 썩을 것이 썩지 아니함을 입을 것이며, 이 죽을 것이 불멸을 입을 것이며, 이 육체의 몸이 신령한 몸으로 다시 살아날 것이며, 죽음이 승리 가운데 삼켜질 것이다. 비록 내가 죽었으나 내 생명이 그리스도와 함께 하나님 안에 감추어졌나니 내 생명을 주관하시는 이가 나타나실 때에 내가 영광 중에 나타나게 하소서. 오 서둘러 모습을 나타내시고, 당신의 거룩하고 영광스러운 천사들과 함께 오셔서 당신의 성도들에게 영광을 받으시고, 신자들 안에서 그리고 그들에게서 찬양을 받으소서! 그 때에는 만물이라도 당신에게 복종시킬 수 있는 권능의 역사로 우리의 초라한 몸을 변화시켜 당신의 영광의 몸과 같게 하실 것이다. 보라 내가 속히 오리라 하지 아니하였느냐? 그와 같이 오시옵소서, 오 주님! 어린 양의 큰 결혼 날이 속히 이르게 하소서. 당신의 배우자가 흠 없고, 영광스럽게 나타날 것입니다. 그리고 새 예루살렘에서 하나님의 영광이 그의 모든 성도들에게 나타나서 그들을 영원히 기쁘게 하고 영화롭게 할 것입니다. 여호와여 그때에 '내가 살았으니 너희도 살리라' 하신 말씀을 기억 하소서. 당신 안에서 죽는 자들은 복을 받게 하소서. 당신은 살리시는 영이 되셨고, 주님이시며, 생명의 왕이시며, 우리의 머리털 하나도 상하지 아니하리라 말씀하셨나이다. 떠나가는 우리 영혼들을 하늘의 새 예루살렘과 살아 계신 하나님의 성 시온산과 천만 거룩한 천사들과 총회와 장자들의 교회와 온전하게 된 영들에게로 모으소서. 거기서 우리를 하나님 앞에서 왕과 제사장으로 삼으시리니 우리가 그를 보고 영원히 사랑하며 찬송하게 하시 리이다. 그로 말미암아, 그를 통해, 그에게 모든 것이 있기 때문이다. 그분의 기쁨을 위해 그들은 존재하고 창조되었다. 오, 거룩한 사랑의 하나님, 영들의 아버지이시며 성자들의 왕이시어, 이 합당치 않은 당신 아들(성자)의 지체를 받으시어, 당신을 찬양하는 천상의 성가대가 되게 하소서! 그들은 거룩하다, 거룩하다, 거룩하다 주 하나님. 곧 지금도 계시고 전에도 계셨고 장차 오실 전능하신 분이시라고 밤낮 쉬지 않고 이르리라! 나라와 권세와 영광이 영원히 아버지께 있사옵나이다. 아멘.

크리스천 신앙 지도서 시리즈 ❸

크리스천의
가정관리

ⓒ 서효원, 2024

초판 1쇄 발행 2024년 10월 18일

지은이   리차드 백스터
옮긴이   서효원
펴낸이   이기봉
편집   좋은땅 편집팀
펴낸곳   도서출판 좋은땅
주소   서울특별시 마포구 양화로12길 26 지월드빌딩 (서교동 395-7)
전화   02)374-8616~7
팩스   02)374-8614
이메일   gworldbook@naver.com
홈페이지   www.g-world.co.kr

ISBN   979-11-388-3649-4 (03230)